Vienne, 22 juin 1993

à l'Ambassadeur Liedermann,

dans la conviction
que les droits de l'homme
sont au service des
droits de Dieu

[illegible]

Conseil Pontifical
«Justice et Paix»

Fédération Internationale
des Universités Catholiques

GIORGIO FILIBECK

Les droits de l'homme dans l'enseignement de l'Eglise: de Jean XXIII à Jean-Paul II

Recueil de textes du Magistère de l'Eglise catholique

de Mater et Magistra *à* Centesimus Annus
(1961-1991)

Préface
du
Cardinal Roger Etchegaray

Libreria Editrice Vaticana
Cité du Vatican
1992

ISBN 88-209-1845-5

PREFACE

Ce recueil de documents répond bien à la tâche de notre Conseil Pontifical «Justice et Paix» auquel le Saint-Siège a confié le soin de diffuser l'enseignement social de l'Eglise. Dans ce vaste panorama, sans cesse élargi au gré des besoins et des appels d'un monde en constante mutation, le domaine des droits de l'homme tient une place de choix, voire centrale, surtout depuis Jean XXIII. A tel point qu'aujourd'hui, aux yeux de beaucoup, la pensée et l'action de Jean-Paul II paraissent s'identifier, presque se réduire, à la défense et à la promotion des droits de l'homme.

S'il est vrai que tout l'enseignement social de l'Eglise est comme aimanté par le respect de l'homme tel que Dieu l'a créé à son image, il faut cependant veiller à garder aux droits de l'homme leur caractère propre: ils doivent être étudiés comme tels avec rigueur et sans le risque d'élasticité ou d'inflation qui leur ferait perdre l'épaisseur de leur signification et la force de leurs exigences. Il s'agit d'un grand arbre sur lequel on découvre de plus en plus de branches mais dont les racines plongent dans le mystère de l'homme.

En ce sens, il y a un heureux phénomène de convergence ou plutôt d'interaction entre le dynamisme des hommes et des peuples ainsi que celui des chrétiens et de l'Eglise, pour rendre toute l'humanité plus sensible, plus éclairée, plus assurée dans le combat pour l'homme. Et on peut dire en vérité que l'enseignement des Papes, particulièrement de Jean XXIII à Jean-Paul II, aura beaucoup contribué à affiner la conscience humaine dans l'éveil de ses droits et à la fortifier dans ses raisons à les défendre.

Ainsi, ce recueil témoigne par lui-même de la mission morale et religieuse de l'Eglise à l'intérieur et au service d'une société précaire mais palpitante d'espoir pour le bonheur de l'homme, pleinement homme selon le plan de Dieu.

Roger Cardinal Etchegaray

Président du Conseil Pontifical
«Justice et Paix»

NOTE LIMINAIRE

Ce recueil avait été initialement conçu comme un outil de travail réservé aux participants au Colloque international sur «La culture chrétienne devant les droits humains», organisé par la Fédération Internationale des Universités Catholiques (FIUC) à Lyon, du 20 au 23 septembre 1989.

A la suite de ce Colloque, de plusieurs côtés on a souhaité une édition définitive, destinée à un public plus large. C'est à cette demande que veut répondre le présent volume, dont le cadre a été entièrement revu et élargi.

L'ambition est d'offrir un répertoire systématique des textes du Magistère conciliaire et pontifical, dans le domaine des droits de l'homme, selon les critères suivants.

1. Il fallait, d'abord, fixer un «terminus a quo» pour la sélection et, tout bien considéré, le choix s'est porté sur le pontificat de Jean XXIII.[1]

2. Etant donné l'ampleur de la thématique, on a préféré diviser les textes en deux parties. Dans la première ils sont rassemblés autour de quelques concepts-clé, dans la deuxième, autour de certains droits spécifiques. Cette deuxième partie est divisée à son tour en deux sections, selon que le sujet titulaire de ces droits est un individu ou une communauté. Les droits figurant dans la première section suivent l'ordre d'énumération de la Déclaration Universelle des Droits de l'Homme. On n'a pas cherché à indiquer tous les textes touchant les droits de l'homme, mais on a identifié les plus significatifs, en se limitant aux aspects qui ont retenu davantage l'attention du Magistère, et qui permettent d'avoir une vue d'ensemble assez équilibrée, par pontificat et par matière.

---

[1] Cf., dans la même ligne, D. Hollenbach, *Choix des textes du Magistère,* dans *Droits de l'homme. Approche chrétienne,* Rome 1984 (publié par la FIUC), p. 199-251. Pour un recueil qui part du Pape Léon XIII, cf. P.-E. Bolté, *Les droits de l'homme et la papauté contemporaine,* Montréal 1975.

3. Si le libellé des chapitres emploie indistinctement les expressions «droits de l'homme» et «droits de la personne humaine», il faut cependant être conscient que la terminologie maintient toute son importance, car la différence de langage reflète une différence de conceptions que l'on ne peut sous-estimer. Il n'y a pas, ici, à trancher la question, apparemment résolue dans le monde anglophone où la locution «human rights» est assez large et neutre pour ne pas faire surgir, d'emblée, des difficultés d'ordre philosophique. Il va de soi que sous l'expression originelle de «droits de l'homme», élaborée à un moment où les pièges «sexistes» du langage n'étaient pas encore évidents, on inclue également les femmes.

4. Le but poursuivi a surtout été celui de *faire parler les textes par eux-mêmes.* C'est pourquoi chaque chapitre est précédé d'une présentation, très brève, qui vise à souligner quelques traits saillants des textes relatifs, avec des renvois bibliographiques aux documents pertinents publiés par les dicastères du Saint-Siège. Pour permettre au lecteur une meilleure compréhension du texte, l'argumentation complète a été reproduite, autant que possible, spécialement quand il s'agissait des motivations théologiques qui sont à la racine des interventions du Magistère. Naturellement, il a fallu effectuer des découpages; pour une pleine intelligence de certains extraits il sera peut-être utile de les resituer dans leur contexte intégral. Parfois il y a des répétitions, le même sujet se trouvant traité dans des textes divers: il a paru bon de garder quand même ces passages, car l'insistance est aussi un signe révélateur de l'importance de l'argument.

5. On a jugé opportun de distinguer ces textes en les regroupant d'après leur caractère: sous la lettre A, figurent les documents conciliaires et les encycliques ou textes similaires; sous la lettre B sont placés les textes des allocutions pontificales de nature plus circonstancielle. A l'intérieur de chaque chapitre, ainsi que dans les regroupements A et B, les textes suivent l'ordre chronologique.

6. Pour des raisons pratiques, les notes des textes ont été, en général, gardées telles qu'elles se présentaient dans les sources utilisées (tout en évitant les répétitions inutiles): les éditions de la *Typographie Polyglotte Vaticane,* l'édition hebdomadaire en langue française de *L'Osservatore*

Romano, la revue *La documentation catholique.* Des précisions ont été parfois ajoutées par le rédacteur et sont suivies par le sigle n.d.r. Quand les notes originales étaient en latin, on en a donné une version en français.

* * *

En conclusion de ces rapides remarques introductives, on voudrait souligner la solidité et la cohérence qui se dégagent de ces textes pris dans leur ensemble, constituant un véritable *«corpus».* Il en ressort clairement comment le Magistère, loin de «rallier» tardivement le thème des droits de l'homme, comme certains le prétendent, ou d'en faire l'objet d'un discours «dévié» par rapport à la tradition, selon ce que d'autres affirment, a su y apporter — une fois dépassées les contingences motivant des réserves, d'ailleurs justifiées [2] — un éclairage tout à fait «spécifique», en faisant recours à une approche nouvelle, de type plus pastoral, pour saisir des principes anciens, dont la source se trouve à l'origine même de l'Eglise.

Les chrétiens ne peuvent pas nourrir des complexes d'infériorité malsains ou se sentir étrangers dans le domaine des droits de l'homme. Bien au contraire! Animés par la «liberté des enfants de Dieu»,[3] ils doivent puiser dans ce riche patrimoine doctrinal des raisons renouvelées pour nourrir, sans «triomphalisme», leur engagement dans le combat en faveur de la dignité humaine.

Giorgio Filibeck

---

2 Le cadre de ce recueil ne permet pas la nécessaire analyse historique, philosophique et théologique à ce sujet. Pour un rapide «excursus», cf. *L'Eglise et les droits de l'homme,* Cité du Vatican 1983, 3ème éd. (publié par le Conseil Pontifical «Justice et Paix»), p. 10-21. Pour un approfondissement, cf. les différentes contributions à l'ouvrage collectif *Droits de l'homme. Approche chrétienne,* déjà cité, et notamment F. Biffi, *Les droits de l'homme dans le Magistère des Papes du XXème siècle,* p. 153-197; cf. aussi R. Etchegaray, *Culture chrétienne et droits de l'homme: du rejet à l'engagement,* dans *Culture chrétienne et droits de l'homme,* Bruxelles Louvain-la-Neuve 1991 (publié par la FIUC), p. 3-15. En particulier, pour une brève présentation de l'attitude du Magistère face à la Déclaration Universelle des Droits de l'Homme, cf. G. Filibeck, *Quelques réflexions autour du 40ème anniversaire de la Déclaration Universelle des Droits de l'Homme,* dans *Apollinaris* LXII (1989), p. 709-714.

3 *Gaudium et spes,* 41; cf. aussi *Lumen gentium,* 36.

LISTE DES DOCUMENTS UTILISES ET LEURS SIGLES

AG 1969	Discours de Paul VI à l'audience générale (9 juillet 1969)
AG 1984	Discours de Jean-Paul II à l'audience générale (25 janvier 1984)
AG 1991	Discours de Jean-Paul II à l'audience générale (6 mars 1991)
AIA	Message de Jean-Paul II pour l'Année Internationale de l'Alphabétisation (3 mars 1990)
Alice Springs	Discours de Jean-Paul II aux aborigènes de l'Australie (Alice Springs, 29 novembre 1986)
Angelus 3.6.1973	Discours de Paul VI à l'Angelus (3 juin 1973)
Angelus 3.2.1991	Discours de Jean-Paul II à l'Angelus (3 février 1991)
Angelus 24.2.1991	Discours de Jean-Paul II à l'Angelus (24 février 1991)
Apartheid 1974	Discours de Paul VI au Comité de l'ONU contre l'Apartheid (22 mai 1974)
Apartheid 1984	Discours de Jean-Paul II au Comité de l'ONU contre l'Apartheid (7 juillet 1984)
APCE	Discours de Jean-Paul II à l'Assemblée Parlementaire du Conseil de l'Europe (Strasbourg, 8 octobre 1988)
Asunción	Discours de Jean-Paul II aux «constructeurs de la société» (Asunción, 17 mai 1988)
AT	Message de Paul VI *Africae terrarum* à l'épiscopat et à tous les peuples d'Afrique (29 octobre 1967)
Bacolod	Discours de Jean-Paul II à la population des plantations de sucre (Bacolod, Philippines, 20 février 1981)
Bangkok	Discours de Jean-Paul II aux membres du Gouvernement, du Corps Diplomatique et aux Chefs Religieux (Bangkok, 11 mai 1984)
Bogotá	Discours de Paul VI aux «campesinos» (Bogotá, 23 août 1968)
BTSA	Lettre Apostolique de Jean-Paul II instituant le Bureau du Travail du Siège Apostolique (1er janvier 1989)
CA	Lettre Encyclique de Jean-Paul II *Centesimus annus* (1er mai 1991)
Carême 1990	Message de Jean-Paul II pour le Carême (8 septembre 1989)

CCEDH	Message de Jean-Paul II à la Cour et à la Commission Européennes des Droit de l'Homme (octobre 1979)
CCEDH Strasbourg	Discours de Jean-Paul II à la Cour et à la Commission Européennes des Droits de l'Homme (Strasbourg, 8 octobre 1988)
CCEO	Discours de Jean-Paul II pour la présentation du Code des Canons des Eglises Orientales (25 octobre 1990)
CD 1965	Discours de Paul VI au Corps Diplomatique près le Saint-Siège (7 janvier 1965)
CD 1978	Discours de Paul VI au Corps Diplomatique près le Saint-Siège (14 janvier 1978)
CD 1982	Discours de Jean-Paul II au Corps Diplomatique près le Saint-Siège (16 janvier 1982)
CD 1986	Discours de Jean-Paul II au Corps Diplomatique près le Saint-Siège (11 janvier 1986)
CD 1987	Discours de Jean-Paul II au Corps Diplomatique près le Saint-Siège (10 janvier 1987)
CD 1988	Discours de Jean-Paul II au Corps Diplomatique près le Saint-Siège (9 janvier 1988)
CD 1989	Discours de Jean-Paul II au Corps Diplomatique près le Saint-Siège (9 janvier 1989)
CD 1990	Discours de Jean-Paul II au Corps Diplomatique près le Saint-Siège (13 janvier 1990)
CD 1991	Discours de Jean-Paul II au Corps Diplomatique près le Saint-Siège (12 janvier 1991)
CDC	Code de Droit Canon, publié le 25 janvier 1983
CEDH	Discours de Jean-Paul II au Colloque international pour le 30e anniversaire de la Convention Européenne des Droits de l'Homme (10 novembre 1980)
CIDC	Discours de Jean-Paul II au IVe Congrès International de Droit Canon (13 octobre 1980)
CIJ	Discours de Jean-Paul II à la Cour Internationale de Justice (La Haye, 13 mai 1985)
CL	Exhortation Apostolique de Jean-Paul II *Christifideles laici* (30 décembre 1988)
CMPE	Discours de Jean-Paul II au IIe Congrès mondial sur la Pastorale de l'Emigration (17 octobre 1985)
CNUEH	Message de Paul VI à la Conférence des Nations Unies sur les Etablissements Humains (24 mai 1976)

Cologne	Discours de Jean-Paul II à la Conférence épiscopale allemande (Cologne, 30 avril 1987)
CPCS	Discours de Jean-Paul II au Conseil Pontifical pour les Communications Sociales (1er mars 1991)
CPJP	Discours de Jean-Paul II au Colloque «L'Eglise et les droits de l'homme», organisé par la Commission Pontificale «Justitia et Pax» (15 novembre 1988)
CPMI	Discours de Jean-Paul II au Conseil Pontifical pour la Pastorale des Migrants et des Itinérants (11 avril 1991)
CR	Discours de Jean-Paul II au Comité International de la Croix-Rouge (Genève, 15 juin 1982)
CT	Exhortation Apostolique de Jean-Paul II *Catechesi tradendae* (16 octobre 1979)
CTI	Discours de Jean-Paul II à la Commission Théologique Internationale (5 décembre 1983)
Dar-es-Salaam	Discours de Jean-Paul II au Corps Diplomatique en Tanzanie (Dar-es-Salaam, 1er septembre 1990)
DE	Discours de Jean-Paul II au Comité des Journalistes Européens pour les Droits de l'Enfant (13 janvier 1979)
DH	Déclaration du Concile Vatican II sur la liberté religieuse *Dignitatis humanae* (7 décembre 1965)
DM	Lettre Encyclique de Jean-Paul II *Dives in misericordia* (30 novembre 1980)
DUDH 20	Message de Paul VI pour le 20e anniversaire de la Déclaration Universelle des Droits de l'Homme (4 décembre 1968)
DUDH 25	Message de Paul VI pour le 25e anniversaire de la Déclaration Universelle des Droits de l'Homme (10 décembre 1973)
DUDH 30	Message de Jean-Paul II pour le 30e anniversaire de la Déclaration Universelle des Droits de l'Homme (2 décembre 1978)
DUDH 40	Message de Jean-Paul II pour le 40e anniversaire de la Déclaration Universelle des Droits de l'Homme (6 décembre 1988)
EB	Discours de Jean-Paul II aux Evêques brésiliens de la région Nord-Est (30 septembre 1985)
EN	Exhortation Apostolique de Paul VI *Evangelii nuntiandi* (8 décembre 1975)
ES	Lettre Encyclique de Paul VI *Ecclesiam suam* (6 août 1964)

FAO	Discours de Jean-Paul II à la 20e Conférence générale de l'Organisation des Nations Unies pour l'Alimentation et l'Agricolture (Rome, 12 novembre 1979)
FC	Exhortation Apostolique de Jean-Paul II *Familiaris consortio* (22 novembre 1981)
FCEA	Message de Jean-Paul II à la Ve Assemblée plénière de la Fédération des Conférences Episcopales d'Asie (23 juin 1990)
Fort Simpson	Discours de Jean-Paul II aux peuples indigènes du Canada (Fort Simpson, 20 septembre 1987)
GEM	Déclaration du Concile Vatican II sur l'éducation chrétienne *Gravissimum educationis momentum* (28 octobre 1965)
GM 50	Lettre Apostolique de Jean-Paul II à l'occasion du 50e anniversaire du début de la Deuxième Guerre Mondiale (27 août 1989)
GS	Constitution pastorale du Concile Vatican II sur l'Eglise dans le monde de ce temps *Gaudium et spes* (7 décembre 1965)
Harare	Discours de Jean-Paul II aux évêques de l'IMBISA (Rencontre inter-régionale des évêques d'Afrique Méridionale), (Harare, 10 septembre 1988)
HCR	Discours de Jean-Paul II au Haut-Commissaire des Nations Unies pour les Réfugiés (25 juin 1982)
Helsinki	Discours de Jean-Paul II aux membres de la Société Paasikivi (Helsinki, 5 juin 1989)
HV	Lettre Encyclique de Paul VI *Humanae vitae* (25 juillet 1968)
IIDH	Discours de Jean-Paul II au Comité de Présidence de l'Institut International des Droits de l'Homme (22 mars 1979)
IIDHum	Discours de Jean-Paul II aux membres de l'Institut International de Droit Humanitaire (18 mai 1982)
IM	Décret du Concile Vatican II sur les moyens de communication sociale *Inter mirifica* (4 décembre 1963)
Iquitos	Homélie de Jean-Paul II pendant la célébration de la Parole pour les populations autochtones de l'Amazonie péruvienne (Iquitos, 5 février 1985)
JMCS 1976	Message de Paul VI pour la Journée Mondiale des Moyens de Communication Sociale 1976 (11 avril 1976)
JMCS 1985	Message de Jean-Paul II pour la Journée Mondiale des Moyens de Communication Sociale 1985 (15 avril 1985)

JMM 1989	Message de Jean-Paul II pour la Journée Mondiale des Migrants 1989 (10 septembre 1989)
JMP 1969	Message de Paul VI pour la Journée Mondiale de la Paix 1969: «La promotion des droits de l'homme, chemin vers la paix» (8 décembre 1968)
JMP 1971	Message de Paul VI pour la Journée Mondiale de la Paix 1971: «Tout homme est mon frère» (14 novembre 1970)
JMP 1972	Message de Paul VI pour la Journée Mondiale de la Paix 1972: «Si tu veux la paix, agis pour la justice» (8 décembre 1971)
JMP 1977	Message de Paul VI pour la Journée Mondiale de la Paix 1977: «Si tu veux la paix, défends la vie» (8 décembre 1976)
JMP 1980	Message de Jean-Paul II pour la Journée Mondiale de la Paix 1980: «La vérité, force de paix» (8 décembre 1979)
JMP 1981	Message de Jean-Paul II pour la Journée Mondiale de la Paix 1981: «Pour servir la paix, respecte la liberté» (8 décembre 1980)
JMP 1982	Message de Jean-Paul II pour la Journée Mondiale de la Paix 1982: «La paix: don de Dieu confié aux hommes» (8 décembre 1981)
JMP 1985	Message de Jean-Paul II pour la Journée Mondiale de la Paix 1985: «La paix et les jeunes marchent ensemble» (8 décembre 1984)
JMP 1986	Message de Jean-Paul II pour la Journée Mondiale de la Paix 1986: «La paix est une valeur sans frontières. Du Nord au Sud, de l'Est à l'Ouest: une seule paix» (8 décembre 1985)
JMP 1988	Message de Jean-Paul II pour la Journée Mondiale de la Paix 1988: «La liberté religieuse, condition pour vivre ensemble la paix» (8 décembre 1987)
JMP 1989	Message de Jean-Paul II pour la Journée Mondiale de la Paix 1989: «Pour construire la paix, respecter les minorités» (8 décembre 1988)
JMP 1990	Message de Jean-Paul II pour la Journée Mondiale de la Paix 1990: «La paix avec Dieu Créateur, la paix avec toute la création» (8 décembre 1989)
JMP 1991	Message de Jean-Paul II pour la Journée Mondiale de la Paix 1991: «Si tu veux la paix, respecte la conscience de tout homme» (8 décembre 1990)
Kigali	Discours de Jean-Paul II au Corps Diplomatique au Rwanda (Kigali, 7 septembre 1990)

Latacunga	Discours de Jean-Paul II aux indiens de l'Ecuador (Latacunga, 31 janvier 1985)
LE	Lettre Encyclique de Jean-Paul II *Laborem exercens* (14 septembre 1981)
Le Bourget	Homélie de Jean-Paul II à la Messe célébrée à l'aéroport du Bourget (Paris, 1er juin 1980)
LG	Constitution dogmatique du Concile Vatican II sur l'Eglise *Lumen gentium* (21 novembre 1964)
Lourdes	Discours de Jean-Paul II à la Basilique du Rosaire (Lourdes, 15 août 1983)
LR	Lettre de Jean-Paul II aux Chefs d'Etat signataires de l'Acte final d'Helsinki (1er septembre 1980)
Manaus	Discours de Jean-Paul II aux indiens de l'Amazonie (Manaus, 10 juillet 1980)
MD	Lettre Apostolique de Jean-Paul II *Mulieris dignitatem* (15 août 1988)
Melo	Homélie de Jean-Paul II pendant la célébration de la Parole (Melo, Uruguay, 8 mai 1988)
MG	Discours de Jean-Paul II à Mikhail Gorbatchev, Président du Soviet Suprême de l'U.R.S.S. (1er décembre 1989)
Miami	Discours de Jean-Paul II aux représentants juifs aux Etats-Unis (Miami, 11 septembre 1987)
Mission Santa Teresita	Discours de Jean-Paul II aux populations autochtones du Paraguay (Mission Santa Teresita, 17 mai 1988)
MM	Lettre Encyclique de Jean XXIII *Mater et magistra* (15 mai 1961)
Nairobi CD	Discours de Jean-Paul II au Corps Diplomatique au Kenya (Nairobi, 6 mai 1980)
Nairobi NU	Discours de Jean-Paul II au Centre des Nations Unies à Nairobi (18 août 1985)
N'Djamena	Discours de Jean-Paul II au Corps Diplomatique au Tchad (N'Djamena, 1er février 1990)
Noël 1978	Homélie de Jean-Paul II à la Messe de minuit de Noël (24 décembre 1978)
Noël 1989	Message de Jean-Paul II pour Noël (25 décembre 1989)
Noël 1990	Message de Jean-Paul II pour Noël (25 décembre 1990)
OA	Lettre Apostolique de Paul VI *Octogesima adveniens* (14 mai 1971)
OEA	Discours de Jean-Paul II à l'Organisation des Etats Américains (Washington, 6 octobre 1979)

OIT 1969	Discours de Paul VI à l'Organisation Internationale du Travail (Genève, 10 juin 1969)
OIT 1982	Discours de Jean-Paul II à l'Organisation Internationale du Travail (Genève, 15 juin 1982)
ONU	Discours de Jean-Paul II à la 34e Assemblée générale de l'Organisation des Nations Unies (New York, 2 octobre 1979)
ONU 25	Message de Paul VI pour le 25e anniversaire de l'Organisation des Nations Unies (4 octobre 1970)
ONU 40	Message de Jean-Paul II pour le 40e anniversaire de l'Organisation des Nations Unies (14 octobre 1985)
Ouagadougou	Discours de Jean-Paul II à Ouagadougou (29 janvier 1990)
Pâques 1990	Message de Jean-Paul II pour Pâques (15 avril 1990)
Pâques 1991	Message de Jean-Paul II pour Pâques (31 mars 1991)
PEPG	Discours de Jean Paul II aux Patriarches et Evêques des pays impliqués dans la guerre du Golfe (4 mars 1991)
Phoenix	Discours de Jean-Paul II aux indiens d'Amérique du Nord (Phoenix, 14 septembre 1987)
PP	Lettre Encyclique de Paul VI *Populorum progressio* (26 mars 1967)
Prague	Discours de Jean-Paul II aux représentants du monde de la culture (Prague, 21 avril 1990)
PT	Lettre Encyclique de Jean XXIII *Pacem in terris* (11 avril 1963)
Puebla	Discours de Jean-Paul II à la IIIe Conférence de l'épiscopat latino-américain (Puebla, 28 janvier 1979)
Quezaltenango	Discours de Jean-Paul II aux indiens du Guatemala (Quezaltenango, 7 mars 1983)
RE	Lettre de Jean-Paul II au Cardinal Roger Etchegaray à l'occasion de l'Année Internationale des Sans-Abri (8 décembre 1987)
RH	Lettre Encyclique de Jean-Paul II *Redemptor hominis* (4 mars 1979)
RM	Lettre Encyclique de Jean-Paul II *Redemptoris missio* (7 décembre 1990)
RN 75	Discours de Paul VI pour le 75e anniversaire de l'Encyclique *Rerum novarum* (22 mai 1966)
RRAL	Lettre Apostolique de Jean-Paul II aux religieux et religieuses d'Amérique Latine (29 juin 1990)

SCC 1973	Discours de Paul VI au Sacré Collège des Cardinaux (21 décembre 1973)
SCC 1979	Discours d'ouverture de Jean-Paul II à la réunion plénière du Sacré Collège des Cardinaux (5 novembre 1979)
SDL	Constitution Apostolique de Jean-Paul II *Sacrae disciplinae leges*, pour la promulgation du CDC (25 janvier 1983)
SE	Message de Paul VI en union avec les évêques assemblés en Synode, «Droits de l'homme et réconciliation» (23 octobre 1974)
SEE	Discours d'ouverture de Jean-Paul II à la réunion de consultation pour préparer l'Assemblée spéciale pour l'Europe du Synode des Evêques (5 juin 1990)
SGNU 1972	Discours de Paul VI au Secrétaire Général des Nations Unies (5 février 1972)
SGNU 1991	Lettre de Jean-Paul II au Secrétaire Général des Nations Unies (21 mars 1991)
SL	Lettre Apostolique de Jean-Paul II sur la situation au Liban (7 septembre 1989)
SME	Message de Jean-Paul II à l'occasion du Sommet Mondial pour les Enfants (22 septembre 1990)
SRS	Lettre Encyclique de Jean-Paul II *Sollicitudo rei socialis* (30 décembre 1987)
TR 1977	Discours de Paul VI au Tribunal de la Rote Romaine (4 février 1977)
TR 1979	Discours de Jean-Paul II au Tribunal de la Rote Romaine (17 février 1979)
TR 1989	Discours de Jean-Paul II au Tribunal de la Rote Romaine (26 janvier 1989)
TR 1990	Discours de Jean-Paul II au Tribunal de la Rote Romaine (18 janvier 1990)
UC	Constitution Apostolique de Jean-Paul II sur les Universités catholiques (15 août 1990)
UIA	Discours de Jean-Paul II à l'Union Internationale des Avocats (23 mars 1991)
UIJC	Discours de Jean-Paul II à l'Union Internationale des Juristes Catholiques (11 janvier 1991)
UIP	Discours de Jean-Paul II à la 69e Conférence de l'Union Interparlementaire (18 septembre 1982)
UJCI	Discours de Jean-Paul II à l'Union des Juristes Catholiques Italiens (7 décembre 1979)

UNESCO	Discours de Jean-Paul II à la Conférence générale de l'UNESCO (Paris, 2 juin 1980)
Uppsala	Discours de Jean-Paul II à l'Université (Uppsala, 9 juin 1989)
Varsovie 1979	Discours de Jean-Paul II au Palais du Belvédère (Varsovie, 2 juin 1979)
Varsovie 1987	Discours de Jean-Paul II à l'aéroport (Varsovie, 8 juin 1987)
Yaoundé	Discours de Jean-Paul II au monde de la culture (Yaoundé, 13 août 1985)
Yaoundé CD	Discours de Jean-Paul II aux Corps Constitués et au Corps Diplomatique au Cameroun (Yaoundé, 12 août 1985)

PREMIERE PARTIE

1.

MISSION DE L'EGLISE POUR LA DEFENSE ET LA PROMOTION DE LA DIGNITE HUMAINE

Par le développement de sa doctrine sociale, l'Eglise acquiert une perception de plus en plus claire des liens intrinsèques existant entre l'annonce de la Bonne Nouvelle et le souci pour le respect de la dignité humaine.

Si «le Christ s'est uni à chaque homme» (*RH* 13), *«toutes les routes de l'Eglise conduisent à l'homme»* (*RH* 14): *on tient ainsi les deux termes du mandat reçu par l'Eglise et on touche aux racines mêmes du service qu'elle rend à la cause de la dignité humaine.* *

A.1. *Gaudium et Spes (GS)*

40. RAPPORTS MUTUELS DE L'EGLISE ET DU MONDE

(...) A vrai dire, cette compénétration de la cité terrestre et de la cité céleste ne peut être perçue que par la foi: bien plus, elle demeure le mystère de l'histoire humaine qui, jusqu'à la pleine révélation de la gloire des fils de Dieu sera troublée par le péché. Mais l'Eglise, en poursuivant la fin salvifique qui lui est propre, ne communique pas seulement à l'homme la vie divine; elle répand aussi, et d'une certaine façon sur le monde entier, la lumière que cette vie divine irradie, notamment en guérissant et en élevant la dignité de la personne humaine, en affermissant la cohésion de la société et en procurant à l'activité quotidienne des hommes un sens plus profond, la pénétrant d'une signification plus haute. Ainsi, par chacun de ses membres comme par toute la communauté qu'elle forme, l'Eglise croit pouvoir largement contribuer à humaniser toujours plus la famille des hommes et son histoire. (...)

---

* Pour un approfondissement de la position de l'Eglise dans le domaine des droits de l'homme, cf. J. Joblin, *L'Eglise et les droits de l'homme: un regard historique et perspective d'avenir,* et W. Kasper, *Le fondement théologique des droits de l'homme,* dans *Les droits de l'homme et l'Eglise,* Cité du Vatican 1990 (publié par le Conseil Pontifical «Justice et Paix»), p. 11-47 et p. 49-74, respectivement.

41. AIDE QUE L'EGLISE VEUT OFFRIR A TOUT HOMME

L'homme moderne est en marche vers un développement plus complet de sa personnalité, vers une découverte et une affirmation toujours croissantes de ses droits. L'Eglise, pour sa part, qui a reçu la mission de manifester le mystère de Dieu, de ce Dieu qui est fin ultime de l'homme, révèle en même temps à l'homme le sens de sa propre existence, c'est-à-dire sa vérité essentielle. L'Eglise sait parfaitement que Dieu seul, dont elle est la servante, répond aux plus profonds désirs du coeur humain que jamais ne rassasient pleinement les nourritures terrestres. Elle sait aussi que l'homme, sans cesse sollicité par l'Esprit de Dieu, ne sera jamais tout à fait indifférent au problème religieux, comme le prouvent non seulement l'expérience des siècles passés, mais de multiples témoignages de notre temps. L'homme voudra toujours connaître, ne serait-ce que confusément, la signification de sa vie, de ses activités et de sa mort. Ces problèmes, la présence même de l'Eglise les lui rappelle. Or Dieu seul, qui a créé l'homme à son image et l'a racheté du péché, peut répondre à ces questions en plénitude. Il le fait par la révélation dans le Christ, son divin Fils, qui s'est fait homme. Quiconque suit le Christ, homme parfait, devient lui-même plus homme.

Appuyée sur cette foi, l'Eglise peut soustraire la dignité de la nature humaine à toutes les fluctuations des opinions qui, par exemple, rabaissent exagérément le corps humain, ou au contraire l'exaltent sans mesure. Aucune loi humaine ne peut assurer la dignité personnelle et la liberté de l'homme comme le fait l'Evangile du Christ, confié à l'Eglise. Cet Evangile annonce et proclame la liberté des enfants de Dieu, rejette tout esclavage qui en fin de compte provient du péché,[1] respecte scrupuleusement la dignité de la conscience et son libre choix, enseigne sans relâche à faire fructifier tous les talents humains au service de Dieu et pour le bien des hommes, enfin confie chacun à l'amour de tous.[2] Tout cela correspond à la loi fondamentale de l'économie chrétienne. Car, si le même Dieu est à la fois Créateur et Sauveur, Seigneur et de l'histoire humaine et de l'histoire du salut, cet ordre divin lui-même, loin de supprimer la juste autonomie de la créature, et en particulier de l'homme, la rétablit et la confirme au contraire dans sa dignité.

C'est pourquoi l'Eglise, en vertu de l'Evangile qui lui a été confié, proclame les droits des hommes, reconnaît et tient en grande estime le dynamisme de notre temps qui, partout, donne un nouvel élan à ces droits. Ce mouvement toutefois doit être imprégné de l'esprit de l'Evangile et garanti contre toute idée de fausse autonomie. Nous sommes, en effet, exposés à la tentation d'estimer que nous sommes dégagés de toute norme de la Loi divine. Mais, en suivant cette voie, la dignité humaine, loin d'être sauvée, s'évanouit.

---

[1] Cf. *Rm* 8, 14-17.

[2] Cf. *Mt* 22, 39.

76. LA COMMUNAUTE POLITIQUE ET L'EGLISE

Surtout là où existe une société de type pluraliste, il est d'une haute importance que l'on ait une vue juste des rapports entre la communauté politique et l'Eglise; et que l'on distingue nettement entre les actions que les fidèles, isolément ou en groupe, posent en leur nom propre comme citoyens, guidés par leur conscience chrétienne, et les actions qu'ils mènent au nom de l'Eglise, en union avec leurs pasteurs.

L'Eglise qui, en raison de sa charge et de sa compétence, ne se confond d'aucune manière avec la communauté politique et n'est liée à aucun système politique, est à la fois le signe et la sauvegarde du caractère transcendant de la personne humaine.

Sur le terrain qui leur est propre, la communauté politique et l'Eglise sont indépendantes l'une de l'autre et autonomes. Mais toutes deux, quoique à des titres divers, sont au service de la vocation personnelle et sociale des mêmes hommes. Elles exerceront d'autant plus efficacement ce service pour le bien de tous qu'elles rechercheront davantage entre elles une saine coopération, en tenant également compte des circonstances de temps et de lieu. L'homme, en effet, n'est pas limité aux seuls horizons terrestres, mais, vivant dans l'histoire humaine, il conserve intégralement sa vocation éternelle. Quant à l'Eglise, fondée dans l'amour du Rédempteur, elle contribue à étendre le règne de la justice et de la charité à l'intérieur de chaque nation et entre les nations. En prêchant la vérité de l'Evangile, en éclairant tous les secteurs de l'activité humaine par sa doctrine et par le témoignage que rendent des chrétiens, l'Eglise respecte et promeut aussi la liberté politique et la responsabilité des citoyens.

Lorsque les apôtres, leurs successeurs et les coopérateurs de ceux-ci sont envoyés pour annoncer aux hommes le Christ Sauveur du monde, leur apostolat prend appui sur la puissance de Dieu qui, très souvent, manifeste la force de l'Evangile dans la faiblesse des témoins. Il faut en effet que tous ceux qui se vouent au ministère de la parole divine utilisent les voies et les moyens propres à l'Evangile qui, sur bien des points, sont autres que ceux de la cité terrestre.

Certes, les choses d'ici-bas et celles qui, dans la condition humaine, dépassent ce monde, sont étroitement liées, et l'Eglise elle-même se sert d'instruments temporels dans la mesure où sa propre mission le demande. Mais elle ne place pas son espoir dans les privilèges offerts par le pouvoir civil. Bien plus, elle renoncera à l'exercice de certains droits légitimement acquis s'il est reconnu que leur usage peut faire douter de la pureté de son témoignage ou si des circonstances nouvelles exigent d'autres dispositions. Mais il est juste qu'elle puisse partout et toujours prêcher la foi avec une authentique liberté, enseigner sa doctrine sociale, accomplir sans entraves sa mission parmi les hommes, porter un jugement moral, même en des matières qui touchent le domaine politique, quand les droits fondamentaux de la personne ou le salut des âmes l'exigent, en utilisant tous les moyens, et ceux-là seulement, qui sont conformes à l'Evangile et en harmonie avec le bien de tous, selon la diversité des temps et des situations.

Par son attachement et sa fidélité à l'Evangile, par l'accomplissement de sa mission dans le monde, l'Eglise, à qui il appartient de favoriser et d'élever tout ce qui se trouve de vrai, de bon, de beau dans la communauté humaine,[3] renforce la paix entre les hommes pour la gloire de Dieu.[4]

A.2. *Evangelii Nuntiandi* (*EN*)

29. MESSAGE CONCERNANT TOUTE LA VIE

Mais l'évangélisation ne serait pas complète si elle ne tenait pas compte des rapports concrets et permanents qui existent entre l'Evangile et la vie, personnelle et sociale, de l'homme. C'est pourquoi l'évangélisation comporte un message explicite, adapté aux diverses situations, constamment actualisé, sur les droits et les devoirs de toute personne humaine, sur la vie familiale sans laquelle l'épanouissement personnel n'est guère possible,[5] sur la vie en commun dans la société, sur la vie internationale, la paix, la justice, le développement; un message particulièrement vigoureux de nos jours sur la libération.

30. UN MESSAGE DE LIBERATION

On sait en quels termes en ont parlé, au récent Synode, de nombreux Evêques de tous les continents, surtout les Evêques du Tiers-Monde, avec un accent pastoral où vibrait la voix de millions de fils de l'Eglise qui forment ces peuples. Peuples engagés, avec toute leur énergie, dans l'effort et le combat de dépassement de tout ce qui les condamne à rester en marge de la vie: famines, maladies chroniques, analphabétisme, paupérisme, injustices dans les rapports internationaux et spécialement dans les échanges commerciaux, situations de néo-colonialisme économique et culturel parfois aussi cruel que l'ancien colonialisme politique. L'Eglise, ont répété les Evêques, a le devoir d'annoncer la libération de millions d'êtres humains, beaucoup d'entre eux étant ses propres enfants; le devoir d'aider cette libération à naître, de témoigner pour elle, de faire qu'elle soit totale. Cela n'est pas étranger à l'évangélisation.

31. EN RAPPORT NECESSAIRE AVEC LA PROMOTION HUMAINE

Entre évangélisation et promotion humaine — développement, libération — il y a en effet des liens profonds. Liens d'ordre anthropologique, parce

---

[3] Cf. Conc. Vat. II, *Const. dogm. de Ecclesia,* 13.

[4] Cf. *Lc* 2,14.

[5] Cf. *Gaudium et spes,* 47-52: *AAS* 58 (1966), p. 1067-1074; *Humanae vitae: AAS* 60 (1968), p. 481-503.

que l'homme à évangéliser n'est pas un être abstrait, mais qu'il est sujet aux questions sociales et économiques. Liens d'ordre théologique, puisqu'on ne peut pas dissocier le plan de la création du plan de la Rédemption qui, lui, atteint les situations très concrètes de l'injustice à combattre et de la justice à restaurer. Liens de cet ordre éminemment évangélique qui est celui de la charité: comment en effet proclamer le commandement nouveau sans promouvoir dans la justice et la paix la véritable, l'authentique croissance de l'homme? Nous avons tenu à le signaler Nous-même en rappelant qu'il est impossible d'accepter «que l'oeuvre d'évangélisation puisse ou doive négliger les questions extrêmement graves, tellement agitées aujourd'hui, concernant la justice, la libération, le développement et la paix dans le monde. Si cela arrivait, ce serait ignorer la doctrine de l'Evangile sur l'amour envers le prochain qui souffre ou est dans le besoin».[6]

38. CONTRIBUTION SPECIFIQUE DE L'EGLISE

Ceci dit, Nous nous réjouissons que l'Eglise prenne une conscience toujours plus vive de la façon propre, foncièrement évangélique, qu'elle a de collaborer à la libération des hommes. Et que fait-elle? Elle cherche de plus en plus à susciter de nombreux chrétiens qui se donnent à la libération des autres. Elle fournit à ces chrétiens «libérateurs» une inspiration de foi, une motivation d'amour fraternel, un enseignement social auquel le vrai chrétien ne peut pas ne pas être attentif mais qu'il doit poser à la base de sa sagesse et de son expérience pour le traduire concrètement en des catégories d'action, de participation et d'engagement. Tout cela, sans se confondre avec des attitudes tactiques ni avec le service d'un système politique, doit caractériser l'élan du chrétien engagé. L'Eglise s'efforce d'insérer toujours le combat chrétien pour la libération dans le dessein global du salut qu'elle annonce elle-même.

Ce que Nous venons de rappeler ici émerge plus d'une fois dans les débats du Synode. Nous avions d'ailleurs voulu consacrer à ce thème quelques mots d'éclaircissement dans l'allocution que Nous adressions aux Pères à l'issue de l'Assemblée.[7]

Toutes ces considérations devraient aider, il faut l'espérer, à éviter l'ambiguïté que revêt très souvent le mot «libération» dans les idéologies, les systèmes ou les groupes politiques. La libération que proclame et prépare l'évangélisation est celle que le Christ lui-même a annoncée à l'homme par son sacrifice.

---

6 Allocution pour l'ouverture de la troisième Assemblée générale du Synode des Evêques (27 septembre 1974): *AAS* 66 (1974), p. 562.

7 Allocution pour la clôture de la troisième Assemblée générale du Synode des Evêques (26 octobre 1974): *AAS* 66 (1974), p. 637.

A.3. *Redemptor Hominis (RH)*

13. (...) Jésus-Christ est la route principale de l'Eglise. Lui-même est notre route vers «la maison du Père»,[8] et il est aussi la route pour tout homme. Sur cette route qui conduit du Christ à l'homme, sur cette route où le Christ s'unit à chaque homme, l'Eglise ne peut être arrêtée par personne. Le bien temporel et le bien éternel de l'homme l'exigent. L'Eglise, par respect du Christ et en raison de ce mystère qui constitue la vie de l'Eglise elle-même, ne peut demeurer insensible à tout ce qui sert au vrai bien de l'homme, comme elle ne peut demeurer indifférent à ce qui le menace. Le Concile Vatican II, en divers passages de ses documents, a exprimé cette sollicitude fondamentale de l'Eglise, afin que la vie en ce monde soit «plus conforme à l'éminente dignité de l'homme» [9] à tous points de vue, pour la rendre «toujours plus humaine».[10] (...)

Il s'agit donc ici de l'homme dans toute sa vérité, dans sa pleine dimension. Il ne s'agit pas de l'homme «abstrait», mais réel, de l'homme «concret», «historique». Il s'agit de chaque homme, parce que chacun a été inclus dans le mystère de la Rédemption, et Jésus-Christ s'est uni à chacun, pour toujours, à travers ce mystère. Tout homme vient au monde en étant conçu dans le sein de sa mère et en naissant de sa mère, et c'est précisément à cause du mystère de la Rédemption qu'il est confié à la sollicitude de l'Eglise. Cette sollicitude s'étend à l'homme tout entier et est centrée sur lui d'une manière toute particulière. L'objet de cette profonde attention est l'homme dans sa réalité humaine unique et impossible à répéter, dans laquelle demeure intacte l'image et la ressemblance avec Dieu lui-même.[11] C'est ce qu'indique précisément le Concile lorsque, en parlant de cette ressemblance, il rappelle que «l'homme est la seule créature sur terre que Dieu ait voulue pour elle-même».[12] L'homme, tel qu'il est «voulu» par Dieu, «choisi» par Lui de toute éternité, appelé, destiné à la grâce et à la gloire: voilà ce qu'est «tout» homme, l'homme «le plus concret», «le plus réel»; c'est cela, l'homme dans toute la plénitude du mystère dont il est devenu participant en Jésus-Christ et dont devient participant chacun des quatre milliards d'hommes vivant sur notre planète, dès l'instant de sa conception près du coeur de sa mère.

14. (...) L'homme, dans la pleine vérité de son existence, de son être personnel et en même temps de son être communautaire et social — dans le cercle de sa famille, à l'intérieur de sociétés et de contextes très divers, dans le cadre de sa nation ou de son peuple (et peut-être plus encore de son clan ou de sa tribu), même dans le cadre de toute l'humanité —, cet homme est la première route que l'Eglise doit parcourir en accomplissant sa mission: il est *la première route et la route fon-*

---

8 Cf. *Jn* 14,1 s.

9 *Gaudium et spes,* 91: *AAS* 58 (1966), p. 1113.

10 *Ibid.,* 38: *l. c.,* p. 1056.

11 Cf. *Gn* 1,27.

12 *Gaudium et spes,* 24: *AAS* 58 (1966), p. 1045.

damentale de l'Eglise, route tracée par le Christ lui-même, route qui, de façon immuable, passe par le mystère de l'Incarnation et de la Rédemption. (...)

Cet homme est la route de l'Eglise, route qui se déploie, d'une certaine façon, à la base de toutes les routes que l'Eglise doit emprunter, parce que l'homme — tout homme sans aucune exception — a été racheté par le Christ, parce que le Christ est en quelque sorte uni à l'homme, à chaque homme sans aucune exception, même si ce dernier n'en est pas conscient: «Le Christ, mort et ressuscité pour tous, offre à l'homme» — à tout homme et à tous les hommes — «...lumière et forces pour lui permettre de répondre à sa très haute vocation».[13]

Cet homme étant donc la route de l'Eglise, route de sa vie et de son expérience quotidiennes, de sa mission et de son labeur, l'Eglise de notre temps doit être, de façon toujours renouvelée consciente de la situation de l'homme. Elle doit donc être consciente de ses possibilités, qui se manifestent en prenant toujours une nouvelle orientation; l'Eglise doit être en même temps consciente des menaces qui se présentent à l'homme. Elle doit être consciente pareillement de tout ce qui semble contraire à l'effort visant à rendre «la vie humaine toujours plus humaine»,[14] afin que tout ce qui compose cette vie corresponde à la vraie dignité de l'homme. En un mot, l'Eglise doit être consciente de tout ce *qui est contraire* à ce processus.

A.4. *Sollicitudo Rei Socialis (SRS)*

41. L'Eglise n'a pas de *solutions techniques* à offrir face au problème du sous-développement comme tel, ainsi que le déclarait déjà le Pape Paul VI dans son encyclique.[15] En effet, elle ne propose pas des systèmes ou des programmes économiques et politiques, elle ne manifeste pas de préférence pour les uns ou pour les autres, pourvu que la dignité de l'homme soit dûment respectée et promue et qu'elle-même se voie laisser l'espace nécessaire pour accomplir son ministère dans le monde.

Mais l'Eglise est «experte en humanité»,[16] et cela la pousse nécessairement à étendre sa mission religieuse aux divers domaines où les hommes et les femmes déploient leur activité à la recherche du bonheur, toujours relatif, qui est possible en ce monde, conformément à leur dignité de personnes.

A l'exemple de mes prédécesseurs, je dois répéter que ce qui touche à la dignité de l'homme et des peuples, comme c'est le cas du développement authenti-

---

[13] *Ibid.,* 10: *l. c.,* p. 1033.

[14] Cf. *ibid.,* 38: *l. c.,* p. 1056; *Populorum progressio,* 21: *AAS* 59 (1967), p. 267-268.

[15] Cf. *Populorum progressio,* 13, 81.

[16] Cf. *ibid.,* 13.

que, ne peut se ramener à un problème «technique». Réduit à cela, le développement serait vidé de son vrai contenu et l'on accomplirait un acte de *trahison* envers l'homme et les peuples qu'il doit servir.

Voilà pourquoi l'Eglise a *une parole à dire* aujourd'hui comme il y a vingt ans, et encore à l'avenir, sur la nature, les conditions, les exigences et les fins du développement authentique, et aussi sur les obstacles qui l'entravent. Ce faisant, l'Eglise accomplit sa mission *d'évangélisation,* car elle apporte sa *première contribution* à la solution du problème urgent du développement quand elle proclame la vérité sur le Christ, sur elle-même et sur l'homme, en l'appliquant à une situation concrète.[17]

L'*instrument* que l'Eglise utilise pour atteindre ce but est sa *doctrine sociale.* Dans la difficile conjoncture présente, pour favoriser la formulation correcte des problèmes aussi bien que leur meilleure résolution, il pourra être très utile d'avoir *une connaissance plus exacte* et d'assurer *une diffusion plus l'arge* de l'«ensemble de principes de réflexion et de critères de jugement et aussi de directives d'action» proposé dans son enseignement.[18]

On se rendra compte ainsi immédiatement que les questions auxquelles on a à faire face sont avant tout morales, et que ni l'analyse du problème du développement en tant que tel, ni les moyens pour surmonter les difficultés actuelles ne peuvent faire abstraction de cette dimension essentielle.

La doctrine sociale de l'Eglise *n'est pas* une «troisième voie» entre *le capitalisme libéral* et *le collectivisme marxiste,* ni une autre possibilité parmi les solutions moins radicalement marquées: elle constitue *une catégorie en soi.* Elle n'est pas non plus *une idéologie,* mais la *formulation précise* des résultats d'une réflexion attentive sur les réalités complexes de l'existence de l'homme dans la société et dans le contexte international, à la lumière de la foi et de la tradition ecclésiale. Son but principal est *d'interpréter* ces réalités, en examinant leur conformité ou leurs divergences avec les orientations de l'enseignement de l'Evangile sur l'homme et sur sa vocation à la fois terrestre et transcendante; elle a donc pour but d'*orienter* le comportemente chrétien. C'est pourquoi elle n'entre pas dans le domaine de l'*idéologie* mais dans celui de la *théologie* et particulièrement de la théologie morale.

L'enseignement et la diffusion de la doctrine sociale font partie de la mission d'évangélisation de l'Eglise. Et, s'agissant d'une doctrine destinée à guider *la conduite de la personne,* elle a pour conséquence l'«engagement pour la justice» de chacun suivant son rôle, sa vocation, sa condition.

---

[17] Cf. Discours d'ouverture de la troisième Conférence générale de l'Episcopat latino-américain (28 janvier 1979): *AAS* 71 (1979), p. 189-196.

[18] CONGR. POUR LA DOCTRINE DE LA FOI, Instruction sur la liberté chrétienne et la libération *Libertatis conscientia* (22 mars 1986), 72: *AAS* 79 (1987), p. 586; *Octogesima adveniens,* 4: *AAS* 63 (1971), p. 403-404.

L'accomplissement du *ministère de l'évangélisation* dans le domaine social, qui fait partie de *la fonction prophétique* de l'Eglise, comprend aussi *la dénonciation* des maux et des injustices. Mais il convient de souligner que *l'annonce* est toujours plus importante que la *dénonciation,* et celle-ci ne peut faire abstraction de celle-là qui lui donne son véritable fondement et la force de la motivation la plus haute.

47. Devant *les tristes expériences* de ces dernières années et *le panorama en majeure partie négatif* de la période actuelle, l'Eglise se doit d'affirmer avec force *la possibilité* de surmonter les entraves qui empêchent le développement, par excès ou par défaut, et la confiance en *une vraie libération.* Cette confiance et cette possibilité sont fondées, en dernière instance, sur *la conscience qu'a l'Eglise* de la promesse divine l'assurant que l'histoire présente ne reste pas fermée sur elle-même, mais qu'elle est ouverte au Règne de Dieu.

L'Eglise a *aussi confiance en l'homme,* tout en connaissant la perversité dont il est capable, parce qu'elle sait que — malgré l'héritage du péché et le péché que chacun peut commettre — il y a dans la personne humaine des qualités et une énergie suffisantes, il y a en elle une «bonté» fondamentale (cf. *Gn* 1,31), parce qu'elle est l'image du Créateur placée sous l'influence rédemptrice du Christ qui «s'est en quelque sorte uni lui-même à tout homme»,[19] et parce que l'action efficace de l'Esprit Saint «remplit le monde» (*Sg* 1,7).

C'est pourquoi ni le désespoir, ni le pessimisme, ni la passivité ne peuvent se justifier. Même si c'est avec amertume, il faut dire que de même que l'on peut pécher par égoïsme, par appétit excessif du gain et du pouvoir, *on peut aussi commettre des fautes,* quand on est confronté aux besoins urgents des multitudes humaines plongées dans le sous-développement, par *crainte,* par *indécision* et, au fond, par *lâcheté.* Nous sommes *tous* appelés et même *tenus,* à relever *le terrible défi* de la dernière décennie du second millénaire, ne serait-ce que parce que nous sommes tous sous la menace de dangers imminents: une crise économique mondiale, une guerre sans frontières, sans vainqueurs ni vaincus. Face à cette menace, la distinction entre personnes ou pays riches et personnes ou pays pauvres *aura peu de valeur,* si ce n'est en raison de la plus grande responsabilité pesant sur ceux qui ont plus et qui peuvent plus.

Mais une telle motivation n'est *ni la seule ni la principale.* Ce qui rentre en ligne de compte, c'est *la dignité de la personne humaine* dont la *défense* et la *promotion* nous ont été confiées par le Créateur et dont sont rigoureusement responsables et *débiteurs* les hommes et les femmes dans toutes les circonstances de l'histoire. La situation actuelle, comme beaucoup s'en sont déjà rendu compte plus ou moins clairement, *ne paraît pas respecter* cette dignité. *Chacun de nous* est appelé à prendre sa part dans cette campagne *pacifique,* à mener avec des moyens *pacifiques,* pour conquérir *le développement dans la paix,* pour sauvegarder la na-

---

19 Cf. *Gaudium et spes,* 22; *Redemptor hominis,* 8: *AAS* 71 (1979), p. 272.

ture elle-même et le monde qui nous entoure. L'Eglise, elle aussi, se sent profondément impliquée dans cette voie dont elle espère l'heureux aboutissement.

C'est pourquoi, à l'exemple du Pape Paul VI dans l'encyclique *Populorum progressio,*[20] je voudrais *m'adresser* avec simplicité et humilité à *tous,* hommes et femmes sans exception, afin que, convaincus de la gravité de l'heure présente et conscients de leur responsabilité personnelle, ils mettent en oeuvre — par leur mode de vie personnelle et familiale, par leur usage des biens, par leur participation de citoyens, par leur contribution aux décisions économiques et politiques ainsi que par leur propre engagement sur les plans national et international — les *mesures* inspirées par la solidarité et l'amour préférentiel des pauvres qu'exigent les circonstances et que requiert surtout la dignité de la personne humaine, image indestructible de Dieu créateur, image *identique* en chacun de nous.

Dans cet effort, les fils de l'Eglise doivent être des exemples et des guides, car ils sont appelés, selon le programme proclamé par Jésus lui-même dans la synagogue de Nazareth, à «porter la bonne nouvelle aux pauvres, (...) annoncer aux captifs la délivrance et aux aveugles le retour à la vue, renvoyer en liberté les opprimés, proclamer une année de grâce du Seigneur» (*Lc* 4,18-19). Il convient de souligner *le rôle prépondérant* qui incombe aux *laïcs,* hommes et femmes, comme l'a redit la récente Assemblée synodale. Il leur revient d'animer les réalités temporelles avec un zèle chrétien et de s'y conduire en témoins et en artisans de paix et de justice.

Je voudrais m'adresser particulièrement à ceux qui, par le sacrement du baptême et la profession du même Credo, participent avec nous à *une vraie communion,* même si elle n'est pas parfaite. Je suis sûr que le souci exprimé par la présente lettre, aussi bien que les motivations qui l'animent, *leur sont familiers* parce que c'est l'Evangile du Christ Jésus qui les inspire. Nous pouvons trouver ici une invitation nouvelle à donner *un témoignage unanime* de *nos convictions communes* sur la dignité de l'homme, créé par Dieu, sauvé par le Christ, sanctifié par l'Esprit, et appelé à vivre dans ce monde une vie conforme à cette dignité.

A.5. *Centesimus Annus (CA)*

22. C'est à partir de la situation mondiale qui vient d'être décrite, et qui a déjà été largement exposée dans l'encyclique *Sollicitudo rei socialis,* que l'on comprend la portée inattendue et prometteuse des événements de ces dernières années. Leur point culminant, sans aucun doute, ce sont les événements survenus en 1989 dans les pays de l'Europe centrale et orientale, mais ils couvrent une période et un es-

---

[20] *Populorum progressio,* 5: «Nous pensons que (ce programme) peut et doit rallier, avec nos fils catholiques et nos frères chrétiens, les hommes de bonne volonté»; cf. aussi n. 81-83, 87.

pace géographique plus larges. Au cours des années 1980, on voit s'écrouler progressivement dans plusieurs pays d'Amérique latine, et aussi d'Afrique et d'Asie, certains régimes de dictature et d'oppression. Dans d'autres cas commence un cheminement, difficile mais fécond, de transition vers des formes politiques qui laissent plus de place à la participation et à la justice. L'*Église* a fourni une contribution importante, et même décisive, *par son engagement en faveur de la défense et de la promotion des droits de l'homme:* dans des milieux fortement imprégnés d'idéologie, où les prises de position radicales obscurcissaient le sens commun de la dignité humaine, l'Eglise a affirmé avec simplicité et énergie que tout homme, quelles que soient ses convictions personnelles, porte en lui l'image de Dieu et mérite donc le respect. La grande majorité du peuple s'est bien souvent reconnue dans cette affirmation, et cela a conduit à rechercher des formes de lutte et des solutions politiques plus respectueuses de la dignité de la personne.

De ce processus historique sont sorties de nouvelles formes de démocratie qui suscitent l'espoir d'un changement dans les structures politiques et sociales précaires, grevées de l'hypothèque d'une douloureuse série d'injustices et de rancoeurs, qui s'ajoutent à une économie désastreuse et à de pénibles conflits sociaux. Tout en rendant grâce à Dieu, en union avec toute l'Eglise, pour le témoignage, parfois héroïque, que beaucoup de Pasteurs, de communautés chrétiennes comme de simples fidèles et d'autres hommes de bonne volonté ont donné en ces circonstances difficiles, je le prie de soutenir les efforts accomplis par tous pour bâtir un avenir meilleur. C'est là, en effet, une responsabilité qui incombe non seulement aux citoyens de ces pays mais à tous les chrétiens et aux hommes de bonne volonté. Il s'agit de montrer que les problèmes complexes de ces peuples peuvent être résolus par la méthode du dialogue et de la solidarité, et non par la lutte pour détruire l'adversaire ou par la guerre.

B.6. *Au Secrétaire Général des Nations Unies (SGNU 1972)*

Il est un autre terrain encore, bien proche de celui de la paix, sur lequel votre action et la nôtre se rencontrent: c'est celui de la défense des droits de l'homme, des droits des groupes humains, et notamment des minorités ethniques. On ne peut, sans péril grave pour la société, se résigner à ce qu'il soit infligé à ces droits aujourd'hui, en plusieurs pays, et en dépit de tant de proclamations éloquentes, de si multiples et de si douloureuses blessures. L'Eglise, avant tout soucieuse des droits de Dieu, ne pourra jamais se désintéresser des droits de l'homme, créé à l'image et à la ressemblance de son Créateur. Elle se sent blessée lorsque les droits d'un homme, quel qu'il soit, et où que ce soit, sont méconnus et violés.

Par le choix qui a été fait de votre personne, vous devenez en quelque sorte, devant l'humanité entière, le garant du respect de ces droits.

Responsabilité redoutable, qui vous impose de graves devoirs, mais dans laquelle tous les hommes de coeur sont à vos côtés.

Pour notre part, nous tenons à réaffirmer devant vous aujourd'hui ce que montra naguère clairement notre présence au siège de votre Organisation: nous avons foi en l'ONU, nous avons confiance dans ses possibilités d'étendre le domaine de la paix et le règne du droit dans notre monde tourmenté, nous sommes prêt à lui donner notre entier appui moral. La cause de la paix et du droit est sacrée. Les obstacles qu'elle rencontre ne doivent pas décourager ceux qui s'y dévouent. Qu'ils proviennent de circonstances adverses ou de la malice des hommes, ils peuvent et doivent être surmontés.

Ce qui peut paraître disproportionné avec les forces humaines devient possible avec l'aide de Dieu. (...)

B.7. *Message à la fin du Synode 1974 (SE)*

(...) Nous voici réunis en un nouveau Synode dont le thème est l'évangélisation: proclamation de la Bonne Nouvelle de Jésus-Christ. S'il est vrai que les vérités concernant la dignité de l'homme et ses droits sont un bien commun de tous les hommes, nous en trouvons, quant à nous, l'expression la plus complète dans l'Evangile. Et nous puisons aussi dans l'Evangile le motif le plus pressant de nous engager à la défense et à la promotion des droits de l'homme.

Au cours de ce Synode, l'étroite relation entre cet engagement et le ministère de l'Eglise s'est présentée avec évidence dans l'échange que nous avons fait de nos expériences pastorales, reflétant le caractère transnational de l'Eglise, sa présence à l'intime de la conscience des peuples et sa participation à leurs souffrances partout où les droits sont bafoués ou violés.

Réfléchissant sur ces expériences à la lumière de l'Evangile, nous voulons lancer un appel concernant les droits de l'homme et la réconciliation. Nous adressons ce message à l'Eglise et au monde entier, très spécialement à tous ceux qui sont en position de responsabilité. Nous voulons élever la voix au nom de tous les hommes sans voix qui souffrent d'injustices.

La dignité humaine a sa racine dans l'image et le reflet de Dieu qui sont en chacun des hommes. Par là, toutes les personnes sont essentiellement égales entre elles. Le développement personnel intégral est manifestation de cette image de Dieu en nous. Dans le moment que nous vivons, l'Eglise a pris une plus vive conscience de cette vérité. Elle croit aussi très fermement que la promotion des droits de l'homme est une requête de l'Evangile et qu'elle doit occuper une place centrale dans son ministère. (...)

Nous célébrons en ce moment une Année sainte de renouvellement et de réconciliation. Elle nous rappelle la grande année du Pardon (*Lv* 25) ainsi que le don et pouvoir de réconciliation que le Christ nous a remis (*Lc* 4,18-19; *Ep* 2,13-17). Nous réaffirmons ainsi que l'Eglise doit être signe et source de réconciliation parmi les peuples. Les hommes ont droit à l'espoir; l'Eglise doit être aujourd'hui signe et source d'espoir.

En conséquence, elle entend pardonner à tous ceux qui l'ont persécutée ou calomniée; et elle promet ouverture, sympathie et compréhension à tous ceux qui la mettent en question la défient ou s'attaquent à elle. Nous invitons finalement chaque homme, chaque femme à reconnaître la responsabilité qu'il a, ou qu'elle a, en conscience, par rapport aux droits d'autrui. A la lumière de ce que nous percevons de notre devoir d'évangélisation et avec la force de notre obligation de proclamer la Bonne Nouvelle, nous affirmons notre propre détermination de promouvoir les droits de l'homme et la réconciliation partout dans l'Eglise et dans le monde aujourd'hui.

B.8. *Pour le 20e anniversaire de la Déclaration Universelle des Droits de l'Homme* (DUDH 20)

(...) L'Eglise catholique ne restera pas indifférente devant les responsabilités vis-à-vis de l'unité de la famille humaine. Elle ne cherche pas à imposer de nouvelles structures à la Cité de l'homme ou à énoncer pour elle des normes juridiques, mais elle insistera assurément pour que ces normes soient inspirées du principe du respect des droits de l'homme, de la promotion et de la sauvegarde de ces mêmes droits.

Le 1er janvier, l'Eglise universelle donnera son patronage à une Journée mondiale de la Paix et elle mettra l'accent sur le thème de la promotion des droits de l'homme en tant que voie menant à la paix. En cela, Nous suivrons étroitement l'exemple du Christ qui a donné à l'Eglise le messsage d'amour dont découlent les règles de la vie morale, et qui consacre pleinement le respect de la personne humaine. (...)

B.9. *Puebla*

III. 1. Ceux qui sont familiarisés avec l'histoire de l'Eglise savent qu'en tout temps il y a eu d'admirables figures d'évêques profondément engagés dans la promotion et la défense courageuse de la dignité humaine de ceux que le Seigneur leur avait confiés. Ils l'ont toujours fait comme un impératif de leur mission épiscopale, car pour eux la dignité humaine est une valeur évangélique qui ne peut être méprisée sans offenser gravement le Créateur.

Cette dignité est foulée aux pieds, au plan individuel, lorsqu'on ne tient pas dûment compte des valeurs comme la liberté, le droit de professer sa religion, l'intégrité physique et psychique, le droit aux biens essentiels, à la vie... Elle est foulée aux pieds, au plan social et politique, lorsque l'homme ne peut exercer son droit de participation ou est soumis à des contraintes injustes et illégitimes, ou à des tortures physiques, psychiques, etc.

Je n'ignore pas combien de problèmes se posent aujourd'hui à ce sujet en Amérique latine. Comme évêques, vous ne pouvez vous en désintéresser. Je sais que vous vous proposez de faire une sérieuse réflexion sur les relations et implications existant entre évangélisation et promotion humaine ou libération, en considérant, en ce vaste et important domaine, l'aspect spécifique de la présence de l'Eglise.

C'est là que nous retrouvons, sur le plan de l'application concrète, les thèmes que nous avons abordés en parlant de la vérité sur le Christ, sur l'Eglise et sur l'homme.

2. Si l'Eglise se rend présente dans la défense ou dans la promotion de la dignité de l'homme, elle le fait dans la ligne de sa mission qui, tout en étant de caractère religieux et non social ou politique, ne peut pas ne pas considérer l'homme dans l'intégralité de son être. Le Seigneur a décrit dans la parabole du bon Samaritain le modèle de l'attention à toutes les nécessités humaines (cf. *Lc* 10,29 s.), et il a déclaré qu'en fin de compte il s'identifiera avec les déshérités — les malades, les prisonniers, ceux qui ont faim, sont dans la solitude — auxquels on a tendu la main (cf. *Mt* 25,31 s.). Dans ces pages et dans bien d'autres de l'Evangile (cf. *Mc* 6,35-44), l'Eglise a appris que sa mission évangélisatrice comporte pour une part indispensable l'action pour la justice et les tâches de promotion de l'homme (cf. document final du Synode des évêques, octobre 1971) et qu'entre évangélisation et promotion humaine il y a des liens profonds d'ordre anthropologique, théologique et de charité (cf. *EN,* 31); de sorte que «l'évangélisation ne serait pas complète si elle ne tenait pas compte des rapports concrets et permanents qui existent entre l'Evangile et la vie personnelle et sociale, de l'homme» (*EN,* 29).

Il faut penser par ailleurs que l'action de l'Eglise dans des domaines comme la promotion humaine, le développement, la justice, les droits de la personne, veut être toujours un service de l'homme, et de l'homme tel qu'elle le voit dans la vision chrétienne de l'anthropologie qu'elle adopte. Elle n'a donc pas besoin de recourir à des systèmes et des idéologies pour aimer, défendre l'homme et collaborer à sa libération: au centre du message dont elle est le dépositaire et le héraut, elle trouve l'inspiration voulue pour agir en faveur de la fraternité, de la justice, de la paix, et contre toutes les dominations, esclavages, discriminations, violences, attentats à la liberté religieuse, agressions contre l'homme et tout ce qui attente à la vie (cf. *GS,* 26, 27 et 29).

3. Ce n'est donc pas par opportunisme ou par faim de nouveauté que l'Eglise, «experte en humanité» (cf. Paul VI, discours à l'ONU, 5 octobre 1965), se fait le défenseur des droits humains. C'est par un authentique engagement évangélique, lequel, comme pour le Christ, est un engagement envers ceux qui sont le plus dans le besoin. Fidèle à cet engagement, l'Eglise veut se maintenir libre vis-à-vis des systèmes opposés, de façon à opter seulement pour l'homme. Quelles que soient les misères ou les souffrances qui affligent l'homme, le Christ est avec les pauvres, non à travers la violence, les jeux du pouvoir, les systèmes politiques, mais au moyen de la vérité sur l'homme, chemin vers un avenir meilleur.

B.10. *Au Tribunal de la Rote (TR 1979)*

1. Comme vous le savez bien, il est aussi dans la vocation de l'Eglise de s'efforcer de se faire l'interprète de cette soif de dignité et de justice si vivement ressentie par les hommes et les femmes d'aujourd'hui. Et dans cette fonction d'annoncer et de défendre les droits fondamentaux de l'homme à tous les stades de son existence, l'Eglise est appuyée par la communauté internationale, qui a récemment célébré par des initiatives particulières le 30ème anniversaire de la Déclaration Universelle des Droits de l'Homme, et qui a proclamé 1979 année internationale de l'enfant.

Peut-être le XXème siècle reconnaîtra-t-il à l'Eglise d'avoir été le principal rempart qui a défendu la personne humaine tout au long de sa vie terrestre, depuis sa conception. Dans l'évolution de la conscience de l'Eglise, non seulement la personne humaine et chrétienne est reconnue, mais aussi et surtout ses droits fondamentaux sont protégés d'une façon ouverte, active, harmonieuse, comme le sont ceux de la communauté ecclésiale. C'est là aussi un devoir auquel l'Eglise ne saurait renoncer. Et sur le plan des relations entre personne et communauté, elle offre un modèle où le développement bien ordonné de la société s'allie à l'épanouissement de la personnalité du chrétien dans une communauté de foi, d'espérance et de charité (cf. *Lumen gentium,* 8).

B.11. *Au IVe Congrès de Droit Canon (CIDC)*

8. (...) L'Eglise a toujours protégé ces droits: elle a institué des peines canoniques contre ceux qui attentent à la vie et qui agissent contre la dignité de l'homme, qui lèsent sa réputation ou le privent de sa liberté.[21] De même, elle n'a jamais cessé de prêcher aux particuliers et aux autorités publiques leur tâche de respecter et de promouvoir les droits de la personne humaine. L'Eglise a favorisé l'ordre entre les nations; elle a affirmé le droit à la liberté de toutes les nations; elle a exhorté à la fidélité aux pactes établis; elle a conseillé l'institution d'une autorité en quelque sorte universelle qui puisse procurer la communauté des hommes et la paix du monde par le respect de ces mêmes droits.[22]

9. La tâche de l'Eglise est le salut des hommes. Elle doit donc s'employer à connaître toujours mieux les droits fondamentaux de l'homme et à favoriser leur respect et leur mise en acte; je veux parler des droits de la famille, des groupes sociaux, des communautés religieuses.[23] Il faut donc que ces droits soient reconnus

[21] Cf. *CIC,* Can. 2350 par. 1, 2352-2355.

[22] Cf. Message radiophonique de Noël 1944: *AAS* 37 (1945), p. 17-21; cf. Encyclique *Summi pontificatus: AAS* 31 (1939), p. 437; Discours au congrès des juristes catholiques italiens: *AAS* 45 (1953), p. 800; Discours pour la constitution de l'union européenne: *AAS* 49 (1957), p. 629.

[23] Cf. Discours du 6 octobre 1979: *Doc. cath.* 76 (1979), p. 931.

par la société civile et qu'ils soient protégés par les Etats eux-mêmes. Tous les chrétiens doivent accomplir ces droits en vivant sous la lumière du Christ. En ce temps de l'histoire, tous les chrétiens ont le grave et urgent devoir de s'employer à ce que ces droits soient affirmés et respectés dans les moeurs et dans les lois publiques. C'est de là que découle votre tâche propre de laïcs chrétiens et d'experts en droit: faire en sorte que votre fonction particulière de sagesse, d'érudition technique et d'amour de l'homme s'accomplisse; ceci en vue de faire que les règles juridiques de la cité terrestre manifestent pleinement et expriment la loi de la sagesse divine qui est inscrite dans le coeur des hommes et de transformer les lois qui violent les droits fondamentaux et doivent, de ce fait, être répudiées en vertu de la morale, en normes qui respectent de nouveau ces mêmes droits: le droit à la vie, de la conception jusqu'à sa fin naturelle, le droit à la dignité, à l'intégrité et à la liberté.[24] Et il a été très opportun que vous examiniez toutes ces questions et ces droits dans un esprit oecuménique.

B.12. *Bacolod*

3. (...) C'est au nom du Christ, et parce qu'elle doit annoncer son message d'amour au monde entier que *l'Eglise parle publiquement au nom de la dignité de l'homme* créé à l'image de Dieu (cf *Gn* 1,26) et racheté par Jésus-Christ. C'est parce qu'elle croit en la dignité, don de Dieu pour chaque personne humaine, que l'Eglise considère que sa mission est d'embrasser dans sa sollicitude l'homme dans sa totalité: l'homme dont la destinée définitive est Dieu, l'homme qui doit vivre dans la réalité concrète de l'existence quotidienne, selon la dignité qu'il porte en lui. C'est pourquoi l'Eglise désire apporter le message du salut que le Christ lui a confié, à toute personne humaine, à toute culture et à tout milieu social, à toute l'humanité, mais avant tout à ceux qui sont davantage dans le besoin. Sans abandonner sa tâche spécifique d'évangélisation, elle s'efforcera aussi de veiller à ce que tous les aspects de la vie de l'homme et de *la société dont il fait partie soient imprégnés du respect de la dignité humaine et donc de la justice.* A vous donc peuple de Bacolod, et à travers vous à tous les peuples des Philippines qui sont fils et filles d'une nation engagée à la recherche d'une vie meilleure pour tous les citoyens, je répète ce que j'ai déjà dit une autre fois: *'le monde voulu par Dieu est un monde de justice. Cet ordre doit continuellement se réaliser dans le monde, et même il faut toujours le réaliser de nouveau selon la croissance et le développement des situations et des systèmes sociaux proportionnellement aux conditions et aux possibilités économiques, aux nouvelles possibilités et aux nécessités de distribution des biens'* (Discours à Saint-Denis, France, 31 mai 1980, n. 5). La dignité de l'homme et le bien commun de la société demandent que la société soit basée sur la justice.

---

24 Cf. Discours prononcé à L'Aquila le 31 août 1980.

B.13. *A la Commission Théologique Internationale (CTI)*

5. (...) Vingt ans déjà ont passé depuis que le Concile Vatican II a présenté une magnifique synthèse sur la dignité de la personne humaine unie par l'Alliance au Christ Créateur et Rédempteur. Nous pouvons peut-être regretter que cette doctrine *ne soit pas encore bien introduite dans la théologie ni bien appliquée.* Les théologiens de notre époque ont le devoir de s'engager dans cette voie et d'y progresser, du moment qu'ils estiment, à juste titre, que la grâce de Dieu et les droits et devoirs de la personne humaine sont unis par un lien réciproque.

6. Ici apparaît le deuxième signe des temps: *la nécessité d'un renouvellement théologique à partir de la nature personnaliste de l'homme,* c'est-à-dire une vraie défense des droits fondamentaux qui sont la conséquence de cette dignité.

Le Magistère du Pape a beaucoup exalté ces Droits de l'homme dans son enseignement, donné aussi bien à Rome qu'au cours de ses voyages pastoraux. Le but de cet apostolat, auquel les professeurs de théologie doivent prêter leur concours, *est double.*

On recherchera d'abord une vraie conversion évangélique en donnant de plus en plus d'importance aux urgences de la justice et en ayant une plus grande conscience du péché personnel et des conséquences qu'il a au niveau social. Certes, ces dernières années, le sens moral est devenu plus aigu en ce qui concerne les devoirs de la justice individuelle, sociale, internationale. Mais il n'est pas rare que l'on regarde ces exigences comme étant l'affaire des autres et pas la nôtre. L'homme de notre temps semble avoir perdu le sens du péché et il cherche la cause du mal uniquement dans les structures extérieures. Or les théologiens doivent, par leurs études exégetiques, dogmatiques et morales, apporter leur concours à la prédication apostolique. Il faut aussi qu'ils méditent, dans la lumière du Christ et avec Pierre, le sens authentique de la justice et du péché.

D'autre part, l'Eglise catholique a pour tâche d'agir inlassablement auprès des autorités civiles pour «la Justice et la Paix», pour que soient respectés la justice et les droits de l'homme. Ces autorités sont légitimement chargées du bien commun et du bien de chacun. La hiérarchie, les prêtres, les fidèles peuvent et doivent leur offrir pour cela un «supplément d'âme».

B.14. *A la Cour et à la Commission Européennes des Droits de l'Homme (CCEDH Strasbourg)*

6. Mesdames, Messieurs, dans ce cadre solennel, je ne puis que réaffirmer le profond intérêt porté par l'Eglise aux questions concernant les droits de l'homme et les libertés. L'engagement de l'Eglise dans ce domaine correspond pleinement à sa mission morale et religieuse. L'Eglise défend vigoureusement les droits de l'homme parce qu'elle considère qu'ils sont une partie indispensable de la recon-

naissance obligée de la dignité de la personne humaine qui a été créée à l'image de Dieu et rachetée par le Christ.

L'intérêt particulier qu'elle porte aux droits de l'homme procède d'un constat et repose sur une conviction. Le constat est que les droits de l'homme dont nous parlons tirent leur vigueur et leur efficacité d'un cadre de valeurs dont les racines plongent profondément dans le patrimoine chrétien qui a tant contribué à la culture européenne. Ces valeurs fondamentales précèdent le droit positif qui est leur expression et dont elles sont l'assise. Elles précèdent également la base philosophique que les diverses écoles de pensée peuvent leur donner.

La conviction est que, dans le domaine de la liberté de conscience et de religion que doit garantir la prééminence du droit, l'Eglise ne saurait renoncer à sa mission d'enseigner le message qui lui a été confié. Son enseignement, en outre, défend les valeurs mêmes qui forment la substance de ce qui constitue la dignité humaine. Sa mission contribue à garantir que ces valeurs continueront à être affirmées et vécues. En un mot, l'Eglise est l'alliée de tous ceux qui défendent les libertés véritables de l'homme. Car la liberté est inséparable de la vérité que tout être humain recherche et qui rend les êtres humains véritablement libres. Comme il est dit dans l'Evangile de saint Jean: «Vous connaîtrez la Vérité, et la Vérité vous fera libres». (*Jn* 8,32).

B.15. *Au Colloque "L'Eglise et les droits de l'homme"* (CPJP)

4. Un quart de siècle après le message de Jean XXIII et celui de Vatican II, si intensément approfondi par Paul VI, votre réflexion sera très utile pour faire le point et éclairer toujours plus vigoureusement un enseignement dont l'Eglise ressent l'urgence. Le Saint-Siège n'a pas manqué de s'exprimer au sujet des droits de l'homme tant par son magistère propre que dans les enceintes internationales. (...)

L'Eglise considère qu'il relève de sa mission essentielle de proclamer la dignité de l'homme créé à l'image de Dieu, qu'elle sait aimé de Dieu au point d'être sauvé par le Christ. C'est pourquoi les chrétiens doivent travailler sans cesse à mieux mettre en valeur la dignité que l'homme reçoit de son Créateur et unir leurs énergies à celles des autres pour la défendre et la promouvoir. (...)

6. Au cours de ces dernières décennies, l'attention accordée aux droits de l'homme s'est heureusement beaucoup développée. On les a mieux précisés. Ils deviennent en quelque sorte un critère majeur pour évaluer la pertinence des décisions de gouvernement ou le bien-fondé des accords entre les nations. Des institutions importantes ont été créées pour garantir les droits des personnes, et aussi les droits des communautés de mieux en mieux reconnus. L'Eglise prend acte volontiers de ce vaste mouvement, tout en sachant que les limites de ses effets demeu-

rent douloureusement ressenties en bien des régions et à l'intérieur même des sociétés que l'on pourrait croire protégées de toute violence faite à la personne.

Des chrétiens nombreux contribuent à la défense des droits de l'homme, souvent regroupés dans des associations désintéressées et efficaces, soutenus par l'enseignement de l'Eglise et par l'impulsion de ses pasteurs. Dans le même esprit, vous avez réservé une part de vos travaux à la pastorale des droits de l'homme. Je tiens à encourager avec vous ceux qui s'engagent dans cette forme de service. Leur réflexion contribue à mieux former jeunes et adultes à une conception équilibrée des droits de l'homme; elle fait apparaître au grand jour les enjeux de la vie sociale et politique. Leur action permet souvent d'apporter un soutien fraternel à des personnes privées de droits vitaux, mettant en oeuvre un amour fraternel évangélique capable de franchir bien des frontières. Ce type d'engagement est aussi favorable à une collaboration oecuménique ainsi qu'à un dialogue constructif entre personnes et groupes qui ne partagent pas la même foi mais qui sont disposés à collaborer pour promouvoir la dignité humaine là où elle est menacée.

Je souhaite que cette pastorale, animée par les évêques et ceux qu'ils délèguent pour cela, mette en oeuvre concrètement, dans la charité, l'enseignement de l'encyclique *Pacem in terris* et du Concile Vatican II, de même que les principes universellement reconnus à la suite de la Déclaration de 1948. Je forme le voeu qu'il ne s'agisse pas d'actions réservées à des groupes spécialisés, mais d'une préoccupation commune et solidaire de tous.

2.

DIGNITE DE LA PERSONNE COMME FONDEMENT DES DROITS DE L'HOMME

La proclamation des droits de l'homme postule nécessairement la recherche de leur fondement. La réflexion chrétienne et l'enseignement du Magistère ont constamment mis en relief la notion d'une personne humaine ontologiquement pourvue d'une dignité tout à fait singulière, car elle a été créée à l'image de Dieu et rachetée par le Christ: il s'agit donc d'une base solide pour construire l'édifice des droits de l'homme. *

A.16. *Pacem in Terris (PT)*

I. TOUT ETRE HUMAIN EST UNE PERSONNE, SUJET DE DROITS ET DE DEVOIRS

Le fondement de toute société bien ordonnée et féconde, c'est le principe que tout être humain est une personne, c'est-à-dire une nature douée d'intelligence et de volonté libre. Par là même il est sujet de droits et de devoirs, découlant les uns des autres, ensemble et immédiatement, de sa nature: aussi sont-ils universels, inviolables, inaliénables.[1]

Si nous considérons la dignité humaine à la lumière des vérités révélées par Dieu, nous ne pouvons que la situer bien plus haut encore. Les hommes ont été rachetés par le sang du Christ Jésus, faits par la grâce enfants et amis de Dieu et institués héritiers de la gloire éternelle.

---

* La *Déclaration Universelle des Droits de l'Homme* affirme également «la dignité inhérente à tous les membres de la famille humaine» (1er *considérant* du Préambule), mais sans faire référence au fondement ultime de cette dignité qui est Dieu.

[1] Cf. PIE XII, Radiomessage de Noël 1942: *AAS* 35 (1943), p. 9-24, et JEAN XXIII, Sermon du 4 janvier 1963: *AAS* 55 (1963), p. 89-91.

A.17. *Gaudium et Spes (GS)*

9. LES ASPIRATIONS DE PLUS EN PLUS UNIVERSELLES DU GENRE HUMAIN

Pendant ce temps, la conviction grandit que le genre humain peut et doit non seulement renforcer sans cesse sa maîtrise sur la création, mais qu'il peut et doit en outre instituer un ordre politique, social et économique qui soit toujours plus au service de l'homme, et qui permette à chacun, à chaque groupe, d'affirmer sa dignité propre et de la développer.

D'où les âpres revendications d'un grand nombre qui, prenant nettement conscience des injustices et de l'inégalité de la distribution des biens, s'estiment lésés. Les nations en voie de développement, comme celles qui furent récemment promues à l'indépendance, veulent participer aux bienfaits de la civilisation moderne tant au plan économique qu'au plan politique, et jouer librement leur rôle sur la scène du monde. Et pourtant, entre ces nations et les autres nations plus riches, dont le développement est plus rapide, l'écart ne fait que croître, et, en même temps, très souvent, la dépendance, y compris la dépendance économique. Les peuples de la faim interpellent les peuples de l'opulence. Les femmes, là où elles ne l'ont pas encore obtenue, réclament la parité de droit et de fait avec les hommes. Les travailleurs, ouvriers et paysans, veulent non seulement gagner leur vie, mais développer leur personnalité par leur travail, mieux, participer à l'organisation de la vie économique, sociale, politique et culturelle. Pour la première fois dans l'histoire, l'humanité entière n'hésite plus à penser que les bienfaits de la civilisation peuvent et doivent réellement s'étendre à tous les peuples.

Mais sous toutes ces revendications se cache une aspiration plus profonde et plus universelle: les personnes et les groupes ont soif d'une vie pleine et libre, d'une vie digne de l'homme, qui mette à leur propre service toutes les immenses possibilités que leur offre le monde actuel. Quant aux nations, elles ne cessent d'accomplir de courageux efforts pour parvenir à une certaine forme de communauté universelle.

Ainsi le monde moderne apparaît à la fois comme puissant et faible, capable du meilleur et du pire, et le chemin s'ouvre devant lui de la liberté ou de la servitude, du progrès ou de la régression, de la fraternité ou de la haine. D'autre part, l'homme prend conscience que de lui dépend la bonne orientation des forces qu'il a mises en mouvement et qui peuvent l'écraser ou le servir. C'est pourquoi il s'interroge lui-même.

26. (...) Aussi l'ordre social et son progrès doivent-ils toujours tourner au bien des personnes, puisque l'ordre des choses doit être subordonné à l'ordre des personnes et non l'inverse. Le Seigneur Lui-Même le suggère lorsqu'Il dit: «Le sabbat a été fait pour l'homme et non l'homme pour le sabbat».[2] Cet ordre doit sans

---

[2] Cf. *Mc* 2, 27.

cesse se développer, avoir pour base la vérité, s'édifier sur la justice, et être vivifié par l'amour; il doit trouver dans la liberté un équilibre toujours plus humain.[3] Pour y parvenir, il faut travailler au renouvellement des mentalités et entreprendre de vastes transformations sociales.

L'Esprit de Dieu qui, par une providence admirable, conduit le cours des temps et rénove la face de la terre, est présent à cette évolution. Quant au ferment évangélique, c'est lui qui a suscité et suscite dans le coeur humain une exigence incoercible de dignité.

A.18. *Dignitatis Humanae (DH)*

1. La dignité de la personne humaine est, en notre temps, l'objet d'une conscience toujours plus vive;[4] toujours plus nombreux sont ceux qui revendiquent pour l'homme la possibilité d'agir en vertu de ses propres options et en toute responsabilité; non pas sous la pression d'une contrainte mais guidé par la conscience de son devoir. De même requièrent-ils que soit juridiquement délimité l'exercice de l'autorité des pouvoirs publics afin que le champ d'une franche liberté, qu'il s'agisse des personnes ou des associations, ne soit pas étroitement circonscrit. Cette exigence de liberté dans la société humaine regarde principalement ce qui est l'apanage de l'esprit humain et, au premier chef, ce qui concerne le libre exercice de la religion dans la société.

A.19. *Sollicitudo Rei Socialis (SRS)*

26. Un tel panorama, principalement négatif, de la *situation réelle* du développement dans le monde contemporain ne serait pas complet si l'on ne signalait qu'il existe en même temps des *aspects positifs*.

La première note positive est que beaucoup d'hommes et de femmes ont *pleinement conscience* de leur dignité et de celle de chaque être humain. Cette prise de conscience s'exprime, par exemple, par la *préoccupation* partout plus *vive* pour le *respect des droits humains* et par le rejet le plus net de leurs violations. On en trouve un signe révélateur dans le nombre d'associations privées instituées récemment, certaines ayant une dimension mondiale, et presque toutes ayant pour fin de suivre avec grand soin et une louable objectivité les événements internationaux dans un domaine aussi délicat.

---

[3] Cf. *Pacem in terris: AAS* 55 (1963), p. 266.

[4] Cf. *Pacem in terris: AAS* 55 (1963), p. 279; *ibid.*, p. 265; Pie XII, Message radiophonique, 24 déc. 1944: *AAS* 37 (1945), p. 14.

Sur ce plan, on doit reconnaître l'*influence* exercée par la *Déclaration des droits de l'homme* promulguée il y a presque quarante ans par l'Organisation des Nations Unies. Son existence même et le fait qu'elle ait été progressivement acceptée par la communauté internationale sont déjà le signe d'une prise de conscience qui va en s'affermissant. Il faut en dire autant, toujours dans le domaine des droits humains, pour les autres instruments juridiques de cette même Organisation des Nations Unies ou d'autres Organismes internationaux.[5]

La prise de conscience dont nous parlons n'est pas seulement le fait des individus mais aussi des nations et des peuples, qui, comme entités dotées d'une identité culturelle déterminée, sont particulièrement sensibles à la conservation, à la libre gestion et à la promotion de leur précieux patrimoine.

A.20. *Christifideles Laici (CL)*

5. (...) Mais le *caractère sacré de la personne* ne saurait être réduit à néant, encore qu'il soit trop souvent méprisé et violé: son fondement inébranlable, c'est le Dieu Créateur et Père; aussi le caractère sacré de la personne continue-t-il de s'imposer encore et toujours.

De là procède la diffusion toujours plus vaste comme aussi l'affirmation toujours plus forte du sens *de la dignité personnelle de tout être humain.* Un courant bienfaisant désormais parcourt et envahit tous les peuples de la terre, qui ont pris davantage conscience de la dignité de l'homme: l'homme n'est absolument pas une «chose» ou un «objet» qu'on peut utiliser, mais, il est toujours et uniquement un «sujet» doué de conscience et de liberté, appelé à vivre de façon responsable dans la société et dans l'histoire, ordonné à des valeurs spirituelles et religieuses.

On a affirmé que notre temps est le temps des «humanismes»: quelques-uns de ces humanismes, d'inspiration athée et séculière, en viennent paradoxalement à amoindrir et anéantir l'homme; d'autres humanismes, au contraire, l'exaltent jusqu'à déboucher sur des formes de véritable idolâtrie; d'autres, enfin, reconnaissent, conformément à la vérité, la grandeur et la misère de l'homme, et ils mettent en évidence, soutiennent et favorisent sa dignité totale.

PROMOUVOIR LA DIGNITE DE LA PERSONNE

37. *Découvrir et faire découvrir la dignité inviolable de toute personne humaine* constitue une tâche essentielle et même, en un certain sens, la tâche centrale et

---

[5] Cf. *Droits de l'homme. Recueil d'instruments internationaux,* Nations Unies, New York 1983. *Redemptor hominis,* 17: *AAS* 71 (1979), p. 296.

unifiante du service que l'Eglise, et en elle les fidèles laïcs, est appelée à rendre à la famille des hommes.

Parmi toutes les créatures terrestres, *seul l'homme est une «personne, sujet conscient et libre»,* et, pour cela, «centre et sommet» de tout ce qui existe sur la terre.[6]

Sa dignité de personne est le bien le plus précieux que l'homme possède, grâce à quoi il dépasse en valeur tout le monde matériel. La parole de Jésus - «Que sert à l'homme de gagner le monde entier, s'il se porte tort à lui-même?» (*Mc* 8, 36) — implique une affirmation anthropologique lumineuse et stimulante: l'homme ne vaut pas par ce qu'il «a» — même s'il possédait le monde entier! - mais par ce qu'il «est». Les biens du monde ne comptent pas autant que le bien de la personne, le bien qui est la personne même.

La dignité de la personne se manifeste dans tout son éclat quand on en considère l'origine et la destinée: créé par Dieu à son image et à sa ressemblance, et racheté par le Sang très précieux du Christ, l'homme est appelé à être «fils dans le Fils» et temple vivant de l'Esprit, et destiné à l'éternelle vie de communion béatifiante avec Dieu. Pour ces raisons, toute violation de la dignité personnelle de l'être humain crie vengeance en présence de Dieu et devient une offense au Créateur de l'homme.

En vertu de sa dignité personnelle, l'être humain est *toujours une valeur en lui-même et pour lui-même,* et il doit être considéré et traité comme tel; jamais il ne peut être considéré et traité comme un objet dont on se sert, un instrument, une chose.

(...) Base de l'égalité de tous les hommes entre eux, la dignité de la personne est aussi *le fondement de la participation et de la solidarité des hommes entre eux:* le dialogue et la communion s'enracinent finalement en ce que les hommes «sont», plus encore qu'en ce que les hommes «ont».

La dignité personnelle est une propriété indestructible de *tout être humain.* Il est fondamental de noter toute la force explosive de cette affirmation qui se base sur l'*unicité irremplaçable de toute personne.* Il en découle que l'individu résiste de façon absolument irréductible à toute tentative d'écrasement ou d'anéantissement dans l'anonymat de la collectivité, de l'institution, de la structure, du système. La personne, dans son individualité, n'est pas un numéro, elle n'est pas un anneau dans une chaîne, ni un engrenage dans un système. L'affirmation la plus radicale et la plus exaltante de la valeur de tout être humain a été établie par le Fils de Dieu lorsqu'Il s'est incarné dans le sein d'une femme. De cela le Noël chrétien continue à nous parler.[7]

---

6 *Gaudium et spes,* 12.

7 «Si nous célébrons si solennellement la naissance de Jésus, nous le faisons pour témoigner que chaque homme est unique et irremplaçable. Si nos statistiques humaines, nos clas-

B.21. *Bogotà*

DIGNITE HUMAINE ET CHRETIENNE

2. Nous continuerons à défendre votre cause. Nous pouvons affirmer et réaffirmer les principes, d'où dépendent ensuite les solutions pratiques. Nous continuerons à proclamer votre dignité humaine et chrétienne. Votre existence est une valeur de premier ordre. Votre personne est sacrée. Votre appartenance à la famille humaine doit être reconnue sans discrimination sur le plan de la fraternité. Celle-ci, même si elle admet des rapports hiérarchiques et organiques dans le tissu social, doit être effectivement reconnue, soit dans le domaine économique, en ce qui concerne en particulier la juste rétribution, le logement convenable, l'instruction de base, l'assistance sanitaire, soit dans le domaine des droits civils et de la participation graduelle aux bénéfices et aux responsabilités de l'ordre social.

B.22. *Pour le 30e anniversaire de la Déclaration Universelle des Droits de l'Homme* (*DUDH 30*)

(...) Dans le monde tel que nous le voyons aujourd'hui, sur quels critères peut-on se baser pour dire que les droits de toutes les personnes sont sauvegardés? Quelle base pouvons-nous présenter sur laquelle les droits individuels et sociaux peuvent se développer? Indubitablement, cette base c'est la dignité de la personne humaine. Le Pape Jean XXIII l'a dit dans *Pacem in terris:* «Le fondement de toute société bien ordonnée et féconde, c'est le principe que tout être humain est une personne... Par là même, il est sujet de droits et de devoirs découlant... de sa nature: aussi sont-ils universels, inviolables, inaliénables».

Tout à fait semblable est le préambule de la Déclaration universelle elle-même: «Considérant que la reconnaissance de la dignité inhérente à tous les membres de la famille humaine et de leurs droits égaux et inaliénables constitue le fondement de la liberté, de la justice et de la paix dans le monde...».

C'est dans cette dignité de la personne que les droits de l'homme trouvent leur source immédiate. Et c'est le respect de cette dignité qui donne naissance à leur protection effective. La personne humaine, même lorsqu'elle se trompe garde

---

sifications humaines, les systèmes humains, politiques, économiques et sociaux, les simples possibilités humaines ne parviennent pas à assurer à l'homme qu'il puisse naître, exister et agir comme un être unique et irremplaçable, alors tout cela, c'est Dieu qui le lui assure. Pour Dieu et devant Dieu, l'homme est toujours unique et irremplaçable; quelqu'un qui a été pensé de toute éternité, choisi de toute éternité; quelqu'un qui a été appelé et nommé de son nom propre» (JEAN-PAUL II, Premier message de Noël au monde: *AAS* 71 (1979), p. 66).

toujours une dignité qui lui est inhérente et elle ne perd jamais sa dignité propre (*Pacem in terris,* 158).[8]

Pour les croyants, c'est en permettant à Dieu de parler à l'homme que l'on peut contribuer le plus authentiquement à affermir la conscience que tout être humain a de sa destinée et à prendre conscience que tous les droits découlent de la dignité de la personne, fermement enracinée en Dieu. (...)

B.23. *A la Cour et à la Commission Européennes des Droits de l'Homme (CCEDH)*

(...) Dans un contexte mondial où la personne semble obtenir de moins en moins d'attention parce qu'elle se trouve subordonnée à des systèmes idéologiques et économiques qui l'asservissent et l'exploitent, il est d'autant plus nécessaire de réaffirmer avec force que sa dignité doit demeurer intacte.

C'est sur cette notion de dignité de la personne que repose le fondement des diverses catégories de droits de l'homme: aussi bien des droits 'civils et politiques' que des droits 'économiques, sociaux et culturels', pour employer la terminologie des Pactes internationaux actuellement en vigueur.

Il ne faut pas se décourager face aux difficultés apparemment insurmontables qui ressortent de l'examen de tant de situations criantes où les droits de l'homme sont bafoués. Il faut rester persuadés que toute atteinte à la dignité humaine, même la plus éloignée, se répercute, d'une façon imperceptible mais réelle, sur la vie de tous; car un lien indélébile unit tous les êtres humains. Ce lien, pour tous les croyants — chrétiens, musulmans et juifs — découle de leur foi au Dieu unique et véritable qui, en tant que Père de tous les hommes, est la source et le fondement de la dignité humaine (cf. Déclaration *Nostra aetate,* 5). Pour ceux qui ont été appelés à partager la foi chrétienne, ce lien se résume dans les mots 'nous sommes tous frères en Jésus-Christ'.

B.24. *A l'Union des Juristes Catholiques Italiens (UJCI)*

2. C'est ce que vous vous proposez louablement de faire durant votre Congrès au sujet du problème particulièrement complexe des rapports entre public et privé. Il faut reconnaitre que le choix de ce sujet est des plus opportuns. A regarder de près, ce thème des rapports entre public et privé constitue un point crucial dans l'expérience de l'humanité d'aujourd'hui; on trouve en effet des pays dont le système juridique fait prévaloir le public au point d'annuler presque le privé,

---

[8] Cf. *infra,* A 66, p. 120 (n.d.r.).

alors que dans d'autres le public est obligé d'agir entre des systèmes juridiques qui subordonnent les exigences et les intérêts collectifs, même fondamentaux, au privé et aux intérêts individuels.

Malheureusement, dans un système comme dans l'autre, c'est toujours l'homme qui est sacrifié dans sa dimension privée ou dans sa dimension sociale par l'emploi du pouvoir législatif comme instrument de domination — de l'individu ou de la collectivité — et non comme instrument de justice.

Il est donc urgent de réagir contre certains courants d'opinion unilatéraux et déformants et de mettre courageusement un frein aux préoccupants problèmes de l'expropriation du privé par le public, d'une part, et de la mainmise du privé sur le public de l'autre.

3. Fondamentalement, il n'y a qu'un seul, un unique critère valable à suivre dans cette complexe matière: celui du respect de la personne humaine. C'est ce qu'a confirmé solennellement le Concile Vatican II qui, se fondant sur la constante tradition précédente, a assuré que «la personne humaine est et doit être le principe, le sujet et la fin de toutes les institutions» (*Gaudium et Spes,* 25).

La personne, en effet «significat id quod est perfectissimum in tota natura» (*Summa Theologica,* I, q. 29, a. 3), suivant l'efficace formule de Saint Thomas que la doctrine successive n'a cessé de sonder. L'intelligence dont l'homme est doué le met au dessus de toutes les créatures du monde visible et fonde sa particulière dignité faisant de lui un être «naturaliter liber et propter ipsum existens» (*Summa Thelogica,* I-II, q. 64, a. 3). Une conséquence de cette dignité supérieure est que le corps social et son organisation constituent seulement un moyen en fonction de l'homme comme l'a justement relevé le Docteur Angélique: «l'homme n'est pas ordonné à la communauté politique selon tout lui-même et selon toutes ses choses» (*Summa Theologica,* I-II, q. 21, a. 4 ad 3).

Cela n'empêche, toutefois, que pour sa pleine réalisation, l'homme a besoin de l'apport de la communauté; soit parce que c'est uniquement dans ses contacts avec les autres que l'homme peut se révéler complètement à lui-même, soit parce qu'en dehors d'un contexte social adéquat il ne saurait développer celui que l'on désigne habituellement par les termes «bien commun», ni porter à maturation tout ce qu'il y a en lui de virtuel. De là résulte qu'il soit ordonné «secundum quid» (cf. *Summa Theologica,* II-II, q. 47, a. 10).

La personne est donc ordonnée au bien commun parce que la société, à son tour, est ordonnée à la personne et à son bien, étant l'un et l'autre subordonnés à la fin suprême qui est Dieu. C'est seulement en remontant à ces principes suprêmes qu'on peut trouver la lumière nécessaire pour ordonner correctement les rapports entre domaine public et domaine privé et pour surmonter les contrastes éventuels.

4. Si actuellement la communauté humaine traverse une crise si profonde qu'elle va jusqu'à compromettre des valeurs fondamentales sur lesquelles on a ja-

dis cherché laborieusement à édifier une coexistence civile, la cause en est la dévaluation, dans les moeurs et dans les législations, de la dignité de la personne humaine et des exigences inéluctables qui découlent logiquement de cette dignité.

Il est donc de la plus haute importance que les catholiques — et parmi eux, tout spécialement ceux qui comme vous exercent leur activité dans le délicat secteur du droit — aient profondément conscience du devoir d'apporter leur propre contribution à l'affirmation et à la protection de la dignité de la personne considérée dans toute la richesse multiforme de son existence spirituelle et matérielle. Servir l'homme et non pas une idéologie, telle doit être la norme qui oriente l'activité tant de l'individu que de l'Etat.

B.25. *A l'Audience générale (AG 1984)*

1. «... Chaque fois que vous l'aurez fait à l'un de ces plus petits de mes frères, c'est à moi que vous l'aurez fait» (*Mt* 25, 40). En s'incarnant, le Christ, Fils de Dieu, assume l'humanité de chaque homme, depuis le plus pauvre et le plus abandonné. Il devient à tel point solidaire de chaque personne qu'il se fait garant de sa dignité. En effet, par sa mort, la plus haute expression de cette «humiliation» de Dieu, humainement inconcevable, dont fait état l'épître aux Ephésiens (cf. *Ep* 2, 6-11), le Christ rachète *la dignité de chaque homme* et fonde ses droits de manière incomparable.

Dans le Christ, le plus abandonné des hommes peut dire come saint Paul: «... Il m'a aimé et il s'est sacrifié pour moi» (*Ga* 2, 20). Il faut vraiment reconnaître que dans le christianisme se manifeste, en un irrépressible *crescendo* de l'Ancien au Nouveau Testament, l'authentique conception de l'homme *comme personne* et non plus seulement *comme individu.* Si un individu disparaît, l'espèce demeure inaltérée: selon la logique inaugurée par le Christ, au contraire, quand meurt une personne, il s'est perdu quelque chose d'unique et d'irremplaçable.

2. *Le fondement de la dignité humaine,* que chaque homme peut saisir en réfléchissant sur sa nature d'être doté de liberté, c'est-à-dire d'intelligence, de volonté et d'énergie affective, trouve dans la Rédemption sa pleine intelligibilité. Dans la lettre encyclique *Redemptor hominis,* j'ai écrit que «... cette profonde admiration devant la valeur et la dignité de l'homme s'exprime dans le mot Évangile qui veut dire Bonne Nouvelle. Elle est liée aussi au christianisme» (n. 10).

Ceci ne stérilise nullement l'effort que l'homme exerce depuis toujours et ne cesse d'exercer pour fonder dans sa propre nature sa dignité de personne et pour établir les droits fondamentaux qui doivent être garantis à chacun par ses semblables et par toutes les institutions. On peut même dire que cet effort s'en trouve exalté, selon la logique par laquelle «le chrétien» fait découvrir «l'humain» et la grâce, la nature.

L'enracinement de la dignité de l'homme à ce niveau ultime, réalisé par le

Christ sur la Croix, ne détruit donc pas mais, au contraire, accomplit et couronne la *recherche rationnelle* par laquelle l'homme de toute époque — la nôtre particulièrement — tend vers une définition toujours plus claire des valeurs inhérents à sa propre réalité composée d'une âme et d'un corps.

B.26. *Uppsala*

3. (...) A présent, l'époque où les universités européennes faisaient référence au christianisme comme seule autorité centrale est révolue. Nos sociétés doivent vivre dans un contexte pluraliste qui fait appel au dialogue entre de nombreuses traditions spirituelles, dans une nouvelle recherche d'harmonie et de collaboration. Mais il n'en demeure pas moins essentiel pour l'université, comme institution, de se référer constamment à l'héritage intellectuel et spirituel qui a formé notre identité européenne au cours des siècles.

4. Quel est cet héritage? Pensons un instant aux *valeurs fondamentales de notre civilisation:* la dignité de la personne, le caractère sacré de la vie, le rôle central de la famille, l'importance de l'instruction, la liberté de pensée, d'expression, de professer ses convictions personnelles ou sa religion, la protection légale des individus et des groupes, la collaboration de tous en vue du bien commun, la notion de travail comme participation à l'oeuvre même du Créateur, l'autorité de l'Etat, gouverné à son tour par la loi et la raison. *Ces valeurs font partie du trésor culturel de l'Europe,* un trésor qui est le résultat de longues réflexions, souffrances et débats. Elles représentent une réussite spirituelle faite de raison et de justice qui honore les peuples d'Europe dans leurs efforts pour mettre en pratique, dans l'ordre temporel, l'esprit de fraternité chrétienne enseigné par l'Evangile.

Les universités devraient être le lieu privilégié pour raviver et renforcer ces croyances qui sont *enracinées dans le monde gréco-romain et qui ont été enrichies et magnifiées par la tradition judéo-chrétienne.* C'est cette tradition qui a développé le noble concept de *la personne humaine,* vue comme une image de Dieu, rachetée par le Christ et appelée à une destinée éternelle, dotée de droits inaliénables et responsable du bien commun de la société. Les discussions théologiques au sujet des deux natures de Jésus-Christ on permis le développement du concept de *la personne* qui constitue la pierre d'angle de la civilisation occidentale. (...)

3.

EXERCICE DE L'AUTORITE, BIEN COMMUN, DROITS DE L'HOMME

Dans la vision du Magistère c'est une triade étroitement imbriquée: le sens de tout pouvoir se trouve dans la réalisation du bien commun et seule cette réalisation est capable d'assurer le plein respect des droits de l'homme. Par conséquent, les droits de l'homme deviennent, pour ainsi dire, le thermomètre pour mesurer l'état de santé d'une société. Une telle approche permet de suivre l'épanouissement de la personne considérée à la fois dans sa dimension individuelle et dans sa vocation communautaire.

A.27. *Pacem in Terris (PT)*

II. RAPPORTS ENTRE LES HOMMES ET LES POUVOIRS PUBLICS AU SEIN DE CHAQUE COMMUNAUTE POLITIQUE. NECESSITE DE L'AUTORITE; SON ORIGINE DIVINE

A la vie en société manqueraient l'ordre et la fécondité sans la présence d'hommes légitimement investis de l'autorité et qui assurent la sauvegarde des institutions et pourvoient dans une mesure suffisante au bien commun. Leur autorité, ils la tiennent tout entière de Dieu, comme l'enseigne saint Paul: «Il n'est pas d'autorité qui ne vienne de Dieu».[1] La doctrine de l'Apôtre est ainsi expliquée par saint Jean Chrysostome: «Que voulez-vous dire? Chacun des gouvernants serait-il établi par Dieu dans sa fonction? Ce n'est pas ce que j'affirme, répondra Paul; je ne parle pas des individus revêtus du pouvoir, mais proprement de leur mandat. Qu'il y ait des pouvoirs publics, que des hommes commandent, que d'autres soient subordonnés et que tout n'arrive pas au hasard, voilà dis-je, ce qui est le fait de la sagesse divine».[2] En d'autres termes: puisque Dieu a doté de sociabilité la créature humaine, mais puisque nulle société «n'a de consistance sans un chef dont l'action efficace et unifiante mobilise tous les membres au service des buts communs, toute communauté humaine a besoin d'une autorité qui

---

[1] *Rm* 13, 1-6.

[2] *Sur l'Epître aux Romains,* c. 13, v. 1-2, hom. XXIII: *PG* LX, 615.

la régisse. Celle-ci, tout comme la société, a donc pour auteur la nature et du même coup Dieu Lui-même».[3]

Pour autant l'autorité n'échappe point à toute loi. Elle consiste précisément dans le pouvoir de commander selon la droite raison. Dès lors, toute sa force impérative lui vient de l'ordre moral, lequel à son tour repose sur Dieu, son principe et sa fin. «L'ordre absolu des vivants et la fin même de l'homme — de l'homme libre, sujet de devoirs et de droits inviolables, de l'homme origine et fin de la société — regardent aussi la cité comme communauté nécessaire et dotée de l'autorité; sans celle-ci, pas d'existence, pas de vie pour le groupe... Suivant la droite raison et surtout la foi chrétienne, cet ordre universel trouve nécessairement son origine en Dieu, être personnel et notre Créateur à tous; par conséquent les titres des pouvoirs publics se ramènent à une certaine participation de l'autorité divine elle-même».[4]

Aussi bien, si le pouvoir s'appuie exclusivement ou principalement sur la menace et la crainte des sanctions pénales ou sur la promesse des récompenses, son action ne réussit aucunement à susciter la recherche du bien commun; y parviendrait-il, ce serait d'une façon étrangère à la dignité de l'homme, être libre et raisonnable. L'autorité est avant tout une force morale. Ses détenteurs doivent donc faire appel en premier lieu à la conscience, au devoir qui incombe à tous de servir avec empressement les intérêts communs. Mais les hommes sont tous égaux en dignité naturelle; aucun n'a le pouvoir de déterminer chez un autre le consentement intime; ce pouvoir est réservé à Dieu, le seul qui scrute et qui juge les décisions secrètes de chacun.

Par suite, l'autorité humaine ne peut lier les consciences que dans la mesure où elle se relie à l'autorité de Dieu et en constitue une participation.[5]

Ainsi se trouve garantie la dignité même des citoyens, car l'obéissance qu'ils rendent aux détenteurs de l'autorité ne va pas à des hommes comme tels; elle est un hommage adressé à Dieu, Créateur et providence, qui a soumis les rapports humains à l'ordre qu'Il a Lui-même établi. Et bien loin de nous abaisser en rendant à Dieu le respect qui Lui est dû, nous ne faisons en cela que nous élever et nous ennoblir, puisque c'est régner que servir Dieu.[6]

L'autorité exigée par l'ordre moral émane de Dieu. Si donc il arrive aux dirigeants d'édicter des lois ou de prendre des mesures contraires à cet ordre moral et par conséquent, à la volonté divine, ces dispositions ne peuvent obliger les consciences, car «Il faut obéir à Dieu plutôt qu'aux hommes».[7] Bien plus, en pa-

---

[3] Leon XIII, Encycl. *Immortale Dei: Acta Leonis XIII,* V (1885), p. 120.

[4] Cf. Radiomessage de Noël 1944: *AAS* 37 (1945), p. 15.

[5] Cf. Leon XIII, Encycl. *Diuturnum illud: Acta Leonis XIII,* II (1880-1881), p. 274.

[6] Cf. *ibid.,* p. 278, et Leon XIII, Encycl. *Immortale Dei: Acta Leonis XIII,* V (1885), p. 130.

[7] *Ac* 5, 29.

reil cas, l'autorité cesse d'être elle-même et dégénère en oppression. «La législation humaine ne revêt le caractère de loi qu'autant qu'elle se conforme à la juste raison; d'où il appert qu'elle tient sa vigueur de la loi éternelle. Mais dans la mesure où elle s'écarte de la raison, on la déclare injuste, elle ne vérifie pas la notion de loi, elle est plutôt une forme de la violence».[8]

L'origine divine de l'autorité n'enlève aucunement aux hommes le pouvoir d'élire leurs gouvernants, de définir la forme de l'Etat ou d'imposer des règles et des bornes à l'exercice de l'autorité. Ainsi la doctrine que Nous venons d'exposer convient à toute espèce de régime vraiment démocratique.[9]

LA REALISATION DU BIEN COMMUN, RAISON D'ETRE DES POUVOIRS PUBLICS

Tous les individus et tous les corps intermédiaires sont tenus de concourir, chacun dans sa sphère, au bien de l'ensemble. Et c'est en harmonie avec celui-ci qu'ils doivent poursuivre leurs propres intérêts et suivre, dans leurs apports — en biens et en services — les orientations que fixent les pouvoirs publics selon les normes de la justice et dans les formes et les limites de leur compétence. Les actes commandés par l'autorité devront être parfaitement corrects en eux-mêmes, d'un contenu moralement bon, ou tout au moins susceptible d'être orienté au bien.

Toutefois, la fonction gouvernementale n'ayant de sens qu'en vue du bien commun, les dispositions prises par ses titulaires doivent à la fois respecter la véritable nature de ce bien et tenir compte de la situation du moment.[10]

ASPECTS FONDAMENTAUX DU BIEN COMMUN

Les particularités ethniques qui distinguent les différents groupes humains s'inscrivent dans l'aire du bien commun, sans suffire pour autant à sa définition complète.[11] Ce bien commun ne peut être défini doctrinalement, dans ses aspects essentiels et les plus profonds, ni non plus être déterminé historiquement qu'en référence à l'homme: il est, en effet, un élément essentiellement relatif à la nature humaine.[12]

Ensuite, la nature même de ce bien impose que tous les citoyens y aient leur

---

8 *Summa Theol.*, Ia-IIae, q. 93, a. 3, ad 2m; cf. PIE XII, Radiomessage de Noël 1944: *AAS* 37 (1945), p. 5-23.

9 Cf. LEON XIII, Encycl. *Diuturnum illud: Acta Leonis XIII,* II (1880-1881), p. 271-272, et PIE XII, Radiomessage de Noël 1944: *AAS* 37 (1945), p. 5-23.

10 Cf. PIE XII, Radiomessage de Noël 1942: *AAS* 35 (1943), p. 13, et LEON XIII, Encycl. *Immortale Dei: Acta Leonis XIII,* V (1885), p. 120.

11 Cf. PIE XII, Encycl. *Summi Pontificatus: AAS* 31 (1939), p. 412-453.

12 Cf. PIE XI, Encycl. *Mit brennender Sorge: AAS* 29 (1937), p. 159, et Encycl. *Divini Redemptoris: AAS* 29 (1937), p. 65-106.

part, sous des modalités diverses d'après l'emploi, le mérite et la condition de chacun. C'est pourquoi l'effort des pouvoirs publics doit tendre à servir les intérêts de tous sans favoritisme à l'égard de tel particulier ou de telle classe de la société. Notre prédécesseur Léon XIII le disait en ces termes: «On ne saurait en aucune façon permettre que l'autorité civile tourne au profit d'un seul ou d'un petit nombre, car elle a été instituée pour le bien commun de tous».[13] Mais des considérations de justice et d'équité dicteront parfois aux responsables de l'Etat une sollicitude particulière pour les membres les plus faibles du corps social, moins armés pour la défense de leurs droits et de leurs intérêts légitimes.[14]

Ici Nous devons attirer l'attention sur le fait que le bien commun concerne l'homme tout entier, avec ses besoins tant spirituels que matériels. Conçu de la sorte, le bien commun réclame des gouvernements une politique appropriée, respectueuse de la hiérarchie des valeurs, ménageant en juste proportion, au corps et à l'âme, les ressources qui leur conviennent.[15]

Ces principes sont en parfaite harmonie avec ce que Nous avons exposé dans Notre Encyclique *«Mater et Magistra»:* le bien commun «embrasse l'ensemble des conditions de vie en société qui permettent à l'homme d'atteindre sa perfection propre de façon plus complète et plus aisée».[16]

Composé d'un corps et d'une âme immortelle, l'homme ne peut, au cours de cette existence mortelle, satisfaire à toutes les requêtes de sa nature ni atteindre le bonheur parfait. Aussi les moyens mis en oeuvre au profit du bien commun ne peuvent-ils faire obstacle au salut éternel des hommes, mais encore doivent-ils y aider positivement.[17]

ROLE DES POUVOIRS PUBLICS A L'EGARD DES DROITS ET DES DEVOIRS DE LA PERSONNE

Pour la pensée contemporaine, le bien commun réside surtout dans la sauvegarde des droits et des devoirs de la personne humaine; dès lors, le rôle des gouvernants consiste surtout à garantir la reconnaissance et le respect des droits, leur conciliation mutuelle, leur défense et leur expansion, et en conséquence à faciliter à chaque citoyen l'accomplissement de ses devoirs. Car «la mission essentielle de toute autorité politique est de protéger les droits inviolables de l'être humain et de faire en sorte que chacun s'acquitte plus aisément de sa fonction particulière».[18]

---

13 Encycl. *Immortale Dei: Acta Leonis XIII,* V (1885), p. 121.

14 Cf. Leon XIII, Encycl. *Rerum novarum: Acta Leonis XIII,* XI (1891), p. 133-140.

15 Cf. Pie XII, Encycl. *Summi Pontificatus: AAS* 31 (1939), p. 433.

16 *AAS* 53 (1961), p. 417.

17 Cf. Pie XI, Encycl. *Quadragesimo anno: AAS* 23 (1931), p. 215.

18 Cf. Pie XII, Radiomessage de la Pentecôte, 1er juin 1941: *AAS* 33 (1941), p. 200.

C'est pourquoi si les pouvoirs publics viennent à méconnaître ou à violer les droits de l'homme, non seulement ils manquent au devoir de leur charge, mais leurs dispositions sont dépourvues de toute valeur juridique.[19]

CONCILIATION HARMONIEUSE ET PROTECTION EFFICACE DES DROITS ET DES DEVOIRS DE LA PERSONNE

C'est donc là un devoir fondamental des pouvoirs publics d'ordonner les rapports juridiques des citoyens entre eux, de manière que l'exercice des droits chez les uns n'empêche ou ne compromette pas chez les autres le même usage, et s'accompagne de l'accomplissement des devoirs correspondants. Il s'agit enfin de maintenir l'intégrité des droits pour tout le monde et de la rétablir en cas de violation.[20]

PROMOTION DES DROITS DE LA PERSONNE

Il incombe aux Pouvoirs publics de contribuer à la création d'un état de choses qui facilite à chacun la défense de ses droits et l'accomplissement de ses devoirs. Car l'expérience nous montre que si l'autorité n'agit pas opportunément en matière économique, sociale ou culturelle, des inégalités s'accentuent entre les citoyens, surtout à notre époque, au point que les droits fondamentaux de la personne restent sans portée efficace et que l'accomplissement des devoirs correspondants est compromis.

Il est donc indispensable que les Pouvoirs publics se préoccupent de favoriser l'aménagement social parallèlement au progrès économique; ainsi veilleront-ils à développer dans la mesure de la productivité nationale, des services essentiels tels que le réseau routier, les moyens de transport et de communication, la distribution d'eau potable, l'habitat, l'assistance sanitaire, l'instruction, les conditions propices à la pratique religieuse, les loisirs. Ils s'appliqueront à organiser des systèmes d'assurances pour les cas d'événements malheureux et d'accroissement des charges familiales, de sorte qu'aucun être humain ne vienne à manquer des ressources indispensables pour mener une vie décente. Ils auront soin que les ouvriers en état de travailler trouvent un emploi proportionné à leurs capacités; que chacun d'eux reçoive un salaire conforme à la justice et à l'équité; que les travailleurs puissent se sentir responsables dans les entreprises; qu'on puisse constituer opportunément des corps intermédiaires, qui ajoutent à l'aisance et à la fécondité des rapports sociaux; qu'à tous enfin, les biens de la culture soient accessibles sous la forme et au niveau appropriés.

---

19 Cf. PIE XI, Encycl. *Mit brennender Sorge: AAS* 29 (1937), p. 159, et Encycl. *Divini Redemptoris: AAS* 29 (1937), p. 79, et PIE XII, Radiomessage de Noël 1942: *AAS* 35 (1943), p. 9-24.

20 Cf. PIE XI, Encycl. *Divini Redemptoris: AAS* 29 (1937), p. 81, et PIE XII, Radiomessage de Noël 1942: *AAS* 35 (1943), p. 9-24.

EQUILIBRE ENTRE LES DEUX FORMES D'ACTION DES POUVOIRS PUBLICS

L'intérêt commun exige que les Pouvoirs publics, en ce qui concerne les droits de la personne, exercent une double action; l'une de conciliation et de protection, l'autre de valorisation, tout en veillant soigneusement à leur judicieux équilibre. D'une part, on veillera à ce que la prédominance accordée à des individus ou à certains groupes n'installe dans la nation des situations privilégiées; par ailleurs le souci de sauvegarder les droits de tous ne doit pas déterminer une politique qui, par une singulière contradiction, réduirait excessivement ou rendrait impossible le plein exercice de ces droits. «Une chose demeure acquise: l'action de l'Etat en matière économique, si loin qu'elle porte, si profondément qu'elle atteigne les ressorts de la société, ne peut supprimer la liberté d'action des individus; elle doit au contraire la favoriser pourvu que soient sauvegardés les droits essentiels de chaque personne humaine».[21]

C'est toujours à cet équilibre que doivent tendre les multiples efforts entrepris par les Pouvoirs publics pour faciliter aux citoyens la jouissance de leurs droits et leur rendre moins ardu l'accomplissement de leurs obligations dans tous les secteurs de la vie sociale.

STRUCTURE ET FONCTIONNEMENT DES POUVOIRS PUBLICS

Il est impossible de définir une fois pour toutes quelle est la structure la meilleure pour l'organisation des Pouvoirs publics, et selon quelles formules s'exerceront le mieux les Pouvoirs législatif, exécutif et judiciaire.

En effet, pour déterminer la forme du gouvernement et les modalités de son fonctionnement, la situation particulière et les circonstances historiques de chaque peuple sont d'un très grand poids; or elles varient selon les temps et les lieux. Cependant, Nous estimons conforme aux données de la nature humaine l'organisation politique des communautés humaines fondée sur une convenable division des pouvoirs, correspondant aux trois fonctions principales de l'autorité publique. En effet, dans ce régime sont définis en termes de droit non seulement les attributions et le fonctionnement des pouvoirs publics, mais aussi les rapports entre simples citoyens et représentants de l'autorité, ce qui constitue, pour les premiers, une garantie dans l'exercice de leurs droits et l'accomplissement de leurs devoirs.

Toutefois, pour qu'un système juridique et politique de ce genre procure les avantages escomptés, il faut que, dans leur action et dans leurs méthodes, les Pouvoirs publics soient conscients de la nature et de la complexité des problèmes qu'ils sont appelés à résoudre conformément aux conjonctures du pays. Et il est indispensable que chacun d'eux exerce de façon pertinente sa propre fonction.

---

[21] *Mater et Magistra: AAS* 53 (1961), p. 415. (L'édition de cette Encyclique publiée en 1961 par la Typographie Polyglotte Vaticane présente une autre version française du même passage cité: cf. *infra,* A.278, p. 382, début du 3ème paragraphe, n.d.r.)

Cela suppose que le Pouvoir législatif s'exerce dans les limites prescrites par l'ordre moral et par les normes constitutionnelles, et qu'il interprète objectivement les exigences du bien commun dans l'évolution continuelle des situations; que le Pouvoir exécutif fasse régner partout le droit, à la lumière d'une parfaite connaissance des lois et d'une consciencieuse analyse des circonstances; que le Pouvoir judiciaire administre la justice avec une impartialité pénétrée de sens humain, et soit inflexible en face des pressions dictées par l'intérêt des partis en cause. Le bon ordre veut enfin que les citoyens, non moins que les corps intermédiaires, dans l'exercice de leurs droits et l'accomplissement de leurs devoirs, bénéficient d'une protection juridique efficace tant dans leurs rapports réciproques que dans leurs rapports avec les agents publics.[22]

ORDRE JURIDIQUE ET CONSCIENCE MORALE

Un ordre juridique en harmonie avec l'ordre moral et répondant au degré de la maturité politique dont il est l'expression, constitue sans aucun doute un facteur fondamental pour la réalisation du bien commun.

Mais à notre époque, la vie sociale est si variée, complexe et dynamique que les dispositions juridiques, mêmes si elles sont le fruit d'une expérience consommée et de la plus sage prévoyance, apparaissent toujours insuffisantes.

De plus, les rapports des particuliers entre eux, ceux des individus ou des corps intermédiaires avec les Pouvoirs publics, ceux enfin qui existent entre les divers organes du Pouvoir au sein d'un même Etat, posent parfois des problèmes compliqués et délicats, au point de ne pas trouver leur solution adéquate, dans les cadres juridiques bien définis. En pareil cas les gouvernants, pour être à la fois fidèles à l'ordre juridique existant, considéré dans ses éléments et dans son inspiration profonde, et ouverts aux appels qui montent de la vie sociale, pour savoir adapter le cadre juridique à l'évolution des situations et résoudre au mieux des problèmes sans cesse nouveaux, doivent avoir des idées claires sur la nature et l'ampleur de leur charge; il leur faut un équilibre, une droiture morale, une pénétration, un sens pratique qui leur permettent d'interpréter rapidement et objectivement les cas concrets, et une volonté décidée et vigoureuse pour agir avec promptitude et efficacité.[23] (...)

SIGNES DES TEMPS

Dans l'organisation juridique des Communautés politiques à l'époque moderne, on note tout d'abord une tendance à rédiger en des formules claires et concises une Charte des droits fondamentaux de l'homme: charte qui est souvent insérée dans les Constitutions ou en constitue une partie intégrante.

---

[22] Cf. Pie XII, Radiomessage de Noël 1942: *AAS* 35 (1943), p. 21.

[23] Cf. Pie XII, Radiomessage de Noël 1944: *AAS* 37 (1945), p. 15-16.

En second lieu, on tend à fixer en termes juridiques, dans ces Constitutions, le mode de désignation des mandataires publics, leurs rapports réciproques, le rayon de leurs compétences, et enfin les moyens et modes qu'ils sont tenus d'observer dans leur gestion.

On établit enfin, en termes de droits et de devoirs, quels sont les rapports entre citoyens et Pouvoirs publics; et l'on assigne à l'autorité le rôle primordial de reconnaître et de respecter les droits et les devoirs des citoyens, d'en assurer la conciliation réciproque, la défense et le développement.

On ne peut certes admettre la théorie selon laquelle la seule volonté des hommes — individus ou groupes sociaux — serait la source unique et première d'où naîtraient droits et devoirs des citoyens et d'où dériveraient la force obligatoire des constitutions et l'autorité des Pouvoirs publics.

Toutefois, les tendances que Nous venons de relever le prouvent à suffisance: les hommes de notre temps ont acquis une conscience plus vive de leur dignité; ce qui les amène à prendre une part active aux affaires publiques et à exiger que les stipulations du droit positif des Etats garantissent l'inviolabilité de leurs droits personnels. Ils exigent en outre que les gouvernants n'accèdent au pouvoir que suivant une procédure définie par les lois et n'exercent leur autorité que dans les limites de celles-ci.

III. RAPPORTS ENTRE LES COMMUNAUTES POLITIQUES DROITS ET DEVOIRS

Nous affirmons à nouveau l'enseignement maintes fois donné par Nos Prédécesseurs: les communautés politiques ont, entre elles, des droits et des devoirs réciproques; elles doivent donc harmoniser leurs relations selon la vérité et la justice, en esprit d'active solidarité et dans la liberté. La même loi morale qui régit la vie des hommes doit régler aussi les rapports entre les Etats.

Ce principe s'impose clairement quand on considère que les gouvernants, lorsqu'ils agissent au nom et pour l'intérêt de leur communauté, ne peuvent en aucune façon renoncer à leur dignité d'homme; dès lors il ne leur est absolument pas permis de trahir la loi de leur nature, qui est la loi morale.

Ce serait d'ailleurs un non-sens que le fait d'être promus à la conduite de la chose publique contraigne des hommes à abdiquer leur dignité humaine. N'occupent-ils pas précisément ces postes éminents parce que, en raison de qualités singulières, on a vu en eux les membres les meilleurs du corps social?

En outre, c'est l'ordre moral qui postule dans toute société la présence d'une autorité; fondée sur cet ordre, l'autorité ne peut être utilisée contre lui sans se ruiner elle-même. L'Esprit-Saint nous en avertit: «Ecoutez donc, rois, et comprenez! Instruisez-vous, souverains des terres lointaines! Prêtez l'oreille, vous qui commandez aux foules, qui êtes fiers de la multitude de vos peuples! Car c'est le

Seigneur qui vous a donné le pouvoir et le Très-Haut la souveraineté; c'est Lui qui examinera votre conduite et scrutera vos desseins».[24]

Faut-il enfin rappeler en ce qui concerne les rapports internationaux, que l'autorité doit s'exercer en vue du bien commun? Telle est sa première raison d'être.

Or l'un des premiers impératifs majeurs du bien commun concerne justement la reconnaissance et le respect de l'ordre moral. «La bonne organisation des Etats trouve son assise sur le roc inébranlable et immuable de la loi morale, manifestée par le Créateur Lui-Même au moyen de l'ordre naturel, et inscrite par Lui dans le coeur des hommes en caractères ineffaçables... Comme un phare resplendissant, elle éclaire de ses principes la route à tenir par les hommes et les peuples. Qu'ils se guident sur les signes et les avertissements si sûrs qu'elle leur adresse, s'ils ne veulent pas livrer à la tempête et au naufrage toute la peine et l'ingéniosité dépensées pour établir une organisation nouvelle».[25] (...)

IV. RAPPORTS DES INDIVIDUS ET DES COMMUNAUTES POLITIQUES AVEC LA COMMUNAUTE MONDIALE (...)

INSUFFISANCE DE L'ORGANISATION ACTUELLE DES POUVOIRS PUBLICS POUR ASSURER LE BIEN COMMUN UNIVERSEL

L'unité de la famille humaine a existé en tout temps, puisqu'elle rassemble des êtres qui sont tous égaux en dignité naturelle. C'est donc une nécessité de nature qui exigera toujours qu'on travaille de façon suffisante au bien commun universel, celui qui intéresse l'ensemble de la famille humaine.

Autrefois, les gouvernements passaient pour être suffisamment à même d'assurer le bien commun universel. Ils s'efforçaient d'y pourvoir par la voie des relations diplomatiques normales ou par des rencontres à un niveau plus élevé, à l'aide des instruments juridiques que sont les conventions et les traités: procédés et moyens que fournissent le droit naturel, le droit des gens et le droit international.

De nos jours, de profonds changements sont intervenus dans les rapports entre les Etats. D'une part le bien commun universel soulève des problèmes extrêmement graves, difficiles, et qui exigent une solution rapide, surtout quand il s'agit de la défense de la sécurité et de la paix mondiales. D'autre part, au regard du droit, les Pouvoirs publics des diverses communautés politiques se trouvent sur un pied d'égalité les uns à l'égard des autres; ils ont beau multiplier les congrès et les recherches en vue d'établir de meilleurs instruments juridiques, ils ne parviennent plus à affronter et à résoudre efficacement ces problèmes. Non

---

24 *Sagesse* 6, 2-4.

25 Cf. Pie XII, Radiomessage de Noël 1941: *AAS* 34 (1942), p. 16.

pas qu'eux-mêmes manquent de bonne volonté et d'initiative, mais c'est l'autorité dont ils sont investis qui est insuffisante.

Dans les conditions actuelles de la communauté humaine, l'organisation et le fonctionnement des Etats, aussi bien que l'autorité conférée à tous les gouvernements ne permettent pas, il faut l'avouer, de promouvoir comme il faut le bien commun universel.

RAPPORTS ENTRE L'EVOLUTION HISTORIQUE DU BIEN COMMUN ET LE FONCTIONNEMENT DES POUVOIRS PUBLICS

A bien y regarder, un rapport essentiel unit le bien commun avec la structure et le fonctionnement des Pouvoirs publics. L'ordre moral, qui postule une autorité publique pour servir le bien commun dans la société civile, réclame en même temps pour cette autorité les moyens nécessaires à sa tâche. Il en résulte que les organes de l'Etat — dans lesquels l'autorité prend corps, s'exerce et atteint sa fin — doivent avoir une forme et une efficacité telles qu'ils trouvent pour assurer le bien commun des voies et moyens nouveaux, adaptés à l'évolution de la société.

De nos jours, le bien commun universel pose des problèmes de dimensions mondiales. Ils ne peuvent être résolus que par une autorité publique dont le pouvoir, la constitution et les moyens d'action prennent, eux aussi, des dimensions mondiales, et qui puisse exercer son action sur toute l'étendue de la terre. C'est donc l'ordre moral lui-même qui exige la constitution d'une autorité publique de compétence universelle.

POUVOIRS PUBLICS CONSTITUES D'UN COMMUN ACCORD ET NON IMPOSES PAR LA FORCE

Cet organisme de caractère général, dont l'autorité vaille au plan mondial et qui possède les moyens efficaces pour promouvoir le bien universel, doit être constitué par un accord unanime et non pas imposé par la force. La raison en est que l'autorité en question doit pouvoir s'acquitter efficacement de sa fonction; mais il faut aussi qu'elle soit impartiale envers tous, absolument étrangère à l'esprit de parti et attentive aux exigences objectives du bien commun universel. Si ce pouvoir supranational ou mondial était instauré de force par les nations plus puissantes, on pourrait craindre qu'il soit au service d'intérêts particuliers ou bien qu'il ne prenne le parti de telle ou telle nation; ce qui compromettrait la valeur et l'efficacité de son action. En dépit des inégalités que le développement économique et l'armement introduisent entre les communautés politiques, elles sont toutes très sensibles en matière de parité juridique et de dignité morale. C'est la raison très valable pour laquelle les communautés nationales n'acceptent qu'à contrecoeur un pouvoir, qui leur serait imposé de force, ou aurait été constitué sans leur intervention ou auquel elles ne se seraient pas librement ralliées.

LE BIEN COMMUN UNIVERSEL ET LES DROITS DE LA PERSONNE

Pas plus que le bien commun d'une nation en particulier, le bien commun universel ne peut être défini sans référence à la personne humaine. C'est pourquoi les Pouvoirs publics de la communauté mondiale doivent se proposer comme objectif fondamental la reconnaissance, le respect, la défense et le développement des droits de la personne humaine. Ce qui peut être obtenu soit par son intervention directe, s'il y a lieu, soit en créant sur le plan mondial les conditions qui permettront aux gouvernements nationaux de mieux remplir leur mission.

LE PRINCIPE DE SUBSIDIARITE

A l'intérieur de chaque pays, les rapports des Pouvoirs publics avec les citoyens, les familles et les corps intermédiaires doivent être régis et équilibrés par le principe de subsidiarité. Il est normal que le même principe régisse les rapports de l'autorité universelle avec les gouvernements des Etats. Le rôle de cette autorité universelle est d'examiner et de résoudre les problèmes que pose le bien commun universel en matière économique, sociale, politique ou culturelle. C'est la complexité, l'ampleur et l'urgence de ces problèmes qui ne permettent pas aux gouvernements nationaux de les résoudre à souhait.

Il n'appartient pas à l'autorité de la communauté mondiale de limiter l'action que les Etats exercent dans leur sphère propre, ni de se substituer à eux. Elle doit au contraire tâcher de susciter dans tous les pays du monde des conditions qui facilitent non seulement aux gouvernements mais aussi aux individus et aux corps intermédiaires l'accomplissement de leurs fonctions, l'observation de leurs devoirs et l'usage de leurs droits dans des conditions de plus grande sécurité.[26] (...)

A.28. *Gaudium et Spes (GS)*

73. LA VIE PUBLIQUE AUJOURD'HUI

De profondes transformations se remarquent aussi de nos jours dans les structures et dans les institutions des peuples; elles accompagnent leur évolution culturelle, économique et sociale. Ces changements exercent une grande influence sur la vie de la communauté politique, notamment en ce qui concerne les droits et les devoirs de chacun dans l'exercice de la liberté civique et dans la poursuite du bien commun, comme pour ce qui regarde l'organisation des relations des citoyens entre eux et avec les pouvoirs publics. (...)

On rejette au contraire toutes les formes politiques, telles qu'elles existent

---

26 Cf. Pie XII, Allocution aux jeunes de l'Action catholique des diocèses d'Italie, réunis à Rome, 12 septembre 1948: *AAS* 40 (1948), p. 412.

en certaines régions, qui font obstacle à la liberté civile ou religieuse, multiplient les victimes des passions et des crimes politiques et détournent au profit de quelque faction ou des gouvernants eux-mêmes l'action de l'autorité au lieu de la faire servir au bien commun.

Pour instaurer une vie politique vraiment humaine, rien n'est plus important que de développer le sens intérieur de la justice, de la bonté, le dévouement au bien commun, et de renforcer les convictions fondamentales sur la nature véritable de la communauté politique, comme sur la fin, le bon exercice et les limites de l'autorité publique.

74. NATURE ET FIN DE LA COMMUNAUTE POLITIQUE

Individus, familles, groupements divers, tous ceux qui constituent la communauté civile, ont conscience de leur impuissance à réaliser seuls une vie pleinement humaine et perçoivent la nécessité d'une communauté plus vaste à l'intérieur de laquelle tous conjuguent quotidiennement leurs forces en vue d'une réalisation toujours plus parfaite du bien commun.[27] C'est pourquoi ils forment une communauté politique selon des types institutionnels variés. Celle-ci existe donc pour le bien commun; elle trouve en lui sa pleine justification et sa signification et c'est de lui qu'elle tire l'origine de son droit propre. Quant au bien commun, il comprend l'ensemble des conditions de vie sociale qui permettent aux hommes, aux familles et aux groupements de s'accomplir plus complètement et plus facilement.[28]

Mais les hommes qui se retrouvent dans la communauté politique sont nombreux, différents, et ils peuvent à bon droit incliner vers des opinions diverses. Aussi, pour empêcher que, chacun opinant dans son sens, la communauté politique ne se disloque, une autorité s'impose qui soit capable d'orienter vers le bien commun les énergies de tous, non d'une manière mécanique ou despotique, mais en agissant avant tout comme une force morale qui prend appui sur la liberté et le sens de la responsabilité.

De toute évidence, la communauté politique et l'autorité publique trouvent donc leur fondement dans la nature humaine et relèvent par là d'un ordre fixé par Dieu, encore que la détermination des régimes politiques, comme la désignation des dirigeants, soient laissées à la libre volonté des citoyens.[29]

Il s'ensuit également que l'exercice de l'autorité politique, soit à l'intérieur de la communauté comme telle, soit dans les organismes qui représentent l'Etat, doit toujours se déployer dans les limites de l'ordre moral, en vue du bien com-

---

27 Cf. *Mater et Magistra: AAS* 53 (1961), p. 417.
28 Cf. *ibid.*
29 Cf. *Rm* 13, 1-5.

mun (mais conçu d'une manière dynamique), conformément à un ordre juridique légitimement établi ou à établir. Alors les citoyens sont en conscience tenus à l'obéissance.[30] D'où, assurément, la responsabilité, la dignité et l'importance du rôle de ceux qui gouvernent.

Si l'autorité publique, débordant sa compétence, opprime les citoyens, que ceux-ci ne refusent pas ce qui est objectivement requis par le bien commun; mais qu'il leur soit cependant permis de défendre leurs droits et ceux de leurs concitoyens contre les abus du pouvoir, en respectant les limites tracées par la loi naturelle et la loi évangélique.

Quant aux modalités concrètes par lesquelles une communauté politique se donne sa structure et organise le bon équilibre des pouvoirs publics, elles peuvent être diverses, selon le génie propre de chaque peuple et la marche de l'histoire. Mais elles doivent toujours servir à la formation d'un homme cultivé, pacifique, bienveillant à l'égard de tous, pour l'avantage de toute la famille humaine.

75. (...) Pour que la coopération de citoyens responsables aboutisse à d'heureux résultats dans la vie politique de tous les jours, un statut de droit positif est nécessaire, qui organise une répartition convenable des fonctions et des organes du pouvoir ainsi qu'une protection efficace des droits, indépendante de quiconque. Que les droits de toutes les personnes, des familles et des groupes, ainsi que leur exercice, soient reconnus, respectés et valorisés,[31] non moins que les devoirs civiques auxquels sont astreints tous les citoyens. Parmi ces derniers, il faut rappeler l'obligation de rendre à l'Etat les services matériels et personnels requis par le bien commun. Les gouvernants se garderont de faire obstacle aux associations familiales, sociales et culturelles, aux corps et institutions intermédiaires, ou d'empêcher leurs activités légitimes et efficaces; qu'ils aiment plutôt les favoriser, dans l'ordre. Quant aux citoyens, individuellement ou en groupe, qu'ils évitent de conférer aux pouvoirs publics une trop grande puissance; qu'ils ne s'adressent pas à eux d'une manière intempestive pour réclamer des secours et des avantages excessifs, au risque d'amoindrir la responsabilité des personnes, des familles et des groupes sociaux.

A notre époque, la complexité croissante des circonstances oblige les pouvoirs publics à intervenir plus fréquemment, en matière sociale, économique et culturelle, pour préparer des conditions plus favorables qui permettent aux citoyens et aux groupes de poursuivre d'une manière plus efficace la réalisation du bien complet de l'homme, dans la liberté. Assurément, selon les régions et selon l'évolution des peuples, les relations entre la socialisation[32] et l'autonomie ou le

---

[30] Cf. *Rm* 13,5.

[31] Cf. Pie XII, Message radioph., 1er juin 1941: *AAS* 33 (1941), p. 200. *Pacem in terris: l.c.*, p. 273 et 274.

[32] *Mater et Magistra: AAS* 53 (1961), p. 415-418.

développement de la personne peuvent être comprises de diverses façons. Mais si, en vue du bien commun, on restreint pour un temps l'exercice des droits, que l'on rétablisse au plus tôt la liberté quand les circonstances auront changé. Il est en tout cas inhumain que le gouvernement en vienne à des formes totalitaires ou à des formes dictatoriales qui lèsent gravement les droits des personnes ou des groupes sociaux.

Que les citoyens cultivent avec magnanimité et loyauté l'amour de la patrie, mais sans étroitesse d'esprit, c'est-à-dire de telle façon qu'en même temps ils prennent toujours en considération le bien de toute la famille humaine qui rassemble races, peuples et nations, unis par toutes sortes de liens.

Tous les chrétiens doivent prendre conscience du rôle particulier et propre qui leur échoit dans la communauté politique: ils sont tenus à donner l'exemple en développant en eux le sens des responsabilités et du dévouement au bien commun; ils montreront ainsi par les faits comment on peut harmoniser l'autorité avec la liberté, l'initiative personnelle avec la solidarité et les exigences de tout le corps social, les avantages de l'unité avec les diversités fécondes. En ce qui concerne l'organisation des choses terrestres, qu'ils reconnaissent comme légitimes des manières de voir par ailleurs opposées entre elles et qu'ils respectent les citoyens qui, en groupe aussi, défendent honnêtement leur opinion. Quant aux partis politiques, ils ont le devoir de promouvoir ce qui, à leur jugement, est exigé par le bien commun; mais il ne leur est jamais permis de préférer à celui-ci leur intérêt propre.

Pour que tous les citoyens soient en mesure de jouer leur rôle dans la vie de la communauté politique, on doit avoir un grand souci de l'éducation civique et politique; elle est particulièrement nécessaire aujourd'hui, soit pour l'ensemble des peuples, soit, et surtout, pour les jeunes. Ceux qui sont, ou peuvent devenir, capables d'exercer l'art très difficile, mais aussi très noble,[33] de la politique, doivent s'y préparer; qu'ils s'y livrent avec zèle, sans se soucier de leur intérêt personnel ni des avantages matériels. Ils lutteront avec intégrité et prudence contre l'injustice et l'oppression, contre l'absolutisme et l'intolérance, qu'elles soient le fait d'un homme ou d'un parti politique; et ils se dévoueront au bien de tous avec sincérité et droiture, bien plus, avec l'amour et le courage requis par la vie politique.

---

33 Cf. Pie XI, Allocution «Ai dirigenti della Federazione Universitaria Cattolica»: *Discorsi di Pio XI,* ed. Bertetio, Torino, vol. 1 (1960), p. 743.

A.29. *Octogesima Adveniens* (*OA*)

SIGNIFICATION CHRETIENNE DE L'ACTION POLITIQUE

46. (...) Nécessaire, l'activité économique peut, si elle est au service de l'homme, «être source de fraternité et signe de la Providence»;[34] elle est l'occasion d'échanges concrets entre les hommes, de droits reconnus, de service rendus, de dignité affirmée dans le travail. Souvent terrain d'affrontement et de domination, elle peut ouvrir des dialogues et susciter des coopérations. Pourtant elle risque d'absorber à l'excès les forces et la liberté.[35] C'est pourquoi le passage de l'économique au politique s'avère nécessaire. Certes, sous le terme «politique», beaucoup de confusions sont possibles et doivent être éclairées — mais chacun sent que, dans les domaines sociaux et économiques — tant nationaux qu'internationaux —, la décision ultime revient au pouvoir politique.

Celui-ci, qui est le lien naturel et nécessaire pour assurer la cohésion du corps social, doit avoir pour but la réalisation du bien commun. Il agit, dans le respect des libertés légitimes des individus, des familles et des groupes subsidiaires, afin de créer, efficacement et au profit de tous, les conditions requises pour atteindre le bien authentique et complet de l'homme, y compris sa fin spirituelle. Il se déploie dans les limites de sa compétence qui peuvent être diverses selon les pays et les peuples. Il intervient toujours avec un souci de justice et de dévouement au bien commun, dont il a la responsabilité ultime. Il n'enlève pas pour autant aux individus et aux corps intermédiaires leur champ d'activités et leurs responsabilités propres, qui les conduit à concourir à la réalisation de ce bien commun. En effet, «l'objet de toute intervention en matière sociale est d'aider les membres du corps social et non de les détruire ni de les absorber».[36]

Selon sa vocation propre, le pouvoir politique doit savoir se dégager des intérêts particuliers pour envisager sa responsabilité à l'égard du bien de tous les hommes, en dépassant même les limites nationales. Prendre au sérieux la politique à ses divers niveaux — local, régional, national et mondial —, c'est affirmer le devoir de l'homme, de tout homme, de reconnaître la réalité concrète et la valeur de la liberté de choix qui lui est offerte de chercher à réaliser ensemble le bien de la cité, de la nation, de l'humanité. La politique est une manière exigeante — mais non la seule — de vivre l'engagement chrétien au service des autres. Sans résoudre certes tous les problèmes, elle s'efforce d'apporter des solutions aux rapports des hommes entre eux. Son domaine large et englobant n'est pas exclusif. Une attitude envahissante qui tendrait à en faire un absolu, deviendrait un grave danger. Tout en reconnaissant l'autonomie de la réalité politique, les chrétiens

---

[34] Cf. *Populorum progressio,* 86: *AAS* 59 (1967), p. 299.

[35] Cf. *Gaudium et spes,* 63: *AAS* 58 (1966), p. 1085.

[36] *Quadragesimo anno: AAS* 23 (1931), p. 203; Cf. *Mater et Magistra: AAS* 53 (1961), p. 414, 428; *Gaudium et spes,* 74, 75, 76: *AAS* 58 (1966), p. 1095-1100.

sollicités d'entrer dans l'action politique s'efforceront de rechercher une cohérence entre leurs options et l'Evangile et de donner, au sein d'un pluralisme légitime, un témoignage, personnel et collectif, du sérieux de leur foi par un service efficace et désintéressé des hommes.

A.30. *Redemptor Hominis (RH)*

17. (...) Le sens fondamental de l'Etat comme communauté politique consiste en ce que la société qui le compose, le peuple, est maître de son propre destin. Ce sens n'est pas réalisé si, au lieu d'un pouvoir exercé avec la participation morale de la société ou du peuple, nous sommes témoins d'un pouvoir imposé par un groupe déterminé à tous les autres membres de cette société. Ces choses sont essentielles à notre époque où la conscience sociale des hommes s'est énormément accrue et, en même temps qu'elle, le besoin d'une participation correcte des citoyens à la vie de la communauté politique, compte tenu des conditions réelles de chaque peuple et de la nécessité d'une autorité publique suffisamment forte.[37] Ce sont là des problèmes de première importance en ce qui concerne le progrès de l'homme lui-même et le développement global de son humanité.

L'Eglise a toujours enseigné le devoir d'agir pour le bien commun et, ce faisant, elle a éduqué aussi de bons citoyens pour chaque Etat. Elle a en outre toujours enseigné que le devoir fondamental du pouvoir est la sollicitude pour le bien commun de la société; de là dérivent ses droits fondamentaux. Au nom de ces prémisses relatives à l'ordre éthique objectif, les droits du pouvoir ne peuvent être entendus que sur la base du respect des droits objectifs et inviolables de l'homme. Ce bien commun, au service duquel est l'autorité dans l'Etat, ne trouve sa pleine réalisation que lorsque tous les citoyens sont assurés de leurs droits. Autrement on arrive à la désagrégation de la société, à l'opposition des citoyens à l'autorité, ou alors à une situation d'oppression, d'intimidation, de violence, de terrorisme, dont les totalitarismes de notre siècle nous ont fourni de nombreux exemples. C'est ainsi que le principe des droits de l'homme touche profondément le secteur de la justice sociale et devient la mesure qui en permet une vérification fondamentale dans la vie des organismes politiques. (...)

A.31. *Sollicitudo Rei Socialis (SRS)*

43. (...) *Les Organisations internationales,* selon de nombreux avis, semblent se trouver à un moment de leur histoire où les mécanismes de fonctionnement, les frais administratifs et l'efficacité demandent un réexamen attentif et d'éventuelles

[37] Cf. *Gaudium et spes,* 31: *AAS* 58 (1966), p. 1050-1051.

corrections. Evidemment, un processus aussi délicat ne peut être mené à bien sans la collaboration de tous. Il suppose que l'on dépasse les rivalités politiques et que l'on renonce à la volonté de servir de ces Organisations à des fins particulières, alors qu'elles ont pour unique raison d'être *le bien commun*.

Les Institutions et les Organisations existantes ont bien travaillé à l'avantage des peuples. Toutefois, affrontant une période nouvelle et plus difficile de son développement authentique, l'humanité a besoin aujourd'hui *d'un degré supérieur d'organisation à l'échelle internationale*, au service des sociétés, des économies et des cultures du monde entier.

B.32. ***Au Corps Diplomatique au Kenya*** *(Nairobi CD)*

5. L'Etat, dont la justification est la souveraineté de la société et auquel est confiée la sauvegarde de l'indépendance, ne doit jamais perdre de vue son premier objectif qui est le *bien commun* de tous ses citoyens — tous ses citoyens sans distinction, et non pas uniquement le bien-être d'un groupe particulier ou d'une catégorie particulière. L'Etat doit rejeter tout ce qui est indigne de la liberté et des droits humains de sa population, bannissant ainsi tous les éléments tels que les abus d'autorité, la corruption, la domination des faibles, le refus d'accorder aux gens le droit de participer à la vie politique et aux décisions politiques, la tyrannie ou le recours à la violence et au terrorisme. Ici encore, je n'hésite pas à faire référence à la vérité sur l'homme. Sans l'acceptation de cette vérité sur l'homme, de sa dignité et de sa destinée éternelle, ne peut exister dans la nation cette confiance fondamentale qui est une composante de base de toutes les réalisations humaines. Sans cela le service public ne saurait être regardé comme ce qu'il est vraiment: un service des hommes, qui ne trouve sa justification que dans le souci du bien de tous.

4.

RESPECT DE LA PERSONNE ET DES DROITS DE L'HOMME EN GENERAL

Le Magistère a dressé une liste exhaustive des droits qui découlent de la dignité humaine. De l'Encyclique PT au discours de Jean-Paul II aux Nations Unies, les Papes ont voulu souligner l'ensemble des droits de l'homme, en les indiquant clairement dans leur portée personnelle et sociale. En particulier, le thème des droits de l'homme revient au cours de tous les voyages apostoliques accomplis par Jean-Paul II dans le monde, spécialement quand il visite des organisations intergouvernementales.

A.33. *Pacem in Terris (PT)*

I. (...) LE DROIT A L'EXISTENCE ET A UN NIVEAU DE VIE DECENT

Tout être humain a droit à la vie, à l'intégrité physique et aux moyens nécessaires et suffisants pour une existence décente, notamment en ce qui concerne l'alimentation, le vêtement, l'habitation, le repos, les soins médicaux, les services sociaux. Par conséquent, l'homme a droit à la sécurité en cas de maladie, d'invalidité, de veuvage, de vieillesse, de chômage et chaque fois qu'il est privé de ses moyens de subsistance par suite de circonstances indépendantes de sa volonté.[1]

DROITS RELATIFS AUX VALEURS MORALES ET CULTURELLES

En raison de sa nature, tout être humain a droit au respect de sa personne, à sa bonne réputation, à la liberté dans la recherche de la vérité, dans l'expression et la diffusion de la pensée, dans la création artistique, les exigences de l'ordre moral et du bien commun étant sauvegardées; il a droit également à une information objective.

---

[1] Cf. PIE XI, Encycl. *Divini Redemptoris: AAS* 29 (1937), p. 78, et PIE XII, Radiomessage de Pentecôte, 1er juin 1941: *AAS* 33 (1941), p. 195-205.

La nature revendique aussi pour l'homme le droit d'accéder aux biens de la culture, et par conséquent d'acquérir une instruction de base ainsi qu'une formation technico-professionnelle correspondant au degré de développement de la communauté politique à laquelle il appartient. Il faut faire en sorte que le mérite de chacun lui permette d'accéder aux degrés supérieurs de l'instruction et d'arriver, dans la société, à des postes et à des responsabilités aussi adaptés que possible à ses talents et à sa compétence.[2]

LE DROIT D'HONORER DIEU SELON LA JUSTE EXIGENCE DE LA DROITE CONSCIENCE

Chacun a le droit d'honorer Dieu suivant la juste règle de la conscience et de professer sa religion dans la vie privée et publique. Lactance le déclare avec clarté: «Nous recevons l'existence pour rendre à Dieu, qui nous l'accorde, le juste hommage qui Lui revient, pour Le connaître Lui seul et ne suivre que Lui. Cette obligation de piété filiale nous enchaîne à Dieu et nous relie à Lui, d'où son nom de religion.[3] A ce sujet Notre Prédécesseur d'immortelle mémoire, Léon XIII, affirmait: «Cette liberté véritable, réellement digne des enfants de Dieu, qui sauvegarde comme il faut la noblesse de la personne humaine, prévaut contre toute violence et toute injuste tentative; l'Eglise l'a toujours demandée, elle n'a jamais rien eu de plus cher. Constamment les Apôtres ont revendiqué cette liberté-là, les Apologistes l'ont justifiée dans leurs écrits, les Martyrs en foule l'ont consacrée de leur sang».[4]

LE DROIT A LA LIBERTE DANS LE CHOIX D'UN ETAT DE VIE

Tout homme a droit à la liberté dans le choix de son état de vie. Il a par conséquent le droit de fonder un foyer, où l'époux et l'épouse interviennent à égalité de droits et de devoirs, ou bien celui de suivre la vocation au sacerdoce ou à la vie religieuse.[5]

La famille, fondée sur le mariage librement contracté, un et indissoluble, est et doit être tenue pour la cellule première et naturelle de la société. De là, l'obligation de mesures d'ordre économique, social, culturel et moral, de nature à en consolider la stabilité et à lui faciliter l'accomplissement du rôle qui lui incombe.

Aux parents, en tout premier lieu, revient le droit d'assurer l'entretien et l'éducation de leurs enfants.[6]

---

[2] Cf. Pie XII, Radiomessage de Noël 1942: *AAS* 35 (1943), p. 9-24.

[3] *Divinae Institutiones,* lib. IV, c. 28, 2: *PL* VI, 535.

[4] Encycl. *Libertas praestantissimum: Acta Leonis XIII,* VIII (1888), p. 237-238.

[5] Cf. Pie XII, Radiomessage de Noël 1942: *AAS* 35 (1943), p. 9-24.

[6] Cf. Pie XI, Encycl. *Casti Connubii: AAS* 22 (1930), p. 539-592, et Pie XII, Radiomessage de Noël 1942: *AAS* 35 (1943), p. 9-24.

DROITS RELATIFS AU MONDE ECONOMIQUE

Tout homme, en vertu du droit naturel, a droit au travail et à l'initiative dans le domaine économique.[7]

A ces droits est lié indissolublement le droit à des conditions de travail qui ne compromettent ni la santé ni la moralité et qui n'entravent pas le développement normal de la jeunesse; et, s'il s'agit des femmes, le droit à des conditions de travail en harmonie avec les exigences de leur sexe et avec leurs devoirs d'épouses et de mères.[8]

La dignité humaine fonde également le droit de déployer l'activité économique dans des conditions normales de responsabilité personnelle.[9] Il en résulte aussi — et il convient de le souligner — qu'à l'ouvrier est dû un salaire à déterminer selon les normes de la justice; compte tenu des possibilités de l'employeur, cette rémunération devra permettre au travailleur et à sa famille un niveau de vie conforme à la dignité humaine. Notre prédécesseur, Pie XII, le disait: «A la loi du travail, inscrite dans la nature, répond le droit tout aussi naturel pour l'homme de tirer de son labeur de quoi vivre et faire vivre ses enfants: si profondément est ordonné en vue de la conservation de l'homme l'empire sur la nature».[10]

De la nature de l'homme dérive également le droit à la propriété privée des biens, y compris les moyens de production. Comme Nous l'avons enseigné ailleurs, ce droit «est une garantie efficace de la dignité de la personne humaine et une aide pour le libre exercice de ses diverses responsabilités; il contribue à la stabilité et à la tranquillité du foyer domestique non sans profit pour la paix et la prospérité publiques».[11]

Par ailleurs, il n'est pas hors de propos de rappeler que la propriété privée comporte en elle-même une fonction sociale.[12]

DROIT DE REUNION ET D'ASSOCIATION

Du fait que l'être humain est naturellement ordonné à la vie en société, découle le droit de réunion et d'association, celui de donner aux groupements les structures qui paraissent mieux servir leurs buts, le droit d'y assumer librement certaines responsabilités en vue d'atteindre ces mêmes buts.[13]

---

7 Pie XII, Radiomessage de Pentecôte, 1er juin 1941: *AAS* 33 (1941), p. 201.

8 Cf. *Rerum novarum: Acta Leonis XIII,* XI (1891), p. 128-129.

9 Cf. *Mater et Magistra: AAS* 53 (1961), p. 422.

10 Cf. Radiomessage de Pentecôte, 1er juin 1941: *AAS* 33 (1941), p. 201.

11 *Mater et Magistra: AAS* 53 (1961), p. 428.

12 Cf. *ibid.*, p. 430.

13 Cf. *Rerum novarum: Acta Leonis XIII,* XI (1891), p. 134-142; Pie XI, Encycl. *Quadragesimo anno: AAS* 23 (1931), p. 199-200, et Pie XII, Encycl. *Sertum laetitiae: AAS* 31 (1939), p. 635-644.

L'Encyclique *«Mater et Magistra»* dit à bon droit que la création de bon nombre d'associations ou corps intermédiaires, capables de poursuivre des objectifs que les individus ne peuvent atteindre qu'en s'associant, apparaît comme un moyen indispensable pour l'exercice de la liberté et de la responsabilité de la personne humaine.[14]

DROIT D'EMIGRATION ET D'IMMIGRATION

Tout homme a droit à la liberté de mouvement et de séjour à l'intérieur de la communauté politique dont il est citoyen; il a aussi le droit, moyennant des motifs valables, de se rendre à l'étranger et de s'y fixer.[15] Jamais l'appartenance à telle ou telle communauté politique ne saurait empêcher qui que ce soit d'être membre de la famille humaine, citoyen de cette communauté universelle où tous les hommes sont rassemblés par des liens communs.

DROITS D'ORDRE CIVIQUE

A la dignité de la personne humaine est attaché le droit de prendre une part active à la vie publique et de concourir personnellement au bien commun. «L'homme comme tel, bien loin d'être l'objet et un élément passif de la vie sociale, en est et doit en être et en rester le sujet, le fondement et la fin».[16]

Autre droit fondamental de la personne, la protection juridique de ses propres droits, protection efficace, égale pour tous et conforme aux normes objectives de la justice. «De l'ordre juridique, voulu par Dieu, découle pour les hommes ce droit inaliénable qui garantit à chacun la sécurité juridique et une sphère concrète de droits défendue contre tout empiètement arbitraire».[17] (...)

A.34. *Gaudium et Spes (GS)*

27. RESPECT DE LA PERSONNE HUMAINE

Pour en venir à des conséquences pratiques et qui présentent un caractère d'urgence particulière, le Concile insiste sur le respect de l'homme: que chacun considère son prochain, sans aucune exception, comme «un autre lui-même», tienne compte avant tout de son existence et des moyens qui lui sont nécessaires pour vivre dignement,[18] et se garde d'imiter ce riche qui ne prit nul souci du pauvre Lazare.[19]

---

[14] Cf. *AAS* 53 (1961), p. 430.

[15] Cf. Pie XII, Radiomessage de Noël 1952: *AAS* 45 (1953), p. 33-46.

[16] Cf. Radiomessage de Noël 1944: *AAS* 37 (1945), p. 12.

[17] Cf. Radiomessage de Noël 1942: *AAS* 35 (1943), p. 21.

[18] Cf. *Jc* 2, 15-16.

[19] Cf. *Lc* 16, 19-31.

De nos jours surtout, nous avons l'impérieux devoir de nous faire le prochain de n'importe quel homme et, s'il se présente à nous, de le servir activement: qu'il s'agisse de ce vieillard abandonné de tous, ou de ce travailleur étranger, méprisé sans raison, ou de cet exilé, ou de cet enfant né d'une union illégitime qui supporte injustement le poids d'une faute qu'il n'a pas commise, ou de cet affamé qui interpelle notre conscience en nous rappelant la parole du Seigneur: «Chaque fois que vous l'avez fait à l'un de ces plus petits de mes frères, c'est à moi que vous l'avez fait» (*Mt* 25, 40). (...)

73. (...) La conscience de la dignité humaine est devenue plus vive. D'où, en diverses régions du monde, l'effort pour instaurer un ordre politico-juridique dans lequel les droits de la personne au sein de la vie publique soient mieux protégés: par exemple les droits de libre réunion et d'association, le droit d'exprimer ses opinions personnelles et de professer sa religion en privé et en public. La garantie des droits de la personne est en effet une condition indispensable pour que les citoyens, individuellement ou en groupe, puissent participer activement à la vie et à la gestion des affaires publiques.

En étroite liaison avec le progrès culturel, économique et social, le désir s'affirme chez un grand nombre d'hommes de prendre davantage part à l'organisation de la communauté politique. Dans la conscience de beaucoup s'intensifie le souci de préserver les droits des minorités à l'intérieur d'une nation, sans négliger pour autant leurs obligations à l'égard de la communauté politique. De plus, le respect de ceux qui professent une opinion ou une religion différentes grandit de jour en jour. En même temps, une plus large collaboration s'établit, capable d'assurer à tous les citoyens, et non seulement à quelques privilégiés, la jouissance effective des droits attachés à la personne. (...)

A.35. *Christifideles Laici (CL)*

38. La reconnaissance effective de la dignité personnelle de tout être humain *exige le respect,* la défense et la *promotion* des droits de la personne humaine. Il s'agit de droits naturels, universels et inviolables: personne, ni l'individu, ni le groupe, ni l'autorité, ni l'Etat, ne peut les modifier, encore moins les supprimer, parce que ces droits procèdent de Dieu Lui-même. (...)

39. (...) Tout ce que nous avons dit jusqu'ici sur le respect de la dignité de la personne et sur la reconnaissance des droits de l'homme concerne bien sûr la responsabilité de chaque chrétien, de chaque homme. Mais il nous faut noter aussitôt que ce problème a une dimension mondiale: c'est, en effet, une question qui touche des groupes humains entiers, et même des peuples entiers, qui sont violemment frappés dans leurs droits fondamentaux. Ces formes d'inégalité dans le développement entre les différents Mondes sont très nettement dénoncés dans la récente Encyclique *Sollicitudo rei socialis.*

Le respect de la personne humaine dépasse l'exigence d'une morale individuelle et elle s'établit comme un critère de base, comme le pilier fondamental, pour ainsi dire, en vue de la structuration de la société elle-même, étant donné que la société tout entière a comme finalité la personne.

A.36. *Centesimus Annus (CA)*

47. Après la chute du totalitarisme communiste et de nombreux autres régimes totalitaires et de «sécurité nationale», on assiste actuellement, non sans conflits, au succès de l'idéal démocratique dans le monde, allant de pair avec une grande attention et une vive sollicitude pour les droits de l'homme. Mais précisément pour aller dans ce sens, il est nécessaire que les peuples qui sont en train de réformer leurs institutions donnent à la démocratie un fondement authentique et solide grâce à la reconnaissance explicite de ces droits.[20] Parmi les principaux, il faut rappeler le droit à la vie dont fait partie intégrante le droit de grandir dans le sein de sa mère après la conception; puis le droit de vivre dans une famille unie et dans un climat moral favorable au développement de sa personnalité; le droit d'épanouir son intelligence et sa liberté par la recherche et la connaissance de la vérité; le droit de participer au travail de mise en valeur des biens de la terre et d'en tirer sa subsistance et celle de ses proches; le droit de fonder librement une famille, d'accueillir et d'élever des enfants, en exerçant de manière responsable sa sexualité. En un sens, la source et la synthèse de ces droits, c'est la liberté religieuse, entendue comme le droit de vivre dans la vérité de sa foi et conformément à la dignité transcendante de sa personne.[21]

Même dans les pays qui connaissent des formes de gouvernement démocratique, ces droits ne sont pas toujours entièrement respectés. Et l'on ne pense pas seulement au scandale de l'avortement, mais aussi aux divers aspects d'une crise des systèmes démocratiques qui semblent avoir parfois altéré la capacité de prendre des décisions en fonction du bien commun. Les requêtes qui viennent de la société ne sont pas toujours examinées selon les critères de la justice et de la moralité, mais plutôt d'après l'influence électorale ou le poids financier des groupes qui les soutiennent. De telles déviations des moeurs politiques finissent par provoquer la défiance et l'apathie, et par entraîner une baisse de la participation politique et de l'esprit civique de la population, qui se sent atteinte et déçue. Il en résulte une incapacité croissante à situer les intérêts privés dans le cadre d'une conception cohérente du bien commun. Celui-ci, en effet, n'est pas seulement la somme des intérêts particuliers, mais il suppose qu'on les évalue et qu'on les harmonise en fonction d'une hiérarchie des valeurs équilibrée et, en dernière analyse, d'une conception correcte de la dignité et des droits de la personne.[22]

---

20 Cf. Encycl. *Redemptor hominis,* 17: *l. c.,* p. 270-272.

21 Cf. Message pour la Journée mondiale de la Paix 1988: *l. c.,* p. 1572-1580; Message pour la Journée mondiale de la Paix 1991: *L'Osservatore Romano,* 19 décembre 1990; Conc. Vat. II, Déclaration sur la liberté religieuse *Dignitatis humanae,* 1-2.

22 Cf. *Gaudium et spes,* 26.

L'Eglise respecte *l'autonomie légitime de l'ordre démocratique* et elle n'a pas qualité pour exprimer une préférence de l'une ou l'autre solution institutionnelle ou constitutionnelle. La contribution qu'elle offre à ce titre est justement celle de sa conception de la dignité de la personne qui apparaît en toute plénitude dans le mystère du Verbe incarné.[23]

B.37. *Pour le 25e anniversaire de la Déclaration Universelle des Droits de l'Homme (DUDH 25)*

(...) Nous ne pouvons donc demeurer indifférent devant l'urgence de construire une communauté de vie humaine qui garantisse partout à l'individu, aux groupes et particulièrement aux minorités, le droit à la vie, à la dignité personnelle et sociale, au développement dans un milieu protégé et amélioré et à l'équitable répartition des richesses de la nature et des fruits de la civilisation.

«L'Eglise, avant tout soucieuse des droits de Dieu — disions-nous l'an dernier au secrétaire général, M. Kurt Waldheim — ne pourra jamais se désintéresser des droits de l'homme, créé à l'image et à la ressemblance de son Créateur. Elle se sent blessée lorsque les droits de l'homme, quel qu'il soit, et où que ce soit, sont méconnus et violés» (*SGNU 1972: AAS* 64 (1972), p. 215).

C'est pourquoi le Saint-Siège donne son plein appui moral à l'idéal commun contenu dans la Déclaration universelle comme aussi à l'approfondissement progressif des droits de l'homme qui y sont exprimés.

Les droits de l'homme sont fondés sur la dignité reconnue de tous les êtres humains, sur leur égalité et leur fraternité. Le devoir de respecter ces droits est un devoir de caractère universel. La promotion de ces droits est un facteur de paix; leur violation est une cause de tensions et de troubles, même au plan international.

Si les Etats ont intérêt à coopérer dans les domaines de l'économie, de la science, de la technologie, de l'écologie, ils l'ont encore plus à collaborer — et la Charte des Nations Unies les y engage expressément — pour protéger et promouvoir les droits de l'homme.

On objecte parfois que cette collaboration de tous les Etats pour promouvoir les droits de l'homme constitue une ingérence dans les affaires internes. Mais n'est-il pas vrai que le plus sûr moyen, pour un Etat, d'éviter des immixtions de l'extérieur, c'est précisément de reconnaître et d'assurer lui-même sur les territoires de sa juridiction le respect des droits et des libertés fondamentales? (...)

---

23 Cf. *ibid.*, n. 22.

B.38. *Au Corps Diplomatique (CD 1978)*

(...) Cette rencontre traditionnelle du mois de janvier pour l'échange des voeux nous permet, chaque année, de nous entretenir avec vous. Nous voudrions choisir aujourd'hui, comme sujet de réflexion, le thème si important et si actuel des droits humains.

Les droits de l'homme, on en parle et on en discute beaucoup aujourd'hui. On le fait avec passion, parfois avec colère, presque toujours en ayant en vue une plus grande justice effective ou présumée. Ces revendications ne semblent pas toutes raisonnables ou réalisables, car elles sont parfois inspirées par des emballements individualistes ou utopie anarchique; quelques-unes sont même moralement inadmissibles. Mais, dans l'ensemble, en tant qu'aspiration et tension vers une plus haute espérance, cet intérêt accru pour un espace de liberté et de responsabilité plus favorable à la personne est un fait positif qu'il faut encourager; l'Eglise le suit et veut continuer à le suivre avec sympathie, tout en lui apportant, selon sa propre mission, la lumière et les éclaircissements nécessaires. (...)

B.39. *A l'Institut International des Droits de l'Homme (IIDH)*

En cette brève rencontre, je suis heureux d'exprimer mon estime à l'Institut International des Droits de l'Homme, fondé voici bientôt dix ans par Monsieur René Cassin. Les trois grandes directions fixées à votre patient labeur sont d'une actualité évidente: enseigner avec sagesse et persévérance les droits de l'homme, faire avancer les recherches en ce domaine, sensibiliser l'opinion publique, avec tact et opportunité. Votre travail intéresse l'Eglise catholique et, je dois dire, intéresse tous les chrétiens qui sont bien conscients du caractère sacré de toute personne humaine, si fortement mis en exergue dès les premières pages de la Bible: *'Dieu créa l'homme à son image'* (*Gn* 1, 27).

En ces jours du quarantième anniversaire de l'élection de Pie XII au Siège de Pierre, il m'est bien permis de souligner que ce Pape n'a cessé d'inciter les catholiques à collaborer activement avec les hommes de bonne volonté dans les organisations appelées à protéger les droits de l'homme, comme l'Organisation des Nations Unies, et tant d'autres institutions méritantes. Parlant de 'la communauté mondiale en formation' aux participants de la XIème Assemblée plénière de *Pax Romana,* le 25 avril 1957, il déclarait: *'Un chrétien ne peut rester indifférent devant l'évolution du monde... Non seulement il peut, mais il doit travailler à l'avènement de cette communauté'.* L'histoire impartiale oblige à constater que Pie XII, en vingt ans, a fait faire un progrès considérable à la réflexion de l'Eglise sur le caractère inviolable de la personne, la dignité de la famille, les prérogatives et les limites de l'autorité publique, les droits des minorités ethniques, le droit à l'expression publique des opinions, le droit à la liberté politique, le droit des réfugiés, des prisonniers, des persécutés, le droit à une éducation religieuse, le droit au culte de Dieu privé et public (cf. Radiomessage de Noël: *AAS* 35 (1943), p. 9). Il ressort de ses messages que la personne humaine ne peut jamais être sacrifiée à un intérêt politique national ou international quel qu'il soit.

Jean XIII a ensuite largement développé ces thèmes, entre autres dans ses admirables encycliques *Mater et magistra* et *Pacem in terris*. Paul VI les a repris et approfondis dans d'innombrables documents qui caractérisent son pontificat. Qu'il suffise de mentionner son discours au Corps diplomatique du 14 janvier 1978, et aussi le message qu'il a publié le 26 octobre 1974, en union avec les Pères du Synode, et consacré à l'engagement de l'Eglise dans la défense et la promotion des droits de l'homme. *Un tel engagement découle de l'Evangile où l'on trouve l'expression la plus profonde de la dignité de l'homme et le motif le plus pressant des efforts pour promouvoir ses droits.* Et l'Eglise, vous le savez, conçoit cette tâche dans le cadre de sa mission au service du salut plénier de l'homme, racheté par le Christ, comme je viens de l'exposer dans ma première encyclique *Redemptor hominis*.

Que ces quelques mots soient pour vous lumière et réconfort! Il est bon de nous redire les uns aux autres que l'attention prioritaire des esprits et des coeurs à la dignité de toute personne humaine, au plan de l'enseignement et de l'action concrète et multiforme, constitue une oeuvre qui doit faire de plus en plus l'unanimité de tous les hommes de bonne volonté.

B.40. *A l'Organisation des Nations Unies (ONU)*

13. La Déclaration universelle des droits de l'homme et les instruments juridiques tant au niveau international que national, dans un mouvement qu'on ne peut que souhaiter progressif et continu, cherchent à créer une conscience générale de la dignité de l'homme, et à définir au moins certains des droits inaliénables de l'homme. Qu'il me soit permis d'en énumérer quelques-uns parmi les plus importants qui sont universellement reconnus: le droit à la vie, à la liberté et à la sécurité de la personne; le droit à l'alimentation, à l'habillement, au logement, à la santé, au repos et aux loisirs; le droit à la liberté d'expression, à l'éducation et à la culture; le droit à la liberté de pensée, de conscience et de religion et le droit à manifester sa religion, individuellement ou en commun, tant en privé qu'en public; le droit de choisir son état de vie, de fonder une famille et de jouir de toutes les conditions nécessaires à la vie familiale; le droit à la propriété et au travail, à des conditions équitables de travail et à un juste salaire; le droit de réunion et d'association; le droit à la liberté de mouvement et à la migration interne et externe; le droit à la nationalité et à la résidence; le droit à la participation politique et le droit de participer au libre choix du système politique du peuple auquel on appartient. L'ensemble des droits de l'homme correspond à la substance de la dignité de l'être humain, compris dans son intégralité, et non pas réduit à une seule dimension; ils se réfèrent à la satisfaction des besoins essentiels de l'homme, à l'exercice de ses libertés, à ses rapports avec les autres personnes; mais ils se réfèrent toujours et partout à l'homme, à sa pleine dimension humaine.

B.41. *A l'Organisation des Etats Américains (OEA)*

5. L'homme! L'homme est le critère décisif qui dicte et oriente tous vos efforts. Il est la valeur vitale dont le service exige constamment de nouvelles initiatives. Les mots qui ont le plus de sens pour l'homme — comme ceux de justice, paix, développement, solidarité, droits de l'homme — sont parfois dévalorisés à cause d'une suspicion systématique ou d'une censure idéologique partisane et sectaire. Ils perdent ainsi leur puissance mobilisatrice et attractive. Ils ne la retrouveront que si le respect de la personne humaine et l'engagement en sa faveur sont de nouveau mis explicitement au centre de toutes les considérations. Quand nous parlons de droit à la vie, à l'intégrité physique et morale, à la nourriture, au logement, à l'éducation, à la santé, au travail, à la coresponsabilité dans la vie de la nation, nous parlons de la personne humaine. C'est cette personne humaine que la foi nous fait reconnaître comme créée à l'image de Dieu et destinée à une fin éternelle. C'est cette personne qui se trouve fréquemment menacée, affamée, sans logement et sans travail convenables, sans accès au patrimonie culturel de sa nation ou de l'humanité, et sans voix pour faire entendre ses angoisses. (...)

B.42. *Le Bourget*

4. Au coeur de cette mission, *au coeur de la mission du Christ, il y a l'homme, tout l'homme.* A travers l'homme, il y a les nations, toutes les nations.

La liturgie d'aujourd'hui est théocentrique, et pourtant c'est l'homme qu'elle proclame. Elle le proclame, parce que l'homme est au coeur même du mystère du Christ, l'homme est dans le coeur du Père, du Fils et du Saint-Esprit. Et cela depuis le début. N'a-t-il pas été créé à l'image et à la ressemblance de Dieu? Hors de cela, l'homme n'a pas de sens. *L'homme n'a un sens* dans le monde *que comme image et ressemblance de Dieu.* Autrement il n'a pas de sens, et on en viendrait à dire, comme l'ont affirmé certains, que l'homme n'est qu'une «passion inutile».

Oui. C'est l'homme qui est proclamé lui aussi par la liturgie d'aujourd'hui.

«A voir ton ciel, ouvrage de tes doigts, la lune et les étoiles, que tu fixas, *qu'est donc l'homme,* que tu en gardes mémoire, le fils d'Adam, que tu en prennes souci? A peine le fis-tu moindre qu'un dieu, le couronnant de gloire et de splendeur; tu lui as donné *pouvoir sur les oeuvres* de tes mains, tout fut mis par toi sous ses pieds» (*Ps* 8, 4-7).

L'homme... l'éloge de l'homme... l'affirmation de l'homme.

Oui, l'affirmation de l'homme tout entier, dans sa constitution spirituelle et corporelle, dans ce qui le manifeste comme sujet extérieurement et intérieurement. L'homme adapté, dans sa structure visible, à toutes les créatures du monde visible, et en même temps intérieurement allié à la sagesse éternelle. Et cette sagesse, elle aussi, est annoncée par la liturgie d'aujourd'hui, qui chante son origine divine, sa présence perceptible dans toute l'oeuvre de la création pour dire à la fin qu'elle «trouve ses délices avec les fils des hommes» (*Pr* 8, 31).

Que n'ont pas fait les fils et les filles de votre nation pour la connaissance de l'homme, pour exprimer l'homme par la formulation de ses droits inaliénables! On sait la place que l'idée de *liberté, d'égalité* et de *fraternité* tient dans votre culture, dans votre histoire. Au fond, ce sont-là des idées chrétiennes. Je le dis tout en ayant bien conscience que ceux qui ont formulé ainsi, les premiers, cet idéal, ne se référaient pas à l'alliance de l'homme avec la sagesse éternelle. Mais ils voulaient agir pour l'homme.

B.43. *Bacolod*

5. (...) Vous aimez la terre, vous chérissez les plaintes fertiles. Vous appartenez à ce pays vous appartient. Dans son amour gracieux, non seulement Dieu a créé l'homme et la femme, mais il leur a donné la terre pour que la vie humaine soit entretenue par leurs efforts. Dès le commencement, et pour le bien de tous, Dieu a voulu l'interaction de la terre et du travail de façon à ce que la pleine dignité de l'homme soit toujours protégée et promue.

6. Oui, la dignité de l'homme doit être promue par la terre. Parce que la terre est un don de Dieu pour le bien de tous, il n'est pas admissible d'user de ce don de telle manière que les biens qu'elle produit ne servent qu'à un nombre limité de personnes, alors que les autres — la grande majorité — sont exclues des bienfaits qu'elle procure.

Un défi vraiment chrétien est donc présenté à *ceux qui possèdent ou contrôlent la terre.* Je sais que nombreux sont ceux parmi vous qui sont propriétaires de plantations ou qui sont planteurs et qui se soucient du bien-être de leurs travailleurs, mais l'Eglise, consciente de ses responsabilités, se sent poussée à présenter devant vous, sans cesse, l'idéal de l'amour et de la justice; elle vous encourage à confronter constamment vos actions et vos attitudes avec les principes éthiques qui touchent à la priorité du bien commun et au but social de l'activité économique. Le droit du propriétaire est légitime en soi, mais il ne peut être séparé d'une dimension sociale plus large. Dans son encyclique *Populorum progressio,* Paul VI fait écho à l'enseignement du Concile Vatican II et définit très clairement ce principe quand il écrit: *'Dieu a destiné la terre et tout ce qu'elle contient à l'usage de tous les hommes et de tous les peuples en sorte que les biens de la création doivent équitablement affluer entre les mains de tous, selon la règle de la justice, inséparable de la charité'* (*Gaudium et spes,* 69). Tous les autres droits quels qu'ils soient, y compris ceux de la propriété et du libre commerce, doivent être subordonnés à ce principe. Ils ne devraient pas être un obstacle mais au contraire favoriser son application. C'est un grave et urgent devoir social de les réorienter vers leur finalité première (n. 22). Les propriétaires et les planteurs devraient donc ne pas se laisser guider d'abord par les lois économiques de la croissance et du gain, ni par les exigences de la compétition ou de l'accumulation égoïste de biens, mais par les exigences de la justice et par l'impératif moral de la contribution à un niveau de vie décent et à des conditions de travail qui rendent possible pour les ouvriers et pour la société rurale de vivre une vie vraiment humaine et de voir respecter leurs droits humains fondamentaux.

B.44. *Yaoundé*

6. (...) Il s'agit en effet d'approfondir et de vivre une conception de l'homme et de ses rapports sociaux où la «justice» ne reste pas un leitmotiv verbeux et formel. Aujourd'hui, le monde entier s'en réclame sans que cela empêche souvent certaines puissances d'agir de facon injuste envers d'autres peuples ou catégories de personnes. Philosopher sur la dignité de la personne, avec ses droits et ses devoirs, sur les relations interpersonnelles dans la famille et la société, doit conduire à prendre effectivement en compte les aspirations et les besoins de ceux qui souffrent de la faim ou de logements insuffisants, qui cherchent un travail, qui sont méconnus dans leur dignité de femme ou d'enfant, qui n'ont pas la liberté nécessaire pour fonder un foyer stable, de ceux aussi qui voudraient développer les travaux agricoles ou industriels susceptibles de satisfaire les besoins prioritaires des populations; de ceux encore qui tiennent, à juste titre, à épanouir ce qu'il y a de beau et de sain dans leur propre patrimoine culturel.

7. C'est bien ainsi en tout cas que le comprend le christianisme lorsqu'il apporte son appui au développement de la culture. Il proclame la liberté et les droits inaliénables de la personne. Et il reconnaît la source de sa dignité dans l'image du Créateur que toute personne porte en elle, dans le prix que Dieu attache à chaque personne qu'il a rachetée par son Fils pour la libérer de tout mal. Mais la dignité personnelle — qui ne peut jamais être sacrifiée comme un moyen aux impératifs de la société — n'est pas pour autant l'individualisme égoïste, suffisant ou capricieux qui se développe dans certaines sociétés occidentales. C'est celle d'un homme qui apprend à être pleinement homme, avec les autres et pour les autres (cf. discours à l'UNESCO, n. 11). A l'UNESCO, je parlais d'un lien fondamental du message du Christ et de l'Église avec l'homme dans son identité même (cf. *ibid.*), car le christianisme permet d'affirmer l'homme pour lui-même, de l'aimer pour lui-même, de revendiquer sans cesse et toujours sa dignité devant tout ce qui peut l'opprimer dans son corps, son esprit, son coeur, son âme. Le Christ s'identifie à l'homme concret, au plus petit des siens, qui a faim, qui a soif, qui est malade, en prison, qui est étranger (cf. *Mt* 25, 35-36). Il a commencé sa mission en disant: «L'Esprit du Seigneur est sur moi parce qu'il m'a consacré par l'onction pour porter la Bonne Nouvelle aux pauvres; il m'a envoyé annoncer aux captifs la délivrance..., renvoyer en liberté les opprimés». (*Lc* 4, 18) Oui, on peut dire que les disciples du Christ devront toujours, dans le monde, mener «une pastorale de guérison et de compassion», comme le Bon Samaritain de l'Évangile, simplement parce que l'homme qui se trouve dans le besoin, sur le bord de la route, est leur frère, leur «prochain» (cf. *Lc* 10, 33-37). Au cours de l'histoire, des gens appartenant à des nations chrétiennes ne l'ont malheureusement pas tou-

jours fait, et nous en demandons pardon à nos frères africains qui ont tant souffert par exemple de la traite des Noirs. Mais l'Évangile demeure comme un appel sans équivoque.

Je comprends le cri de certains Africains pour une authentique libération et pour la juste reconnaissance de leur dignité, loin de tout racisme et de toute séquelle d'une exploitation politique, économique ou culturelle. (...)

B.45. *A l'Assemblée Parlementaire du Conseil de l'Europe (APCE)*

4. La conception biblique de l'homme a permis aux Européens de développer une haute notion de la dignité de la personne, qui demeure une valeur essentielle même chez ceux qui n'adhèrent pas à une foi religieuse. L'Eglise affirme qu'il est en l'homme une conscience irréductible aux conditionnements qui pèsent sur elle, une conscience capable de connaître sa dignité propre et de s'ouvrir à l'absolu, une conscience qui est source des choix fondamentaux guidés par la recherche du bien pour les autres comme pour soi, une conscience qui est *le lieu d'une liberté responsable*.

Il est vrai que bien des *dérives* se sont produites, et les chrétiens savent qu'ils y ont eu leur part. La personne, comme sujet unique de droits et de devoirs, a souvent laissé la place à l'individu, prisonnier de ses égoïsmes et se considérant lui-même comme sa propre fin. D'un autre côté, l'exaltation du groupe, de la nation ou de la race a pu conduire à des idéologies totalitaires et meurtrières. Un peu partout, le matérialisme pratique, ou théorique, a méconnu la nature spirituelle de l'homme et réduit dramatiquement ses raisons de vivre. C'est l'honneur des démocraties de rechercher une organisation de la société telle que la personne soit non seulement respectée dans tout ce qu'elle est, mais qu'elle participe à l'oeuvre commune en exerçant sa volonté libre.

5. Votre Conseil s'est montré fidèle à l'héritage de la conscience européenne en se donnant comme tâche majeure *la proclamation et la protection des droits de l'homme.* En ratifiant la Convention de sauvegarde des Droits de l'homme et des Libertés fondamentales, les Etats membres ont voulu resserrer leur union autour des principes et des valeurs les plus hautes de la tradition européenne. Pour en assurer partout l'application, ils ont institué la Cour et la Commission européennes des droits de l'homme, en leur reconnaissant une compétence et une autorité judiciaire uniques dans les organisations internationales.

Comme en témoigne la réflexion de votre Assemblée sur de nombreux aspects de la vie en société, la prise en considération des droits et de la dignité de la personne humaine va bien au-delà de ce que définissent les textes spécifiques concernant les droits de l'homme. L'Eglise estime que l'homme a droit à la liberté et à la sécurité nécessaires pour conduire sa vie selon les exigences de sa conscience droite, de son ouverture spirituelle à l'absolu et de sa vocation à la vie fraternelle. (...)

B.46. *A la Cour et à la Commission Européennes des Droits de l'Homme (CCEDH Strasbourg)*

2. (...) En fait, la notion de «droits de l'homme» n'implique pas simplement un catalogue de droits positifs, mais un ensemble de valeurs sous-jacentes que la Convention appelle à juste titre le «patrimoine commun» d'idéaux et de principes des nations de l'Europe.

Il ne fait pas de doute que la notion de «droits de l'homme», surtout telle qu'elle a été consacrée par la Déclaration universelle de 1948 des Nations Unies, est devenue une sorte de bien commun de l'ensemble de l'humanité. Mais cette notion, qui est fondée sur une compréhension précise de l'individu et de ses relations avec l'Etat, a besoin de garanties institutionnelles et juridiques pour assurer sa mise en oeuvre efficace.

3. En particulier, il ne peut y avoir d'application certaine des droits de l'homme là où la prééminence du droit n'est pas assurée. Votre Cour est pour ainsi dire la quintessence d'un système juridique qui garantit la prééminence du droit. Le fait qu'un individu puisse former un recours contre un Etat doit assurément être considéré comme un développement positif de la primauté du droit.

Les gouvernements qui respectent les principes du droit acceptent en fait qu'une limite soit imposée à leur pouvoir et à leur sphère d'intérêts. Parce que ces gouvernements reconnaissent qu'ils sont eux-mêmes soumis à la loi et qu'ils ne sont pas au-dessus d'elle, ils peuvent effectivement reconnaître l'inviolabilité légitime de la sphère privée de la vie de leurs citoyens et la défendre contre les contraintes extérieures.

Les pouvoirs publics et les autorités responsables de la vie civile ne peuvent avoir d'objectif plus élevé que de sauvegarder efficacement ces droits et libertés essentiels qui sont l'expression de la dignité inaliénable de la personne humaine.

4. La prééminence du droit, néanmoins, est inséparable de l'exercice des droits civils et politiques, qui ont été les premiers à être définis historiquement. L'expérience tragique de deux guerres mondiales sur le sol européen nous a enseigné que les droits de l'homme ne sont garantis que lorsque ceux qui détiennent le pouvoir ont des comptes à rendre à leurs concitoyens et que leur mandat est soumis à quelque forme de contrôle public. Le progrès dans la promotion des droits de l'homme exige également un libre débat public sur les priorités politiques et sociales ainsi que sur les objectifs à poursuivre. Il a été démontré maintes et maintes fois que la participation d'un peuple à sa propre destinée politique garantit une vie publique qui favorise les valeurs humaines et les droits inaliénables de l'homme, y compris les droits des minorités, des pauvres et de ceux qui n'ont aucun pouvoir.

Les droits économiques, sociaux et culturels que les nations membres du Conseil de l'Europe ont réussi à codifier, notamment dans la «Charte sociale européenne», constituent le cadre structurel externe des droits de l'homme et des libertés individuelles fondamentales. Mais ces droits eux-mêmes ne peuvent être effectivement appliqués que lorsqu'ils peuvent être librement débattus et définis.

L'Europe que vous représentez a sagement écarté l'illusion que l'Etat peut prétendre incarner les préoccupations sociales de son peuple tout en privant en même temps ce peuple de ses droits civils et politiques.

B.47. *Au Corps Diplomatique (CD 1989)*

4. De la nature même de l'homme découlent le respect de la vie, de l'intégrité physique, de la conscience, de la pensée, de la foi religieuse, de la liberté personnelle de tout citoyen; ces éléments essentiels à l'existence de chacun ne font pas l'objet d'une «concession» de l'Etat, qui «reconnaît» seulement ces réalités antérieures à son propre système juridique et qui a le devoir d'en garantir la jouissance.

Ces droits sont ceux de la personne, nécessairement insérée dans une communauté puisque l'homme est social par nature. La sphère inviolable des libertés doit donc inclure celles qui sont indispensables à la vie de ces cellules de base que sont la famille et les communautés de croyants: c'est en leur sein que s'exprime cette dimension sociale de l'homme. Il revient à l'Etat de leur assurer une reconnaissance juridique adéquate.

5. A partir de ces libertés et droits fondamentaux, se développent comme en cercles concentriques les droits de l'homme en tant que citoyen, membre de la société et plus largement en tant que partie intégrante d'un environnement à humaniser. En premier lieu, *les droits civils* garantissent à la personne ses libertés individuelles et obligent l'Etat à ne point s'immiscer dans le domaine de la conscience individuelle. *Les droits politiques,* ensuite, facilitent au citoyen sa participation active aux affaires publiques de son propre pays.

Nul doute qu'entre les droits fondamentaux et les droits civils et politiques, il existe une interaction et un conditionnement mutuel. Lorsque les droits du citoyen ne sont pas respectés, c'est presque toujours au détriment des droits fondamentaux de l'homme. La séparation des pouvoirs dans l'Etat et le contrôle démocratique sont des conditions indispensables à leur respect effectif. La fécondité de la notion de droit de l'homme se manifeste également par le développement et la formulation de plus en plus précise des *droits sociaux et culturels.* Ceux-ci, à leur tour, sont d'autant mieux garantis que leur application est soumise à une vérification impartiale. Un Etat ne peut priver ses citoyens de leurs droits civils et politiques, même sous le prétexte de vouloir assurer leur progrès économique ou social. (...)

5

CORRESPONDANCE ENTRE DROITS ET DEVOIRS

Dans un monde où le discours sur les droits semble avoir relégué au second plan le concept de devoir, le Magistère n'a jamais cessé de rappeler la réciprocité des liens, d'ordre éthique, établi entre droits et devoirs. En fait, à la racine des droits et des devoirs, on trouve la loi naturelle qui, pour le chrétien, se traduit dans le commandement de l'amour.

A.48. *Pacem in Terris* (*PT*)

I. (...) RAPPORT INDISSOLUBLE ENTRE DROITS ET DEVOIRS DANS UNE MEME PERSONNE

Jusqu'ici Nous avons rappelé une suite de droits de nature. Chez l'homme, leur sujet, ils sont liés à autant de devoirs. La loi naturelle confère les uns, impose les autres; de cette loi ils tiennent leur origine, leur persistance et leur force indéfectible.

Ainsi, par exemple, le droit à la vie entraîne le devoir de la conserver; le droit à une existence décente comporte le devoir de se conduire avec dignité; au droit de chercher librement le vrai répond le devoir d'approfondir et d'élargir cette recherche.

RECIPROCITE DE DROITS ET DE DEVOIRS ENTRE PERSONNES DIFFERENTES

Dans la vie en société, tout droit conféré à une personne par la nature crée chez les autres un devoir, celui de reconnaître et de respecter ce droit. Tout droit essentiel de l'homme emprunte en effet sa force impérative à la loi naturelle qui le donne et qui impose l'obligation correspondante. Ceux qui, dans la revendication de leurs droits, oublient leurs devoirs ou ne les remplissent qu'imparfaitement risquent de démolir d'une main ce qu'ils construisent de l'autre.

DANS LA COLLABORATION MUTUELLE

Etres essentiellement sociables, les hommes ont à vivre les uns avec les autres, et à promouvoir le bien les uns des autres. Aussi l'harmonie d'un groupe réclame-t-elle la reconnaissance et l'accomplissement des droits et des devoirs. Mais en outre chacun est appelé à concourir généreusement à l'avènement d'un ordre collectif qui satisfasse toujours plus largement aux droits et aux obligations.

Ainsi, il ne suffit pas de reconnaître et de respecter le droit de l'homme aux moyens d'existence; il faut s'employer, chacun selon ses forces, à les lui procurer en suffisance.

La vie en société ne doit pas seulement assurer l'ordre; elle doit apporter des avantages à ses membres. Cela suppose la reconnaissance et le respect des droits et devoirs, mais cela demande de plus la collaboration de tous selon les multiples modalités que le développement actuel de la civilisation rend possibles, désirables ou nécessaires. (...)

Maintenant, à mesure que l'homme devient conscient de ses droits, germe comme nécessairement en lui la conscience d'obligations correspondantes: ses propres droits, c'est avant tout comme autant d'expressions de sa dignité qu'il devra les faire valoir, et à tous les autres incombera l'obligation de reconnaître ces droits et de les respecter.

Et une fois que les normes de la vie collective se formulent en termes de droits et de devoirs, les hommes s'ouvrent aux valeurs spirituelles et comprennent ce qu'est la vérité, la justice, l'amour, la liberté; ils se rendent compte qu'ils appartiennent à une société de cet ordre. Davantage: ils sont portés à mieux connaître le Dieu véritable, transcendant et personnel. Alors, leurs rapports avec Dieu leur apparaissent comme le fond même de la vie, de la vie intime vécue au secret de l'âme et de celle qu'ils mènent en communauté avec les autres.

A.49. *Octogesima Adveniens (OA)*

24. (...) C'est dire l'importance d'une éducation à la vie en société, où, en plus de l'information sur les droits de chacun, soit rappelé leur nécessaire corrélatif: la reconnaissance des devoirs à l'égard des autres; le sens et la pratique du devoir sont eux-mêmes conditionnés par la maîtrise de soi, l'acceptation des responsabilités et des limites posées à l'exercice de la liberté de l'individu ou du groupe.

B.50. *Journée Mondiale des Moyens de Communication Sociale (JMCS 1976)*

Nous observons, en effet, que dans l'une ou l'autre partie du monde se renouvellent des situation où l'homme doit être protégé pour obtenir et exercer des droits qui pourtant lui sont naturels et, tandis que nombre de ces cas douloureux sont portés à la connaissance de l'opinion publique, d'autres, non moins douloureux, sont passés sous silence ou reçoivent même une justification.

De quels droits s'agit-il? Est-il nécessaire de les rappeler encore? Voyons-les rapidement: le droit à la vie, à l'étude, au travail, avant tout le droit à la naissance, à la procréation responsable; et ensuite le droit à la paix, à la liberté, à la justice sociale; et encore le droit de participer aux décisions qui ont une incidence sur la vie de chaque homme et sur la vie des peuples, comme le droit de professer et de témoigner individuellement et collectivement sa propre religion, sans discrimination ou sanction.

A chacun de ces droits correspondent des devoirs aussi nombreux et aussi importants, et nous les affirmons avec une égale vigueur et une même détermination, car toute séparation des droits des devoirs correspondants serait cause de déséquilibre et aurait des répercussions négatives pour la vie sociale. Pour cette raison, il convient de rappeler que la réciprocité entre droits et devoirs est essentielle: les seconds découlent des premiers, et vice versa. C'est dans cette perspective d'équilibre que les moyens de communication sociale se retrouvent pleinement pour refléter la réalité humaine dans l'information ou dans les spectacles, contribuant ainsi au progrès de la civilisation.

Réaffirmant l'importance de ces principes, nous ne sommes pas stimulés seulement par des motifs humanitaires: notre foi nous fournit des raisons encore plus valables. Dans le mystère du Verbe incarné, nous reconnaissons le fondement de l'éminent respect et de la valeur de l'homme, alors que dans tout l'Evangile nous trouvons la proclamation la plus autorisée de ses droits et devoirs. Car le *Verbe s'est fait chair et il a établi sa demeure parmi nous* (*Jn* 1, 14), et il nous a laissé, en commandement nouveau, celui de l'amour réciproque, selon le modèle de son propre amour (cf. *Jn* 15, 12); l'Eglise sait et doit rappeler à tous que toute atteinte aux droits de l'homme et toute omission des devoirs correspondants sont, à titre égal, une violation de cette loi suprême. En tout être humain qui souffre parce que ses droits sont foulés aux pieds ou parce qu'il n'a pas été formé au sens de ses propres devoirs, se retrouve la passion du Christ qui se prolonge à travers les temps. Un professionnel chrétien des communications sociales ne peut ignorer cette prospective qui découle de sa propre foi.

B.51. *Pour le 25e anniversaire de la Déclaration Universelle des Droits de l'Homme* (*DUDH 25*)

(...) Si les droits fondamentaux de l'homme représentent un bien commun de toute l'humanité en marche vers la conquête de la paix, il est nécessaire que tous les hommes, prenant toujours mieux conscience de cette réalité, sachent bien qu'en ce domaine parler de droits, c'est aussi énoncer des devoirs. (...)

B.52. *Pour le 30e anniversaire de la Déclaration Universelle des Droits de l'Homme* (*DUDH 30*)

(...) Un dernier point mérite attention. Tout en insistant, et à juste titre, sur la revendication des droits de l'homme, on ne doit jamais perdre de vue les obligations et les devoirs qui sont liés à ces droits. Tout individu a l'obligation d'exercer ses droits fondamentaux d'une manière responsable et moralement justifiée. Tout homme et toute femme a le devoir de respecter chez les autres les droits qu'il revendique pour lui-même. De plus, nous devons tous contribuer pour notre part à l'édification d'une société où il est réellement possible de bénéficier des droits et de s'acquitter des devoirs inhérents à ces droits. (...)

B.53. *Au Comité des Journalistes Européens pour les Droits de l'Enfant* (*DE*)

A vrai dire, parler des droits de l'enfant, c'est parler des devoirs des parents et des éducateurs, qui demeurent au service de l'enfant, de son intérêt supérieur; mais l'enfant qui grandit doit participer lui-même à son propre développement, avec des responsabilités qui correspondent à ses capacités; et on ne doit pas négliger non plus de lui parler de ses propres devoirs envers les autres et envers la société.

6.

DROITS ET DEVOIRS DANS L'EGLISE; DES LAICS EN PARTICULIER

L'Eglise étant d'origine divine, c'est à cette spécificité substantielle qu'il faut se reporter pour fonder les dispositions qui la régissent et pour les appliquer d'une façon pertinente tant à la vie de l'institution ecclésiale ainsi qu'aux relations entre ses membres, tous égaux en vertu du baptême mais dans une position différente selon leur fonction.

Puisque la source de cette dignité humaine se trouve en Dieu, l'Eglise est appelée tout particulièrement à témoigner la justice, jusqu'à en être le «miroir». Droits et devoirs au sein de l'Eglise, clairement indiqués dans le Code de Droit Canon, seront vécus dans une perspective de communion, capable de dépasser les limites d'un individualisme fermé au bien commun et d'un juridisme sans charité.

A.54. *Lumen Gentium (LG)*

31. Sous le nom de laïcs, on entend ici l'ensemble des chrétiens qui ne sont pas membres de l'ordre sacré et de l'état religieux sanctionné dans l'Eglise, c'est-à-dire les chrétiens qui, étant incorporés au Christ par le baptême, intégrés au peuple de Dieu, faits participants à leur manière de la fonction sacerdotale, prophétique et royale du Christ, exercent pour leur part, dans l'Eglise et dans le monde, la mission qui est celle de tout le peuple chrétien.

Le caractère séculier est le caractère propre et particulier des laïcs. En effet, même si parfois ils peuvent se trouver engagés dans les choses du siècle, même en exerçant une profession séculière, les membres de l'ordre sacré restent, en raison de leur vocation particulière, principalement et expressément ordonnés au ministère sacré; les religieux, de leur côté, en vertu de leur état, attestent d'une manière éclatante et exceptionnelle que le monde ne peut se transfigurer et être offert à Dieu en dehors de l'esprit des Béatitudes. La vocation propre des laïcs consiste à chercher le règne de Dieu précisément à travers la gérance des choses temporelles qu'ils ordonnent selon Dieu. Ils vivent au milieu du siècle, c'est-à-dire engagés dans tous les divers devoirs et travaux du monde, dans les conditions ordinaires de la vie familiale et sociale dont leur existence est comme tissée. A cette place, ils sont appelés par Dieu pour travailler comme du dedans à la sanctification du monde, à la façon d'un ferment, en exerçant leurs propres charges sous la conduite de l'esprit évangélique, et pour manifester le Christ aux autres avant tout par le témoignage de leur vie, rayonnant de foi, d'espérance et de charité. C'est à eux qu'il revient, d'une manière particulière, d'éclairer et d'orienter toutes les réalités temporelles auxquelles ils sont étroitement unis, de telle sorte qu'elles se fassent et prospèrent constamment selon le Christ et soient à la louange du Créateur et Rédempteur.

32. L'Eglise sainte, de par l'institution divine, est organisée et dirigée suivant une variété merveilleuse. «Car, de même qu'en un seul corps nous avons plusieurs membres et que tous les membres n'ont pas tous même fonction, ainsi, à plusieurs, nous sommes un seul corps dans le Christ, étant, chacun pour sa part, membres les uns des autres» (*Rm* 12, 4-5).

Il n'y a donc qu'un peuple de Dieu choisi par lui: «Il n'y a qu'un Seigneur, une foi, un baptême» (*Eph* 4,5). Commune est la dignité des membres du fait de leur régénération dans le Christ: commune la grâce d'adoption filiale; commune la vocation à la perfection; il n'y a qu'un salut, une espérance, une charité sans division. Il n'y a donc, dans le Christ et dans l'Eglise, aucune inégalité qui viendrait de la race ou de la nation, de la condition sociale ou du sexe, car «il n'y a ni Juif ni Grec, il n'y a ni esclave ni homme libre, il n'y a ni homme ni femme, vous n'êtes tous qu'un dans le Christ Jésus» (*Gal* 3, 28 grec; cf. *Col* 3,11).

Si donc, dans l'Eglise, tous ne marchent pas par le même chemin, tous, cependant, sont appelés à la sainteté et ont reçu à titre égal la foi qui introduit dans la justice de Dieu (cf. 2 *Pierre* 1, 1). Même si certains, par la volonté du Christ, sont institués docteurs, dispensateurs des mystères et pasteurs pour le bien des autres, cependant, quant à la dignité et à l'activité commune à tous les fidèles dans l'édification du Corps du Christ, il règne entre tous une véritable égalité. Car la différence même que le Seigneur a mise entre les ministres sacrés et le reste du peuple de Dieu comporte en soi union, étant donné que les pasteurs et les autres fidèles se trouvent liés les uns aux autres par une communauté de rapports: aux pasteurs de l'Eglise qui suivent l'exemple du Seigneur, d'être au service les uns des autres et au service des autres fidèles; à ceux-ci de leur côté d'apporter aux pasteurs et aux docteurs le concours empressé de leur aide. Ainsi, dans la diversité même, tous rendent témoignage de l'admirable unité qui règne dans le Corps du Christ: en effet, la diversité même des grâces, des ministères et des opérations contribue à lier les fils de Dieu en un tout. Car «tout cela c'est l'oeuvre d'un seul et même Esprit» (1 *Cor* 12, 11).

Ainsi donc, tout comme, par la bienveillance de Dieu, ils ont pour frère le Christ venu non pour être servi, mais pour servir (cf. *Mt* 20, 28), alors qu'il est le Maître de tout, ainsi les laïcs ont aussi pour frères ceux qui, appliqués au sacré ministère, font près de la famille de Dieu office de pasteurs, enseignant, sanctifiant, dirigeant par l'autorité du Christ pour que le commandement nouveau de la charité soit accompli par tous. Saint Augustin dit à ce sujet ces très belles paroles: «Si ce que je suis pour vous m'épouvante, ce que je suis avec vous me rassure.

Pour vous en effet, je suis l'évêque; avec vous je suis un chrétien. Evêque, c'est le titre d'une charge qu'on assume; chrétien, c'est le nom de la grâce (qu'on reçoit). Titre périlleux, nom salutaire».[1]

33. Les laïcs, réunis dans le peuple de Dieu et organisés dans l'unique Corps du Christ sous une seule tête, sont appelés, quels qu'ils soient, à coopérer comme des membres vivants au progrès de l'Eglise et à sa sanctification permanente, en y appliquant toutes les forces qu'ils ont reçues par bienfait du Créateur et par grâce du Rédempteur.

L'apostolat des laïcs est une participation à la mission salutaire elle-même de l'Eglise: à cet apostolat, tous sont députés par le Seigneur lui-même en vertu du baptême et de la confirmation. Les sacrements, surtout la sainte Eucharistie, communiquent et entretiennent cette charité envers Dieu et les hommes, qui est l'âme de tout l'apostolat. Les laïcs sont appelés tout spécialement à assurer la présence et l'action de l'Eglise dans les lieux et les circonstances où elle ne peut devenir autrement que par eux le sel de la terre.[2] Ainsi, tout laïc, en vertu des dons qui lui ont été faits, constitue un témoin et en même temps un instrument vivant de la mission de l'Eglise elle-même, «à la mesure du don du Christ» (*Eph* 4,7).

Outre cet apostolat, qui concerne tous les chrétiens sans exception, les laïcs peuvent encore, de diverses manière, être appelés à coopérer plus immédiatement avec l'apostolat hiérarchique,[3] à la façon de ces hommes et de ces femmes qui étaient des auxiliaires de l'apôtre Paul dans l'Evangile, et, dans le Seigneur, dépensaient un grand labeur (cf. *Phil* 4, 3; *Rm* 16,3 s.). En outre, ils ont en eux une aptitude à être assumés par la hiérarchie en vue de certaines fonctions ecclésiastiques à but spirituel.

A tous les laïcs, par conséquent, incombe la noble charge de travailler à ce que le dessein divin du salut parvienne de plus en plus à tous les hommes de tous les temps et de toute la terre. La voie doit donc leur être ouverte de toutes parts pour que, selon leurs forces et selon les nécessités des temps, ils puissent activement participer, eux aussi, à l'oeuvre de salut qui est celle de l'Eglise.

34. Voulant poursuivre également, par le moyen des laïcs, son témoignage et son service, le Christ Jésus, prêtre suprême et éternel, leur apporte la vie par son Esprit, et les pousse inlassablement à réaliser tout bien et toute perfection.

A ceux qu'il unit intimement dans sa vie et dans sa mission, il accorde, en outre, une part dans sa charge sacerdotale pour l'exercice du culte spirituel en

---

[1] S. AUGUSTIN, *Serm.* 340, 1: *PL* 38, 1483.

[2] Cf. PIE XI, Encycl. *Quadragesimo anno,* 15 mai 1931: *AAS* 23 (1931), p. 221 s. PIE XII, Alloc. *De quelle consolation,* 14 oct. 1951: *AAS* 43 (1951), p. 790 s.

[3] Cf. PIE XII, Alloc. *Six ans se sont écoulés,* 5 oct. 1957: *AAS* 49 (1957), p. 927.

vue de la glorification de Dieu et du salut des hommes. C'est pourquoi les laïcs reçoivent, en vertu de leur consécration au Christ et de l'onction de l'Esprit-Saint, la vocation admirable et les moyens qui permettent à l'Esprit de produire en eux des fruits toujours plus abondants. En effet, toutes leurs activités, leurs prières et leurs entreprises apostoliques, leur vie conjugale et familiale, leurs labeurs quotidiens, leurs détentes d'esprit et de corps, s'ils sont venus dans l'Esprit de Dieu, et même les épreuves de la vie, pourvu qu'elles soient parfaitement supportées, tout cela devient «offrandes spirituelles, agréables à Dieu par Jésus-Christ» (1 *Pierre* 2,5); et dans la célébration eucharistique ces offrandes rejoignent l'oblation du Corps du Seigneur pour être offertes en toute piété au Père. C'est ainsi que les laïcs consacrent à Dieu le monde lui-même, rendant partout à Dieu dans la sainteté de leur vie un culte d'adoration.

35. Le Christ, grand prophète, qui par le témoignage de sa vie et la puissance de sa parole a proclamé le royaume du Père, accomplit sa fonction prophétique jusqu'à la pleine manifestation de la gloire, non seulement par la hiérarchie qui enseigne en son nom et avec son pouvoir, mais aussi par les laïcs dont il fait pour cela également des témoins en les pourvoyant du sens de la foi et de la grâce de la parole (cf. *Act* 2,17-18; *Apoc* 19,10), afin que brille dans la vie quotidienne, familiale et sociale, la force de l'Evangile. Ils se présentent comme les fils de la promesse, lorsque, fermes dans la foi et dans l'espérance, ils mettent à profit le moment présent (cf. *Eph* 5,16; *Col* 4,5), et attendent avec constance la gloire à venir (cf. *Rm* 8,25). Cette espérance ils ne doivent pas la cacher dans le secret de leur coeur, mais l'exprimer aussi à travers les structures de la vie du siècle par un effort continu de conversion, en luttant «contre les souverains de ce monde des ténèbres, contre les esprits du mal» (*Eph* 6,12).

Tout comme les sacrements de la loi nouvelle, où s'alimentent la vie et l'apostolat des fidèles, préfigurent le ciel nouveau et la nouvelle terre (cf. *Apoc* 21,1), ainsi les laïcs deviennent les hérauts puissants de la foi en ce qu'on espère (cf. *Héb* 11,1) quand ils unissent, sans hésitation, à une vie animée par la foi la profession de cette même foi. Cette action évangélisatrice, c'est-à-dire cette annonce du Christ faite et par le témoignage de la vie et par la parole, prend un caractère spécifique et une particulière efficacité du fait qu'elle s'accomplit dans les conditions communes du siècle.

Dans cet ordre de fonctions apparaît la haute valeur de cet état de vie que sanctifie un sacrement spécial, à savoir la vie du mariage et de la famille. Le terrain d'exercice et l'école par excellence de l'apostolat des laïcs se trouvent là, dans la famille où la religion chrétienne pénètre toute l'organisation de la vie et la transforme chaque jour davantage. Là, les époux trouvent leur vocation propre: être l'un pour l'autre et pour leurs enfants témoins de la foi et de l'amour du Christ. La famille chrétienne proclame hautement à la fois les vertus actuelles du royaume de Dieu et l'espoir de la vie bienheureuse. Ainsi, par son exemple et par son témoignage, elle est la condamnation du monde pécheur et la lumière pour ceux qui cherchent la vérité.

Par conséquent, les laïcs peuvent et doivent, même à travers leurs occupations et leurs soucis temporels, exercer une action précieuse pour l'évangélisation du monde. Certains d'entre eux, suivant leurs moyens, apportent un concours de suppléance pour certains offices sacrés quand manquent les ministres sacrés, ou quand ceux-ci sont réduits à l'impuissance par un régime de persécutions; d'autres, plus nombreux, se dépensent de toutes leurs forces dans l'action apostolique; mais à tous, s'impose le devoir de coopérer à l'extension et au progrès du règne du Christ dans le monde. C'est pourquoi les laïcs doivent chercher à connaître toujours plus profondément la vérité révélée, et demander instamment à Dieu le don de sagesse.

36. Le Christ s'étant fait obéissant jusqu'à la mort et pour cela même ayant été exalté par le Père (cf. *Phil* 2,8-9), est entré dans la gloire de son royaume; à lui, tout est soumis, en attendant que lui-même se soumette à son Père avec toute la création, afin que Dieu soit tout en tous (cf. 1 *Cor.* 15,27-28). Ce pouvoir, il l'a communiqué à ses disciples pour qu'ils soient eux aussi établis dans la liberté royale, pour qu'ils arrachent au péché son empire en eux-mêmes par leur abnégation et la sainteté de leur vie (cf. *Rm* 6,12), bien mieux, pour que servant le Christ également dans les autres, ils puissent, dans l'humilité et la patience, conduire leurs frères jusqu'au roi dont les serviteurs sont eux-mêmes des rois. En effet, le Seigneur désire étendre son règne également par les fidèles laïcs: son règne qui est règne de vérité et de vie, règne de sainteté et de grâce, règne de justice, d'amour et de paix,[4] règne où la création elle-même sera affranchie de l'esclavage de la corruption pour connaître la liberté glorieuse des fils de Dieu (cf. *Rm* 8,21). Grande vraiment est la promesse, grand le commandement donné aux disciples: «Tout est à vous, mais vous êtes au Christ, et le Christ est à Dieu» (1 *Cor* 3,23).

Les fidèles doivent donc reconnaître la nature profonde de toute la création, sa valeur et sa finalité qui est la gloire de Dieu; ils doivent, aussi à travers les travaux du siècle, s'aider mutuellement en vue d'une vie plus sainte, afin que le monde s'imprègne de l'Esprit du Christ et atteigne plus efficacement sa fin dans la justice, la charité et la paix. Dans l'accomplissement universel de ce devoir, les laïcs ont la première place. Par leur compétence dans les disciplines profanes et par leur activité que la grâce du Christ élève au-dedans, qu'ils s'appliquent de toutes leurs forces à obtenir que les biens créés soient cultivés dans l'intérêt d'absolument tous les hommes, selon les fins du Créateur et l'illumination de son Verbe, grâce au travail de l'homme, à la technique et à la culture dans la cité, que ces biens soient mieux distribués entre les hommes et qu'ils acheminent selon leur nature à un progrès universel dans la liberté humaine et chrétienne. Ainsi, par les membres de l'Eglise, le Christ éclairera de plus en plus la société humaine tout entière de sa lumière qui sauve.

Que les laïcs, en outre, unissant leurs forces, apportent aux institutions et aux conditions de vie dans le monde, quand elles provoquent au péché, les assainissements convenables, pour qu'elles deviennent toutes conformes aux règles de

---

4 Ex. *Praefatione festi Christi Regis* (tiré de la préface pour la fête du Christ-Roi).

la justice et favorisent l'exercice des vertus au lieu d'y faire obstacle. En agissant ainsi, ils imprégneront de valeur morale la culture et les oeuvres humaines. Par là tout à la fois, le champ du monde se trouve mieux préparé pour accueillir la semence de la parole de Dieu, et les portes de l'Eglise s'ouvrent plus larges pour permettre au message de paix d'entrer dans le monde.

En raison de l'économie elle-même du salut, les fidèles doivent apprendre à distinguer avec soin entre les droits et les devoirs qui leur incombent en tant que membres de la société humaine. Qu'ils s'efforcent d'accorder harmonieusement, les uns et les autres entre eux, se souvenant que la conscience chrétienne doit être leur guide en tous domaines temporels, car aucune activité humaine, fût-elle d'ordre temporel, ne peut être soustraite à l'empire de Dieu. Aux temps où nous sommes, il est extrêmement nécessaire que, dans la façon d'agir des fidèles, brillent à la fois très clairement et cette distinction et cette harmonie, pour que la mission de l'Eglise puisse répondre pleinement aux conditions particulières du monde d'aujourd'hui. De même, en effet, qu'il faut reconnaître à la cité terrestre légitimement appliquée aux soucis du siècle, le droit d'être régie par ses propres principes, de même, c'est à juste titre qu'est rejetée la doctrine néfaste qui prétend construire la société sans aucune considération pour la religion, s'attaque à la liberté religieuse des citoyens et l'élimine.[5]

37. Comme tous les chrétiens, les laïcs ont droit de recevoir en abondance des pasteurs sacrés les ressources qui viennent des trésors spirituels de l'Eglise, en particulier les secours de la parole de Dieu et des sacrements;[6] qu'ils s'ouvrent à ces mêmes pasteurs de leurs besoins et de leurs voeux avec toute la liberté et la confiance qui conviennent à des fils de Dieu et à des frères dans le Christ. Dans la mesure de leurs connaissances, de leurs compétences et de leur rang, ils ont la faculté et même parfois le devoir de manifester leur sentiment en ce qui concerne le bien de l'Eglise.[7] Cela doit se faire, le cas échéant, par le moyen des institutions que l'Eglise a établies pour cela, et toujours dans la sincérité, le courage et la prudence, avec le respect et la charité qu'on doit à ceux qui, en raison de leurs charges sacrées, tiennent la place du Christ.

Comme tous les fidèles, les laïcs doivent embrasser, dans la promptitude de l'obéissance chrétienne, ce que les pasteurs sacrés en tant que représentants du Christ, décident au nom de leur magistère et de leur autorité dans l'Eglise: en cela, c'est l'exemple du Christ qu'ils suivent, lui qui, en obéissant jusqu'à la mort, a ouvert aux hommes la voie bienheureuse de la liberté des fils de Dieu. Qu'ils ne

---

[5] Cf. LEON XIII, Encycl. *Immortale Dei,* 1er nov. 1885: *AAS* 18 (1885), p. 166 s. IDEM, Encycl. *Sapientiae christianae,* 10 janv. 1890: *AAS* 22 (1889-90), p. 397 s. PIE XII, Alloc. *Alla vostra filiale,* 23 mars 1958: *AAS* 50 (1958), p. 220: «la legittima sana laicità dello Stato» (la légitime saine laïcité de l'Etat).

[6] *Cod. Iur. Can.*, can. 682.

[7] Cf. PIE XII, Alloc. *De quelle consolation, l.c.*, p. 789: «Dans les batailles décisives, c'est parfois du front que partent les plus heureuses initiatives...». IDEM, Alloc. *L'importance de la presse catholique,* 17 févr. 1950: *AAS* 42 (1950), p. 256.

manquent pas de recommander à Dieu, dans la prière, leurs chefs qui veillent sur nos âmes comme devant en rendre compte, afin qu'ils le fassent avec joie et non en gémissant (cf. *Héb* 13,17).

Les pasteurs, de leur côté, doivent reconnaître et promouvoir la dignité et la responsabilité des laïcs dans l'Eglise; ayant volontiers recours à la prudence de leurs conseils, leur remettant avec confiance des charges au service de l'Eglise, leur laissant la liberté et la marge d'action, stimulant même leur courage pour entreprendre de leur propre mouvement. Qu'avec un amour paternel ils accordent attention et considération dans le Christ aux essais, voeux et désirs proposés par les laïcs,[8] qu'ils respectent et reconnaissent la juste liberté qui appartient à tous dans la cité terrestre.

De ce commerce familier entre laïcs et pasteurs il faut attendre pour l'Eglise toutes sortes de biens: par là en effet s'affirme chez les laïcs le sens de leur responsabilité propre, leur ardeur s'entretient et les forces des laïcs viennent plus facilement s'associer à l'action des pasteurs. Ceux-ci, avec l'aide de l'expérience des laïcs, sont mis en état de juger plus distinctement et plus exactement en matière spirituelle aussi bien que temporelle, et c'est toute l'Eglise qui pourra ainsi, renforcée par tous ses membres, remplir plus efficacement sa mission pour la vie du monde.

38. Chacun des laïcs doit être devant le monde le témoin de la résurrection et de la vie du Seigneur Jésus et signe du Dieu vivant. Tous ensemble et chacun pour sa part doivent nourrir le monde des fruits spirituels (cf. *Gal* 5,22) et répandre sur lui cet esprit qui anime les pauvres, les doux, les pacifiques que le Seigneur dans l'Evangile a proclamés bienheureux (cf. *Mt* 5,3-9). En un mot «ce que l'âme est dans le corps, il faut que les chrétiens le soient dans le monde».[9]

A.55. *Ecclesiam Suam (ES)*

NECESSITE DU RENOUVELLEMENT INTERIEUR

Redisons pourtant encore cet avis pour notre profit à tous: l'Eglise trouvera une jeunesse renouvelée bien moins par un changement dans l'appareil extérieur de ses lois que grâce à une attitude prise à l'intime des âmes, attitude d'obéissance au Christ et du même coup de respect des lois que l'Eglise s'impose à elle-même afin de suivre les traces du Christ. Là gît le secret de son renouveau, là sa véritable «conversion» — retournement du coeur —, là son travail de perfection.

---

[8] Cf. 1 *Thess* 5,19 et 1 *Jn* 4,1.

[9] *Epist. ad Diognetum,* 6: FUNK I, p. 400. Cf. S. JEAN CHRYSOSTOME, *In Mt.* Hom. 46 (47), 2: *PG* 58, 478, de fermento in massa (le levain dans la pâte).

L'observation des règles de l'Eglise pourra sans doute être rendue plus aisée par la simplification de tel ou tel précepte et par un crédit plus large accordé à la liberté du chrétien d'aujourd'hui, mieux éclairé sur ses devoirs et plus mûrement formé au discernement avisé des manières concrètes de remplir ses obligations. Toutefois la règle morale subsiste en son exigence essentielle: l'existence chrétienne, dont l'Eglise interprète et codifie les impératifs en un ensemble de sages prescriptions, réclamera toujours fidélité, application, mortification et sacrifice; toujours elle se caractérisera comme la «voie étroite» dont nous parle Notre-Seigneur.[10] Elle nous demandera à nous, chrétiens modernes, autant et même plus d'énergie morale qu'aux chrétiens d'hier; elle devra nous trouver disposés à une obéissance tout aussi nécessaire que par le passé, et peut être plus difficile, mais sûrement plus méritoire, fondée qu'elle sera sur des vues surnaturelles plutôt que sur des motifs d'ordre naturel. Ni le conformisme à la mentalité du monde, ni le fait de se soustraire aux disciplines d'une ascèse raisonnable, ni l'absence de réaction devant la licence morale de notre époque, ni le refus de reconnaître l'autorité légitimement exercée par des supérieurs sensés, ni une certaine apathie en présence des positions contradictoires de la pensée moderne, non, ce n'est rien de cela qui pourrait renforcer la vigueur de l'Eglise, la disposer à l'impulsion qu'elle doit attendre des dons de l'Esprit Saint, lui garantir l'authenticité dans la manière de suivre le Christ Notre Seigneur, lui inspirer les préoccupations de la charité envers nos frères et la rendre capable de faire passer son message de salut. Non, ce n'est rien de cela, mais au contraire la faculté que l'Eglise développera de vivre selon la grâce de Dieu, sa fidélité à l'Evangile du Seigneur et sa cohésion hiérarchique et communautaire. Le chrétien n'est pas un être mou et veule mais une personnalité ferme et fidèle.

A.56. *Sacrae Disciplinae Leges* (SDL)

(...) Cet instrument qu'est le Code correspond pleinement à la nature de l'Eglise, spécialement comme la décrit le magistère du Concile Vatican II en général, et en particulier dans son enseignement ecclésiologique. En un certain sens, on pourrait même voir dans ce Code un grand effort pour traduire en langage *canonique* cette doctrine même de l'ecclésiologie conciliaire. Si, cependant, il n'est pas possible de traduire parfaitement en langage *canonique* l'image conciliaire de l'Eglise, le Code doit néanmoins être toujours référé à cette même image comme à son exemplaire primordial, dont, par sa nature même, il doit exprimer les traits autant qu'il est possible.

A partir de là, on peut tirer quelques critères fondamentaux qui doivent guider tout le nouveau Code dans le cadre de son domaine spécifique comme aussi dans le langage qu'il emploie. On pourrait même dire que c'est à partir de là que le Code prend ce caractère de complémentarité par rapport à l'enseignement du Concile Vatican II et en particulier par rapport aux deux Constitutions,

---

[10] Cf. *Mt* 7, 13 s.

la Constitution dogmatique *Lumen gentium* et la Constitution pastorale *Gaudium et spes.*

Il en résulte que ce qui constitue la *nouveauté* essentielle du Concile Vatican II, dans la continuité avec la tradition législative de l'Eglise, surtout en ce qui concerne l'ecclésiologie, constitue également la *nouveauté* du nouveau Code.

Parmi les éléments qui caractérisent l'image réelle et authentique de l'Eglise, il nous faut mettre en relief surtout les suivants: la doctrine selon laquelle l'Eglise se présente comme le Peuple de Dieu (cf. *Lumen gentium,* 2) et l'autorité hiérarchique comme service (cf. *ibid.,* 3); la doctrine qui montre l'Eglise comme une communion et qui, par conséquent, indique quelles sortes de relations doivent exister entre les Eglises particulières et l'Eglise universelle et entre la collégialité et la primauté; la doctrine selon laquelle tous les membres du Peuple de Dieu, chacun selon sa modalité, participent à la triple fonction du Christ: les fonctions sacerdotale, prophétique et royale. A cette doctrine se rattache celle concernant les devoirs et les droits des fidèles et en particulier des laïcs; et enfin l'engagement de l'Eglise dans l'oecuménisme.

Si donc le Concile Vatican II a tiré du trésor de la Tradition de l'ancien et du nouveau, et si ce qui est nouveau, ce sont justement ces éléments que nous venons d'énumérer, alors il est clair que le Code doit refléter cette même nuance de fidélité dans la nouveauté et de nouveauté dans la fidélité, et s'y conformer dans son propre domaine et dans sa façon particulière de s'exprimer.

Le nouveau *Code* de Droit Canon voit la lumière en un moment où les Evêques de toute l'Eglise, non seulement en demandent la promulgation mais la sollicitent avec insistance et presque avec impatience.

Et de fait, le Code de Droit Canon est extrêmement nécessaire à l'Eglise. Car, puisque celle-ci est organisée comme un groupe social et visible, elle a aussi besoin de normes: soit pour que sa structure hiérarchique et organique soit visible; soit pour que l'exercice des fonctions que Dieu lui a confiées, en particulier celles du pouvoir divin et de l'administration des sacrements, puisse être convenablement organisé; soit pour que les relations des fidèles entre eux puissent être réglées selon une justice fondée sur la charité, les droits des individus étant garantis et bien définis; soit enfin pour que les initiatives communes visant à une vie chrétienne de plus en plus parfaite soient soutenues, renforcées, encouragées par les normes canoniques.

Enfin, les lois canoniques, de par leur nature même, exigent d'être observées. On a donc apporté la plus grande attention, au cours de la longue préparation du Code, à soigner la forme dans laquelle sont exprimées les normes et pour que celles-ci aient pour base un solide fondement juridique, canonique, théologique. (...)

A.57. *Code de Droit Canon (CDC)*

II. **Can. 204** - § 1. Les fidèles du Christ sont ceux qui, en tant qu'incorporés au Christ par le baptême, sont constitués en peuple de Dieu et qui, pour cette raison, faits participants à leur manière à la fonction sacerdotale, prophétique et royale du Christ, sont appelés à exercer, chacun selon sa condition propre, la mission que Dieu a confiée à l'Eglise pour qu'elle l'accomplisse dans le monde.

§ 2. Cette Eglise, constituée et organisée en ce monde comme une société, subsiste dans l'Eglise catholique gouvernée par le successeur de Pierre et les Evêques en communion avec lui.

Can. 205 - Sont pleinement dans la communion de l'Eglise catholique sur cette terre les baptisés qui sont unis au Christ dans l'ensemble visible de cette Eglise, par les liens de la profession de foi, des sacrements et du gouvernement ecclésiastique.

Can. 206 - § 1. Sont en lien avec l'Eglise d'une manière spéciale les catéchumènes qui, sous la motion de l'Esprit Saint, demandent volontairement et explicitement à lui être incorporés et qui, par ce désir ainsi que par la vie de foi, d'espérance et de charité qu'ils mènent, sont unis à l'Eglise qui les considère déjà comme siens.

§ 2. L'Eglise a le souci spécial des catéchumènes: en les invitant à mener une vie évangélique et en les introduisant à la célébration des rites sacrés, elle leur accorde déjà diverses prérogatives propres aux chrétiens.

Can. 207 - § 1. Par institution divine, il y a dans l'Eglise, parmi les fidèles, les ministres sacrés qui en droit sont appelés clercs, et les autres qui sont appelés laïcs.

§ 2. Il existe des fidèles appartenant à l'une et l'autre catégorie qui sont consacrés à Dieu à leur manière particulière par la profession des conseils évangéliques au moyen de voeux ou d'autres liens sacrés reconnus et approuvés par l'Eglise et qui concourent à la mission salvatrice de l'Eglise; leur état, même s'il ne concerne pas la structure hiérarchique de l'Eglise, appartient cependant à sa vie et à sa sainteté.

Can. 208 - Entre tous les fidèles, du fait de leur régénération dans le Christ, il existe quant à la dignité et à l'activité, une véritable égalité en vertu de laquelle tous coopèrent à l'édification du Corps du Christ, selon la condition et la fonction propres de chacun.

Can. 209 - § 1. Les fidèles sont liés par l'obligation de garder toujours, même dans leur manière d'agir, la communion avec l'Eglise.

§ 2. Ils rempliront avec grand soin les devoirs auxquels ils sont tenus tant envers l'Eglise tout entière qu'envers l'Eglise particulière à laquelle ils appartiennent selon les dispositions du droit.

Can. 210 - Tous les fidèles doivent, chacun selon sa condition propre, s'efforcer de mener une vie sainte et promouvoir la croissance et la sanctification continuelle de l'Eglise.

Can. 211 - Tous les fidèles ont le devoir et le droit de travailler à ce que le message divin du salut atteigne sans cesse davantage tous les hommes de tous les temps et de tout l'univers.

Can. 212 - § 1. Les fidèles conscients de leur propre responsabilité sont tenus d'adhérer par obéissance chrétienne à ce que les Pasteurs sacrés, comme représentants du Christ, déclarent en tant que maîtres de la foi ou décident en tant que chefs de l'Eglise.

§ 2. Les fidèles ont la liberté de faire connaître aux Pasteurs de l'Eglise leurs besoins surtout spirituels, ainsi que leurs souhaits.

§ 3. Selon le devoir, la compétence et le prestige dont ils jouissent, ils ont le droit et même parfois le devoir de donner aux Pasteurs sacrés leur opinion sur ce qui touche le bien de l'Eglise et de la faire connaître aux autres fidèles, restant sauves l'intégrité de la foi et des moeurs et la révérence due aux pasteurs, et en tenant compte de l'utilité commune et de la dignité des personnes.

Can. 213 - Les fidèles ont le droit de recevoir de la part des Pasteurs sacrés l'aide provenant des biens spirituels de l'Eglise, surtout de la parole de Dieu et des sacrements.

Can. 214 - Les fidèles ont le droit de rendre le culte à Dieu selon les dispositions de leur rite propre approuvé par les Pasteurs légitimes de l'Eglise, et de suivre leur forme propre de vie spirituelle qui soit toutefois conforme à la doctrine de l'Eglise.

Can. 215 - Les fidèles ont la liberté de fonder et de diriger librement des associations ayant pour but la charité ou la piété, ou encore destinées à promouvoir la vocation chrétienne dans le monde, ainsi que de se réunir afin de poursuivre ensemble ces mêmes fins.

Can. 216 - Parce qu'ils participent à la mission de l'Eglise, tous les fidèles, chacun selon son état et sa condition, ont le droit de promouvoir ou de soutenir une activité apostolique, même par leurs propres entreprises; cependant, aucune entreprise ne peut se réclamer du nom de catholique sans le consentement de l'autorité ecclésiastique compétente.

Can. 217 - Parce qu'ils sont appelés par le baptême à mener une vie conforme à la doctrine de l'Evangile, les fidèles ont le droit à l'éducation chrétienne, par laquelle ils sont dûment formés à acquérir la maturité de la personne humaine et en même temps à connaître et à vivre le mystère du salut.

Can. 218 - Ceux qui s'adonnent aux disciplines sacrées jouissent d'une juste liberté de recherche comme aussi d'expression prudente de leur opinion dans les matières où ils sont compétents, en gardant le respect dû au magistère de l'Eglise.

Can. 219 - Tous les fidèles jouissent du droit de n'être soumis à aucune contrainte dans le choix d'un état de vie.

Can. 220 - Il n'est permis à personne de porter atteinte d'une manière illégitime à la bonne réputation d'autrui, ni de violer le droit de quiconque à préserver son intimité.

Can. 221 - § 1. Il appartient aux fidèles de revendiquer légitimement les droits dont ils jouissent dans l'Eglise et de les défendre devant le for ecclésiastique compétent, selon le droit.

§ 2. Les fidèles ont aussi le droit, s'ils sont appelés en jugement par l'autorité compétente, d'être jugés selon les dispositions du droit qui doivent être appliquées avec équité.

§ 3. Les fidèles ont le droit de n'être frappés de peines canoniques que selon la loi.

Can. 222 - § 1. Les fidèles sont tenus par l'obligation de subvenir aux besoins de l'Eglise afin qu'elle dispose de ce qui est nécessaire au culte divin, aux oeuvres d'apostolat et de charité et à l'honnête subsistance de ses ministres.

§ 2. Ils sont aussi tenus par l'obligation de promouvoir la justice sociale et encore, se souvenant du commandement du Seigneur, de secourir les pauvres sur leurs revenus personnels.

Can. 223 - § 1. Dans l'exercice de leurs droits, les fidèles, tant individuellement que groupés en associations, doivent tenir compte du bien commun de l'Eglise, ainsi que des droits des autres et des devoirs qu'ils ont envers eux.

§ 2. En considération du bien commun, il revient à l'autorité ecclésiastique de régler l'exercice des droits propres aux fidèles.

Can. 224 - En plus des obligations et des droits communs à tous les fidèles et de ceux qui sont contenus dans les autres canons, les fidèles laïcs sont tenus aux obligations et jouissent des droits énumérés dans les canons du présent titre.

Can. 225 - § 1. Parce que comme tous les fidèles ils sont chargés par Dieu de l'apostolat en vertu du baptême et de la confirmation, les laïcs sont tenus par l'obligation générale et jouissent du droit, individuellement ou groupés en associations, de travailler à ce que le message divin du salut soit connu et reçu par tous les hommes et par toute la terre; cette obligation est encore plus pressante lorsque ce n'est que par eux que les hommes peuvent entendre l'Evangile et connaître le Christ.

§ 2. Chacun selon sa propre condition, ils sont aussi tenus au devoir particulier d'imprégner d'esprit évangélique et de parfaire l'ordre temporel, et de rendre ainsi témoignage au Christ, spécialement dans la gestion de cet ordre et dans l'accomplissement des charges séculières.

Can. 226 - § 1. Ceux qui vivent dans l'état conjugal ont, selon leur vocation propre, le devoir particulier de travailler à l'édification du peuple de Dieu par le mariage et la famille.

§ 2. Ayant donné la vie à des enfants, les parents sont tenus par la très grave obligation de les éduquer et jouissent du droit de le faire; c'est pourquoi il appartient aux parents chrétiens en premier d'assurer l'éducation chrétienne de leurs enfants selon la doctrine transmise par l'Eglise.

Can. 227 - Les fidèles laïcs ont le droit de se voir reconnaître dans le domaine de la cité terrestre la liberté qui appartient à tous les citoyens; mais dans l'exercice de cette liberté, ils auront soin d'imprégner leur action d'esprit évangélique et ils seront attentifs à la doctrine proposée par le magistère de l'Eglise, en veillant cependant à ne pas présenter dans des questions de libre opinion leur propre point de vue comme doctrine de l'Eglise.

Can. 228 - § 1. Les laïcs reconnus idoines ont capacité à être admis par les Pasteurs sacrés à des offices et charges ecclésiastiques qu'ils peuvent exercer selon les dispositions du droit.

§ 2. Les laïcs qui se distinguent par la science requise, la prudence et l'honnêteté, ont capacité à aider les Pasteurs de l'Eglise comme experts ou conseillers, même dans les conseils selon le droit.

Can. 229 - § 1. Les laïcs, pour pouvoir vivre selon la doctrine chrétienne, l'annoncer eux-mêmes et la défendre s'il le faut, et pour pouvoir prendre leur part dans l'exercice de l'apostolat, sont tenus par l'obligation et jouissent du droit d'acquérir la connaissance de cette doctrine, connaissance appropriée aux aptitudes et à la condition de chacun.

§ 2. Ils jouissent aussi du droit d'acquérir une connaissance plus profonde des sciences sacrées enseignées dans les universités ou facultés ecclésiastiques et dans les instituts de sciences religieuses, en fréquentant les cours et en acquérant les grades académiques.

§ 3. De même, en observant les dispositions concernant l'idonéité requise, ils ont capacité à recevoir de l'autorité ecclésiastique le mandat d'enseigner les sciences sacrées.

Can. 230 - § 1. Les laïcs hommes qui ont l'âge et les qualités requises établies par décret de la conférence des Evêques, peuvent être admis d'une manière stable par le rite liturgique prescrit aux ministères de lecteur et d'acolyte; cependant, cette collation de ministère ne leur confère pas le droit à la subsistance ou à une rémunération de la part de l'Eglise.

§ 2. Les laïcs peuvent, en vertu d'une députation temporaire, exercer la fonction de lecteur dans les actions liturgiques; de même, tous les laïcs peuvent exercer selon le droit, les fonctions de commentateur, de chantre, ou encore d'autres fonctions.

§ 3. Là où le besoin de l'Eglise le demande par défaut de ministres, les laïcs peuvent aussi, même s'ils ne sont ni lecteurs, ni acolytes, suppléer à certaines de leurs fonctions, à savoir exercer le ministère de la parole, présider les prières liturgiques, conférer le baptême et distribuer la sainte communion, selon les dispositions du droit.

Can. 231 - § 1. Les laïcs, qui sont affectés de manière permanente ou temporaire à un service spécial de l'Eglise, sont tenus par l'obligation d'acquérir la formation appropriée et requise pour remplir convenablement leur charge, et d'accomplir celle-ci avec conscience, soin et diligence.

§ 2. Tout en observant les dispositions du can. 230, § 1, ils ont le droit à une honnête rémunération selon leur condition et qui leur permette de pourvoir décemment à leurs besoins et à ceux de leur famille, en respectant les dispositions du droit civil; de même, ils ont droit à ce que leur soient dûment assurées prévoyance, sécurité sociale et assistance médicale.

B.58. *A l'Audience générale (AG 1969)*

La mentalité favorisée par le enseignements du Concile porte le jeu de la liberté, plus que jamais dans le passé, au for interne de la conscience; elle tend donc à diminuer l'ingérence des lois externes, mais tend à augmenter celle des lois internes, celle de la responsabilité personnelle, celle de la réflexion sur les devoirs suprêmes de l'homme, qui sont la rectitude virile dans la pratique du bien, jusqu'à la perfection de la sainteté, et le sens de la loi naturelle, c'est-à-dire de la rationalité morale ontologique, qu'on admire tant aujourd'hui chez les héros antiques (cf. les personnages principaux des tragédies grecques) et modernes (les champions de la résistance, de la bonté, du sacrifice), alors qu'en même temps on en discute au point de douter de son existence et de sa permanence (on le voit dans des contestations en référence à la loi naturelle qui se trouve rappelée dans notre encyclique *Humanae vitae*). Nous savons combien l'Evangile a accentué l'intériorité de l'obligation morale, comme il en a fixé l'incomparable synthèse dans le précepte-clé, trop souvent oublié aujourd'hui, de l'amour total de Dieu, dont dérive, par manière de ressemblance, l'amour du prochain, qui s'étend à tous, parents, amis, étrangers, lointains et ennemis, c'est-à-dire à toute l'humanité. Cette attitude morale en faveur de la personne et de la liberté particulière permet un développement plus ample et plus spontané de la liberté, plus précoce aussi; elle engendre une pluralité de contenus, dans ce qu'elles ont de contingent; elle favorise la richesse des expressions locales, libres et légitimes, linguistiques, culturelles; elle élargit, même à l'intérieur de l'Eglise, cette liberté d'étude et d'initiatives, dont jouissaient déjà de nombreux fidèles (par exemple la multiplicité des institutions caritatives, religieuses, culturelles, missionnaires, que l'autorité de l'Eglise, même avant le Concile, non seulement permettait, mais aussi favorisait), dont on sent si fort le grand élan aujourd'hui et dans lesquelles Nous voulons voir une promesse authentique de vraie vie catholique.

Nous abordons donc une époque de la vie de l'Eglise, et par conséquent de chacun de ses enfants, où l'on trouvera une plus grande liberté, c'est-à-dire moins d'obligations légales et moins d'inhibitions intérieures. La discipline formelle sera réduite, l'intolérance arbitraire sera supprimée comme tout absolutisme; la loi positive sera simplifiée, l'exercice de l'autorité sera tempéré; on retrouvera le sens de cette liberté chrétienne, qui fut si chère à la première génération chrétienne, quand elle se sentit libérée de l'observance de la loi mosaïque et des prescriptions rituelles compliquées (cf. *Ga* 5, 1). Nous devons cependant nous éduquer à l'usage sincère et complet de la liberté chrétienne, soustrait au pouvoir des passions (cf. *Rm* 8, 21) et de l'esclavage du péché (*Jn* 8, 34), intérieurement animés de l'impulsion joyeuse de l'Esprit Saint, parce que, comme disait saint Paul, «ceux qui sont guidés par l'Esprit de Dieu, ceux-là sont enfants de Dieu» (*Rm* 8, 14).

Mais nous devons être en même temps conscients que notre liberté chrétienne ne nous soustrait pas à la loi de Dieu, à ses exigences suprêmes de sagesse humaine, de fidélité évangélique, d'ascèse pénitentielle, d'obéissance à l'ordre de la communauté, caractéristique de la société ecclésiale. La liberté chrétienne n'est pas charismatique dans le sens arbitraire que certains s'arrogent. «Vous êtes libres, nous enseigne saint Pierre, sans faire de la liberté un voile à mettre sur votre malice, mais en serviteurs de Dieu» (*1 P* 2,16); ce n'est pas un défi, un préjugé contre les normes en vigueur dans la société civile, dont l'autorité, c'est saint Paul qui parle, oblige en conscience (*Rm* 13, 1-7); ce n'est pas non plus un défi contre les normes en vigueur dans la société ecclésiastique, fondée sur la foi et la charité, gouvernée par une autorité revêtue de pouvoirs qui ne proviennent pas de la base, mais qui sont d'origine divine, par l'institution du Christ et par succession apostolique; ces pouvoirs, indiscutables (*Lc* 10, 16; *1 Jn* 4, 6) et graves (*1 Co* 4, 21), sont nécessaires, même s'ils ont pour but, plus que la domination (cf. *2 Co* 1, 23; *1 Co* 13, 10), l'édification, c'est-à-dire la libération spirituelle des fidèles.

Résumons-Nous donc: notre époque, dont le Concile se fait interprète et guide, réclame la liberté. Nous devons nous sentir heureux et conscients de cette chance historique. Où donc trouverons-nous la vraie liberté, sinon dans la vie chrétienne? Or la vie chrétienne exige une Communauté organisée, exige une Eglise, selon la pensée du Christ, exige un ordre, exige une obéissance libre mais sincère; elle exige donc une autorité, qui garde et enseigne la vérité révélée (*2 Co* 10, 5); cette vérité est donc la racine intime et profonde de la liberté, comme a dit Jésus: «La vérité vous fera libres» (*Jn* 8, 32).

B.59. *Message à la fin du Synode 1974 (SE)*

(...) Dans le désir de se convertir pleinement à son Seigneur et de mieux accomplir son ministère, l'Eglise entend manifester respect et souci des droits de l'homme à l'intérieur d'elle-même. Et l'Eglise a aussi acquis une conscience renouvelée de la place de la justice dans son ministère. Les progrès déjà réalisés en ce sens nous encouragent à poursuivre notre effort pour nous conformer sans cesse davantage à la volonté du Seigneur.

L'Eglise sait d'expérience que le ministère de la promotion des droits de l'homme dans le monde l'oblige à un constant examen et à une incessante purification de sa propre vie, de sa législation, de ses institutions, de ses plans d'action. Le Synode de 1971 disait : «Quiconque ose parler aux hommes de justice doit d'abord être juste à leurs yeux.» Conscients de nos propres limitations, de nos déficiences et de nos échecs, nous pouvons mieux comprendre les manques des autres, institutions aussi bien que personnes. Dans l'Eglise comme dans les autres institutions, ou groupements, il faut travailler à purifier les modes d'agir, les procédures; il faut purifier aussi les relations que l'on peut avoir avec des structures et systèmes sociaux fauteurs de violations des droits de l'homme qui doivent être dénoncées. (...)

B.60. *Au Tribunal de la Rote (TR 1977)*

(...) Au début de cette année judiciaire, nous portons nos regards sur vous qui vous appliquez avec ardeur et activité à la tâche, qui vous est confiée, de dire le droit; et il nous semble devoir traiter un sujet qui n'est pas de peu d'intérêt pour vos obligations. Ce sujet, disons-nous, doit être considéré avec davantage de soin à la lumière, nouvelle en quelque sorte, du Concile Vatican II et il a sa place dans le Code de droit canon actuellement en révision: c'est la question de la protection de la justice qu'il s'agit de rendre plus parfaite.

Ce sujet, il faut le remarquer, se rapporte plus spécialement à l'époque dans laquelle nous vivons. Personne, en effet, n'ignore que le domaine des droits de l'homme s'étend de plus en plus aujourd'hui, ce qui situe la dignité de ce dernier dans une clarté plus évidente. Cette extension des droits a une influence sur le nouveau Code de droit canon dont la révision ne peut se limiter à la correction du précédent, avec la rédaction des différents éléments dans un ordre convenable, les additions qu'il a paru bon d'introduire et l'omission de ce qui n'est plus en vigueur; mais, bien plus, il faut que ce Code soit l'instrument le mieux adapté possible à la vie de l'Eglise après l'événement du Concile Vatican II.

Et, en effet, la révision du Code du droit canon vise à ce que les propositions énoncées d'une manière générale par le Concile universel soient appliquées à la vie juridique de l'Eglise; application qui s'accomplit par le moyen de prescriptions et de normes grâce auxquelles l'ordre et la paix sont apportés et respectés dans toutes les parties de cette grande communion qui constitue l'Eglise.

Le Concile tend à ce que la vie tout entière de cette communion soit effectivement ordonnée à la foi et à la charité et ceci dans la paix, et que cette vie même devienne comme le secours qui à la fin apportera un jour la réconciliation à tous, pasteurs et fidèles, c'est-à-dire la paix avec Dieu, la paix entre les membres de cette communion, la paix avec tous les chrétiens, et bien plus, avec tous les hommes de bonne volonté. Donc il n'est pas permis de considérer les propositions du Concile comme des énoncés séparés et sans lien avec d'autres. Au contraire, ils constituent une véritable norme qui fait que cette paix que l'on doit demander à Dieu — paix avec Dieu et paix du Christ parmi les fidèles et avec le reste des hommes — non seulement soit vivante mais encore que l'ordre et la paix de la communion soient parfaitement réalisés, protégés, sauvegardés par tous les moyens adaptés. C'est pourquoi le but du Concile postule également la vie juridique non pas en dernière analyse mais bien plutôt d'une façon hautement nécessaire. C'est vraiment parmi les instruments de la pastorale, dont use l'Eglise pour conduire les hommes au salut, que se situe la vie juridique elle-même.

Cependant, ces normes par lesquelles la vie de communion est ordonnée en une convivence pacifique selon des règles juridiques efficaces, ne sont pas — nul n'en ignore — données pour elles-mêmes, comme si elles avaient leur fin en elles-mêmes, mais elles sont plutôt des instruments par lesquels les biens confiés par Dieu à l'Eglise sont offerts aux fidèles d'une manière habituelle et ordonnée; et, tout d'abord, comme nous l'avons dit, que soit conférée à ces fidèles la paix avec Dieu et entre eux.

Si donc, dans la communion de l'Eglise nous cherchons cette paix comme oeuvre de justice, cette oeuvre elle-même, la vie juridique de l'Eglise, doit satisfaire à cette justice et la vie juridique doit être si élevée que véritablement par son intermédiaire nous puissions recevoir en partage la paix du Christ.

Il découle donc de là que le droit ecclésial est vraiment de caractère spirituel, et qu'il faut qu'il soit façonné par l'Esprit du Christ, par l'Esprit Saint. Guidé par ce raisonnement, le Concile a postulé que le droit ecclésial soit l'instrument de sa vie spirituelle, il a rejeté la séparation entre l'Esprit et le droit, entre l'Eglise pneumatique, comme on dit, et l'Eglise de caractère institutionnel, comme on l'appelle; tant il est vrai que dans le mystère même de l'Eglise est contenue l'institution et, qui plus est, l'institution hiérarchique, avec la distinction de différents degrés dans le peuple de Dieu.

Donc, cette structure extérieure et juridique de l'Eglise non seulement n'est pas un obstacle pour sa vie intérieure ou spirituelle, mais elle l'assujettit à la présence et à la modération de l'Esprit Saint, présence et modération qu'elle favorise et protège.

Il semble qu'il faille affirmer ceci: le Concile, guidé par une impulsion, nouvelle en quelque sorte, a mis en relief le don de l'Esprit Saint donné au baptême,[11]

---

11 Cf. *Lumen gentium,* 14, 11.

comme le don qui attribue aux fidèles une liberté spirituelle qui les rend capables de mener une vie chrétienne digne de ce nom (cf. *Rm* 8, 21).

Mais les droits fondamentaux des baptisés ne sont efficaces et ne peuvent s'exercer sans que la personne reconnaisse les devoirs qui sont liés au baptême lui-même, et surtout sans que cette personne soit convaincue que ces droits sont à exercer dans la communion ecclésiale; bien plus, que ces droits touchent à l'édification du Corps du Christ qui est l'Eglise, et que, pour cela, l'exercice qu'on en fait doit concourir à l'ordre et à la paix et qu'on ne doit pas permettre qu'ils causent du tort.

Dans la communion ecclésiale, les biens spirituels sont toujours offerts par la célébration liturgique et par l'administration des sacrements, moyennant quoi la paix du Christ donne continuellement sa force à la faiblesse humaine. Par conséquent, la communion ecclésiale, comme nous l'avons déjà dit, est parfaitement assurée par la structure juridique, et, bien plus, elle la requiert; mais cette structure juridique est tout à fait particulière, parce qu'elle participe de la nature sacramentelle de l'Eglise.

Le Concile a confirmé sa volonté de mettre en valeur la nature spirituelle du droit ecclésial d'autant plus fortement qu'il a situé dans une claire lumière le fondement et la source sacramentelle du pouvoir hiérarchique. En effet, dans la consécration épiscopale elle-même est conféré le don de l'Esprit Saint, et Celui-ci, présent dans les évêques, soutient et nourrit, à travers eux, la vie tout entière de la communion ecclésiale. En vérité, dans l'ordination épiscopale, sont attribuées les fonctions pastorales de sanctification, d'enseignement, de gouvernement par lesquelles les évêques, agissant à la place du Christ, pontife, maître et pasteur, deviennent «les instruments de l'Esprit du Christ pour le ministère de ces fonctions dans la communion ecclésiale».[12]

Le magistère en outre et le gouvernement, dans la communion ecclésiale, sont constitués par des devoirs et des droits dont la nature est surnaturelle — spirituelle, différente de tout pouvoir simplement humain —. C'est pourquoi la vie de l'Eglise — qui, la plupart du temps fonctionne grâce au sacerdoce hiérarchique en tout ce qui est particulier et propre à l'Eglise — est, de sa nature, spirituelle; elle opère le salut des fidèles, en apportant la paix du Christ qui ne peut pas ne pas être une oeuvre de justice et même de justice divine; et, pour cette même raison, elle revêt une très haute dignité.

Par conséquent il faut que les pasteurs s'efforcent d'avoir un zèle, même juridique, qui soit pastoral, façonné par l'Esprit Saint, et qu'ils ne perdent pas des yeux la justice à qui la paix du Christ est assignée comme fin. «N'éteignez pas l'Esprit» (1 *Ts* 5, 19) car «L'Esprit souffle où il veut» (*Jn* 33, 8). L'Esprit Saint accorde ses bienfaits aux pasteurs et aux fidèles, pour qu'ils contribuent à l'oeuvre

---

12 Cf. *Lumen gentium,* 21.

de l'édification du Corps du Christ. Il est vrai, bien entendu, que tous les dons doivent être vérifiés (1 *Ts* 5, 21); cependant, il faut les vérifier avec un coeur ouvert à l'action authentique de l'Esprit Saint en chacun. «Que celui qui a des oreilles entende ce que l'Esprit dit aux Eglises» (*Ap* 2, 7).

C'est pourquoi la protection de la justice aura une place privilégiée dans le nouveau Code de droit canon pour bien mettre en relief le but même du Concile. Par conséquent le travail juridique — qui n'est certes pas superflu, mais absolument nécessaire dans l'Eglise selon la volonté de Dieu — sera considéré comme un secours pastoral, informé par la justice, et il permettra d'arriver enfin à offrir la paix du Christ, quoique en même temps, à cause de la faiblesse humaine qui n'est pas étrangère à l'Eglise, il y aura lieu parfois d'appliquer fermement les normes. Dans l'Eglise, en effet, il faut que «tout... se passe honnêtement et selon l'ordre» (1 *Co* 14, 40). Voilà pourquoi il n'y a pas de place pour une *objection de conscience* qui risquerait de dissoudre l'obéissance à l'Eglise (cf. *ibidem* 14, 37; 4, 21).

De plus, la protection de la justice se fera jour dans le nouveau Code en ce que, dans la logique de ce Code, ce travail juridique revêtira plus ouvertement un caractère spirituel, puisqu'il émane de la nature sacramentelle de l'Eglise, et qu'il s'exerce dans la communion ecclésiale. Celle-ci, formée de nombreux membres, constitue son unité dans l'Esprit Saint, lequel est conféré à tous les membres dans le baptême: et c'est ainsi qu'Il n'est pas moins accordé aux membres de l'ordre hiérarchique pour paître le peuple de Dieu. A ce propos, on évitera dans le nouveau Code les dangers de cette séparation funeste entre l'Esprit et l'institution, entre la théologie et le droit, puisque le droit lui-même et le pouvoir pastoral sont compris selon la théologie pour impartir la paix du Christ qui est l'oeuvre d'une justice non humaine mais divine.

C'est pourquoi, en outre, la protection de la justice, dans le nouveau Code sera assurée, comme le Concile l'a enseigné avec grand soin, du fait que la communion de l'Eglise est constituée à la fois par les fidèles et par les pasteurs; ainsi, les fidèles, qui ont reçu le sacerdoce commun et qui travaillent avec les pasteurs au bien de l'Eglise par leurs échanges avec eux et les conseils qu'ils donnent, sont considérés non seulement comme des subordonnés mais aussi comme les collaborateurs de l'ordre hiérarchique: ils lui apportent un concours docile à tous les degrés.

Enfin la protection de la justice aura sa place dans le nouveau Code parce que la vie juridique n'apparaîtra plus comme si elle dominait toutes les parties de la vie de l'Eglise, mais comme un élément de grande importance au service de la vie même de la communion; elle laissera en même temps aux fidèles leur nécessaire liberté *responsable,* comme on l'appelle, et ceci pour l'édification du Corps du Christ, sauf quand l'unité et la paix de toute la communion ecclésiale exigeront des limites plus étroites pour mieux favoriser les liens mutuels et le bien de toute la communion. Le nouveau Code est destiné à l'Eglise catholique qui est aujourd'hui répandue à travers le monde entier. C'est pourquoi la variété et les biens culturels des formes de civilisation qui existent dans les différentes parties de l'univers doivent être pleinement reconnus et acceptés, à condition que soit sauve l'unité de la foi ainsi que l'unité de la communion et ce qu'il y a d'institutions fondamentales dans les grands principes de cette hiérarchie. Cette unité par le magistère et le gouvernement du Pasteur suprême est, visiblement, toujours vivante et elle opère la paix du Christ qui est l'oeuvre de la justice divine. (...)

B.61. *Au Tribunal de la Rote* (*TR 1979*)

1. (...) Le droit canonique a une fonction éminemment éducative, sur le plan individuel et social, pour créer une société bien ordonnée et féconde où germe et mûrit le développement intégral de la personne humaine et chrétienne. Celle-ci, en effet, ne peut se réaliser que dans la mesure où est rejetée son individualité exclusive, car sa vocation est à la fois individuelle et communautaire. Le droit canonique permet et favorise ce perfectionnement caractéristique car il conduit à surmonter l'individualisme: la négation de soi en tant qu'individualité exclusive conduit à l'affirmation de soi dans une authentique perspective sociale, dans la reconnaissance et le respect de l'autre en tant que *personne* ayant des droits universels, inviolables, inaliénables, et une dignité transcendante.

Mais la mission de proclamer et de défendre en tous lieux en tous temps les droits fondamentaux de l'homme, qui est le mérite historique de l'Eglise, loin de l'exempter d'être devant le monde un modèle de justice, l'y oblige. L'Eglise a sur ce point une responsabilité propre et spécifique.

Cette option fondamentale dont tout le 'Peuple de Dieu' doit prendre conscience, ne cesse d'interpeller et de stimuler tous les hommes d'Eglise — et en particulier ceux qui, comme vous, ont une tâche spéciale sur ce point — *à 'aimer la justice et le droit'* (*Ps* 33, 5). Cela vaut même surtout pour les membres des tribunaux ecclésiastiques, qui doivent *'juger avec justice'* (*Ps* 7, 9; 9,8; 67,5; 96,10 et 13; 98,9, etc.). Comme l'affirmait mon vénéré prédécesseur Paul VI, vous qui vous consacrez au service de la noble vertu de justice, vous pouvez être appelés, selon la très belle expression d'Ulpien : *'sacerdotes iustitiae'*. Car *'il s'agit en vérité d'un ministère noble et élevé, dont la dignité porte le reflet de la lumière de Dieu, justice primordiale et absolue, source très pure de toute justice sur la terre. C'est dans cette lumière divine qu'il faut considérer votre* ministère de justice *qui doit toujours être irréprochable et fidèle. Dans cette lumière, on comprend combien ce ministère doit fuir ne serait-ce que l'ombre d'une injustice, afin de conserver toute sa pureté cristalline'* (*Insegnamenti di Paolo VI,* III, 1965, p. 29, 30).

2. Le grand respect qui est dû aux droits de la personne humaine, lesquels doivent être protégés avec beaucoup d'attention et de soin, requiert du juge qu'il observe avec exactitude les règles de la procédure, lesquelles constituent précisément la garantie des droits de la personne.

Le juge ecclésiastique devra non seulement avoir à l'esprit que *'l'exigence première de la justice est de respecter les personnes'* (L. Bouyer, *L'Eglise de Dieu,*

Corps du Christ et temple de l'Esprit, Paris 1970, p. 599), mais, au-delà de la justice, il devra tendre à l'équité et, au-delà de l'équité, à la charité (cf. P. Andrieu-Guitrancour, *Introduction sommaire à l'étude du droit en général et du droit canonique en particulier,* Paris, 1963, p. 22).

Dans cette ligne, historiquement confirmée et expérimentalement vécue, le IIème Concile du Vatican avait déclaré que *'à l'égard de tous, il faut agir avec justice et humanité'* (*Dignitatis humanae,* 7). Et il avait parlé, également pour la société civile, de *'statut de droit positif... qui organise une répartition convenable des fonctions et des organes du pouvoir, ainsi qu'une protection efficace des droits, indépendante de quiconque'* (*Gaudium et spes,* 75). Sur ces présupposés, à l'occasion de la réforme de la Curie, la Constitution *Regimini Ecclesiae universae* a prescrit que soit créée, au sein du Tribunal suprême de la Signature apostolique, une seconde section qui devrait *'trancher les contestations nées de l'exercice du pouvoir administratif ecclésiastique, ainsi que celles qui lui sont soumises en appel contre une décision d'un dicastère compétent, lorsqu'il lui est reproché d'avoir violé la loi'* (*AAS* 59 (1967), p. 921-922).

Rappelons enfin le portrait que le Pape Paul VI a tracé de main de maître: *'Le juge ecclésiastique personnifie essentiellement cette 'justice ayant une âme', dont parle saint Thomas en citant Aristote (II-II, 60,1). Il doit donc concevoir et exercer sa mission dans un esprit sacerdotal, en acquérant, en même temps que la science (juridique, théologique, psychologique, sociale, etc.) une grande et habituelle maîtrise de lui-même, et en s'efforçant de croître en vertu, afin de ne pas faire écran éventuellement, par une personnalité défectueuse et tortueuse, au pur rayonnement de la justice dont le Seigneur lui a fait don pour le bon exercice de son ministère. C'est ainsi, que, également lorsqu'il rendra la justice, il sera un prêtre et un pasteur d'âmes n'ayant en vue que Dieu'* (*Insegnamenti di Paolo VI,* IX, 1971, p. 65, 66).

3. Je voudrais parler d'un problème qui se présente immédiatement à celui qui observe les phénomènes de la société civile et de l'Eglise: le problème du rapport entre la protection des droits et la communion ecclésiale. Il ne fait pas de doute que la consolidation et la sauvegarde de la communion ecclésiale sont une tâche fondamentale qui donne consistance à la juridiction canonique tout entière et guide les activités de tous ses éléments. La vie juridique de l'Eglise, et donc aussi l'activité judiciaire sont en elles-mêmes pastorales par nature : *'La vie juridique est l'un des moyens pastoraux dont l'Eglise se sert pour conduire les hommes au salut'* (*Insegnamenti di Paolo VI,* XV, 1977, p. 124). Elle doit donc, dans son exercice, être toujours profondément animée par l'Esprit Saint, à la voix duquel doivent s'ouvrir les esprits et les coeurs.

D'autre part, la protection des droits, et en conséquence le contrôle des actes de l'administration publique constituent pour les pouvoirs publics eux-mêmes une garantie d'une indiscutable valeur. Dans le contexte d'une rupture possible de la communion ecclésiale et de la nécessité inéluctable de la reconstituer, la procédure — en même temps que d'autres préliminaires comme l'équité, la tolérance, l'arbitrage, la transaction, etc. — est un fait d'Eglise, un instrument permettant de surmonter les conflits et de les résoudre. Et même, dans la perspective d'une

Eglise qui garantit les droits de chacun des fidèles, mais aussi promeut et protège le bien commun, condition indispensable pour le développement intégral de la personne humaine et chrétienne, la discipline pénale a elle aussi une place positive: la peine portée par l'autorité ecclésiastique (mais qui est en réalité la reconnaissance de la situation dans laquelle s'est mise celui qui l'a encourue) doit en effet être considérée comme un instrument de communion, c'est-à-dire un moyen de remédier aux carences en matière de bien individuel et de bien commun, qui se sont manifestées dans le comportement antiecclésial, délictueux et scandaleux de membres du Peuple de Dieu. Ici encore, la parole du Pape Paul VI est clarifiante: *'Les droits fondamentaux des baptisés ne sont efficaces et ne peuvent être exercés que si l'on reconnaît les obligations correspondantes résultant aussi du baptême, en étant en particulier persuadé que ces droits doivent être exercés dans la communion de l'Eglise, et que même ils s'inscrivent dans l'édification du Corps du Christ qui est l'Eglise. C'est pourquoi leur exercice doit servir l'ordre et la paix, et on ne doit pas permettre qu'il leur nuise'* (*Ibid.*, p. 125).

Et si le fidèle, sous l'impulsion de l'Esprit, reconnaît la nécessité d'une profonde conversion à l'égard de l'Eglise, après avoir affirmé et revendiqué ses droits, il aura à coeur de s'acquitter de ses devoirs d'unité et de solidarité pour que s'affirment les valeurs supérieures du bien commun. Je l'ai rappelé explicitement dans le message que j'ai adressé au Secrétaire de l'ONU pour le 30ème anniversaire de la Déclaration des Droits de l'Homme: *'Tout en insistant, et à juste titre, sur la revendication des droits de l'homme, on ne doit jamais perdre de vue les obligations et les devoirs qui sont liés à ces droits. Tout individu a l'obligation d'exercer ses droits fondamentaux d'une manière responsable et moralement justifiée. Tout homme ou toute femme a le devoir de respecter chez les autres les droits qu'il revendique pour lui-même. De plus, nous devons tous contribuer pour notre part à l'édification d'une société où il est réellement possible de bénéficier des droits et de s'acquitter des devoirs inhérents à ces droits'.*

4. Dans l'expérience existentielle de l'Eglise, les mots *droit, jugement, justice,* quelles que soient les difficultés et les imperfections humaines de toute sorte, évoquent le modèle d'une justice supérieure, la justice de Dieu, qui se présente comme le but et le terme inéluctable. Cela constitue une redoutable obligation pour tous ceux qui *«rendent la justice».*

Dans l'effort historique en vue d'équilibrer les valeurs, on a parfois voulu insister davantage sur l'*ordre social* aux dépens de l'autonomie de la personne, mais l'Eglise n'a jamais cessé de proclamer *'la dignité de la personne humaine, telle que l'ont fait connaître la parole de Dieu et la raison elle-même'* (*Dignitatis humanae,* 2). Elle a toujours soustrait à toutes formes d'oppression les *miserabiles personas,* en dénonçant les situations d'injustice, alors que les droits fondamentaux de l'homme et leur salut lui-même le requéraient, et en demandant — respectueusement, mais clairement — que l'on remédie à de semblables situations contraires à la justice.

En conformité avec sa mission transcendante, le *'ministère de la justice'* qui vous est confié vous impose la responsabilité spéciale de rendre toujours plus transparent le visage de l'Eglise, *'modèle de justice'*, incarnation permanente du Prince de la justice, pour entraîner le monde vers une ère bénie de justice et de paix. (...)

B.62. *Au IVe Congrès de Droit Canon (CIDC)*

(...) Dans son explication des doctrines ecclésiales parmi lesquelles il situait le droit de l'Eglise, Paul VI concevait le droit comme une communion, une oeuvre de l'Esprit et le droit de la charité.[13] Vous avez suivi cet enseignement dans le choix du thème de votre congrès de Fribourg. Très souvent Paul VI a eu l'occasion de mettre en lumière l'importance fondamentale des droits de l'homme[14] et, à cette lumière, il a situé les principaux droits du chrétien; c'est de là, après le Concile, que devait suivre l'élaboration du nouveau code de droit de l'Eglise.[15]

4. Il est à peine nécessaire de vous dire que votre congrès a suscité de ma part un grand intérêt et une grande réflexion. En effet, y a-t-il vraiment quelque chose qui soit d'un plus grand intérêt que de mieux définir les droits fondamentaux des chrétiens pour que ces droits puissent être mieux respectés? Qu'y a-t-il de plus utile pour notre temps que le respect et la protection des droits de l'homme?

Dans ce domaine, l'Eglise a une tâche de premier plan à remplir. C'est en effet précisément dans son mystère de communion que l'Eglise doit comprendre l'homme et circonscrire très soigneusement ses droits principaux, car ils expriment sa nature et protègent certainement sa dignité. Ainsi donc le sujet de votre congrès de Fribourg répond aux plus grands soucis de l'Eglise et en même temps aux plus grands désirs de nos contemporains.[16]

5. Oui, vraiment, il est une tâche que l'Eglise, du fait de sa nature même, doit toujours mieux remplir: la *communion*. Or, l'Eglise réalise cette communion quand elle reconnaît la dignité de la personne humaine dans la liberté que postule son origine divine et sa vocation éternelle.

Car enfin si le monde désire sa libération, cette libération se trouve dans le Christ! Le Christ vit dans l'Eglise. Par conséquent la véritable libération de l'homme s'accomplit dans l'expérience de la communion ecclésiale.[17]

Cette communion ecclésiale est «une communion intime et toujours renouvelée avec l'origine même de la vie qui est la très sainte Trinité: c'est-à-dire la

---

13 Cf. *AAS* 65 (1973), p. 98; *Communicationes* 5 (1973), p. 126-127; *AAS* 69 (1977), p. 209.

14 Cf. *AAS* 69 (1977), p. 147-148; *AAS* 60 (1968), p. 338-339.

15 Cf. *AAS* 69 (1977), p. 149.

16 Cf. Discours du 6 octobre 1979: *Doc. cath.* 76 (1979), p. 931.

17 Discours du 31 mars 1979: *Doc. cath.* 76 (1979), p. 414; cf. Homélie au Bourget, 1er juin 1980: *Doc. cath.* 76 (1979), p. 585.

communion de vie, d'amour et d'imitation à la suite du Christ lui-même. Oui c'est lui le rédempteur de l'homme qui nous fait pénétrer intimement en Dieu».[18]

Et «Dieu est la mesure de l'homme! C'est pourquoi l'homme doit revenir à cette source et à cette mesure unique qui est le Dieu incarné, Jésus-Christ. L'homme doit constamment se référer à Lui s'il veut exister et s'il désire que le monde soit humain».[19]

Puisque la dignité de l'homme doit être vue dans le Christ, comme elle l'est dans le *Christ total* qui est l'Eglise, il faut que la nature du droit ecclésial soit reconnue comme son articulation nécessaire et comme le premier droit de ses membres.[20]

6. L'ordre ecclésial bien compris est au for externe l'ordre juridique. Cet ordre vise à instaurer la paix dans la communion: pour y parvenir, cette paix sera la charité.[21] Car personne ne peut s'écarter de cette ligne; le droit n'est pas opposé à la charité. Au contraire, la charité postule d'exprimer le droit et elle met ses nécessaires exigences à l'abri dans ce domaine. Ces exigences à leur tour seront beaucoup mieux comprises si elles sont selon l'esprit de Dieu et selon les exigences fondamentales de son amour ainsi que selon les structures vivantes de son Eglise. C'est — si je puis m'exprimer ainsi — comme le prolongement de l'incarnation du Verbe[22] qui s'est fait homme pour sauver les hommes et les ramener à son Père comme des fils adoptifs, libérés pour participer à la liberté et à la gloire des fils de Dieu.[23] En Jésus-Christ et par lui se réalisent son corps mystique et la sainte communion qui est l'Eglise.[24]

7. Dans cette communion, qui est aussi hiérarchie, nous devons considérer l'homme baptisé. Chaque chrétien y trouve sa place, son ordre et sa fonction. Cette communion est l'oeuvre de l'Esprit qui maintient sa solidité par le sacerdoce des évêques qui, en raison de la succession apostolique, enseignent, dirigent, sanctifient le peuple de Dieu et le gardent dans l'unité de la foi et dans la charité. Leur communion sacerdotale est elle-même ministérielle; elle sert la communion ecclésiale et protège sa cohésion autour de Pierre qui, comme centre, préside à la charité de cette unité.

8. Ces principes constituent le fondement du droit ecclésiastique; et ils réalisent ainsi la véritable théologie du droit. (...)

10. En ce qui concerne les droits élémentaires des chrétiens, leur définition

---

18 Cf. *ibidem,* 31 mai 1980: *Doc. cath.* 76 (1979), p. 414.
19 Discours du 31 mai 1980: *Doc. cath.* 77 (1980), p. 570.
20 Cf. *AAS* 65 (1973), p. 102-103.
21 Cf. *AAS* 69 (1977), p. 148.
22 Cf. *Lumen gentium,* 8a.
23 Cf. *Rom* 8, 19-21.
24 Cf. *Col* 1, 15-20.

comporte un travail assez ardu. Cette tâche, inaugurée avec grande difficulté par le Concile Vatican II, doit absolument être poursuivie. Le droit rénové de l'Eglise pourvoira certainement, pour sa part, à ce que ces droits soient sauvegardés et à ce qu'ils soient réalisés en action de vie. Ceci est d'autant plus nécessaire que ces droits des chrétiens postulent les droits élémentaires de l'homme comme leur fondement. D'ailleurs, ces droits principaux des hommes non seulement ont été solennellement prononcés dans une Déclaration des Nations Unies, mais ils ont été définis plus tard par d'autres assemblées subséquentes.[25] Parmi ces déclarations, il faut rappeler la Déclaration des Droits de l'Enfant et de l'enfant à naître. Il faut donc que tous ces droits soient mieux compris, plus profondément examinés et estimés. Cependant, hélas!, rien n'est plus éloigné que leur respect universel.[26] Le droit ecclésial ne peut pas non plus négliger ces droits; bien plus, le droit ecclésiastique aidera à leur application; ainsi, il pourra les promouvoir et les ennoblir. (...)

B.63. *Au Tribunal de la Rote* (*TR 1989*)

1. (...) Conscient que les discours pontificaux à la Rote romaine, comme on le sait, s'adressent en fait à tous ceux qui sont responsables de la justice dans les tribunaux ecclésiastiques, je voudrais, au cours de cette rencontre annuelle, souligner l'importance du droit à la défense dans le jugement canonique. (...)

2. Le nouveau Code de droit canonique attribue une grande importance au droit à la défense. En effet, en ce qui concerne les droits et les devoirs de tous les fidèles, le canon 221 § 1 affirme: «Il appartient aux fidèles de revendiquer légitimement les droits dont ils jouissent dans l'Eglise et de les défendre devant le for ecclésiastique compétent, selon le droit». Et le § 2 poursuit: «Les fidèles ont aussi le droit, s'ils sont appelés en jugement par l'autorité compétente, d'être jugés selon les dispositions du droit qui doivent être appliquées avec équité». Le canon 1620 du même Code déclare explicitement la nullité irrémédiable de la sentence si l'on a dénié à l'une ou l'autre partie le droit de se défendre, alors que l'on peut tirer du canon 1598, § 1, le principe suivant, qui doit guider toute l'activité judiciaire de l'Eglise: *«Ius defensionis semper integrum maneat»*.

3. Il nous faut tout de suite remarquer que l'absence d'une norme aussi explicite dans le Code de 1917 ne signifie certes pas que le droit à la défense n'ait pas été observé dans l'Eglise sous le régime du Code précédent. Celui-ci donnait, en

---

[25] Cf. *Message à l'Assemblée des Nations Unies* du 2 décembre 1978: *Doc. cath.* 76 (1979), p. 1.

[26] Cf. *Message à l'ONU,* 2 décembre 1978: *Doc. cath.* 76 (1979), p. 1-3; Discours prononcé à l'ouverture de la troisième Conférence de l'Episcopat d'Amérique latine: *AAS* 71 (1979), p. 201-202, III N. 5; *Doc. cath.* 76 (1979), p. 171; Encyclique *Redemptor hominis,* 17: *AAS* 71 (1979), p. 295-300; *Doc. cath.* 76 (1979), p. 312-314; Discours du 14 décembre 1979: *L'Osservatore Romano,* édition italienne, 14 décembre 1979.

effet, les dispositions opportunes et nécessaires pour garantir ce droit dans le jugement canonique. Et même si le canon 1892 de ce Code ne mentionnait pas les *«ius defensionis denegatum»* parmi le cas de nullité irrémédiable de la sentence, il faut constater que, malgré cela, aussi bien la doctrine que la jurisprudence rotale défendaient la nullité irrémédiable de la sentence dans le cas où le droit de se défendre avait été refusé à l'une ou l'autre partie.

On ne peut concevoir un procès équitable sans qu'il soit contradictoire, c'est-à-dire sans la possibilité concrète accordée à chacune des parties en la cause d'être écoutée et de pouvoir connaître et contredire les requêtes, preuves et conclusions adoptées par la partie adverse ou *«ex officio»*.

4. Le droit à la défense de chacune des parties dans le jugement, c'est-à-dire non seulement le défendeur mais aussi le demandeur, doit bien sûr s'exercer selon les justes dispositions de la loi positive, dont le but est, non pas d'ôter l'exercice du droit à la défense, mais de le réglementer de manière qu'il ne puisse dégénérer en abus ou en obstruction systématique, et de garantir en même temps la possibilité concrète de l'exercer. Aussi l'observance fidèle des normes positives à cet égard constitue-t-elle une grave obligation pour les responsables de la justice dans l'Eglise.

5. Evidemment, la défense de fait n'est pas requise pour la validité du procès, pourvu qu'elle demeure toujours une possibilité concrète. Donc, les parties peuvent renoncer à l'exercice du droit de se défendre dans le jugement contentieux; dans le jugement pénal, au contraire, la défense de fait, et même la défense technique, ne doit jamais faire défaut, puisque dans un procès de ce genre l'accusé doit toujours avoir un avocat (cf. canons 1481, § 2, et 1723). (...)

B.64. ***Au Tribunal de la Rote*** *(TR 1990)*

7. *Le droit de procédure canonique* fait également partie du caractère pastoral du droit de l'Eglise. A ce sujet, les paroles que Paul VI vous a adressées au cours de son dernier discours à la Rote romaine sont plus actuelles et efficaces que jamais: «Vous savez bien que le droit canonique 'qua tale' et par conséquent le droit de procédure qui en fait partie, par ces motifs d'inspiration, rentre dans le plan de l'économie du salut étant le *"salus animarum"*, la loi suprême de l'Eglise» (*Allocutio ad Tribunalis Sacrae Romanae Decanum; Praelatos, Auditores, Officiales ed Advocatos, ineunte anno iudiciali,* 28 janvier 1978, dans *AAS* 70 [1978], p. 182).

L'institutionnalisation de cet instrument de justice que constitue le procès représente *une conquête progressive de civilité et de respect de la dignité de l'homme* à laquelle l'Eglise, par le procès canonique, a contribué de manière très significative. Ce faisant, l'Eglise n'a pas renié sa mission de charité et de paix mais a seulement établi un moyen qui permette ce contrôle de la vérité, condition indispensable de la justice animée par la charité, et donc de la paix authentique également.

Il est vrai que, dans la mesure du possible, il est préférable d'éviter les procès. Cependant, dans des cas déterminés, ceux-ci sont requis par la loi comme étant la voie la plus idoine pour résoudre des problèmes de haute importance ecclésiale comme par exemple ceux qui concernent l'existence du mariage.

Le juste procès est l'objet d'un droit des fidèles (cf. can. 221) et constitue en même temps *une exigence du bien public de l'Eglise*. Voilà pourquoi les normes canoniques de procédure doivent être observées par tous les protagonistes du procès comme autant de manifestations de cette justice *instrumentale* qui conduit à la justice *substantielle*.

B.65. *Code des Canons des Eglises Orientales (CCEO)*

11. Que toute l'Eglise accueille donc ce Code dans sa globalité comme dans chacun de ses canons, avec un esprit serein et la confiance que son observance attirera sur toutes les Eglises orientales ces grâces célestes qui les feront prospérer plus encore à travers le monde. Cet appel se réfère en particulier aux normes qui y sont contenues et qui ont toujours été au centre de mon attention, et finalement adoptées telles qu'elles sont dans le Code parce que le Souverain Pontife les estime nécessaires pour le bien de l'Eglise universelle et pour sauvegarder l'ordre et les droits les plus fondamentaux et imprescriptibles de l'homme racheté par le Christ. (...)

13. (...) Toutes les normes contenues dans le Code ont pour but de favoriser le cheminement vers l'unité de tous les chrétiens et certaines d'entre elles indiquent aux Eglises catholiques de rite oriental comment elles doivent procéder pour promouvoir cette unité «precibus imprimis, vitae exemplo, religiosa erga antiquas traditiones Ecclesiarum orientalium fidalitate, mutua et meliore cognitione, collaboratione ac fraterna rerum animorumque aestimatione» (Can. 903). Ces normes n'admettent absolument aucune action ou initiative qui ne soient pas conformes à ce que l'Eglise catholique proclame à haute voix, au nom du Rédempteur de l'homme, au sujet des droits fondamentaux de tout être humain et de tout baptisé et à celui des droits de chaque Eglise non seulement à l'existence, mais aussi au progrès, au développement et à l'épanouissement.

7.

VERITE/DIGNITE DE LA PERSONNE QUI SE TROUVE DANS L'ERREUR

Selon l'enseignement de l'Encyclique PT, une société «dûment ordonnée» se base sur quatre piliers fondamentaux: vérité, justice, amour, liberté. La vérité est le premier de ces piliers, celui qui constitue le critère d'ordonnance de toutes les démarches pour bâtir un système social authentiquement respectueux de la personne humaine et de sa dignité.

Une vérité qui représente également le trésor soigneusement gardé par l'Eglise et rendu accessible à tout homme en quête de Dieu, dans la liberté de sa conscience.

A.66. *Pacem in Terris (PT)*

I. (...) VIVRE ENSEMBLE DANS LA VERITE, LA JUSTICE, L'AMOUR, LA LIBERTE

Une société n'est dûment ordonnée, bienfaisante, respectueuse de la personne humaine, que si elle se fonde sur la vérité, selon l'avertissement de saint Paul: *Rejetez donc le mensonge; que chacun de vous dise la vérité à son prochain, car nous sommes membres les uns des autres.*[1] Cela suppose que soient sincèrement reconnus les droits et les devoirs mutuels. (...)

III. (...) La vérité exige encore que, dans les nombreuses initiatives rendues possibles par les dernières inventions de la technique et qui favorisent une plus large connaissance mutuelle entre peuples différents, on observe toujours une sereine objectivité. Chaque communauté peut assurément mettre en relief ses richesses propres, mais il faut absolument proscrire les méthodes d'information qui, en violation de la vérité, porteraient injustement atteinte à la réputation de tel ou tel peuple.[2] (...)

---

1 *Ep* 4, 25.

2 Cf. Pie XII, Radiomessage de Noël 1940: *AAS* 33 (1941), p. 5-14.

V. (...) RAPPORTS ENTRE CATHOLIQUES ET NON-CATHOLIQUES DANS LE DOMAINE ECONOMIQUE, SOCIAL ET POLITIQUE

Les principes que Nous venons d'exposer ici trouvent leur fondement dans les exigences mêmes de la nature humaine, et sont le plus souvent du domaine du droit naturel. Assez fréquemment, dans la mise en oeuvre de tels principes, les catholiques collaborent de multiples manières soit avec des chrétiens séparés de ce Siège Apostolique, soit avec des hommes qui vivent en dehors de toute foi chrétienne, mais qui, guidés par les lumières de la raison, sont fidèles à la morale naturelle. «Qu'alors les catholiques veillent avec grand soin à rester conséquents avec eux-mêmes et à n'admettre aucun compromis nuisible à l'intégrité de la religion ou de la morale. Mais aussi qu'ils ne considèrent pas leurs seuls intérêts et collaborent loyalement en toute matière bonne en soi ou qui peut mener au bien».[3]

C'est justice de distinguer toujours entre l'erreur et ceux qui la commettent, même s'il s'agit d'hommes dont les idées fausses ou l'insuffisance des notions concernent la religion ou la morale. L'homme égaré dans l'erreur reste toujours un être humain et conserve sa dignité de personne à laquelle il faut toujours avoir égard. Jamais non plus l'être humain ne perd le pouvoir de se libérer de l'erreur et de s'ouvrir un chemin vers la vérité. Et pour l'y aider le secours providentiel de Dieu ne lui manque jamais. Il est donc possible que tel homme, aujourd'hui privé des clartés de la foi ou fourvoyé dans l'erreur, se trouve demain, grâce à la lumière divine, capable d'adhérer à la vérité. Si en vue de réalisations temporelles les croyants entrent en relations avec des hommes que des conceptions erronées empêchent de croire ou d'avoir une foi complète, ces contacts peuvent être l'occasion ou le stimulant d'un mouvement qui mène ces hommes à la vérité.

De même, on ne peut identifier des théories philosophiques sur la nature, l'origine et la finalité du monde et de l'homme, avec les mouvements historiques fondés dans un but économique, social, culturel ou politique, même si ces derniers ont dû leur origine et puisent encore leur inspiration dans ces théories. Une doctrine, une fois fixée et formulée, ne change plus, tandis que des mouvements ayant pour objet les conditions concrètes et changeantes de la vie ne peuvent pas ne pas être largement influencées par cette évolution. Du reste, dans la mesure où ces mouvements sont d'accord avec les sains principes de la raison et répondent aux justes aspirations de la personne humaine, qui refuserait d'y reconnaître des éléments positifs et dignes d'approbation?

Il peut arriver, par conséquent, que certaines rencontres au plan des réalisations pratiques, qui jusqu'ici avaient paru inopportunes ou stériles, puissent maintenant présenter des avantages réels ou en promettre pour l'avenir. Quant à juger si ce moment est arrivé ou non, et à déterminer les modalités et l'ampleur d'une coordination des efforts en matière économique, sociale, culturelle ou poli-

---

[3] *Mater et Magistra: AAS* 53 (1961), p. 456.

tique à des fins utiles au vrai bien de la communauté, ce sont là des problèmes dont la solution et l'ampleur relèvent de la prudence, régulatrice de toutes les vertus qui ordonnent la vie individuelle et sociale. Quand il s'agit des catholiques, la décision à cet égard appartient avant tout aux hommes les plus influents du corps social et les plus compétents dans le domaine dont il est question, pourvu que, fidèles aux principes du droit naturel, ils suivent la doctrine sociale de l'Eglise et obéissent aux directives des autorités ecclésiastiques. On se souviendra en effet que les droits et les devoirs de l'Eglise ne se limitent pas à sauvegarder l'intégrité de la doctrine concernant la foi ou les moeurs, mais que son autorité auprès de ses fils s'étend aussi au domaine profane, lorsqu'il s'agit de juger de l'application de cette doctrine aux cas concrets.[4] (...)

A.67. *Gaudium et Spes (GS)*

16. DIGNITE DE LA CONSCIENCE MORALE

Au fond de sa conscience, l'homme découvre la présence d'une loi qu'il ne s'est pas donnée lui-même, mais à laquelle il est tenu d'obéir. Cette voix, qui ne cesse de le presser d'aimer et d'accomplir le bien et d'éviter le mal, au moment opportun résonne dans l'intimité de son coeur: «Fais ceci, évite cela». Car c'est une loi inscrite par Dieu au coeur de l'homme; sa dignité est de lui obéir, et c'est elle qui le jugera.[5] La conscience est le centre le plus secret de l'homme, le sanctuaire où il est seul avec Dieu et où Sa voix se fait entendre.[6] C'est d'une manière admirable que se découvre à la conscience cette loi qui s'accomplit dans l'amour de Dieu et du prochain.[7] Par fidélité à la conscience, les chrétiens, unis, aux autres hommes, doivent chercher ensemble la vérité et la solution juste de tant de problèmes moraux que soulèvent aussi bien la vie privée que la vie sociale. Plus la conscience droite l'emporte, plus les personnes et les groupes s'éloignent d'une décision aveugle et tendent à se conformer aux normes objectives de la moralité. Toutefois, il arrive souvent que la conscience s'égare, par suite d'une ignorance invincible, sans perdre pour autant sa dignité. Ce que l'on ne peut dire lorsque l'homme se soucie peu de rechercher le vrai et le bien et lorsque l'habitude du péché rend peu à peu sa conscience presque aveugle.

---

[4] *Ibid.*, p. 456; LEON XIII, Encycl. *Immortale Dei: Acta Leonis XIII,* V (1885), p. 128; PIE XI, Encycl. *Ubi Arcano: AAS* 14 (1922), p. 698, et PIE XII, Allocution aux délégués de l'Union mondiale des organisations féminines catholiques, réunies en Congrès à Rome, 11 septembre 1947: *AAS* 39 (1947), p. 486.

[5] Cf. *Rm* 2, 14-16.

[6] Cf. PIE XII, Radiomessage sur la formation de la conscience chrétienne chez les jeunes, 23 mars 1952: *AAS* 44 (1952), p. 271.

[7] Cf. *Mt* 22, 37-40; *Ga* 5, 14.

19. FORMES ET RACINES DE L'ATHEISME

L'aspect le plus sublime de la dignité humaine se trouve dans cette vocation de l'homme à communier avec Dieu. Cette invitation que Dieu adresse à l'homme de dialoguer avec Lui commence avec l'existence humaine. Car, si l'homme existe, c'est que Dieu l'a créé par amour et, par amour, ne cesse de lui donner l'être; et l'homme ne vit pleinement selon la vérité que s'il reconnaît librement cet amour et s'abandonne à son Créateur. Mais beaucoup de nos contemporains ne perçoivent pas du tout ou même rejettent explicitement le rapport intime et vital qui unit l'homme à Dieu: à tel point que l'athéisme compte parmi les faits les plus graves de ce temps et doit être soumis à un examen très attentif. (...)

28. RESPECT ET AMOUR DES ADVERSAIRES

(...) Certes, cet amour et cette bienveillance ne doivent en aucune façon nous rendre indifférents à l'égard de la vérité et du bien. Mieux, c'est l'amour même qui pousse les disciples du Christ à annoncer à tous les hommes la vérité qui sauve. Mais on doit distinguer entre l'erreur, toujours à rejeter, et celui qui se trompe, qui garde toujours sa dignité de personne, même s'il se fourvoie dans des notions fausses ou insuffisantes en matière religieuse.[8] Dieu seul juge et scrute les coeurs: Il nous interdit donc de juger de la culpabilité interne de quiconque.[9] (...)

A.68. *Dignitatis Humanae (DH)*

1. (...) C'est pourquoi, tout d'abord, le Concile déclare que Dieu a Lui-même fait connaître au genre humain la voie par laquelle, en Le servant, les hommes peuvent obtenir le salut et parvenir à la béatitude. Cette unique vraie religion, nous croyons qu'elle subsiste dans l'Eglise catholique et apostolique à qui le Seigneur Jésus a confié le mandat de la faire connaître à tous les hommes, lorsqu'il dit aux apôtres: «Allez donc, de toutes les nations faites des disciples, les baptisant au nom du Père et du Fils et du Saint-Esprit, et leur apprenant à observer tout ce que je vous ai prescrit.» (*Mt* 28, 19-20). Tous les hommes, d'autre part, sont tenus de chercher la vérité, surtout en ce qui concerne Dieu et son Eglise; et, quand ils l'ont connue, de l'embrasser et de lui être fidèles.

De même encore, le Concile déclare que ce double devoir concerne la conscience de l'homme et l'oblige, et que la vérité ne s'impose que par la force de la vérité elle-même qui pénètre l'esprit avec autant de douceur que de puissance. Or, puisque la liberté religieuse que revendique l'homme dans l'accomplissement de son devoir de rendre un culte à Dieu concerne son immunité de toute contrainte dans la société civile, elle ne porte aucun préjudice à la doctrine catho-

---

8 Cf. *Pacem in terris: AAS* 55 (1963), p. 299 et 300.

9 Cf. *Lc* 6, 37-38; *Mt* 7, 1-2; *Rm* 2, 1-11; 14,10-12.

lique traditionnelle sur le devoir moral de l'homme et des associations à l'égard de la vraie religion et de l'unique Eglise du Christ. En outre, traitant de cette liberté religieuse, le Saint Concile entend développer la doctrine des Souverains Pontifes les plus récents sur les droits inviolables de la personne humaine et l'ordre juridique de la société. (...)

2. (...) En vertu de leur dignité, tous les hommes, parce qu'ils sont des personnes, c'est-à-dire doués de raison et de volonté libre, et par suite, pourvus d'une responsabilité personnelle, sont pressés par leur nature même et tenus par obligation morale à chercher la vérité, celle tout d'abord qui concerne la religion. Ils sont tenus aussi à adhérer à la vérité dès qu'ils la connaissent et à régler toute leur vie selon les exigences de cette vérité. Or, à cette obligation les hommes ne peuvent satisfaire, d'une manière conforme à leur propre nature, que s'ils jouissent, outre la liberté psychologique, de l'immunité à l'égard de toute contrainte extérieure. Ce n'est donc pas dans une disposition subjective de la personne mais dans sa nature même qu'est fondé le droit à la liberté religieuse. C'est pourquoi le droit à cette immunité persiste en ceux-là même qui ne satisfont pas à l'obligation de chercher la vérité et d'y adhérer; son exercice ne peut être entravé dès lors que demeure sauf un ordre public juste. (...)

A.69. *Redemptor Hominis (RH)*

12. (...) Jésus-Christ va à la rencontre de l'homme de toute époque, y compris de la nôtre, avec les mêmes paroles: «Vous connaîtrez la vérité et la vérité vous rendra libres».[10] Ces paroles contiennent une exigence fondamentale et en même temps un avertissement: l'exigence d'honnêteté vis-à-vis de la vérité comme condition d'une authentique liberté; et aussi l'avertissement d'éviter toute liberté apparente, toute liberté superficielle et unilatérale, toute liberté qui n'irait pas jusqu'au fond de la vérité sur l'homme et sur le monde. Aujourd'hui encore, après deux mille ans, le Christ nous apparaît comme Celui qui apporte à l'homme la liberté fondée sur la vérité, comme Celui qui libère l'homme de ce qui limite, diminue et pour ainsi dire détruit cette liberté jusqu'aux racines mêmes, dans l'esprit de l'homme, dans son coeur, dans sa conscience. Quelle preuve admirable de tout cela ont donnée et ne cessent de donner ceux qui, par le Christ et dans le Christ, sont parvenus à la vraie liberté et en ont fourni le témoignage, même dans des conditions de contrainte extérieure!

Et lorsque Jésus-Christ lui-même comparut comme prisonnier devant le tribunal de Pilate et fut interrogé par celui-ci sur l'accusation que les représentants du Sanhédrin portaient contre lui, ne répondit-il pas: «Je ne suis né et je ne suis venu dans le monde que pour rendre témoignage à la vérité»?[11] Par ces paroles

---

10 *Jn* 8, 32.

11 *Jn* 18, 37.

prononcées devant le juge à un moment décisif, il confirmait pour ainsi dire une nouvelle fois ce qu'il avait dit précédemment: «Vous connaîtrez la vérité, et la vérité vous rendra libres». Tout au long des siècles et des générations, à commencrer par le temps des Apôtres, n'est-ce pas Jésus-Christ lui-même qui a comparu tant de fois aux côtés d'hommes jugés à cause de la vérité, et qui est allé à la mort avec des hommes condamnés à cause de la vérité? Est-ce qu'il cesserait d'être toujours le porte-parole et l'avocat de l'homme qui vit «en esprit et vérité»?[12] Non, il ne cesse pas de l'être devant le Père, et pas davantage face à l'histoire de l'homme. L'Eglise, à son tour, malgré toutes les faiblesses qui font partie de son histoire humaine, ne cesse de suivre Celui qui a dit: «L'heure vient — et nous y sommes — où les vrais adorateurs adoreront le Père en esprit et vérité, car ce sont là les adorateurs tels que les veut le Père. Dieu est esprit, et ceux qui adorent, c'est en esprit et vérité qu'ils doivent adorer».[13]

A.70. *Constitution sur les Universités Catholiques (UC)*

4. L'Université catholique a l'honneur et le devoir de se consacrer sans réserve à la *cause de la vérité*. C'est sa manière à elle de servir à la fois la dignité de l'homme et la cause de l'Eglise, laquelle possède l'intime conviction que «la vérité est sa véritable alliée... et que la connaissance et la raison sont de fidèles servantes de la foi».[14] Sans négliger en rien l'acquisition de connaissances utiles, l'Université catholique se distingue par sa libre recherche de toute la vérité relative au monde, à l'homme et à Dieu. Notre époque, en effet, a un urgent besoin de cette forme de service désintéressé qui consiste à *proclamer le sens de la vérité,* valeur fondamentale sans laquelle la liberté, la justice et la dignité de l'homme sont étouffées. Par une sorte d'humanisme universel, l'Université catholique se consacre entièrement à la recherche de tous les aspects de la verité dans leur lien essentiel avec la Vérité suprême qui est Dieu. Elle s'engage par conséquent, sans crainte mais bien plutôt avec enthousiasme, sur toutes les routes du savoir, avec la conscience d'être précédée par Celui qui est «le Chemin, la Vérité et la Vie»,[15] le *Logos,* dont l'Esprit d'intelligence et d'amour a permis à la personne humaine de trouver, par son intelligence, la vérité dernière qui est sa source et son terme, et qui est seul capable de donner en plénitude cette Sagesse sans laquelle l'avenir du monde serait en danger.

---

[12] Cf. *Jn* 4, 23.

[13] *Jn* 4, 23-24.

[14] John Henry Card. Newman, *The Idea of a University,* Londres, Longmans, Green and Company (1931), p. 11.

[15] *Jn* 14, 6.

A.71. *Centesimus Annus (CA)*

17. Quand on lit l'encyclique en la reliant à tout le riche enseignement du Pape Léon XIII,[16] on voit qu'au fond elle montre les conséquences d'une erreur de très grande portée sur le terrain économique et social. L'erreur, comme on l'a dit, consiste en une conception de la liberté humaine qui la soustrait à l'obéissance à la vérité et donc aussi au devoir de respecter les droits des autres hommes. Le sens de la liberté se trouve alors dans un amour de soi qui va jusqu'au mépris de Dieu et du prochain, dans un amour qui conduit à l'affirmation illimitée de l'intérêt particulier et ne se laisse arrêter par aucune obligation de justice.[17]

Les conséquences extrêmes de cette erreur sont apparues dans le cycle tragique des guerres qui ont secoué l'Europe et le monde entre 1914 et 1945. Il s'agit de guerres provoquées par un militarisme et un nationalisme exacerbés et par les formes de totalitarisme qui y sont liées, il s'agit de guerres provoquées par la lutte des classes, de guerres civiles et idéologiques. Sans le poids implacable de haine et de rancune, accumulées à la suite de tant d'injustices au niveau international et au niveau interne des Etats, on n'aurait pu connaître des guerres d'une telle férocité, où de grandes nations engagèrent leurs forces vives, où l'on n'hésita pas devant la violation des droits les plus sacrés de l'homme et où fut planifiée et exécutée l'extermination de peuples et de groupes sociaux entiers. Nous nous souvenons ici en particulier du peuple juif dont le terrible destin est devenu un symbole de l'aberration à laquelle l'homme peut arriver quand il se tourne contre Dieu.

Toutefois, la haine et l'injustice ne s'emparent de nations entières et ne les poussent à l'action que lorsqu'elles sont légitimées et organisées par des idéologies qui se fondent plus sur elles que sur la vérité de l'homme.[18] *Rerum novarum* combattait les idéologies de la haine et a montré les manières de mettre un terme à la violence et à la rancoeur par la justice. Puisse le souvenir de ces terribles événements guider les actions de tous les hommes et, en particulier, des gouvernants des peuples de notre temps, alors que d'autres injustices alimentent de nouvelles haines et que se profilent à l'horizon de nouvelles idéologies qui exaltent la violence! (...)

29. Enfin, le développement ne doit pas être compris d'une manière exclusive-

---

[16] Cf. Encycl. *Arcanum divinae sapientiae* (10 février 1880): *Acta Leonis XIII,* II (1882), p. 10-40; Encycl. *Diuturnum illud* (29 juin 1881): *Acta Leonis XIII,* II (1882), p. 269-287; Encycl. *Immortale Dei* (1er novembre 1885): *Acta Leonis XIII,* V (1886), p. 118-150; Encycl. *Sapientiae christianae* (10 janvier 1890): *Acta Leonis XIII,* X (1891), p. 10-41; Encycl. *Quod apostolici muneris* (28 décembre 1878): *Acta Leonis XIII,* I (1881), p. 170-183; Encycl. *Libertas praestantissimum* (20 juin 1888): *Acta Leonis XIII,* VIII (1889), p. 212-246.

[17] Cf. Leon XIII, Encycl. *Libertas praestantissimum,* n. 10: *l.c.,* p. 224-226.

[18] Cf. Message pour la Journée mondiale de la Paix 1980: *AAS* 71 (1979), p. 1572-1580.

ment économique, mais dans un sens intégralement humain.[19] Il ne s'agit pas seulement d'élever tous les peuples au niveau dont jouissent aujourd'hui les pays les plus riches, mais de construire, par un travail solidaire, une vie plus digne, de faire croître réellement la dignité et la créativité de chaque personne, sa capacité de répondre à sa vocation et donc à l'appel de Dieu. Au faîte du développement, il y a la mise en oeuvre du droit et du devoir de chercher Dieu, de le connaître et de vivre selon cette connaissance.[20] Dans les régimes totalitaires et autoritaires, on a poussé à l'extrême le principe de la prépondérance de la force sur la raison. L'homme a été contraint d'accepter une conception de la réalité imposée par la force et non acquise par l'effort de sa raison et l'exercice de sa liberté. Il faut inverser ce principe et reconnaître intégralement *les droits de la conscience humaine,* celle-ci n'étant liée qu'à la vérité naturelle et à la vérité révélée. C'est dans la reconnaissance de ces droits que se trouve le fondement premier de tout ordre politique authentiquement libre.[21] Il est important de réaffirmer ce principe, pour divers motifs:

a) parce que les anciennes formes de totalitarisme et d'autoritarisme ne sont pas encore complètement anéanties et qu'il existe même un risque qu'elles reprennent vigueur: cette situation appelle à un effort renouvelé de collaboration et de solidarité entre tous les pays;

b) parce que, dans les pays développés, on fait parfois une propagande excessive pour les valeurs purement utilitaires, en stimulant les instincts et les tendances à la jouissance immédiate, ce qui rend difficiles la reconnaissance et le respect de la hiérarchie des vraies valeurs de l'existence humaine;

c) parce que, dans certains pays, apparaissent de nouvelles formes de fondamentalisme religieux qui, de façon voilée ou même ouvertement, refusent aux citoyens qui ont une foi différente de celle de la majorité le plein exercice de leurs droits civils ou religieux, les empêchent de participer au débat culturel, restreignent le droit qu'a l'Eglise de prêcher l'Evangile et le droit qu'ont les hommes d'accueillir la parole qu'ils ont entendu prêcher et de se convertir au Christ. Aucun progrès authentique n'est possible sans respect du droit naturel élémentaire de connaître la vérité et de vivre selon la vérité. A ce droit se rattache, comme son exercice et son approfondissement, le droit de découvrir et d'accueillir librement Jésus-Christ, qui est le vrai bien de l'homme.[22]

---

[19] Cf. Encycl. *Sollicitudo rei socialis,* 27-28: *l.c.,* p. 547-550; PAUL VI, Encycl. *Populorum progressio,* 43-44: *l.c.,* p. 278-279.

[20] Cf. Encycl. *Sollicitudo rei socialis,* 29-31: *l.c.,* p. 550-556.

[21] Cf. *Acte final d'Helsinki* et *Accord de Vienne;* LEON III, Encycl. *Libertas praestantissimum,* 5: *l.c.,* p. 215-217.

[22] Cf. Encycl. *Redemptoris missio* (7 décembre 1990), 7: *L'Osservatore Romano,* 23 janvier 1991.

B.72. *Journée mondiale de la Paix* (*JMP 1980*)

3. (...) Restaurer la vérité, c'est d'abord appeler par leur nom les actes de violence sous toutes leurs formes. Il faut appeler le meurtre par son nom: le meurtre est un meurtre, et les motivations politiques ou idéologiques, loin d'en changer la nature, y perdent au contraire elles-mêmes leur propre dignité. Il faut appeler par leur nom les massacres d'hommes et de femmes, quels que soient leur appartenance ethnique, leur âge et leur condition. Il faut appeler par leur nom la torture et, avec les qualifications appropriées, toutes les formes d'oppression et d'exploitation de l'homme par l'homme, de l'homme par l'Etat, d'un peuple par un autre peuple. Il faut le faire non pour se donner bonne conscience par des dénonciations tapageuses qui amalgament tout — on n'appelle plus alors les choses par leur nom — ni pour stigmatiser et condamner des individus et des peuples, mais pour aider au changement des comportements et des esprits, et pour rendre à la paix sa chance. (...)

7. Et surtout, la vérité permet encore plus de ne pas désespérer des victimes de l'injustice; elle ne permet pas de les acculer au désespoir de la résignation ou de la violence. Elle incite à miser, là encore, sur les forces de paix que recèlent des hommes ou des peuples qui souffrent. Elle croit qu'en les affermissant dans la conscience de leur dignité et de leurs droits imprescriptibles, elle les rend forts pour soumettre les forces d'oppression à des pressions efficaces de transformation, plus efficaces que des flambées de violence généralement sans lendemain — sinon des lendemains de plus grandes souffrances. C'est dans cette conviction que je ne cesse de proclamer la dignité et les droits de la personne. D'ailleurs, comme je l'écrivais dans mon encyclique *Redemptor hominis,* la logique de la Déclaration Universelle des Droits de l'Homme et l'institution même de l'Organisation des Nations Unies visent de même «à créer les bases d'une révision continuelle des programmes, des systèmes, des régimes, précisément à partir de ce point unique et fondamental qu'est le bien de l'homme — disons de la personne dans la communauté...» (n. 17, § 4). L'homme de paix, parce qu'il puise à la lumière de la vérité et de la sincérité, est donc lucide sur les injustices, les tensions et les conflits qui existent. Mais, au lieu d'exacerber les frustrations et les luttes, il fait confiance aux facultés supérieures de l'homme, à sa raison et à son coeur, pour inventer des chemins de paix qui conduisent à une issue vraiment humaine et durable.

B.73. *A l'Audience générale* (*AG 1984*)

3. Il faut que toujours et de nouveau l'homme se penche sur lui-même pour découvrir dans sa capacité de se surpasser comme personne — c'est-à-dire de décider de sa propre vie en toute liberté et vérité — l'évidence de sa propre dignité. Il n'est pas possible de saisir cette dignité en dehors du *lien de la personne avec la vérité*. La vérité de l'homme se trouve dans son rapport intime avec Dieu, avant tout en raison du sceau dont il a marqué sa structure naturelle en le créant: «Dieu créa l'homme à son image: à son image il le créa...» (*Gn* 1, 27).

La grande tradition patristique et scolastique, d'Augustin à Jean Damascène et à Thomas, a scruté à fond la doctrine de l'«imago Dei» aboutissant à deux conclusions importantes.

Avant tout, l'homme, créé à l'image de Dieu, est structurellement mis en relation avec la vérité à travers sa *«mens»,* son esprit, siège particulier de ses facultés d'intelligence et de volonté. L'énergie intellectuelle avec laquelle il scrute la vérité, et celle de sa volonté par laquelle il y tend, sont l'expression élémentaire et universelle de sa dignité. En second lieu, l'homme fait, dans son existence quotidienne, l'expérience de sa contingence découlant de ses limites et de son péché. Alors il se rend compte qu'il est à *l'image* de Dieu et non pas *image* de Dieu. Seul le Verbe, le Fils en qui le Père a mis toute sa complaisance, est image de Dieu. L'homme est seulement une très imparfaite image de Dieu (cf. Thomas d'Aquin, *Scriptum super Sententiis,* I d. 3, q. 3 à 1).

L'expression *«à l'image»* indique pour l'homme une tension vers la pleine transparence à la vérité, lui trace un chemin éthique et ascétique fait de vertu et de loi, de devoirs et de droits. Sur cette voie, il ne saurait manquer de rencontrer tôt ou tard Celui qui est une pleine image de Dieu, le Christ, qui «s'est associé» chacun de nous.

B.74. *Journée mondiale de la Paix* (*JMP 1988*)

1. (...) La personne est le fondement et la fin de l'ordre social, car elle est le sujet de droits inaliénables qu'elle ne reçoit pas de l'extérieur mais qui découlent de sa nature même: rien ni personne ne peut les détruire, aucune contrainte extérieure ne peut les anéantir, parce qu'ils s'enracinent dans ce qu'elle a de plus profondément humain. De manière analogue, la personne ne se réduit pas à ses conditionnements sociaux, culturels et historiques, parce que le propre de l'homme, qui a une âme spirituelle, est de tendre à une fin qui transcende les conditions changeantes de son existence. Aucune puissance humaine ne peut s'opposer à l'épanouissement de l'homme comme personne.

Du principe premier et fondamental de l'ordre social, selon lequel la société a pour fin la personne, découle l'exigence que toute société soit organisée de manière à permettre à l'homme de réaliser sa vocation en pleine liberté, et plus encore de l'y aider.

La liberté est la prérogative la plus noble de l'homme. A partir des choix les plus intimes, toute personne doit pouvoir s'exprimer dans un acte où elle se détermine lucidement, inspirée par sa propre conscience. Sans liberté, les actes humains sont vides, privés de valeur.

La liberté dont le Créateur a doté l'homme est la capacité qui lui est toujours donnée de chercher la vérité par son intelligence et d'adhérer du fond du coeur au bien auquel il aspire naturellement, sans être soumis à des pressions, à des contraintes ou à des violences d'aucune sorte. La dignité de la personne suppose la faculté de pouvoir correspondre aux impératifs moraux de sa propre conscience dans la recherche de la vérité. Et la vérité, comme l'a souligné le deuxième Concile oecuménique du Vatican, parce qu'elle «doit être cherchée selon la manière propre à la personne humaine et à sa nature sociale» (*Dignitatis humanae,* n. 3), «ne s'impose que par la force de la vérité elle-même» (*ibid.,* n. 1).

Pour que la liberté de l'homme dans la recherche de la vérité et, par conséquent, dans la profession de ses convictions religieuses, soit maintenue hors de l'atteinte de toute coercition de la part d'individus, de groupes sociaux ou de n'importe quelle puissance humaine, elle doit trouver une garantie claire dans l'ordonnance juridique de la société, c'est-à-dire qu'elle doit être reconnue et sanctionnée par la loi civile en tant que droit inaliénable du sujet (cf. *ibid.,* n. 2).

Il est bien clair que la liberté de conscience et de religion n'entraîne pas une relativisation de la vérité objective que tout être humain est tenu, par obligation morale, à rechercher. Dans l'organisation de la société, elle est seulement la traduction institutionnelle de l'ordre établi par Dieu, selon lequel ses créatures peuvent connaître, accueillir et accepter, en personnes libres et responsables, la proposition éternelle de l'alliance avec lui. (...)

B.75. *Journée mondiale de la Paix* (*JMP 1991*)

I. LA LIBERTE DE CONSCIENCE ET LA PAIX

Les événements de l'an dernier, en effet, ont conféré une nouvelle urgence à la nécessité d'entreprendre des démarches concrètes en vue d'assurer le plein respect de la liberté de conscience, tant sur le plan légal que sur le plan des relations humaines. Ces changements rapides attestent d'une manière très claire que la personne ne peut être traitée comme une sorte d'objet dirigé exclusivement par des forces échappant à son contrôle. Bien au contraire, malgré sa fragilité, elle n'est pas privée de la capacité de chercher et de connaître librement le bien, de discerner et de repousser le mal, de choisir la vérité et de s'opposer à l'erreur. En effet, en créant la personne humaine, Dieu a inscrit dans son coeur une loi que chacun peut découvrir (cf. *Rm* 2, 15), et la conscience est précisément la capacité de discerner et d'agir selon cette loi; la dignité de l'homme est de lui obéir.[23]

Aucune autorité humaine n'a le droit d'intervenir dans la conscience de quiconque. La conscience est le témoin de la *transcendance de la personne,* même en face de la société, et, comme telle, elle est inviolable. Cependant, elle n'est pas un absolu qui serait placé au-dessus de la vérité et de l'erreur; et même, sa nature intime suppose *un rapport avec la vérité objective,* universelle et égale pour tous, que tous peuvent et doivent rechercher. Dans ce rapport avec la vérité objective,

---

[23] *Gaudium et spes,* 16.

la liberté de conscience trouve sa justification, en tant que condition nécessaire de la recherche de la vérité digne de l'homme et de l'adhésion à la vérité une fois qu'on l'a connue de façon appropriée. Cela suppose à son tour que tous doivent respecter la conscience de chacun et ne pas essayer d'imposer à quiconque sa propre «vérité», restant sauf le droit de la professer sans pour autant mépriser celui qui pense autrement. *La vérité ne s'impose que par elle-même.* Nier à une personne la pleine liberté de conscience, et notamment la liberté de chercher la vérité, ou tenter de lui imposer une façon particulière de comprendre la vérité, cela va contre son droit le plus intime. Cela provoque également une aggravation de l'animosité et des tensions qui risquent d'entraîner des rapports difficiles et hostiles à l'intérieur de la société ou même un conflit ouvert. En somme, c'est *au niveau de la conscience* que se pose, et que peut être plus facilement abordée, la question d'assurer une paix solide et durable.

II. LA VERITE ABSOLUE SE TROUVE EN DIEU SEUL

La garantie de l'existence de la vérité objective repose en Dieu, Vérité absolue, et la recherche de la vérité s'identifie, sur le plan objectif, à la recherche de Dieu. Cela suffirait à montrer *le rapport intime qui existe entre liberté de conscience et liberté religieuse.* Ainsi s'explique par ailleurs le fait que la négation systématique de Dieu et l'institution d'un régime dont cette négation serait un élément constitutif sont diamétralement opposées à la liberté de conscience, comme aussi à la liberté de religion. Au contraire, celui qui reconnaît le rapport entre la vérité ultime et Dieu même reconnaîtra aussi aux non-croyants non seulement le devoir mais le droit à la recherche de la vérité, qui pourra les amener à la découverte du Mystère divin et à son humble acceptation.

III. FORMATION DE LA CONSCIENCE

Tout individu a le grave devoir de se former la conscience à la lumière de la vérité objective, dont la connaissance n'est refusée à personne et ne peut être empêchée par personne. Revendiquer pour soi-même le droit d'agir selon sa conscience sans reconnaître en même temps le devoir de chercher à la conformer à la vérité et à la loi inscrite dans nos coeurs par Dieu lui-même signifie en réalité faire prévaloir son point de vue limité. Cela est bien loin de constituer une contribution valable à la cause de la paix dans le monde. La vérité doit au contraire être poursuivie passionnément et vécue au mieux des capacités de chacun. Cette recherche sincère de la vérité conduit non seulement à respecter la recherche des autres mais aussi à désirer chercher ensemble.

Dans la tâche capitale de formation de la conscience, *la famille* a un rôle de première importance. C'est un grave devoir pour les parents que d'aider leurs enfants, dès leur plus jeune âge, à chercher la vérité et à vivre conformément à elle, à chercher le bien et à le promouvoir.

L'école, où l'enfant et le jeune entrent en contact avec un monde plus vaste et souvent différent du milieu familial, est fondamentale, elle aussi, pour la formation de la conscience. En effet, l'éducation n'est jamais moralement indifférente, même quand elle tente de proclamer sa «neutralité» en matière d'éthique et de religion. La façon dont les enfants et les jeunes sont formés et éduqués reflète nécessairement certaines valeurs, qui influencent la manière dont ils sont portés à comprendre les autres et la société entière. Conformément à la nature et à la dignité de la personne humaine ainsi qu'à la loi de Dieu, on doit donc aider les jeunes, au cours de leurs années d'études, à discerner et à chercher la vérité, à accepter les exigences et les limites de la vraie liberté, à respecter le droit analogue des autres.

La formation de la conscience est compromise s'il manque une profonde *éducation religieuse.* Comment un jeune peut-il comprendre pleinement les exigences de la dignité humaine sans se référer à la source de cette dignité, à Dieu créateur? A cet égard, le rôle de la famille, de l'Eglise catholique, des Communautés chrétiennes et des autres institutions religieuses demeure primordial, et l'Etat, conformément aux normes et aux Déclarations internationales,[24] doit garantir et favoriser leurs droits dans ce domaine. A leur tour, la famille et les Communautés religieuses doivent confirmer et approfondir toujours davantage leur engagement en faveur de la personne humaine et de ses valeurs objectives.

Parmi beaucoup d'autres institutions et organismes qui exercent un rôle spécifique dans la formation de la conscience, il convient de rappeler aussi *les moyens de communication sociale.* Dans notre monde de communication rapide, les médias peuvent jouer un rôle extrêmement important, et même essentiel, dans la promotion de la recherche de la vérité en évitant de présenter seulement les intérêts limités de telle ou telle personne, de tel ou tel groupe, de telle ou telle idéologie. Ces moyens constituent souvent la source unique d'information pour un nombre toujours plus grand de personnes. Combien doivent-ils donc être utilisés de façon responsable au service de la vérité!

---

[24] Pour la reconnaissance la plus récente de ce droit, cf., entre autres, la Déclaration des Nations Unies de 1981 sur l'élimination de toutes les formes d'intolérance et de discrimination fondées sur la religion ou sur les convictions, art. 1.

8.

JUSTICE/JUSTICE SOCIALE

Parler de justice quand on traite des droits de l'homme peut paraître presque une tautologie: mais c'est en effet la source immédiate à laquelle on doit se référer dans toute réflexion sur la nature et la portée de ces droits.

Il ne s'agit pas d'une notion abstraite: la justice doit non seulement inspirer mais régler les relations entre les personnes et les Etats. Et ce n'est pas non plus un principe statique, mais bien une poussée dynamique qui s'étend à tous les niveaux de la vie sociale et qui est appelée à se transformer, dans l'optique chrétienne, en un acte d'amour.

A.76. *Pacem in Terris (PT)*

I. (...) VIVRE ENSEMBLE DANS LA VERITE, LA JUSTICE, L'AMOUR, LA LIBERTE

Une société n'est dûment ordonnée, bienfaisante, respectueuse de la personne humaine, que si elle se fonde sur la vérité (...). Cette société doit, en outre, reposer sur la justice, c'est-à-dire sur le respect effectif de ces droits et sur l'accomplissement loyal de ces devoirs. (...)

III. (...) DANS LA JUSTICE

Les rapports entre les Communautés politiques doivent se conformer aussi aux règles de la justice; ceci implique la reconnaissance des droits mutuels et l'accomplissement des devoirs correspondants.

Puisque les communautés politiques ont droit à l'existence, au progrès, à l'acquisition des ressources nécessaires pour leur développement, à la première place dans les réalisations qui les concernent, à la défense de leur réputation et de leur dignité, on en conclura qu'elles sont obligées à titre égal de sauvegarder chacun de ces droits et de s'interdire tout acte qui les léserait. Dans leurs rapports privés, les hommes ne peuvent poursuivre leurs intérêts propres au prix d'une injustice envers les autres; pareillement les communautés politiques ne peuvent légitimement se développer en causant un préjudice aux autres ou en exerçant sur elles une pression injuste. Il n'est pas hors de propos de citer ici le mot de saint Augustin: «Une fois la justice mise de côté, que deviennent les empires sinon des brigandages en grand?».[1]

Il peut évidemment arriver, et de fait il arrive, que les communautés politiques entrent en rivalité d'intérêts; ces conflits ne peuvent pourtant se régler ni par la force des armes, ni par la fraude ou la tromperie mais, comme il convient à des hommes, grâce à la compréhension mutuelle, par une estimation objective des données et moyennant un compromis équitable. (...)

A.77. *Octogesima Adveniens (OA)*

POUR UNE PLUS GRANDE JUSTICE

43. Une plus grande justice reste à instaurer dans la répartition des biens, tant à l'intérieur des communautés nationales que sur le plan international. Dans les échanges mondiaux, il faut dépasser les rapports de forces pour arriver à des ententes concertées en vue du bien de tous. Les rapports de force n'ont jamais établi en effet la justice de façon durable et vraie, même si à certains moments l'alternance des positions peut souvent permettre de trouver des conditions plus faciles de dialogue. L'usage de la force suscite du reste la mise en oeuvre de forces adverses, d'où un climat de luttes qui ouvrent à des situations extrêmes de violence et à des abus.[2] Mais, nous l'avons souvent affirmé, le devoir le plus important de justice est de permettre à chaque pays de promouvoir son propre développement, dans le cadre d'une coopération exempte de tout esprit de domination, économique et politique. (...)

A.78. *Dives in Misericordia (DM)*

LA JUSTICE SUFFIT-ELLE?

12. Il n'est pas difficile de constater que, dans le monde contemporain et sur, une vaste échelle, le *sens de la justice* s'est réveillé; et sans aucun doute, il met plus en relief ce qui est opposé à la justice dans les rapports entre les hommes, les groupes sociaux ou les «classes», comme entre les peuples et les Etats, et jusqu'à des systèmes politiques entiers et même des «mondes» entiers. Ce courant profond et multiforme, à la source duquel la conscience humaine contemporaine a placé la justice, atteste le caractère éthique des tensions et des luttes qui envahissent le monde.

---

1 *De civitate Dei,* lib. IV, c.4: *PL* 41, 115; cf. Pie XII, Radiomessage de Noël 1939: *AAS* 32 (1940), p. 5-13.

2 Cf. *Populorum progressio,* 56 s.: *AAS* 59 (1967), p. 285 s.

L'Eglise partage avec les hommes de notre temps ce désir ardent et profond d'une vie juste à tous points de vue, et elle n'omet pas non plus de réfléchir aux divers aspects de la justice, telle que l'exige la vie des hommes et de sociétés. Le développement de la doctrine sociale catholique au cours du dernier siècle le confirme bien. Dans le sillage de cet enseignement se situent aussi bien l'éducation et la formation des consciences humaines dans un esprit de justice, que les initiatives particulières qui se développent dans cet esprit, spécialement dans le cadre de l'apostolat des laïcs.

Cependant, il serait difficile de ne pas percevoir que, souvent, *les programmes fondés sur l'idée de justice* et qui doivent servir à sa réalisation dans la vie sociale des personnes, des groupes et des sociétés humaines, *subissent en pratique des déformations.* Bien qu'ils continuent toujours à se réclamer de cette même idée de justice, l'expérience démontre que souvent des forces négatives, comme la rancoeur, la haine, et jusqu'à la cruauté, ont pris le pas sur elle. Alors, le désir de réduire à rien l'adversaire, de limiter sa liberté, ou même de lui imposer une dépendance totale, devient le motif fondamental de l'action; et cela s'oppose à l'essence de la justice qui, par nature, tend à établir l'égalité et l'équilibre entre les parties en conflit. Cette espèce d'abus de l'idée de justice et son altération pratique montrent combien l'action humaine peut *s'éloigner de la justice elle-même,* quand bien même elle serait entreprise en son nom. Ce n'est pas pour rien que le Christ reprochait à ses auditeurs, fidèles à la doctrine de l'Ancien Testament, l'attitude qui se manifeste dans ces paroles: «Oeil pour oeil, dent pour dent».[3] Telle était la manière d'altérer la justice à cette époque; et les formes modernes continuent à se modeler sur elle. Il est évident, en effet, qu'au nom d'une prétendue justice (par exemple historique, ou de classe), on anéantit parfois le prochain, on tue, on prive de la liberté, on dépouille des droits humains les plus élémentaires. L'expérience du passé et de notre temps démontre que la justice ne suffit pas à elle seule, et même qu'elle peut conduire à sa propre négation et à sa propre ruine, si on ne permet pas *à cette force plus profonde qu'est l'amour* de façonner la vie humaine dans ses diverses dimensions. L'expérience de l'histoire a conduit à formuler l'axiome: *summum ius, summa iniuria,* le summum du droit, summum de l'injustice. Cette affirmation ne dévalue pas la justice, et n'atténue pas la signification de l'ordre qui se fonde sur elle; mais elle indique seulement, sous un autre aspect, la nécessité de recourir à ces forces encore plus profondes de l'esprit, qui conditionnent l'ordre même de la justice. (...)

B.79. *Pour le 75e anniversaire de Rerum Novarum* (*RN 75*)

3. (...) LA JUSTICE SOCIALE

L'Eglise a fait sien, non seulement dans la doctrine spéculative (comme ce fut toujours le cas depuis qu'a résonné le message évangélique qui proclame bien-

---

[3] *Mt* 5, 38.

heureux ceux qui ont faim et soif de justice), mais encore dans l'enseignement pratique, le principe du progrès de la justice sociale (cf. *Summa theol.,* II^{ae}, q. 58 a.5), c'est-à-dire de la nécessité de promouvoir le bien commun en réformant les dispositions légales en vigueur lorsque celles-ci ne tiennent pas suffisamment compte de l'égale répartition des avantages et des charges de la vie sociale (cf. Jarlot, *Doctrine pontificale et histoire,* p. 178). En plus du concept d'une justice statique, sanctionnée par le droit positif et protectrice d'un ordre légal donné, un autre concept de justice dynamique, découlant des exigences du droit naturel, le concept de justice sociale, est intervenu dans le développement de la société humaine.

B.80. *Journée mondiale de la Paix* (*JMP 1972*)

(...) Mais la Justice n'est-elle pas elle-même comme une déesse immobile? Si, elle l'est dans ses expressions que nous appelons droits et devoirs, et que nous codifions dans nos fameux codes, c'est-à-dire dans les lois et dans les pactes, qui produisent cette stabilité de rapports sociaux, culturels, économiques, qu'il n'est pas permis d'enfreindre: c'est l'ordre, c'est la Paix. Mais si la Justice, autrement dit ce qui est et ce qui doit être, suscitait d'autres expressions meilleures que celles que nous avons présentement, qu'arriverait-il?

Avant de répondre, demandons-nous si cette hypothèse, c'est-à-dire celle d'un développement de la conscience de la Justice, s'avère admissible, ou probable, ou souhaitable.

Oui. C'est là le fait qui caractérise le monde moderne et le distingue du monde antique. Aujourd'hui la conscience de la Justice progresse. Personne, croyons-nous, ne conteste ce phénomène. Nous ne nous arrêtons pas présentement à en faire l'analyse. Mais nous savons tous qu'aujourd'hui, grâce à la diffusion de la culture, l'homme, tout homme, a de lui-même une conscience nouvelle. Tout homme aujourd'hui sait être une Personne, et il s'éprouve comme Personne, autrement dit un être inviolable, égal aux autres, libre et responsable, disons-le: sacré. Il s'ensuit qu'une attention nouvelle et meilleure, c'est-à-dire plus complète et plus exigeante, pour ce qu'on pourrait appeler la «diastole» et la «systole» de sa personnalité. Nous voulons dire son double mouvement moral au rythme du droit et du devoir, pénètre la conscience de l'homme: une Justice, non plus statique, mais dynamique, surgit de son coeur. Ce n'est pas un phénomène simplement individuel, ni réservé à des groupes choisis et restreints. C'est un phénomène désormais collectif, universel. Les pays en cours de développement le proclament à haute voix; c'est la voix des Peuples, la voix de l'humanité; elle réclame une nouvelle expression de la Justice, une nouvelle base pour la Paix. (...)

9.

AMOUR/SOLIDARITE

Avec l'amour, on est au coeur de la pratique chrétienne des droits de l'homme, car on saisit la motivation profonde de l'engagement du chrétien au service de la dignité humaine, qui puise sa force directement du Christ crucifié.

Un tel amour s'exprime par une solidarité agissante jusqu'à l'échelle communautaire, surtout quand on découvre l'interdépendance croissante existant dans le monde actuel et qu'on mesure les défis dramatiques posés par la paix et le développement, qui conditionnent en définitive le respect de la dignité de l'homme et des peuples.

A.81. *Pacem in Terris (PT)*

I. (...) VIVRE ENSEMBLE DANS LA VERITE, LA JUSTICE, L'AMOUR, LA LIBERTE

Une société n'est dûment ordonnée, bienfaisante, respectueuse de la personne humaine, que si elle se fonde sur la vérité (...). Cette société doit, en outre, (...) être vivifiée par l'amour, attitude d'âme qui fait éprouver à chacun comme siens les besoins d'autrui, lui fait partager ses propres biens, et incite à un échange toujours plus intense dans le domaine des valeurs spirituelles. (...)

III. (...) SOLIDARITE EFFICACE

La vérité et la justice présideront donc aux relations entre les communautés politiques; et celles-ci seront animées par une solidarité efficace, mise en oeuvre sous les mille formes de collaboration économique, sociale, politique, culturelle, sanitaire et sportive: formes possibles et fécondes pour notre époque. A ce propos, ne perdons pas de vue que la mission naturelle du pouvoir politique n'est pas de limiter aux frontières du pays l'horizon des citoyens, mais de sauvegarder avant tout le bien commun national, lequel assurément est inséparable du bien de toute la communauté humaine.

Ainsi, il ne suffit pas que les communautés politiques, dans la poursuite de leurs intérêts, se gardent de se causer du tort les unes aux autres. Il leur faut mettre en commun leurs projets et leurs ressources, pour atteindre les objectifs qui leur seraient autrement inaccessibles. Dans ce cas, toutefois, on évitera par-dessus tout que des arrangements avantageux pour tel ou tel groupe de communautés politiques ne se soldent pour d'autres par plus de dommages que de profits.

Pour satisfaire à une autre exigence du bien commun universel, chaque communauté politique doit favoriser en son sein les échanges de toute sorte, soit entre les particuliers, soit entre les corps intermédiaires. En beaucoup de régions du monde coexistent des groupes plus ou moins différents sous le rapport ethnique; il faut veiller à ce que les éléments qui caractérisent un groupe ne constituent pas une cloison étanche entravant les relations entre des hommes de groupes divers. Cela détonnerait brutalement à notre époque, où les distances d'un pays à l'autre ont à peu près disparu. On n'oubliera pas non plus que, si chaque famille ethnique possède des particularités qui forment sa richesse singulière, les hommes ont en commun des éléments essentiels et sont portés par nature à se rencontrer dans le monde des valeurs spirituelles, dont l'assimilation progressive leur permet un développement toujours plus poussé. Il faut donc leur reconnaître le droit et le devoir d'entrer en communauté les uns avec les autres. (...)

Néanmoins il est permis d'espérer que les peuples, intensifiant entre eux les relations et les échanges, découvriront mieux les liens d'unité qui découlent de leur nature commune; ils comprendront plus parfaitement que l'un des devoirs primordiaux issus de leur communauté de nature, c'est de fonder les relations des hommes et des peuples sur l'amour et non sur la crainte. C'est en effet le propre de l'amour d'amener les hommes à une loyale collaboration, susceptible de formes multiples et porteuse d'innombrables bienfaits.

IV. (...) INTERDEPENDANCE ENTRE LES COMMUNAUTES POLITIQUES

Les récents progrès de la science et de la technique ont exercé une profonde influence sur les hommes et ont déterminé chez eux, sur toute la surface de la terre, un mouvement tendant à intensifier leur collaboration et à renforcer leur union. De nos jours, les échanges de biens et d'idées ainsi que les mouvements de populations se sont beaucoup développés. On voit se multiplier les rapports entre les citoyens, les familles et les corps intermédiaires des divers pays, ainsi que les contacts entre les gouvernants des divers Etats. De même la situation économique d'un pays se trouve de plus en plus dépendante de celle des autres pays. Les économies nationales se trouvent peu à peu tellement liées ensemble qu'elles finissent par constituer chacune une partie intégrante d'une unique économie mondiale. Enfin, le progrès social, l'ordre, la sécurité et la tranquillité de chaque communauté politique sont nécessairement solidaires de ceux des autres.

On voit par là qu'un pays pris isolément n'est absolument plus en mesure de subvenir convenablement à ses besoins, ni d'atteindre son développement normal. Le progrès et la prospérité de chaque nation sont à la fois cause et effet de la prospérité et du progrès de toutes les autres. (...)

A.82. *Gaudium et Spes (GS)*

1. ETROITE SOLIDARITE DE L'EGLISE AVEC L'ENSEMBLE DE LA FAMILLE HUMAINE

Les joies et les espoirs, les tristesses et les angoisses des hommes de ce temps, des pauvres surtout et de tous ceux qui souffrent, sont aussi les joies et les espoirs, les tristesses et les angoisses des disciples du Christ, et il n'est rien de vraiment humain qui ne trouve écho dans leur coeur. Leur communauté, en effet, s'édifie avec des hommes, rassemblés dans le Christ, conduits par l'Esprit Saint dans leur marche vers le royaume du Père, et porteurs d'un message de salut qu'il leur faut proposer à tous. La communauté des chrétiens se reconnaît donc réellement et intimement solidaire du genre humain et de son histoire.

28. RESPECT ET AMOUR DES ADVERSAIRES

Le respect et l'amour doivent aussi s'étendre à ceux qui pensent ou agissent autrement que nous en matière sociale, politique ou religieuse. D'ailleurs, plus nous nous efforçons de pénétrer de l'intérieur, avec bienveillance et amour, leurs manières de voir, plus le dialogue avec eux deviendra aisé. (...)

30. NECESSITE DE DEPASSER UNE ETHIQUE INDIVIDUALISTE

(...) Que tous prennent très à coeur de compter les solidarités sociales parmi les principaux devoirs de l'homme d'aujourd'hui, et de les respecter. En effet, plus le monde s'unifie et plus il est manifeste que les obligations de l'homme dépassent les groupes particuliers pour s'étendre peu à peu à l'univers entier. Ce qui ne peut se faire que si les individus et les groupes cultivent en eux les valeurs morales et sociales et les répandent autour d'eux. Alors, avec le nécessaire secours de la grâce divine, surgiront des hommes vraiment nouveaux, artisans de l'humanité nouvelle.

32. LE VERBE INCARNE ET LA SOLIDARITE HUMAINE

De même que Dieu a créé les hommes non pour vivre en solitaires, mais pour qu'ils s'unissent en société, de même il Lui a plu aussi «de sanctifier et de sauver les hommes non pas isolément, hors de tout lien mutuel; Il a voulu au contraire en faire un peuple qui Le connaîtrait selon la vérité et Le servirait dans la sainteté.[1] Aussi, dès le début de l'histoire du salut, a-t-Il choisi des hommes non seulement à titre individuel, mais en tant que membres d'une communauté. Et ces élus, Dieu leur a manifesté son dessein et les a appelés «son peuple» (*Ex* 3,7-12). C'est avec ce peuple qu'Il a, en outre, conclu l'alliance du Sinaï.[2]

---

[1] Cf. *Lumen gentium,* 9: *AAS* 57 (1965), p. 12-13.

[2] Cf. *Ex* 24,1-8.

Ce caractère communautaire se parfait et s'achève dans l'oeuvre de Jésus-Christ. Car le Verbe Incarné en personne a voulu entrer dans le jeu de cette solidarité. Il a pris part aux noces de Cana, Il s'est invité chez Zachée, Il a mangé avec les publicains et les pécheurs. C'est en évoquant les réalités les plus ordinaires de la vie sociale, en se servant des mots et des images de l'existence la plus quotidienne qu'Il a révélé aux hommes l'amour du Père et la magnificence de leur vocation. Il a sanctifié les liens humains, notamment ceux de la famille, source de la vie sociale. Il s'est volontairement soumis aux lois de sa patrie. Il a voulu mener la vie même d'un artisan de son temps et de sa région.

Dans sa prédiction, Il a clairement affirmé que des fils de Dieu ont l'obligation de se comporter entre eux comme des frères. Dans sa prière, Il a demandé que tous ses disciples soient «un». Bien plus, Lui-même s'est offert pour tous jusqu'à la mort, Lui, le Rédempteur de tous. «Il n'y a pas de plus grand amour que de donner sa vie pour ses amis» (*Jn* 15, 13). Quant à ses Apôtres, Il leur a ordonné d'annoncer à toutes les nations le message évangélique, pour faire du genre humain la famille de Dieu, dans laquelle la plénitude de la loi serait l'amour. (...)

89. PRESENCE ACTIVE DE L'EGLISE DANS LA COMMUNAUTE INTERNATIONALE

Lorsque l'Eglise, en vertu de sa mission divine, prêche l'Evangile à tous les hommes et leur dispense les trésors de la grâce, c'est partout qu'elle contribue à affermir la paix et à établir entre les hommes et les peuples le fondement solide d'une communauté fraternelle: à savoir la connaissance de la loi divine et naturelle. Pour encourager et stimuler la coopération entre tous, il est donc tout à fait nécessaire que l'Eglise soit présente dans la communauté des nations; et cela tant par ses organes officiels que par l'entière et loyale collaboration de tous les chrétiens — collaboration inspirée par le seul désir d'être utile à tous.

Ce résultat sera plus sûrement atteint si, déjà dans leur propre milieu, les fidèles eux-mêmes, conscients de leur responsabilité humaine et chrétienne, travaillent à susciter le désir d'une généreuse coopération avec la communauté internationale. A cet égard, tant dans l'éducation religieuse que dans l'éducation civique, on sera particulièrement attentif à la formation des jeunes.

90. ROLE DES CHRETIENS DANS LES INSTITUTIONS INTERNATIONALES

Pour les chrétiens, une excellente forme d'activité internationale est assurément le concours qu'ils apportent, individuellement ou en groupe, aux institutions qui visent à étendre la collaboration internationale, que ces institutions existent ou qu'elles soient à créer. Les diverses associations catholiques internationales peuvent, en outre, rendre de multiples services pour l'édification d'une communauté mondiale pacifique et fraternelle. Il faut les consolider, en les dotant d'un personnel plus nombreux et bien formé, en augmentant les moyens matériels dont elles ont besoin, et en coordonnant harmonieusement leurs forces. De nos jours, en effet, l'efficacité de l'action et les nécessités du dialogue réclament des initiatives collectives. De plus, de telles associations contribuent largement à accroître le sens de l'universel, qui convient sans nul doute aux catholiques, et à donner naissance à la conscience d'une solidarité et d'une responsabilité vraiment mondiales.

Enfin, il faut souhaiter que les catholiques, pour bien remplir leur rôle dans la communauté internationale, recherchent une collaboration active et positive, soit avec leurs frères séparés qui, unis à eux, professent l'amour évangélique, soit avec tous les hommes en quête d'une paix véritable.

Considérant l'immense misère qui accable, aujourd'hui encore, la majeure partie du genre humain, pour favoriser partout la justice et en même temps pour allumer en tout lieu l'amour du Christ à l'endroit des pauvres, le Concile, pour sa part, estime très souhaitable la création d'un organisme de l'Eglise universelle, chargé d'inciter la communauté catholique à promouvoir l'essor des régions pauvres et la justice sociale entre les nations.

A.83. *Populorum Progressio (PP)*

VERS LE DEVELOPPEMENT SOLIDAIRE DE L'HUMANITE

43. INTRODUCTION

Le développement intégral de l'homme ne peut aller sans le développement solidaire de l'humanité. Nous le disions à Bombay: «L'homme doit rencontrer l'homme. Les nations doivent se rencontrer comme des frères et soeurs, comme les enfants de Dieu. Dans cette compréhension et cette amitié mutuelles, dans cette communion sacrée, Nous devons également commencer à oeuvrer ensemble pour édifier l'avenir commun de l'humanité.[3] Aussi suggérions-Nous la recherche de moyens concrets et pratiques d'organisation et de coopération, pour mettre en commun les ressources disponibles et réaliser ainsi une véritable communion entre toutes les nations.

44. FRATERNITE DES PEUPLES

Ce devoir concerne en premier lieu les plus favorisés. Leurs obligations s'enracinent dans la fraternité humaine et surnaturelle et se présentent sous un triple aspect: devoir de solidarité, l'aide que les nations riches doivent apporter aux pays en voie de développement; devoir de justice sociale, le redressement des relations commerciales défectueuses entre peuples forts et peuples faibles; devoir de charité universelle, la promotion d'un monde plus humain pour tous, où tous auront à donner et à recevoir, sans que le progrès des uns soit un obstacle au

---

[3] Allocution aux représentants des religions non-chrétiennes, le 3 décembre 1964: *AAS* 57 (1965), p. 132.

développement des autres. La question est grave, car l'avenir de la civilisation mondiale en dépend.

1. L'ASSISTANCE AUX FAIBLES

45. LUTTE CONTRE LA FAIM

«Si un frère ou une soeur sont nus, dit saint Jacques, s'ils manquent de leur nourriture quotidienne, et que l'un d'entre vous leur dise: "Allez en paix, chauffez-vous, rassasiez-vous" sans leur donner ce qui est nécessaire à leur corps, à quoi cela sert-il?»[4] Aujourd'hui, personne ne peut plus l'ignorer, sur des continents entiers, innombrables sont les hommes et les femmes torturés par la faim, innombrables les enfants sous-alimentés, au point que bon nombre d'entre eux meurent en bas âge, que la croissance physique et le développement mental de beaucoup d'autres en sont compromis, que des régions entières sont de ce fait condamnées au plus morne découragement.

46. AUJOURD'HUI

Des appels angoissés ont déjà retenti. Celui de Jean XXIII a été chaleureusement accueilli.[5] Nous l'avons Nous-même réitéré en Notre message de Noël 1963,[6] et de nouveau en faveur de l'Inde en 1966.[7] La campagne contre la faim engagée par l'Organisation internationale pour l'alimentation et l'agriculture (F.A.O.) et encouragée par le Saint-Siège a été généreusement suivie, notre «Caritas internationalis» est partout à l'oeuvre et de nombreux catholiques, sous l'impulsion de nos frères dans l'épiscopat, donnent et se dépensent eux-mêmes sans compter pour aider ceux qui sont dans le besoin, élargissant progressivement le cercle de leur prochain.

47. DEMAIN

Mais cela, pas plus que les investissements privés et publics réalisés, les dons et les prêts consentis, ne saurait suffire. Il ne s'agit pas seulement de vaincre la faim ni même de faire reculer la pauvreté. Le combat contre la misère, urgent et nécessaire, est insuffisant. Il s'agit de construire un monde où tout homme, sans exception de race, de religion, de nationalité, puisse vivre une vie pleinement humaine, affranchie des servitudes qui lui viennent des hommes et d'une nature insuffisamment maîtrisée; un monde où la liberté ne soit pas un vain mot et où le

---

4 *Jc* 2, 15-16.

5 Cf. *Mater et Magistra: AAS* 53 (1961), p. 440 s.

6 Cf. *AAS* 56 (1964), p. 57-58.

7 Cf. *Encicliche e Discorsi di Paolo VI,* vol. IX, Roma, ed. Paoline (1966), p. 132-136; *Documentation Catholique,* t. 43, Paris (1966), col. 403-406.

pauvre Lazare puisse s'asseoir à la même table que le riche.[8] Cela demande à ce dernier beaucoup de générosité, de nombreux sacrifices et un effort sans relâche. A chacun d'examiner sa conscience qui a une voix nouvelle pour notre époque. Est-il prêt à soutenir de ses deniers les oeuvres et les missions organisées en faveur des plus pauvres? A payer davantage d'impôt pour que les pouvoirs publics intensifient leur effort pour le développement? A acheter plus cher les produits importés pour rémunérer plus justement le producteur? A s'expatrier lui-même au besoin, s'il est jeune, pour aider cette croissance des jeunes nations?

48. DEVOIR DE SOLIDARITE

Le devoir de solidarité des personnes est aussi celui des peuples: «Les nations développées ont le très pressant devoir d'aider les nations en voie de développement».[9] Il faut mettre en oeuvre cet enseignement conciliaire. S'il est normal qu'une population soit la première bénéficiaire des dons que lui a faits la Providence comme des fruits de son travail, aucun peuple ne peut, pour autant, prétendre réserver ses richesses à son seul usage. Chaque peuple doit produire plus et mieux, à la fois pour donner à tous ses ressortissants un niveau de vie vraiment humain et aussi pour contribuer au développement solidaire de l'humanité. Devant l'indigence croissante des pays sous-développés, on doit considérer comme normal qu'un pays évolué consacre une partie de sa production à satisfaire leurs besoins; normal aussi qu'il forme des éducateurs, des ingénieurs, des techniciens, des savants qui mettront science et compétence à leur service.

64. VERS UN MONDE SOLIDAIRE

Une telle situation, si lourde de menaces pour l'avenir, Nous afflige profondément. Nous gardons cependant espoir: un besoin plus senti de collaboration, un sens plus aigu de la solidarité finiront par l'emporter sur les incompréhensions et les égoïsmes. Nous espérons que les pays dont le développement est moins avancé sauront profiter de leur voisinage pour organiser entre eux, sur des aires territoriales élargies, des zones de développement concerté: établir des programmes communs, coordonner les investissements, répartir les possibilités de production, organiser les échanges. Nous espérons aussi que les organisations multilatérales et internationales trouveront, par une réorganisation nécessaire, les voies qui permettront aux peuples encore sous-développés de sortir des impasses où ils semblent enfermés et de découvrir eux-mêmes, dans la fidélité à leur génie propre, les moyens de leur progrès social et humain.

65. PEUPLES ARTISANS DE LEUR DESTIN

Car c'est là qu'il faut en venir. La solidarité mondiale, toujours plus effi-

---

[8] Cf. *Lc* 16, 19-31.

[9] *Gaudium et spes,* 86, § 3.

ciente, doit permettre à tous les peuples de devenir eux-mêmes les artisans de leur destin. Le passé a été trop souvent marqué par des rapports de force entre nations: vienne le jour où les relations internationales seront marquées au coin du respect mutuel et de l'amitié, de l'indépendance dans la collaboration, et de la promotion commune sous la responsabilité de chacun. Les peuples plus jeunes ou plus faibles demandent leur part active dans la construction d'un monde meilleur, plus respectueux des droits et de la vocation de chacun. Cet appel est légitime; à chacun de l'entendre et d'y répondre. (...)

A.84. *Octogesima Adveniens (OA)*

23. (...) L'Evangile, en nous enseignant la charité, nous apprend le respect privilégié des pauvres et leur situation particulière dans la société: les plus favorisés doivent renoncer à certains de leurs droits, pour mettre avec plus de libéralité leurs biens au service des autres. Si, en effet, au-delà des règles juridiques, manque un sens plus profond du respect et du service d'autrui, même l'égalité devant la loi pourra servir d'alibi à des discriminations flagrantes, à des exploitations maintenues, à un mépris effectif. Sans une éducation renouvelée de la solidarité, une affirmation excessive de l'égalité peut donner lieu à un individualisme où chacun revendique ses droits, sans se vouloir responsable du bien commun.

Qui ne voit l'apport capital, dans ce domaine, de l'esprit chrétien qui va d'ailleurs à la rencontre des aspirations de l'homme à être aimé? L'amour de l'homme, première valeur de l'ordre terrestre, assure les conditions de la paix, tant sociale qu'internationale, en affirmant notre fraternité universelle.[10]

A.85. *Dives in Misericordia (DM)*

8. (...) Le Christ, le Crucifié, est le Verbe qui ne passe pas,[11] il est celui qui se tient à la porte et frappe au coeur de tout homme,[12] sans contraindre sa liberté, mais en cherchant à en faire surgir un amour qui soit non seulement acte d'union au Fils de l'homme souffrant, mais aussi une forme de «miséricorde» manifestée par chacun de nous au Fils du Père éternel. Dans ce programme messianique du Christ et la révélation de la miséricorde par la croix, la dignité de l'homme pourrait-elle être plus respectée et plus grande, puisque cet homme, s'il est objet de la miséricorde, est aussi en même temps en un certain sens celui qui «exerce la miséricorde»?

En définitive, n'est-ce pas la position du Christ à l'égard de l'homme, lors-

---

10 Cf. *Message pour la Journée Mondiale de la Paix: AAS* 63 (1971), p. 5-9.

11 Cf. *Mt* 24, 35.

12 Cf. *Ap* 3, 20.

qu'il déclare: «Dans la mesure où vous l'avez fait à l'un de ces petits..., c'est à moi que vous l'avez fait»?[13] Les paroles du Sermon sur la montagne: «Heureux les miséricordieux, car ils obtiendront miséricorde»[14] ne constituent-elles pas, en un certain sens, une synthèse de toute la Bonne Nouvelle, de tout «l'admirable échange» (*admirabile commercium*) contenu en elle et qui est une loi simple, forte, mais aussi «suave», *de l'économie même du salut?* Et ces paroles du Sermon sur la montagne, qui font voir dès le point de départ les possibilités du «coeur humain» («être miséricordieux»), ne révèlent-elles pas, dans la même perspective, la profondeur du mystère de Dieu: l'inscrutable unité du Père, du Fils et de l'Esprit Saint, en qui l'amour, contenant la justice, donne naissance à la miséricorde qui, à son tour, révèle la perfection de la justice?

A.86. *Sollicitudo Rei Socialis* (SRS)

26. (...) Simultanément, dans le monde divisé et bouleversé par toutes sortes de conflits, on voit se développer la *conviction d'une interdépendance* radicale et, par conséquent, la nécessité d'une solidarité qui l'assume et la traduise sur le plan moral. Aujourd'hui, plus peut-être que par le passé, les hommes se rendent compte qu'ils sont liés par un *destin commun* qu'il faut construire ensemble si l'on veut éviter la catastrophe pour tous. Sur un fond d'angoisse, de peur et de phénomènes d'évasion comme la drogue, *typiques du monde contemporain,* grandit peu à peu l'idée que le bien auquel nous sommes tous appelés et le bonheur auquel nous aspirons ne peuvent s'atteindre sans *l'effort et l'application de tous,* sans exception, ce qui implique le renoncement à son propre égoïsme. (...)

38. (...) Sur le chemin de la conversion désirée, conduisant à surmonter les obstacles moraux au développement, on peut déjà signaler, comme *valeur positive* et *morale,* la conscience croissante de l'*interdépendance* entre les hommes et les nations. Le fait que des hommes et des femmes, en diverses parties du monde, ressentent comme les concernant personnellement les injustices et les violations des droits de l'homme commises dans des pays lointains où ils n'iront sans doute jamais, c'est un autre signe d'une réalité intériorisée dans la *conscience,* prenant ainsi une connotation morale.

Il s'agit, avant tout, du fait de l'interdépendance, ressentie comme un *système nécessaire* de relations dans le monde contemporain, avec ses composantes économiques, culturelles, politiques et religieuses, et élevé au rang de *catégorie morale.* Quand l'interdépendance est ainsi reconnue, la réponse correspondante, comme attitude morale et sociale et comme «vertu», est la *solidarité.* Celle-ci n'est donc pas un sentiment de compassion vague ou d'attendrissement superficiel pour les maux subis par tant de personnes proches ou lointaines. Au contraire, c'est *la détermination ferme et persévérante* de travailler pour le *bien commun;*

---

13 *Mt* 25, 40.
14 *Mt* 5, 7.

c'est-à-dire pour le bien de tous et de chacun parce que *tous* nous sommes vraiment responsables *de tous*. Une telle détermination est fondée sur la *ferme* conviction que le développement intégral est entravé par le désir de profit et la soif de pouvoir dont on a parlé. Ces attitudes et ces «structures de péché» ne peuvent être vaincues — bien entendu avec l'aide de la grâce divine — que par une *attitude diamétralement opposée:* se dépenser pour le bien du prochain en étant prêt, au sens évangélique du terme, à «se perdre» pour l'autre au lieu de l'exploiter, et à «le servir» au lieu de l'opprimer à son propre profit (cf. *Mt* 10,40-42; 20, 25; *Mc* 10, 42-45; *Lc* 22, 25-27).

39. La pratique de la solidarité *à l'intérieur de toute société* est pleinement valable lorsque ses membres se reconnaissent les uns les autres comme des personnes. Ceux qui ont plus de poids, disposant d'une part plus grande de biens et de services communs, devraient se sentir *responsables* des plus faibles et être prêts à partager avec eux ce qu'ils possèdent. De leur côté, les plus faibles, dans la même ligne de la solidarité, ne devraient pas adopter une attitude purement *passive* ou *destructrice* du tissu social, mais, tout en défendant leurs droits légitimes, faire ce qui leur revient pour le bien de tous. Les groupes intermédiaires, à leur tour, ne devraient pas insister avec égoïsme sur leurs intérêts particuliers, mais respecter les intérêts des autres.

Dans le monde contemporain, on trouve comme signes positifs *le sens croissant* de la solidarité des pauvres entre eux, leurs *actions de soutien mutuel, les manifestations publiques* sur le terrain social sans recourir à la violence, mais en faisant valoir leurs besoins et leurs droits face à l'inefficacité et à la corruption des pouvoirs publics. En vertu de son engagement évangélique, l'Eglise se sent appelée à être aux côtés des foules pauvres, à discerner la justice de leurs revendications, à contribuer à les satisfaire, sans perdre de vue le bien des groupes dans le cadre du bien commun.

Par analogie, le même critère s'applique dans les relations internationales. L'interdépendance doit se transformer en *solidarité,* fondée sur le principe que les biens de la création *sont destinés à tous:* ce que l'industrie humaine produit par la transformation des matières premières, avec l'apport du travail, doit servir également au bien de tous.

Dépassant les *impérialismes* de tout genre et la volonté de préserver *leur hégémonie,* les nations les plus puissantes et les plus riches doivent avoir conscience de leur *responsabilité* morale à l'égard des autres, afin que s'instaure un *véritable système international* régi par le principe de *l'égalité* de tous les peuples et par le respect indispensable de leurs légitimes différences. Les pays économiquement les plus faibles, ou restant aux limites de la survie, doivent être mis en mesure, avec l'assistance des autres peuples et de la communauté internationale, de donner, eux aussi, une contribution au bien commun grâce aux trésors de leur *humanité* et de leur *culture,* qui autrement seraient perdus à jamais.

La solidarité nous aide à voir l'«autre» — *personne, peuple* ou *nation* — non comme un instrument quelconque dont on exploite à peu de frais la capacité de travail et la résistance physique pour l'abandonner quand il ne sert plus, mais comme notre «semblable», une «aide» (cf. *Gn* 2, 18. 20), que l'on doit faire participer, à parité avec nous, au banquet de la vie auquel tous les hommes sont également invités par Dieu. D'où l'importance de réveiller *la conscience religieuse* des hommes et des peuples.

Ainsi l'exploitation, l'oppression, l'anéantissement des autres sont exclus. Ces faits, dans la division actuelle du monde en blocs opposés, se rejoignent dans *le danger de la guerre* et dans la souci excessif de la sécurité, aux dépens bien souvent de l'autonomie, de la liberté de décision, même de l'intégrité territoriale des nations les plus faibles qui entrent dans les soi-disant «zones d'influence» ou dans les «périmètres de sécurité».

Les «structures de péché» et les péchés qu'elles entraînent s'opposent d'une manière tout aussi radicale à la *paix* et au *développement,* parce que le développement, suivant la célèbre expression de l'encyclique de Paul VI est «le nouveau nom de la paix».[15]

Ainsi la solidarité que nous proposons est *le chemin de la paix et en même temps du développement.* En effet, la paix du monde est inconcevable si les responsables n'en viennent pas à reconnaître que *l'interdépendance* exige par elle-même que l'on dépasse la politique des blocs, que l'on renonce à toute forme d'impérialisme économique, militaire ou politique, et que l'on transforme la défiance réciproque en *collaboration.* Cette dernière est précisément *l'acte caractéristique* de la solidarité entre les individus et les nations.

La devise du pontificat de mon vénéré prédécesseur Pie XII était *Opus iustitiae pax,* la paix est le fruit de la justice. Aujourd'hui on pourrait dire, avec la même justesse et la même force d'inspiration biblique (cf. *Is* 32, 17; *Jc* 3, 18): *Opus solidaritatis pax,* la paix est le fruit de la solidarité.

L'objectif de la paix, si désiré de tous, sera certainement atteint grâce à la mise en oeuvre de la justice sociale et internationale, mais aussi grâce à la pratique des vertus qui favorisent la convivialité et qui nous apprennent à vivre unis afin de construire dans l'unité, en donnant et en recevant, une société nouvelle et un monde meilleur.

40. *La solidarité* est sans aucun doute une *vertu chrétienne.* Dès le développement qui précède on pouvait entrevoir de nombreux points de contact entre elle et *l'amour* qui est le signe distinctif des disciples du Christ (cf. *Jn* 13, 35).

A la lumière de la foi, la solidarité tend à se dépasser elle-même, à prendre les dimensions *spécifiquement chrétiennes* de la gratuité totale, du pardon et de la réconciliation. Alors le prochain n'est pas seulement un être humain avec ses

---

15 *Populorum progressio,* 87: *l.c.,* p. 299.

droits et son égalité fondamentale à l'égard de tous, mais il devient *l'image vivante* de Dieu le Père, rachetée par le sang du Christ et objet de l'action constante de l'Esprit Saint. Il doit donc être aimé, même s'il est un ennemi, de l'amour dont l'aime le Seigneur, et l'on doit être prêt au sacrifice pour lui, même au sacrifice suprême: «Donner sa vie pour ses frères» (cf. *1 Jn* 3, 16).

Alors la conscience de la paternité commune de Dieu, de la fraternité de tous les hommes dans le Christ, «fils dans le Fils», de la présence et de l'action vivifiante de l'Esprit Saint, donnera à notre regard sur le monde comme *un nouveau critère* d'interprétation. Au-delà des liens humains et naturels, déjà si forts et si étroits, se profile à la lumière de la foi un nouveau *modèle d'unité* du genre humain dont doit s'inspirer en dernier ressort la solidarité. Ce *modèle d'unité* suprême, reflet de la vie intime de Dieu un en trois personnes, est ce que nous chrétiens désignons par le mot *«communion»*.

Cette communion spécifiquement chrétienne, jalousement préservée, étendue et enrichie ave l'aide du Seigneur, est l'*âme* de la vocation de l'Eglise à être «sacrement» dans le sens déjà indiqué.

La solidarité doit donc contribuer à la réalisation de ce dessein divin tant sur le plan individuel que sur celui de la société nationale et internationale. Les «mécanismes pervers» et les «structures de péché» dont nous avons parlé ne pourront être vaincus que par la pratique de la solidarité humaine et chrétienne à laquelle l'Eglise invite et qu'elle promeut sans relâche. C'est seulement de cette manière que beaucoup d'énergies positives pourront être libérées entièrement au bénéfice du développement et de la paix.

De nombreux saints canonisés par l'Eglise offrent *d'admirables témoignages* de cette solidarité et peuvent servir d'exemple dans les difficiles circonstances actuelles. Entre tous, je voudrais rappeler saint Pierre Claver qui s'est mis au service des esclaves à Carthagène des Indes, et saint Maximilien-Marie Kolbe qui offrit sa vie pour un déporté inconnu de lui dans le camp de concentration d'Auschwitz-Oswiecim.

B.87. *A la Commission Théologique Internationale (CTI)*

9. Mais l'homme a été racheté par la grâce du Christ, Fils de Dieu incarné. La grâce du Christ! Il convient d'en parler quand il s'agit des droits et des devoirs de l'homme. Si les mystères de la création et du péché ont quelque chose à voir avec la communauté humaine et l'économie des droits et des devoirs, combien plus alors la grâce pascale du Christ!

Là aussi il faut observer attentivement ce que dit le Concile Vatican II. Rappelez-vous comment il parle du Christ, Homme nouveau (*Gaudium et spes,* 22):

«En réalité, le mystère de l'homme ne s'éclaire vraiment que dans le mystère du Verbe Incarné» (par. 1). «Par son incarnation, le Fils de Dieu s'est en quelque sorte uni lui-même à tout homme» (par. 2). «Devenu conforme à l'image du Fils, Premier-né d'une multitude de frères, le chrétien reçoit 'les prémices de l'Esprit' qui le rendent capable d'accomplir la loi nouvelle de l'amour» (par. 4). «Et cela ne vaut pas seulement pour ceux qui croient au Christ, mais bien pour tous les hommes de bonne volonté, dans le coeur desquels, invisiblement, agit la grâce» (par. 5).

Ce lien entre les droits de l'homme et la charité de la loi nouvelle étonnera peut-être certains. Hélas! A cause de nombreuses erreurs, de négligences, de théories sociologiques erronées, même lorsqu'elles se parent du nom de chrétiennes, le mot charité peut être privé de sa signification humaine.

On oppose la charité chrétienne à la justice sociale qui forme la base des droits de la personne humaine. Et en effet, si la charité ne représente qu'un mouvement du coeur ou si elle n'offre qu'un secours de pure bienveillance, elle ne peut coïncider avec les droits de l'homme. Mais une telle interprétation est une déformation de l'amour du Christ Rédempteur.

Le Christ n'emploie pas des paroles faciles de consolation, mais *il donne sa vie* et il demande à ses disciples d'être prêts à ce même don total. C'est là que l'on retrouve le sens de cette «proexistentia» chrétienne que plus d'une fois votre Commission a proposée comme synthèse de la Rédemption et de la vie chrétienne.

Si nous redécouvrons le sens authentique de la charité «pro-existante», alors les droits de l'homme peuvent et doivent en faire partie, au nom, peut-on dire, du sacrifice pascal du Christ lui-même.

Le droits de l'homme par rapport à la famille, le droit à la vie et à la propriété étaient déjà enseignés dans l'Ancien Testament par les préceptes du Décalogue: «Tu ne commettras pas l'adultère, tu ne tueras pas» etc. L'Apôtre Paul fait entrer ces préceptes et tous ceux qui leur sont semblables dans la charité pascale chrétienne: «La charité ne fait point de tort au prochain. Elle est donc la loi dans sa plénitude» (*Rm* 13, 10).

Pour terminer ces brèves réflexions faites avec vous, j'encourage votre Commission Théologique Internationale à rechercher et faire connaître de mieux en mieux les principes humano-centriques et Christ-centriques qui sont à la base des droits de l'homme. Chaque époque est affrontée au combat entre le péché de l'égoïsme humain et l'amour authentique, dans la théorie et dans la pratique. *Vous, soyez donc les témoins de l'Amour «pro-existant» du Christ.*

B.88. *A l'Audience générale (AG 1984)*

4. Cependant, l'homme ne possède pas l'ultime vérité sur laquelle se fonde sa dignité. Depuis toujours il y aspire, mais elle le dépasse toujours. Les Grecs à travers *la philosophie,* les Hébreux à travers *la loi,* cherchaient à se rapprocher de la vérité que l'homme perçoit comme fondement réel, mais transcendant de son être.

Le Christ nous indique *l'amour* comme voie d'accès à la Vérité ultime, qui, en dernier ressort, est lui-même. La pleine réalisation de la dignité de l'homme ne s'obtient que dans le dynamisme d'amour qui conduit un être à la rencontre de l'autre et l'ouvre ainsi à la présence transcendante de Celui qui, en s'incarnant, «s'est uni d'une certaine manière à chaque homme» (*Gaudium et spes,* 22).

«Chaque fois que vous l'aurez fait à l'un de ces plus petits de mes frères, c'est à moi que vous l'aurez fait». Que les solennelles paroles par lesquelles le juge divin conclura l'Histoire, illuminent nos pas dans le temps, nous fassent découvrir dans l'amour le chemin qui conduit à la reconnaissance des valeurs incomparables de chacun de nos semblables et, de cette manière, à la pleine réalisation de notre humanité même.

B.89. *Journée mondiale de la Paix (JMP 1986)*

LE CHEMIN DE LA SOLIDARITÉ ET DU DIALOGUE

4. Tout nouveau système international susceptible de surmonter la logique des blocs et des forces antagonistes doit être *fondé sur l'engagement personnel de chacun à faire des besoins essentiels de l'humanité le premier impératif de la politique internationale.* Aujourd'hui d'innombrables êtres humains, dans toutes les parties du monde, ont acquis un vif sentiment de leur égalité fondamentale, de leur dignité et de leurs droits inaliénables. Et en même temps, on prend de plus en plus conscience que l'humanité a une profonde unité d'intérêts, de vocation, de destin, et que tous les peuples sont appelés à former une seule famille dans la diversité de leurs richesses et de leurs caractéristiques nationales. En outre, il devient clair que les ressources ne sont pas illimitées et que les besoins sont immenses. Par conséquent, plutôt que de gaspiller ces ressources ou de les consacrer à la fabrication d'armes mortelles de destruction, il est nécessaire de s'en servir avant tout pour satisfaire *les besoins prioritaires et fondamentaux de l'humanité.*

Il est également important de relever que l'on est de plus en plus conscient du fait que la réconciliation, la justice et la paix entre les individus et entre les nations — étant donné le stade où est parvenue l'humanité et les très graves menaces qui pèsent sur son avenir — ne représentent pas seulement un noble objectif ne concernant que quelques idéalistes, mais une condition de survie à proprement parler. Il est donc de nécessité vitale aujourd'hui d'établir un ordre fondé sur la justice et la paix, et cet impératif vaut pour tous les peuples et tous les régimes, au-delà des idéologies et des systèmes. En même temps que l'on considère le bien commun propre à une nation, il faut aller au-delà et prendre en considération *le bien commun de toute la famille des nations,* et c'est là, très clairement, un devoir de nature éthique et juridique.

Le vrai chemin qui mène à une communauté mondiale où règneront la justice et la paix sans frontières parmi tous les peuples et sur tous les continents est *le chemin de la solidarité, du dialogue et de la fraternité universelle.* C'est le seul chemin possible. Les relations et les systèmes politiques, économiques, sociaux et culturels doivent être imprégnés par les valeurs de solidarité et de dialogue qui, à leur tour, demandent à prendre *une dimension institutionnelle* sous la forme des organismes spécialisés de la communauté mondiale veillant au bien commun de tous les peuples.

Il est clair que, afin de réaliser effectivement une communauté mondiale de ce type, il faut abandonner les attitudes mentales et les conceptions politiques contaminées par la soif du pouvoir, par des idéologies, par la défense de ses propres privilèges et de sa richesse, et il faut les remplacer par *une disposition au partage et à la collaboration avec tous dans un esprit de confiance mutuelle.*

Cet appel à reconnaître l'unité de la famille humaine a des répercussions très réelles sur notre vie et sur notre engagement en faveur de la paix. Cela veut dire avant tout que nous rejetons toute forme de pensée qui incline à diviser et à exploiter. Cela veut dire que nous nous engageons en faveur *d'une solidarité nouvelle,* la solidarité de la famille humaine. (...)

10.

LIBERTE/LIBERATION

La liberté, trait distinctif de l'ensemble des droits de l'homme, a été indiquée par l'Encyclique PT comme le quatrième pilier d'une société harmonieuse: une liberté qui ne soit pas sa contrefaçon, mais le signe du sens de responsabilité et de la capacité de discernement de la personne humaine.

Cette liberté est le don précieux et unique que l'homme a reçu de son Créateur avec la vie.

*L'Evangile est caractérisé par son message de libération: celle-ci jalonne le chemin que chaque personne humaine est appelée à parcourir vers l'accomplissement du Royaume, dans la lumière du Christ ressuscité.**

Le Magistère ne manque pas de déceler les signes de la libération dans l'histoire humaine: ainsi, par exemple, au cours des événements de 1989 qui ont modifié le visage politique et social de l'Europe de l'Est.

A.90. *Pacem in Terris (PT)*

I. (...) AVEC LE SENS DES RESPONSABILITES

La dignité de la personne humaine exige que chacun agisse suivant une détermination consciente et libre. Dans la vie de société, c'est surtout de décisions personnelles qu'il faut attendre le respect des droits, l'accomplissement des obligations, la coopération à une foule d'activités. L'individu devra y être mû par conviction personnelle, de sa propre initiative, par son sens des responsabilités, et non sous l'effet de contraintes ou de pressions extérieures.

---

* Deux documents de la Congrégation pour la Doctrine de la Foi approfondissent tout spécialement le sujet dans une optique théologique. Il s'agit de: *Instruction sur quelques aspects de la «théologie de la libération»*, Cité du Vatican 1984; *Instruction sur liberté chrétienne et libération,* Cité du Vatican 1986.

Une société fondée uniquement sur des rapports de forces n'aurait rien d'humain: elle comprimerait nécessairement la liberté des personnes, au lieu d'aider et d'encourager celles-ci à se développer et à se perfectionner.

VIVRE ENSEMBLE DANS LA VERITE, LA JUSTICE, L'AMOUR, LA LIBERTE

Voilà pourquoi une société n'est dûment ordonnée, bienfaisante, respectueuse de la personne humaine, que si elle se fonde sur la vérité (...). Cette société enfin doit se réaliser dans la liberté, c'est-à-dire de la façon qui convient à des êtres raisonnables, faits pour assumer la responsabilité de leurs actes. (...)

III. (...) DANS LA LIBERTE

L'organisation internationale doit respecter la liberté. Ce principe interdit aux nations toute ingérence[1] dans les affaires internes des autres comme toute action oppressive à leur égard. A chacune, au contraire, de favoriser chez les autres l'épanouissement du sens des responsabilités, d'encourager leurs bonnes initiatives et de les aider à promouvoir elles-mêmes leur développement dans tous les secteurs. (...)

A.91. *Gaudium et Spes (GS)*

17. GRANDEUR DE LA LIBERTE

Mais c'est toujours librement que l'homme se tourne vers le bien. Cette liberté, nos contemporains l'estiment grandement et ils la poursuivent avec ardeur. Et ils ont raison. Souvent cependant ils la chérissent d'une manière qui n'est pas droite, comme la licence de faire n'importe quoi, pourvu que cela plaise, même le mal. Mais la vraie liberté est en l'homme un signe privilégié de l'image divine. Car Dieu a voulu le «laisser à son propre conseil»[2] pour qu'il puisse de lui-même chercher son Créateur et, en adhérant librement à Lui, s'achever ainsi dans une bienheureuse plénitude. La dignité de l'homme exige donc de lui qu'il agisse selon un choix conscient et libre, mû et déterminé par une conviction personnelle et non sous le seul effet de poussées instinctives ou d'une contrainte extérieure. L'homme parvient à cette dignité lorsque, se délivrant de toute servitude des passions, par le choix libre du bien, il marche vers sa destinée et prend soin de s'en procurer réellement les moyens par son ingéniosité. Ce n'est toutefois que par le secours de la grâce divine que la liberté humaine, blessée par le péché, peut s'or-

---

[1] Un examen comparé des versions en anglais, italien et latin fait ressortir que dans la version française utilisée dans ce recueil, imprimée par la Typographie Polyglotte Vaticane en 1963, l'adjectif «indue» a été omis après le mot «ingérence» (n.d.r.).

[2] Cf. *Si* 15, 14.

donner à Dieu d'une manière effective et intégrale. Et chacun devra rendre compte de sa propre vie devant le tribunal de Dieu, selon le bien ou le mal accomplis.[3]

31. RESPONSABILITE ET PARTICIPATION

(...) Mais l'homme parvient très difficilement à un tel sens de la responsabilité si les conditions de vie ne lui permettent pas de prendre conscience de sa dignité et de répondre à sa vocation en se dépensant au service de Dieu et de ses semblables. Car souvent la liberté humaine s'étiole lorsque l'homme tombe dans un état d'extrême indigence, comme elle se dégrade lorsque, se laissant aller à une vie de trop grande facilité, il s'enferme en lui-même comme dans une tour d'ivoire. Elle se fortifie en revanche lorsque l'homme accepte les inévitables contraintes de la vie sociale, assume les exigences multiples de la solidarité humaine et s'engage au service de la communauté des hommes. (...)

A.92. *Octogesima Adveniens (OA)*

25. L'action politique — est-il besoin de marquer qu'il s'agit d'abord d'une action et non pas d'une idéologie? — doit être sous-tendue par un projet de société, cohérent dans ses moyens concrets et dans son inspiration qui s'alimente à une conception plénière de la vocation de l'homme et de ses différentes expressions sociales. Il n'appartient ni à l'Etat, ni même à des partis politiques qui seraient clos sur eux-mêmes, de chercher à imposer une idéologie, par des moyens qui aboutiraient à la dictature des esprits, la pire de toutes. C'est aux groupements culturels et religieux — dans la liberté d'adhésion qu'ils supposent — qu'il appartient, de manière désintéressée et par leurs voies propres, de développer dans le corps social ces convictions ultimes sur la nature, l'origine et la fin de l'homme et de la société.

En ce domaine, il convient de rappeler le principe proclamé au Concile Vatican II: «La vérité ne s'impose que par la force de la vérité elle-même qui pénètre l'esprit avec autant de douceur que de puissance».[4]

IDEOLOGIES ET LIBERTE HUMAINE

26. Aussi le chrétien qui veut vivre sa foi dans une action politique conçue comme un service ne peut-il, sans se contredire, adhérer à des systèmes idéologiques qui s'opposent radicalement ou sur des points substantiels, à sa foi et à sa conception de l'homme: ni à l'idéologie marxiste, à son matérialisme athée, à sa dialectique de violence et à la manière dont elle résorbe la liberté individuelle

---

3 Cf. *2 Co* 5, 10.

4 *Dignitatis humanae*, 1: *AAS* 58 (1966), p. 930.

dans la collectivité, en niant en même temps toute transcendance à l'homme et à son histoire, personnelle et collective; ni à l'idéologie libérale, qui croit exalter la liberté individuelle en la soustrayant à toute limitation, en la stimulant par la recherche exclusive de l'intérêt et de la puissance, et en considérant les solidarités sociales comme des conséquences plus ou moins automatiques des initiatives individuelles et non pas comme un but et un critère majeur de la valeur de l'organisation sociale.

CHANGEMENT DES COEURS ET DES STRUCTURES

45. Aujourd'hui les hommes aspirent à se libérer du besoin et de la dépendance. Mais cette libération commence par la liberté intérieure qu'ils doivent retrouver face à leurs biens et à leurs pouvoirs; ils n'y arriveront que par un amour transcendant de l'homme, et par conséquent, par une disponibilité effective au service. Sinon, on ne le voit que trop, les idéologies les plus révolutionnaires n'aboutissent qu'à un changement de maîtres: installés à leur tour au pouvoir, les nouveaux maîtres s'entourent de privilèges, limitent les libertés et laissent s'instaurer d'autres formes d'injustice.

Aussi, beaucoup en viennent à s'interroger sur le modèle même de société. L'ambition de nombreuses nations, dans la compétition qui les oppose et les entraîne, est d'atteindre à la puissance technologique, économique, militaire; elle s'oppose alors à la mise en place de structures où le rythme du progrès serait réglé en fonction d'une plus grande justice, au lieu d'accentuer les disparités et de vivre dans un climat de méfiance et de lutte qui compromet sans cesse la paix.

PARTAGE DES RESPONSABILITES

47. Le passage à la dimension politique exprime aussi une requête actuelle de l'homme: un plus grand partage des responsabilités et des décisions. Cette aspiration légitime se manifeste davantage à mesure que croît le niveau culturel, que se développe le sens de la liberté, et que l'homme perçoit mieux comment, dans un monde ouvert sur un avenir incertain, les choix d'aujourd'hui conditionnent déjà la vie de demain. Dans *Mater et Magistra*[5] Jean XXIII soulignait combien l'accès aux responsabilités est une exigence fondamentale de la nature de l'homme, un exercice concret de sa liberté, une voie pour son développement, et il indiquait comment, dans la vie économique et en particulier dans l'entreprise, cette participation aux responsabilités devait être assurée.[6] Aujourd'hui le domaine est plus vaste, il s'étend au champ social et politique où doit être institué et intensifié un partage raisonnable dans les responsabilités et les décisions. Certes les choix proposés à la décision sont de plus en plus complexes; les considérations à inclure multiples, la prévision des conséquences aléatoire, même si des sciences nouvelles

---

[5] *AAS* 53 (1961), p. 420-422.

[6] Cf. *Gaudium et spes,* 68; 75: *AAS* 58 (1966), p. 1089-1090; 1097.

s'efforcent d'éclairer la liberté dans ces moments importants. Pourtant, bien que des limites s'imposent parfois, ces obstacles ne doivent pas ralentir une diffusion plus grande de la participation à l'élaboration de la décision, comme aux choix eux-mêmes et à leur mise en application. Pour faire contrepoids à une technocratie grandissante, il faut inventer des formes de démocratie moderne, non seulement en donnant à chaque homme la possibilité de s'informer et de s'exprimer, mais en l'engageant dans une responsabilité commune. Ainsi les groupes humains se transforment peu à peu en communautés de partage et de vie. Ainsi la liberté, qui s'affirme trop souvent comme revendication d'autonomie en s'opposant à la liberté d'autrui, s'épanouit dans sa réalité humaine la plus profonde: s'engager et se dépenser pour construire des solidarités actives et vécues. Mais, pour le chrétien, c'est en se perdant en Dieu qui le libère, que l'homme trouve une vraie liberté, rénovée dans la mort et la résurrection du Seigneur.

A.93. *Evangelii Nuntiandi (EN)*

32. SANS REDUCTION NI AMBIGUITE

Il ne faut pas nous cacher, en effet, que beaucoup de chrétiens généreux, sensibles aux questions dramatiques que recouvre le problème de la libération, en voulant engager l'Eglise dans l'effort de libération, ont fréquemment la tentation de réduire sa mission aux dimensions d'un projet simplement temporel; ses buts à une visée anthropocentrique; le salut dont elle est messagère et sacrement, à un bien-être matériel; son activité, oubliant toute préoccupation spirituelle et religieuse, à des initiatives d'ordre politique ou social. Mais s'il en était ainsi, l'Eglise perdrait sa signification foncière. Son message de libération n'aurait plus aucune originalité et finirait par être facilement accaparé et manipulé par des systèmes idéologiques et des partis politiques. Elle n'aurait plus d'autorité pour annoncer, comme de la part de Dieu, la libération. C'est pourquoi Nous avons voulu souligner dans la même allocution à l'ouverture de la troisième Assemblée synodale «la nécessité de réaffirmer clairement la finalité spécifiquement religieuse de l'évangélisation. Cette dernière perdrait sa raison d'être si elle s'écartait de l'axe religieux qui la dirige: le Règne de Dieu avant toute autre chose, dans son sens pleinement théologique».[7]

33. LA LIBERATION EVANGELIQUE

De la libération que l'évangélisation annonce et s'efforce de mettre en oeuvre, il faut dire plutôt:

— elle ne peut pas se cantonner dans la simple et restreinte dimension économique, politique, sociale ou culturelle, mais elle doit viser l'homme tout entier,

---

[7] Allocution pour l'ouverture de la troisième Assemblée Générale du Synode des Evêques (27 septembre 1974): *AAS* 66 (1974), p. 562.

dans toutes ses dimensions, jusque et y compris dans son ouverture vers l'absolu, même l'Absolu de Dieu;

— elle est donc rattachée à une certaine conception de l'homme, à une anthropologie qu'elle ne peut sacrifier aux exigences d'une quelconque stratégie, d'une praxis ou d'une efficacité à court terme.

34. AXEE SUR LE REGNE DE DIEU

C'est pourquoi, en prêchant la libération et en s'associant à ceux qui oeuvrent et souffrent pour elle, l'Eglise — sans accepter de circonscrire sa mission au seul domaine du religieux, en se désintéressant des problèmes temporels de l'homme — réaffirme la primauté de sa vocation spirituelle, elle refuse de remplacer l'annonce du Règne par la proclamation des libérations humaines, et elle proclame que même sa contribution à la libération est incomplète si elle néglige d'annoncer le salut en Jésus-Christ.

35. SUR UNE VISION EVANGELIQUE DE L'HOMME

L'Eglise rapproche mais n'identifie jamais libération humaine et salut en Jésus-Christ, car elle sait par révélation, par expérience historique et par réflexion de foi que toute notion de libération n'est pas forcément cohérente et compatible avec une vision évangélique de l'homme, des choses et des événements; elle sait qu'il ne suffit pas d'instaurer la libération, de créer le bien-être et le développement, pour que le Règne de Dieu arrive.

Bien plus, l'Eglise a la ferme conviction que toute libération temporelle, toute libération politique — même si elle s'efforce de trouver sa justification dans telle ou telle page de l'Ancien ou du Nouveau Testament, même si elle réclame pour ses postulats idéologiques et ses normes d'action l'autorité des données et des conclusions théologiques, même si elle prétend être la théologie pour aujourd'hui — porte en elle-même le germe de sa propre négation et déchoit de l'idéal qu'elle se propose, tant que ses motifs profonds ne sont pas ceux de la justice dans la charité, tant que l'élan qui l'entraîne n'a pas de dimension vraiment spirituelle et que son but final n'est pas le salut et la béatitude en Dieu.

36. COMPORTANT UNE NECESSAIRE CONVERSION

L'Eglise tient certes comme important et urgent de bâtir des structures plus humaines, plus justes, plus respectueuses des droits de la personne, moins oppressives et moins asservissantes, mais elle est consciente que les meilleures structures, les systèmes les mieux conçus deviennent vite inhumains si les pentes inhumaines du coeur de l'homme ne sont pas assainies, s'il n'y a pas une conversion du coeur et du regard de ceux qui vivent dans ces structures ou les commandent.

A.94. *Sollicitudo Rei Socialis (SRS)*

46. Les peuples et les individus aspirent à leur libération; la recherche du développement intégral est le signe de leur désir de surmonter les obstacles multiples qui les empêchent de jouir d'une «vie plus humaine».

Récemment, au cours de la période qui a suivi la publication de l'encyclique *Populorum progressio,* dans certaines parties de l'Eglise catholique, en particulier en Amérique latine, s'est répandue *une nouvelle manière* d'aborder les problèmes de la misère et du sous-développement, qui fait de la *libération* la catégorie fondamentale et le premier principe d'action. Les valeurs positives, mais aussi les déviations et les risques de déviation liés à cette forme de réflexion et d'élaboration théologique, ont été opportunément signalés par le Magistère ecclésiastique.[8]

Il convient d'ajouter que l'aspiration à la libération par rapport à toute forme d'esclavage, pour l'homme et pour la société, est quelque chose de *noble* et de *valable.* C'est à cela que tend justement le développement, ou plutôt la libération et le développement, compte tenu de l'étroite relation existant entre ces deux réalités.

Un développement purement économique ne parvient pas à libérer l'homme, au contraire, il finit par l'asservir davantage. Un développement qui n'intègre pas *les dimensions culturelles, transcendantes et religieuses* de l'homme et de la société contribue *d'autant moins* à la libération authentique qu'il ne reconnaît pas l'existence de ces dimensions et qu'il n'oriente pas vers elles ses propres objectifs. L'être humain n'est totalement libre que lorsqu'il est *lui-même,* dans la plénitude de ses droits et de ses devoirs: on doit en dire autant de la société tout entière.

L'obstacle principal à surmonter pour une véritable libération, c'est le *péché* et les *structures* qui en résultent au fur et à mesure qu'il se multiplie et s'étend.[9]

La liberté par laquelle le Christ nous a libérés (cf. *Ga* 5,1) nous pousse à nous convertir pour devenir les *serviteurs* de tous. Ainsi le processus du *développement* et de la *libération* se concrétise dans la pratique de la *solidarité,* c'est-à-dire de l'amour et du service du prochain, particulièrement les plus pauvres:

---

[8] Cf. Congr. pour la Doctrine de la Foi, Instruction sur quelques aspects de la «théologie de la libération» *Libertatis nuntius* (6 août 1984), *Avant-propos: AAS* 76 (1984), p. 876-877.

[9] Cf. Exhort. apost. *Reconciliatio et paenitentia* (2 décembre 1984), 16: *AAS* 77 (1985), p. 213-217; Congr. pour la Doctrine de la Foi, Instruction sur la liberté chrétienne et la libération *Libertatis conscientia* (22 mars 1986), 38; 42: *AAS* 79 (1987), p. 569; 571.

«Là où manquent la vérité et l'amour, le processus de libération aboutit à la mort d'une liberté qui aura perdu tout appui».[10]

A.95. *Centesimus Annus (CA)*

V. L'ETAT ET LA CULTURE

44. Léon XIII n'ignorait pas qu'il faut une saine *théorie de l'Etat* pour assurer le développement normal des activités humaines, des activités spirituelles et matérielles, indispensables les unes et les autres.[11] A ce sujet, dans un passage de *Rerum novarum,* il expose l'organisation de la société en trois pouvoirs — législatif, exécutif et judiciaire — et cela représentait alors une nouveauté dans l'enseignement de l'Eglise.[12] Cette structure reflète une conception réaliste de la nature sociale de l'homme qui requiert une législation adaptée pour protéger la liberté de tous. Dans cette perspective, il est préférable que tout pouvoir soit équilibré par d'autres pouvoirs et par d'autres compétences qui le maintiennent dans de justes limites. C'est là le principe de l'«Etat de droit», dans lequel la souveraineté appartient à la loi et non pas aux volontés arbitraires des hommes.

A l'époque moderne, contre cette conception s'est dressé le totalitarisme qui, dans sa forme marxiste-léniniste, considère que quelques hommes, en vertu d'une connaissance plus approfondie des lois du développement de la société, ou à cause de leur appartenance particulière de classe et de leur proximité des sources les plus vives de la conscience collective, sont exempts d'erreur et peuvent donc s'arroger l'exercice d'un pouvoir absolu. Il faut ajouter que le totalitarisme naît de la négation de la vérité au sens objectif du terme: s'il n'existe pas de vérité transcendante, par l'obéissance à laquelle l'homme acquiert sa pleine identité, dans ces conditions, il n'existe aucun principe sûr pour garantir des rapports justes entre les hommes. Leurs intérêts de classe, de groupe ou de nation les opposent inévitablement les uns aux autres. Si la vérité transcendante n'est pas reconnue, la force du pouvoir triomphe, et chacun tend à utiliser jusqu'au bout les moyens dont il dispose pour faire prévaloir ses intérêts ou ses opinions, sans considération pour les droits des autres. Alors l'homme n'est respecté que dans la mesure où il est possible de l'utiliser aux fins d'une prépondérance égoïste. Il faut donc situer la racine du totalitarisme moderne dans la négation de la dignité transcendante de la personne humaine, image visible du Dieu invisible et, précisément pour cela, de par sa nature même, sujet de droits que personne ne peut violer, ni l'individu, ni le groupe, ni la classe, ni la nation, ni l'Etat. La majorité d'un corps social ne peut pas non plus le faire, en se dressant contre la minorité pour la marginaliser, l'opprimer, l'exploiter, ou pour tenter de l'anéantir.[13]

---

10 *Ibid.,* 24: *l.c.,* p. 564.

11 Cf. Encycl. *Rerum novarum,* 32-33: *l.c.,* p. 126-128.

12 Cf. *ibid.,* n. 27: *l.c.,* p. 121-122.

13 Cf. LEON XIII, Encycl. *Libertas praestantissimum:* 10: *l.c,* p. 224-226.

45. La culture et la pratique du totalitarisme comportent aussi la négation de l'Eglise. L'Etat, ou le parti, qui considère qu'il peut réaliser dans l'histoire le bien absolu et qui se met lui-même au-dessus de toutes les valeurs, ne peut tolérer que l'on défende un *critère objectif du bien et du mal* qui soit différent de la volonté des gouvernants et qui, dans certaines circonstances, puisse servir à porter un jugement sur leur comportement. Cela explique pourquoi le totalitarisme cherche à détruire l'Eglise ou du moins à l'assujettir, en en faisant un instrument de son propre système idéologique.[14]

L'Etat totalitaire, d'autre part, tend à absorber la nation, la société, la famille, les communautés religieuses et les personnes elles-mêmes. En défendant sa liberté, l'Eglise défend la personne, qui doit obéir à Dieu plutôt qu'aux hommes (cf. *Ac* 5, 29), la famille, les différentes organisations sociales et les nations, réalités qui jouissent toutes d'un domaine propre d'autonomie et de souveraineté.

46. L'Eglise apprécie le système démocratique, comme système qui assure la participation des citoyens aux choix politiques et garantit aux gouvernés la possibilité de choisir et de contrôler leurs gouvernants, ou de les remplacer de manière pacifique lorsque cela s'avère opportun.[15] Cependant, l'Eglise ne peut approuver la constitution de groupes dirigeants restreints qui usurpent le pouvoir de l'Etat au profit de leurs intérêts particuliers ou à des fins idéologiques.

Une démocratie authentique n'est possible que dans un Etat de droit et sur la base d'une conception correcte de la personne humaine. Elle requiert la réalisation des conditions nécessaires pour la promotion des personnes, par l'éducation et la formation à un vrai idéal, et aussi l'épanouissement de la «personnalité» de la société, par la création de structures de participation et de coresponsabilité. On tend à affirmer aujourd'hui que l'agnosticisme et le relativisme sceptique représentent la philosophie et l'attitude fondamentale accordées aux formes démocratiques de la vie politique, et que ceux qui sont convaincus de connaître la vérité et qui lui donnent une ferme adhésion ne sont pas dignes de confiance du point de vue démocratique, parce qu'ils n'acceptent pas que la vérité soit déterminée par la majorité, ou bien qu'elle diffère selon les divers équilibres politiques. A ce propos, il faut observer que, s'il n'existe aucune vérité dernière qui guide et oriente l'action politique, les idées et les convictions peuvent être facilement exploités au profit du pouvoir. Une démocratie sans valeurs se transforme facilement en un totalitarisme déclaré ou sournois, comme le montre l'histoire.

Et l'Eglise n'ignore pas le danger du fanatisme, ou du fondamentalisme, de ceux qui, au nom d'une idéologie qui se prétend scientifique ou religieuse, estiment pouvoir imposer aux autres hommes leur conception de la vérité et du bien. *La vérité chrétienne* n'est pas de cette nature. N'étant pas une idéologie, la foi

---

[14] Cf. *Gaudium et spes,* 76.

[15] Cf. *ibid.,* n. 29; PIE XII, Radiomessage de Noël, 24 décembre 1944: *AAS* 37 (1945), p. 10-20.

chrétienne ne cherche nullement à enfermer dans le cadre d'un modèle rigide la changeante réalité sociale et politique et elle admet que la vie de l'homme se réalise dans l'histoire de manières diverses et imparfaites. Cependant l'Eglise, en réaffirmant constamment la dignité transcendante de la personne, adopte comme règle d'action le respect de la liberté.[16]

Mais la liberté n'est pleinement mise en valeur que par l'accueil de la vérité: en un monde sans vérité, la liberté perd sa consistance et l'homme est soumis à la violence des passions et à des conditionnements apparents ou occultes. Le chrétien vit la liberté (cf. *Jn* 8,31-32) et il se met au service de la liberté, il propose constamment, en fonction de la nature missionnaire de sa vocation, la vérité qu'il a découverte. Dans le dialogue avec les autres, attentif à tout élément de la vérité qu'il découvre dans l'expérience de la vie et de la culture des personnes et des nations, il ne renoncera pas à affirmer tout ce que sa foi et un sain exercice de la raison lui ont fait connaître.[17]

B.96. *A l'Audience générale (AG 1969)*

Nous voulons encore, au cours de ces entretiens familiers, Nous réclamer du Concile, en observant, comme Nous l'avons déjà rappelé, la mentalité qu'il a engendrée: une mentalité ouverte sur certains aspects de la vie chrétienne, dont nous ferions bien de prendre conscience en les déterminant dans leurs justes limites, sans les isoler comme des concepts abstraits, comme des formes vivant par elles-mêmes, mais en les considérant dans le dessein harmonieux de la conception authentique, renouvelée et globale du catholicisme.

Un de ces aspects est celui de la liberté. Le Concile a parlé de liberté, en référence à plusieurs sujets. La liberté est une parole magique. Elle doit être étudiée avec une diligence sérieuse et sereine si on ne veut pas éteindre sa lumière et en faire une expression confuse, équivoque et dangereuse. Personne d'entre nous ne désire la confondre avec l'indifférence idéologique et religieuse, encore moins avec l'individualisme érigé en système, avec l'irresponsabilité, le caprice ou l'anarchie. Ce serait un cours bien long sur les distinctions et les réserves à faire à propos d'une parole à la mode, qui semble être très proche de la liberté: la révolution, avec certains de ses dérivés, aujourd'hui très répandus.

Mais considérée dans son concept humain et rationnel, comme autodétermination, comme libre arbitre, Nous serons parmi les premiers à exalter la liberté, à en reconnaître l'existence, à en revendiquer la tradition dans la pensée catholique, qui a toujours reconnu cette prérogative essentielle de l'homme. Il suffit de rappeler l'encyclique *Libertas* du Pape Léon XIII, en 1888. L'homme est libre, parce que doué de raison, et comme tel, juge et maître de ses propres actions.

---

16 Cf. Conc. Vat. II, Déclaration sur la liberté religieuse *Dignitatis humanae*.

17 Cf. Encycl. *Redemptoris missio,* 11: *L'Osservatore Romano,* 23 janvier 1991.

Contre les théories déterministes et fatalistes, aussi bien de caractère intérieur, psychologique, que de caractère externe, sociologique, l'Eglise a toujours soutenu que l'homme normal est libre, et donc responsable de ses propres actions. Elle tient cette vérité, non seulement des enseignements de la sagesse humaine, mais aussi et surtout de ceux de la révélation; elle a reconnu dans la liberté un des signes les plus fondamentaux de la ressemblance de l'homme à Dieu, se souvenant parmi tant d'autres de cette parole de la sainte Ecriture: «Dieu au commencement a fait l'homme et il l'a laissé à son conseil» (*Eccl* 15, 14; *Dt* 30, 19). On voit comment de cette prémisse dérive la notion de responsabilité, de mérite et de péché, et comment se relie à cette condition de l'homme le drame de sa chute et de sa rédemption réparatrice. Bien plus, l'Eglise a soutenu que l'abus que le premier homme fit de sa liberté, le péché originel, ne compromet pas de manière totale chez ses héritiers malheureux, la capacité de l'homme d'agir librement comme l'avait dit un moment la réforme protestante (cf. S. Augustin, *De libero Arbitrio* II: *PL* 32, 1239 sq.; *Retract.*, ib. 595 sq.; S. Th., *I* 83; *I-II,* 109; *Denz.* 1486 [776], 1521 [793], etc. ...).

De même, l'Eglise a toujours défendu la thèse que «personne ne pouvait être obligé par force d'embrasser la foi» (*Dignitatis humanae,* 12), et elle a aussi affirmé, durant sa longue histoire, au prix d'oppressions et de persécutions, la liberté pour chacun de professer sa propre religion; personne, a-t-elle déclaré, ne peut être empêché, ne peut être contraint, en ce qui concerne sa propre conscience religieuse (*ib.,* 2).

En simplifiant beaucoup l'immense matière si complexe de la liberté, nous pouvons avant tout observer que le Concile n'a pas en fait découvert ou inventé la liberté: il a revendiqué pour la conscience ses droits inaliénables; il l'a appuyée de la magnifique théologie du nouveau testament, il l'a proclamée pour tous dans le cadre de la société civile; c'est-à-dire qu'il a soutenu, non seulement l'existence, mais aussi l'exercice de la liberté dans deux directions principales. D'abord on trouve la direction de la personne, admettant pour chacun un haut degré d'autonomie, reconnaissant le pouvoir de la conscience, règle dernière et irréfutable (cf. *Rm* 14, 23) de l'action morale; cette conscience qui doit être d'autant plus éclairée par la vérité et soutenue par la grâce (cf. *Ga* 5, 1; *Jn* 8, 36) qu'elle tend à se déterminer aujourd'hui davantage par elle-même (cf. *Gaudium et spes,* 16 et 17). La deuxième direction est la direction sociale, exigeant, comme Nous le disions, une liberté religieuse vraie et publique, dans le respect, naturellement, des droits d'autrui et de l'ordre public (*Dignitatis humanae,* 7, etc.) et soutenant le «principe de subsidiarité» (*Gaudium et spes,* 86) qui, dans une société bien organisée, tend à laisser la plus grande liberté possible aux personnes et aux organisations inférieures, et à rendre obligatoire seulement ce qui est nécessaire pour un bien important, qui ne serait pas atteint autrement, et d'une manière générale pour le bien commun (*Dignitatis humanae,* 7).

B.97. *A la réunion plénière du Sacré Collège des Cardinaux (SCC 1979)*

Il n'est pas rare que la liberté de la volonté et la liberté de la personne soient comprises comme *le droit de faire n'importe quoi,* comme le droit de n'accepter aucune règle ni aucun devoir qui engagent pour la vie entière, par exemple les devoirs découlant des promesses du mariage ou de l'ordination sacerdotale. *Mais le Christ ne nous enseigne ni une telle interprétation ni un tel exercice de la liberté.* La liberté de tout homme crée des devoirs, demande le plein respect de la hiérarchie des valeurs, est dirigée en puissance vers le bien sans limites, vers Dieu. Aux yeux du Christ, la liberté n'est pas d'abord 'liberté de', mais 'liberté pour'. Le vrai fruit de la liberté est l'amour, en particulier l'amour par lequel l'homme se donne lui-même. L'homme, en effet, ainsi que nous le lisons dans le même chapitre de *Gaudium et spes, 'ne peut pleinement se trouver que par le don désintéressé de lui-même'* (n. 24).

Tels sont l'interprétation et l'exercice de la liberté qui doivent se retrouver à la base de toute l'oeuvre du renouveau. Seul l'homme qui comprend et exerce sa liberté de la façon indiquée par le Christ, ouvre son esprit à l'oeuvre de l'Esprit-Saint, qui est Esprit de vérité et d'amour...

B.98. *Journée mondiale de la Paix (JMP 1981)*

2. (...) Et à l'intérieur d'une nation, au plan politique, la paix a-t-elle une chance réelle quand la libre participation aux décisions collectives ou la libre jouissance des libertés individuelles n'est pas garantie? Il n'y a pas de vraie liberté — fondement de la paix — quand tous les pouvoirs sont concentrés dans les mains d'une seule classe sociale, d'une seule race, d'un seul groupe, ou quand le bien commun est confondu avec les intérêts d'un seul parti qui s'identifie à l'Etat. Il n'y a pas de vraie liberté quand les libertés des individus sont absorbées par une collectivité «en niant toute transcendance à l'homme et à son histoire, personnelle et collective» (*Octogesima adveniens,* 26). La vraie liberté est également absente quand des formes diverses d'anarchie érigée en théorie conduisent à refuser ou à contester systématiquement toute autorité, aboutissant, à l'extrême, aux terrorismes politiques ou à des violences aveugles, spontanées ou organisées. Il n'y a pas non plus de vraie liberté quand la sécurité interne est érigée en norme unique et suprême des relations entre l'autorité et les citoyens, comme si elle était le seul ou le principal moyen de maintenir la paix. On ne peut pas ignorer, dans ce contexte, le problème de la répression systématique ou sélective — accompagnée d'assassinats et de tortures, de disparitions et d'exils — dont sont victimes tant de personnes, y compris des évêques, des prêtres, des religieux, des religieuses et des laïcs chrétiens engagés dans le service du prochain.

3. Au plan social, on peut difficilement qualifier de vraiment libres les hommes et les femmes qui n'ont pas la garantie d'un emploi honnête et rémunérateur

ou qui, dans tant de villages ruraux, restent encore soumis à des servitudes regrettables, qui sont parfois l'héritage d'un passé de dépendance ou d'une mentalité coloniale. Il n'y a pas non plus de liberté suffisante pour ceux et pour celles qui, à la suite d'un développement industriel, urbain ou bureaucratique incontrôlé, se savent pris dans un gigantesque engrenage, dans un ensemble de mécanismes non voulus ou non maîtrisés qui ne laissent plus l'espace nécessaire pour un développement social digne de l'homme. La liberté est par ailleurs réduite, plus qu'il ne paraît, dans une société qui se laisse guider par le dogme de la croissance matérielle indéfinie, par la course à l'avoir ou la course aux armements. La crise économique actuelle qui atteint toutes les sociétés risque de provoquer, si elle n'est pas confrontée avec des postulats d'un autre ordre, des mesures qui restreindront encore davantage l'espace de liberté dont la paix a besoin pour éclore et fleurir.

Au niveau de l'esprit, la liberté peut encore souffrir de manipulations de multiples sortes. C'est le cas lorsque les moyens de communication sociale abusent de leur pouvoir sans se soucier de l'objectivité rigoureuse. C'est le cas aussi lorsqu'on applique des procédés psychologiques sans égard pour la dignité de la personne. Par ailleurs, la liberté restera bien incomplète, ou du moins difficile à exercer, chez les hommes, les femmes et les enfants pour qui l'analphabétisme constitue une sorte d'esclavage quotidien dans une société qui suppose la culture.

Au seuil de l'année 1981, proclamée par les Nations Unies Année de la personne handicapée, il convient enfin d'inclure dans ce tableau nos frères et soeurs qui ont été atteints dans leur intégrité physique ou dans leur esprit. Notre société est-elle suffisamment consciente de son devoir de mettre en oeuvre les moyens leur permettant de participer plus librement à la vie en commun, d'avoir accès au développement humain qui correspond à leurs droits de personnes humaines et à leurs possibilités, dans la dignité?

DES EFFORTS DEJA ENCOURAGEANTS ET DES REALISATIONS MERITOIRES

4. Mais, à côté de ces exemples typiques où des conditionnements plus ou moins graves font obstacle au juste déploiement de la liberté alors qu'ils pourraient être changés, il y a aussi un autre volet, positif celui-là, au tableau du monde contemporain à la recherche de la paix dans la liberté. C'est l'image d'une foule d'hommes et de femmes qui croient en cet idéal, qui s'engagent à mettre la liberté au service de la paix, à la respecter, à la promouvoir, à la revendiquer et à la défendre, et qui sont disposés aux efforts et jusqu'aux sacrifices que cet engagement demande. Je pense à tous ceux, Chefs d'Etat et de Gouvernement, hommes politiques, fonctionnaires internationaux et responsables civils à tous les niveaux, qui s'efforcent de rendre accessibles à tous les libertés solennellement proclamées. Ma pensée va aussi à tous ceux et celles qui savent que la liberté est indivisible et qui, en conséquence, ne se lassent pas de repérer, en toute objectivité, dans les situations changeantes, les nouvelles atteintes à la liberté dans le domaine de la vie personnelle, de la famille, de la culture, du développement socio-économique et de la vie politique. Je pense aux hommes et aux femmes à travers

le monde, épris d'une solidarité sans frontières, pour qui il est impossible, dans une civilisation devenue mondiale, d'isoler leurs propres libertés de celles que leurs frères et soeurs en d'autres continents s'efforcent de conquérir ou de sauvegarder. Je pense spécialement aux jeunes qui croient qu'on ne devient vraiment libre qu'en s'efforçant de procurer aux autres la même liberté.

L'ENRACINEMENT DE LA LIBERTE DANS L'HOMME

5. La liberté dans son essence est intérieure à l'homme, connaturelle à la personne humaine, signe distinctif de sa nature. La liberté de la personne trouve en effet son fondement dans sa dignité transcendante: une dignité qui lui a été donnée par Dieu, son Créateur, et qui l'oriente vers Dieu. L'homme, parce que créé à l'image de Dieu (cf. *Gn* 1,27), est inséparable de la liberté, de cette liberté qu'aucune force ou contrainte extérieure ne pourra jamais enlever et qui constitue son droit fondamental, tant comme individu que comme membre de la société. L'homme est libre parce qu'il possède la faculté de se déterminer en fonction du vrai et du bien. Il est libre parce qu'il possède la faculté de choisir «mû et déterminé par une conviction personnelle et non sous le seul effet de poussées instinctives ou d'une contrainte extérieure» (*Gaudium et spes,* 17). Etre libre, c'est pouvoir et vouloir choisir, c'est vivre selon sa conscience. (...)

PROMOUVOIR DES HOMMES LIBRES DANS UNE SOCIETE DE LIBERTE

6. (...) Les différentes instances responsables dans la société doivent rendre possible l'exercice de la vraie liberté dans toutes ses manifestations. Elles doivent chercher à garantir à chaque homme et à chaque femme la possibilité de réaliser pleinement son potentiel humain. Elles doivent leur reconnaître un espace autonome, juridiquement protégé, afin que tout être humain puisse vivre, seul ou collectivement, selon les exigences de sa conscience. Une telle liberté est d'ailleurs invoquée par les plus grands documents et pactes internationaux, tels que la Déclaration universelle des Droits de l'Homme et les Conventions internationales relatives au même sujet, comme aussi par la grande majorité des Constitutions nationales. Ce n'est que justice, car l'Etat, en tant que porteur du mandat des citoyens, doit non seulement reconnaître les libertés fondamentales des personnes, mais les protéger et les promouvoir. Ce rôle positif, il le jouera en respectant la règle du droit et en recherchant le bien commun selon les exigences de la loi morale. Pareillement, les groupes intermédiaires librement formés contribueront à leur manière à la sauvegarde et à la promotion des libertés. Cette noble tâche concerne toutes les forces vives de la société.

7. Mais la liberté, ce n'est pas seulement un droit qu'on réclame pour soi, c'est un devoir qu'on assume à l'égard des autres.Pour vraiment servir la paix, la liberté de chaque être humain et de chaque communauté humaine doit respecter les libertés et les droits des autres, individuels ou collectifs. Elle trouve dans ce respect sa limitation, mais aussi sa logique et sa dignité, car l'homme est par nature un être social.

Certaines formes de «liberté» ne méritent pas vraiment ce nom, et il faut veiller à défendre la liberté contre des contrefaçons de plusieurs sortes. Par exemple, la société de consommation — cet excès de biens non nécessaires à l'homme — peut constituer, en un certain sens, un abus de liberté quand la recherche toujours plus insatiable de biens n'est pas soumise à la loi de la justice et de l'amour social. Une telle pratique de la consommation entraîne en fait une limitation de la liberté des autres; et même, dans la perspective de la solidarité internationale, elle affecte des sociétés entières qui ne peuvent pas disposer du minimum de biens nécessaires à leurs besoins essentiels. L'existence de zones de pauvreté absolue dans le monde, l'existence de la faim et de la dénutrition ne sont pas sans poser une grave interrogation aux pays qui se sont développés librement sans tenir compte de ceux qui n'avaient pas le minimum et peut-être parfois à leurs frais. On pourrait même dire qu'à l'intérieur des pays riches, la poursuite incontrôlée de biens matériels et de services de tout genre offre seulement en apparence davantage de liberté à ceux qui en bénéficient, car elle propose comme valeur humaine fondamentale la possession de choses, au lieu de viser un certain bien-être matériel comme condition et moyen du plein épanouissement des talents de l'homme en collaboration et en harmonie avec ses semblables.

De même, une société construite sur une base purement matérialiste nie à l'homme sa liberté quand elle soumet les libertés individuelles aux dominations économiques, quand elle réprime la créativité spirituelle de l'homme au nom d'une fausse harmonie idéologique, quand elle refuse aux hommes l'exercice de leur droit d'association, quand elle réduit pratiquement à néant la faculté de participer à la chose publique ou agit de telle façon en ce domaine que l'individualisme et l'absentéisme, civique ou social, finissent par devenir l'attitude générale.

Enfin, la vraie liberté n'est pas promue non plus dans la société permissive qui confond la liberté avec la licence de faire n'importe quel choix et qui proclame, au nom de la liberté, une sorte d'amoralisme général. C'est proposer une caricature de la liberté que de prétendre que l'homme est libre d'organiser sa vie sans référence aux valeurs morales et que la société n'a pas à assurer la protection et la promotion des valeurs éthiques. Une telle attitude est destructrice de liberté et de paix. Il existe de multiples exemples de cette conception erronée de la liberté, comme l'élimination de la vie humaine par l'avortement accepté ou légalisé.

9. (...) La mise au point des instruments juridiques a sa place dans l'amélioration des rapports entre les nations. Pour respecter la liberté, il importe de contribuer aussi à la codification progressive des applications qui découlent de la Déclaration universelle des Droits de l'homme. (...)

LA LIBERTE DES ENFANTS DE DIEU

11. En terminant, vous me permettrez de m'adresser plus spécialement à ceux qui me sont unis dans la croyance au Christ. L'homme ne peut pas être authentiquement libre ni promouvoir la vraie liberté s'il ne reconnaît pas et s'il ne vit pas la transcendance de son être par rapport au monde et sa relation à Dieu, car la li-

berté est toujours celle de l'homme créé à l'image de son Créateur. Le chrétien trouve dans l'Evangile l'appui et l'approfondissement de cette conviction. Le Christ, Rédempteur de l'homme, rend libre. «Si le Fils vous affranchit, vous serez vraiment libres», rapporte l'Apôtre Jean (8, 36). Et l'Apôtre Paul ajoute: «Là où est l'esprit du Seigneur, là est la liberté» (2 *Co* 3,17). Etre libéré de l'injustice, de la peur, de la contrainte, de la souffrance ne servirait de rien si on restait esclave dans les profondeurs du coeur, esclave du péché. Pour être vraiment libre, l'homme doit être libéré de cet esclavage et transformé en une nouvelle créature. La liberté radicale de l'homme se situe ainsi au plan le plus profond: celui de l'ouverture à Dieu par la conversion du coeur, car c'est dans le coeur de l'homme que se situent les racines de tout assujettissement, de toute violation de la liberté. Finalement, pour le chrétien, la liberté ne provient pas de l'homme lui-même: elle se manifeste dans l'obéissance à la volonté de Dieu et dans la fidélité à son amour. C'est alors que le disciple du Christ trouve la force de lutter pour la liberté en ce monde. Devant les difficultés de cette tâche, il ne se laissera pas porter à l'inertie ni au découragement, car il met son espérance en Dieu qui soutient et fait fructifier ce qui est réalisé selon son Esprit. (...)

B.99. *Au Corps Diplomatique (CD 1990)*

5. En raison même de cette sollicitude et de cet intérêt pour le bien-être spirituel et matériel de tous les hommes, le Saint-Siège a accueilli avec satisfaction *les grandes transformations qui, en particulier en Europe, ont marqué récemment la vie de plusieurs peuples.*

La soif irrépressible de liberté qui s'y est manifestée a accéléré les évolutions, fait s'écrouler les murs et s'ouvrir les portes: tout cela a pris l'allure d'un véritable bouleversement. Et, vous l'aurez noté sans doute, le point de départ ou le point de rencontre a souvent été une église. Peu à peu des bougies se sont allumées formant un véritable chemin de lumière, comme pour dire à ceux qui, des années durant, ont prétendu limiter les horizons de l'homme à cette terre, qu'il ne peut indéfiniment demeurer enchaîné. Sous nos yeux semble renaître une «Europe de l'esprit», dans le droit fil des valeurs et des symboles qui l'ont façonnée, de «cette tradition chrétienne qui unit tous ses peuples» (Allocution au Congrès pour le Ve centenaire de la naissance de Martin Luther, 24 mars 1984). (...)

7. Varsovie, Moscou, Budapest, Berlin, Prague, Sofia et Bucarest, pour ne citer que des capitales, sont devenues comme les étapes d'*un long pèlerinage vers la liberté*. Nous devons rendre hommage aux peuples qui, au prix d'immenses sacrifices, l'ont courageusement entrepris et aux responsables politiques qui l'ont favorisé. Ce qu'il y a d'admirable dans les événements dont nous avons été témoins, c'est que des peuples entiers ont pris la parole; des femmes, des jeunes, des hommes ont surmonté la peur. La personne humaine a manifesté les inépuisables ressources de dignité, de courage et de liberté qu'elle recèle. Dans des pays où, des années durant, un parti a dit la vérité à croire et le sens à donner à l'Histoire, ces frères ont montré qu'il nest pas possible d'asphyxier les libertés fonda-

mentales qui donnent sens à la vie de l'homme: la liberté de pensée, de conscience, de religion, d'expression, de pluralisme politique et culturel.

8. Il faut que ces aspirations, exprimées par les peuples, soient satisfaites par *l'Etat de droit dans chaque nation européenne.* La neutralité idéologique, la dignité de la personne humaine source de droits, l'antériorité de la personne par rapport à la société, le respect des normes juridiques démocratiquement consenties, le pluralisme dans l'organisation de la société sont des valeurs irremplaçables sans lesquelles on ne peut construire durablement une maison commune à l'Est et à l'Ouest, accessible à tous et ouverte sur le monde. Il ne peut y avoir de société digne de l'homme sans le respect des valeurs transcendantes et permanentes. Quand l'homme se fait la mesure exclusive de tout, sans référence à Celui de qui tout vient et vers qui ce monde retourne, bien vite il devient esclave de sa propre finitude. Le croyant, lui, sait d'expérience que l'homme n'est vraiment homme qu'en se recevant de Dieu et en acceptant de collaborer au plan du salut: «Rassembler dans l'unité les enfants de Dieu dispersés» (*Jn* 11, 52).

9. Le temps est venu pour *les Européens de l'Ouest,* qui ont l'avantage d'avoir vécu de longues années de liberté et de prospérité, d'aider leurs frères du Centre et de l'Est à reprendre pleinement la place qui leur revient dans l'Europe d'aujourd'hui et de demain. Oui, le moment est propice pour ramasser les pierres des murs abattus et construire ensemble la maison commune. Malheureusement, trop souvent, les démocraties occidentales n'ont pas su user de la liberté conquise naguère au prix de durs sacrifices. On ne peut que regretter l'absence délibérée de toute référence morale transcendante dans la gestion des sociétés dites «développées». A côté d'élans généreux de solidarité, d'un souci réel de la promotion de la justice et d'une préoccupation constante du respect effectif des droits de l'homme, force est de constater la présence et la diffusion de contre-valeurs telles que l'égoïsme, l'hédonisme, le racisme et le matérialisme pratique. Il ne faudrait pas que les nouveaux venus à la liberté et à la démocratie soient déçus par ceux qui en sont en quelque sorte les «vétérans». Tous les Européens sont providentiellement appelés à retrouver les racines spirituelles qui ont fait l'Europe. A ce propos, je voudrais répéter devant cet auditoire qualifié ce que j'ai eu l'occasion de dire aux parlementaires du Conseil de l'Europe, à Strasbourg, en octobre 1988: «Si l'Europe veut être fidèle à elle-même, il faut qu'elle sache rassembler toutes les forces vives de ce continent, en respectant le caractère original de chaque région, mais en retrouvant dans ses racines un esprit commun... En exprimant le voeu ardent de voir s'intensifier la coopération, déjà ébauchée, avec les autres nations, particulièrement du Centre et de l'Est, j'ai le sentiment de rejoindre le désir de millions d'hommes et de femmes qui se savent liés dans une histoire commune et qui espèrent un destin d'unité et de solidarité à la mesure de ce continent» (Discours devant l'Assemblée parlementaire du Conseil de l'Europe, Strasbourg, 8 octobre 1988). Mesdames et Messieurs, voilà, me semble-t-il, non seulement ce qu'espèrent les Européens, mais aussi ce que le monde entier attend d'un continent qui a tant apporté aux autres.

B.100. *Message pour Pâques* (*Pâques 1990*)

6. *Homme de notre temps!*

Homme qui vis immergé dans le monde, et qui crois le maîtriser, alors que tu en es plutôt captif, *le Christ te libère de tout esclavage* pour te lancer à la conquête de toi-même, dans un amour constructif et porté au bien, un amour exigeant qui te fait bâtisseur et non destructeur de ton avenir, de la famille, de ton milieu de vie, de la société entière.

7. *Homme de notre temps!*

Seul le Christ ressuscité peut combler entièrement ton aspiration irrépressible à la liberté! Après les atrocités des deux guerres mondiales et de toutes les guerres qui, depuis cinquante ans, et souvent au nom d'idéologies athées, ont multiplié les victimes et semé la haine en tant de nations, après les années de dictature qui ont privé l'homme de ses libertés fondamentales, on redécouvre les vraies dimensions de l'esprit, celles que l'Eglise défend depuis toujours en révélant dans le Christ la vraie figure de l'homme. Même le réveil de nombreuses démocraties amène aujourd'hui des peuples au dialogue et à la confiance mutuelles; et le monde comprend à nouveau que l'homme ne peut vivre sans Dieu, sans la vérité qui, en Lui, le rend libre (cf. *Jn* 8, 32).

8. *Homme de notre temps!*

Le Christ te libère de l'égoïsme pour t'appeler au partage et à l'engagement actif et joyeux pour les autres. Je suis allé au Sahel africain, et j'ai vu le sable qui envahit les villages, assèche les puits, brûle les yeux, rend squelettiques les enfants, paralyse les forces jeunes, qui apporte le désespoir, l'inanition, la maladie et la mort. La mort de faim et de soif. *Homme d'aujourd'hui! Nations riches* de la civilisation de l'abondance! Ne soyez pas indifférents à tant de tragédies, prenez toujours plus vivement conscience qu'il faut aider ces populations qui luttent chaque jour pour leur survie. Soyez convaincus qu'il n'y a pas de liberté là où persiste la misère. Que la solidarité humaine et chrétienne soit le défi qui provoque votre conscience, afin que ce sable s'arrête, qu'il cède peu à peu la place à la promotion de la dignité humaine, qu'il fasse germer le blé du pain pour redonner le sourire, le travail, l'espérance et le progrès. Mais, grâce à Dieu, j'ai vu aussi des volontaires, des institutions, des prêtres, des religieux, des laïcs de diverses professions qui s'engagent et se sacrifient pour le bien de leur frères les plus isolés et les plus éprouvés. Je les remercie au nom du Christ crucifié et ressuscité.

9. *Homme de notre temps!*

Le Christ *te libère parce qu'il t'aime,* parce qu'il s'est livré pour toi (cf. *Ga* 2, 20), parce qu'il est vainqueur, pour toi et pour tous. Le Christ a redonné *à Dieu le monde et toi-même*. Il t'a redonné *Dieu, à toi et au monde*. Pour toujours! «Gardez courage! J'ai vaincu le monde».

B.101. *Prague*

3. Quand je prononce ce mot admirable, *liberté,* je le prononce avec tout l'amour et toute la ferveur de mon coeur. Je le prononce comme ma profession de foi en l'homme et en sa dignité. Je le prononce dans un esprit de solidarité sincère envers tous ceux auxquels la liberté a été refusée pendant si longtemps. Je le prononce avec tout le sérieux de mon ministère de héraut de l'Evangile et de pasteur de l'Eglise.

Dès ma première encyclique *Redemptoris hominis,* j'ai exprimé la conviction que l'Eglise doit devenir toujours plus *la gardienne et le chantre de la liberté,* car la liberté est la condition de la véritable dignité de la personne humaine. L'Eglise doit annoncer le Christ «comme Celui qui apporte à l'homme la liberté fondée sur la vérité, comme Celui qui libère l'homme de ce qui limite, diminue et pour ainsi dire détruit cette liberté jusqu'aux racines mêmes dans l'esprit de l'homme, dans son coeur, dans sa conscience» (n. 12).

Au Concile Vatican II, l'Eglise a expressément affirmé *le droit de tout homme à la liberté,* à partir de la liberté de conscience et de religion, et elle s'est elle-même obligée au respect et à la défense de cette liberté en tout homme (cf. *Dignitatis humanae*). Dans la constitution *Gaudium et spes,* les Pères conciliaires ont invité toutes les institutions à se mettre au service de la dignité de l'homme et à combattre fermement toute forme d'asservissement social ou politique qui en violerait les droits fondamentaux (cf. n. 28). Dans cet esprit, au cours de tous mes voyages pastoraux, j'ai saisi toutes les occasions de mettre en relief la sollicitude de l'Eglise pour l'homme, pour sa liberté et pour tous ses droits.

4. Aujourd'hui, je voudrais exprimer mon estime et ma reconnaissance à tous ceux qui, au prix de nombreux sacrifices, ont contribué à dépasser, au coeur de l'Europe, une des plus graves tentatives de priver l'homme de la liberté à laquelle il est destiné et appelé par sa nature même.

Il est symptomatique qu'il y ait eu un grand nombre d'hommes de culture parmi ceux qui surent, les premiers, découvrir dans ce régime et dans son idéologie son incapacité à transmettre à l'homme le sens de la vie et une espérance solide pour l'avenir. Comme tant d'autres fois dans l'histoire de cette nation, les hommes de culture, avec d'autres grands esprits, ont défendu l'identité spirituelle de la nation en soutenant l'aspiration à la vérité, à la liberté et à la justice.

La culture suppose la liberté, mais, *à son tour elle forge et elle préserve le sens de la liberté et l'identité spirituelle des nations.* (...)

B.102. *A la réunion de consultation pour préparer l'Assemblée spéciale pour l'Europe du Synode des Evêques (SEE)*

7. (...) L'année 1989 s'est achevée par une série de changements dans les pays de ce qu'on appelait le bloc communiste. Les partis marxistes ont perdu leur pouvoir absolu. Les élections libres sont en train de confirmer que les différentes sociétés désapprouvent les formes de vie politique, économique et sociale qu'ils avaient imposées. Tout cela se réalise *par la voie d'une révolution pacifique* — voie déjà inaugurée par «Solidarnosc» en Pologne en 1980 — sans effusion de sang, à une seule exception, celle de la Roumanie. Le processus de démocratisation s'effectue dans tous les pays de cette région, sauf — au moins jusqu'ici — l'Albanie.

Une des conséquences de ces changements est que sont rendus à la communauté des croyants, c'est-à-dire à l'Eglise, les droits dont elle avait été privée de manière délibérée dans le système du totalitarisme marxiste. Le degré de cette privation a été différent d'un pays à l'autre. *Cependant* on partait d'*un présupposé commun:* la religion, comme élément d'aliénation, devait disparaître pour permettre la libération de l'homme. On peut dire que l'expérience de cette période maintenant révolue a montré exactement le contraire: *la religion et l'Eglise sont apparus comme des facteurs, parmi les plus efficaces, de la libération de l'homme par rapport à un système d'asservissement total.*

11.

EGALITE/FRATERNITE

La dignité même de chaque personne humaine comporte leur égalité foncière. Cette égalité concerne aussi bien les êtres humains, hommes et femmes, que les communautés humaines, car elle découle d'une même origine du genre humain.

Dans une perspective chrétienne, cette égalité devient une véritable fraternité pour répondre à l'amour de Dieu, Père de tous les hommes, et de son Fils Jésus-Christ le Sauveur, en qui nous sommes tous frères.

A.103. *Pacem in Terris (PT)*

I. (...) SIGNES DES TEMPS

Trois traits caractérisent notre époque.

D'abord la promotion économique et sociale des classes laborieuses. Celles-ci ont en premier lieu concentré leur effort dans la revendication de droits surtout économiques et sociaux; puis elles ont élargi cet effort au plan politique; enfin au droit de participer dans les formes appropriées aux biens de la culture. Aujourd'hui, chez les travailleurs de tous les pays, l'exigence est vivement sentie d'être considérés et traités non comme des êtres sans raison ni liberté, dont on use à son gré, mais comme des personnes, dans tous les secteurs de la vie collective: secteur économico-social, culturel et politique.

Une seconde constatation s'impose à tout observateur: l'entrée de la femme dans la vie publique, plus rapide peut-être dans les peuples de civilisation chrétienne; plus lente, mais de façon toujours ample, au sein des autres traditions ou cultures. De plus en plus consciente de sa dignité humaine, la femme n'admet plus d'être considérée comme un instrument; elle exige qu'on la traite comme une personne aussi bien au foyer que dans la vie publique.

Enfin l'humanité, par rapport à un passé récent, présente une organisation sociale et politique profondément transformée. Plus de peuples dominateurs et de peuples dominés: toutes les nations ont constitué ou constituent des communautés politiques indépendantes.

Les hommes de tout pays et continent sont aujourd'hui citoyens d'un Etat autonome et indépendant, ou ils sont sur le point de l'être. Personne ne veut être soumis à des pouvoirs politiques étrangers à sa communauté ou à son groupe ethnique. On assiste, chez beaucoup, à la disparition du complexe d'infériorité qui a régné pendant des siècles et des millénaires; chez d'autres, s'atténue et tend à disparaître, au contraire, le complexe de supériorité, issu de privilèges économiques et sociaux, du sexe ou de la situation politique.

Maintenant, en effet, s'est propagée largement l'idée de l'égalité naturelle de tous les hommes. Aussi, du moins en théorie, ne trouve-t-on plus de justification aux discriminations raciales. Voilà qui représente une étape importante sur la route conduisant à une communauté humaine établie sur la base des principes que Nous avons rappelés. (...)

III. (...) DANS LA VERITE

La vérité doit présider aux relations entre les communautés politiques. Cette vérité bannit notamment toute trace de racisme; l'égalité naturelle de toutes les communautés politiques en dignité humaine doit être hors de conteste. Chacune a donc droit à l'existence, au développement, à la possession des moyens nécessaires pour le réaliser, à la responsabilité première de leur mise en oeuvre. Chacune revendiquera légitimement son droit à la considération et aux égards.

L'expérience nous montre les différences souvent notables de savoir, de vertus, de capacités intellectuelles et de ressources matérielles qui distinguent les hommes les uns des autres. Mais cet état de fait ne donne aux plus favorisés aucun droit d'exploiter les plus faibles; il leur crée, à tous et à chacun, un devoir plus pressant de collaborer à leur élévation réciproque.

De même, certaines communautés politiques peuvent se trouver en avance sur d'autres dans le domaine des sciences, de la culture, du développement économique. Bien loin d'autoriser une domination injuste sur les peuples moins favorisés, cette supériorité oblige à contribuer plus largement au progrès général.

Il ne peut certes pas exister d'êtres humains supérieurs à d'autres par nature; par nature tous sont d'égale noblesse. Et pas davantage les communautés politiques ne connaissent d'inégalité entre elles au point de vue de la dignité naturelle. Chacune est comme un corps, dont les membres sont des hommes. D'ailleurs, l'histoire montre que rien n'affecte les peuples comme ce qui touche de près ou de loin à leur honneur; et cette sensibilité est légitime. (...)

A.104. *Gaudium et Spes* (*GS*)

29. EGALITE ESSENTIELLE DE TOUS LES HOMMES ENTRE EUX ET JUSTICE SOCIALE

Tous les hommes, doués d'une âme raisonnable et créés à l'image de Dieu, ont même nature et même origine; tous, rachetés par le Christ, jouissent d'une même vocation et d'une même destinée divine: on doit donc, et toujours davantage, reconnaître leur égalité fondamentale.

Assurément, tous les hommes ne sont pas égaux quant à leur capacité physique, qui est variée, ni quant à leurs forces intellectuelles et morales qui sont diverses. Mais toute forme de discrimination touchant les droits fondamentaux de la personne, qu'elle soit sociale ou culturelle, qu'elle soit fondée sur le sexe, la race, la couleur de la peau, la condition sociale, la langue ou la religion, doit être dépassée et éliminée, comme contraire au dessein de Dieu. En vérité, il est affligeant de constater que ces droits fondamentaux de la personne ne sont pas encore partout garantis. Il en est ainsi lorsque la femme est frustrée de la faculté de choisir librement son époux ou d'élire son état de vie, ou d'accéder à une éducation et une culture semblables à celles que l'on reconnaît à l'homme.

Au surplus, en dépit de légitimes différences entre les hommes, l'égale dignité des personnes exige que l'on parvienne à des conditions de vie justes et plus humaines. En effet, les inégalités économiques et sociales excessives entre les membres ou entre les peuples d'une seule famille humaine font scandale et font obstacle à la justice sociale, à l'équité, à la dignité de la personne humaine ainsi qu'à la paix sociale et internationale.

Que les institutions privées ou publiques s'efforcent de se mettre au service de la dignité et de la destinée humaines. Qu'en même temps elles luttent activement contre toute forme d'esclavage, social ou politique; et qu'elles garantissent les droits fondamentaux des hommes sous tout régime politique. Et même s'il faut un temps passablement long pour parvenir au but souhaité, toutes ces institutions humaines doivent peu à peu répondre aux réalités spirituelles qui, de toutes, sont les plus hautes. (...)

A.105. *Octogesima Adveniens* (*OA*)

17. (...) Il est du devoir de tous — et spécialement des chrétiens[1] — de travailler avec énergie à instaurer la fraternité universelle, base indispensable d'une justice authentique et condition d'une paix durable: «Nous ne pouvons invoquer Dieu, Père de tous les hommes, si nous refusons de nous conduire fraternellement en-

---

[1] Cf. *Mt* 25, 35.

vers certains des hommes créés à l'image de Dieu. La relation de l'homme à Dieu le Père et la relation de l'homme à ses frères humains sont tellement liées que l'Ecriture dit: «Qui n'aime pas ne connaît pas Dieu» (1 *Jn* 4,8).[2] (...)

22. En même temps que le progrès scientifique et technique continue à bouleverser le paysage de l'homme, ses modes de connaissance, de travail, de consommation et de relations, s'exprime toujours, dans ces contextes nouveaux, une double aspiration plus vive au fur et à mesure que se développent son information et son éducation: aspiration à l'égalité, aspiration à la participation; deux formes de la dignité de l'homme et de sa liberté.

AVANTAGES ET LIMITES DES RECONNAISSANCES JURIDIQUES

23. Pour inscrire dans les faits et les structures cette double aspiration, des progrès ont été accomplis dans l'énoncé des droits de l'homme et la recherche d'accords internationaux pour l'application de ces droits.[3] Cependant les discriminations — ethniques, culturelles, religieuses, politiques... — renaissent toujours. En fait, les droits humains demeurent encore trop souvent méconnus, sinon bafoués, ou leur respect est purement formel. En bien des cas, la législation est en retard sur les situations réelles. Nécessaire, elle est insuffisante à établir de véritables rapports de justice et d'égalité. (...)

A.106. *Mulieris Dignitatem (MD)*

«IL DOMINERA SUR TOI»

10. La description biblique du *Livre de la Genèse* précise les conséquences du péché humain, comme elle montre aussi *le déséquilibre* introduit *dans les rapports* originels *entre l'homme et la femme* qui répondaient à la dignité de personne qu'avait chacun d'eux. L'être humain, homme ou femme, est une personne et donc la «seule créature sur terre que Dieu ait voulu pour elle-même»; et en même temps cette créature-là, absolument unique, «ne peut se trouver que par le don désintéressé d'elle-même».[4] C'est là que prend naissance le rapport de «communion» dans lequel trouvent leur expression l'«unité des deux» et la dignité personnelle de l'homme et de la femme. Quand donc nous lisons dans la description biblique les paroles adressées à la femme: *«Le désir te portera vers ton mari, et lui dominera sur toi»* (*Gn* 3,16), nous découvrons une rupture et une menace constante affectant précisément cette «unité des deux» qui correspond à la dignité de l'image et de la ressemblance de Dieu en chacun d'eux. Mais cette menace apparaît plus grave pour la femme. En effet, dans une existence qui est un don désin-

---

2 Déclaration *Nostra aetate*, 5: *AAS* 58 (1966), p. 743.

3 Cf. *Pacem in terris: AAS* 55 (1963), p. 261 s.

4 Cf. *Gaudium et spes*, 24.

téressé et qui va jusqu'à vivre «pour» l'autre s'introduit le fait de la domination: «Lui dominera sur toi». Cette «domination» désigne la perturbation et *la perte de stabilité de l'égalité fondamentale* que possèdent l'homme et la femme dans l'«unité des deux», et cela surtout au détriment de la femme, alors que seule l'égalité qui résulte de la dignité des deux en tant que personnes peut donner aux rapports réciproques le caractère d'une authentique *«communio personarum»*. Si la violation de cette égalité, qui est à la fois un don et un droit venant de Dieu Créateur lui-même, comporte un élément défavorable à la femme, par le fait même elle diminue aussi la vraie dignité de l'homme. Nous touchons ici *un point extrêmement délicat dans le domaine de l'«ethos»* inscrit dès l'origine par le Créateur dans le fait même de la création des deux à son image et à sa ressemblance.

Cette affirmation de *Genèse* 3, 16 a une grande portée, une portée significative. Elle implique une référence au rapport réciproque de l'homme et de la femme *dans le mariage*. Il s'agit du désir né dans le cadre de l'amour conjugal, qui fait en sorte que «le don désintéressé de soi» de la part de la femme attende en réponse d'être parachevé par un «don» analogue de la part de son mari. Ce n'est qu'en se fondant sur ce principe que tous les deux, et en particulier la femme, peuvent «se trouver» en une véritable «unité des deux», selon la dignité de la personne. L'union matrimoniale exige que soit respectée et perfectionnée la vraie personnalité des deux époux. *La femme ne peut devenir un «objet» de «domination» et de «possession» de l'homme*. Mais les paroles du texte biblique concernent directement le péché originel et ses conséquences durables chez l'homme et la femme. Sur eux pèse la culpabilité héréditaire; ils portent constamment en eux la *«cause du péché»,* c'est-à-dire la tendance à altérer l'ordre moral qui correspond à la nature rationnelle elle-même et à la dignité de l'homme comme personne. Cette tendance s'exprime *dans la triple concupiscence* que le texte de l'Apôtre décrit comme convoitise de la chair, convoitise des yeux et orgueil de la richesse (cf. 1 *Jn* 2, 16). Les paroles de la *Genèse citées plus haut* (3,16) montrent comment cette triple convoitise, cette «cause du péché», pèsera sur les rapports réciproques de l'homme et de la femme.

Ces *mêmes paroles* se réfèrent directement au mariage, mais indirectement *elles atteignent les divers domaines de la convivialité,* les situations dans lesquelles la femme est désavantagée ou objet de discrimination pour le seul fait d'être femme. La vérité révélée sur la création de l'homme comme être masculin et féminin constitue l'argument principal contre toutes les situations qui, en étant objectivement nuisibles c'est-à-dire injustes, comportent et expriment l'héritage du péché que tous les êtres humains portent en eux-mêmes. Les Livres de l'Ecriture Sainte confirment en divers endroits *l'existence effective de telles situations,* et en même temps ils proclament la nécessité de se convertir, c'est-à-dire de se purifier du mal et de se libérer du péché, de ce qui porte offense à l'autre, de ce qui «amoindrit» l'homme, non seulement celui qu'atteint l'offense mais aussi celui qui en est l'auteur. Tel est le message immuable de la Parole révélée par Dieu. Ainsi s'exprime l'«ethos» biblique jusqu'à la fin.[5]

---

5 C'est précisément en se référant à la loi divine que les Pères du IVe siècle ont forte-

A.107. *Christifideles Laici (CL)*

37. (...) La dignité personnelle constitue le *fondement* de l'égalité de tous les hommes entre eux. De là la nécessité absolue de refuser toutes les formes, si diverses, de discrimination, qui hélas! continuent à diviser et à humilier la famille humaine, discriminations raciales, économiques, sociales, culturelles, politiques, géographiques, etc. Toute discrimination constitue une injustice absolument intolérable, non pas tant en raison des tensions et des conflits qu'elle peut engendrer dans le tissu social qu'en raison du déshonneur infligé à la dignité de la personne: et non seulement à la dignité de qui est victime de l'injustice, mais, davantage encore, de qui la commet. (...)

B.108. *Africae Terrarum (AT)*

17. (...) L'égalité entre tous les hommes se fonde, on le sait, sur la communauté d'origine et de destinée de quiconque appartient à la famille humaine. «Tous les hommes, doués d'une âme raisonnable et créés à l'image de Dieu, ont même nature et même origine; tous rachetés par le Christ, jouissent d'une même vocation et d'une même destinée divine: on doit donc, et toujours davantage, reconnaître leur égalité fondamentale».[6] Cette égalité réclame de la société civile une reconnaissance toujours plus explicite des droits essentiels de tout être humain; et cela bien qu'elle n'abolisse pas les différences et les fonctions propres des individus particuliers (mais bien au contraire elle les reconnaît et les harmonise). On doit donc regarder comme légitimes les aspirations des hommes à jouir des droits qui découlent de la dignité de la personne humaine. (...)

B.109. *Journée mondiale de la Paix (JMP 1971)*

(...) La véritable paix doit être fondée sur la justice, sur le sentiment d'une intangible dignité humaine, sur la reconnaissance d'une ineffaçable et heureuse égalité entre les hommes, sur le dogme fondamental de la fraternité humaine. C'est-à-dire du respect et de l'amour dûs à tout homme en sa qualité d'homme. Explose le mot victorieux: en sa qualité de frère. Mon frère, notre frère.

C'est également cette conscience de la fraternité humaine universelle qui s'affirme heureusement dans notre monde, du moins en principe. Ceux qui travaillent à éduquer les nouvelles générations dans la conviction que tout homme est notre frère construisent à partir des fondations mêmes l'édifice de la paix.

---

ment réagi contre la discrimination encore en vigueur, à l'égard de la femme, dans les moeurs et la législation civile de leur temps. Cf. S. GREGOIRE DE NAZIANCE, *Or* 37, 6: *PG* 36, 290; S. JEROME, *Ad Oceanum ep.* 77,3: *PL* 22, 691; S. AMBROISE, *De Instit. virg.* III, 16: *PL* 16, 309; S. AUGUSTIN, *Sermo* 132, 2: *PL* 38, 735; *Sermo* 392, 4: *PL* 39, 1711.

6 *Gaudium et spes,* 29: *AAS* 58 (1966), p. 1048-1049.

Ceux qui introduisent dans l'opinion publique le sentiment d'une fraternité humaine sans frontière préparent au monde des jours meilleurs. Ceux qui conçoivent la protection des intérêts politiques sans la poussée de la haine ou de la lutte entre les hommes, comme une nécessité dialectique et organique de la vie sociale, ouvrent la société humaine à un progrès toujours actif du bien commun. Ceux qui contribuent à découvrir en tout homme, par delà les caractéristiques somatiques, ethniques, raciales, l'existence d'un être égal à soi, transforment la terre, d'épicentre de divisions, d'antagonismes, d'embûches et de vengeances, en un lieu de travail organisé sur la base d'une collaboration civilisée. En effet, là où la fraternité entre les hommes est fondamentalement méconnue, c'est la paix qui est ruinée en sa base même. Car, la paix est, au contraire, le miroir de l'humanité véritable, authentique, moderne, victorieuse de toute autodétérioration anachronique. La paix est la grande idée célébrant l'amour entre les hommes qui se découvrent frères et se décident à vivre tels.

Voici donc quel est notre message pour l'année 1971. Il fait écho, voix nouvelle née de la conscience civilisée, à la Déclaration des Droits de l'Homme: «Tous les hommes naissent libres et égaux en dignité et en droits; ils sont doués de raison et de conscience et doivent se comporter les uns envers les autres comme des frères». A ce sommet est arrivée la doctrine de la civilisation. Ne retournons pas en arrière. Ne perdons pas les trésors de cette conquête axiomatique. Donnons plutôt une application, logique et courageuse, à cette formule, ligne d'arrivée du progrès humain: «tout homme est mon frère». La paix, en essence et en devenir, c'est cela. Et cela vaut pour tous.

Cela vaut, frères dans la foi au Christ, tout spécialement pour nous. A la sagesse humaine qui, en un effort immense, est arrivée à une si haute et si difficile conclusion, nous pouvons, nous, croyants, fournir un soutien indispensable. Celui, avant tout, de la certitude (car des doutes de tout genre peuvent la guetter, l'affaiblir, l'annuler). Notre certitude en la parole divine de notre maître, le Christ, gravée dans son Evangile: «Vous êtes tous frères» (*Mt* 23, 8). Nous pouvons aussi offrir le réconfort d'une possibilité d'application (dans la vie pratique, en effet, comme il est difficile de se comporter tout à fait fraternellement envers tout homme!); nous le pouvons grâce au recours, comme à une règle pratique et normale d'action, à un autre enseignement, fondamental, du Christ: «Ainsi, tout ce que vous désirez que les autres fassent pour vous, faites-le vous-mêmes pour eux: voilà la loi et les prophètes» (*Mt* 7, 12). Philosophes et saints, comme ils ont médité sur cette maxime qui insère l'universalité de la loi de fraternité dans l'action singulière et concrète de la moralité sociale! C'est encore nous, enfin, qui sommes en mesure de fournir l'argument suprême: celui de la Paternité divine, commune à tous les hommes, proclamée à tous les croyants. Une véritable fraternité, entre les hommes, pour être authentique et contraignante, suppose et exige une Paternité transcendante et pleine d'amour métaphysique, de charité surnaturelle. Nous pouvons, quant à nous, enseigner la fraternité humaine, c'est-à-dire la paix, en enseignant à reconnaître, à aimer, à invoquer Notre Père qui est aux cieux. Nous savons, nous, que nous sera barré l'accès à l'autel de Dieu si nous n'avons, d'abord, nous-mêmes enlevés l'obstacle à la réconciliation avec l'homme-frère (*Mt* 5,23 passim; 6,14-15). (...)

B.110. *Au Comité contre l'Apartheid* (*Apartheid 1974*)

Nous avons répondu bien volontiers à la demande d'audience pour le Comité des Nations Unies sur l'Apartheid. Nous sommes heureux de saisir cette occasion pour exposer de nouveau la position de l'Eglise sur le problème immense et crucial de la dignité de la personne humaine et de l'égalité fondamentale entre tous les hommes, et en particulier sur la question de la discrimination. Cet enseignement reflète toute une conception chrétienne de l'homme lui-même, créé à la ressemblance de Dieu et racheté par le Christ. C'est Lui qui nous a laissé un testament et un défi, quand il nous a dit: «Vous êtes tous frères» (Cf. *Mt* 23,8).

Nos Prédécesseurs sur le Siège de Pierre, les Vicaires du Christ, ont bien des fois, au cours des temps, exprimé cet enseignement, pour la défense de l'homme. Ainsi Paul III a prôné la dignité des peuples autochtones des Amériques: leur liberté, leur droit à la propriété (cf. *Pastorale Officium,* 29 mai 1537: *DS* 1495; cf. également Grégoire XVI, *In Supremo Apostolatus Fastigio,* 3 déc. 1839: *DS* 2745). Dans les temps modernes, nos grands Prédécesseurs Pie XII et Jean XXIII n'ont pas cessé de réaffirmer ce précieux message hérité de l'Evangile (cf. Mess. radiophonique, 24 déc. 1942: *AAS* 35 (1943), p. 19; *Pacem in Terris,* 11 avril 1963: *AAS* 55 [1963], p. 259-260).

Ainsi nous proclamons de nouveau et sans équivoque la dignité de la personne humaine et la fraternité de tous les hommes. La vraie fraternité s'appuie sur la communauté d'origine, de nature et de destinée de tous les membres de la famille humaine et sur l'égalité de leurs droits fondamentaux. Nous trouvons fort à propos de déclarer aujourd'hui, comme il y a sept ans: «Cette égalité réclame de la société civile une reconnaissance toujours plus explicite des droits essentiels de tout être humain... On doit donc regarder comme légitimes les aspirations des hommes à jouir des droits qui découlent de la dignité de la personne humaine» (Message à l'Afrique: *AAS* 59 [1967], p. 1082).

Alors que nous pouvons relever qu'il se forme vraiment une prise de conscience croissante de la très grande dignité propre à la personne humaine, et que la civilisation est en marche vers la reconnaissance de l'égalité et des libertés qu'imposent inéluctablement cette dignité et cette égalité humaines, nous devons admettre toutefois qu'un des grands paradoxes de notre temps est qu'en fait, ces libertés sont beaucoup trop souvent restreintes, violées ou même niées. (...)

B.111. *Au Comité contre l'Apartheid* (*Apartheid 1984*)

1. (...) Il y a dix ans, le 22 mai 1974, mon vénéré prédécesseur, le Pape Paul VI, a reçu votre Comité et a indiqué les fondements de l'engagement du chrétien au service de la cause de la promotion de la dignité humaine. La rencontre d'aujourd'hui m'offre la possibilité de souligner à nouveau les principes qui orientent un tel engagement. La création de l'homme par Dieu, «à son image» (*Gn* 1, 27),

confère à chaque personne humaine une éminente dignité qui postule sur ce plan, *l'égalité fondamentale entre tous les êtres humains*. Pour l'Eglise, cette égalité, d'ordre ontologique, assume la dimension d'une fraternité tout à fait spéciale par l'incarnation du Fils de Dieu, dont le sacrifice a racheté les hommes. Dans la *Rédemption* par Jésus-Christ, l'Eglise trouve une base ultérieure des droits et des devoirs de la personne humaine. Dans cette vision, toute discrimination de caractère racial, qu'elle soit occasionnelle ou institutionnalisée, qu'elle vise des individus ou des ethnies entières, est inacceptable. Saint Paul apôtre affirme très clairement: «...il n'est plus question de Grec ou de Juif, de circoncision ou d'incirconcision, de barbare, de Scythe, d'esclave, d'homme libre; il n'y a que le Christ, qui est tout et en tout» (*Col* 3, 11). (...)

B.112. *Au Corps Diplomatique (CD 1987)*

11. Du Message de la paix pour cette année, je reprends seulement cette phrase en terminant cet entretien: «Alors que la solidarité nous fournit la base éthique pour agir, le développement devient ce qu'un frère offre à son frère, afin que tous deux puissent vivre plus pleinement dans toute la diversité et la complémentarité qui sont les caractéristiques de la civilisation humaine» (n. 7).

Très souvent, parlant des droits de l'homme, nous n'avons en vue que l'égalité des hommes et leur liberté. L'égalité en dignité des hommes est à garantir toujours et partout; elle ne requiert pas nécessairement l'égalité de toutes les situations qui risque d'être un leurre et de susciter sans cesse des conflits. Ce qui est capital, c'est la *fraternité*. Elle apparaît comme la clé de voûte de l'édifice toujours fragile de la démocratie, comme le but de la marche toujours difficile vers la paix, comme son inspiration décisive. Elle lève la contradiction si souvent signalée entre l'égalité et la liberté. Elle trancende la stricte justice. Elle a pour moteur *l'amour*.

Les Pères du Concile Vatican II ont souligné cet aspect: «La paix est aussi le fruit de l'amour qui va bien au-delà de ce que la justice peut apporter» (*Gaudium et spes,* 78). Cet amour est au coeur de l'Evangile de Jésus-Christ qui en a donné le goût au monde, de manière incomparable, en invitant à se faire le prochain de tout homme, comme d'un frère. Cet amour suppose un dépassement de soi, que favorise l'attitude religieuse, mais qui est de toute façon nécessaire à la vie en société. Un monde sans amour fraternel ne connaîtra toujours qu'une paix fragmentaire, fragile, menacée. Et, en cas de guerre, les pays belligérants seront incapables de renoncer à la volonté de dominer, même au prix d'une tragique hécatombe ou d'une absurde ruine, parce que cela serait humiliant pour eux. Seul l'esprit de fraternité amènera à accepter et à offrir une trêve ou plutôt une paix qui ne soit pas humiliante pour l'autre.

12.

DROITS DE L'HOMME ET PAIX

La position du Magistère à cet égard a été constante et très claire: le respect des droits de l'homme est la condition de la paix.

La tragique expérience de la dernière guerre mondiale est plusieurs fois évoquée pour rappeler les violations systématiques de la dignité humaine pendant ce conflit.

L'exigence du respect du droit international humanitaire est également soulignée. *

Une distinction importante est aussi proposée pour évaluer le type de violations des droits de l'homme qui sont à la racine de la guerre: l'une liée à une injuste distribution des biens matériels, l'autre aux atteintes portées contre la dimension spirituelle de l'homme.

A.113. *Gaudium et Spes (GS)*

78. LA NATURE DE LA PAIX

La paix n'est pas une pure absence de guerre et elle ne se borne pas seulement à assurer l'équilibre de forces adverses; elle ne provient pas non plus d'une domination despotique, mais c'est en toute vérité qu'on la définit «oeuvre de justice» (*Is* 32, 17). Elle est le fruit d'un ordre inscrit dans la société humaine par son divin fondateur, et qui doit être réalisé par des hommes qui ne cessent d'aspirer à une justice plus parfaite. En effet, encore que le bien commun du genre humain soit assurément régi dans sa réalité fondamentale par la loi éternelle, dans ses exigences concrètes il est pourtant soumis à d'incessants changements avec la mar-

---

* A ce sujet, on peut rappeler que le Saint-Siège a ratifié les quatre *Conventions* de Genève de 1949 (le 22 février 1951) et les deux *Protocoles* additionnels de 1977 (le 21 novembre 1985).

che du temps: la paix n'est jamais chose acquise une fois pour toutes, mais sans cesse à construire. Comme de plus la volonté humaine est fragile et qu'elle est blessée par le péché, l'avènement de la paix exige de chacun le constant contrôle de ses passions et la vigilance de l'autorité légitime.

Mais ceci est encore insuffisant. La paix dont nous parlons ne peut s'obtenir sur terre sans la sauvegarde du bien des personnes, ni sans la libre et confiante communication entre les hommes des richesses de leur esprit et de leurs facultés créatrices. La ferme volonté de respecter les autres hommes et les autres peuples ainsi que leur dignité, la pratique assidue de la fraternité sont absolument indispensables à la construction de la paix. Ainsi la paix est-elle aussi le fruit de l'amour qui va bien au-delà de ce que la justice peut apporter. (...)

A.114. *Populorum Progressio (PP)*

30. TENTATION DE VIOLENCE

Il est certes des situations dont l'injustice crie vers le ciel. Quand les populations entières, dépourvues du nécessaire, vivent dans une dépendance telle qu'elle leur interdit toute initiative et responsabilité, toute possibilité aussi de promotion culturelle et de participation à la vie sociale et politique, grande est la tentation de repousser par la violence de telles injures à la dignité humaine.

31. REVOLUTION

On le sait pourtant: l'insurrection révolutionnaire — sauf le cas de tyrannie évidente et prolongée qui porterait gravement atteinte aux droits fondamentaux de la personne et nuirait dangereusement au bien commun du pays — engendre de nouvelles injustices, introduit de nouveaux déséquilibres et provoque de nouvelles ruines. On ne saurait combattre un mal réel au prix d'un plus grand malheur.

A.115. *Redemptor Hominis (RH)*

17. DROITS DE L'HOMME: «LETTRE» OU «ESPRIT»?

Notre siècle a été jusqu'ici un siècle de grands désastres pour l'homme, de grandes dévastations, non seulement matérielles, mais encore morales, et peut-être surtout morales. Certes, il n'est pas facile de comparer sous cet aspect les époques et les siècles, car cela dépend aussi des critères historiques qui changent. Néanmoins, sans appliquer ces comparaisons, il faut pourtant constater que ce siècle a été jusqu'ici un siècle où les hommes se sont préparés pour eux-mêmes beaucoup d'injustices et de souffrances. Ce processus a-t-il été vraiment freiné? En tout cas on ne peut s'empêcher de rappeler ici, avec des sentiments d'estime pour le passé et de profonde espérance pour l'avenir, le magnifique effort accompli pour donner vie à l'Organisation des Nations Unies, effort qui tend à définir et à établir les droits objectifs et inviolables de l'homme, en obligeant les Etats membres à une rigoureuse observance de ces droits, avec réciprocité. Cet engagement a été accepté et ratifié par presque tous les Etats d'aujourd'hui, et cela devrait constituer une garantie permettant aux droits de l'homme de devenir, dans le monde entier, un principe fondamental des efforts accomplis pour le bien de l'homme.

L'Eglise n'a pas besoin de réaffirmer à quel point ce problème est lié de façon étroite à sa mission dans le monde contemporain. Il est en effet à la base même de la paix sociale et internationale, comme l'ont déclaré à ce sujet Jean XXIII, le Concile Vatican II, puis Paul VI dans des documents qui ont traité le sujet en détail. En définitive, la paix se réduit au respect des droits inviolables de l'homme — *opus iustitiae pax* —, tandis que la guerre naît de la violation de ces droits et entraîne de plus graves violations de ceux-ci. (...)

A.116. *Pour le 50e anniversaire du début de la Deuxième Guerre Mondiale* (GM 50)

2. (...) Nous avons *le devoir de tirer la leçon de ce passé* pour que ne puisse jamais plus se renouer le faisceau des causes susceptibles de déclencher à nouveau une semblable conflagration.

Nous le savons désormais d'expérience, le partage arbitraire des nations, les déplacements forcés des populations, le réarmement sans limites, l'usage incontrôlé d'armes sophistiquées, la violation des droits fondamentaux des personnes et des peuples, l'inobservation des règles de conduite internationale, ainsi que l'imposition d'idéologies totalitaires ne peuvent mener qu'à la ruine de l'humanité.

ACTION DU SAINT-SIEGE

3. Le Pape Pie XII, dès son avènement, le 2 mars 1939, ne manqua pas de lancer *un appel à la paix* que tous s'accordaient à considérer sérieusement menacée. Quelques jours avant le déclenchement des hostilités, le 24 août 1939, il prononça des paroles prémonitoires dont l'écho retentit encore: «Voici de nouveau que sonne une heure grave pour la grande famille humaine (...). Le péril est imminent, mais il est encore temps. Rien n'est perdu avec la paix. Tout peut l'être avec la guerre».[1]

Hélas, l'avertissement de ce grande Pontife ne fut point écouté et le désastre

---

1 Radiomessage, 24 août 1939: *AAS* 31 (1939), p. 333-334.

arriva. Le Saint-Siège, faute de n'avoir pu contribuer à éviter la guerre, s'efforça — dans les limites de ses moyens — d'en *circonscrire l'extension.* Le Pape et ses collaborateurs y travaillèrent sans relâche, tant au niveau diplomatique que dans le domaine humanitaire, sans se laisser entraîner à prendre parti dans le conflit qui opposait des peuples d'idéologies et de religions différentes. Dans cette tâche, leur préoccupation fut aussi de ne pas aggraver la situation et de ne pas compromettre la sécurité des populations soumises à des épreuves peu communes. Écoutons encore Pie XII, lorsqu'à propos de ce qui se passait en Pologne il déclara: «Nous devrions dire des paroles de feu contre des choses pareilles et la seule chose qui nous en dissuade est de savoir que, si nous parlions, nous rendrions encore plus dure la condition de ces malheureux».[2]

Quelques mois après la Conférence de Yalta (4-11 février 1945) et à peine la guerre achevée en Europe, le même Pape, s'adressant au Sacré-Collège le 2 juin 1945, ne manqua pas de *se pencher sur l'avenir du monde et de plaider pour la victoire du droit:* «Les nations, les petites et les moyennes en particulier, réclament qu'il leur soit permis de prendre en mains leur propre destin. Elles peuvent être conduites à contracter, de leur plein gré et dans l'intérêt du progrès commun, des obligations qui modifient leurs droits souverains. Mais après avoir soutenu leur part, leur large part, de sacrifices pour détruire le système de la violence brutale, elles sont en droit de ne pas accepter que leur soit imposé un nouveau système politique ou culturel que la grande majorité de leurs populations repousse résolument (...). Au fond de leur conscience, les peuples sentent que leurs dirigeants se discréditeraient si, au délire fou d'une hégémonie de la force, ils ne faisaient succéder la victoire du droit».[3]

L'HOMME MEPRISE

4. Cette «victoire du droit» demeure la meilleure garantie du respect des personnes. Or, justement, quand on revient à l'histoire de ces six années terribles, on ne peut être qu'horrifié par le mépris dont l'homme a été l'objet.

Aux ruines matérielles, à l'anéantissement des ressources agricoles et industrielles des pays ravagés par des combats et des destructions qui sont allés jusqu'à l'holocauste nucléaire de deux villes japonaises, se sont ajoutés *massacres et misère.*

Je songe, en particulier, au sort cruel infligé aux populations des grandes plaines de l'Est. J'en ai été moi-même le témoin bouleversé aux côtés de l'archevêque de Cracovie, Mgr Adam Stefan Sapieha. Les requêtes inhumaines de l'occupant du moment ont frappé de manière brutale les opposants et les suspects, alors que femmes, enfants et vieillards étaient soumis à des humiliations constantes.

---

[2] *Actes et Documents du Saint-Siège relatifs à la Seconde Guerre mondiale,* Libreria Editrice Vaticana (1970), vol. I, p. 455.

[3] *AAS* 37 (1945), p. 166.

On ne peut oublier non plus le drame causé par les *déplacements forcés* des populations qui furent jetées sur les chemins de l'Europe, exposées à tous les périls, en quête d'un refuge et de movens de vivre.

Une mention spéciale doit être faite aussi des *prisonniers de guerre* qui, dans l'isolement, le dénuement et l'humiliation, ont payé eux aussi, après l'âpreté des combats, un autre lourd tribut.

Il faut enfin rappeler que la création de *gouvernements imposés* par l'occupant dans les Etats de l'Europe centrale et orientale a été accompagnée par des mesures répressives et même par une multitude d'exécutions pour soumettre les populations réfractaires.

A.117. *Sur la situation au Liban (SL)*

4. Certes, il n'appartient pas au Pape de proposer des solutions techniques mais, soucieux du bien spirituel et matériel de tout homme sans distinction aucune, il ressent le devoir impératif d'insister sur *certaines obligations qui incombent aux Responsables des nations.* Les ignorer peut conduire tout simplement à ébranler l'ordre des relations internationales et, une fois encore, à livrer l'homme au seul pouvoir de l'homme. On ne peut mépriser impunément les droits, les devoirs et les mécanismes que les acteurs de la vie internationale ont élaborés et auxquels ils ont souscrit, sans que les rapports entre les peuples en pâtissent, sans que la paix en soit menacée, sans que l'homme finisse par devenir l'otage des ambitions et des intérêts des plus forts. Voilà pourquoi j'ai voulu redire — et je le répète aujourd'hui à l'intention de toute l'Eglise — que le droit des gens et les institutions qui le garantissent constituent des références irremplaçables et défendent l'égale dignité des peuples et des personnes.

B.118. *Journée mondiale de la Paix (JMP 1969)*

La paix est aujourd'hui intrinsèquement liée à la reconnaissance idéale et à l'instauration effective des Droits de l'Homme. A ces droits fondamentaux correspond un devoir fondamental, qui est précisément la Paix. (...)

Cette année, d'ailleurs, une circonstance vient favoriser pour tous Notre proposition: on vient de célébrer le vingtième anniversaire de la proclamation des Droits de l'Homme. C'est là un événement qui concerne tous les hommes: personnes, familles, groupes, associations, Nations. Cet événement, personne ne doit l'oublier, personne ne doit le négliger; car il appelle de nouveau tout le monde à la reconnaissance fondamentale d'un droit de cité digne et total pour chaque homme sur la terre. Et de cette reconnaissance naît le titre premier à la Paix, celui qu'évoque le thème de la Journée mondiale de la Paix, qui s'énonce précisément ainsi: «la promotion des Droits de l'Homme, chemin vers la Paix». Pour que soit garanti à l'homme le droit à la vie, à la liberté, à l'égalité, à la culture, à la jouissance des biens de la civilisation, à la dignité personnelle et sociale, il faut la Paix; là où celle-ci perd son équilibre et son efficacité, les Droits de l'Homme deviennent précaires et sont compromis; là où il n'y a pas de Paix, le droit perd son visage humain. Là où il n'y a pas respect, défense, promotion des Droits de l'Homme, là où ses inaliénables libertés sont opprimées par la violence ou par la ruse,là où sa personnalité est ignorée ou dégradée, là où s'exercent la discrimination, l'esclavage, l'intolérance, il ne peut y avoir de vraie Paix. Car la Paix et le Droit sont mutuellement cause et effet l'un de l'autre: la Paix favorise le Droit, et à son tour le Droit favorise la Paix.

Nous voulons espérer que ces raisons seront reconnues par toute personne, par tout groupe de personnes, par toute Nation, et que l'importance supérieure de la cause de la Paix en multipliera la réflexion et en promouvra l'application. Paix et Droits de l'Homme: voilà l'objet des pensées avec lesquelles Nous voudrions que les hommes inaugurent l'année qui vient. (...)

La Paix, pour nous chrétiens, n'est pas seulement un équilibre extérieur, un ordre juridique, un ensemble de rapports publics disciplinés; pour nous la Paix est avant tout le résultat de la réalisation du dessein de sagesse et d'amour par lequel Dieu a voulu instaurer des relations surnaturelles avec l'humanité. La Paix est le premier effet de cette nouvelle économie divine que nous appelons la grâce; «grâce et paix», répète l'Apôtre; c'est un don de Dieu, qui engendre un style de vie chrétienne; c'est une phase messianique qui projette sa lumiere et son espérance même sur la cité temporelle, et qui renforce par ses motifs les plus élevés ceux sur lesquels cette cité fonde sa propre Paix. A la dignité de citoyens du monde, la Paix du Christ ajoute celle de fils du Père céleste; à l'égalité naturelle des hommes, elle ajoute celle de la fraternité chrétienne; dans les disputes humaines qui toujours compromettent et violent la Paix, la Paix du Christ ôte leur force aux prétextes et conteste les motifs en montrant les avantages d'un ordre moral, idéal et supérieur, et elle révèle la prodigieuse vertu religieuse et civile du pardon généreux; à l'insuffisance de l'activité humaine pour produire une Paix solide et stable, celle du Christ prête le concours de son inépuisable optimisme; au mirage trompeur de la politique du prestige orgueilleux et de l'intérêt matériel, la Paix du Christ suggère la politique de la charité; à la justice trop souvent inapte et intolérante, qui soutient ses exigences par la fureur des armes, la Paix du Christ infuse l'énergie invincible du droit qui dérive des raisons profondes de la nature humaine et du destin transcendant de l'homme. La Paix du Christ n'est pas la peur de la force et de la résistance, elle qui tire son esprit du sacrifice rédempteur; et elle n'est pas lâcheté qui transige avec les malheurs et les déficiences des hommes sans fortune et sans défense, car elle a l'intelligence de la douleur et des besoins humains, et elle sait trouver amour et don pour les petits, pour les pauvres, pour les faibles, pour les déshérités, pour les souffrants, pour les humiliés, pour les vaincus. C'est dire que la Paix du Christ a, plus que toute autre formule humanitaire, le souci des Droits de l'Homme.

B.119. *Au Sacré Collège des Cardinaux* (*SCC 1973*)

3. (...) En observant de telles situations si complexes et sur lesquelles, bien souvent, il est fort difficile d'émettre un jugement exhaustif, qu'il s'agisse de la vérité ou de l'exactitude des faits dénoncés, des droits revendiqués ou des raisons invoquées par les diverses parties en lutte, nous ne pouvons pas, à la place où nous sommes et dans la perspective déjà évoquée de l'Année jubilaire, ne pas élever la voix, en un avertissement solennel, pour rappeler au monde les exigences de la justice et de l'amour: de la justice, qui impose à tous, individus, gouvernants et peuples, le respect des droits de chacun; de l'amour, indispensable pour promouvoir, vivifier et compléter l'oeuvre de la justice, dans la compréhension, la générosité, la collaboration de frères avec leurs frères.

Ce sont des paroles chrétiennes, et en même temps humaines, que nous répétons d'autant plus volontiers au moment précis où la communauté des nations commémore le 25e anniversaire de la Déclaration de l'ONU sur les droits de l'homme. (...)

Tant que, à l'intérieur de chaque communauté nationale, ceux qui détiennent le pouvoir ne respecteront pas avec noblesse les droits et les légitimes libertés des citoyens, la tranquillité et l'ordre — même si on réussit à les maintenir par la force — ne seront qu'un simulacre trompeur et sans sécurité, indignes d'une société d'êtres civilisés.

La psychologie des hommes est ainsi faite que, tout en étant prêts à s'émouvoir devant l'apparition de nouvelles situations de ce genre — et l'émotion n'est pas toujours proportionnelle à la réalité, qui est parfois présentée artificiellement par une propagande habile et organisée — ils deviennent ensuite presque insensibles devant la permanence des situations elles-mêmes, comme si cette prolongation dans le temps, malgré la révolte impuissante de ceux qui en sont victimes, leur servait de justification, spécialement lorsqu'elles sont couvertes, comme il arrive malheureusement dans un nombre non négligeable de cas, par une sorte de conspiration du silence.

Nous voudrions, en cette circonstance, en nous réferant précisément au motif humain de la commémoration de la Déclaration de l'ONU citée plus haut, et au motif spirituel de l'Année sainte qui commence, adresser à tous notre appel à un renouvellement et à une réconciliation basés sur le solide fondement de la justice et de l'amour: fondement qui doit servir aussi à favoriser une paix sincère et une réconciliation entre les classes et les groupes sociaux, si facilement divisés et opposés les uns aux autres pour des raisons d'intérêt particulier compréhensible, mais qui ne sait pas toujours tenir compte comme il faut des droits et des intérêts légitimes des autres ni s'inspirer de la perspective du bien commun.

B.120. *A l'Organisation des Nations Unies (ONU)*

10. Il y a quatorze ans, mon grand prédécesseur *le Pape Paul VI* parlait à cette tribune. Il a prononcé alors des paroles mémorables que je désire répéter aujourd'hui: «Jamais plus la guerre, jamais plus la guerre!», et même «pas l'un au dessus de l'autre», mais toujours, en toute occasion, «les uns avec les autres».

Paul VI a été un serviteur inlassable de la cause de la paix. Moi aussi, je désire le suivre de toutes mes forces et continuer ce service. L'Eglise catholique, en tous les lieux de la terre, proclame un message de paix, elle prie pour la paix, elle éduque l'homme à la paix. Les représentants et les fidèles d'autres Eglises et Communautés, et d'autres religions dans le monde, partagent aussi ce but et s'engagent à son service. Ce travail, uni aux efforts de tous les hommes de bonne volonté, porte évidemment des fruits. Cependant, nous sommes toujours inquiétés par les conflits armés qui éclatent de temps à autre. Comme je remercie le Seigneur lorsqu'on réussit, par une intervention directe, à en conjurer un, comme par exemple la tension qui menaçait l'an dernier l'Argentine et le Chili! Comme je souhaite que l'on puisse aussi arriver à une solution dans la crise du Moyen-Orient! Je suis prêt à apprécier à sa juste valeur toute démarche ou tentative concrète réalisée pour résoudre le conflit, mais je rappelle qu'elle n'aurait de valeur que si elle représentait vraiment la «première pierre» d'une paix générale et globale dans la région. Une paix qui, ne pouvant pas ne pas être fondée sur la juste reconnaissance des droits de tous, ne peut pas non plus ne pas inclure la considération et la juste solution du problème palestinien. A ce dernier est lié aussi celui de la tranquillité, de l'indépendance et de l'intégrité territoriale du Liban selon la formule qui en a fait un exemple de coexistence pacifique et mutuellement fructueuse de communautés distinctes: je souhaite que, dans l'intérêt commun, une telle formule soit maintenue, avec bien sûr les adaptations requises par les développements de la situation. Je souhaite en outre un statut spécial, doté de garanties internationales comme l'avait déjà indiqué mon prédécesseur le Pape Paul VI, capable d'assurer le respect de la nature particulière de Jérusalem, patrimoine sacré vénéré par des millions de croyants des trois grandes religions monothéistes, le Judaïsme, le Christianisme et l'Islam.

Nous ne sommes pas moins troublés par les informations sur le développement des armements qui surpassent tous les moyens de lutte et de destruction que nous ayons jamais connus. Là encore, nous encourageons les décisions et les accords qui visent à en freiner la course. Toutefois, les menaces de destruction, le risque qui se fait jour même quand on accepte certaines informations « tranquillisantes», pèsent lourdement sur la vie de l'humanité contemporaine. La résistance aux propositions concrètes et effectives de désarmement réel — comme celles que cette Assemblée a demandées l'année dernière au cours d'une Session spéciale — témoigne que, à côté de la volonté de paix affirmée par tous et désirée par la plupart, coexistent son contraire et sa négation, peut-être cachés, peut-être hypothétiques, mais réels. Les *préparatifs de guerre* continuels que manifeste en divers pays la production d'armes toujours plus nombreuses, plus puissantes et plus sophistiquées, montrent qu'on veut être prêt à la guerre, et *être prêt* veut dire *être en mesure de la provoquer.* Cela veut dire aussi courir le risque que, à tout moment, en tout lieu, de toute manière, quelqu'un puisse mettre en mouvement le terrible mécanisme de destruction générale.

11. Un effort continu et encore plus énergique, tendant à liquider même les possibilités de provocation à la guerre, est donc nécessaire, de façon à rendre impossibles ces cataclysmes, en agissant sur les comportements, sur les convictions, sur les intentions et les aspirations des gouvernements et des peuples. Ce devoir, dont l'Organisation des Nations Unies et chacune de ses Institutions ont toujours conscience, ne peut pas ne pas être celui de toute société, de tout régime, de tout gouvernement. Toute initiative qui vise à la coopération internationale pour promouvoir le «développement» contribue sans aucun doute à remplir ce devoir. Comme le disait Paul VI dans la conclusion de son encyclique *Populorum progressio:* «Si le développement est le nouveau nom de la paix, qui ne voudrait y oeuvrer de toutes ses forces?». Au service de cette tâche toutefois, il faut mettre aussi constamment une réflexion et une activité *visant à découvrir les racines même de la haine,* de la destruction, du mépris, de tout ce qui fait naître la tentation de la guerre, non pas tant dans le coeur des nations que dans la détermination intérieure des systèmes qui sont responsables de l'histoire de sociétés entières. Dans ce travail de titan — véritable travail de construction de l'avenir pacifique de notre planète —, l'Organisation des Nations Unies a indubitablement une tâche-clé et un rôle directeur pour lesquels elle ne peut pas ne pas se reporter aux justes idéaux contenus dans la Déclaration universelle des Droits de l'Homme. Cette Déclaration en effet a atteint réellement les racines multiples et profondes de la guerre parce que l'esprit de guerre, dans sa signification première et fondamentale, *surgit et mûrit là où les droits inaliénables de l'homme sont violés.*

Il y a là une vision nouvelle, profondément actuelle, plus profonde et plus radicale, de la cause de la paix. C'est une vision qui perçoit la genèse de la guerre et, en un certain sens, sa substance dans les formes les plus complexes qui dérivent de l'injustice, considérée sous ses aspects les plus variés: cette injustice commence par porter atteinte aux droits de l'homme, rompant ainsi le caractère organique de l'ordre social, et se répercute ensuite sur tout le système des rapports internationaux. L'encyclique *Pacem in terris* de Jean XXIII synthétise, dans la pensée de l'Eglise, le jugement le plus proche des fondements idéologiques de l'Organisation des Nations Unies. Il faut , en conséquence, se fonder sur lui et s'y tenir, avec persévérance et loyauté, pour établir ainsi la vraie «paix sur la terre».

12. En appliquant ce critère, nous devons examiner avec soin *quelles sont les tensions principales* liées aux droits inaliénables de l'homme qui peuvent faire vaciller la construction de cette paix que tous désirent ardemment et qui est aussi le but essentiel des efforts de l'Organisation des Nations Unies. Ce n'est pas facile, mais c'est indispensable. En entreprenant cette oeuvre, chacun doit se situer dans une situation complètement objective, se laisser guider par la sincérité, par la disponibilité à reconnaître ses propres préjugés ou erreurs, et même par la disponibilité à renoncer à des intérêts particuliers, y compris les intérêts politiques. La paix est, en effet, un bien plus grand et plus important que chacun d'eux. En sacrifiant ces intérêts à la cause de la paix, nous les servons d'une manière plus juste. Dans

l'«intérêt politique» de qui pourrait-il jamais y avoir une nouvelle guerre?

Toute analyse doit nécessairement partir des mêmes prémisses: que tout être humain possède une dignité qui, bien que la personne existe toujours dans un contexte social et historique concret, ne pourra jamais être diminuée, blessée ou détruite, mais qui, au contraire, devra être respectée et protégée, si on veut réellement construire la paix. (...)

14. L'homme vit en même temps dans le monde des valeurs matérielles et dans celui des valeurs spirituelles. Pour l'homme concret qui vit et qui espère, les besoins, les libertés et les rapports avec les autres ne correspondent jamais seulement à l'une ou à l'autre sphère des valeurs, mais ils appartiennent aux deux sphères. Il est permis de considérer séparément les biens matériels et les biens spirituels pour mieux comprendre qu'ils sont inséparables dans l'homme concret et pour voir comment, par ailleurs, toute menace contre les droits humains, aussi bien dans le cadre des biens matériels que dans celui des biens spirituels, est également dangereuse pour la paix car elle touche toujours l'homme dans son intégralité.

Que mes illustres interlocuteurs me permettent de rappeler une règle constante de l'histoire de l'homme, déjà implicitement contenue dans tout ce qui a été évoqué à propos des droits et du développement intégral de l'homme. Cette règle est fondée sur le rapport entre les valeurs spirituelles et les valeurs matérielles ou économiques. Dans ce rapport, le primat appartient aux valeurs spirituelles par égard pour la nature même de ces valeurs et aussi pour des motifs qui concernent le bien de l'homme. Le primat des valeurs de l'esprit définit la signification des biens terrestres et matériels ainsi que la manière de s'en servir, et se trouve par le fait même à la base de la juste paix. Ce primat des valeurs spirituelles, par ailleurs, contribue à faire que le développement matériel, le développement technique et le développement de la civilisation soient au service de ce qui constitue l'homme, autrement dit qu'ils lui permettent d'accéder pleinement à la vérité, au développement moral, à la possibilité de jouir totalement des biens de la culture dont nous héritons, et à la multiplication de ces biens par notre créativité. Oui, il est facile de constater que les biens matériels ont une capacité de satisfaire les besoins de l'homme qui est loin d'être illimitée; en soi, ils ne peuvent pas être facilement distribués et, dans le rapport entre celui qui les possède ou en jouit et celui qui en est privé, ils provoquent des tensions, des dissensions, des divisions qui peuvent dégénérer souvent en lutte ouverte. Quant aux biens spirituels au contraire, beaucoup peuvent en jouir en même temps, sans limites et sans diminution du bien lui-même. Ajoutons que, plus nombreux sont les hommes qui participent à un tel bien, plus on en jouit et on y puise, et plus ce bien manifeste sa valeur indestructible et immortelle. C'est une réalité qui trouve sa confirmation par exemple dans les oeuvres de la créativité, c'est-à-dire de la pensée, de la poésie, de la musique, des arts figuratifs, qui sont autant de fruits de l'esprit de l'homme.

15. Une analyse critique de notre civilisation met en évidence le fait que, depuis un siècle surtout, celle-ci a contribué plus que jamais au développement des biens

matériels, mais qu'elle a aussi engendré, en théorie et plus encore en pratique, une série de comportements dans lesquels, dans une mesure plus ou moins considérable, *la sensibilité pour la dimension spirituelle de l'existence humaine a subi une diminution* à cause de certaines prémisses qui ont ramené le sens de la vie humaine de façon prévalente aux multiples conditionnements matériels et économiques, c'est-à-dire aux exigences de la production, du marché, de la consommation, des accumulations de richesses, ou de la bureaucratisation selon laquelle on essaie d'organiser les processus correspondants. Cela ne vient-il pas de ce qu'on a subordonné l'homme à une seule conception et à une seule sphère de valeurs?

16. Quel lien peuvent avoir ces considérations avec la cause de la paix et de la guerre? Etant donné que, comme nous l'avons déjà dit précédemment, les biens matériels, de par leur nature, sont à l'origine de conditionnements et de divisions, la lutte pour les conquérir *devient inévitable dans l'histoire de l'homme*. En cultivant cette subordination unilatérale des hommes aux seuls biens matériels, nous serons incapables de *surmonter cet état de nécessité*. Nous pourrons l'atténuer, le conjurer dans des cas particuliers, mais nous ne réussirons pas à l'éliminer de façon systématique et radicale si nous ne mettons pas plus largement en lumière et en honneur, aux yeux de chaque homme, dans le projet de toute société, *la seconde dimension des biens:* la dimension qui ne divise pas les hommes, mais qui les fait communiquer entre eux, les associe et les unit.

Rappelons-nous le fameux prologue de la Charte des Nations Unies dans lequel les Peuples des Nations Unies, «décidés à sauver les futures générations du fléau de la guerre», ont réaffirmé solennellement «la foi dans les droits fondamentaux de l'homme, dans la dignité et dans la valeur de la personne humaine, dans l'égalité des droits des hommes et des femmes, et des nations grandes et petites»: je considère que ce texte entend mettre en évidence la dimension dont je viens de parler.

On ne peut pas en effet combattre les premières manifestations des guerres d'une façon seulement superficielle, en s'attaquant à leurs symptômes. Il faut le faire d'une façon radicale, en remontant aux causes. Si je me suis permis d'attirer l'attention sur la dimension des biens spirituels, je l'ai fait par souci de la cause de la paix, laquelle se construit par l'union des hommes autour de ce qui est le plus humain, le plus profondément humain, autour de ce qui élève les esprits humains au-dessus du monde qui les entoure, de ce qui décide de leur grandeur indestructible: oui, indestructible, malgré la mort à laquelle chacun sur cette terre est soumis. Je voudrais ajouter que l'*Eglise catholique* et, je pense que je peux le dire, toute la chrétienté voient précisément dans ce domaine *leur tâche particulière* . Le Concile Vatican II a aidé à préciser ce que la foi chrétienne a en commun, dans cette aspiration, avec les diverses religions non chrétiennes. L'Eglise est donc reconnaissante envers tous ceux qui, à l'égard d'une telle mission, se comportent avec respect et bienveillance, sans s'y opposer ni la rendre difficile. L'analyse de l'histoire de l'homme, en particulier à l'époque actuelle, montre quel important devoir il y a à faire apparaître plus clairement la portée de ces biens auxquels correspond la dimension spirituelle de l'existence humaine. Elle montre à quel point cette tâche importe pour la construction de la paix et quelle gravité revêt toute menace contre les droits de l'homme. Leur violation, même dans les conditions de «paix», est une forme de guerre contre l'homme. (...)

B.121. *Journée mondiale de la Paix* (*JMP 1982*)

JUSTICE ET PAIX A L'INTERIEUR DES NATIONS

(...) Le respect inconditionnel et effectif des droits imprescriptibles et inaliénables de chacun est la condition *sine qua non* pour que la paix règne dans une société. Par rapport à ces droits fondamentaux, tous les autres sont en quelque sorte dérivés et seconds. Dans une société où ces droits-là ne sont pas protégés, l'idée même d'universalité est morte, dès lors que seuls quelques individus instaurent, à leur profit exclusif, un principe de discrimination au terme duquel les droits et l'existence même d'autrui sont suspendus à l'arbitraire des plus forts. Une telle société ne peut donc pas être en paix avec elle-même; elle porte en elle un principe de division, d'éclatement. Pour la même raison, une société politique ne peut collaborer effectivement à la construction de la paix internationale que si elle est elle-même pacifiée, c'est-à-dire si, chez elle, elle prend au sérieux la promotion des droits de l'homme. Dans la mesure où les dirigeants d'une nation déterminée s'appliquent à édifier une société pleinement juste, ils apportent déjà une contribution décisive à l'édification d'une paix authentique, solide et durable (cf. *Pacem in terris,* II).

B.122. *A l'Institut International de Droit Humanitaire* (*IIDHum*)

Le droit international humanitaire, actuellement en plein développement, et qui existe pour sauvegarder les droits élémentaires de l'homme — comme la vie et l'intégrité physique, la liberté et la dignité morale — ne trouve des bases solides et ne prend sa vraie valeur que par rapport aux droits de l'homme qui précèdent les accords établis en la matière entre les Etats. Les autorités de chaque Etat ont le devoir de respecter ces droits à la fois dans les relations internationales et dans leur manière d'agir avec leurs concitoyens.

La Charte des Nations Unies et beaucoup d'autres documents fournissent une base solide aujourd'hui dans cette ligne. L'être humain ne peut plus être considéré comme un simple objet que l'on peut utiliser dans le droit international, comme cela est déjà arrivé: il est le sujet propre de droits fondamentaux qui ne lui viennent pas extrinsèquement, de droits qui sont en rapport direct avec l'ordre international et que toutes les autorités sont tenues de respecter.

Le droit humanitaire international a subi un développement considérable ces derniers temps. Le christianisme contribue à ce développement quand il affirme la valeur de l'homme pour lui-même et sa prééminente dignité en tant que personne douée d'une individualité propre, formant un tout complet dans sa constitution essentielle et dotée d'une conscience raisonnable et d'une volonté libre. Dans les siècles passés aussi, une conception chrétienne de l'homme a entraîné une tendance à adoucir la cruauté traditionnelle de la guerre en assurant un traitement plus humain de ceux qui étaient impliqués dans les hostilités. Il apporta ainsi une contribution décisive pour que soient promulguées les règles, à la fois au niveau de la morale et au niveau de la pratique, d'humanité et de justice qui forment maintenant très exactement, sous une forme moderne et spécifique, le noyau des conventions internationales actuelles.

C'est parce que le droit humanitaire international a pour base les droits dont la personne humaine est le sujet propre et autonome que l'application de la loi est universelle. Elle s'applique partout et en toute circonstance, en temps de paix comme en temps de guerre, dans des conditions normales comme en situations d'urgence relevant de troubles et de tensions dues à la politique intérieure ou causées par des catastrophes naturelles.

En dépit des efforts accomplis à notre époque au niveau juridique pour remplacer la guerre comme moyen légitime de défense par des tractations internationales, les conflits armés de tous genres continuent de se déclarer dans un pays ou dans un autre. Le droit humanitaire international doit être imposé dans les conflits. Il y a des règles reconnues pour limiter la violence de la guerre et pour protéger ses victimes, des règles qui ont maintenant été universellement acceptées par la conscience de tous les peuples du monde, et qui ne sont pas observées.

Mais le droit humanitaire international doit aussi être attentif au sort des réfugiés demandant le droit d'asile et dont le nombre augmente sans cesse: ces personnes, jeunes ou âgées, qui ont besoin d'une assistance à tous les niveaux, matérielle et morale, après avoir été forcées de quitter leur communauté d'origine et, souvent, après avoir vu leurs familles anéanties. Il doit être attentif aux peuples du Tiers-Monde, condamnés au sous-développement, à la faim tandis que la course aux armements de plus en plus abondants et meurtriers se poursuit. Il doit être attentif à tous ceux qui sont persécutés pour raisons politiques et dont beaucoup sont arrêtés et détenus sans jouir d'aucune protection contre la pratique abominable de la torture et qui, parfois, disparaissent tandis que les leurs souffrent et que les autorités gardent le silence. Il doit être attentif aux victimes des catastrophes naturelles et celles qui sont provoquées par l'homme, de façon à ce que la solidarité internationale puisse leur venir en aide le plus complèment possible et avec tous les moyens efficaces disponibles.

Bref, le droit humanitaire international est au service de toute l'humanité souffrante: tous ceux qui sont lésés, les prisonniers, les faibles, ceux qui sont sans appui, les pauvres, les opprimés. Le fait qu'il soit observé ou pas est une véritable pierre de touche par rapport aux bases éthiques et pour l'existence même de la communauté internationale.

B.123. *Au Corps Diplomatique au Cameroun* (*Yaoundé CD*)

10. Si un tel progrès n'est authentique que dans la justice, il n'est possible que dans la paix. L'Afrique a besoin de la paix. Elle ne peut supporter des guerres ni même des guérillas ruineuses en vies humaines et en destructions, qui nécessitent par ailleurs des dépenses militaires accrues et qui exacerbent les passions, changeant les frères en ennemis. Qui pourrait prendre son parti des guerres fratricides, et même en certains cas des génocides?

Devant le conflits qui demeurent ou renaissent, tout le monde doit se poser honnêtement la question de leurs causes. Les injustices commises par certains régimes, concernant les droits de l'homme en général ou les revendications légitimes d'une partie de la population qui se voit refuser la participation aux responsabilités communes, déclenchent des soulèvements d'une violence regrettable, mais qui ne pourront être apaisés qu'avec le rétablissement de la justice. Il est vrai aussi que certaines ingérences extérieures attisent des guérillas dans le seul but de déstabiliser (cf. Discours au Corps diplomatique près le Saint-Siège, 14 janvier 1984, n. 4). Il est certain, enfin, que les ventes d'armes réalisées en vue du seul profit encouragent les belligérants.

Qui aime l'Afrique évitera au moins de souffler sur ces brasiers de violence, ou plutôt il mettra tout en oeuvre pour amener les parties à la sagesse de la paix qui correspond au désir profond de nombre d'Africains suffisamment éprouvés par ailleurs.

B.124. *Au Corps Diplomatique* (*CD 1987*)

7. Concrètement, le respect de l'homme passe par le respect *de ses droits fondamentaux*. A la demande capitale, «comment *maintenir la paix?*» on doit répondre: «*dans le cadre de la justice,* entre les personnes et entre les peuples». Aujourd'hui, nous avons la chance de voir les droits de l'homme de mieux en mieux inventoriés et de plus en plus fermement revendiqués: droit à la vie à tous les stades de son développement; droit à la considération quels que soient la race, le sexe, la religion; droit aux biens matériels nécessaires à la vie; droit au travail et à la répartition équitable des fruits du travail; droit à la culture; droit à la liberté de l'esprit, de la créativité; droit au respect de la conscience et particulièrement à la liberté de la relation avec Dieu.

Il ne faut pas oublier non plus *les droits des nations* à conserver et à défendre leur indépendance, leur identité culturelle, la possibilité de s'organiser socialement, de gérer leurs affaires et de conduire leur destinée librement, sans être à la merci, directement ou indirectement, de puissances étrangères. Vous connaissez comme moi les cas où ce droit est manifestement violé.

De tels droits sont l'expression des exigences de la dignité de l'homme. Elaborés surtout en Occident par des consciences qui avaient été formées par le christianisme, ils sont devenus le patrimoine de toute l'humanité et sont revendiqués sous toutes les latitudes. Mais autant qu'une revendication, ils constituent un devoir pour les personnes et pour les Etats de créer les conditions qui en assurent l'exercice. Les pays qui veulent surseoir à ces devoirs, sous divers prétextes — conception totalitariste du pouvoir, obsession de la sécurité, volonté de maintenir des privilèges pour certaines catégories, idéologie, peurs de toutes sortes —, blessent la paix. Ils vivent une pseudo-paix qui risque d'ailleurs d'aboutir à des réveils douloureux. Lorsque ces pays sortent de la dictature sans préparation à la vie démocratique, comme on l'a vu pour quelques pays l'année passée, le chemin est difficile et lent. Chacun doit alors prendre conscience des exigences du bien commun, en évitant les excès individualistes de la liberté. Mais ces pays méritent d'être encouragés sur ce chemin de la paix, le seul qui soit valable.

8. L'impératif éthique de la paix et de la justice, dont je viens de parler, s'impose comme un droit et un devoir d'abord au niveau de la conscience bien formée, chez les personnes de bonne volonté, dans les communautés, qui se préoccupent de rechercher sincèrement la paix et d'y éduquer en vérité. Il contribue alors à marquer *l'opinion publique*. Mais il doit trouver aussi une expression, un appui, *une garantie dans des instruments juridiques adéquats* de la société civile, dans des déclarations, ou mieux, dans des pactes, des accords, des institutions, au niveau du pays, de la région, du continent, de la communauté mondiale, afin d'éviter, dans la mesure du possible, aux plus faibles d'être victimes de la mauvaise volonté, de la force ou de la manipulation des autres. Le progrès de la civilisation consiste à trouver les moyens de protéger, de défendre, de promouvoir, au niveau des structures, ce qui est juste et bon pour la conscience. La diplomatie, elle aussi, trouve son champ d'action dans cette médiation entre la conscience et la vie concrète. (...)

B.125. *Au Corps Diplomatique (CD 1988)*

10. L'indépendance et la liberté des Etats entre eux ne suffit pas à établir un climat de paix dans le monde. La paix est aussi paix sociale, ordre fondé sur *la justice à l'intérieur des Etats souverains* à qui il revient de garantir par des lois justes les conditions d'une vie humaine digne de ce nom pour tous leurs concitoyens. Il me semble qu'aujourd'hui ce que l'enseignement de l'Eglise appelle «l'ordre naturel» de la convivialité, «l'ordre voulu par Dieu», trouve en partie son expression dans la culture *des droits de l'homme,* si l'on peut caractériser ainsi une civilisation fondée sur le respect de la valeur transcendante de la personne. La personne est en effet le fondement et la fin de l'ordre social; elle est le sujet de droits inaliénables et de devoirs de conscience, garantis par le Créateur, et non pas d'abord l'objet de «droits» concédés par l'Etat, au gré de l'intérêt public tel qu'il le détermine. La personne doit pouvoir s'accomplir dans la liberté et la vérité. (...)

11. (...) Il y va du bonheur des personnes, mais aussi de la paix du monde. La paix est en effet indivise. Elle ne peut être assurée sur le plan international si elle ne plonge pas ses racines dans la paix sociale à l'intérieur des nations. Toute si-

tuation d'injustice infligée à une communauté humaine risque d'exploser un jour et même d'atteindre des dimensions internationales qu'il ne sera plus possible à personne de contrôler. «L'esprit de guerre, disais-je à l'Assemblée générale des Nations Unies en 1979, dans sa signification première et fondamentale, surgit et mûrit là où les droits inaliénables de l'homme sont violés» (ONU, n. 11). (...)

B.126. *Au Président Mikhail Gorbatchev* (*MG*)

6. Certes, l'humanité attend aujourd'hui de nouvelles formes de coopération et d'aide réciproque. La tragédie de la seconde guerre mondiale nous a cependant enseigné que si l'on oublie les valeurs éthiques fondamentales, de terribles conséquences peuvent naître pour le destin des peuples et de même les plus grands projets peuvent échouer. C'est pourquoi, dans la Lettre apostolique écrite pour commémorer le 50ème anniversaire du début de la seconde guerre mondiale, j'ai senti le devoir de rappeler à l'humanité: *«Il n'y a pas de paix si l'homme et le droit sont méprisés»* et «pas de *paix si les droits de tous les peuples* — et particulièrement des plus vulnérables — *ne sont pas respectés*» (n. 8). En outre, j'ai exprimé aux hommes d'Etat et aux responsables des nations *«ma conviction profonde que le respect de Dieu et le respect de l'homme vont de pair. Ils constituent le principe absolu qui permettra aux Etats et aux blocs politiques de surmonter leurs antagonismes»* (n. 12).

7. Monsieur le Président, cette rencontre ne manquera pas de frapper vivement, par sa nouveauté, l'attention de l'opinion publique mondiale, comme quelque chose de singulièrement significatif, signe de temps qui ont lentement mûri et qui est riche de promesses.

Le Saint-Siège suit avec un grand intérêt le processus de renouvellement que vous avez entrepris en URSS, souhaite son succès et est prêt à favoriser toute initiative qui serve à mieux protéger et harmoniser les droits et les devoirs de la personne et des peuples pour sauvegarder la paix en Europe et dans le monde.

Vous aurez demain une rencontre avec le Président des Etats-Unis d'Amérique, Monsieur George Bush. Personnellement, je souhaite et je prie pour que les prochains colloques puissent conduire à de nouvelles ententes, inspirées d'une écoute attentive des exigences et des attentes des peuples.

B.127. *Au Corps Diplomatique au Tchad* (*N'Djamena*)

2. On doit constater que, bien souvent, l'origine des ruptures de la paix n'apparaît pas clairement. Il faudrait que les responsables locaux et également tous ceux qui exercent une influence dans les rapports entre les nations aient *le courage de la lucidité.* Quel sont les enjeux des affrontements? Qui les attise? Quels droits sont mis en cause?

Il faudrait que l'on sache comprendre ce que des minorités veulent défendre au prix de leur vie même: leurs traditions, leur culture, leurs convictions, leur dignité devant des pouvoirs qui les tolèrent mal et refusent leur légitimité. Il faudrait aussi avoir le courage de *mettre en lumière le rôle exercé par toutes les parties,* à commencer par les plus puissantes qui ont la maîtrise de l'économie, des aides militaires, des alliances.

Il appartient aux responsables politiques et aux diplomates d'entendre les appels qui s'adressent à la communauté internationale. Il faudrait même que l'on arrive à *reconnaître les erreurs,* les abus de puissance, les injustices, l'exploitation dont on a pu être la cause, parce qu'il est plus important de servir le progrès de la paix pour le bien de peuples entiers que de défendre son propre prestige. On y parviendrait davantage si l'on avait toujours comme premier objectif le respect des droits et de la dignité de tout l'homme.

L'Organisation des Nations Unies et diverses instances régionales ont déjà accompli dans ce sens des efforts qu'il faut saluer. On est parvenu à adopter des textes importants, comme la Charte africaine des Droits de l'homme et des peuples. Vous savez combien il est nécessaire cependant de *réduire la distance entre le dire et le faire* pour appliquer sans réticence les textes. Arrivera-t-on à ce que les Etats de droit s'accordent pour former une Communauté qui renonce à toute exception du droit? Saura-t-on développer des procédures d'arbitrage pour résoudre les litiges en honorant les droits de toutes les Parties?

J'ajouterai encore que les séquelles tragiques des conflits ne peuvent laisser l'ensemble de l'humanité dans l'indifférence. L'image qui s'impose d'abord à mes yeux est celle de milliers de *réfugiés* qui désespèrent de trouver une terre d'accueil, de rebâtir leur existence et leurs familles. Le problème dépasse le champ d'action des Organisations spécialisées, quelque généreuses que soient leurs interventions. Il s'agit d'hommes qui doivent rencontrer partout des frères en humanité! Et, au-delà des conditions spécifiques des réfugiés, c'est *tout le problème de l'émigration* qu'il faudrait aborder avec le respect dû à tant de personnes rendues vulnérables par leur déracinement.

B.128. *Aux Patriarches et Evêques des pays impliqués dans la guerre du Golfe (PEPG)*

5. *La paix et la justice marchent ensemble.* Or, voici plus de quarante ans que le peuple palestinien est en état d'errance et que l'Etat d'Israël est contesté et menacé. Nous ne pouvons oublier que, depuis 1975, le peuple libanais vit une longue agonie et, aujourd'hui encore, son territoire national est occupé par des forces non libanaises. Sa Béatitude Nasrallah Sfeir pourra nous exposer les aspirations de ses concitoyens chrétiens et musulmans. La présence des Patriarches catholiques copte, syrien, melkite, maronite, latin de Jérusalem et arménien nous rappelle opportunément que leurs fidèles, pratiquement disséminés dans tous les pays de la région, se trouvent confrontés, avec leurs autres frères chrétiens, à mil-

le difficultés, dont la plus grande est celle de pouvoir s'affirmer comme chrétiens tout en étant minoritaires dans des sociétés islamiques qui, au gré des politiques nationales ou régionales, les tolèrent, les estiment ou les rejettent. A ce propos, je ne peux taire le fait qu'il y a, aujourd'hui encore, des pays qui ne permettent pas que les communautés chrétiennes puissent s'y implanter, célébrer leur foi et la vivre selon les exigences propres à leur confession. Je pense en particulier à l'Arabie Saoudite. Enfin, le Patriarche de Babylone des Chaldéens, Sa Béatitude Raphaël Bidawid, nous apportera le témoignage de son pays, l'Irak, dont les populations, à peine sorties d'un autre conflit avec l'Iran, ont connu de nouveau les horreurs de la guerre. Nous imaginons tous avec quelle impatience les Irakiens, chrétiens et musulmans, attendent une paix véritable pour aujourd'hui et pour demain.

6. Face à cette situation, j'ai voulu que ne manquât point une expression concrète de *la solidarité ecclésiale*. C'est pourquoi j'ai décidé que participeraient à ces assises les Présidents des Conférences épiscopales des pays les plus directement impliqués dans ce qu'on a appelé «la guerre du Golfe». Je les remercie tous d'être venus, malgré leurs engagements pastoraux, et de donner ce témoignage de collégialité. Quand la guerre a semé divisions, souffrances et mort, il est primordial que l'Eglise catholique apparaisse aux yeux du monde comme une communauté de charité, elle qui, comme l'affirmait le Concile Vatican II, «fait... route avec toute l'humanité et partage le sort terrestre du monde» et se doit donc de toujours mieux apparaître «comme le ferment et, pour ainsi dire, l'âme de la société humaine appelée à être renouvelée dans le Christ et transformée en famille de Dieu» (*Gaudium et spes,* 40).

7. Cette mission exaltante de l'Eglise dans le monde et pour le monde ne répond aucunement à des critères ou à des ambitions de nature politique. Avec des moyens pauvres, conformément à sa nature spirituelle, l'Eglise s'efforce de *susciter ou de réveiller le sens de la vérité, de la justice et de la fraternité* que le Créateur a mis au coeur de chaque homme, de chaque personne toujours considérée dans sa dimension transcendante et sociale.

Ces considérations fondamentales ont motivé mes nombreuses interventions récentes, alors que la paix dans le Golfe et, en un certain sens, la paix du monde étaient menacées. Il m'a paru nécessaire, en effet, de rappeler les grands principes de la morale et du droit international qui devraient toujours inspirer le comportement des peuples et de leurs responsables, les principes d'une morale et d'un droit qui interpellent de la même manière la conscience de tous et qui soient appliqués partout et applicables à chacun des partenaires de la communauté internationale. Or, nous savons que depuis la fin de la Seconde Guerre mondiale, un ordre international a justement vu le jour avec pour but de rendre solidaires, de toutes parts, des sujets égaux en dignité et en droit. Il a exclu la guerre comme moyen adapté à la résolution des différends entre les nations. Nous avons aujourd'hui l'occasion de mesurer le bien-fondé d'une telle vision des choses.

B.129. *Lettre au Secrétaire Général des Nations Unies (SGNU 1991)*

Les Pasteurs des Eglises catholiques du Moyen-Orient et de l'Occident sont confiants en l'oeuvre de l'Organisation des Nations Unies et ils souhaitent que les négociations pour une paix juste dans le Golfe ne comportent ni humiliation pour quiconque, ni punition pour quelque peuple que ce soit. En même temps, ils espèrent que, par le moyen de l'Organisation des Nations Unies et de ses organismes spécialisés, la sensibilité et la solidarité internationales ne manqueront pas à tous ceux que la guerre récente a mis en situation de nécessité.

Naturellement, au cours de la réunion, les autres grands problèmes du Moyen-Orient ont été évoqués, en particulier ceux qui concernent le peuple palestinien et le peuple libanais, et qui demeurent dans toute leur dramatique réalité, en dépit des nombreuses résolutions de l'Organisation des Nations Unies. Les Pasteurs attendent un engagement international énergique afin de suivre au plus vite un chemin concret vers la solution de ces problèmes, de façon que tous les peuples de la région voient reconnus leurs droits et leurs légitimes aspirations, et qu'ils puissent vivre harmonieusement en paix.

13.

DROITS DE L'HOMME ET DEVELOPPEMENT

On touche ici un aspect capital de l'enseignement du Magistère: les droits de l'homme, tous les droits de l'homme, sont indivisibles. On ne saurait donc opposer les droits civils et politiques aux droits économiques, sociaux et culturels.

Le développement concerne toute personne humaine et toute la personne humaine: c'est un processus intégral qui exige non seulement le respect de chaque droit de l'homme, mais comporte la reconnaissance d'un droit des peuples à leur développement. *

A.130. *Mater et Magistra (MM)*

III. EXIGENCE DE LA JUSTICE DANS LES RELATIONS ENTRE PAYS INEGALEMENT DEVELOPPES

LE PROBLEME DE NOTRE EPOQUE

Le problème le plus important de notre époque est peut-être celui des relations entre communautés politiques économiquement développées et pays en voie de développement économique. Les premières jouissent d'un niveau de vie élevé, les autres souffrent de privations souvent graves. La solidarité qui unit tous les hommes en une seule famille impose aux nations qui surabondent en moyens de subsistance, le devoir de n'être pas indifférentes à l'égard des pays dont les membres se débattent dans les difficultés de l'indigence, de la misère, de la faim, ne jouissent même pas des droits élémentaires reconnus à la personne humaine. D'autant plus, vu l'interdépendance de plus en plus étroite entre peuples, une paix durable et féconde n'est pas possible entre eux, si sévit un trop grand écart entre leurs conditions économiques et sociales.

---

* Pour un recueil plus ample des textes du Magistère à ce sujet, cf. *Le droit au développement dans l'enseignement de l'Eglise, Textes conciliaires et pontificaux (1960-1990)*, rassemblés et présentés par G. Filibeck, Cité du Vatican 1991 (publié par le Conseil Pontifical «Justice et Paix»).

Conscient de Notre universelle paternité, Nous éprouvons le devoir de répéter solennellement ce que déjà Nous avons affirmé: *«Nous sommes tous solidairement responsables des populations sous-alimentées...*[1] aussi bien *faut-il former les consciences au sens de la responsabilité qui incombe à tous et chacun et spécialement aux plus favorisés».*[2]

Il est évident que le devoir, que l'Eglise a toujours proclamé, de venir en aide à qui se débat dans l'indigence et la misère, doit être spécialement ressenti par les catholiques. Le fait d'être membres du Corps Mystique du Christ est pour eux le plus noble motif. *«En cela nous avons connu la charité divine,* proclame l'Apôtre Jean, *que Jésus a donné sa vie pour nous. De même, nous devons donner notre vie pour nos frères. Celui qui posséderait les biens du monde, et, voyant son frère dans le besoin, lui fermerait son coeur, comment la charité divine pourrait-elle demeurer en lui?».*[3]

Nous voyons donc avec plaisir les nations qui disposent de régimes économiques hautement productifs, venir en aide aux peuples en voie de développement économique, de sorte qu'ils aient moins de difficultés à améliorer leurs conditions de vie.

A.131. *Pacem in Terris (PT)*

III. (...) LA PROMOTION DES PAYS
EN VOIE DE DEVELOPPEMENT ECONOMIQUE

Une commune origine, une égale Rédemption, un semblable destin unissent tous les hommes et les appellent à former ensemble une unique famille chrétienne. C'est pourquoi Notre Encyclique *«Mater et magistra»* a recommandé aux pays mieux pourvus l'assistance à départir sous les formes les plus variées aux nations en voie de développement.[4]

Nous éprouvons une vive satisfaction à constater l'accueil très favorable fait à Notre appel. Nous espérons que celui-ci trouvera encore plus d'écho à l'avenir et que les peuples pauvres, en améliorant leur situation matérielle le plus vite possible, parviendront à un degré de développement permettant à chacun de mener une existence plus humaine.

Mais, soulignons-le avec insistance, l'aide apportée à ces peuples ne peut s'accompagner d'aucun empiétement sur leur indépendance. Ils doivent d'ailleurs

---

1 *Allocution,* 3 mai 1960: *AAS* 52 (1960), p. 465.

2 Cf. *ibid.*

3 1 *Jn* 3,16-17.

4 *AAS* 53 (1961), p. 440-441.

se sentir les principaux artisans et les premiers responsables de leur progrès économique et social.

C'est l'enseignement si sage de Notre Prédécesseur Pie XII: «L'organisation nouvelle fondée sur les principes moraux exclut toute atteinte à la liberté, à l'intégrité ou à la sécurité des nations étrangères, quelles que soient l'étendue de leur territoire ou leur capacité de défense. Forcément, en raison de la supériorité de leurs ressources et de leur influence, les grandes puissances définissent en général par priorité le statut des unions économiques qu'elles forment avec des nations plus petites et plus faibles. Mais à celles-ci non moins qu'aux autres, dans le domaine de l'intérêt général, on doit laisser leur indépendance politique et la faculté réelle de rester neutres lors des conflits internationaux, conformément au droit de défendre leur développement économique propre. Moyennant ces conditions, elles pourront concourir au bien commun de l'humanité et assurer le progrès matériel et spirituel de leur peuple».[5]

Les communautés politiques économiquement développées, dans leur action multiforme d'assistance aux pays moins favorisés, sont tenues de reconnaître et de respecter les valeurs morales et les particularités ethniques de ceux-ci, et de s'interdire à leur égard le moindre calcul de domination. C'est ainsi qu'elles apportent «une précieuse contribution à la formation d'une communauté mondiale, dont tous les membres, conscients de leurs obligations comme de leurs droits, travailleraient sur un pied d'égalité à la mise en oeuvre du bien commun universel».[6]

A.132. *Gaudium et Spes (GS)*

65. CONTROLE DE L'HOMME SUR LE DEVELOPPEMENT ECONOMIQUE

Le développement doit demeurer sous le contrôle de l'homme. Il ne doit pas être abandonné à la discrétion d'un petit nombre d'hommes ou de groupes jouissant d'une trop grande puissance économique, ni à celle de la communauté politique ou à celle de quelques nations plus puissantes. Il convient, au contraire, que le plus grand nombre possible d'hommes, à tous les niveaux, et au plan international l'ensemble des nations, puissent prendre une part active à son orientation. Il faut de même que les initiatives spontanées des individus et de leurs libres associations soient coordonnées avec l'action des pouvoirs publics, et qu'elles soient ajustées et harmonisées entre elles.

Le développement ne peut être laissé ni au seul jeu quasi automatique de l'activité économique des individus, ni à la seule puissance publique. Il faut donc

[5] Cf. Radiomessage de Noël 1941: *AAS* 34 (1942), p. 16-17.

[6] *Mater et Magistra: AAS* 53 (1961), p. 443.

dénoncer les erreurs aussi bien des doctrines qui s'opposent aux réformes indispensables au nom d'une fausse conception de la liberté, que des doctrines qui sacrifient les droits des personnes et des groupes à l'organisation collective de la production.[7]

Par ailleurs, les citoyens doivent se rappeler que c'est leur droit et leur devoir (et le pouvoir civil doit lui aussi le reconnaître) de contribuer, selon leurs moyens, au progrès véritable de la communauté à laquelle ils appartiennent. Dans les pays en voie de développement surtout, où l'emploi de toutes les disponibilités s'impose avec un caractère d'urgence, ceux qui gardent leurs ressources inemployées mettent gravement en péril le bien commun; il en va de même de ceux qui privent leur communauté des moyens matériels et spirituels dont elle a besoin, le droit personnel de migration étant sauf.

A.133. *Populorum Progressio (PP)*

14. VISION CHRETIENNE DU DEVELOPPEMENT

Le développement ne se réduit pas à la simple croissance économique. Pour être authentique, il doit être intégral, c'est-à-dire promouvoir tout homme et tout l'homme. Comme l'a fort justement souligné un éminent expert: «nous n'acceptons pas de séparer l'économique de l'humain, le développement des civilisations où il s'inscrit. Ce qui compte pour nous, c'est l'homme, chaque homme, chaque groupement d'hommes, jusqu'à l'humanité tout entière».[8]

15. VOCATION A LA CROISSANCE

Dans le dessein de Dieu, chaque homme est appelé à se développer, car toute vie est vocation. Dès la naissance, est donné à tous en germe un ensemble d'aptitudes et de qualités à faire fructifier: leur épanouissement, fruit de l'éducation reçue du milieu et de l'effort personnel, permettra à chacun de s'orienter vers la destinée que lui propose son créateur. Doué d'intelligence et de liberté, il est responsable de sa croissance, comme de son salut. Aidé, parfois gêné, par ceux qui l'éduquent et l'entourent, chacun demeure, quelles que soient les influences qui s'exercent sur lui, l'artisan principal de sa réussite ou de son échec: par le seul effort de son intelligence et de sa volonté, chaque homme peut grandir en humanité, valoir plus, être plus.

---

[7] Cf. Leon XIII, Encycl. *Libertas,* 20 juin 1888: *AAS* 20 (1887-1888), p. 597 s.; Pie XI, Encycl. *Quadragesimo anno: AAS* 23 (1931), p. 191 s.; Encycl. *Divini Redemptoris: AAS* 29 (1937), p. 65 s.; Pie XII, Radiomessage de Noël 1941: *AAS* 34 (1942), p. 10 s.; Jean XXIII, *Mater et Magistra: AAS* 53 (1961), p. 401-464.

[8] L.-J. Lebret, O.P., *Dynamique concrète du développement,* Paris, Economie et Humanisme, Les Editions Ouvrières (1961), p. 28.

16. DEVOIR PERSONNEL

Cette croissance n'est d'ailleurs pas facultative. Comme la création tout entière est ordonnée à son créateur, la créature spirituelle est tenue d'orienter spontanément sa vie vers Dieu, vérité première et souverain bien. Aussi la croissance humaine constitue-t-elle comme un résumé de nos devoirs. Bien plus, cette harmonie de nature enrichie par l'effort personnel et responsable est appelée à un dépassement. Par son insertion dans le Christ vivifiant, l'homme accède à un épanouissement nouveau, à un humanisme transcendant, qui lui donne sa plus grande plénitude: telle est la finalité suprême du développement personnel.

17. ET COMMUNAUTAIRE

Mais chaque homme est membre de la société: il appartient à l'humanité tout entière. Ce n'est pas seulement tel ou tel homme, mais tous les hommes qui sont appelés à ce développement plénier. (...)

22. LA DESTINATION UNIVERSELLE DES BIENS

«Emplissez la terre et soumettez-la»:[9] la Bible, dès sa première page, nous enseigne que la création entière est pour l'homme, à charge pour lui d'appliquer son effort intelligent à la mettre en valeur, et, par son travail, la parachever pour ainsi dire à son service. Si la terre est faite pour fournir à chacun les moyens de sa subsistance et les instruments de son progrès, tout homme a donc le droit d'y trouver ce qui lui est nécessaire. Le récent Concile l'a rappelé: «Dieu a destiné la terre et tout ce qu'elle contient à l'usage de tous les hommes et de tous les peuples, en sorte que les biens de la création doivent équitablement affluer entre les mains de tous, selon la règle de la justice, inséparable de la charité».[10] Tous les autres droits, quels qu'ils soient, y compris ceux de propriété et de libre commerce, y sont subordonnés: ils n'en doivent donc pas entraver, mais bien au contraire faciliter la réalisation, et c'est un devoir social grave et urgent de les ramener à leur finalité première. (...)

33. PROGRAMMES ET PLANIFICATION

La seule initiative individuelle et le simple jeu de la concurrence ne sauraient assurer le succès du développement. Il ne faut pas risquer d'accroître encore la richesse des riches et la puissance des forts, en confirmant la misère des pauvres et en ajoutant à la servitude des opprimés. Des programmes sont donc nécessaires pour «encourager, stimuler, coordonner, suppléer et intégrer»[11] l'action des

---

9 *Gn* 1,28.

10 *Gaudium et spes,* 69, § 1.

11 *Mater et Magistra: AAS* 53 (1961), p. 414.

individus et des corps intermédiaires. Il appartient aux pouvoirs publics de choisir, voire d'imposer les objectifs à poursuivre, les buts à atteindre, les moyens d'y parvenir, et c'est à eux de stimuler toutes les forces regroupées dans cette action commune. Mais qu'ils aient soin d'associer à cette oeuvre les initiatives privées et les corps intermédiaires. Ils éviteront ainsi le péril d'une collectivisation intégrale ou d'une planification arbitraire qui, négatrices de liberté, excluraient l'exercice des droits fondamentaux de la personne humaine. (...)

51. FONDS MONDIAL

Il faudrait encore aller plus loin. Nous demandions à Bombay la constitution d'un grand *Fonds mondial,* alimenté par une partie des dépenses militaires, pour venir en aide aux plus déshérités.[12] Ce qui vaut pour la lutte immédiate contre la misère vaut aussi à l'échelle du développement. Seule une collaboration mondiale, dont un fonds commun serait à la fois le symbole et l'instrument, permettrait de surmonter les rivalités stériles et de susciter un dialogue fécond et pacifique entre tous les peuples.

52. SES AVANTAGES

Sans doute des accords bilatéraux ou multilatéraux peuvent être maintenus: ils permettent de substituer aux rapports de dépendance et aux amertumes issues de l'ère coloniale d'heureuses relations d'amitié, développées sur un pied d'égalité juridique et politique. Mais incorporés dans un programme de collaboration mondiale, ils seraient exempts de tout soupçon. Les défiances des bénéficiaires en seraient atténuées. Ils auraient moins à redouter, dissimulées sous l'aide financière ou l'assistance technique, certaines manifestations de ce qu'on a appelé le néo-colonialisme, sous forme de pressions politiques et de dominations économiques visant à défendre ou à conquérir une hégémonie dominatrice.

53. SON URGENCE

Qui ne voit par ailleurs qu'un tel fonds faciliterait les prélèvements sur certains gaspillages, fruit de la peur ou de l'orgueil? Quand tant de peuples ont faim, quand tant de foyers souffrent de la misère, quand tant d'hommes demeurent plongés dans l'ignorance, quand tant d'écoles, d'hôpitaux, d'habitations dignes de ce nom demeurent à construire, tout gaspillage public ou privé, toute dépense d'ostentation nationale ou personnelle, toute course épuisante aux armements devient un scandale intolérable. Nous Nous devons de le dénoncer. Veuillent les responsables Nous entendre avant qu'il ne soit trop tard.

---

[12] Message au monde remis aux journalistes le 4 décembre 1964. Cf. *AAS* 57 (1965), p. 135.

58. AU-DELA DU LIBERALISME

C'est dire que la règle de libre échange ne peut plus — à elle seule — régir les relations internationales. Ses avantages sont certes évidents quand les partenaires ne se trouvent pas en conditions trop inégales de puissance économique: elle est un stimulant au progrès et récompense l'effort. C'est pourquoi les pays industriellement développés y voient une loi de justice. Il n'en est plus de même quand les conditions deviennent trop inégales de pays à pays: les prix qui se forment «librement» sur le marché peuvent entraîner des résultats iniques. Il faut le reconnaître: c'est le principe fondamental du libéralisme comme règle des échanges commerciaux qui est ici mis en question.

59. JUSTICE DES CONTRATS A L'ECHELLE DES PEUPLES

L'enseignement de Léon XIII dans *Rerum novarum* est toujours valable: le consentement des parties, si elles sont en situation trop inégale, ne suffit pas à garantir la justice du contrat, et la règle du libre consentement demeure subordonnée aux exigences du droit naturel.[13] Ce qui était vrai du juste salaire individuel l'est aussi des contrats internationaux: une économie d'échange ne peut plus reposer sur la seule loi de libre concurrence, qui engendre trop souvent elle aussi une dictature économique. La liberté des échanges n'est équitable que soumise aux exigences de la justice sociale. (...)

61. CONVENTIONS INTERNATIONALES

On ne saurait user ici de deux poids et deux mesures. Ce qui vaut en économie nationale, ce qu'on admet entre pays développés, vaut aussi dans les relations commerciales entre pays riches et pays pauvres. Sans abolir le marché de concurrence, il faut le maintenir dans des limites qui le rendent juste et moral, et donc humain. Dans le commerce entre économies développées et sous-développées, les situations sont trop disparates et les libertés réelles trop inégales. La justice sociale exige que le commerce international, pour être humain et moral, rétablisse entre partenaires au moins une certaine égalité de chances. (...)

A.134. *Octogesima Adveniens (OA)*

43. POUR UNE PLUS GRANDE JUSTICE

(...) Certes, la complexité des problèmes soulevés est grande dans l'enchevêtrement actuel des interdépendances; aussi faut-il avoir le courage d'entreprendre une révision des rapports entre les nations, qu'il s'agisse de répartition inter-

---

[13] Cf. *Acta Leonis XIII,* t. XI (1892), p. 131.

nationale de la production, de structure des échanges, de contrôle des profits, de système monétaire — sans oublier les actions de solidarité humanitaire —, de mettre en question les modèles de croissance des nations riches, de transformer les mentalités pour les ouvrir à la priorité du devoir international, de rénover les organismes internationaux en vue d'une plus grande efficacité.

44. Sous la poussée des nouveaux systèmes de production, les frontières nationales éclatent et l'on voit apparaître de nouvelles puissances économiques, les entreprises multinationales, qui par la concentration et la souplesse de leurs moyens peuvent mener des stratégies autonomes, en grande partie indépendantes des pouvoirs politiques nationaux, donc sans contrôle au point de vue du bien commun. En étendant leurs activités, ces organismes privés peuvent conduire à une nouvelle forme abusive de domination économique sur le domaine social, culturel et même politique. La concentration excessive des moyens et des pouvoirs que dénonçait déjà Pie XI pour le 40e anniversaire de *Rerum Novarum* prend un nouveau visage concret.

A.135. *Redemptor Hominis (RH)*

15. (...) Toutes les conquêtes atteintes jusqu'ici, et celles que la technique projette de réaliser à l'avenir, vont-elles de pair avec le progrès moral et spirituel de l'homme? Dans ce contexte, est-ce que l'homme, en tant qu'homme, se développe et progresse, ou est-ce qu'il régresse et se dégrade dans son humanité? Est-ce que chez les hommes, «dans le monde de l'homme», qui est en soi un monde de bien et de mal moral, le bien l'emporte sur le mal? Est-ce que croissent vraiment dans les hommes, entre les hommes, l'amour social, le respect des droits d'autrui — pour tout homme, nation, peuple — ou est-ce que croissent au contraire les égoïsmes aux différents niveaux, les nationalismes exagérés au lieu de l'authentique amour de la patrie, et encore la tendance à dominer les autres au-delà de ses propres droits et mérites légitimes, ainsi que la tendance à exploiter l'ensemble du progrès matériel, technique et productif dans le seul but de dominer les autres ou en faveur de tel ou tel impérialisme?

Voilà les interrogations essentielles que l'Eglise ne peut pas ne pas se poser, étant donné que des milliards d'hommes vivant aujourd'hui dans le monde se les posent d'une manière plus ou moins explicite. Le thème du développement et du progrès est sur les lèvres de tous et apparaît sur les colonnes de tous les journaux et publications, dans presque toutes les langues du monde contemporain. N'oublions pas, toutefois, que ce thème ne contient pas seulement des affirmations et des certitudes, mais aussi des questions et des inquiétudes angoissantes. Ces dernières ne sont pas moins importantes que les premières. Elles correspondent à la nature de la conscience humaine, et plus encore au besoin fondamental de la sollicitude de l'homme pour l'homme, pour son humanité même, pour l'avenir des hommes sur la terre. (...)

A.136. *Sollicitudo Rei Socialis* (*SRS*)

15. (...) Il convient d'ajouter ici que, dans le monde d'aujourd'hui, il existe bien d'autres *formes de pauvreté*. Certaines carences ou privations ne méritent-elles pas, en effet ce qualificatif? La négation ou la limitation des droits humains — par exemple le droit à la liberté religieuse; le droit de participer à la construction de la société, la liberté de s'associer, ou de constituer des syndicats, ou de prendre des initiatives en matière économique — n'appauvrissent-elles pas la personne humaine autant, sinon plus, que la privation des biens matériels? Et un développement qui ne tient pas compte de la pleine reconnaissance de ces droits est-il vraiment un développement à dimension humaine?

En bref, de nos jours le sous-développement n'est pas seulement économique; il est également culturel, politique et tout simplement humain, comme le relevait déjà, il y a vingt ans, l'encyclique *Populorum progressio*. Il faut donc ici se demander si la réalité si triste d'aujourd'hui n'est pas le résultat, au moins partiel, d'une *conception trop étroite*, à savoir surtout économique, du développement.

16. On doit constater que, malgré les louables efforts accomplis ces deux dernières décennies par les pays plus développés ou en voie de développement et par les Organisations internationales pour trouver une issue à la situation, ou au moins remédier à quelques-uns de ses symptômes, la situation s'est *considérablement aggravée*.

Les responsabilités d'une telle aggravation proviennent de causes diverses. Signalons les omissions réelles et graves de la part des pays en voie de développement eux-mêmes, et spécialement de la part des personnes qui y détiennent le pouvoir économique et politique. On ne saurait pour autant feindre de ne pas voir les responsabilités des pays développés, qui n'ont pas toujours, du moins pas suffisamment, compris qu'il était de leur devoir d'apporter leur aide aux pays éloignés du monde de bien-être auquel ils appartiennent.

Toutefois, il est nécessaire de dénoncer l'existence de *mécanismes* économiques, financiers et sociaux qui, bien que menés par la volonté des hommes, fonctionnent souvent d'une manière quasi automatique, rendant plus rigides les situations de richesse des uns et de pauvreté des autres. Ces mécanismes, manoeuvrés — d'une façon directe ou indirecte — par des pays plus développés, favorisent par leur fonctionnement même les intérêts de ceux qui les manoeuvrent, mais ils finissent par étouffer ou conditionner les économies des pays moins développés. Il nous faudra, plus loin, soumettre ces mécanismes à une analyse attentive sous l'aspect éthique et moral.

Déjà *Populorum progressio* prévoyait que de tels systèmes pouvaient augmenter la richesse des riches, tout en maintenant les pauvres dans la misère.[14] On

---

[14] Cf. *Populorum progressio*, 33: *l.c.*, p. 273.

a eu une confirmation de cette prévision avec l'apparition de ce qu'on appelle le quart-monde.

32. L'obligation de se consacrer au développement des peuples n'est pas seulement un devoir individuel, encore moins individualiste, comme s'il était possible de le réaliser uniquement par les efforts isolés de chacun. C'est un impératif pour *tous et chacun* des hommes et des femmes, et aussi pour les sociétés et les nations; il oblige en particulier l'Eglise catholique, les autres Eglises et Communautés ecclésiales, avec lesquelles nous sommes pleinement disposés à collaborer dans ce domaine. En ce sens, de même que nous autres, catholiques, invitons nos frères chrétiens à participer à nos initiatives, de même nous nous déclarons prêts à collaborer à leurs initiatives, accueillant volontiers les invitations qui nous sont faites. Dans cette recherche du développement intégral de l'homme, nous pouvons également faire beaucoup avec les croyants des autres religions, comme cela se fait du reste en divers lieux.

La collaboration au développement de tout l'homme et de tout homme est en effet un devoir *de tous envers tous,* et elle doit en même temps être commune aux quatre parties du monde: Est et Ouest, Nord et Sud; ou, pour employer le terme en usage, aux divers «mondes». Si, au contraire, on essaie de le réaliser d'un seul côté, dans un seul monde, cela se fait aux dépens des autres; et là où cela commence, du fait même que les autres sont ignorés, cela s'hypertrophie et se pervertit.

Les peuples ou les nations ont droit eux aussi à leur développement *intégral* qui, s'il comporte, comme on l'a dit, les aspects économiques et sociaux, doit comprendre également l'identité culturelle de chacun et l'ouverture au transcendant. Et en aucun cas la nécessité du développement ne peut être prise comme prétexte pour imposer aux autres sa propre façon de vivre ou sa propre foi religieuse.

33. Un type de développement qui ne respecterait pas et n'encouragerait pas les *droits humains,* personnels et sociaux, économiques et politiques, y compris les *droits des nations et des peuples,* ne serait pas non plus vraiment *digne de l'homme.*

Aujourd'hui plus que par le passé peut-être, on reconnaît plus clairement la *contradiction intrinsèque* d'un développement limité au *seul* aspect économique. Il subordonne facilement la personnes humaine et ses besoins les plus profonds aux exigences de la planification économique ou du profit exclusif.

Le *lien intrinsèque* entre le développement authentique et le respect des droits de l'homme révèle encore une fois son caractère *moral:* la vraie élévation de l'homme, conforme à la vocation naturelle et historique de chacun, ne s'atteint pas par la *seule* utilisation de l'abondance des biens et des services, ou en disposant d'infrastructures parfaites.

Quand les individus et les communautés ne voient pas rigoureusement respectées les exigences morales, culturelles et spirituelles fondées sur la dignité de la personne et sur l'identité propre de chaque communauté, à commencer par la famille et par les sociétés religieuses, tout le reste — disponibilité de biens, abondance de ressources techniques appliquées à la vie quotidienne, un certain niveau de bien-être matériel — s'avérera insatisfaisant et, à la longue, méprisable. C'est ce qu'affirme clairement le Seigneur dans l'Evangile en attirant l'attention de tous sur la vraie hiérarchie des valeurs: «Quel avantage un homme aura-t-il à gagner le monde entier, s'il le paye de sa vie?» (*Mt* 16,26).

Un vrai développement, selon les exigences *propres* de l'être humain, homme ou femme, enfant, adulte ou vieillard, implique, surtout de la part de ceux qui interviennent activement dans ce processus et en sont responsables, une vive *conscience* de la *valeur* des droits de tous et de chacun, et aussi de la nécessité de respecter le droit de chacun à la pleine utilisation des avantages offerts par la science et par la technique.

Sur le *plan intérieur* de chaque pays, le respect de tous les droits prend une grande importance, spécialement le droit à la vie à tous les stades de l'existence, les droits de la famille en tant que communauté sociale de base ou «cellule de la société», la justice dans les rapports de travail, les droits inhérents à la vie de la communauté politique en tant que telle, les droits fondés sur la *vocation transcendante* de l'être humain, à commencer par le droit à la liberté de professer et de pratiquer son propre credo religieux.

Sur le *plan international,* celui des rapports entre les Etats ou, selon le langage courant, entre les divers «mondes», il est nécessaire qu'il y ait un *respect* total de l'identité de chaque peuple, avec ses caractéristiques historiques et culturelles. Il est également indispensable, comme le souhaitait déjà l'encyclique *Populorum progressio,* de reconnaître à chaque peuple le même droit à «s'asseoir à la table du festin»[15] au lieu d'être comme Lazare qui gisait à la porte, tandis que «les chiens venaient lécher ses ulcères» (cf. *Lc* 16,21). Les peuples aussi bien que les individus doivent jouir de l'*égalité fondamentale*[16] sur laquelle est basée, par exemple, la Charte de l'Organisation des Nations Unies, égalité qui est le fondement du droit de tous à participer au processus de développement intégral.

Pour être intégral, le développement doit se réaliser dans le cadre de la *solidarité* et de la *liberté,* sans jamais sacrifier l'une à l'autre sous aucun prétexte. Le caractère moral du développement et la nécessité de sa promotion sont mis en valeur quand on a le respect le plus rigoureux pour toutes les exigences dérivant de

---

15 Cf. *Populorum progressio,* 47: «... un monde où la liberté ne soit pas un vain mot et où le pauvre Lazare puisse s'asseoir à la même table que le riche».

16 Cf. *ibid.*, 47: «Il s'agit de construire un monde où tout homme, sans exception de race, de religion, de nationalité, puisse vivre une vie pleinement humaine, affranchie des servitudes qui lui viennent des hommes...»; cf. aussi *Gaudium et spes,* 29. Cette *égalité fondamentale* est un des motifs de base pour lesquels l'Eglise s'est toujours opposée à toute forme de racisme.

l'ordre de la *vérité* et du *bien,* qui est celui de la créature humaine. En outre, le chrétien, qui a appris à voir en l'homme l'image de Dieu appelée à participer à la vérité et au bien qu'est *Dieu lui-même,* ne comprend pas l'engagement en faveur du développement et de sa réalisation en dehors de la considération et du respect dus à la dignité unique de cette «image». Autrement dit, le véritable développement doit être fondé sur *l'amour de Dieu et du prochain,* et contribuer à faciliter les rapports entre les individus et la société. Telle est la «civilisation de l'amour» dont parlait souvent le Pape Paul VI.

43. L'intérêt actif pour les pauvres — qui sont, selon la formule si expressive, les «pauvres du Seigneur»[17] — doit se traduire, à tous les niveaux, en actes concrets afin de parvenir avec fermeté à une série de réformes nécessaires. En fonction des situations particulières, on détermine les réformes les plus urgentes et les moyens de les réaliser; mais il ne faut pas oublier celles que requiert la situation de déséquilibre international décrite ci-dessus.

A ce sujet, je désire rappeler notamment: *la réforme du système commercial international,* grevé par le protectionnisme et par le bilatéralisme grandissant; *la réforme du système monétaire et financier international,* dont on s'accorde aujourd'hui à reconnaître l'insuffisance; *le problème des échanges des technologies* et de leur bon usage; la nécessité d'*une révision de la structure des Organisations internationales* existantes, dans le cadre d'un ordre juridique international.

Le système commercial international entraîne souvent aujourd'hui une discrimination des productions des industries naissantes dans les pays en voie de développement, tandis qu'il décourage les producteurs de matières premières. Il existe, par ailleurs, une sorte de *division internationale du travail* selon laquelle les produits à faible prix de revient de certains pays, dénués de législation du travail efficace ou trop faibles pour les appliquer, sont vendus en d'autres parties du monde avec des bénéfices considérables pour les entreprises spécialisées dans ce type de production qui ne connaît pas de frontières.

Le système monétaire et financier mondial se caractérise par la fluctuation excessive des méthodes de change et des taux d'intérêt, au détriment de la balance des paiements et de la situation d'endettement des pays pauvres.

Les technologies et leurs transferts constituent aujourd'hui un des principaux problèmes des échanges internationaux, avec les graves dommages qui en résultent. Il n'est pas rare que des pays en voie de développement se voient refuser les technologies nécessaires ou qu'on leur en livre certaines qui leur sont inutiles. (...)

44. Le développement requiert surtout un esprit d'initiative de la part des pays

---

[17] Parce que le Seigneur a voulu s'identifier à eux (*Mt* 25, 31-46) et qu'il en prend soin tout spécialement (cf. *Ps* 12 [11], 6; *Lc* 1, 52-53).

qui en ont besoin eux-mêmes.[18] Chacun d'eux doit agir en fonction de ses propres responsabilités, sans *tout attendre* des pays plus favorisés, et en travaillant en collaboration avec les autres qui sont dans la même situation. Chacun doit explorer et utiliser le plus possible l'espace de *sa propre liberté*. Chacun devra aussi se rendre capable d'initiatives répondant à ses propres problèmes de société. Chacun devra également se rendre compte des besoins réels qui existent, et aussi des droits et des devoirs qui lui imposent de les satisfaire. Le développement des peuples commence et trouve sa mise en oeuvre la plus appropriée dans l'effort de chaque peuple pour son propre développement, en collaboration avec les autres.

Dans ce sens, il est important que *les pays en voie de développement* favorisent *l'épanouissement* de tout citoyen, par l'accès à une culture plus approfondie et à une libre circulation des informations. Tout ce qui pourra favoriser *l'alphabétisation* et *l'éducation de base* qui l'approfondit et la complète, comme le proposait l'encyclique *Populorum progressio*[19] — objectif encore loin d'être atteint dans beaucoup de régions du monde —, représente une contribution directe au développement authentique.

Pour avancer sur cette voie, les *pays* devront discerner *eux-mêmes* leurs *priorités* et reconnaître clairement leurs besoins, en fonction des conditions particulières de la population, du cadre géographique et des traditions culturelles.

Certains pays devront augmenter *la production alimentaire*, afin de disposer en permanence du nécessaire pour la nourriture et pour la vie. Dans le monde actuel, où la faim fait tant de victimes surtout parmi les enfants, il y a des exemples de pays qui, sans être particulièrement développés, ont pourtant réussi à atteindre l'objectif de *l'autonomie alimentaire* et même à devenir exportateurs de produits alimentaires.

D'autres pays ont besoin de réformer certaines structures injustes et notamment leurs *institutions politiques* afin de remplacer des régimes corrompus, dictatoriaux et autoritaires par des régimes *démocratiques* qui favorisent *la participation*. C'est un processus que nous souhaitons voir s'étendre et se renforcer, parce que la *«santé»* d'une communauté politique — laquelle s'exprime par la libre participation et la responsabilité de tous les citoyens dans les affaires publiques, par la fermeté du droit, par le respect et la promotion des droits humains — est *une condition nécessaire et une garantie sûre* du développement de «tout l'homme et de tous les hommes».

---

18 *Populorum progressio*, 55: *l.c.*, p. 284: «Ce sont [...] ces hommes et ces femmes qu'il faut aider, qu'il faut convaincre d'opérer eux-mêmes leur propre développement et d'en acquérir progressivement les moyens»; cf. *Gaudium et spes*, 86.

19 *Populorum progressio*, 35: *l.c.*, p. 274: «... l'éducation de base est le premier objectif d'un plan de développement».

A.137. *Centesimus Annus (CA)*

35. (...) On a vu que l'on ne peut accepter l'affirmation selon laquelle la défaite du «socialisme réel», comme on l'appelle, fait place au seul modèle capitaliste d'organisation économique. Il faut rompre les barrières et les monopoles qui maintiennent de nombreux peuples en marge du développement, assurer à tous les individus et à toutes les nations les conditions élémentaires qui permettent de participer au développement. Cet objectif requiert des efforts concertés et responsables de la part de toute la communauté internationale. Il convient que les pays les plus puissants sachent donner aux plus pauvres des possibilités d'insertion dans la vie internationale et que les pays les plus démunis sachent saisir ces possibilités, en consentant les efforts et les sacrifices nécessaires, en assurant la stabilité de leur organisation politique et de leur économie, la sûreté dans leurs perspectives d'avenir, l'augmentation du niveau des compétences de leurs travailleurs, la formation de dirigeants d'entreprises efficaces et conscients de leurs responsabilités.[20]

Actuellement, sur les efforts constructifs qui sont accomplis dans ce domaine pèse le problème de la dette extérieure des pays les plus pauvres, problème encore en grande partie non résolu. Le principe que les dettes doivent être payées est assurément juste; mais il n'est pas licite de demander et d'exiger un paiement quand cela reviendrait à imposer en fait des choix politiques de nature à pousser à la faim et au désespoir des populations entières. On ne saurait prétendre au paiement des dettes contractées si c'est au prix de sacrifices insupportables. Dans ces cas, il est nécessaire — comme du reste cela est en train d'être partiellement fait — de trouver des modalités d'allégement, de report ou même d'extinction de la dette, compatibles avec le droit fondamental des peuples à leur subsistance et à leur progrès.

B.138. *A l'Organisation Internationale du Travail (OIT 1969)*

22. Il vous faut aussi assurer la participation de tous les peuples à la construction du monde et vous préoccuper dès aujourd'hui des moins favorisés, tout comme vous aviez hier pour premier souci les catégories sociales les plus défavorisées. C'est dire que *votre oeuvre législative doit se poursuivre hardiment et s'engager sur des chemins résolument nouveaux,* qui assurent le droit solidaire des peuples à leur développement intégral, qui permettent singulièrement «à tous les peuples de devenir eux-mêmes les artisans de leur destin».[21] C'est un défi qui vous est aujourd'hui lancé à l'aube de la seconde décennie du développement. Il vous appartient de le relever. Il vous revient de prendre les décisions qui éviteront la retombée de

---

20 Cf. *Laborem exercens,* 8: *l.c.*, p. 594-598.

21 *Populorum progressio,* 85.

tant d'espoirs et juguleront les tentations de la violence destructrice. *Il vous faut exprimer dans des règles de droit la solidarité qui s'affirme toujours plus dans la conscience des hommes.* Tout comme hier vous avez assuré par votre législation la protection et la survie du faible contre la puissance du fort — Lacordaire le disait déjà: «Entre le fort et le faible, c'est la liberté qui opprime, et la loi qui affranchit»,[22] — il vous faut désormais maîtriser les droits des peuples forts et favoriser le développement des peuples faibles en créant les conditions, non seulement théoriques, mais pratiques d'un *véritable droit du travail, à l'échelle des peuples.* Comme chaque homme, chaque peuple doit pouvoir, en effet, par son travail, se développer, grandir en humanité, passer de conditions moins humaines à des conditions plus humaines.[23] Il y faut des conditions et des moyens adaptés, une volonté commune, dont vos conventions librement élaborées entre gouvernements, travailleurs et employeurs, pourraient et devraient fournir progressivement l'expression. Plusieurs organisations spécialisées travaillent déjà à construire ce grand oeuvre. C'est sur cette voie qu'il vous faut progresser.

B.139. ***A la 20e Conférence générale de la FAO*** *(FAO)*

6. A ces considérations s'ajoute un autre motif: c'est avec plaisir que je vois dans la FAO un effort pour parvenir à réaliser concrètement, dans le domaine de l'alimentation et de l'agriculture, un aspect du programme de développement mondial économique et social. Un tel programme contribue certainement à la promotion de la paix en aidant à surmonter des tensions profondes et en donnant effectivement satisfaction aux revendications premières des peuples, revendications liées aux droits inaliénables de l'homme.

De ce point de vue, votre Organisation spécialisée se réfère plus directement aux droits économiques et sociaux reconnus dans la Déclaration Universelle des Droits de l'Homme et qui ont été formulés ensuite de manière plus précise et contraignante dans le pacte international sur les droits économiques, sociaux et culturels.

Mais le perfectionnement de la personne suppose, comme Pie XII le disait déjà, dans son radiomessage de Noël de l'année 1942, la réalisation concrète des conditions sociales qui constituent le bien commun de chaque communauté politique nationale comme de l'ensemble de la communauté internationale. Un tel développement collectif, organique et continu, est le présupposé indispensable pour assurer l'exercice concret des droits de l'homme, aussi bien de ceux qui ont un contenu économique que de ceux qui concernent directement les valeurs spirituelles. Un tel développement requiert cependant, pour être l'expression d'une

---

22 52e Conférence de Notre-Dame, Carême 1848: *Oeuvres,* R.P. LACORDAIRE, tome 4, Paris, Poussielgue (1872), p. 494.

23 Cf. *Populorum progressio,* 15 et 26.

véritable unité humaine, d'être obtenu en faisant appel à la participation libre et à la responsabilité de tous, dans le domaine public comme dans le domaine privé, au niveau intérieur comme au niveau international. (...)

9. (...) Il importe de prévoir et de combattre les dangereuses conséquences sur l'homme de certaines solutions techniques et économiques, de favoriser activement sa participation libre et responsable aux choix et aux réalisations entreprises pour la croissance organique et programmée des conditions générales de sa propre communauté.

L'expérience contemporaine nous porte à reconnaître que la croissance ordonnée et continue de chaque pays, comme la garantie effective de l'exercice des droits humains fondamentaux des individus et des peuples, appellent nécessairement le développement global et organique mondial.

B.140. *Au Corps Diplomatique au Cameroun* (*Yaoundé CD*)

9. L'autosuffisance économique ne peut signifier la fermeture du pays sur luimême, qui ne serait ni possible ni souhaitable. Mais il est normal que chaque pays en Afrique prenne en main son propre développement et soit encouragé à le faire, en utilisant toutes les ressources naturelles dont il dispose et en assurant l'essor de productions adaptées à ses besoins. Il est souhaitable aussi que se développe, là ou elle existe déjà, une solidarité avec les pays africains qui sont de la même aire géographique, et qu'elle s'établisse là où elle n'existe pas encore. Ces relations naturelles de voisinage ont déjà donné d'heureux résultats.

Je salue également les efforts de l'Organisation de l'Unité Africaine: comment ne pas désirer que progresse cette unité, comme en d'autres organisations continentales, afin d'assurer une marche cohérente vers la solution équitable des divers problèmes politiques et sociaux de l'Afrique?

Il est nécessaire enfin que la communauté internationale continue à apporter son aide et même l'augmente vu l'état d'urgence dans plusieurs pays africains sur le plan de la faim, de la santé ou des investissements. On peut espérer que les problèmes de sécurité Est-Ouest ne polariseront pas trop l'attention et l'emploi des ressources dans les pays dits du Nord: puissent-ils se soucier bien davantage des disparités croissantes avec les pays dits du Sud, et comprendre que l'interdépendance est pour eux aussi une question de survie! Mais le point où les pays du Tiers-Monde restent à bon droit sensibles est le cadre dans lequel s'inscrit cette entraide: ils n'acceptent pas qu'elle couvre une détérioration des termes de l'échange, ou certaines injustices dans le commerce ou les investissements. Ils veulent qu'on les aide loyalement à sortir de la question inextricable des emprunts et des endettements trop lourds dans lesquels ils ont été amenés à s'engager au prix de grands risques.

Ceux qui recherchent le bien de l'Afrique, qu'ils soient du Nord ou du Sud, sauront reconsidérer ces problèmes avec équité et ouvrir la voie à des solutions réalistes et justes, susceptibles de sauvegarder la dignité des pays qui ont le droit de progresser dans le développement.

B.141. *Discours à Ouagadougou* (Ouagadougou)

4. En ces jours où je parcours plusieurs pays du Sahel, je dois constater la gravité des maux qui blessent tant de peuples d'Afrique. A nouveau, je dois lancer *un appel solennel à l'humanité,* au nom de l'humanité même. Sur la terre d'Afrique, par millions, des hommes, des femmes, des enfants restent menacés de ne jamais jouir d'une bonne santé, de ne jamais parvenir à vivre dignement de leur travail, de ne jamais recevoir l'éducation qui épanouira leur intelligence, de voir leur environnement devenir hostile et stérile, de perdre la richesse de leur patrimoine ancestral tout en étant privés des apports positifs de la science et de la technique.

Au nom de la justice, *l'Evêque de Rome,* le successeur de Pierre, *adjure* ses frères et soeurs en humanité *de ne pas mépriser les affamés* de ce continent, de ne pas leur dénier le droit universel à la dignité humaine et à la sécurité de la vie.

Comment l'histoire jugerait-elle une génération qui a tous les moyens de nourrir la population de la planète et qui refuserait de le faire dans un aveuglement fratricide?

Quelle paix pourraient espérer des peuples qui ne mettraient pas en pratique le devoir de la solidarité?

Quel désert serait un monde où la misère ne rencontrerait pas l'amour qui donne à vivre?

B.142. *Au Corps Diplomatique au Rwanda* (Kigali)

2. C'est dire combien *la solidarité internationale est nécessaire* pour que ce peuple puisse connaître le développement auquel il aspire légitimement. Vous en êtes les témoins compréhensifs et actifs. Votre rôle de représentants de pays voisins, de pays du «nord» développé ou d'institutions mondiales vous conduit à approfondir le sens et la portée de cette solidarité.

Présente sur tous les continents, l'Eglise catholique n'entend pas, vous le savez, traiter directement les problèmes techniques, mais elle se doit d'attirer sans cesse l'attention des responsables et de tous les hommes de bonne volonté sur la nécessité d'arriver à *construire une véritable communauté des peuples.* Aucun d'eux ne peut être laissé à l'écart. La vie, la santé, l'éducation, la paix sont des biens qui ne doivent être refusés à personne. Tout peuple a le droit de voir respecter sa dignité, sa culture, le libre exercice de ses responsabilités.

Nous ne nous lasserons pas de redire que l'humanité est foncièrement une, et que la pauvreté et la souffrance d'une trop grande partie de ses membres ne peuvent être ignorées. N'a-t-on pas constaté clairement, ces dernières années, que l'action d'organismes spécialisés, pour indispensable qu'elle soit, ne peut aboutir à l'amélioration des conditions de vie des plus défavorisés sans *la participation active des benéficiaires* et le soutien de l'opinion? On commence à mieux se rendre compte, semble-t-il, que la terre est un bien commun qu'il convient de protéger. Mais mesure-t-on assez qu'*une existence décente,* avec un minimum de sécurité, *constitue un droit commun* et que c'est un devoir commun de l'assurer à tous sur toutes les terres de la planète?

B.143. *Message pour Noël* (*Noël 1990*)

7. *Que brille la lumière du Sauveur sur le continent africain,* spécialement là où la liberté est compromise à cause du sous-développement, où la convivialité pacifique entre les peuples et les traditions différentes est bouleversée par des luttes fratricides, où l'espérance de la paix reste précaire et doit s'affermir.

Aujourd'hui encore, je lance un appel pour une répartition plus équitable des ressources de la terre, pour un ordre éthique et économique mondial nouveau et plus juste. Seule une collaboration effective et respectueuse entre les pays riches et les peuples en voie de développement peut empêcher que la divergence entre le Nord et le Sud devienne un abîme qui se creuse, et que s'étende l'archipel déjà vaste et inquiétant de la misère et de la mort.

14.

DROITS DE L'HOMME ET ENVIRONNEMENT

L'acuité des problèmes écologiques a fait ressentir de plus en plus la nécessité d'une réflexion de nature avant tout morale, pour préciser la responsabilité qui revient à l'humanité tout entière par rapport à l'ordre de la création.

D'une telle réflexion dérive la suggestion assez récente d'insérer aussi dans le nombre des droits fondamentaux le droit à un environnement sûr, qui puisse permettre sans dangers l'épanouissement de la vie humaine.

A.144. *Octogesima Adveniens (OA)*

21. L'ENVIRONNEMENT

Tandis que l'horizon de l'homme se modifie ainsi à partir des images qu'on choisit pour lui, une autre transformation se fait sentir, conséquence aussi dramatique qu'inattendue de l'activité humaine. Brusquement l'homme en prend conscience: par une exploitation inconsidérée de la nature il risque de la détruire et d'être à son tour la victime de cette dégradation. Non seulement l'environnement matériel devient une menace permanente: pollutions et déchets, nouvelles maladies, pouvoir destructeur absolu; mais c'est le cadre humain que l'homme ne maîtrise plus, créant ainsi pour demain un environnement qui pourra lui être intolérable. Problème social d'envergure qui regarde la famille humaine tout entière.

C'est vers ces perceptions neuves que le chrétien doit se tourner pour prendre en responsabilité, avec les autres hommes, un destin désormais commun.

A.145. *Sollicitudo Rei Socialis (SRS)*

34. Le caractère moral du développement ne peut non plus faire abstraction du respect *pour les êtres qui forment* la nature visible et que les Grecs, faisant allusion justement à l'*ordre* qui la distingue, appelaient le «cosmos». Ces réalités exi-

gent elles aussi le respect, en vertu d'une triple considération sur laquelle il convient de réfléchir attentivement.

La première consiste dans l'utilité de prendre *davantage conscience* que l'on ne peut impunément faire usage des diverses catégories d'êtres, vivant ou inanimés — animaux, plantes, éléments naturels — comme on le veut, en fonction de ses propres besoins économiques. Il faut au contraire tenir compte de la *nature de chaque être* et de ses *liens mutuels* dans un système ordonné, qui est le cosmos.

La deuxième considération se fonde, elle, sur la constation, qui s'impose de plus en plus peut-on dire, du *caractère limité des ressources naturelles,* certaines d'entre elles n'étant pas *renouvelables,* comme on dit. Les utiliser comme si elles étaient inépuisables, avec une *domination absolue,* met sérieusement en danger leur disponibilité non seulement pour la génération présente mais surtout pour celles de l'avenir.

La troisième considération se rapporte directement aux conséquences qu'a un certain type de développement sur la *qualité de la vie* dans les zones industrialisées. Nous savons tous que l'industrialisation a toujours plus fréquemment pour effet, direct ou indirect, la contamination de l'environnement, avec de graves conséquences pour la santé de la population.

Encore une fois, il est évident que le développement, la volonté de planification qui le guide, l'usage des ressources et la manière de les utiliser, ne peuvent pas être séparés du respect des exigences morales. L'une de celles-ci impose sans aucun doute des limites à l'usage de la nature visible. La domination accordée par le Créateur à l'homme n'est pas un pouvoir absolu, et l'on ne peut parler de liberté «d'user et d'abuser», ou de disposer des choses comme on l'entend. La limitation imposée par le Créateur lui-même dès le commencement, et exprimée symboliquement par l'interdiction de «manger le fruit de l'arbre» (cf. *Gn* 2,16-17), montre avec suffisamment de clarté que, dans le cadre de la nature visible, nous sommes soumis à des lois non seulement biologiques mais aussi morales, que l'on ne peut transgresser impunément.

Une juste conception du développement ne peut faire abstraction de ces considérations — relatives à l'usage des éléments de la nature, au renouvellement des ressources et aux conséquences d'une industrialisation désordonnée — qui proposent encore une fois à notre conscience la *dimension morale* par laquelle se distingue le développement.[1]

---

[1] Cf. Homélie à Val Visdende, Italie (12 juillet 1987), n. 5: *L'Osservatore Romano,* 13-14 juillet 1987; Paul VI, *Octogesima adveniens,* 21: *AAS* 63 (1971), p. 416-417.

B.146. *Au Centre des Nations Unies à Nairobi* (*Nairobi NU*)

2. Depuis de nombreuses années maintenant, l'Eglise catholique a pris un vif intérêt aux questions concernant l'environnement. Une délégation du Saint-Siège a participé à la Conférence sur l'environnement qui s'est tenue à Stockholm en 1972, rencontre qui préparait la voie à l'établissement du programme des Nations Unies pour l'environnement. Mon prédécesseur, le Pape Paul VI, envoya un message à la Conférence de Stockholm dans lequel il déclarait: «Nous voudrions dire, à vous-même et à tous les participants, l'intérêt avec lequel nous suivons cette grande entreprise. Le souci de préserver et d'améliorer le milieu naturel comme la noble ambition de stimuler un premier geste de coopération mondiale en faveur de ce bien nécessaire à tous, répondent à des impératifs profondément ressentis chez les hommes de notre temps» (1er juin 1972).

Le souci de l'Eglise pour la conservation et l'amélioration de notre environnement est lié à un commandement de Dieu. Dans les toutes premières pages de la Bible, nous lisons comment Dieu créa toutes choses et les confia ensuite au soin des êtres humains qui avaient été eux-mêmes créés à son image. Dieu dit à Adam et Eve: «Soyez féconds et multipliez-vous, remplissez la terre et soumettez-la. Soumettez les poissons de la mer et les oiseaux du ciel, ainsi que toute chose vivante qui se meut sur la terre» (*Gn* 1,28).

C'est une nécessité de notre dignité humaine, et donc une responsabilité sérieuse, de régner sur la création d'une manière telle que cela serve la famille humaine. L'exploitation des richesses de la nature doit se faire selon des critères qui prennent en compte non seulement les besoins immédiats des gens mais aussi les besoins des générations futures. De cette manière, l'intendance envers la nature, confiée par Dieu à l'homme, ne sera pas guidée par des considérations à courte vue ou une recherche égoïste. Elle prendra plutôt en compte que tous les biens créés sont ordonnés au bien de toute l'humanité. L'usage des ressources naturelles doit viser le service du développement intégral des générations actuelles et futures. Le progrès dans le domaine de l'écologie et une conscience croissante du besoin de protéger et conserver certaines ressources naturelles non renouvelables sont en harmonie avec les exigences d'une intendance véritable. Dieu est glorifié quand la création sert le développement intégral de la famille humaine tout entière. (...)

4. L'Eglise catholique aborde le souci de la protection de l'environnement à partir du point de vue de la personne humaine. C'est donc notre conviction que tous les programmes écologiques doivent respecter l'entière dignité et liberté de quiconque pourrait être affecté par ces programmes. On devrait voir les problèmes de l'environnement en relation avec les besoins des hommes et des femmes actuels, de leurs familles, de leurs valeurs, de leur héritage social et culturel unique. Car le but dernier des programmes pour l'environnement est de protéger la qualité de la vie humaine, de mettre la création le plus possible au service de la famille humaine.

5. Peut-être ne voyons-nous nulle part aussi clairement l'interrelation du monde aujourd'hui que dans les questions concernant l'environnement. L'interdépendance croissante entre les individus et entre les nations est clairement ressentie quand il est question de faire face aux désastres naturels comme la sécheresse, les typhons, les inondations et les tremblements de terre. Les conséquences de ces désastres vont bien au-delà des régions directement affectées. Et l'immensité et la complexité de bien des problèmes écologiques demandent non seulement une réponse concertée aux niveaux local et national, mais aussi une aide substantielle et une coordination de la part de la communauté internationale. Comme le Pape Paul VI écrivait à la Conférence de Stockholm: «A l'interdépendance doit désormais répondre la coresponsabilité; à la communauté de destin doit correspondre la solidarité». Il serait difficile de surestimer le caractère international des problèmes écologiques ou les bienfaits internationaux de leur solution. (...)

B.147. *A la Cour et à la Commission Européennes des Droits de l'Homme (CCEDH Strasbourg)*

5. Les valeurs morales et spirituelles que le Conseil de l'Europe reconnaît comme étant le patrimoine commun de ces peuples constituent une source presque inépuisable de progrès dans le domaine juridique. C'est ainsi qu'on parle aujourd'hui d'une «troisième génération de droits de l'homme» parmi lesquels figure, par exemple, le droit à un environnement naturel sûr et sain. (...)

B.148. *Au Corps Diplomatique (CD 1989)*

5. (...) On commence à parler aussi de *droit au développement et à l'environnement:* il s'agit souvent, dans cette «troisième génération» des droits de l'homme, d'exigences difficiles encore à traduire en termes juridiques contraignants aussi longtemps que nulle instance n'est capable d'en garantir l'application. Mais, enfin, tout ceci montre la conscience croissante qu'a l'humanité de son interdépendance avec la nature dont les ressources, créées pour tous mais limitées, doivent être protégées, en particulier grâce à une étroite coopération internationale. (...)

B.149. *Journée mondiale de la Paix (JMP 1990)*

9. (...) La nécessité avérée d'une action concertée au niveau international ne comporte assurément pas *une diminution de la responsabilité de chacun des Etats.* En effet, ceux-ci doivent non seulement mettre en application les normes approuvées conjointement avec les autorités d'autres Etats, mais aussi assurer à l'intérieur un ordre socio-économique satisfaisant, en accordant une attention particulière aux secteurs les plus vulnérables de la société. Chaque Etat, dans son propre territoire, a le devoir de prévenir la dégradation de l'atmosphère et de la biosphère, notamment par un contrôle attentif des effets produits par les nouvelles

découvertes technologiques ou scientifiques, et en protégeant ses concitoyens contre le risque d'être exposés à des agents polluants ou à des déchets toxiques. On évoque aujourd'hui avec une insistance toujours plus grande *le droit à la sécurité dans l'environnement,* comme un droit qui devra être inscrit dans une charte des droits de l'homme mise à jour.

15.

VIOLATIONS DES DROITS DE LA PERSONNE ET DES COMMUNAUTES HUMAINES

Le Magistère ne manque pas de faire souvent allusion à ce sujet douloureux, en manifestant sa solidarité avec les victimes des violations des droits de l'homme.

Il s'agit d'un rappel fort qui met en cause aussi les comportements des autorités responsables, en les incitant respectueusement, mais fermement, à adopter toutes les mesures nécessaires pour garantir une meilleure tutelle de la dignité humaine, car c'est bien dans une telle politique que se trouve la justification de leur mandat de gouvernants.

A.150. *Gaudium et Spes* (GS)

27. RESPECT DE LA PERSONNE HUMAINE

(...) Tout ce qui est offense à la dignité de l'homme, comme les conditions de vie sous-humaines, les emprisonnements arbitraires, les déportations, l'esclavage, la prostitution, le commerce des femmes et des jeunes; ou encore les conditions de travail dégradantes qui réduisent les travailleurs au rang de purs instruments de rapport, sans égard pour leur personnalité libre et responsable: toutes ces pratiques et d'autres analogues sont, en vérité, infâmes. Tandis qu'elles corrompent la civilisation, elles déshonorent ceux qui s'y livrent plus encore que ceux qui les subissent et insultent gravement à l'honneur du Créateur. (...)

METTRE UN FREIN A L'INHUMANITE DES GUERRES

79. (...) Considérant cet état lamentable de l'humanité, le Concile, avant tout, entend rappeler la valeur permanente du droit des gens et de ses principes universels. Ces principes, la conscience même du genre humain les proclame fermement et avec une vigueur croissante. Les actions qui leur sont délibérément contraires sont donc des crimes, comme les ordres qui commandent de telles actions; et l'obéissance aveugle ne suffit pas à excuser ceux qui s'y soumettent. Parmi ces ac-

tions, il faut compter en tout premier lieu celles par lesquelles, pour quelque motif et par quelque moyen que ce soit, on extermine tout un peuple, une nation ou une minorité ethnique: ces actions doivent être condamnées comme des crimes affreux, et avec la dernière énergie. Et l'on ne saurait trop louer le courage de ceux qui ne craignent point de résister ouvertement aux individus qui ordonnent de tels forfaits. (...)

A.151. *Redemptor Hominis (RH)*

17. (...) Si les droits de l'homme sont violés en temps de paix, cela devient particulièrement douloureux; du point de vue du progrès, cela représente un phénomène incompréhensible de lutte contre l'homme, et ce fait ne peut en aucune façon s'accorder avec quelque programme que ce soit qui se définisse «humaniste». Et quel programme social, économique, politique, culturel pourrait renoncer à cette définition? Nous nourrissons la profonde conviction qu'il n'y a aujourd'hui dans le monde aucun programme qui, même avec des idéologies opposées quant à la conception du monde, ne mette l'homme au premier plan.

Or, si malgré de telles prémisses les droits de l'homme sont violés de différentes façons, si, en fait, nous sommes témoins des camps de concentration, de la violence, de la torture, du terrorisme et de multiples discriminations, ce doit être une conséquence des autres prémisses qui minent ou même souvent annulent en quelque sorte l'efficacité des prémisses humanistes de ces programmes et systèmes modernes. Le devoir s'impose alors nécessairement de soumettre ces programmes à une continuelle révision à partir des droits objectifs et inviolables de l'homme.

La Déclaration de ces droits et aussi l'institution de l'Organisation des Nations Unies ne se limitaient certainement pas à vouloir rompre avec les horribles expériences de la dernière guerre mondiale, mais elles visaient aussi à créer la base d'une révision continuelle des programmes, des systèmes, des régimes, précisément à partir de ce point de vue unique et fondamental qu'est le bien de l'homme — disons de la personne dans la communauté — et qui, comme facteur fondamental du bien commun, doit constituer le critère essentiel de tous les programmes, systèmes et régimes. Dans le cas contraire, la vie humaine, même en période de paix, est condamnée à des souffrances diverses, et en même temps ces souffrances sont accompagnées d'un développement de formes variées de domination, de totalitarisme, de néo-colonialisme, d'impérialisme, qui menacent aussi les rapports entre les nations. En vérité, c'est un fait significatif, et confirmé à bien des reprises par les expériences de l'histoire, que la violation des droits de l'homme va de pair avec la violation des droits de la nation, avec laquelle l'homme est uni par des liens organiques, comme avec une famille agrandie.

Dès la première moitié de ce siècle, dans la période où se développaient divers totalitarismes d'Etat qui — on ne le sait que trop — conduisirent à l'horrible catastrophe de la guerre, l'Eglise avait déjà clairement précisé sa position en face de ces régimes qui agissaient apparemment pour un bien supérieur, à savoir le bien de l'Etat, alors que l'histoire devait démontrer au contraire qu'il s'agissait seulement du bien d'un parti déterminé qui s'identifiait avec l'Etat.[1] En réalité ces régimes avaient réduit les droits des citoyens en refusant de leur reconnaître les droits inviolables de l'homme qui, au milieu de notre siècle, ont obtenu leur formulation au plan international. En partageant la joie de cette conquête avec tous les hommes de bonne volonté, avec tous les hommes qui aiment vraiment la justice et la paix, l'Eglise, consciente que la «lettre» seule peut tuer, tandis que seul «l'esprit donne la vie»,[2] doit s'unir à ces hommes de bonne volonté pour demander sans cesse si la Déclaration des droits de l'homme et l'acceptation de leur «lettre» signifient partout également la réalisation de leur «esprit». Il surgit en effet la crainte fondée que très souvent nous ne soyons encore loin de cette réalisation et que parfois l'esprit de la vie sociale et publique ne se trouve dans une douloureuse opposition avec la «lettre» des droits de l'homme telle qu'elle figure dans la Déclaration. Cet état de choses, lourd de conséquences pour les diverses sociétés, grèverait particulièrement, au regard de ces sociétés et de l'histoire de l'homme, la responsabilité de ceux qui contribuent à l'établir. (...)

A.152. *Dives in Misericordia (DM)*

SOURCES D'INQUIETUDE

11. C'est ainsi que grandit dans notre monde la conscience d'une menace, comme augmente aussi la crainte existentielle liée surtout — comme je l'ai déjà indiqué dans l'encyclique *Redemptor hominis* —, à la perspective d'un conflit qui, en raison des arsenaux atomiques actuels, pourrait signifier l'autodestruction partielle de l'humanité. Toutefois, la menace ne concerne pas seulement ce que les hommes peuvent faire à d'autres hommes en utilisant la technique militaire; elle concerne aussi bien d'autres dangers, qui sont le produit d'une civilisation matérialiste, laquelle — malgré les déclarations «humanistes» — accepte le primat des choses sur la personne. L'homme contemporain a donc peur que, par l'utilisation des moyens techniques inventés par ce type de civilisation, les *individus* mais aussi les milieux, les communautés, les sociétés, les nations, puissent être *les victimes d'abus de pouvoir de la part d'autres* individus, milieux, sociétés. L'histoire de notre siècle en offre d'abondants exemples. Malgré toutes les déclarations sur les droits de l'homme dans sa dimension intégrale, c'est-à-dire dans son existence corporelle et spirituelle, nous ne pouvons pas dire que ces exemples appartiennent au passé.

---

1 Pie XI, Encyclique *Quadragesimo anno: AAS* 23 (1931), p. 213; Encyclique *Non abbiamo bisogno: AAS* 23 (1931), p. 285-312; Encyclique *Divini Redemptoris: AAS* 29 (1937), p. 65-106; Encyclique *Mit brennender Sorge: AAS* 29 (1937), p. 145-167; Pie XII, Encyclique *Summi pontificatus: AAS* 31 (1939), p. 413-453.

2 Cf. 2 *Co* 3,6.

A juste raison, l'homme a peur d'être victime d'une oppression qui lui ôte la liberté intérieure, la possibilité de manifester publiquement la vérité dont il est convaincu, la foi qu'il professe, la faculté d'obéir à la voix de sa conscience qui lui indique le droit chemin. En effet, les moyens techniques dont dispose la civilisation actuelle cachent non seulement la possibilité, d'une autodestruction réalisée par un conflit militaire, mais aussi *la possibilité d'un assujettissement* «pacifique» *des individus, des milieux de vie,* de sociétés entières et de nations qui, quel qu'en soit le motif, sont gênants pour ceux qui disposent de ces moyens et sont prêts à les utiliser sans scrupule. Que l'on pense aussi à la torture, qui existe encore dans le monde, adoptée systématiquement par l'autorité comme instrument de domination ou de suprématie politique, et pratiquée impunément par les subalternes.

Ainsi donc, à côté de la conscience de la menace contre la vie, grandit la conscience d'une autre menace, qui détruit plus encore ce qui est essentiel à l'homme, c'est-à-dire ce qui est intimement lié à sa dignité de personne, à son droit à la vérité et à la liberté. (...)

A.153. *Christifideles Laici (CL)*

LA PERSONNE HUMAINE: SA DIGNITE PIETINEE ET EXALTEE

5. Pensons encore aux nombreuses *violations* infligées aujourd'hui à la dignité de la *personne humaine*. Quand il n'est pas reconnu et aimé dans sa dignité d'image vivante de Dieu (cf. *Gn* 1,26), l'être humain est exposé aux formes les plus humiliantes et aberrantes d'«instrumentalisation», qui le rendent misérablement esclave du plus fort. Et ce «plus fort» peut prendre des figures diverses: idéologie, pouvoir économique, systèmes politiques inhumains, technocratie scientifique, invasion des «mass-media». Une fois encore, nous nous trouvons ici en face d'une foule de personnes, qui sont nos frères et soeurs, dont les droits fondamentaux sont violés, parfois en conséquence de l'excessive tolérance ou même de l'injustice patente de certaines lois civiles: le droit à un toit et au travail, le droit à la famille et à la procréation responsable, le droit à la participation à la vie publique et politique, le droit à la liberté de conscience et de profession de sa foi religieuse.

Qui peut dénombrer les enfants qui n'ont pas vu le jour, parce que tués dans le sein de leur mère, les enfants abandonnés, ou maltraités par les parents eux-mêmes, les enfants qui grandissent privés d'affection et d'éducation? En certains pays, des populations entières n'ont ni maison ni travail, et manquent des moyens indispensables pour mener une existence digne d'êtres humains. De terribles îlots de pauvreté et de misère, physique et morale à la fois, sont désormais fixés au pourtour des métropoles et frappent mortellement des groupes humains entiers. (...)

A.154. *Pour le 50e anniversaire du début de la Deuxième Guerre Mondiale* (GM 50)

6. (...) Mon prédécesseur, le Pape Pie XI, avait été lucide quand, dans son encyclique *Mit brennender Sorge,* il déclarait: «Quiconque élève la race ou le peuple, ou l'Etat ou une de ses formes déterminées, les dépositaires du pouvoir ou d'autres éléments fondamentaux de la société humaine [...] à la règle suprême de tout, même des valeurs religieuses, et les divinise par un culte idolâtrique, celui-là pervertit et fausse l'ordre des choses créé et voulu par Dieu».[3]

Cette prétention de l'idéologie du système national-socialiste n'épargna pas les Eglises et *l'Eglise catholique* en particulier qui, avant et durant le conflit, *connut, elle aussi, sa passion.* Son sort n'a certes pas été meilleur dans les contrées où s'est imposée l'idéologie marxiste du matérialisme dialectique.

Nous devons rendre grâce à Dieu toutefois pour les nombreux témoins, connus et inconnus qui, en ces heures de tribulation, ont eu le courage de professer intrépidement leur foi, ont su s'élever contre l'arbitraire athée et n'ont pas ployé sous la force.

TOTALITARISME ET RELIGION

7. Car, au fond, le paganisme nazi come le dogme marxiste ont en commun d'être des *idéologies totalitaires,* avec une *tendance à devenir des religions de substitution.*

Déjà bien avant 1939, dans certains secteurs de la culture européenne, apparaissait une volonté d'effacer Dieu et son image de l'horizon de l'homme. On commençait à endoctriner dans ce sens les enfants, dès leur plus jeune âge.

L'expérience a montré malheureusement que l'homme livré au seul pouvoir de l'homme, mutilé dans ses aspirations religieuses, devient vite un numéro ou un objet. D'ailleurs, aucun âge de l'humanité n'a échappé au risque de la fermeture de l'homme sur lui-même, dans une attitude de suffisance orgueilleuse. Mais ce risque s'est accentué en ce siècle dans la mesure où la force armée, la science et la technique ont pu donner à l'homme contemporain l'illusion de devenir le seul maître de la nature et de l'histoire. Telle est la prétention qui se trouve à la base des excès que nous déplorons.

L'abîme moral dans lequel le mépris de Dieu, et donc de l'homme, a précipité le monde il y a cinquante ans nous fait toucher du doigt la puissance du «Prince de ce monde» (*Jn* 14,30) qui peut séduire les consciences par le mensonge, par *le dédain de l'homme et du droit,* par *le culte du pouvoir et de la puissance.*

---

[3] 14 mars 1937: *AAS* 29 (1937), p. 149 et p. 171.

Aujourd'hui nous nous souvenons de tout cela et nous méditons sur les extrémités auxquelles peut conduire l'abandon de toute référence à Dieu et de toute loi morale transcendante.

B.155. *Pour le 20e anniversaire de la Déclaration Universelle des Droits de l'Homme* (DUDH 20)

(...) Les événements contemporains démontrent malheureusement que cette coopération fraternelle, dans une atmosphère de respect et de compréhension, reste cruellement démentie en de nombreuses parties du monde par les discriminations raciales, idéologiques et religieuses, par l'assujettissement imposé de force à des nations plus faibles, par des régimes politiques qui privent les citoyens des justes libertés, par le recours à la menace et à la violence au lieu des négociations pour le règlement des conflits d'intérêts réciproques. Il y a un lien direct entre les droits de l'homme et la paix: une paix véritable et durable est impossible là où les droits de l'homme sont ignorés, violés et foulés aux pieds. (...)

B.156. *A l'Organisation Internationale du Travail* (OIT 1969)

PROCLAMER LES DROITS ET LES FAIRE RESPECTER

19. Courageusement, inlassablement, luttez contre les abus toujours renaissants et les injustices sans cesse renouvelées, contraignez les intérêts particuliers à se soumettre à la vision plus large du bien commun, adaptez les anciennes dispositions aux besoins nouveaux, suscitez-en de nouvelles, engagez les nations à les ratifier, et prenez les moyens de les faire respecter, car il faut le redire: «Il serait vain de proclamer des droits si l'on ne mettait en même temps tout en oeuvre pour assurer le devoir de les respecter, *par tous, partout, et pour tous*».[4]

DEFENDRE L'HOMME CONTRE LUI-MEME

20. Osons l'ajouter: *c'est contre lui-même qu'il vous faut défendre l'homme,* l'homme menacé de n'être plus qu'une partie de lui-même, réduit, comme on l'a dit, à une seule dimension.[5] Il faut à tout prix l'empêcher de n'être que le pourvoyeur mécanisé d'une machine aveugle, dévoreuse du meilleur de lui-même, ou d'un Etat tenté d'asservir toutes les énergies à son seul service. C'est l'homme qu'il vous faut protéger, un homme emporté par les forces formidables qu'il met

---

[4] Message à la Conférence internationale des droits de l'homme à Téhéran, le 15 avril 1968.

[5] Cf., par exemple, H. MARCUSE, *l'Homme unidimensionnel,* traduit de l'anglais par M. WITTIG et l'auteur, Paris, Editions de Minuit, 1968.

en oeuvre et comme englouti par le progrès gigantesque de son travail, un homme entraîné par l'élan irrésistible de ses inventions, et comme étourdi par le contraste croissant entre la prodigieuse augmentation des biens mis à sa disposition, et leur répartition si facilement injuste entre les hommes et entre les peuples. Le mythe de Prométhée projette son ombre inquiétante sur le drame de notre temps, où la conscience de l'homme n'arrive pas à se hausser au niveau de son activité et à assumer ses graves responsabilités, dans la fidélité au dessein d'amour de Dieu sur le monde. Aurions-nous perdu la leçon de la tragique histoire de la tour de Babel, où la conquête de la nature par l'homme oublieux de Dieu s'accompagne d'une désintégration de la société humaine?[6]

B.157. *Pour le 25e anniversaire de la Déclaration Universelle des Droits de l'Homme* (*DUDH 25*)

(...) Mais il serait vraiment déplorable pour l'humanité qu'une proclamation aussi solennelle se réduise à une vaine reconnaissance de valeurs ou à un principe doctrinal abstrait, sans recevoir une application concrète et toujours plus cohérente dans le monde contemporain, comme vous le releviez justement en assumant la présidence de cette Assemblée.

Nous savons bien qu'en ce qui concerne les pouvoirs publics, cette application ne va pas sans difficultés; mais il est nécessaire de mettre en même temps tout en oeuvre pour assurer le respect et la promotion de ces droits, de la part de ceux qui ont le pouvoir et le devoir de le faire et, en même temps, pour développer toujours davantage, dans les populations, la conscience des droits et des libertés fondamentales de l'homme. Il faut faire appel à la collaboration de chacun afin que ces principes soient respectés «par tous, partout, et pour tous» (message à la Conférence de Téhéran pour le 20e anniversaire de la Déclaration des Droits de l'Homme, *AAS* 60 (1968), p. 285). Est-il vraiment possible, sans grave péril pour la paix et l'harmonie des peuples, de demeurer insensible face à tant de violations graves et souvent systématiques des droits de l'homme, si clairement proclamés dans la Déclaration comme universels, inviolables et inaliénables?

Nous ne pouvons cacher nos graves préoccupations devant la persistance ou l'aggravation de situations que nous déplorons grandement, telles que, par exemple, la discrimination raciale ou ethnique, les obstacles à l'autodétermination des peuples, les violations répétées du droit sacré de la liberté religieuse sous ses divers aspects et l'absence d'une entente internationale qui le soutienne et en précise les conséquences, la répression de la liberté d'exprimer les opinions saines, les traitements inhumains envers les prisonniers, l'élimination violente et systématique des adversaires politiques, les autres formes de violence, et les attentats

---

[6] Cf. *Gen.* 11,1-9.

à la vie humaine, particulièrement dans le sein maternel. A toutes les victimes silencieuses de l'injustice, nous, prêtons notre voix pour protester et supplier. Mais il ne suffit pas de dénoncer, souvent d'ailleurs trop tard et de façon inefficace: il faut aussi analyser les causes profondes de ces situations et s'engager résolument à les affronter et à les résoudre correctement.

Il est encourageant, cependant, de noter combien les hommes de notre temps se montrent sensibles aux valeurs fondamentales contenues dans la Déclaration universelle. La multiplication des dénonciations et des revendications n'est-elle pas en effet symptôme significatif de cette sensibilité croissante face à la multiplication des atteintes aux libertés inaliénables de l'homme et des collectivités? (...)

B.158. *Message à la fin du Synode 1974 (SE)*

(...) Aucune nation n'est aujourd'hui sans reproche en ce qui concerne les droits de l'homme. Il ne revient certes pas au Synode de spécifier des cas particulier de violations; cela relève plutôt du niveau local. Mais nous désirons, par nos paroles comme par nos actes, encourager tous ceux qui oeuvrent en faveur des droits de l'homme, inviter ceux qui détiennent l'autorité à promouvoir les droits de l'homme, donner aussi de l'espoir aux hommes qui souffrent violation de leurs droits. Nous voulons ici attirer l'attention sur quelques droits plus menacés aujourd'hui.

Droit de vivre. C'est un droit fondamental et inaliénable. Il subit aujourd'hui de graves violations: avortement, euthanasie, pratique répandue de la torture, violences exercées sur des innocents, fléau de la guerre. La course aux armements est une folie coûteuse pour le monde; elle crée aussi les instruments susceptibles de provoquer une destruction encore plus massive de la vie.

Droit de manger. Il est étroitement lié au droit de vivre. Des millions d'hommes sont actuellement menacés de mourir de faim.. Il faut que nations et peuples entreprennent une action concertée de solidarité à la très prochaine Conférence des Nations Unies pour l'alimentation. Nous invitons les gouvernements à une profonde conversion de leur attitude envers les victimes de la faim; nous leur demandons d'accueillir les impératifs de justice et de réconciliation, et de trouver rapidement le moyen de nourrir ceux qui sont sans nourriture.

Droits socio-économiques. La réconciliation requiert la justice. Les inégalités massives de pouvoir et de richesse qui existent dans le monde, souvent aussi au sein des nations, sont un grave obstacle à la réconciliation. La concentration de puissance économique entre les mains d'un petit nombre de nations et de groupes multinationaux, le déséquilibre structurel des relations commerciales, les disparités dans l'évolution des prix auxquels les nations industrielles et non industrielles échangent leurs produits, l'impuissance à conjuguer croissance économique et juste distribution dans les nations comme au plan international, le chômage, les discriminations en matière d'emploi, les niveaux globaux de consommation des ressources, tout ceci appelle des réformes si l'on veut que la réconciliation soit possible.

Droits politiques et culturels. La réconciliation au sein de la société et les droits de la personne exigent que chaque homme puisse jouer un rôle effectif dans la détermination de son destin. Chacun a droit de participer à la vie politique avec liberté et responsabilité. Il a droit également d'accéder librement à l'information. Droit de parole; droit à la liberté de la presse; droit à une opinion différente. Les hommes ont droit à être éduqués et à déterminer comment seront éduqués leurs enfants. Nul, ni individu ni groupe, ne doit avoir à redouter d'être arrêté, torturé, emprisonné pour des motifs politiques ou idéologiques. Et à tous dans la société, y compris aux travailleurs migrants, doit être garantie une protection juridique de leurs droits personnels, sociaux, culturels et politiques. Nous condamnons tout déni ou limitation des droits pour motif de race. Nous supplions les nations et les groupes contestateurs de rechercher la réconciliation, en renonçant à toute forme de persécution et de violence, et en amnistiant avec miséricorde et équité les prisonniers et exilés politiques.

Droit à la liberté religieuse. Ce droit reflète très particulièrement la dignité personnelle telle qu'elle nous est connue par la Parole de Dieu et par la raison elle-même. Cette liberté est aujourd'hui refusée, ou bien elle est affectée de limitations dans divers systèmes politiques qui mettent des obstacles au culte, à l'éducation religieuse et au ministère à signification sociale. Nous invitons tous les gouvernements à reconnaître le droit à la liberté religieuse en paroles et à l'assurer dans les faits, éliminant toutes les formes de discrimination et accordant à tous la sauvegarde de leurs convictions religieuses, la plénitude des droits de citoyens. L'attitude contraire ramènerait les croyants au rang de citoyens de seconde classe. (...)

B.159. *Pour le 30e anniversaire de la Déclaration Universelle des Droits de l'Homme (DUDH 30)*

(...) Si un regard en arrière sur ces trente dernières années nous donne toute raison d'être réellement satisfait des nombreux progrès qui ont été faits dans ce domaine, on ne peut cependant pas ignorer que le monde dans lequel nous vivons aujourd'hui offre trop d'exemples de situations d'injustice et d'oppression. On est obligé de remarquer une divergence apparemment croissante entre les déclarations significatives des Nations Unies et l'augmentation parfois massive des violations des droits de l'homme dans toutes les parties de la société et du monde. Cela ne peut nous causer que de la tristesse et nous ne pouvons éprouver que de l'insatisfaction devant l'actuel état de choses.

Qui peut nier qu'aujourd'hui des individus et des pouvoirs civils violent impunément des droits fondamentaux de la personne humaine, tels que le droit de naître, le droit de vivre, le droit à la procréation responsable, au travail, à la paix, à la liberté et à la justice sociale, le droit de participer aux décisions qui concernent les peuples et les nations?

Et que dire devant les formes variées de violence collective, comme la discrimination raciale contre des individus et des groupes, la pratique de la torture physique et psychologique sur des prisonniers ou des dissidents politiques? La liste s'accroît encore quand nous considérons les cas de séquestration de personnes pour des raisons politiques et les enlèvements pour un gain matériel, qui atteignent d'une façon si dramatique la vie de famille et le tissu social. (...)

B.160. *Homélie de Noël* *(Noël 1978)*

4. Réfléchissons maintenant brièvement sur la signification constante de ce refus par l'homme de l'hospitalité à Dieu. Nous tous, ici présents, nous voulons que tout ce qui est en nous, hommes d'aujourd'hui, soit ouvert à Dieu qui naît comme homme. C'est bien avec ce désir que nous sommes venus ici!

Il nous faut donc penser, cette nuit, à tous les hommes qui tombent victimes de situations infra-humaines créées par les hommes, de la cruauté, du manque de respect, de mépris des droits objectifs de toute personne humaine. Pensons à ceux qui sont seuls, âgés, malades, à ceux qui n'ont pas de logement, qui souffrent de la faim, et dont la misère est une conséquence de l'exploitation et de l'injustice des systèmes économiques. Pensons enfin à ceux qui, en cette nuit, n'ont pas la liberté de participer à la liturgie de la Nativité du Seigneur, et qui n'ont pas de prêtre pour célébrer l'Eucharistie. Et que notre pensée arrive jusqu'à ceux dont les âmes, les consciences sont tourmentées autant que leur propre foi.

L'étable de Bethléem est le premier lieu de la solidarité avec l'homme: d'un homme avec l'autre et de tous les hommes avec tous les autres hommes, surtout avec ceux pour qui *'il n'y a pas de place à l'hôtellerie'* (cf. *Lc* 2,7) et auxquels on n'accorde plus la reconnaissance de leur propres droits.

B.161. *A l'Organisation des Nations Unies* *(ONU)*

17. Le premier type de menace systématique contre les droits de l'homme est lié, globalement, à la distribution des biens matériels: celle-ci est souvent injuste, aussi bien dans chaque société que sur l'ensemble du globe. On sait que non seulement ces biens sont donnés à l'homme comme richesses de la nature, mais que l'homme en jouit, pour la plus grande partie, comme du fruit de son activité multiple, depuis le travail manuel et physique le plus simple jusqu'aux formes les plus complexes de la production industrielle, jusqu'aux recherches et aux études de spécialisations hautement qualifiées. Bien des *formes d'inégalité dans la possession* et dans la jouissance des biens matériels s'expliquent souvent par des causes ou des circonstances diverses de nature historique et culturelle. Mais de telles circonstances, même si elles peuvent diminuer la responsabilité morale de nos

contemporains, n'empêchent pas que les situations d'inégalité soient marquées au coin de l'injustice et du dommage qu'elles causent à la société.

Il faut donc prendre conscience du fait que les tensions économiques qui existent dans les différents pays, dans les rapports entre les Etats et même entre des continents entiers, comportent en elles-mêmes des éléments substantiels qui limitent ou violent les droits de l'homme, par exemple l'exploitation dans le domaine du travail et les multiples abus qui affectent la dignité de l'homme. Il s'ensuit que le critère fondamental qui permet d'établir une comparaison entre les systèmes socio-économiques et politiques n'est pas et *ne peut pas être le critère* de nature hégémonique ou impérialiste, mais peut et même doit être celui *de nature humaniste,* c'est-à-dire la véritable capacité de chacun d'eux de réduire, de freiner et d'éliminer au maximum les différentes formes d'exploitation de l'homme et d'assurer à celui-ci, par le travail, non seulement la juste distribution des biens matériels indispensables, mais aussi une participation qui corresponde à sa dignité, à l'ensemble du processus de production et à la vie sociale elle-même qui se forme autour de ce processus. N'oublions pas que l'homme, même s'il dépend pour vivre des ressources du monde matériel, ne saurait en être l'esclave, mais le maître. Les paroles du livre de la Genèse: «Remplissez la terre, soumettez-la» (*Gn* 1,28) constituent dans un certain sens une orientation primordiale et essentielle dans le domaine de l'économie et de la politique du travail.

18. Assurément, dans ce domaine, l'humanité entière et chacune des nations ont accompli un progrès considérable depuis un siècle. Cependant, les menaces systématiques et les violations des droits de l'homme ne manquent jamais en ce domaine. Bien souvent subsistent comme facteurs de trouble, d'une part, les *terribles disparités entre* les hommes et les groupes excessivement riches, et, d'autre part, la *majorité numérique* des pauvres ou même des *miséreux,* privés de nourriture, de possibilité de travail et d'instruction, condamnés en grand nombre à la faim et aux maladies. Mais une certaine préoccupation est parfois suscitée par une séparation radicale entre le travail et la propriété, c'est-à-dire par l'indifférence de l'homme face à l'entreprise de production à laquelle il est lié seulement par une obligation de travail sans avoir la conviction de travailler pour un bien qui est sien ou pour lui-même.

On sait bien que l'abîme entre la minorité de ceux qui sont abusivement riches et la multitude de ceux qui sont dans la misère est un symptôme assurément grave dans la vie de toute société. Il faut redire la même chose, et avec plus d'insistance encore, à propos de l'abîme qui sépare chacun des pays et chacune des régions du globe terrestre. Cette grave disparité, qui oppose des zones de satiété à des zones de faim et de crise, peut-elle être comblée autrement que par une coopération organisée de toutes les nations? Cela requiert avant tout une union inspirée par une véritable perspective de paix. Mais il faudra voir, et tout en dépendra, si ces différences de niveau de vie et ces oppositions dans le domaine de la «possession» des biens seront réduites systématiquement, et par des moyens vraiment efficaces; si disparaîtront de la carte économique de notre terre les zones de la faim, de la sous-alimentation, de la misère, du sous-développement, de la maladie, de l'analphabétisme; et si la coopération pacifique s'abstiendra de poser des conditions d'exploitation, de dépendance économique ou politique, qui seraient seulement une forme de néo-colonialisme.

19. Je voudrais maintenant attirer l'attention sur la *seconde espèce de menace* systématique dont l'homme est l'objet, dans le monde actuel, au plan de ses droits intangibles, et qui constitue, autant que la première, un danger pour la cause de la paix, à savoir les diverses formes d'injustice au niveau de l'esprit. On peut en effet blesser l'homme dans son rapport intérieur à la vérité, dans sa conscience, dans ses convictions les plus personnelles, dans sa conception du monde, dans sa foi religieuse, de même que dans le domaine de ce qu'on appelle les libertés civiles où est attribuée une place capitale à l'égalité des droits, sans discrimination fondée sur l'origine, la race, le sexe, la nationalité, la confession religieuse, les convictions politiques et autres. L'égalité des droits veut dire l'exclusion des diverses formes de privilèges pour les uns et de discrimination pour les autres, qu'il s'agisse de personnes nées dans une même nation ou d'hommes appartenant à une histoire, à une race ou à une culture différentes. L'effort de la civilisation, depuis des siècles, tend vers un but: donner à la vie de toute société politique une forme dans laquelle *puissent être pleinement garantis les droits objectifs de l'esprit, de la conscience humaine, de la créativité humaine, y compris la relation de l'homme à Dieu.* Et pourtant, nous sommes toujours témoins des menaces et des violations qui resurgissent en ce domaine, souvent sans possibilité de recours aux instances supérieures ou de remèdes efficaces.

A côté de l'acceptation de formules légales qui garantissent sur le plan des principes les libertés de l'esprit humain, par exemple la liberté de pensée et d'expression, la liberté religieuse, la liberté de conscience, il existe souvent une structuration de la vie sociale dans laquelle l'exercice de ces libertés condamne l'homme, sinon au sens formel du moins pratiquement, à devenir un citoyen de deuxième ou de troisième catégorie, à voir compromises ses possibilités de promotion sociale, de carrière professionnelle ou d'accès à certaines responsabilités, et à perdre même la possibilité d'éduquer librement ses enfants. C'est une question extrêmement importante que, dans la vie sociale interne comme dans la vie internationale, *tous les hommes,* en toute nation et en tout pays, *dans tout régime et dans tout système politique, puissent jouir d'une plénitude effective de leurs droits.*

Seule cette plénitude effective des droits, garantis à tout homme sans discrimination, peut assurer la paix jusqu'en ses racines.

B.162. *A l'Organisation des Etats Américains (OEA)*

3. La douloureuse expérience de ma patrie, la Pologne, m'a enseigné combien est importante la souveraineté nationale quand elle a, à son service, un Etat digne de ce nom et libre de ses décisions; combien elle est importante pour la protection non seulement des légitimes intérêts matériels du peuple, mais encore de sa culture et de son âme. Votre Organisation est une organisation d'Etats, fondée sur le

respect de l'absolue souveraineté nationale de chacun, sur la participation paritaire aux tâches communes et sur la solidarité entre vos peuples. La légitime exigence de la part des Etats de participer, sur un pied d'égalité, aux décisions communes de l'Organisation, doit aller de pair avec le désir de promouvoir à l'intérieur de chaque pays une participation toujours plus effective des citoyens aux responsabilités et aux décisions de la nation à travers des formes qui tiennent compte en particulier des traditions, des difficultés et des expériences historiques.

4. Cependant, bien que de telles difficultés et de telles expériences puissent exiger parfois des mesures exceptionnelles et une certaine période de maturation dans la préparation de nouveaux progrès dans le partage des responsabilités, elles ne justifient jamais, jamais, une atteinte à la dignité inviolable de la personne humaine et aux droits authentiques qui protègent sa dignité. Si certaines idéologies et certaines façons d'interpréter la légitime préoccupation de la sécurité nationale avaient pour résultat d'assujettir à l'Etat l'homme, ses droits et sa dignité, elles cesseraient pour autant d'être humaines et il serait impossible, à moins de faire preuve d'une grande fourberie, de les concilier avec une référence chrétienne. Dans la pensée de l'Eglise, c'est un principe fondamental que l'organisation sociale doit être au service de l'homme, et non le contraire. Ceci vaut également pour les niveaux les plus élevés de la société où s'exerce le pouvoir de coercition et où les abus, quand ils existent, sont particulièrement graves. En outre, une sécurité dans laquelle les populations ne se sentent pas impliquées parce qu'elle ne les protège pas dans leur véritable humanité, n'est qu'une farce. Plus elle se montrera rigide, plus elle fera apparaître des symptômes d'une faiblesse croissante et d'une ruine imminente. (...)

B.163. *Au Corps Diplomatique* (*CD 1982*)

8. Toujours dans cette perspective de sauvegarde et de promotion des valeurs humaines, par-dessus toute évaluation de caractère politique, on doit considérer la sollicitude que le Saint-Siège nourrit en faveur de ceux qui sont «exilés» hors des frontières de leur patrie pour des motifs politiques. C'est un problème qui me tient très à coeur et sur lequel je désire attirer l'attention de vos Gouvernements, comme des divers organismes internationaux.

Par une telle mesure, fondamentalement violente, on cherche à se libérer de citoyens qui déplaisent, voire qui dérangent, en les déracinant de leur pays natal et en les condamnant à une vie précaire, difficile, où ils seront souvent victimes d'avilissements et d'inconforts par suite des difficultés inhérentes à la recherche d'un emploi et à l'acclimatement dans un milieu nouveau, même de la part de leurs familles respectives.

Il ne peut échapper à personne que l'exil est une grave violation des normes de la vie en société, en opposition évidente avec la Déclaration universelle des Droits de l'Homme et avec le droit international lui-même; et les conséquences d'une telle punition s'avèrent dramatiques au plan individuel, social et moral.

L'homme ne doit pas être privé du droit fondamental de vivre et de respirer dans la patrie qui lui a donné le jour, là où il conserve les souvenirs les plus chers de sa famille, les tombes de ses ancêtres, la culture qui lui confère son identité spirituelle et qui la nourrit, les traditions qui lui donnent vitalité et bonheur, l'ensemble des rapports humains qui le soutiennent et le défendent. (...)

B.164. *Lourdes*

1. Dans cette nuit paisible, nous veillons. Nous veillons dans l'attente de la célébration de la gloire de Marie. Nous prions. Non plus chacun dans le secret, mais comme un immense peuple en marche à la suite de Jésus-Christ ressuscité, nous éclairant les uns les autres, nous entraînant les uns les autres, nous appuyant sur la foi au Christ Jésus, sur ses paroles qui sont lumière dans nos coeurs. Jésus nous dit: «Tenez vos lampes allumées» (*Lc* 12,35): la lampe de la foi, la lampe de la prière! Que nos prières s'unissent pour monter vers Dieu, comme la flamme de nos cierges: pour lui offrir, avec Marie, une fervente action de grâces; et aussi pour élever ensemble une immense supplication.

Chacun porte ici des intentions personnelles, pour son propre salut, pour sa famille, pour sa communauté, pour son pays. Ce soir nous mettons ensemble tous ces voeux, pour les confier à notre Père du ciel, par Marie. Et nous élargissons ces intentions au monde entier et à toute l'Eglise, en cherchant ce qui correspond à la volonté de Dieu et non à la nôtre seulement.

Oui, pour le monde entier! Qu'ils aient une place dans notre prière, ces hommes et ces femmes qui, en quelque lieu de l'univers, souffrent de la famine ou d'autres fléaux, des ravages de la guerre, de déplacements de populations; ceux qui sont victimes du terrorisme politique ou non frappant sans scrupule les innocents, de la haine, d'oppressions diverses, d'injustices de toute sorte, enlevés, sequestrés, torturés, condamnés sans garantie de justice; tous ceux qui subissent des atteintes intolérables à leur dignité humaine et à leurs droits fondamentaux, qui sont entravés dans leur juste liberté de penser et d'agir, humiliés dans leurs légitimes aspirations nationales. (...)

Mais il est une détresse spirituelle particulièrement flagrante sur laquelle nous allons maintenant concentrer notre attention et notre prière, celle de ceux qui souffrent pour leur foi. Nous qui, ici, pouvons exprimer sans aucune entrave notre foi et notre prière, gardons-nous d'oublier ces frères et soeurs! Et surtout en ce sanctuaire de Lourdes vers lequel les chrétiens du monde entier ont les yeux tournés depuis que la Vierge Marie y a fait briller l'espérance! En tant que Pape, portant la sollicitude de toutes les Eglises et souvent informé de leurs situations, je vous invité à méditer avec moi sur ce mystère de la persécution des croyants, en reprenant avec Marie les paroles de Jésus.

2. «Heureux serez-vous si l'on vous insulte, si l'on vous persécute et si l'on dit faussement toute sorte de mal contre vous à cause de moi. Réjouissez-vous, soyez

dans l'allégresse, car votre récompense sera grande dans les cieux» (*Mt* 5,11-12).

Cette béatitude, la dernière des huit indiquées par l'Evangile de Matthieu, je veux la prononcer devant toi, ô Mère du Christ et Mère de l'Eglise, ici à Lourdes. Et en la prononçant, je désire réunir en ta présence tous ceux qui, où qu'ils se trouvent dans le monde, subissent des persécutions «à cause du Christ», tous ceux qui sont «détestés à cause de mon nom» (cf. *Mc* 13,13).

3. A maintes reprises, le Christ a parlé des persécutions à ses disciples. Il ne leur cachait pas que la persécution deviendrait souvent le prix du témoignage (cf. *Lc* 21,13) qu'ils rendraient devant les hommes.

Laissons retentir en cette heure quelques paroles du Maître qui contiennent le véritable évangile de la persécution: «On vous livrera aux tribunaux et aux synagogues; on vous frappera; on vous traduira devant des gouverneurs et des rois à cause de moi; il y aura là un témoignage pour eux... Maix celui qui aura persévéré jusqu'au bout, celui-là sera sauvé» (*Mc* 13,9-13). Cependant, «ne craignez pas ceux qui tuent le corps, mais ne peuvent pas tuer l'âme» (*Mt* 10,28).

Telles sont les paroles tirées des *Evangiles de Marc et de Matthieu.*

L'Evangile de Luc, pour sa part, ayant évoqué ceux qui sont haïs, repoussés, insultés *à cause du Fils du l'Homme* (cf. *Lc* 6,22-23), précise: «Quand on vous traduira devant les synagogues, les puissances et les autorités, ne vous tourmentez pas pour savoir comment vous défendre ou comment parler. Car l'Esprit-Saint vous enseignera à cette heure même ce qu'il faudra dire» (*Lc* 12,11-12).

4. *On lit encore dans l'Evangile de Jean:* «Si le monde a de la haine contre vous, sachez qu'il en a eu d'abord contre moi».

«... Vous n'appartenez pas au monde, puisque je vous ai choisis en vous prenant dans le monde; voilà pourquoi le monde a de la haine contre vous...»

«Le serviteur n'est pas plus grand que son maître. *Si l'on m'a persécuté, on vous persécutera, vous aussi...* Les gens vous traiteront ainsi à cause de moi, parce qu'ils ne connaissent pas celui qui m'a envoyé» (*Jn* 15,18-21).

«Je vous ai dit tout cela pour que vous trouviez en moi la paix. *Dans le monde, vous trouverez la détresse,* mais ayez confiance: *moi, je suis vainqueur du monde*» (*Jn* 16,33).

5. Le Christ a donc préparé ses disciples aux persécutions. Et, de fait, ils ont été poursuivis par elles depuis qu'ils ont commencé à accomplir la mission qui leur avait été confiée. Déjà *à Jérusalem,* les apôtres et ceux qui professaient le Christ subissaient des persécutions. Les trois premiers siècles de l'existence du christianisme dans l'empire romain ont constitué la période des persécutions, dont la première éclata *à Rome,* au temps de Néron, dans les années soixante. Parmi les nombreuses victimes, elle atteignit les apôtres Pierre et Paul. Jusqu'au

début du IVe siècle, de sanglantes persécutions se sont répétées régulièrement. *L'Eglise est née sur la croix du Christ et elle a grandi au milieu des persécutions.*

Il en fut ainsi à ses débuts *dans l'antiquité romaine.*

Il en fut ainsi également plus tard. Au cours des siècles, en divers lieux, ont éclaté des persécutions contre l'Eglise, et ceux qui croyaient au Christ donnaient leur vie pour leur foi et subissaient les pires tortures.

Le martyrologe de l'Eglise a été écrit de siècle en siècle.

6. Aujourd'hui, jour de mon pèlerinage à Lourdes, je voudrais embrasser par la pensée et avec le coeur de l'Eglise tous ceux qui subissent des persécutions à notre époque. Je voudrais les embrasser tous, à travers le coeur de l'Eglise, avec le coeur maternel de la Mère de Dieu que l'Eglise vénère comme sa Mère et comme Reine des martyrs.

Les persécutions pour la foi sont parfois semblables à celles que le martyrologe de l'Eglise a déjà écrites dans les siècles passés. Elles prennent diverses formes de discrimination des croyants, et de toute la communauté de l'Eglise. Ces formes de discrimination sont parfois appliquées en même temps qu'est reconnu le droit à la liberté religieuse, à la liberté de conscience, et cela aussi bien dans la législation des divers Etats que dans les documents de caractère international.

7. Faut-il préciser?

Dans les persécutions des premiers siècles, les peines habituelles étaient la mort, la déportation et l'exil.

Aujourd'hui, à la prison, aux camps d'internement ou de travail forcé, à l'expulsion de sa propre patrie, se sont ajoutées d'autres peines moins remarquées, mais plus subtiles: non pas la mort sanglante, mais une sorte de mort civile; non seulement la ségrégation dans une prison ou dans un camp, mais la restriction permanente de la liberté personnelle ou la discrimination sociale.

Il y a aujourd'hui des centaines et des centaines de milliers de témoins de la foi, très souvent ignorés ou oubliés de l'opinion publique dont l'attention est absorbée par les faits divers; ils ne sont souvent connus que de Dieu seul. Ils supportent des privations quotidiennes, dans les régions les plus diverses de chaque continent.

Il s'agit de croyants contraints à se réunir clandestinement parce que leur communauté religieuse n'est pas autorisée.

Il s'agit d'évêques, de prêtres, de religieux auxquels il est interdit d'exercer le saint ministère dans des églises ou dans des réunions publiques.

Il s'agit de religieuses dispersées, qui ne peuvent mener leur vie consacrée.

Il s'agit de jeunes gens généreux, empêchés d'entrer dans un séminaire ou dans un lieu de formation religieuse pour y réaliser leur propre vocation.

Il s'agit de jeunes filles auxquelles on ne donne pas la possibilité de se consacrer dans une vie commune vouée à la prière et à la charité envers les frères.

Il s'agit de parents qui se voient refuser la possibilité d'assurer à leurs enfants une éducation inspirée par leur foi.

Il s'agit d'hommes et de femmes, travailleurs manuels, intellectuels ou exerçant d'autres professions, qui, pour le simple fait de professer leur foi, affrontent le risque de se voir privés d'un avenir intéressant pour leurs carrières ou leurs études.

Ces témoignages s'ajoutent aux situations graves et douloureuses des prisonniers, des internés, des exilés, non seulement chez les fidèles catholiques et les autres chrétiens, mais aussi chez d'autres croyants (cf. *Redemptor hominis,* 17). Ils constituent comme une louange qui s'élève continuellement vers Dieu du sanctuaire de leurs consciences, comme une offrande spirituelle certainement agréée par Dieu.

B.165. *Au Corps Diplomatique au Cameroun* (*Yaoundé CD*)

13. Il est d'autres fléaux que chaque pays, parvenu à l'indépendance, doit s'efforcer d'éliminer. Ils existent ailleurs qu'en Afrique avec autant ou plus de gravité. Certains pays peuvent être félicités d'y avoir mis fin. Mais ils méritent qu'on y insiste une fois encore, car trop d'innocents en sont victimes et on se sent impuissant à les secourir. Je voudrais leur prêter ma voix. Je veux parler des atteintes aux droits de l'homme, que l'on proclame si fortement par ailleurs. Comment ne pas penser aux emprisonnements arbitraires, aux condamnations, voire aux exécutions sans véritable procès, aux détentions pour délits d'opinion dans des conditions inhumaines, aux tortures, aux disparitions. On évoque la sécurité; personne ne niera l'opportunité de mesures de sécurité devant les menaces qui risquent d'ébranler même les régimes démocratiques; mais on l'invoque souvent au-delà de la nécessité, sans les garanties de justice, et comme si une divergence de vue politique était déjà un délit.

Une autre injustice criante en certaines régions d'Afrique est celle de la discrimination raciale qui, à juste titre, soulève l'indignation du monde et de l'Eglise. Il est déplorable de voir que se prolonge encore un système d'apartheid qui, au moyen d'une dure répression, continue à faire trop de victimes, foulant aux pieds un droit humain élémentaire!

Enfin, parmi les droits fondamentaux de la personne, je sens le besoin de citer encore une fois la liberté religieuse, car je connais trop de situations où les chrétiens sont brimés dans l'exercice de leur culte et dans l'obtention des moyens nécessaires à leur formation dans la foi. En certaines régiones d'Afrique, l'Eglise souffre, par exemple, de voir ses missionnaires expulsés ou non accueillis, alors qu'ils viennent pour consacrer leur ministère au service de l'Eglise locale, qui demande leur aide, et des populations qui en bénéficient; elle souffre de constater certaines formes de discrimination ou de suspicion dont sont victimes ses fidèles; elle souffre de voir porter atteinte à la vie et à la liberté personnelle de prêtres, de religieux qui témoignent uniquement de l'amour et de la paix.

Toutes ces situations déplorables sont le fruit de l'esprit de violence ou d'orgueil d'une très petite minorité; plus souvent, elles traduisent la peur et le manque de maturité. Elles déshonorent ceux qui les instaurent. Les Etats fiers d'être souverains doivent se montrer dignes de leur responsabilité, et comprendre qu'ils ont des devoirs envers leurs peuples et chacun de leurs citoyens (cf. Discours au Corps diplomatique près le Saint-Siège, 14 janvier 1984, n. 4).

B.166. *Au Corps Diplomatique (CD 1986)*

9. (...) *Toute injustice* met la paix en péril. Elle est une cause ou un facteur potentiel de conflits. C'est vrai à l'intérieur d'un pays, lorsqu'une élite de privilégiés de la fortune ou du pouvoir exploitent les autres citoyens. C'est vrai entre pays lorsque, sous des formes nouvelles et subtiles, il y a exploitation socio-économique d'un pays par un autre, et de même lorsqu'un pays impose à un autre son système politique.

Mais l'homme ne vit pas seulement de pain. Il est grave de porter atteinte à la dignité de l'homme, à ses droits fondamentaux, à sa liberté d'opinion politique, à son inaliénable liberté de conscience, à sa possibilité d'exprimer sa foi tout en respectant les autres convictions. Les déplacements forcés et massifs de populations, les limites posées aux possibilités de secours désintéressés, les tortures, les emprisonnements et les exécutions sommaires sans les garanties de la justice, les restrictions arbitraires imposées pour un motif de racisme ou d'apartheid, les brimades et les persécutions religieuses, même perpétrées dans le secret, sont autant d'atteintes inadmissibles aux impératifs éthiques qui s'imposent à toute conscience pour garantir la dignité de l'homme et assurer la véritable paix entre les hommes. De tels droits n'on pas à être définis, octroyés, ou limités par un Etat. Ils transcendent tout pouvoir. Certes, les droits de la personne humaine sont inséparables de son devoir de respecter les droits des autres et de coopérer au bien commun. Mais la violation des droits fondamentaux ne peut jamais devenir un moyen pour des fins politiques. Un régime qui étouffe ces droits ne peut prétendre faire oeuvre de paix; une détente qui voudrait couvrir de tels abus n'est pas une véritable détente. Il faut que l'homme puisse être sûr de l'homme, la nation sûre de la nation (cf. Homélie du 1er janvier 1986). Il y a aujourd'hui dans le monde foule de prisonniers pour des raisons uniquement de conscience. Il est à souhaiter qu'un document juridique international des Nations Unies remédie à de tels abus.

B.167. *Pour le 40e anniversaire de la Déclaration Universelle des Droits de l'Homme* (*DUDH 40*)

Comment ne pas constater, en effet, qu'aujourd'hui encore des centaines de millions d'être humains voient constamment menacés leurs droits à la vie, à la liberté, à la sécurité, que l'on ne respecte pas l'égalité entre tous ni la dignité de chacun, que de nouvelles barrières se dressent pour de motifs liés à la race, à la couleur, au sexe, à la langue, à la religion, aux opinions politiques ou à d'autres convictions, à l'origine nationale ou sociale? Et que dire encore de certaines violations plus subtiles qui portent également atteinte aux droits des personnes et des groupes humains? (...)

B.168. *Message pour Noël* (*Noël 1989*)

6. (...) *Le monde aspire à la paix:* mais chaque jour nos frères et nos soeurs meurent dans des conflits, au Liban, en Terre Sainte, en Amérique centrale; ils meurent dans les luttes fratricides pour la suprématie raciale, idéologique, économique; ils meurent à cause d'absurdes imprudences.

Le monde aspire à la réconciliation: des minorités ethniques et religieuses voient ignorées leurs aspirations fondamentales; des couches entières de population sont maintenues en marge de la société dans un isolement grandissant.

Le monde aspire à l'équilibre, intérieur et extérieur: mais le cadre de vie est chaque jour plus dégradé par intérêt ou par inconscience.

7. L'annonce de la Vérité et de la Grâce qui, à Noël, nous vient par Toi doit nous atteindre tous. *Cette annonce nous est destinée,* parce que Tu es venu pour nous, Tu es devenu l'un de nous.

Fais que nous Te recevions, Verbe éternel du Père!

Que le monde Te recoive!

Fais naître dans les coeurs *le refus de toute barrière* de race, d'idéologie, d'intolérance.

Favorise le progrès *des négociations en cours pour le contrôle et la réduction des armements.*

Soutiens ceux qui s'emploient à *surmonter les conflits* qui durent depuis trop longtemps *en Afrique et en Asie,* afin que les peuples impliqués reconquièrent leur liberté et leurs droits, par un dialogue loyal et confiant.

B.169. *Aux Evêques d'Asie (FCEA)*

Un autre grave défi est représenté par le fait que de nombreux pays en Asie sont encore sous la domination oppressive du *communisme,* avec une perte de liberté humaine consécutive. Dans les pays où l'harmonie est traditionnellement reconnue, le communisme a introduit un terrible désaccord. Il fait obstacle au plein épanouissement des hommes dans la mesure où il implique une rupture avec les traditions, souvent imposée par la violence, et inflige des souffrances à un grand nombre de personnes, dont la faim, en raison de plans économiques irréalistes et de priorités peu judicieuses telles que de coûteux armements.

Par ailleurs, *la violation des droits humains* dans certaines régions d'Asie est également une cause de grave préoccupation. Dans ce contexte, nous trouvons une tendance de la part de certains, à rejeter, comme étrangères aux cultures locales, les aspirations de ceux qui veulent la reconnaissance des droits inaliénables de l'homme.

B.170. *A la réunion de consultation pour préparer l'Assemblée spéciale pour l'Europe du Synode des Evêques (SEE)*

7. La série tragique d'événements, qui se sont succédés en ce siècle, particulièrement à partir du déclenchement de la deuxième guerre mondiale, a sans doute contribué dans une certaine mesure à ouvrir le coeur de l'homme à la liberté qui vient de l'Esprit, la liberté par laquelle le Christ nous a libérés (cf. *Ga* 5,1).

La guerre elle-même, avec sa cruauté démesurée qui a atteint sa forme la plus féroce dans l'extermination programmée des Juifs, et aussi des Gitans et d'autres catégories de personnes, *a dévoilé* à l'homme de l'Europe *l'autre face d'une civilisation* qu'il était porté à considérer comme supérieure à toute autre. Elle a certainement révélé aussi les capacités de solidarité et de sacrifice héroïque pour une juste cause. Mais ces aspects lumineux de l'expérience de la guerre ont été apparemment masqués par la dimension du mal et de la destruction non seulement matérielle mais aussi et surtout morale. Sans doute aucune guerre n'a-t-elle jamais comporté dans l'histoire *un tel mépris de l'homme,* de sa dignité et de ses droits fondamentaux. On pouvait percevoir un écho de l'avilissement et même du désespoir provoqués par cette expérience dans la question qu'on répétait souvent après la guerre: comment peut-on continuer à vivre après Auschwitz? Et parfois une autre question affleurait aussi: est-il encore possible de parler de Dieu après Auschwitz?

Cependant, nous savons aujourd'hui qu'Auschwitz n'a pas été la fin. Le totalitarisme noir de la puissance national-socialiste a été totalement mis en échec. A sa place, dans une partie de l'Europe, a subsisté un autre totalitarisme, force dominante parmi les vainqueurs. Ce fut le commencement de *l'histoire de l'Europe divisée* en fonction des décisions prises à Yalta par les puissances victorieuses.

Il est difficile d'entrer dans les détails de cette histoire. On pourrait dire sommairement que, tandis qu'*à l'ouest* du «rideau de fer», après une reconstruction efficace des ruines de la guerre, le processus de développement démocratique avançait rapidement, fondé sur la reconnaissance d'un système des droits de l'homme proclamés par l'Organisation des Nations unies dès 1948, *à l'est* de cette ligne, au contraire, croissait le totalitarisme de l'Etat marxiste qui, tout en proclamant en paroles les mêmes droits de l'homme, en constituait pratiquement la négation radicale.

Pendant longtemps, le climat de conflit, de «guerre froide», entre les deux superuissances a masqué surtout à l'Est, ce qui se cachait *derrière la bannière de la superpuissance*. Ce n'est qu'à la fin des années quatre-vingts que cette réalité a été dévoilée par la proclamation de la *«perestroika»,* c'est-à-dire d'une reconstruction du système, nécessaire pour arrêter le progrès d'une crise surtout économique, mais pas seulement économique.

A l'intérieur des nations soumises, par la décision de Yalta, à la superpuissance de l'Est comme «alliées», mais en réalité comme «satellites», *la résistance* avait commencé à se réveiller déjà au cours des précédentes décennies, pour se manifester récemment de façon plus nette, d'abord en Pologne, mais ensuite également en Hongrie et en Tchécoslovaquie. Ces nations, fortement enracinées dans les traditions européennes, entreprirent d'une manière toujours plus ferme et efficace une action revendicative envers le système totalitaire étatique: c'était une action fondée sur l'inviolabilité *des droits de l'homme*. Parmi ces droits, *le droit à la liberté de conscience et de religion* occupait une place centrale. (...)

16.

UNIVERSALITE DES DROITS DE L'HOMME

Si la notion de «droits de l'homme» a été conçue et élaborée au sein de la civilisation européenne, comme un produit de la recontre entre pensée greco-latine et judéo-chrétienne ancré à la réflexion sur le droit naturel, il n'en est pas moins vrai que cette élaboration ne se trouve pas en contradiction substantielle avec d'autres cultures.

Le Magistère a toujours insisté sur l'importance d'une universalité qui soit respectueuse de chaque expérience culturelle capable de promouvoir la dignité humaine, en l'enrichissant de son apport spécifique.

A.171: *Gaudium et Spes (GS)*

26. PROMOUVOIR LE BIEN COMMUN

Parce que les liens humains s'intensifient et s'étendent peu à peu à l'univers entier, le bien commun, c'est-à-dire cet ensemble de conditions sociales qui permettent, tant aux groupes qu'à chacun de leurs membres, d'atteindre leur perfection d'une façon plus totale et plus aisée, prend aujourd'hui une extension de plus en plus universelle, et par suite recouvre des droits et des devoirs qui concernent tout le genre humain. Tout groupe doit tenir compte des besoins et des légitimes aspirations des autres groupes, et plus encore du bien commun de l'ensemble de la famille humaine.[1]

Mais en même temps grandit la conscience de l'éminente dignité de la personne humaine, supérieure à toutes choses et dont les droits et les devoirs sont universels et inviolables. Il faut donc rendre accessible à l'homme tout ce dont il a besoin pour mener une vie vraiment humaine, par exemple: nourriture, vêtement, habitat, droit de choisir librement son état de vie et de fonder une famille, droit à l'éducation, au travail, à la réputation, au respect, à une information convenable,

---

[1] Cf. *Mater et Magistra: AAS* 53 (1961), p. 417.

droit d'agir selon la droite règle de sa conscience, droit à la sauvegarde de la vie privée et à une juste liberté, y compris en matière religieuse. (...)

B.172. *Au Corps Diplomatique (CD 1988)*

10. (...) Nous célébrerons cette année le *quarantième anniversaire de la «Déclaration universelle des Droits de l'Homme»*. Si elle est l'objet d'interprétations différentes, les principes élevés qu'elle contient méritent une attention universelle. Ce document peut être considéré comme «une pierre milliaire placée sur la route longue et difficile du genre humain» (Discours aux Nations Unies, 2 octobre 1979, n. 7). Les principes que la Déclaration contient, s'ils sont loyalement mis en oeuvre dans les législations des différents pays, peuvent conduire les nations à un authentique progrès, étant entendu que celui-ci s'identifie avant tout avec «le primat des valeurs spirituelles et le progrès de la vie morale» (cf. *ibid.*).

11. La Déclaration est d'autant plus importante à nos yeux qu'elle transcende *les différences raciales,* culturelles et institutionnelles des peuples et affirme, audelà de toute espèce de frontière, *l'égale dignité de tous les membres de la communauté* humaine qu'il appartient à toute société constituée, nationale et internationale, de respecter, de protéger et de promouvoir. (...)

B.173. *Au Corps Diplomatique (CD 1989)*

4. Comment pourrions-nous nous résoudre à tant de situations de détresse, alors que le 10 décembre dernier marquait le quarantième anniversaire de la proclamation, par l'Assemblée générale des Nations Unies, de *la Déclaration universelle des Droits de l'Homme?*

Ce texte, qui se présente comme l'«idéal commun à atteindre par tous les peuples et toutes les nations» (Préambule), a assurément aidé l'humanité à prendre conscience de sa communauté de destin, du patrimoine de valeurs qui appartiennent à toute la famille humaine. Dans la mesure où elle s'est voulue «universelle», cette Déclaration concerne tous les hommes, en tous lieux. Malgré les réticences, avouées ou non, de certains Etats, le texte de 1948 a mis en relief un ensemble de notions — imprégnées de tradition chrétienne (je pense en particulier à la notion de la dignité de la personne) — qui s'est imposé comme système universel de valeurs.

Au sortir des excès dont la personne humaine avait été victime de part de régimes totalitaires, la Déclaration de Paris a voulu «protéger» l'homme, quel qu'il soit et où qu'il soit. Il est apparu essentiel, pour éviter la répétition d'horreurs que nous avons tous en mémoire, que la sphère inviolable des libertés et des facultés propres à la personne humaine soit désormais mise à l'abri d'éventuelles contraintes physiques ou psychiques que le pouvoir politique serait tenté de lui imposer. (...)

5. (...) Ainsi, malgré des déficiences regrettables, une évolution s'est opérée qui favorise l'élimination de l'arbitraire dans les relations entre l'individu et l'Etat. Et, à cet égard, la Déclaration de 1948 représente une référence qui s'impose, car elle appelle sans équivoque toutes les nations à organiser le rapport de la personne et de la société avec l'Etat sur la base des droits fondamentaux de l'homme.

La notion d'«Etat de droit» apparaît ainsi comme une requête implicite de la Déclaration universelle des Droits de l'Homme et rejoint la doctrine catholique pour laquelle la fonction de l'Etat est de permettre et de faciliter aux hommes la réalisation des fins transcendantes auxquelles ils ont été destinés. (...)

7. On a justement relevé que la Déclaration de 1948 ne présente pas les *fondements anthropologiques et éthiques des droits de l'homme* qu'elle proclame. Il apparaît aujourd'hui clairement qu'une telle entreprise était à l'époque prématurée. C'est donc aux diverses familles de pensée — en particulier aux communautés de croyants — que revient la tâche de fournir les bases morales de l'édifice juridique des droits de l'homme.

En ce domaine, l'Eglise catholique — et d'autres familles spirituelles peut-être — a une contribution irremplaçable à apporter, car elle proclame que c'est dans la dimension transcendante de la personne que se situe la source de sa dignité et de ses droits inviolables. Nulle part ailleurs. En éduquant les consciences, l'Eglise forme des citoyens attachés à la promotion des valeurs les plus nobles. Bien que la notion de «droit de l'homme», avec sa double requête de l'autonomie de la personne et de l'Etat de droit, soit en quelque sorte inhérente à la civilisation occidentale marquée par le christianisme, la valeur sur laquelle repose cette notion, à savoir la dignité de la personne, est une vérité universelle destinée à être reçue de plus en plus explicitement dans toutes les aires culturelles.

Pour sa part, l'Eglise est convaincue de servir la cause des droits de l'homme lorsque, fidèle à sa foi et à sa mission, elle proclame que la dignité de la personne a son fondement dans sa qualité de créature faite à l'image et à la ressemblance de Dieu. Quand nos contemporains cherchent sur quelle base appuyer les droits de l'homme, ils devraient trouver dans la foi des croyants et dans leur sens moral les fondements transcendants indispensables pour que ces droits soient à l'abri de toutes les tentatives de manipulation de la part des pouvoirs humains. (...)

B.174. *Varsovie 1987*

2. (...) Ces stèles témoignent de l'horreur de la Seconde Guerre mondiale et constituent un avertissement!...

3. Cet avertissement a trouvé un écho dans la conscience des peuples, notamment de ceux qui ont fait de manière particulière l'expérience des atrocités de la

guerre — et parmi eux la Nation polonaise occupe assurément l'une des premières places. Si je le rappelle aujourd'hui, c'est aussi dans le but de souligner encore une fois cette grande affirmation de la conscience — en un certain sens commune à tous les hommes — exprimée dans la Charte des Droits de l'Homme.

Ce document se trouve pour ainsi dire aux fondements mêmes de l'Organisation des Nations Unies, dont le but est de veiller à la coexistence pacifique des nations et des Etats dans le monde entier.

L'éloquence de la Charte des Droits de l'homme est claire et universelle. Si vous voulez conserver la paix, n'oubliez pas l'homme. Rappelez-vous ses droits, qui sont inaliénables, car ils jaillissent de chaque personne humaine. Rappelez-vous en particulier son droit à la liberté religieuse, le droit à l'association et à l'expression de ses propres opinions. Rappelez-vous sa dignité, où doivent se rencontrer les initiatives de toutes les communautés et sociétés, quand les communautés et sociétés, les nations et les Etats, vivent une vie humaine pleine et authentique, quand la dignité de l'homme, de tout homme, ne cesse de guider, à partir des bases mêmes, leur existence et leur activité. (...)

B.175. *Uppsala*

4. (...) L'individu a donc été situé dans l'ordre naturel de la création avec des conditions et des exigences objectives. *La position de l'homme n'est plus confiée au caprice des hommes d'Etat ou des idéologies mais repose sur une loi naturelle universelle et objective.* Ce principe fondamental a été clairement énoncé dans la Bulle de fondation de l'Université d'Uppsala: la race humaine est régie et gouvernée par l'ordre naturel et moral: *«Humanum genus naturali iure et morali regitur et gubernatur»* (Bull. *Si iuxta sanctorum,* éd. par J. Liedgren, Acta Universitatis Upsalensis, c. 44, Uppsala, 1983).

5. Aujourd'hui, il existe une conscience morale croissante de la vérité de ce principe, partagée partout et par tous. La valeur et la dignité d'un individu ne dépendent pas de systèmes politiques ou idéologiques mais sont fondées sur l'ordre naturel, sur un ordre objectif des valeurs. Une telle conviction conduisit en 1948 à la Déclaration des Droits de l'Homme par les Nations Unies, un événement extrêmement important dans l'histoire du l'humanité, que l'Eglise catholique a défendu et propagé dans plusieurs documents officiels. (...)

7. Nous chrétiens, nous proclamons ouvertement l'Evangile de Jésus-Christ mais nous n'imposons notre foi ou nos convictions à personne. Nous reconnaissons le manque d'unanimité dans la manière dont les droits humains sont établis philosophiquement. Cependant, nous sommes tous appelés à défendre chaque être humain, porteur de droits humains inaliénables, et à réaliser chez nos contemporains un *consensus au sujet de l'existence et de la nature de ces droits humains.* (...)

B.176. *Au Colloque «L'Eglise et les droits de l'homme»* (CPJP)

4. (...) Je tiens à souligner cependant, comme en témoigne la diversité des participants réunis ici, le caractère universel des droits de l'homme et leur portée spirituelle. D'un continent à l'autre, d'un milieu culturel à l'autre, on prend conscience de ce bien commun le plus précieux qu'est, au fond, l'homme lui-même. (...)

B.177. *A l'Union Internationale des Juristes Catholiques* (UIJC)

1. (...) Vous avez choisi pour thème un sujet fondamental: «Droit naturel et droits de l'homme à l'aube du XXIe siècle». Je me félicite de voir des spécialistes catholiques hautement qualifiés prendre le temps de clarifier ensemble des notions de première importance, qui intéressent directement la conception chrétienne de l'homme et de ses droits, aujourd'hui comme hier.

Dans le cadre d'une audience nécessairement brève, je m'en tiendrai à quelques observations inspirées par le programme même de vos travaux. On constate d'emblée que vous unissez opportunément vos recherches sur le droit naturel comme fondement universel pour tous les domaines du droit et un examen des valeurs et des principes qui inspirent la régulation par le droit de la vie sociale à l'échelle des Etats et de la communauté internationale.

2. A notre époque, il est évident pour tous que la «famille humaine» souffre de nombreuses violations du droit, d'atteintes répétées à la dignité de la personne, d'une répartition très inégale des ressources de toutes sortes, de conflits qui déchirent trop de peuples. Et en même temps, la conscience de former une vaste communauté fondée sur l'égale dignité des personnes, la soif de justice et de paix pour l'humanité entière entraînent des progrès, limités encore mais réels, vers une réconciliation et une unité que l'on peut envisager comme accessibles et non plus comme des utopies.

En un mot, il s'agit de construire, et sur des bases solides, une unité harmonieuse. On pense aussitôt à la reconnaissance «universelle» des droits de l'homme. Mais, pour assurer la démarche, il est d'un grand intérêt que l'on mette en lumière le droit naturel, dont on pourrait dire qu'il est la vérité du droit.

Le droit naturel, vous le savez mieux que quiconque, ne donne pas au législateur des normes particulières, lesquelles restent à parfaire sans cesse. Il ne prétend pas constituer par lui-même un code de comportement social éternel et délié de tout rapport avec l'histoire. Mais il demande que, dans les divers domaines de l'existence, la dignité humaine soit assurée. Plutôt que d'exercer un contrôle sur le droit positif, le droit naturel tend à s'exprimer concrètement en lui et à le vivifier. C'est pourquoi il demeure valide, là même où les plus honteuses violations blessent l'homme, comme en témoignent le courage et la grandeur de tant de héros que les pires tyrannies n'ont jamais pu avilir.

3. Les drames vécus par les dernières générations ont entraîné, par une saine réaction, la reconnaissance plus large des droits humains. Ceux-ci entrent dans la conscience de chacun; ils sont mieux perçus comme universels, naturels, inviolables, en somme comme le bien commun de l'humanité. A cet égard, la tâche des juristes d'aujourd'hui ne consiste pas seulement à coopérer à la promotion et à la défense de ces droits, mais aussi à en rendre raison de manière convaincante en établissant leurs fondements. Il revient aux juristes, notamment, de démasquer les tentations, qui peuvent se manifester encore, de ne voir dans les droits de l'homme que des options, sans autre garantie qu'un consensus philanthropique assez vague ou qu'une volonté politique aléatoire.

La réflexion sur le droit naturel se rapproche d'autant plus de son but qu'elle arrive à reconnaître en l'homme sa qualité de personne. Sur ce point, la foi nous apporte une lumière décisive, puisqu'elle nous apprend que l'homme est appelé et élevé par Dieu son Créateur à la condition de fils. La Bonne Nouvelle annoncée par le Christ signifie la fin d'une captivité: les liens qui enfermaient l'homme dans ses refus d'aimer et de communier sont brisés. Par l'acte suprême de l'amour que Dieu a accompli en son Fils, l'homme est rétabli dans sa dignité et dans sa capacité d'aimer et de communier. Ouverts à cette perspective majeure sur la destinée ultime de la personne humaine, vous serez mieux à même de reconnaître et de définir, sur la route, les jalons qu'y pose le droit. (...)

17.

IMPORTANCE DE LA DECLARATION UNIVERSELLE DES DROITS DE L'HOMME ET ROLE DES INSTITUTIONS INTERNATIONALES

A l'égard du travail accompli par la communauté internationale pour se doter d'instruments juridiques et des structures institutionnelles à même d'assurer le respect des droits de l'homme et de conjurer les menaces de conflits, le Magistère révèle une attitude de confiance et d'appréciation, de collaboration et de soutien, d'encouragement et de stimulation.

La communauté internationale est en outre invitée à adopter les mécanismes les plus aptes à garantir efficacement la promotion du bien commun universel, jusqu'à ce qu'elle arrive à un accord pour instaurer une autorité à réelle compétence mondiale.

A.178. *Pacem in Terris (PT)*

IV. (...) SIGNES DES TEMPS

Comme chacun le sait, le 26 juin 1945, a été fondée l'Organisation des Nations Unies (O.N.U.) à laquelle sont venus se rattacher par la suite des organismes intergouvernementaux. A ces organisations ont été confiées de vastes attributions de portée internationale sur le plan économique et social, culturel, éducatif et sanitaire. Le but essentiel de l'Organisation des Nations Unies est de maintenir et de consolider la paix entre les peuples, de favoriser et de développer entre eux des relations amicales, fondées sur le principe de l'égalité, du respect réciproque et de la collaboration la plus large dans tous les secteurs de l'activité humaine.

Un des actes les plus importants accomplis par l'O.N.U. a été la «Déclaration universelle des Droits de l'Homme», approuvée le 10 décembre 1948 par l'Assemblée générale des Nations Unies. Son préambule proclame comme objectif commun à promouvoir par tous les peuples et toutes les nations la reconnaissance et le respect effectifs de tous les droits et libertés énumérés dans la Déclaration.

Nous n'ignorons pas que certains points de cette Déclaration ont soulevé des objections et fait l'objet de réserves justifiées. Cependant Nous considérons cette Déclaration comme un pas vers l'établissement d'une organisation juridico-politique de la communauté mondiale. Cette Déclaration reconnaît solennellement à tous les hommes sans exception leur dignité de personne; elle affirme pour chaque individu ses droits de rechercher librement la vérité, de suivre les normes de la moralité, de pratiquer les devoirs de justice, d'exiger des conditions de vie conformes à la dignité humaine, ainsi que d'autres droits liés à ceux-ci.

Nous désirons donc vivement que l'Organisation des Nations Unies puisse de plus en plus adapter ses structures et ses moyens d'action à l'étendue et à la haute valeur de sa mission. Puisse-t-il arriver bientôt, le moment où cette Organisation garantira efficacement les droits de la personne humaine: ces droits qui dérivent directement de notre dignité naturelle et qui pour cette raison sont universels, inviolables et inaliénables. Ce voeu est d'autant plus ardent qu'aujourd'hui les hommes participent davantage aux affaires publiques de leur propre pays, qu'ils témoignent d'un intérêt croissant pour les problèmes de portée mondiale et prennent une conscience plus vive de leur qualité de membres actifs de la famille humaine universelle. (...)

B.179. *Pour le 20e anniversaire de la Déclaration Universelle des Droits de l'Homme* (*DUDH 20*)

En 1948, les Nations Unies, après la tragique expérience de la Deuxième Guerre mondiale, ont publié solennellement la «Déclaration universelle des Droits de l'Homme», et durant toute l'année écoulée ce précieux document a été offert à l'humanité entière comme un idéal pour la communauté des hommes. La réalisation de ce but, toujours aussi urgente, est encore l'objectif principal des Nations Unies et il demeure la base d'une effective collaboration fraternelle entre les hommes sans laquelle une paix authentique ne peut jamais être acquise.

Au cours de Notre inoubliable visite à l'Assemblée générale, Nous Nous sommes associé au programme des Nations Unies dans ce domaine important, en rappelant l'idéal dont la race humaine rêve au cours de son pèlerinage temporel et l'immense espoir pour le monde. Nous avons déclaré: «Ce que vous proclamez ici, ce sont les droits et les devoirs fondamentaux de l'homme, sa dignité, sa liberté, et avant tout la liberté religieuse». En bref, vous avez offert au monde un idéal que des hommes de bonne volonté ont déjà cherché à réaliser, un principe fondamental exprimé dans la Constitution des Etats-Unis: «Tous les hommes ont été créés égaux, ils ont reçu du Créateur des droits inaliénables parmi lesquels vie, liberté et poursuite du bonheur».

La Déclaration universelle des Droits de l'Homme est aussi importante aujourd'hui; elle indique une voie qui ne peut être abandonnée si l'humanité veut sincèrement renforcer la paix. (...)

B.180. *Pour le 25e anniversaire de l'Organisation des Nations Unies (ONU 25)*

(...) Proclamée voici plus de vingt ans par votre Assemblée, la Charte des Droits de l'homme en demeure à nos yeux l'un des plus beaux titres de gloire. Demander pour tous, sans exception de race, d'âge, de sexe, de religion, le respect de la dignité humaine et les conditions nécessaires à son exercice, n'est-ce pas traduire haut et clair l'aspiration unanime des coeurs et le témoignage universel des consciences? Aucune violation de fait ne pourra entamer la reconnaissance de ce droit inaliénable. Mais dans les situations d'oppression prolongée, si contraires aux exigences ainsi proclamées, qui évitera aux humiliés de céder aux tentations de ce qui leur apparaît être la solution du désespoir?

Malgré d'inévitables échecs et tant d'entraves imposées par sa complexité même à un aussi vaste organisme, ce doit être l'honneur de votre Assemblée de prêter sa voix à ceux qui n'ont pas le moyen de se faire entendre, de dénoncer, sans souci des idéologies, toute oppression, d'où qu'elle vienne, et de faire en sorte que les cris de détresse soient entendus, les justes requêtes prises en considération, les faibles protégés contre la violence des forts et la flamme de l'espérance ainsi entretenue au sein de l'humanité la plus humiliée.[1]

C'est dire de quelle espérance votre organisation est porteuse, pour réaliser cette communauté d'hommes libres qui demeure l'idéal de l'humanité, et de quelles énergies il lui faut disposer pour remplir un tel programme. Mais, selon la si juste remarque d'un grand penseur contemporain: «Plus cette immense tâche est difficile, plus elle doit tenter les hommes. Les peuples n'entrent en mouvement que pour les choses difficiles».[2]

Il existe en effet un bien commun des hommes, et il appartient à votre organisation, de par sa vocation à l'universalité qui est sa raison d'être, de le promouvoir inlassablement. Malgré les tensions permanentes et les oppositions sans cesse renaissantes, l'unité de la famille humaine s'affirme toujours plus dans un même refus de l'injustice et de la guerre, et dans le même espoir d'un monde fraternel où personnes et communautés puissent s'épanouir librement selon leurs virtualités matérielles, intellectuelles et spirituelles. Au coeur des pires affrontements jaillit plus forte encore l'aspiration vers un monde où la force — celle des plus puissants tout spécialement — ne domine plus de son poids égoïste et aveugle, mais soit l'expression d'une responsabilité plus grande et plus haute au service d'une libre et féconde coopération entre tous les groupes humains, dans le respect mutuel de leurs valeurs propres.

La vocation des Nations Unies n'est-elle pas de prémunir les Etats contre

---

1 Cf. Discours à l'O.I.T.: *AAS* 61 (1969), p. 497 et 499 (*DC* 1969, n. 1543, p. 618-619).

2 J. MARITAIN, *Christianisme et Démocratie,* Paris, Editions Hartmann (1947), p. 71.

les tentations qui les assaillent, de donner consistance à toutes les bonnes volontés et d'aider les peuples à cheminer vers une société où chacun soit reconnu, respecté et soutenu dans son effort de croissance spirituelle, vers une plus grande maîtrise de lui-même, dans une authentique liberté? Oui, le travail de l'homme et les conquêtes du génie humain rejoignent le dessein du Dieu créateur et rédempteur, pourvu que son intelligence et son coeur se haussent au niveau de sa science et de sa technique, et sachent extirper les forces de division, voire de dissolution, toujours à l'oeuvre dans l'humanité.

Aussi renouvelons-nous notre confiance que votre organisation saura répondre à l'immense espoir d'une communauté mondiale fraternelle où chacun puisse mener une vie vraiment humaine. Disciples de celui qui a donné sa vie pour réunir les enfants de Dieu dispersés, les chrétiens pour leur part, portés par l'espérance puisée dans le message du Christ, entendent travailler avec énergie en collaboration avec tous les hommes de coeur à ce grand oeuvre. Puissent les Nations Unies, à la place hors de pair qui est la leur, s'y employer résolument et aller de l'avant avec confiance et intrépidité. (...)

B.181. *Pour le 25e anniversaire de la Déclaration Universelle des Droits de l'Homme* (*DUDH 25*)

Poussé par la conscience de notre mission qui est de rendre présent, vivant et actuel le message de salut proclamé par le Christ, nous n'avons pas manqué, au cours de notre pontificat, de donner maintes fois l'assurance de notre adhésion morale aux activités des Nations Unies en faveur de la justice, de la paix et du développement de tous les peuples.

Alors que cette éminente Assemblée internationale s'apprête à commémorer le 25e anniversaire de la Déclaration universelle des Droits de l'Homme, nous voulons une fois encore saisir l'occasion d'exprimer notre grande confiance, en même temps que notre ferme accord, en ce qui concerne l'engagement constant de l'Organisation des Nations Unies pour la promotion toujours plus précise, plus autorisée et plus efficace du respect des droits fondamentaux de l'homme.

Comme nous l'affirmions dans une autre circonstance, la Déclaration des Droits de l'Homme «demeure à nos yeux l'un des plus beaux titres de gloire» de votre Organisation (Message pour le 25e anniversaire de l'Organisation des Nations Unies, *AAS* 62, 1970, p. 684) spécialement quand on pense à l'importance qui lui est dévolue comme chemin certain vers la paix. En réalité, la paix et le droit sont deux biens en relation directe et réciproque de cause et d'effet: il ne peut exister de paix véritable là où il n'y a point respect, défense et promotion des droits de l'homme. Si une telle promotion des droits de la personne humaine conduit à la paix, en même temps la paix en favorise la réalisation. (...)

Sans vouloir entrer dans le détail de chacune des formules de la célèbre Déclaration, mais en considérant l'élévation de son inspiration et l'ensemble de sa rédaction, nous pouvons dire qu'elle demeure l'expression des droits de la personne humaine. Elle continue à représenter le fondement sûr de la reconnaissance pour chaque homme d'un droit de cité honorable dans la communauté des peuples. (...)

Nous voulons souligner aussi en ce message la valeur et l'importance des autres documents déjà approuvés par les Nations Unies et concernant les droits de l'homme. Inspirés par l'esprit et les principes de la Déclaration universelle des Droits de l'Homme, ils représentent un pas en avant dans la promotion et la protection concrète de plusieurs de ces droits dont ils veulent garantir l'application soigneuse et fidèle. Leur ratification en assurera l'efficacité au plan national et international. Le Saint-Siège, pour sa part, y donne son adhésion morale et offre son appui aux aspirations louables et légitimes qui les inspirent. (...)

B.182. *Pour le 30e anniversaire de la Déclaration Universelle des Droits de l'Homme (DUDH 30)*

L'importante circonstance du 30e anniversaire de la Déclaration universelle des Droits de l'Homme donne au Saint-Siège l'occasion de manifester une fois encore aux peuples et aux nations sa sollicitude et son intérêt constants pour les droits fondamentaux de l'homme, clairement exprimés et enseignés dans le message de l'Evangile lui-même.

C'est dans cet esprit que je veux vous saluer, Monsieur le Secrétaire général, et, à travers vous, le président et les membres de l'Assemblée générale des Nations Unies, rassemblés pour commémorer cet anniversaire. A vous tous je veux dire mon ferme accord «en ce qui concerne l'engagement constant de l'Organisation des Nations Unies pour la promotion toujours plus précise, plus autorisée et plus efficace, du respect des droits fondamentaux de l'homme». (PAUL VI, Message pour le 25e anniversaire de la Déclaration des Droits de l'Homme, 10 déc. 1973: *AAS* 65 [1973], p. 674.)

Ces trente dernières années, des mesures importantes ont été prises et certains efforts appréciables ont été faits pour créer et soutenir les instruments juridiques destinés à protéger les idéaux exprimés dans cette Déclaration.

Il y a deux ans, la Convention internationale sur les droits économiques, sociaux et culturels et la Convention internationale sur les droits civils et politiques sont entrées en application. Par elles, les Nations Unies ont accompli un important pas en avant en rendant effectif l'un des principes fondamentaux qu'elles ont fait leur dès leur fondation: établir juridiquement des moyens contraignants pour promouvoir chez les individus les droits de l'homme et protéger leurs libertés fondamentales.

Il serait certainement très souhaitable qu'un nombre toujours plus grand d'Etats adoptent ces conventions afin que le contenu de la Déclaration universelle soit de plus en plus appliqué dans le monde. La Déclaration trouverait ainsi un plus grand écho, étant l'expression de la ferme volonté des peuples, où qu'ils soient, de promouvoir par des garanties légales les droits de tous les hommes et de toutes les femmes sans discrimination de race, de sexe, de langue ou de religion.

Il faut noter que le Saint-Siège — en conformité avec son identité et à différents niveaux — s'est toujours efforcé d'être un fidèle collaborateur des Nations Unies dans toutes les initiatives destinées à promouvoir cette noble mais difficile action. Le Saint-Siège a toujours apprécié, loué et soutenu les efforts des Nations Unies tendant à garantir d'une façon toujours plus efficace la pleine et juste protection des droits fondamentaux et des libertés des personnes humaines. (...)

B.183. *A l'Organisation des Nations Unies (ONU)*

7. (...) Permettez-moi de souhaiter que l'Organisation des Nations Unies, en raison de son caractère universel, ne cesse jamais d'être le «forum», la *tribune élevée d'où l'on évalue, dans la vérité et dans la justice, tous les problèmes de l'homme.* C'est au nom de cette inspiration, c'est à la suite de cette impulsion historique que fut signée le 26 juin 1945, vers la fin de la terrible deuxième guerre mondiale, la Charte des Nations Unies, et que prit naissance, le 24 octobre suivant, votre Organisation. Peu après parut son document fondamental, à savoir la *Déclaration universelle des Droits de l'Homme* (10 décembre 1948), de l'homme en tant qu'individu concret et de l'homme dans sa valeur universelle. Ce document est une *pierre milliaire* placée sur la route longue et difficile du genre humain. Il faut mesurer le progrès de l'humanité non seulement par le *progrès de la science et de la technique* — qui fait ressortir toute la singularité de l'homme par rapport à la nature — mais en même temps et plus encore par le primat des valeurs spirituelles et par le *progrès de la vie morale.* C'est proprement en ce domaine que se manifestent la pleine maîtrise de la raison, à travers la vérité, dans les comportements de la personne et de la société, et aussi la domination sur la nature; et c'est là que triomphe en silence la conscience humaine, selon l'adage antique: *Genus humanum arte et ratione vivit.*

Alors que la technique, par son progrès unilatéral, se tournait vers des fins belliqueuses, d'hégémonie et de conquêtes, poussant l'homme à tuer l'homme et la nation à détruire une autre nation, la privant de la liberté et du droit d'exister — et j'ai toujours présente à l'esprit l'image de la deuxième guerre mondiale en Europe, commencée il y a quarante ans, le 1er septembre 1939, par l'invasion de la Pologne, et terminée le 9 mai 1945 — c'est justement alors qu'est née l'Organisation des Nations Unies. Et trois ans plus tard a paru le document qui, comme je l'ai dit, doit être considéré comme une véritable pierre milliaire sur le chemin du progrès moral de l'humanité: la *Déclaration universelle des Droits de l'Homme.* Gouvernements et Etats du monde entier ont compris que, s'ils ne veulent pas s'attaquer et se détruire réciproquement, *ils doivent s'unir. Le chemin réel,* le chemin fondamental *qui y conduit passe par chacun des hommes,* par la définition, la reconnaissance et le respect des *droits inaliénables* des personnes et des communautés des peuples.

8. Aujourd'hui, quarante ans après le début de la seconde guerre mondiale, je voudrais me référer à l'ensemble des expériences humaines et nationales vécues par une génération qui est encore en grande partie vivante. Il y a peu de temps, j'ai eu l'occasion de réfléchir à nouveau sur quelques-unes de ces expériences dans l'un des lieux les plus douloureux et les plus débordants de mépris pour l'homme et pour ses droits fondamentaux: le camp d'extermination d'Auschwitz que j'ai visité au cours de mon pèlerinage en Pologne en juin dernier. Ce lieu tristement célèbre n'est malheureusement que l'un de tant de lieux semblables dispersés sur le continent européen. Mais le souvenir d'un seul devrait constituer un *signal avertisseur* sur les chemins de l'humanité contemporaine afin qu'une fois pour toutes elle *fasse disparaître toute forme de camp de concentration* partout sur la terre. Et de la vie des nations et des Etats devrait aussi disparaître pour toujours tout ce qui a un rapport avec ces horribles expériences, c'est-à-dire tout ce qui les prolonge, même sous des formes différentes: toute forme de torture ou d'oppression, physique ou morale, pratiquée par quelque système que ce soit et où que ce soit; ce phénomène est encore plus douloureux lorsqu'il a lieu sous le prétexte de la «sécurité» intérieure ou de la nécessité de conserver une paix apparente.

9. Les personnalités présentes me pardonneront d'évoquer un tel souvenir, mais je ne serais pas fidèle à l'histoire de notre siècle, je ne serais pas honnête en face de cette grande cause de l'homme que nous désirons tous servir, si je me taisais, alors que je viens de ce pays sur le corps vivant duquel Auschwitz a été construit autrefois. Je l'évoque cependant, Mesdames et Messieurs, avant tout pour montrer de quelles douloureuses expériences et de quelles souffrances de millions de personnes est issue la Déclaration universelle des Droits de l'Homme qui a été mise comme inspiration fondamentale, *comme pierre angulaire,* de l'Organisation des Nations Unies. Le prix de cette Déclaration, des millions de nos frères et de nos soeurs l'ont payé de leurs souffrances et de leur sacrifice, provoqués par l'abrutissement qui avait rendu aveugle et sourde la conscience humaine de leurs oppresseurs et des artisans d'un vrai génocide. Ce prix ne peut pas avoir été payé en vain! La Déclaration universelle des Droits de l'Homme — avec tout son accompagnement des nombreuses Déclarations et Conventions sur les points les plus importants des droits humains en faveur de l'enfance, de la femme, de l'égalité entre les races, et en particulier les deux Pactes internationaux sur les droits économiques, sociaux et culturels, et sur les droits civils et politiques — doit rester pour l'Organisation des Nations Unies la valeur fondamentale à laquelle la conscience de ses membres est confrontée et dont elle tire son inspiration constante. Si on en venait à oublier ou à négliger les vérités et les principes contenus dans ce document, en perdant l'évidence originelle dont ils resplendissaient au moment de sa naissance douloureuse, alors la noble finalité de l'Organisation des Nations Unies, c'est-à-dire la vie en commun des hommes et des nations pourrait se trouver de nouveau face à la menace d'une nouvelle ruine. Cela se produirait si l'éloquence à la fois simple et forte de la Déclaration universelle des

Droits de l'Homme devait céder la place à un intérêt que l'on dit injustement «politique» mais qui bien souvent signifie seulement gain et profit unilatéral aux dépens d'autrui, ou encore volonté de puissance qui ne tient pas compte des exigences des autres, toutes choses donc qui sont, par nature, contraires à l'esprit de la Déclaration. «L'intérêt politique» ainsi compris, pardonnez-moi, Messieurs, de le dire, déshonore la noble et difficile mission qui caractérise votre service du bien de vos nations et de toute l'humanité.

B.184. *A la Cour Internationale de Justice (CIJ)*

4. Cependant, il est clair que la contribution de la Cour internationale de justice au développement de nouvelles formes de droit international sera entravée aussi longtemps que les Etats ne tomberont pas d'accord sur les principes fondamentaux et les règles générales du droit international. Il est nécessaire de rappeler, à cet égard, que bien que l'on ait fait des progrès au cours des ans, celui-ci a été limité. Il y a encore un long chemin à parcourir, dans la confiance et avec une détermination renouvelée.

A strictement parler, la Cour actuelle n'est rien de plus — mais aussi rien de moins — qu'un *pas initial* vers ce qui, nous le souhaitons, sera un jour une *autorité judiciaire totalement efficace* dans un monde pacifique. Dans la pensée du Saint-Siège, il y a bien des manières pour que l'élément judiciaire puisse jouer un rôle plus large dans les relations internationales:

— par des Etats et des Organisations internationales faisant un usage plus intensif de la Cour internationale de justice;

— par une acceptation plus large de ce que l'on appelle la juridiction coercitive de la Cour;

— par un usage plus fréquent de l'arbitrage;

— par le développement d'organisations légales et politico-humanitaires au niveau régional, qui s'ajouteront et aideront celles qui travaillent au niveau mondial;

— par le développement du droit de la responsabilité humanitaire et criminelle à l'égard de la communauté internationale.

Ces éléments sont clairement discernables en beaucoup de développements récents: les déclarations internationales et les traités sur les droits de l'homme; le travail d'organisations pour les droits de l'homme aux niveaux régional et international; le travail de la Croix-Rouge et d'autres organisations dans le domaine humanitaire, et particulièrement dans l'aide aux victimes de conflits armés; le travail d'organismes privés et l'extension du rôle de la Cour international, comme cela résulte des demandes de consultations qui lui sont adressées par des organisations internationales. *Le besoin de développer un système législatif mondial* a été aussi exprimé par la communauté internationale elle-même.

5. Tout cela mérite confirmation et encouragement. L'Eglise catholique est engagée dans ce domaine, comme on peut le voir, par exemple, par sa participation active dans les organisations internationales et par les nombreuses déclarations du Saint-Siège en leur faveur. En agissant ainsi, l'Eglise montre *les critères que le développement d'un système international de droit doit satisfaire. En termes juridiques,* ils peuvent être exprimés comme la reconnaissance des droits de l'homme: le droit à la vie de tout individu, le droit à une existence décente digne d'êtres humains et le droit d'être protégé par la loi; la reconnaissance du droit des peuples à l'autodétermination et à l'indépendance et leur droit à un partage honnête de la richesse économique mondiale. *Pacem in terris* exprime les critères de base dans les *termes moraux* de vérité, amour, liberté, justice et solidarité.

6. Ces critères doivent trouver une expression dans les relations internationales sous la forme de *traités* et dans *le travail des organisations internationales,* encouragées par une conscience croissante chez les gens ordinaires du devoir de respecter en toutes circonstances les droits fondamentaux de la personne humaine. (...)

B.185. *Pour le 40e anniversaire de l'Organisation des Nations Unies (ONU 40)*

1. (...) Entre votre Organisation et l'Eglise catholique la collaboration est d'ailleurs d'autant plus aisée et fructueuse qu'elles se réfèrent l'une et l'autre au principe fondamental, solennellement affirmé dans le préambule de la «Déclaration universelle des Droits de l'Homme» de 1948, et que le Saint-Siège lui-même enseigne avec force, selon lequel «la reconnaissance de la dignité personnelle et des droits égaux et inaltérables de tous les membres de la famille humaine est le fondement de la liberté, de la justice et de la paix dans le monde».

3. (...) Quarante ans après la signature de la charte des Nations Unies, les enjeux de la paix et des droits de l'homme doivent être traités avec un sens des responsabilités plus aigu qu'auparavant. Les engagements solennellement contractés par les signataires de cette charte doivent être respectés et exécutés selon son esprit et sa lettre.

Il me plaît de rappeler à titre tout à fait particulier, dans ce contexte, le vaste travail accompli par votre Organisation, depuis quarante ans, dans l'élaboration d'instruments juridiques qui explicitent et développent la tutelle des droits fondamentaux de la personne humaine. En ce domaine, qui est celui de la création d'une véritable jurisprudence des droits universels de l'homme et de la justice internationale, des progrès importants ont été réalisés. Dans ce long et patient travail d'éveil de la conscience universelle et d'édification progressive d'un ordre mondial plus juste, le Saint-Siège et l'Eglise catholique, vous le savez bien, n'ont pas manqué d'offrir leur propre contribution.

4. Votre Organisation n'est pas un gouvernement mondial; elle ne dispose pas

elle-même d'une véritable souveraineté. Elle se veut une association d'Etats souverains. Si elle n'a pas de pouvoir de contrainte, elle est cependant revêtue d'une autorité appuyée sur les plus hautes valeurs morales de l'humanité et sur le droit. Les événements des quarante dernières années semblent confirmer la nécessité qu'une telle autorité soit dotée des moyens juridiques et politiques qui lui permettent de promouvoir toujours plus efficacement le bien commun universel et de faire triompher les solutions du droit et de la justice lorsque des conflits menacent d'éclater entre les nations. Le Saint-Siège ne saurait trop encourager les Nations Unies à intensifier ce rôle de service de la paix qui est leur raison d'être, et à rechercher, d'un commun accord, des moyens appropriés de dissuasion et d'intervention lorsque des Etats-membres sont tentés de recourir ou, malheureusement, recourent à la force des armes pour régler leurs conflits. Votre Organisation est, par nature et par vocation, le forum mondial où les problèmes doivent être examinés à la lumière de la vérité et de la justice, en renonçant aux égoïsmes étroits et aux menaces du recours à la force.

6. En concluant, je soulignerai que le Saint-Siège partage avec votre Organisation le sentiment que les objectifs prioritaires de l'action commune doivent être:

— dans l'immédiat, l'intensification du processus de désarmement général, équilibré et contrôlé;

— le renforcement de l'autorité morale et juridique des Nations Unies pour la sauvegarde de la paix et la coopération internationale en faveur du développement de tous les peuples;

— l'exécution des accords signés et la défense des droits fondamentaux de la personne humaine;

— la reconnaissance effective par tous les Etats-membres des principes de droit et des règles du jeu contenus dans la charte de 1945, la «Déclaration universelle des Droits de l'Homme» de 1948, et les autres instruments juridiques internationaux.

La communauté internationale ne peut pas tolérer que des Etats-membres de cette Organisation violent systématiquement et ouvertement les droits fondamentaux de l'homme, en pratiquant la discrimination raciale, la torture, la répression politique et idéologique, l'étouffement des libertés d'opinion et de conscience. Il en va non seulement de l'intérêt des individus et des peuples, mais de la cause de la paix dans les différentes parties du monde. (...)

B.186. *Pour le 40e anniversaire de la Déclaration Universelle des Droits de l'Homme (DUDH 40)*

Le 10 décembre 1948, lorsqu'elle adopta et publia la Déclaration universelle des Droits de l'Homme, l'Assemblée générale des Nations Unies avait le dessein de répondre aux préoccupations d'un temps où «la méconnaissance et le mépris des droits de l'homme ont conduit à des actes de barbarie qui révoltent la conscience de l'humanité». L'Assemblée générale voulait aussi affirmer qu'une des plus hautes aspirations de l'homme est de voir reconnue la dignité de la personne humaine et qu'elle souhaitait l'avènement d'un monde dans lequel tous jouissent de la liberté de parler et de la liberté de croire. En ce sens, la Déclaration exprime l'idéal commun à atteindre par tous les peuples et toutes les nations, en prenant des mesures progressives d'ordre national et international.

La célébration du quarantième anniversaire de la Déclaration donne une nouvelle occasion de voir dans quelle mesure les idéaux adoptés par la majeure partie de la Communauté internationale des peuples en 1948 ont été respectés, et aussi d'évaluer la réalité de la promotion des droits et des libertés dans les différentes législations nationales et, plus encore, dans la conscience des individus et des collectivités.

Je sais qu'au cours des quarante années écoulées des dispositions importantes ont été prises par l'Organisation des Nations Unies, et que des efforts considérables ont été fournis pour appuyer les idéaux de la Déclaration et pour créer les instruments juridiques propres à mettre en oeuvre ses principes fondamentaux. C'est là un mérite indiscutable des Nations Unies. Mais on n'est pas encore parvenu au terme du chemin à parcourir, comme en témoignent les nombreux travaux des Commissions «ad hoc», instituées pour préciser l'application des principes, pour élaborer des instruments juridiques adéquats et pour examiner les violations des droits de l'homme partout où elles se produisent.

Dans cet esprit, il s'avère indispensable que les responsables de la vie publique agissent avec une détermination renouvelée afin que les Etats garantissent à leurs citoyens la jouissance effective des droits humains. C'est à ce prix que l'on pourra atteindre le degré supérieur de civilisation que souhaitaient les rédacteurs de la Déclaration.

SECONDE PARTIE

18.

DROIT A LA VIE

La vie d'une personne commence dès le premier instant de la conception: c'est le seuil fondamental du premier droit de l'homme, le seul qui puisse assurer une intangibilité pleine et absolue à l'existence humaine.

Dans la vision du Magistère, il s'agit d'une inviolabilité qui est le reflet même de la personne de Dieu: il en découle, notamment, les principes qui doivent guider la transmission de la vie et empêcher tout danger de manipulation, bien réel hélas à l'heure actuelle, en raison des nouvelles découvertes bio-médicales. *

A.187. *Mater et Magistra (MM)*

III. (...) RESPECT DES LOIS DE LA VIE

Il Nous faut proclamer solennellement que la vie humaine doit être transmise par la famille, fondée sur le mariage, un et indissoluble, élevé pour les chrétiens à la dignité de Sacrement. La transmission de la vie humaine est confiée par la nature à un acte personnel et conscient, et comme tel soumis aux lois très sages de Dieu, lois inviolables et immuables que tous doivent reconnaître et observer. On ne peut donc pas employer des moyens, suivre des méthodes qui seraient licites dans la transmission de la vie des plantes et des animaux.

La vie humaine est sacrée, puisque dès son origine elle requiert l'action créatrice de Dieu. Celui qui viole ses lois offense la Divine Majesté, se dégrade et avec soi l'humanité, affaiblit en outre la communauté dont il est membre. (...)

---

* La Congrégation pour la Doctrine de la Foi a publié à ce sujet le document: *Instruction sur le respect de la vie humaine naissante et la dignité de la procréation,* Cité du Vatican 1987.

A.188. *Gaudium et Spes (GS)*

27. (...) De plus, tout ce qui s'oppose à la vie elle-même, comme toute espèce d'homicide, le génocide, l'avortement, l'euthanasie et même le suicide délibéré (...): toutes ces pratiques et d'autres analogues sont, en vérité, infâmes. (...)

51. (...) En effet, Dieu, maître de la vie, a confié aux hommes le noble ministère de la vie, et l'homme doit s'en acquitter d'une manière digne de lui. La vie doit donc être sauvegardée avec un soin extrême dès la conception: l'avortement et l'infanticide sont des crimes abominables. La sexualité propre à l'homme, comme le pouvoir humain d'engendrer, l'emportent merveilleusement sur ce qui existe aux degrés inférieurs de la vie; il s'ensuit que les actes spécifiques de la vie conjugale, accomplis selon l'authentique dignité humaine, doivent être eux-mêmes entourés d'un grand respect. Lorsqu'il s'agit de mettre en accord l'amour conjugal avec la transmission responsable de la vie, la moralité du comportement ne dépend donc pas de la seule sincérité de l'intention et de la seule appréciation des motifs; mais elle doit être déterminée selon des critères objectifs, tirés de la nature même de la personne et de ses actes, critères qui respectent, dans un contexte d'amour véritable, la signification totale d'une donation réciproque et d'une procréation à la mesure de l'homme; chose impossible si la vertu de chasteté conjugale n'est pas pratiquée d'un coeur loyal. En ce qui concerne la régulation des naissances, il n'est pas permis aux enfants de l'Eglise, fidèles à ces principes, d'emprunter des voies que le Magistère, dans l'explication de la loi divine, désapprouve.[1]

Par ailleurs, que tous sachent bien que la vie humaine et la charge de la transmettre ne se limitent pas aux horizons de ce monde et n'y trouvent ni leur pleine dimension, ni leur plein sens, mais qu'elles sont toujours à mettre en référence avec la destinée éternelle des hommes.

---

[1] Cf. Pie XI, Encycl. *Casti Connubii: AAS* 22 (1930), p. 559-561; DENZ. 2239-2241 (3716-3718). - Pie XII, Discours au Congrès de l'Union Catholique Italienne des Sages-Femmes, 29 oct. 1951: *AAS* 43 (1951), p. 835-854. - Paul VI, Discours au Sacré Collège des Cardinaux, 23 juin 1964: *AAS* 56 (1964), p. 581-589. Quaedam quaestiones quae aliis ac diligentioribus investigationibus indigent, iussu Summi Pontificis, Commissioni pro studio populationis, familiae et natalitatis traditae sunt, ut postquam illa munus suum expleverit, S. Pontifex iudicium ferat. Sic stante doctrina Magisterii, S. Synodus solutiones concretas immediate proponere non intendit. (Par ordre du Souverain Pontife, certaines questions qui supposent d'autres recherches plus approfondies ont été confiées à une Commission pour les problèmes de la population, de la famille et de la natalité pour que, son rôle achevé, le Pape puisse se prononcer. L'enseignement du Magistère demeurant ainsi ce qu'il est, le Concile n'entend pas proposer immédiatement de solutions concrètes.)

A.189. *Humanae Vitae (HV)*

13. FIDELITE AU DESSEIN DE DIEU

(...) De même, qui réfléchit bien devra reconnaître aussi qu'un acte d'amour mutuel qui porterait atteinte à la disponibilité à transmettre la vie, que le Créateur a attachée à cet acte selon des lois particulières, est en contradiction avec le dessein constitutif du mariage et avec la volonté de l'Auteur de la vie. User de ce don divin en détruisant, fût-ce partiellement, sa signification et sa finalité, c'est contredire à la nature de l'homme comme à celle de la femme et de leur rapport le plus intime, c'est donc contredire aussi au plan de Dieu et à sa volonté. Au contraire, user du don de l'amour conjugal en respectant les lois du processus de la génération, c'est reconnaître que nous ne sommes pas les maîtres des sources de la vie humaine, mais plutôt les ministres du dessein établi par le Créateur. De même, en effet, que l'homme n'a pas sur son corps en général un pouvoir illimité, de même il ne l'a pas, pour une raison particulière, sur ses facultés de génération en tant que telles, à cause de leur ordination intrinsèque à susciter la vie, dont Dieu est le principe. «La vie humaine est sacrée, rappelait Jean XXIII; dès son origine, elle engage directement l'action créatrice de Dieu».[2]

17. GRAVES CONSEQUENCES DES METHODES DE REGULATION ARTIFICIELLE DE LA NATALITE

Les hommes droits pourront encore mieux se convaincre du bien-fondé de la doctrine de l'Eglise en ce domaine, s'ils veulent bien réfléchir aux conséquences des méthodes de régulation artificielle de la natalité.

(...) Qu'on réfléchisse aussi à l'arme dangereuse que l'on viendrait à mettre ainsi aux mains d'Autorités publiques peu soucieuses des exigences morales. Qui pourra reprocher à un Gouvernement d'appliquer à la solution des problèmes de la collectivité ce qui serait reconnu permis aux conjoints pour la solution d'un problème familial? Qui empêchera les Gouvernants de favoriser et même d'imposer à leurs peuples, s'ils le jugeaient nécessaire, la méthode de contraception estimée par eux la plus efficace? Et ainsi les hommes, en voulant éviter les difficultés individuelles, familiales ou sociales que l'on rencontre dans l'observation de la loi divine, en arriveraient à laisser à la merci de l'intervention des Autorités publiques le secteur le plus personnel et le plus réservé de l'intimité conjugale.

Si donc on ne veut pas abandonner à l'arbitraire des hommes la mission d'engendrer la vie, il faut nécessairement reconnaître des limites infranchissables au pouvoir de l'homme sur son corps et sur ses fonctions; limites que nul homme, qu'il soit simple particulier ou revêtu d'autorité, n'a le droit d'enfreindre. Et ces limites ne peuvent être déterminées que par le respect qui est dû à l'intégrité de

---

2 *Mater et Magistra: AAS* 53 (1961), p. 447.

l'organisme humain et de ses fonctions, selon les principes rappelés ci-dessus et selon la juste intelligence du «principe de totalité» exposé par notre Prédécesseur Pie XII.[3]

18. L'EGLISE GARANTE DES AUTHENTIQUES VALEURS HUMAINES

On peut prévoir que cet enseignement ne sera peut-être pas facilement accueilli par tout le monde: trop de voix — amplifiées par les moyens modernes de propagande — s'opposent à la voix de l'Eglise. Celle-ci, à vrai dire, ne s'étonne pas d'être, à la ressemblance de son divin Fondateur, un «signe de contradiction»;[4] mais elle ne cesse pas pour autant de proclamer, avec une humble fermeté, toute la loi morale, tant naturelle qu'évangélique. Ce n'est pas elle qui a créé cette loi, elle ne saurait donc en être l'arbitre; elle en est seulement la dépositaire et l'interprète, sans pouvoir jamais déclarer licite une chose qui ne l'est pas à cause de son intime et immuable opposition au vrai bien de l'homme.

En défendant la morale conjugale dans son intégralité, l'Eglise sait qu'elle contribue à l'instauration d'une civilisation vraiment humaine; elle engage l'homme à ne pas abdiquer sa responsabilité pour s'en remettre aux moyens techniques; elle défend par là même la dignité des époux. Fidèle à l'enseignement comme à l'exemple du Sauveur, elle se montre l'amie sincère et désintéressée des hommes, qu'elle veut aider, dès leur cheminement terrestre, «à participer en fils à la vie du Dieu vivant, Père de tous les hommes».[5]

A.190. *Familiaris Consortio (FC)*

LA DOCTRINE ET LA NORME TOUJOURS ANCIENNES
ET TOUJOURS NOUVELLES DE L'EGLISE

29. Précisément parce que l'amour des conjoints est une participation singulière au mystère de la vie et de l'amour de Dieu lui-même, l'Eglise sait qu'elle a reçu la mission spéciale de conserver et de protéger la haute dignité du mariage et la grave responsabilité de la transmission de la vie humaine.

Ainsi, en continuité avec la tradition vivante de la communauté ecclésiale tout au long de l'histoire, le récent Concile Vatican II et le magistère de mon prédécesseur Paul VI, exprimé surtout dans l'encyclique *Humanae vitae,* ont transmis à notre époque une annonce vraiment prophétique, qui affirme et propose

---

[3] Cf. *AAS* 45 (1953), p. 674-675; Alloc. aux Dirigeants et Membres de l'Assoc. Ital. des Donneurs de la Cornée, 8 oct. 1953: *AAS* 48 (1956), p. 461-462.

[4] Cf. *Luc* 2,34.

[5] Cf. *Populorum progressio,* 21.

de nouveau avec clarté la doctrine et la norme toujours anciennes et toujours nouvelles de l'Eglise sur le mariage et sur la transmission de la vie.

C'est pourquoi, dans leur dernière Assemblée, les Pères du Synode ont textuellement déclaré: «Le Saint Synode, en union de foi avec le Successeur de Pierre, maintient fermement ce qui est proposé au Concile Vatican II (cf. *Gaudium et spes,* 50) et ensuite dans l'encyclique *Humanae vitae,* et en particulier le fait que l'amour conjugal doit être pleinement humain, exclusif et ouvert à une nouvelle vie (*Humanae vitae,* 11 et cf. 9 et 12)».[6]

L'EGLISE PREND PARTI POUR LA VIE

30. La doctrine de l'Eglise est placée aujourd'hui dans une situation sociale et culturelle qui la rend à la fois plus difficile à comprendre mais aussi plus pressante et irremplaçable pour promouvoir le bien véritable de l'homme et de la femme.

Car le progrès scientifique et technique, que l'homme contemporain accroît continuellement en dominant la nature, ne développe pas seulement l'espérance de créer une humanité nouvelle et meilleure, mais aussi une angoisse toujours plus forte au sujet de l'avenir. Certains se demandent si vivre est un bien, et s'il ne serait pas préférable de ne pas être nés: ils se demandent donc s'il est permis d'appeler à la vie d'autres hommes qui pourraient en venir à maudire leur existence dans un monde cruel, dont les terreurs ne sont pas même prévisibles. Les uns pensent être les uniques destinataires des avantages de la technique et en excluent les autres, auxquels sont imposés des moyens contraceptifs ou des pratiques encore pires. D'autres encore, emprisonnés dans une mentalité de consommation et ayant l'unique préoccupation d'accroître continuellement les biens matériels, finissent par ne plus comprendre et donc par refuser la richesse spirituelle d'une nouvelle vie humaine. La raison ultime de telles mentalités est l'absence, dans le coeur des hommes, de Dieu dont seul l'amour est plus fort que toutes les peurs possibles du monde et peut les vaincre.

C'est ainsi qu'est né un esprit contraire à la vie *(anti-life mentality)* qui apparaît dans beaucoup de questions actuelles: que l'on pense, par exemple, à une certaine panique dérivant des études faites par les écologistes et les futurologues sur la démographie, qui parfois exagèrent le péril de la croissance démographique pesant sur la qualité de la vie.

Mais l'Eglise croit fermement que la vie humaine, même faible et souffrante, est toujours un magnifique don du Dieu de bonté. Contre le pessimisme et l'égoïsme qui obscurcissent le monde, l'Eglise prend parti pour la vie, et dans chaque vie humaine elle sait découvrir la splendeur de ce «Oui», de cet «Amen» qu'est le Christ.[7] Au «non» qui envahit et attriste le monde, elle oppose ce «Oui»

---

6 *Proposition* 22.

7 Cf. *2 Co* 1, 19; *Ap* 3, 14.

vivant, défendant ainsi l'homme et le monde contre ceux qui menacent la vie et lui portent atteinte.

L'Eglise est appelée à manifester de nouveau à tous, par une conviction plus vive et plus ferme, sa volonté de promouvoir la vie humaine par tous les moyens et de la défendre contre toute menace, en quelque condition et à quelque stade de développement qu'elle se trouve.

C'est pourquoi l'Eglise condamne comme une grave offense à la dignité humaine et à la justice toutes les activités des gouvernements ou des autres autorités publiques qui essaient de limiter en quelque manière la liberté des conjoints dans leurs décisions concernant les enfants. Par conséquent, toute violence exercée par des autorités en faveur de la contraception, voire de la stérilisation ou de l'avortement provoqué, est à condamner absolument et à rejeter avec force. En même temps, il faut stigmatiser comme gravement injuste le fait que, dans les relations internationales, l'aide économique accordée pour la promotion des peuples soit conditionnée par des programmes de contraception, de stérilisation et d'avortement provoqué.[8]

A.191. *Christifideles Laici (CL)*

38. RESPECTER LE DROIT INVIOLABLE A LA VIE

(...) Or l'inviolabilité de la personne, reflet de l'absolue inviolabilité de Dieu Lui-même, trouve son expression première et fondamentale dans *l'inviolabilité de la vie humaine*. Il est juste, assurément, de parler des droits de l'homme — comme, par exemple, le droit à la santé, au logement, au travail, à la famille, à la culture — mais c'est propager l'erreur et l'illusion que d'en parler, comme on le fait souvent, sans défendre avec la plus grande vigueur *le droit à la vie,* comme droit premier, origine et condition de tous les autres droits de la personne.

L'Eglise ne s'est jamais avouée vaincue en face de toutes les violations que le droit à la vie, droit précisément de tout être humain, a subies et continue à subir de la part des particuliers ou des autorités elles-mêmes. Le sujet de ce droit c'est l'être humain, *à tout moment de son développement,* depuis sa conception jusqu'à sa mort naturelle; et *en toutes les conditions,* en santé ou en maladie, en état de perfection physique ou de handicap, de richesse ou de misère. Le Concile Vatican II le proclame très haut: «Tout ce qui s'oppose à la vie elle-même, comme toute espèce d'homicide, le génocide, l'avortement, l'euthanasie et même le suicide délibéré; tout ce qui constitue une violation de l'intégrité de la personne humaine, comme les mutilations, la torture physique ou morale, les contraintes psy-

---

[8] Cf. Message du VIe Synode des Evêques aux familles chrétiennes dans le monde d'aujourd'hui, 24 octobre 1980, n. 5.

chologiques; tout ce qui est offense à la dignité de l'homme, comme les conditions de vie sous-humaines, les emprisonnements arbitraires, les déportations, l'esclavage, la prostitution, le commerce des femmes et des jeunes; ou encore les conditions de travail dégradantes qui réduisent les travailleurs au rang de purs instruments de rapport, sans égard pour leur personnalité libre et responsable: toutes ces pratiques et d'autres analogues sont, en vérité, infâmes. Tandis qu'elles corrompent la civilisation, elles déshonorent ceux qui s'y livrent plus encore que ceux qui les subissent et insultent gravement à l'honneur du Créateur».[9]

Or si chacun a la mission et la responsabilité de reconnaître la dignité personnelle de tout être humain et de défendre son droit à la vie, certains fidèles laïcs sont appelés à le faire à un titre particulier: *les parents, les éducateurs, le personnel médical et infirmier, et tous ceux qui assument le pouvoir économique et politique.*

En accueillant avec amour et générosité toute vie humaine, surtout si elle est faible et malade, l'Eglise vit aujourd'hui un moment capital de sa mission, d'autant plus nécessaire que s'affirme davantage une «culture de mort». En effet «l'Eglise croit fermement que la vie humaine, même faible et souffrante, est toujours un magnifique don du Dieu de bonté. Contre le pessimisme et l'égoïsme qui obscurcissent le monde, l'Eglise prend parti pour la vie, et dans chaque vie humaine elle sait découvrir la splendeur de ce «Oui», de cet «Amen» qu'est le Christ (cf. *2Co* 1, 19; *Ap* 3, 14). Au «non» qui envahit et attriste l'homme et le monde, elle oppose ce «oui» vivant, défendant ainsi l'homme et le monde contre ceux qui menacent la vie et lui portent atteinte».[10] Il revient aux fidèles laïcs qui sont plus directement, par vocation ou par profession, responsables de l'accueil de la vie, de rendre concret et efficace le «Oui» de l'Eglise à la vie humaine.

Aux frontières de la vie humaine, de nouvelles possibilités et responsabilités se sont largement ouvertes grâce à l'énorme développement des *sciences biologiques et médicales,* qui va de pair avec les progrès étonnants de la technologie: l'homme est en mesure aujourd'hui non seulement «d'observer» mais aussi de «manipuler» la vie humaine dès sa première origine et dans les premiers stades de son développement.

La *conscience morale* de l'humanité ne peut rester étrangère ni indifférente devant les pas de géant réalisés par un pouvoir technologique qui conquiert une emprise toujours plus vaste et plus profonde sur les dynamismes qui président à la procréation et aux premières phases du développement de la personne humaine. Jamais peut-être autant qu'aujourd'hui et qu'en ce domaine *la Sagesse ne s'est révélée la seule ancre de salut,* pour que l'homme, dans la recherche scientifique et dans la recherche appliquée, puisse agir toujours avec intelligence et amour, ce qui veut dire en respectant, ou mieux encore, en vénérant l'inviolable dignité personnelle de tout être humain, dès le premier moment de son existence.

---

9 *Gaudium et spes,* 27.

10 Jean Paul II, Exhort. Ap. *Familiaris consortio,* 30: *AAS* 74 (1982), p. 116.

C'est ce qui se réalise lorsque, avec des moyens licites, la science et la technique s'engagent dans la défense de la vie et dans le soin des maladies dès le commencement, se refusant au contraire — au nom de la dignité même de la recherche — aux interventions qui altéreraient le patrimoine génétique de l'individu et de la race humaine.[11]

Les fidèles laïcs qui se trouvent, à des titres et à des plans divers, engagés dans la science et la technique, comme aussi ceux qui ont une responsabilité médicale, sociale, législative ou économique, doivent *avec courage accepter «les défis» lancés par les nouveaux problèmes de la bioéthique*. Comme l'ont affirmé les Pères du Synode: «Les chrétiens doivent exercer leur responsabilité comme maîtres de la science et de la technologie et non pas comme leurs esclaves... Dans la perspective des «défis» moraux qui vont être provoqués par la formidable puissance technologique nouvelle et qui mettent en péril non seulement les droits fondamentaux des hommes, mais jusqu'à l'essence biologique de l'espèce humaine, il est de la plus haute importance que les laïcs chrétiens — avec l'aide de l'Eglise entière — assument la charge de rappeler la culture aux principes d'un authentique humanisme, afin que la promotion et la défense des droits de l'homme puissent trouver un fondement dynamique et solide dans son essence même, cette essence que la prédication évangélique a révélée aux hommes».[12]

Aujourd'hui, la plus grande vigilance s'impose à tous de façon urgente devant le phénomène de la concentration du pouvoir, et en premier lieu, du pouvoir technologique. Cette concentration, en effet, tend à manipuler non seulement l'essence biologique, mais encore l'intérieur même de la conscience des hommes, et leurs modes de vie, et aggrave ainsi la discrimination et la marginalisation de peuples entiers.

B.192. *Journée mondiale de la Paix (JMP 1977)*

(...) Tout crime contre la vie est un attentat contre la paix, surtout s'il porte atteinte aux moeurs du peuple, comme cela se produit souvent aujourd'hui avec une facilité horrifiante et parfois légalisée, dans le domaine de la suppression de la vie à naître, qu'est l'avortement. Certains avancent en faveur de ce dernier les motivations suivantes: l'avortement a pour objet de ralentir l'augmentation malencontreuse de la population, de supprimer les êtres condamnés à vivre avec des malformations, à être le déshonneur de la société, à être victimes de la misère prolétaire, etc. Il semble plutôt utile que nuisible à la paix. Non, ce n'est pas vrai. La suppression d'une vie en train de naître ou qui a déjà vu le jour transgresse

---

[11] Cf. Congregation pour la Doctrine de la Foi, Instruction *Donum vitae* sur le respect de la vie humaine à la naissance et la dignité de la procréation. Réponse à quelques questions d'actualité (22 février 1987): *AAS* 80 (1988), p. 70-102.

[12] *Proposition* 36.

avant tout le principe moral inviolable auquel la conception de l'existence humaine doit toujours se référer: la vie humaine est sacrée, depuis le premier moment de sa génération jusqu'au dernier instant de sa survie naturelle dans le temps. Elle est sacrée. Qu'est-ce que cela veut dire? Cela signifie qu'elle est soustraite à tout pouvoir arbitraire de suppression, qu'elle est intouchable, digne du plus grand respect, du plus grand soin, de tout sacrifice. Pour celui qui croit en Dieu, cela est spontané, instinctif, et découle normalement d'une loi religieuse transcendante. Et même pour celui qui n'a pas le bonheur d'admettre que la main de Dieu protège et venge tout être humain, cette intuition du caractère sacré de la vie est et doit être perçue à partir de la dignité de l'homme qui exige l'inviolabilité de toute existence humaine vivante. Ils le savent et le sentent bien ceux qui, par malheur, ont commis la faute implacable et connaissent toujours le remords d'avoir volontairement supprimé une vie. La voix du sang innocent crie dans le coeur de la personne homicide avec une insistance déchirante. La paix intérieure n'est pas possible lorsqu'on utilise des sophismes imprégnés d'égoïsme. Et même si elle était possible, un attentat a été commis contre la paix, c'est-à-dire contre la protection générale de l'ordre de la société humaine. La vie individuelle et la paix générale sont toujours liées par une parenté inséparable. Si nous voulons que le progrès de l'ordre social s'appuie sur des principes intangibles, ne lui portons pas atteinte au coeur même de son fondement qui est le respect de la vie humaine. A ce point de vue, la paix et la vie sont d'une manière solidaire à la base de l'ordre et de la civilisation.

Ce discours pourrait se prolonger en passant en revue les cent manières de porter atteinte à la vie et qui, aujourd'hui, semblent rentrer dans les moeurs, là ou la délinquance individuelle s'organise pour devenir collective, pour s'assurer le silence et la complicité de groupes entiers de citoyens, pour faire de la vengeance privée un misérable devoir collectif, du terrorisme un phénomène de légitime affirmation politique ou sociale, de la torture policière une méthode efficace pour la force publique qui vise non plus à rétablir l'ordre, mais à imposer une ignoble répression. Il est impossible que la paix fleurisse là où l'intégrité de la vie est compromise d'une pareille manière. Là où la violence se développe, c'est la fin de la vraie paix. Alors que là où les droits de l'homme sont réellement professés et publiquement reconnus et défendus, la paix devient l'atmosphère joyeuse et efficace de la vie en société.

Les témoignages du progrès de notre civilisation se trouvent dans les engagements internationaux pour la sauvegarde des droits de l'homme, pour la défense de l'enfant, pour la sauvegarde des libertés fondamentales de l'homme. Ils sont l'épopée de la paix, dans la mesure où ils sont un bouclier pour la vie. Sont-ils complets? Sont-ils observés? Tous nous saisissons que la civilisation s'exprime dans ces déclarations, qu'elle trouve en elles la confirmation de sa propre réalité: celle-ci sera pleine et glorieuse si elles imprègnent les consciences et les moeurs, elle sera méprisée et violée si elles demeurent lettre morte.

Hommes de ce vingtième siècle finissant, vous avez signé pour votre gloire les Chartes de la plénitude humaine que vous avez atteinte, si de telles chartes sont vraies; vous avez scellé pour l'histoire votre condamnation morale, s'il s'agit seulement de documents fruits de velléités rhétoriques ou d'hypocrisie juridique. La mesure est là: dans l'équation entre la véritable paix et la dignité de la vie.

Accueillez, Nous vous en prions, notre demande: qu'une telle équation se réalise et que sur elle un nouvel édifice se dresse sur l'horizon de notre civilisation de la vie et de la paix, la civilisation, disons-le encore, de l'amour. (...)

B.193. *Au Corps Diplomatique (CD 1988)*

11. (...) Dans le contexte de violence d'aujourd'hui, j'estime de mon devoir de rappeler *le droit au respect absolu de la vie humaine,* à tous ses stades et quel que soit l'état de santé, depuis la conception jusqu'aux derniers moments. Je dénonce également toutes les formes de *terrorisme* qui s'en prennent à la vie d'innocents et aussi les terrorismes d'Etat qui étouffent les libertés fondamentales. (...)

B.194. *Uppsala*

5. (...) La dignité de la personne ne peut être protégée que si *la personne est considérée comme inviolable* dès le moment de sa conception jusqu'à sa mort naturelle. Une personne ne peut être un simple moyen ou un instrument pour les autres. La société existe pour promouvoir la sécurité et la dignité de la personne. C'est pourquoi, le droit primordial que la société doit défendre est *le droit à la vie.* Aussi bien dans le sein maternel que dans la phase finale de la vie, on ne peut jamais se débarrasser d'une personne afin de faciliter la vie d'autres personnes. *Chaque personne doit être considérée comme une fin en soi.* Voilà un principe fondamental pour toute l'activité humaine: dans l'assistance sanitaire, dans l'éducation des enfants, dans l'enseignement, dans les médias. Les attitudes des individus ou des sociétés à cet égard peuvent être évaluées selon le traitement réservé à ceux qui, pour différentes raisons, ne peuvent rivaliser dans la société — les handicapés, les malades, les personnes âgées et les moribonds. Si une société ne considère pas la personne humaine comme inviolable, l'énoncé de principes éthiques cohérents devient impossible ainsi que la création d'un climat moral qui favorise la protection des membres les plus faibles de la famille humaine.

B.195. *Angelus 3.2.1991*

1. On célèbre aujourd'hui en Italie la «Journée pour la vie», qui représente une occasion traditionnelle de réfléchir et prier, une invitation concrète à s'engager pour défendre et promouvoir la vie de l'homme de son début à son terme naturel. Je ressens le besoin d'unir ma voix à celle des évêques italiens pour répéter, encore une fois, avec clarté et courage que la «loi divine "tu ne tueras point" concerne chaque homme et oblige chaque homme, indépendamment de ses convictions religieuses, car c'est la loi inscrite par le Créateur dans sa conscience

comme loi naturelle» (*Audience générale* du 30 janvier 1991, cycle de Jasna Góra). C'est pourquoi les hommes politiques, les administrateurs et les responsables des services sociaux et des services de santé doivent reconnaître dans l'amour pour la vie «le présupposé et le contenu fondamental de la promotion du bien commun et tenter l'impossible pour que les conditions économiques, sociales et culturelles d'une liberté effective face à la vie soient assurées» (Tiré du *«Message des évêques italiens pour la Journée pour la vie»*).

2. «Amour pour la vie, choix de liberté». C'est le thème de cette journée, qui nous incite à considérer le binôme inséparable de vie et de liberté. Comment peut-il y avoir liberté là où la vie, où *toute vie humaine,* n'est pas accueillie et aimée? Comment peut-il y avoir un véritable progrès social lorsque les attaques et les menaces contre la vie de l'homme, don gratuit de l'amour providentiel de Dieu, se justifient et se légalisent? S'il n'y a pas de respect pour la vie, on est déjà dans le règne de la mort: mort des sentiments éteints par l'hédonisme effréné et aliénant; mort du sens moral, étouffé par l'égoïsme stérile et dévastateur, alors que la conscience risque de se fermer à la vérité et peine à reconnaître ce bien qui seul rend l'homme heureux.

La vie doit toujours être défendue, accueillie avec amour et accompagnée avec un respect constant. En tant qu'êtres humain et en tant que croyants, nous ne devons jamais cesser de *promouvoir la culture de la vie* face à la culture de la mort. Nous devons proclamer l'intangibilité du droit à vivre — et à vivre avec dignité — contre l'avortement, crime aberrant qui a en lui les caractères du système totalitaire envers le plus vulnérable des êtres humains. Nous devons proclamer ce droit contre toute manipulation génétique, qui attente au développement de la personne; contre l'euthanasie et le refus pratique des plus faibles; contre le racisme et la violence homicide quelle qu'elle soit. Nous devons proclamer ce droit contre la guerre — contre cette guerre, que l'on continue à combattre dans la région du Golfe persique avec une menace croissante pour toute l'humanité.

3. Marie, Mère des hommes, accueille notre prière qui fait écho au cri angoissé des victimes de l'avortement, de la haine, de la guerre et des nombreux attentats à la vie. Sois un soutien pour les faibles et un réconfort pour ceux qui souffrent injustement. Touche le coeur de ceux qui refusent la lumière de la vérité et, en tuant, mortifient leur humanité elle-même.

Nous recourons à toi avec confiance, Mère de miséricorde, Mère de la vie.

19.

DROIT A L'INTEGRITE PHYSIQUE ET PSYCHIQUE: INTERDICTION DE LA TORTURE

Face à l'une des atteintes les plus intolérables à la dignité humaine, la condamnation du Magistère ne saurait être plus claire. C'est l'image même du Christ crucifié qui motive le chrétien à repousser cette pratique abominable qui meurtrit non seulement le torturé, mais également son bourreau.

A.196. *Gaudium et Spes (GS)*

27. (...) Tout ce qui constitue une violation de l'intégrité de la personne humaine, comme les mutilations, la torture physique ou morale, les contraintes psychologiques (...): toutes ces pratiques et d'autres analogues sont, en vérité, infâmes. (...)

B.197. *Au Corps Diplomatique (CD 1978)*

(...) Pour qui croit en Dieu, la vie humaine est un don qui vient de lui, un dépôt sacré qu'il faut conserver dans son intégrité. L'Eglise se sent engagée à en enseigner le respect en toute circonstance et à toute étape de l'existence, depuis l'instant de la conception où la vie commence à se former dans le sein maternel, jusqu'au rendez-vous avec notre «soeur la mort». Du berceau à la tombe, tout être humain, même le plus faible et le plus dépourvu, diminué ou laissé pour compte, possède un élément de noblesse qui est l'image de Dieu et la ressemblance avec lui. Et Jésus a enseigné à ses disciples que dans la personne de ces pauvres et de ces petits est représentée, avec une évidence particulière, sa propre personne.

L'Eglise et les croyants ne peuvent donc demeurer insensibles et inertes face à la multiplication des dénonciations de tortures et de mauvais traitements pratiqués en divers pays sur des personnes arrêtées, interrogées ou bien mises en état de surveillance ou de détention. Alors que constitutions et législations font place au principe du droit à la défense à toutes les étapes de la justice, alors que sont avancées des propositions pour humaniser les lieux de détention, on constate néanmoins que les techniques de torture se perfectionnent pour affaiblir la résistance des prisonniers, et que l'on n'hésite pas parfois à leur infliger des lésions irréversibles et humiliantes pour le corps et pour l'esprit. Comment ne pas être troublé quand on sait que de nombreuses familles angoissées adressent en vain des suppliques en faveur de ceux qui leur sont chers, et que même les demandes d'information s'accumulent sans recevoir de réponse? Pareillement, on ne peut faire silence sur la pratique, dénoncée de tant de côtés, qui consiste à assimiler les coupables — ou présumés tels — d'opposition politique aux personnes qui ont besoin de soins psychiatriques, ajoutant ainsi à leur peine un autre motif, peut-être plus dur encore, d'amertume.

Comment l'Eglise, comme elle l'a fait pour le duel et le fait encore pour l'avortement, ne prendrait-elle pas une position sévère face à la torture et aux violences analogues infligées à la personne humaine? Ceux qui les ordonnent ou les pratiquent commettent un crime, vraiment très grave pour la conscience chrétienne, qui ne peut pas ne pas réagir et s'employer, dans la mesure du possible, à faire adopter des remèdes adéquats et efficaces. (...)

B.198. *Au Comité International de la Croix-Rouge (CR)*

4. A ce propos, dans le cadre des droits de l'homme, je me permets d'insister encore sur la torture et les autres traitements inhumains. Les gouvernements adhérant aux quatre Conventions de Genève se sont d'ailleurs engagés à interdire de tels traitements et à autoriser les délégués de la Croix-Rouge à visiter les internés et à s'entretenir sans témoin avec les détenus. Je souhaite que, sur ce point aussi, vos missions soient acceptées dans tous les pays, pour éloigner cette plaie vive de l'humanité. Ainsi, avec vos moyens spécifiques, vous contribuez à instaurer le respect des droits fondamentaux de l'homme et de sa dignité, unissant d'ailleurs sans distinction tous ceux qui, croyants ou non, sont épris de cet idéal.

5. Dans ce service de l'homme, les chrétiens rejoignent facilement les buts et la pratique de la Croix-Rouge. Ils trouvent dans leur foi un stimulant et les motivations supplémentaires pour voir dans l'homme blessé, avili ou dans la détresse, un prochain à aimer et à secourir, quelle que soit son identité; bien plus, ils y voient la figure même du Christ qui s'est identifié au prisonnier, au malade, à l'étranger, à l'homme dépouillé de tout. Combien de pages de l'Evangile prennent ici un relief saisissant, à commencer par la parabole du Bon Samaritain!

Et pour ce qui est de la torture, le chrétien est confronté dès son enfance avec le récit de la passion du Christ. Le souvenir de Jésus mis à nu, frappé, tourné en dérision jusque dans ses souffrances de l'agonie, devrait toujours lui faire refuser de voir un traitement analogue appliqué à l'un de ses frères en humanité. Spontanément, le disciple du Christ rejette tout recours à de tels moyens que rien ne saurait justifier et où la dignité de l'homme est avilie chez celui qui est frappé comme d'ailleurs chez son bourreau.

20.

DROIT A LA NON-DISCRIMINATION: DE RACE, DE SEXE

L'unité de la famille humaine et l'égale dignité de chacun de ses membres postulent l'inadmissibilité de toute discrimination. *

*Le Magistère a surtout précisé les raisons d'ordre théologique qui s'opposent à la discrimination sur la base de la race*** *ou du sexe. En ce qui concerne la problématique raciale, la gravité de l'aberrant système de l'*apartheid *a été plusieurs fois soulignée.*

a) DE RACE

A.199. *Populorum Progressio (PP)*

63. RACISME

Le racisme n'est pas l'apanage exclusif des jeunes nations, où il se dissimule parfois sous les rivalités de clans et de partis politiques, au grand préjudice de la justice et au péril de la paix civile. Durant l'ère coloniale il a sévi souvent entre colons et indigènes, mettant obstacle à une féconde intelligence mutuelle et provoquant beaucoup de rancoeurs à la suite de réelles injustices. Il est encore un obstacle à la collaboration entre nations défavorisées et un ferment de division et de haine au sein même des Etats quand, au mépris des droits imprescriptibles de la personne humaine, individus et familles se voient injustement soumis à un régime d'exception, en raison de leur race ou de leur couleur.

---

* De plus, pour témoigner de cet enseignement sur le plan du droit international, le Saint-Siège a estimé opportun de ratifier (le 1er mai 1969) la *Convention sur l'élimination de toutes les formes de discrimination raciale,* adoptée par l'Assemblée Générale des Nations Unies le 21 décembre 1965.

** On peut signaler que le Conseil Pontifical «Justice et Paix» a publié le document: *L'Eglise face au racisme, pour une société plus fraternelle,* Cité du Vatican 1988.

A.200. *Octogesima Adveniens* (*OA*)

16. LES DISCRIMINATIONS

Au nombre des victimes des situations d'injustice — encore que le phénomène ne soit, malheureusement, pas nouveau — il faut placer ceux qui sont l'objet de discriminations, de droit ou de fait, à cause de leur race, leur origine, leur couleur, leur culture, leur sexe ou leur religion.

La discrimination raciale revêt, en ce moment, un caractère de plus forte actualité par la tension qu'elle soulève tant à l'intérieur de certains pays qu'au plan international lui-même. Avec raison, les hommes tiennent pour injustifiable et rejettent comme inadmissible la tendance à maintenir ou à introduire une législation ou des comportements, inspirés systématiquement par les préjugés racistes: les membres de l'humanité partagent la même nature et, par conséquent, la même dignité avec les mêmes droits et mêmes devoirs fondamentaux, comme la même destinée surnaturelle. Au sein d'une commune patrie, tous doivent être égaux devant la loi, trouver un accès égal à la vie économique, culturelle, civique ou, sociale et bénéficier d'une équitable répartition de la richesse nationale.

A.201. *Pour le 50e anniversaire du début de la Deuxième Guerre Mondiale* (*GM 50*)

LES PERSECUTIONS CONTRE LES JUIFS

5. Mais, de toutes ces mesures anti-humaines, il en est une qui demeure à tout jamais une honte pour l'humanité: *la barbarie planifiée qui s'est acharnée contre le peuple juif.*

Objet de la «solution finale» imaginée par une idéologie aberrante, les Juifs ont été soumis à des privations et des brutalités à peine descriptibles. D'abord persécutés sous forme de mesures vexatoires ou discriminatoires, ils finirent ensuite par millions dans des camps d'extermination.

Les Juifs de Pologne, plus que d'autres, ont vécu ce calvaire: les images du siège du ghetto de Varsovie comme ce que l'on a appris sur les camps d'Auschwitz, de Majdanek ou de Treblinka dépassent en horreur ce que l'on peut humainement concevoir.

On doit aussi rappeler que cette folie meurtrière s'est abattue sur bien d'autres groupes qui avaient le tort d'être «différents» ou rebelles à la tyrannie de l'occupant.

A l'occasion de ce douloureux anniversaire, j'en appelle une fois encore à tous les hommes, les invitant à surmonter leurs préjugés et à *combattre toutes les formes de racisme,* en acceptant de reconnaître en tout homme la dignité fondamentale et le bien qui l'habitent, à prendre toujours davantage conscience d'appartenir à une unique famille humaine voulue et rassemblée par Dieu.

Je désire redire ici avec force que l'hostilité ou la haine envers le judaïsme sont en complète contradiction avec la vision chrétienne de la dignité de l'homme.

LES EPREUVES DE L'EGLISE CATHOLIQUE

6. Le nouveau paganisme et les systèmes qui lui étaient apparentés s'acharnaient certes contre les Juifs, mais visaient également le christianisme dont l'enseignement avait formé l'âme de l'Europe. A travers le peuple «dont le Christ est issu selon la chair» (*Rm* 9, 5), c'est le message évangélique de l'égale dignité de tous les enfants de Dieu qui était bafoué. (...)

B.202. *Africae Terrarum (AT)*

17. Parmi les obstacles qui peuvent rendre difficile le développement intégral des nouveaux Etats africains, il faut ranger la discrimination raciale. Malheureusement on trouve, même en Afrique, des manifestations, graves et d'ailleurs opposées entre elles, de cette conception raciste. Le second Concile du Vatican a clairement et à plusieurs reprises condamné la discrimination raciale sous toutes ses formes, comme étant une offense à la dignité de l'homme, «comme étrangère à l'esprit du Christ»[1] et «contraire au dessein de Dieu»[2] et Nous-même, dans l'encyclique *«Populorum progressio»*. Nous l'avons blâmée comme un obstacle opposé à «la construction d'un monde plus juste et mieux structuré selon une solidarité universelle».[3] Rappelons d'ailleurs que, dans l'épiscopat catholique, on n'a pas manqué récemment encore, d'élever la voix, là où c'était nécessaire, pour la défense des droits opprimés. (...)

B.203. *Pour le 25e anniversaire de la Déclaration Universelle des Droits de l'Homme (DUDH 25)*

(...) Avec un grand intérêt et une vive satisfaction, nous avons appris que l'Assemblée générale tiendra, à l'occasion du 25e anniversaire de la Déclaration universelle, une session spéciale au cours de laquelle sera proclamée la décennie de la lutte contre le racisme et la discrimination raciale. Cette entreprise, éminem-

---

1 CONC. VAT. II, Déclar. *Nostra aetate*, 5: *AAS* 58 (1966), p. 744; cf. Décret *Ad gentes*, 15: *AAS* 58 (1966), p. 964.

2 *Ibid.*, *Gaudium et spes*, 29: *AAS* 58 (1966), p. 1049.

3 *Populorum progressio*, 62: *AAS* 59 (1967), p. 287; cf. *ibid.*, 63, p. 288.

ment humaine, trouvera encore une fois côte à côte le Saint-Siège et les Nations Unies — bien qu'à des plans divers et avec des moyens différents — dans un effort commun pour défendre et protéger la liberté et la dignité de chaque homme et de chaque groupe, sans aucune distinction de race, de couleur, de langue, de religion ou de condition sociale. (...)

B.204. *Au Comité contre l'Apartheid* (*Apartheid 1974*)

(...) Différentes formes de discrimination vont à l'encontre des droits individuels et collectifs et à l'encontre de l'harmonie de la société. Antagonismes et rivalités empêchent la réalisation effective d'une famille humaine unique rassemblée sous la Paternité de Dieu. La haine existant dans le coeur des hommes et se manifestant dans toutes sortes d'oppositions, met encore en danger la sécurité, la paix et la prospérité des peuples.

Lorsque nous mettons en garde contre les dangers inhérents aux abus commis contre la dignité, l'égalité et la liberté des hommes, nous réitérons l'appel fréquent de l'Eglise à bannir toute discrimination — de droit ou de fait — «à cause de leur race, leur origine, leur couleur, leur culture, leur sexe ou leur religion» (*Octogesima adveniens,* 16: *AAS* 63 [1971], p. 413).

La discrimination prend des formes multiples. Il en est ainsi, lorsque, à des individus et des peuples tout entiers, on refuse le droit à la liberté religieuse «qui est l'expression libre et normale du droit le plus jalousement revendiqué par l'esprit humain» (Mess. pour la Journée de la Paix 1972: *AAS* 63 [1971], p. 876). Il en est de même, par exemple, lorsque l'égale dignité des femmes n'est pas respectée. Il en est encore ainsi lorsque le travailleur migrant est méprisé et lorsque les pauvres sont maintenus dans des conditions inhumaines d'existence.

De même que nous reconnaissons à juste titre l'importance de chacune de ces catégories, nous déclarons avec force que «la discrimination raciale revêt, en ce moment, un caractère de plus forte actualité à cause de la tension qui engendre des troubles tant à l'intérieur ce certains pays qu'au plan international lui-même. Avec raison, les hommes tiennent pour injustifiable et rejettent comme inadmissible la tendance à maintenir ou à introduire une législation ou des comportements, inspirés systématiquement par des préjugés racistes» (*Oct. adveniens,* 16: *AAS* 63 [1971], p. 413). Ce que nous répétons maintenant, nous l'avons déjà dit précédemment, lorsque nous nous trouvions sur la terre africaine: «Nous déplorons le fait que, dans plusieurs parties du monde, persistent des situations sociales fondées sur la discrimination de la race, souvent voulues et soutenues par des systèmes idéologiques: ces situations constituent un affront manifeste et inadmissible aux droits fondamentaux de la personne humaine...» (Discours au Parlement de l'Ouganda: *AAS* 61 [1969], p. 585).

Les conjonctures du monde actuel nous poussent à répéter de nouveau et avec la même conviction ce que nous avons dit naguère: «Au sein d'une commune patrie, tous doivent être égaux devant la loi, trouver un accès égal à la vie économique, culturelle, civique ou sociale, et bénéficier d'une équitable répartition de la richesse nationale» (*Oct. adveniens,* 16: *AAS* 63 [1973], p. 413). Tous les hommes doivent prendre part à la vie de la nation. Le pouvoir, la responsabilité et les prises de décision ne peuvent être le monopole d'un seul groupe ou d'une race ou d'une fraction de la population. Le message que nous proposons à tout groupe, Etat ou Nation — et qui est en même temps avis, conseil, et invitation impérative à la conscience chrétienne — est ce que nous a enseigné Celui que nous représentons: «Vous êtes tous frères».

En plaidant pour la reconnaissance de la dignité de tous les hommes et pour la protection de leurs droits fondamentaux, le message chrétien exige le développement intégral de l'homme qui, nous l'avons dit avec insistance, est «le nouveau nom de la paix» (*Populorum progressio,* 87: *AAS* 59 [1967], p. 299), et «l'exigence indiscutable de la justice» (Discours au Parlement de l'Ouganda: *AAS* 61 [1969], p. 582). L'Eglise comprend que le développement des peuples implique, en plus de l'égalité des races, «le droit d'aspirer à leur légitime autonomie» (*ibid.,* p. 584). Notre pensée sur ce problème complexe ne vous est pas inconnue. Nous l'avons exprimée lorsque nous avons expliqué que la liberté signifie «l'indépendance civile, l'autodétermination politique, l'affranchissement de la domination d'autres pouvoirs...» (*ibid.,* p. 582).

En cherchant à conquérir cette pleine mesure de dignité humaine, on doit en effet progresser, en certaines circonstances et situations historiques, avec une prudence et une sagesse particulières. Les étapes de ce processus doivent être proportionnées aux degrés d'urgence. Il faut un plan précis comportant des échéances bien délimitées. Mais la cause est devenue urgente et l'heure est déjà bien avancée. (...)

B.205. *Au Corps Diplomatique (CD 1978)*

(...) A l'égalité sans distinction d'origine ou de race sont consacrés des documents internationaux solennels, comme la Convention des Nations Unies du 21 décembre 1965 contre toute forme de discrimination raciale, à laquelle le Saint-Siège lui aussi a adhéré. Plus que sur son aspect juridique et politique, nous voudrions ici attirer l'attention sur le sens religieux et moral de la dignité égale de tous les hommes. Pour qui croit en Dieu, tous les êtres humains, même les moins favorisés, sont les fils du Père universel qui les a créés à son image et guide leurs destinées avec un amour prévenant. Paternité de Dieu signifie fraternité entre les hommes: c'est un point fort de l'universalisme chrétien, un point commun aussi avec d'autres grandes religions et un axiome de la plus haute sagesse humaine de tous les temps, celle qui a le culte de la dignité de l'homme.

Pour un chrétien, aucun homme n'est exclu de la possibilité d'être sauvé par le Christ et de jouir d'une même destination au Royaume de Dieu. Il est donc inconcevable pour qui accueille le message évangélique, même en tenant compte de diversités physiques, intellectuelles ou morales, de nier l'égalité humaine fondamentale au nom de la prétendue supériorité d'une race ou d'un groupe ethnique. Nous nous souvenons encore avec émotion des fortes expressions utilisées par notre grand prédécesseur Pie XI, de vénérée mémoire, dans la lettre encyclique qu'il publia il y a quarante ans, pour condamner ceux qui voulaient porter atteinte à l'universalité de la rédemption chrétienne par la soi-disant «révélation» d'un «mythe du sang et de la race».

L'Eglise catholique, c'est-à-dire universelle de par sa mission et sa diffusion, de même qu'elle souffre de chaque recrudescence de nationalismes antagonistes, est préoccupée aussi par l'aggravation de rivalités raciales et tribales qui fomentent divisions et rancoeurs entre les hommes et les peuples, et peuvent aller jusqu'à affecter même des frères dans la foi. Nous nous proposons ici d'attirer plus spécialement l'attention sur le conflit racial plus général qui, dans l'histoire africaine des dernières décennies, a revêtu un caractère paradigmatique, parce que lié à la décolonisation et à l'accession des peuples d'Afrique à l'indépendance: il s'agit de la tentative de créer des assises juridiques et politiques en violation des principes du suffrage universel et de l'autodétermination des peuples, que précisément la culture européenne et occidentale a contribué à affermir et à diffuser dans le monde.

L'Eglise comprend les justes raisons pour lesquelles les populations africaines refusent de telles situations. Certes, elle ne peut encourager ni justifier la violence qui répand le sang, sème la destruction, donne à la haine des proportions démesurées et déchaîne les représailles et les vengeances. Mais l'Eglise ne peut taire son enseignement, à savoir que toute théorie raciste est contraire à la foi et à l'amour chrétiens; précisément, l'horreur que les chrétiens ont de la violence doit les pousser à réaffirmer l'égale dignité de tous les hommes avec plus de netteté et de courage. En rappelant les approbations que suscita, voici quelques années, notre formule lancée pour la Journée de la paix: «Tout homme est mon frère», nous voudrions que s'exprime toujours plus fortement et avec plus de conviction, de manière légitime mais efficace, la solidarité effective de tous en faveur d'une solution de justice, particulièrement dans l'Afrique australe, solution vainement tentée jusqu'à présent par des initiatives et des propositions diverses. (...)

B.206. *Au Corps Diplomatique au Kenya* (Nairobi CD)

7. Un autre problème où la vérité sur l'homme, et sur l'Africain en particulier, me pousse à prendre la parole, est le problème persistant de la discrimination raciale. L'aspiration à une égale dignité de la part des individus et des peuples, de même que sa mise en oeuvre concrète dans tous les aspects de la vie sociale, a toujours été vigoureusement soutenue et défendue par l'Eglise. Au cours de son voyage en Afrique, Paul VI a déclaré: «Nous déplorons le fait que, dans plusieurs parties du monde, persistent des situations sociales fondées sur la discrimination raciale, souvent voulues et soutenues par des systèmes idéologiques: ces situations constituent un affront manifeste et inadmissible aux droits fondamentaux

de la personne humaine».[4] Dans sa dernière allocution, il y a deux ans, au Corps diplomatique accrédité auprès du Saint-Siège, il mettait encore l'accent sur le fait que l'Eglise «est préoccupée aussi par l'aggravation des rivalités raciales et tribales qui fomentent divisions et rancoeurs» et il dénonçait la «tentative de créer des assises juridiques et politiques en violation des principes du suffrage universel et de l'autodétermination des peuples».

La vérité sur l'homme en Afrique exige de moi aujourd'hui que je confirme ces déclarations. Et je le fais avec une profonde et ferme conviction. Un progrès a été accompli en ce qui concerne certaines situations et nous en sommes reconnaissants à Dieu. Mais il reste encore trop d'exemples de discrimination institutionnalisés sur la base des différences raciales, et je ne peux manquer de les exposer à l'opinion mondiale. A ce sujet, n'oublions pas de combattre les réactions racistes qui peuvent apparaître en relation avec la migration des gens de la campagne vers les centres urbains, ou d'un pays à un autre. La discrimination est un mal, quelle que soit la manière dont elle est pratiquée, quel que soit celui qui la pratique, ou quelles que soient ses raisons.

B.207. *Au Comité contre l'Apartheid* (*Apartheid 1984*)

2. Malheureusement, comme j'ai dû le relever à l'occasion de la célébration de la récente Journée internationale pour l'élimination de la discrimination raciale, le 21 mars dernier, «... la plaie, aux formes nombreuses, de la discrimination raciale défigure encore notre époque. Elle nie l'égalité fondamentale de tous les hommes, proclamée par les différentes Déclarations des Nations Unies, mais surtout enracinée en Dieu» (*L'Osservatore Romano,* édition française, 27 mars 1984, p. 12).

Je voudrais aussi rappeler que le Pape Paul VI, dans son dernier discours adressé au Corps diplomatique accrédité auprès du Saint-Siège (14 janvier 1978), en évoquant le conflit racial en Afrique, a voulu insister sur «... la tentative de créer des assises juridiques et politiques en violation des principes du suffrage universel et de l'autodétermination des peuples» (*L'Osservatore Romano,* édition française, 17 janvier 1978, p. 2).

Le Saint-Siège suit avec grande attention *l'évolution de la situation en Afrique australe* et a manifesté à plusieurs reprises sa sollicitude pour le respect des droits des personnes et des peuples qui y résident.

3. Dans ce contexte, j'aimerais me référer à deux aspects particuliers de la problématique qui se pose en cette région du monde. Il s'agit de deux aspects qui soulèvent des questions complexes, graves et difficiles, mais fondamentales pour l'avenir de cette région et pour le bien-être de sa population. Je parle du pro-

---

[4] Discours au Parlement de l'Ouganda: *AAS* 61 (1969), p. 585.

blème de *l'indépendance de la Namibie,* à laquelle j'ai déjà fait allusion dans mon discours au Corps diplomatique le 14 janvier dernier, et du *déplacement forcé de vastes masses de gens en Afrique du Sud.*

Si j'évoque aujourd'hui ces deux problèmes, ce n'est pas parce que le Saint-Siège désire avancer des propositions de caractère politique.

Le Saint-Siège n'ignore pas les nombreuses implications politiques qui entourent ces problèmes, mais son souci se situe à un autre niveau: *le niveau de la personne humaine.* Et c'est à ce niveau que ces problèmes font surgir de vives inquiétudes, car le poids des souffrances qui touchent les personnes et les communautés concernées est très lourd. L'Eglise catholique, fidèle à sa mission dans le monde, partage ces souffrances et ne peut pas les passer sous silence, car son témoignage d'amour et de service à l'homme en résulterait compromis. La Bonne Nouvelle reçue de son Divin Fondateur oblige l'Eglise à annoncer le message de salut et de dignité humaine et à condamner les injustices et les atteintes à cette dignité.

Pour ce qui est de la Namibie, le Saint-Siège formule le voeu que la phase des négociations, entamées depuis longtemps, puisse se traduire sans trop tarder en des décisions claires qui reconnaissent sans ambiguïtés *le droit de cette nation* à être souveraine et indépendante. Ce sera une contribution importante pour rétablir la paix dans la région et un signe précieux de réconciliation entre les différents peuples qui l'habitent. Ce sera, de plus, un acte exemplaire de l'application des principes du droit international qui ne pourra pas ne pas étendre son influence positive à d'autres conflits qui existent dans le continent africain et aussi ailleurs.

Les récents accords qui ont marqué les relations entre différents pays de l'Afrique australe semblent constituer un avancement dans cette direction. Entretemps, il est capital que le comportement des autorités civiles et militaires, en territoire namibien, soit inspiré au *respect absolu des droits des habitants,* même dans les situations d'affrontement qui peuvent subsister.

Concernant le deuxième problème que j'ai cité, à savoir le déplacement forcé de vastes masses de citoyens sud-africains vers les lieux de résidence assignés par le gouvernement, *l'Eglise catholique locale a déjà exprimé sa protestation,* car ce procédé représente une grave violation des droits de la personne, et brise profondément à la fois la vie familiale et le tissu social.

Une *démarche oecuménique* a été entreprise *conjointement* par la Conférence des Evêques catholiques d'Afrique méridionale et par le Conseil des Eglises sud-africaines, pour attirer l'attention de l'opinion publique et des organisations internationales sur ces faits qui sont une *conséquence néfaste du système de l'apartheid.* Le Saint-Siège, de son côté, exprime sa préoccupation face à des procédures qui blessent si profondément la dignité des personnes et de communautés entières. Il souhaite en outre un changement de politique afin que puissent être épargnés d'autres déchirements douloureux et dramatiques à une population déjà si éprouvée et dont le droit à être traitée sans discrimination est systématiquement bafoué. Il souhaite de même la révision d'une telle politique afin que soient évitées dans le futur des conséquences catastrophiques, pour le bien réel des habitants de la région et pour la recherche de la paix mondiale. (...)

B.208. *A la Cour Internationale de Justice (CIJ)*

6. (...) Pour les chrétiens et pour tous ceux qui croient en une alliance, c'est-à-dire en un lien que l'on ne peut rompre entre Dieu et l'homme et entre tous les êtres humains, aucune forme de discrimination — en droit ou en fait — sur la base de la race, de l'origine, de la couleur, de la culture, du sexe ou de la religion ne peut être acceptée. D'où aucun système d'apartheid ou de développement séparé ne sera jamais acceptable comme modèle pour les relations entre peuples et races. (...)

B.209. *Miami*

4. Considérant l'histoire à la lumière des principes de la foi en Dieu, nous devons aussi réfléchir sur l'événement catastrophique de la Shoah, cette tentative impitoyable et inhumaine pour exterminer le peuple juif en Europe, tentative qui aboutit à des millions de victimes — y compris des femmes et des enfants, des vieillards et des malades — *exterminées seulement parce qu'elles étaient juives.*

En considérant ce mystère de la souffrance des enfants d'Israël, leur témoignage d'espérance, de foi et d'humanité sous les outrages déshumanisants, l'Eglise fait l'expérience toujours plus profonde de son *lien avec le peuple juif* et avec le trésor de ses richesses spirituelles, d'hier et d'aujourd'hui. Il est juste aussi de rappeler les efforts énergiques et sans équivoque des papes *contre l'antisémitisme et le nazisme* au plus fort de la persécution contre les Juifs.

Remontons à 1938: Pie XI déclarait que «l'antisémitisme ne peut être accepté» (6 septembre 1938), et il déclarait en outre l'opposition totale entre le christianisme et le nazisme en affirmant que la croix nazie était une «ennemie de la croix du Christ» (allocution de Noël 1938). Et je suis convaincu que l'histoire révélera d'une manière de plus en plus évidente et convaincante combien Pie XII ressentait profondément la tragédie du peuple juif et avec quel effort soutenu il oeuvra pour lui venir en aide efficacement pendant la Seconde Guerre mondiale.

La Conférence des Evêques des Etats-Unis, parlant au nom de l'humanité et des principes chrétiens, dénonça les atrocités dans un communiqué très clair: «Depuis l'attaque meurtrière de la Pologne, totalement dépourvue de la moindre apparence d'humanité, a eu lieu une extermination préméditée et systématique du peuple de cette nation. La même technique satanique est en train d'être appliquée à beaucoup d'autres peuples. Nous éprouvons un profond sentiment de répulsion pour les cruelles atteintes à la dignité accumulées contre les Juifs dans les pays conquis et contre des gens sans défense qui n'ont pas notre foi» (14 novembre 1942).

Nous nous souvenons aussi de beaucoup d'autres qui, au risque de leur propre vie, aidèrent les Juifs persécutés et sont honorés par les Juifs au titre de *«Tzaddik 'ummot ha-'olam»* (Juste des nations).

B.210. *Cologne*

1. (...) Avec la prise du pouvoir par le national-socialisme et Hitler commença une ère fatale durant laquelle un parti politique, dans la folie d'un racisme inhumain, se mua graduellement en une idéologie totalitaire qui devint presque une religion de substitution. La conséquence en a été une lutte de plus en plus aiguë et de plus en plus ouverte contre la foi chrétienne et contre l'Eglise catholique, malgré les engagements juridiques et les garanties contractées solennellement dans le Concordat avec le Reich.

2. Confrontés à ces événements dramatiques qui ont ouvert la porte à une persécution extrêmement brutale de quiconque professait une autre opinion, y compris de nombreux fidèles et prêtres, l'Eglise et l'*épiscopat allemand se retrouvèrent dans une situation lourde de responsabilités.* Bien que les évêques allemands eussent discerné à temps les grandes erreurs et les graves dangers émanant du nouveau mouvement et eussent de plus en plus mis en garde leurs fidèles, leur marge d'action se vit de plus en plus restreinte. Par suite de la déconfessionnalisation de la vie publique, menée résolument, et des interventions de plus en plus fréquentes de l'Etat dans la vie religieuse, il n'y eut, en dernier ressort, plus d'autre moyen de défense que les protestations des évêques et un effort intensif d'information et de formation des fidèles. Dans ce contexte, nous pensons aux prédications et aux déclarations courageuses de nombreux évêques, ainsi qu'aux lettres pastorales, lourdes de conséquences, de l'épiscopat hollandais. A cette occasion, se forgea simultanément une solidarité croissante entre les chrétiens catholiques et protestants, entre les pasteurs et les laïcs qui, à partir de la conviction commune fondamentale de leur foi chrétienne, s'élevèrent contre l'idéologie antichrétienne. Le *Saint-Siège,* qui s'était déjà efforcé de parer au pire en ratifiant le Concordat, n'a d'ailleurs pas assisté sans réagir à la persécution croissante des Eglises en Allemagne. Les preuves en sont les très nombreuses notes adressées au gouvernement du Reich et, enfin, l'encyclique du Pape Pie XI *Mit brennender Sorge,* de mars 1937. Il ne fut cependant plus possible d'arrêter cette évolution funeste. Elle se traduisit par une aggravation des tensions, par une persécution effroyable des citoyens non ariens, et avant tout des Juifs, par l'exécution d'innombrables innocents dans les prisons et les camps de concentration, et par la funeste Seconde Guerre mondiale qui répandit, dans de nombreux pays et sur de nombreux peuples, des souffrances indicibles, la mort et la destruction. (...)

B.211. *Harare*

14. Cher cardinal McCann,
et chers frères dans l'épiscopat d'Afrique du Sud.

Une grande part de votre ministère pastoral consiste à promouvoir *une réponse chrétienne aux divisions qui existent à l'intérieur de votre société.* La question de *l'apartheid,* comprise comme un système de discrimination sociale, économique et politique, engage votre mission de maîtres et guides spirituels de votre troupeau dans un effort nécessaire et déterminé de contrer les injustices et d'appuyer le remplacement de cette politique par une autre, conforme à la justice et à l'amour. Je vous encourage à continuer de tenir fermement et courageusement aux principes qui sont à la base d'une réponse pacifique et juste aux aspirations légitimes de vos concitoyens.

Je suis au courant des attitudes qui ont été exprimées depuis des années par la Conférence des Evêques d'Afrique du Sud, depuis la première déclaration commune de 1952. Le Saint-Siège et moi-même avons attiré l'attention sur les injustices de *l'apartheid* en de nombreuses occasions, et plus récemment devant un groupe oecuménique de responsables chrétiens d'Afrique du Sud en visite à Rome. Je leur ai rappelé que «puisque la réconciliation est au coeur de l'Evangile, les chrétiens ne peuvent pas accepter des structures de discrimination raciale qui violent les droits de l'homme. Mais ils doivent aussi réaliser qu'*un changement de structures est lié au changement des coeurs.* Les changements qu'ils cherchent sont enracinés dans le pouvoir de l'amour, l'amour divin où chaque action et transformation chrétiennes trouvent leur source» (*Discours à une délégation oecuménique commune d'Afrique du Sud,* 27 mai 1988).

Comme vous exigez des pas en avant pour la reconnaissance des droits de tous les Sud-Africains et leur pleine participation à la vie de leur pays, vous vous trouvez vous-mêmes pris dans la dramatique confrontation en cours entre des positions opposées. Il est important que vous conserviez votre détermination à *trouver une solution à travers un dialogue soutenu par la prière.* Vous devez être totalement convaincus que seul un règlement négocié des désaccords peut apporter une paix véritable et la justice. Une perte de confiance dans la possibilité d'une solution pacifique pourrait facilement conduire à davantage de frustration et de violence, augmentant les menaces pour la paix, au-delà même de cette région. (...)

B.212. *Uppsala*

5. (...) Les événements tragiques de ce siècle ont montré comment les êtres humains peuvent être menacés et anéantis lorsque les gouvernements refusent d'admettre la dignité fondamentale de la personne. Nous avons vu de grandes nations oublier leurs traditions culturelles et décréter des lois pour l'extermination de populations entières et pour la discrimination tragique envers des groupes ethniques

ou religieux. Nous avons vu également le témoignage de l'intégrité morale d'hommes et de femmes qui se sont opposés héroïquement à de telles aberrations par des actes courageux de résistance et de compassion. Je ne pourrais manquer de mentionner *votre compatriote Raoul Wallenberg* qui, d'une manière digne d'éloges, a sauvé tant de Juifs des camps de concentration nazis. Son exemple inspire une lutte courageuse pour la défense des droits de l'homme. (...)

b) DE SEXE

A.213. *Octogesima Adveniens (OA)*

LA PLACE DE LA FEMME

13. (...) De même, dans beaucoup de pays, un statut de la femme qui fasse cesser une discrimination effective et établisse des rapports d'égalité dans les droits et le respect de sa dignité est l'objet de recherches, parfois de revendications vives. Nous ne parlons pas de cette fausse égalité qui nierait les distinctions établies par le Créateur lui-même et qui serait en contradiction avec le rôle spécifique, combien capital, de la femme au coeur du foyer aussi bien qu'au sein de la société. L'évolution des législations doit au contraire aller dans le sens de la protection de sa vocation propre en même temps que de la reconnaissance de son indépendance en tant que personne, de l'égalité de ses droits à participer à la vie culturelle, sociale et politique.

A.214. *Laborem Exercens (LE)*

19. (...) Dans ce contexte, on doit souligner que, d'une façon plus générale, il est nécessaire d'organiser et d'adapter tout le processus du travail de manière à respecter les exigences de la personne et ses formes de vie, et avant tout de sa vie de famille, en tenant compte de l'âge et du sexe de chacun. C'est un fait que, dans beaucoup de sociétés, les femmes travaillent dans presque tous les secteurs de la vie. Il convient cependant qu'elles puissent remplir pleinement leurs tâches *selon le caractère qui leur est propre,* sans discrimination et sans exclusion des emplois dont elles sont capables, mais aussi sans manquer au respect de leurs aspirations familiales et du rôle spécifique qui leur revient, à côté de l'homme, dans la formation du bien commun de la société. *La vraie promotion de la femme* exige que le travail soit structuré de manière qu'elle ne soit pas obligée de payer sa promotion par l'abandon de sa propre spécificité et au détriment de sa famille dans laquelle elle a, en tant que mère, un rôle irremplaçable. (...)

A.215. *Familiaris Consortio (FC)*

DROITS ET ROLE DE LA FEMME

22. En tant qu'elle est, et qu'elle doit toujours devenir, une communion et une communauté de personnes, la famille trouve dans l'amour le motif et le stimulant permanent qui lui font accueillir, respecter et développer chacun de ses membres dans la très haute dignité de personnes, c'est-à-dire d'images vivantes de Dieu. Comme l'ont affirmé à juste titre les Pères du Synode, le critère moral de l'authenticité des relations conjugales et familiales réside dans la promotion de la dignité et de la vocation de chacune des personnes, qui trouvent leur plénitude dans le don sincère d'elles-mêmes.[5]

Dans cette perspective, le Synode a voulu accorder une attention privilégiée à la femme, à ses droits et à son rôle dans la famille et dans la société. C'est dans cette même perspective qu'il faut considérer également l'homme en tant qu'époux et père, l'enfant et les personnes âgées.

Au sujet de la femme, il faut noter avant tout sa dignité et sa responsabilité égales à celles de l'homme: cette égalité trouve une forme singulière de réalisation dans le don réciproque de soi entre les époux et dans le don d'eux-mêmes à leurs enfants; un tel don est propre au mariage et à la famille. Ce dont la raison humaine a l'intuition et ce qu'elle reconnaît est révélé en plénitude par la Parole de Dieu: l'histoire du salut, en effet, est un témoignage continuel et lumineux de la dignité de la femme.

En créant l'être humain «homme et femme»,[6] Dieu donne la dignité personnelle d'une manière égale à l'homme et à la femme, en les enrichissant des droits inaliénables et des responsabilités propres à la personne humaine. Puis Dieu manifeste la dignité de la femme de la façon la plus élevée possible en assumant Lui-même la chair de la Vierge Marie, que l'Eglise honore comme la Mère de Dieu en l'appelant la nouvelle Eve et en la proposant comme modèle de la femme rachetée. La délicate affection de Jésus envers les femmes qu'il a appelées à le suivre et auxquelles il a offert son amitié, son apparition le matin de Pâques à une femme avant de se montrer aux autres disciples, la mission confiée aux femmes de porter la bonne nouvelle de la Résurrection aux Apôtres, tout cela constitue des signes confirmant l'estime spéciale du Seigneur Jésus envers la femme. L'Apôtre Paul dira: «Vous êtes tous fils de Dieu, par la foi dans le Christ Jésus...; il n'y a plus ni Juif ni Grec, il n'y a ni esclave ni homme libre, il n'y a ni homme ni femme; car tous vous ne faites qu'un dans le Christ».[7]

---

[5] Cf. *Gaudium et spes,* 24.

[6] *Gn* 1,27.

[7] *Ga* 3, 26.28.

LA FEMME ET LA SOCIETE

23. Sans traiter ici le thème vaste et complexe des rapports entre la femme et la société sous ses divers aspects, et en se limitant à quelques points essentiels, on ne peut pas ne pas observer que dans le domaine plus spécifiquement familial une tradition sociale et culturelle largement répandue a voulu réserver à la femme le seul rôle d'épouse et de mère, sans lui ouvrir d'une manière adéquate l'accès aux fonctions publiques, considérées généralement comme réservées à l'homme.

Il n'y a pas de doute que l'égalité de dignité et de responsabilité entre l'homme et la femme justifie pleinement l'accession de la femme aux fonctions publiques. Par ailleurs, la vraie promotion de la femme exige que soit clairement reconnue la valeur de son rôle maternel et familial face à toutes les autres fonctions publiques et à toutes les autres professions. Il est du reste nécessaire que ces fonctions et ces professions soient étroitement liées entre elles si l'on veut que l'évolution sociale et culturelle soit vraiment et pleinement humaine.

Cela s'obtiendra plus facilement si, comme le Synode l'a souhaité, une «théologie du travail» renouvelée arrive à mettre en lumière et à approfondir le sens du travail dans la vie chrétienne, comme aussi à déterminer le lien fondamental qui existe entre le travail et la famille, et donc la signification originale et irremplaçable du travail à la maison et de l'éducation des enfants.[8] C'est pourquoi l'Eglise peut et doit aider la société actuelle, en demandant inlassablement que le travail de la femme à la maison soit reconnu et honoré par tous dans sa valeur irremplaçable. Cela revêt une importance particulière en ce qui concerne l'oeuvre d'éducation; en effet, la racine même d'une discrimination éventuelle entre les divers travaux et les diverses professions est éliminée s'il apparaît clairement que tous, dans tout domaine, s'engagent avec des droits identiques et un sens identique de la responsabilité. Et ainsi l'image de Dieu dans l'homme et dans la femme resplendira davantage.

Si le droit d'accéder aux diverses fonctions publiques doit être reconnu aux femmes comme il l'est aux hommes, la société doit pourtant se structurer d'une manière telle que les épouses et les mères *ne soient pas obligées concrètement* à travailler hors du foyer et que, même si elles se consacrent totalement à leurs familles, celles-ci puissent vivre et se développer de façon convenable.

Il faut par ailleurs dépasser la mentalité selon laquelle l'honneur de la femme vient davantage du travail à l'extérieur que de l'activité familiale. Mais il faut pour cela que les hommes estiment et aiment vraiment la femme en tout respect de sa dignité personnelle, et que la société crée et développe des conditions adaptées pour le travail à la maison.

L'Eglise, tout en respectant la diversité de vocation entre l'homme et la femme, doit promouvoir dans la mesure du possible leur égalité de droit et de di-

---

[8] Cf. *Laborem exercens,* 19: *AAS* 73 (1981), p. 625.

gnité dans la vie ecclésiale, et cela pour le bien de tous: de la famille, de la société et de l'Eglise.

Il est évident toutefois que tout cela signifie pour la femme, non pas le renoncement à sa féminité ni l'imitation du caractère masculin, mais la plénitude de la véritable humanité féminine telle qu'elle doit s'exprimer dans sa manière d'agir, que ce soit en famille ou hors d'elle, sans oublier par ailleurs la variété des coutumes et des cultures dans ce domaine.

OFFENSES A LA DIGNITE DE LA FEMME

24. Malheureusement, le message chrétien sur la dignité de la femme est contredit par la mentalité persistante qui considère l'être humain non comme une personne mais comme une chose, comme un objet d'achat ou de vente, au service de l'intérêt égoïste et du seul plaisir. La première victime d'une telle mentalité est la femme.

Cette mentalité produit des fruits très amers, comme le mépris de l'homme et de la femme, l'esclavage, l'oppression des faibles, la pornographie, la prostitution — surtout quand elle est organisée — et toutes les formes de discrimination que l'on trouve dans le domaine de l'éducation, de la profession, de la rétribution du travail, etc.

En outre, aujourd'hui encore, dans une grande partie de notre société subsistent de nombreuses formes de discrimination avilissante qui atteignent et offensent gravement certaines catégories particulières de femmes, comme par exemple les épouses sans enfants, les veuves, les femmes séparées, les divorcées, les mères célibataires.

Ces discriminations, et bien d'autres encore, ont été déplorées avec toute la force possible par les Pères du Synode: je demande donc à tous de s'engager dans une action pastorale spécifique plus vigoureuse et plus incisive afin qu'elles soient définitivement éliminées et que l'on en arrive à une pleine estime de l'image de Dieu qui resplendit et tout être humain sans aucune exception.

A.216. *Mulieris Dignitatem (MD)*

10. (...) De nos jours, la question des «droits de la femme» a pris une portée nouvelle dans le vaste contexte des droits de la personne humaine. Eclairant ce programme constamment déclaré et rappelé de diverses manières, *le message biblique et évangélique sauvegarde la vérité sur l'«unité» des «deux»*, c'est-à-dire sur la dignité et la vocation qui résultent de la différence et de l'originalité personnelles spécifiques de l'homme et de la femme. C'est pourquoi même la juste opposition de la femme face à ce qu'expriment les paroles bibliques «lui dominera sur toi» (*Gn* 3, 16) ne peut sous aucun prétexte conduire à «masculiniser» les femmes. La femme ne peut — au nom de sa libération de la «domination» de l'homme —

tendre à s'approprier les caractéristiques masculines, au détriment de sa propre «originalité» féminine. Il existe une crainte fondée qu'en agissant ainsi la femme ne «s'épanouira» pas mais pourrait au contraire *déformer et perdre ce qui constitue sa richesse essentielle*. Il s'agit d'une richesse énorme. Dans la description biblique, l'exclamation du premier homme à la vue de la femme créée est une exclamation d'admiration et d'enchantement, qui a traversé toute l'histoire de l'homme sur la terre.

Les ressources personnelles de la féminité ne sont certes pas moindres que celles de la masculinité, mais elles sont seulement différentes. La femme — comme l'homme aussi, du reste — doit donc envisager son épanouissement personnel, sa dignité et sa vocation, en fonction de ces ressources, selon la richesse de la féminité qu'elle a reçue le jour de la création et dont elle hérite comme une expression de l'«image et ressemblance de Dieu» qui lui est particulière. Ce n'est que dans ce sens que peut être *surmonté aussi l'héritage du péché* qui est suggéré par les paroles de la Bible: «Le désir te portera vers ton mari, et lui dominera sur toi». Dépasser ce mauvais héritage est, de génération en génération, un devoir pour tout être humain, homme ou femme. En effet, dans tous les cas où l'homme est responsable de ce qui offense la dignité personnelle et la vocation de la femme, il agit contre sa propre dignité personnelle et contre sa vocation.

A.217. *Christifideles Laici (CL)*

49. FEMMES ET HOMMES

Les Pères du Synode ont porté une attention spéciale à la condition et au rôle de la femme, dans une double intention: reconnaître eux-mêmes et inviter chacun, une fois de plus, à reconnaître l'indispensable contribution de la femme à l'édification de l'Eglise et au développement de la société; procéder, en outre, à une analyse plus spécifique de la participation de la femme à la vie et à la mission de l'Eglise.

En faisant référence à Jean XXIII, qui voyait un signe des temps dans la conscience que la femme avait de sa propre dignité et dans l'entrée des femmes dans la vie publique,[9] les Pères du Synode ont affirmé à plusieurs reprises et avec vigueur, en face des formes les plus variées de discrimination et de marginalisation auxquelles est soumise la femme du seul fait qu'elle est femme, l'urgence de défendre et de promouvoir la *dignité personnelle de la femme*, et donc son égalité avec l'homme.

Si telle est, dans l'Eglise et dans la société, la tâche de tous, c'est, en particulier, celle des femmes elles-mêmes; elles doivent se sentir engagées comme protagonistes au premier rang. Il y a encore tant d'efforts à faire, en de nombreuses

---

[9] Cf. *Pacem in terris: AAS* 55 (1963), p. 267-268.

parties du monde et en divers milieux, pour que soit détruite la mentalité injuste et délétère qui considère l'être humain comme une chose, une marchandise, un instrument mis au service de l'intérêt égoïste et de la recherche du plaisir, d'autant plus que, de pareille mentalité, c'est la femme qui est la première victime. La reconnaissance franche et nette de la dignité personnelle de la femme constitue le premier pas à faire pour promouvoir sa pleine participation tant à la vie de l'Eglise qu'à la vie sociale et publique. Il faut que soit apportée une réponse plus résolue à la demande qui a été faite par l'Exhortation Apostolique *Familiaris consortio* au sujet des nombreuses discriminations dont les femmes sont victimes: «Je demande donc à tous de s'engager dans une action pastorale spécifique plus vigoureuse et plus incisive afin que ces discriminations soient définitivement éliminées et que l'on arrive à une pleine estime de l'image de Dieu qui resplendit en tout être humain sans aucune exception».[10] Dans le même ordre d'idées, les Pères synodaux ont affirmé: «L'Eglise, dans l'expression de sa mission, doit s'opposer avec fermeté à toutes les formes de discrimination et d'abus dont les femmes sont victimes».[11] Et encore: «La dignité de la femme, gravement blessée dans l'opinion publique, doit être retrouvée, grâce au respect réel des droits de la personne humaine et à la mise en pratique de la doctrine de l'Eglise».[12] (...)

---

10 JEAN PAUL II, Exhort. Ap. *Familiaris consortio*, 24: *AAS* 74 (1982), p. 109-110.

11 *Proposition* 46.

12 *Proposition* 47.

21.

DROIT A L'EMIGRATION ET A L'ASILE: TRAVAILLEURS EMIGRES, REFUGIES

L'Eglise a montré une sollicitude particulière vers les «migrants», dont tous les droits fondamentaux demeurent intacts avant comme après leur déplacement du lieu d'origine.

Le Magistère a insisté également sur le droit à l'immigration, alors que l'article 13 de la Déclaration Universelle des Droits de l'Homme ne reconnaît que «le droit de quitter tout pays, y compris le sien, et de revenir dans son pays». Encore plus, il a aussi plaidé pour le respect du droit des émigrés et des réfugiés à être rejoints par leurs familles. *

a) TRAVAILLEURS EMIGRES

A.218. *Octogesima Adveniens (OA)*

17. UN DROIT A L'EMIGRATION

Nous songeons aussi à la situation précaire d'un grand nombre de travailleurs émigrés, dont la condition d'étrangers rend d'autant plus difficile, de leur part, toute revendication sociale, malgré leur réelle participation à l'effort économique du pays d'accueil. Il est urgent que l'on sache dépasser à leur égard une attitude étroitement nationaliste pour leur créer un statut qui reconnaisse un droit à l'émigration, favorise leur intégration, facilite leur promotion professionnelle et leur permette l'accès à un logement décent, où puissent les rejoindre, le cas échéant, leurs familles.[1]

---

* Une liste des droits du «migrant» se trouve aussi dans le document *«Eglise et mobilité humaine»*, envoyé aux Conférences Episcopales en 1978 par la Commission Pontificale des Migrations et du Tourisme, n. 17, *AAS* 70 (1978), p. 366-367.

[1] Cf. *Populorum progressio*, 69: *AAS* 59 (1967), p. 290-291.

A cette catégorie se rattachent les populations qui, pour trouver du travail, fuir une catastrophe ou un climat hostile, quittent leurs régions et se retrouvent déracinées chez les autres. (...)

A.219. *Laborem Exercens (LE)*

23. LE TRAVAIL ET LE PROBLEME DE L'EMIGRATION

Il faut enfin dire au moins quelques mots sur la question de l'*émigration pour cause de travail.* Il y a là un phénomène ancien mais qui se répète sans cesse et prend même aujourd'hui des dimensions de nature à compliquer la vie actuelle. L'homme a le droit de quitter son pays d'origine pour divers motifs — comme aussi d'y retourner — et de chercher de meilleures conditions de vie dans un autre pays. Ce fait, assurément, n'est pas dépourvu de difficultés de nature diverse. (...)

Et pourtant, même si l'émigration est sous certains aspects un mal, celui-ci est, en des circonstances déterminées, ce que l'on appelle un mal nécessaire. On doit tout faire — et on fait assurément beaucoup dans ce but — pour que ce mal au sens matériel ne comporte pas de plus importants *dommages au sens moral,* pour qu'au contraire, et autant que possible, il apporte même un bien dans la vie personnelle, familiale et sociale de l'émigré, par rapport au pays d'arrivée comme par rapport au pays de départ. En ce domaine, énormément de choses dépendent d'une juste législation, en particulier quand il s'agit des droits du travailleur. On comprend que ce problème ait sa place dans le contexte des présentes considérations, surtout de ce point de vue.

La chose la plus importante est que l'homme qui travaille en dehors de son pays natal comme émigré permanent ou comme travailleur saisonnier ne soit pas *désavantagé* dans le domaine des droits relatifs au travail par rapport aux autres travailleurs de cette société. L'émigration pour motif de travail ne peut d'aucune manière devenir une occasion d'exploitation financière ou sociale. En ce qui concerne la relation de travail avec le travailleur immigré doivent valoir les mêmes critères que pour tout autre travailleur de la société. La valeur du travail doit être estimée avec la même mesure et non en considération de la différence de nationalité, de religion ou de race. A plus forte raison *ne peut-on exploiter la situation de contrainte* dans laquelle se trouve l'immigré. Toutes ces circonstances doivent catégoriquement céder — naturellement après qu'aient été prises en considération les qualifications spéciales — devant la valeur fondamentale du travail, valeur qui est liée à la dignité de la personne humaine. Il faut répéter encore une fois le principe fondamental: la hiérarchie des valeurs, le sens profond du travail exigent que le capital soit au service du travail et non le travail au service du capital.

B.220. *Journée Mondiale des Migrants* (*JMM 1989*)

4. A cause des migrations, des peuples étrangers au message chrétien ont connu, apprécié et souvent embrassé la foi, grâce à la médiation de leurs migrants qui, après avoir reçu l'Evangile des populations qui les avaient accueillis, s'en sont faits les porteurs à leur retour dans leur pays d'origine. Ce phénomène prend aujourd'hui des dimensions toujours plus vastes. Aussi faut-il faire en sorte que les émigrés appartenant à des religions non chrétiennes trouvent toujours chez les chrétiens un clair témoignage de l'amour de Dieu dans le Christ. L'accueil qui leur est réservé doit être si cordial et désintéressé qu'il amène ces hôtes à réfléchir sur la religion chrétienne et sur les motifs de cette charité exemplaire, aidant ainsi l'Eglise dans son devoir de faire connaître aux hommes toute la richesse du «mystère caché depuis des siècles en Dieu» (*Ep* 3, 9; cf. 3, 4-12), dans lequel ils pourront trouver en plénitude cette vérité transcendante qu'ils cherchent à tâtons (cf. *Ac* 17, 27).

5. Le développement technique et économique, les relations nouvelles des citoyens et des nations, les rapports toujours plus amples et fréquents d'interdépendance, la recherche de nouvelles perspectives économiques, le mouvement vers une plus franche union de la famille humaine et l'accroissement des moyens de communication sociale auquel on est aujourd'hui parvenu ont ouvert des horizons plus vastes et instauré des relations nouvelles par rapport à la situation de jadis. De plus, la collaboration qui s'est établie dans le domaine scientifique, même chez les peuples en voie de développement, et la fondation de nombreux instituts de culture offrent à beaucoup de jeunes étudiants l'occasion de fréquenter les universités étrangères.

Promouvant ainsi la connaissance réciproque et la collaboration internationale, la mobilité humaine d'aujourd'hui pousse à l'unité et fortifie ce rapport de fraternité entre les peuples pour lequel chacun donne et en même temps reçoit de l'autre. Dans le cadre de ces rapports plus intenses et plus fréquents, les hommes voient s'entrouvrir des perspectives nouvelles dans ce secteur même vers lequel leurs efforts semblent aujourd'hui se diriger: la création d'une société capable d'appliquer le principe de l'interdépendance et de la solidarité pour la solution des graves problèmes internationaux.

Cette perspective nouvelle, rassurante aussi pour les migrants, répond à l'esprit de l'Evangile qui est un message sans frontières, tout comme les valeurs qui doivent qualifier toute société sont elles aussi sans frontières.

6. Les avantages et les résultats positifs que je viens de rappeler ne peuvent cependant pas faire oublier les aspects de souffrance, de précarité et d'insécurité qui marquent jusqu'à présent — et peut-être d'une manière plus dramatique que par le passé — les migrations provoquées par divers motifs, y compris les motifs économiques. Bien des frontières ont tendance à se fermer; les sociétés d'arrivée sont structurées de manière rigide et comme stratifiées, laissant peu d'espace d'insertion aux nouveaux migrants, leur réservant les travaux les plus humbles, les plus

fatigants et les moins rétribués. Dans ces conditions, même quand ils ont résolu le problème économique, ils restent toujours pauvres du point de vue de l'accueil, des droits, de la sécurité, de la possibilité d'avancement social et professionnel pour eux-mêmes et pour leurs enfants. Cette situation a des conséquences immédiates dans la recherche du poste de travail, du logement, de l'accès aux écoles supérieures.

Il s'agit certainement d'une condition que, avec son sens de la justice et du devoir de solidarité, le croyant refuse et combat. (...)

b) REFUGIES

A.221. *Pacem in Terris (PT)*

III. (...) LE PROBLEME DES REFUGIES POLITIQUES

L'affection paternelle que Dieu Nous inspire envers tous les hommes Nous fait considérer avec tristesse le phénomène des réfugiés politiques. Ce phénomène a pris d'amples proportions et cache toujours d'innombrables et très douloureuses souffrances.

Ce fait montre que certains gouvernements restreignent à l'excès la sphère de liberté à laquelle chaque citoyen a droit et dont il a besoin pour vivre en homme; ces régimes vont parfois jusqu'à contester le droit même à la liberté, quand ils ne la suppriment pas tout à fait. Une telle spoliation constitue sans aucun doute un renversement de l'ordre social, puisque la raison d'être des Pouvoirs publics est de réaliser le bien commun, dont un élément fondamental consiste à reconnaître le juste domaine de la liberté et d'en protéger les droits.

Il n'est pas superflu de rappeler que le réfugié politique est une personne, avec sa dignité, avec tous ses droits. Ceux-ci doivent lui être reconnus; ils ne sont point caducs du fait que l'exilé serait, dans son pays, déclaré déchu de ses titres civiques ou politiques.

Aussi bien est-ce un droit inhérent à la personne humaine que la faculté de se rendre en tel pays où l'on espère trouver des conditions de vie plus convenables pour soi et sa famille. Il incombe donc aux gouvernements d'accueillir les immigrants et, dans la mesure compatible avec le bien réel de leur peuple, d'encourager ceux qui désirent s'intégrer à la Communauté nationale.

Nous saisissons cette occasion d'exprimer officiellement Notre approbation et Nos éloges pour les initiatives qui, selon les principes de la solidarité fraternelle et de la charité chrétienne, travaillent à alléger les épreuves des personnes contraintes à s'expatrier.

Nous proposons à l'attention et à la gratitude de tout homme loyal les multiples activités que déploient, dans un domaine si délicat, les institutions internationales spécialisées. (...)

B.222. *Au Corps Diplomatique au Kenya (Nairobi CD)*

8. Toujours dans le contexte de l'ensemble du continent africain, je voudrais attirer l'attention sur un problème si urgent qu'il doit sans aucun doute mobiliser la nécessaire solidarité et le souci de lui trouver une solution: je veux parler de *la question des réfugiés dans de nombreuses régions d'Afrique*. Pour de multiples raisons, de larges secteurs de la population ont été contraints de quitter le pays qu'elle aime et le lieu où elle a ses racines. Parfois il s'agit de raisons politiques, parfois il s'agit d'échapper à la violence ou à la guerre, parfois encore c'est à la suite de désastres naturels ou en raison d'un climat hostile. La communauté africaine et la communauté mondiale ne doivent pas cesser de s'inquiéter de la condition des réfugiés et des souffrances terribles auxquelles sont soumis beaucoup d'entre eux pour très longtemps. Assurément ces réfugiés ont le droit à une liberté et à une vie digne de leur dignité humaine. Ils ne doivent pas être privés de la jouissance de leurs droits, et sûrement pas lorsque des facteurs sur lesquels ils n'ont pas de prise les ont forcés à devenir des étrangers sans patrie.

C'est pourquoi je lance un appel aux autorités pour que, dans leur propre nation, une juste liberté soit toujours offerte à tous les citoyens, de manière que personne ne soit obligé d'aller la chercher ailleurs. Je lance un appel aux autorités des pays dont les réfugiés sont obligés de franchir les frontières, pour qu'ils les reçoivent dans une cordiale hospitalité. *Je lance un appel à la communauté internationale* pour que le fardeau ne repose pas seulement sur les pays où les réfugiés s'installent temporairement, mais pour que soit mise à la disposition des gouvernements concernés et des institutions internationales appropriées l'aide nécessaire.

B.223. *Au Haut-Commissaire des Nations Unies pour les Réfugiés (HCR)*

4. Vous cherchez, en effet, à redonner à ces réfugiés les conditions de leur dignité humaine, vous les aidez à devenir auto-suffisants. Dans l'immédiat, ils ont besoin de protection, de sécurité, d'une assistance de base — alimentation, logement au moins sous tente, assistance médicale et possibilités d'instruction. En ce domaine, vous faites apporter les aides nécessaires. Mais vous cherchez en même temps et surtout une solution permanente pour l'avenir, la meilleure possible, soit pour faciliter aux réfugiés le retour dans leur pays par une décision libre et personnelle, ce qui serait de beaucoup souhaitable si on leur fait une place viable, soit du moins pour aider à ce qu'ils soient vraiment intégrés dans le pays du premier accueil, en y jouissant de conditions plus sûres qu'un asile précaire et provi-

soire, soit enfin pour leur permettre d'émigrer dans un pays tiers. Vous le savez mieux que quiconque, certains pays font sur ce point des efforts qui mériteraient d'être cités en exemple. (...)

6. L'Eglise catholique, pour sa part — et c'est là surtout l'objet de mon propos — considère l'aide aux réfugiés comme une oeuvre essentielle, à laquelle elle invite de façon pressante ses fils chrétiens à collaborer, car la Bible en général et l'Evangile en particulier ne nous permettent pas de laisser sans secours les étrangers qui cherchent asile.

D'ailleurs, un bon nombre d'organisations catholiques essaient, selon leurs compétences et leurs possibilités, d'alléger la souffrance des réfugiés comme vous avez eu l'amabilité d'en témoigner vous-même. Je puis vous assurer qu'ici le Conseil pontifical «Cor Unum» s'en occupe activement, cet organisme étant destiné à faire réfléchir les autres institutions catholiques, à stimuler et à coordonner, en certaines circonstances, leurs initiatives et à exprimer ainsi la charité du Pape.

7. Au-delà de ces aides concrètes, l'Eglise estime aussi de son devoir d'exhorter les responsables à changer cette situation, comme je l'ai fait par exemple en visitant le *«Bataan Refugee Processing Center»* près de Morong aux Philippines, le 21 février 1981 ou en recevant le Corps diplomatique à Nairobi en 1980, et tout récemment à Lisbonne. Il faut redire qu'il s'agit là de situations anormales, qu'il faut remédier à leurs causes, en cherchant à convaincre les nations que les réfugiés ont droit à la liberté et à une digne vie humaine dans leur propre pays. Il faut aussi faire appel toujours plus largement à l'hospitalité, à l'accueil auprès des pays qui peuvent recevoir des réfugiés. Enfin, il faut organiser l'entraide internationale, une entraide qui ne dispense pas les réfugiés de se prendre peu à peu en charge eux-mêmes, car c'est là aussi un chemin de dignité. (...)

B.224. *Bangkok*

2. L'Eglise catholique est une communauté universelle dont les membres appartiennent à presque tous les pays et continents, à toutes les nations, races, langues et cultures. C'est pour elle une part importante de sa mission que de chercher à promouvoir la compréhension et la collaboration pacifique entre les peuples, et elle provoque des initiatives qui sauvegardent et défendent *la dignité de la personne humaine, qui est un don de Dieu.*

C'est pourquoi je veux saisir ce soir l'occasion d'attirer votre attention, comme représentants de gouvernements et de nations, sur un problème d'une immense portée. Garder le silence à ce sujet serait en quelque sorte renier ce qu'enseigne l'Eglise catholique à propos de la dignité humaine, et de ce que les personnes et les nations peuvent et doivent faire pour défendre cette dignité. Je veux parler *du sort* des milliers *de réfugiés* qui vivent actuellement en ce pays. Ma grande sollicitude pour leur bien-être et leur avenir me pousse à mentionner cette question devant cette assemblée et à parler en leur faveur.

Grâce à l'amabilité du Gouvernement Thaï, j'ai eu ce matin l'occasion de visiter *le Camp de Réfugiés de Phanat Nikhom,* centre de vérification et de transit pour plus de 17 000 hommes, femmes et enfants qui ont été exilés de leurs pays et ont cherché refuge ici, en Thaïlande. Ce fut pour moi une expérience particulièrement émouvante: tandis que je fixais le visage de tant d'êtres humains qui souffraient, je me rendais compte qu'il y en avait des milliers d'autres en pareille situation, en divers autres camps de ce pays.

Le triste sort de ces gens courageux et malheureux ne peut pas être ignoré de *la communauté internationale.* Il faut que la conscience de l'humanité soit saisie, de plus en plus, des maux qu'entraîne cette situation, pour qu'une action prompte et décisive soit entreprise afin de trouver une solution adéquate.

3. *La pauvreté de ces victimes* de l'agitation politique et de la guerre civile est si extrême, à presque tous les niveaux de l'existence humaine, qu'il est difficile de la mesurer de l'extérieur. Non seulement ces gens ont perdu leurs biens matériels et le travail qui leur permettait auparavant de gagner la vie de leur famille et de préparer un avenir sûr pour leurs enfants, mais leurs familles elles-mêmes ont été déracinées et dispersées: maris et femmes ont été séparés, et les enfants séparés des parents. Ils ont laissé au pays natal les tombes de leurs ancêtres et ainsi, de façon très réelle, ont laissé derrière eux une partie d'eux-mêmes, devenant de la sorte encore plus pauvres.

Beaucoup de réfugiés ont couru de grands dangers dans leur fuite sur mer ou par voie de terre. Beaucoup trop ont été considérés comme perdus ou sont morts en route, victimes souvent d'une exploitation éhontée. Arrivant ici complètement démunis, ils se sont trouvés *dans un état de dépendance totale* envers d'autres pour leur nourriture, leurs vêtements, leur logement, et toute décision concernant leur avenir.

Et combien plus grande la pauvreté des vieillards, des infirmes et des handicapés, qui rencontrent une difficulté particulière à trouver un pays qui consente à leur donner un asile durable! Ces nombreuses victimes subissent vraiment un *cruel malheur:* incapables de rentrer dans leur pays, ces gens ne peuvent rester indéfiniment dans la situation présente. Que doivent-ils faire? Le chemin qu'ils ont été obligés de prendre leur offre-t-il un espoir réel pour l'avenir?

4. Les appels désespérés de ces malheureux, hommes, femmes et enfants, ont été entendus par *beaucoup de gens compatissants,* en Thaïlande et dans le monde entier: c'est un rayon d'espoir. Je voudrais ici exprimer mon admiration et ma reconnaissance aux divers groupes qui ont aidé les réfugiés durant leur séjour en ce pays. (...)

A toutes ces personnes, à tous ces groupes, j'exprime ma profonde gratitude et ma louange. Bien qu'ils ne puissent faire face à tous les besoins de leurs frères et soeurs moins heureux, ces personnes généreuses, par un bel exemple de collaboration, montrent aux réfugiés qu'ils ne sont pas abandonnés et qu'*ils ont encore un motif d'espoir* jusqu'au milieu d'une indicible tragédie.

De plus, quand nous considérons la multitude des gens vivant dans les camps, ces nombreux organismes et groupes nous aident à nous rappeler que chaque réfugié est *un être humain individuel,* avec sa dignité personnelle et son histoire personnelle, avec sa propre culture, ses expériences et ses attentes légitimes. Bien des réfugiés m'ont écrit, exprimant leurs angoisses et leurs aspirations, et j'ai été profondément ému par leur appel à notre aide.

5. Cependant, les nombreux efforts déployés pour soulager les souffrances des réfugiés ne devraient pas être, pour la communauté internationale, une excuse commode pour ne pas se soucier *du sort final* de ces pauvres gens. Le fait demeure que c'est chose inadmissible et anormale pour des centaines de milliers d'êtres humains d'avoir à abandonner leur propre pays à cause de leur race, de leur origine ethnique, de leurs convictions politiques, de leur religion ou parce qu'ils risquent la violence ou même la mort du fait de la guerre civile ou de l'agitation politique. L'exil viole gravement la conscience humaine et les normes de la vie sociale; il est clairement contraire à la Déclaration universelle des Droits de l'Homme et à la loi internationale elle-même.

En conséquence, les gouvernements et la communauté internationale entière doivent rechercher avec attention *des solutions politiques à long terme* à ce problème complexe.

Un transfert, à lui seul, ne peut jamais être la solution finale au malheur de ces gens. Ils ont *le droit de retourner à leurs racines,* de revenir dans leur pays natal, avec sa souveraineté nationale, son droit à l'indépendance et à l'autodétermination; ils ont droit à toutes les relations culturelles et spirituelles qui les nourrissent et les soutiennent comme êtres humains.

B.225. *Au Congrès mondial sur la Pastorale de l'Emigration (CMPE)*

2. Vous avez voulu développer l'idée que l'intégration ecclésiale des immigrés est l'exercice d'un droit essentiel qui touche à la liberté et à l'épanouissement de la personne. Je le disais moi-même dans l'encyclique *Laborem exercens:* «L'homme a le droit de quitter son pays d'origine pour divers motifs — comme aussi d'y retourner — et de chercher de meilleures conditions de vie dans un autre pays» (n. 23). Cette expérience ne peut être positive que si l'émigré — pour cause de travail — bénéficie d'une intégration économique, sociale, ecclésiale, qui lui permette de dignes conditions de vie et de progrès, tout en respectant sa personnalité, ses racines. Tout le problème est donc de savoir comment va pouvoir s'exercer ce «droit».

3. Mais avant de poursuivre, j'attire votre attention sur les autres aspects de la question, afin que tout soit considéré de façon juste, équilibrée, réaliste.

En soi, une telle émigration constitue souvent un drame; elle est une épreuve, on pourrait même dire, sous certains aspects, un mal, un mal nécessaire. C'est vrai pour la personne qui émigre, pour sa famille, qui va généralement traverser une phase difficile, avec tous les risques du déracinement; c'est vrai pour son propre pays privé d'un sujet qui enrichissait sa vie, sa culture, son essor. En soi, on serait tenté de souhaiter que les migrants puissent retourner librement dans leur patrie.

A plus forte raison, s'il s'agit de réfugiés qui ont dû subir le déplacement pour fuir la peur, la guerre, l'injustice, l'oppression idéologique, la solution la meilleure — comme j'ai déjà eu l'occasion de le dire — est, au-delà des efforts louables et nécessaires d'intégration, le rapatriement volontaire avec des garanties de sécurité (cf. Discours à Yaoundé, le 12 août 1985, n. 12; cf. aussi Discours au Corps diplomatique près le Saint-Siège, 15 janvier 1983, n. 6).

On ne peut donc pas, a priori, considérer toute émigration comme un fait positif, à rechercher ou à promouvoir.

Une autre remarque générale est que, en ce domaine comme en d'autres, on ne peut parler de «droit», pour le migrant comme pour le pays d'accueil, sans parler de «devoirs», de devoirs réciproques. Et si le pays d'accueil doit comprendre son devoir d'aider les migrants à vivre — surtout lorsqu'il s'agit de leur accorder le droit d'asile qui est un droit strict —, il peut faire appel à la solidarité des autres pays, pour pas être le seul à supporter des charges qui dépasseraient ses forces et mettraient en péril le bien commun de ses ressortissants qui est son premier devoir. (...)

B.226. *Pour le Carême* (*Carême 1990*)

3. C'est pourquoi, à l'occasion de ce Carême, j'adresse un pressant appel aux membres et aux communautés de l'Eglise catholique: cherchez tous les moyens susceptibles de venir en aide à nos frères réfugiés, ménagez-leur un accueil qui favorise leur insertion dans la société civile, manifestez à leur égard une généreuse ouverture d'esprit et une chaleureuse cordialité.

La sollicitude envers les réfugiés doit nous inciter à réaffirmer les droits de l'homme, universellement reconnus, à en souligner l'importance et à en demander le respect effectif pour les réfugiés. Comme je le rappelais le 3 juin 1986, à l'occasion de la remise du Prix International de la Paix Jean XXIII au «Catholic Office for Emergency and Refugees» (COERR), l'encyclique *Pacem in terris* de ce grand pontife avait déjà souligné l'urgence de reconnaître les droits des réfugiés en tant que personnes et j'affirmais qu'il «est de notre devoir de toujours garantir les droits inaliénables qui sont inhérents à tout être humain et qui ne sont pas conditionnés par des facteurs naturels ou par des situations socio-politiques» (n. 6). Il s'agit donc de garantir aux réfugiés le droit de former une famille ou de la réunir, d'avoir un emploi stable, décent et équitablement rémunéré, de vivre dans des habitations convenables, de faire bénéficier leurs enfants petits et grands d'une éducation appropriée ainsi que de l'assistance sanitaire nécessaire; en un mot de jouir de tous les droits sanctionnés solennellement depuis 1951 par la Convention des Nations Unies sur le Statut des Réfugiés et confirmés par le Protocole de 1967 sur le même Statut.

B.227. *Au Conseil Pontifical pour la Pastorale des Migrants et des Itinérants (CPMI)*

2. Les changements politiques, les persistants déséquilibres économiques, les guerres et les violations des droits fondamentaux, les famines et autres désastres naturels provoquent des migrations de masse.

L'écart croissant entre les pays en voie de développement et industrialisés, le succès limité de tant de projets de coopération internationale continuent à pousser des dizaines de millions de personnes à chercher une vie meilleure hors de leur patrie. Au flux migratoire du «Sud pauvre» vers le «Nord riche» du monde s'est récemment ajouté un nouveau potentiel d'émigration lié aux situations politiques, raciales et religieuses insupportables qui contraignent des millions d'êtres humains à fuir leur univers et à vivre dans la souffrance et l'incertitude. On doit mettre au compte des conséquences de la récente guerre du Golfe la nouvelle vague de réfugiés et de migrants qui vient se briser sur les barrières des Etats aux capacités d'accueil limité.

La société qui va vers son troisième millénaire vit non seulement l'expérience d'un croissant exode des peuples qui prend aujourd'hui des proportions bibliques, avec parfois des explosions imprévues qui ne permettent aucune préparation, mais doit en outre se confronter avec une culture qui s'exprime dans la facilité des déplacements pour raisons de travail, d'étude, de foi, de tourisme et d'échanges commerciaux et technologiques. (...)

5. Mais la vision de l'Eglise, et son message, embrassent, outre les droits religieux, également les droits humains. L'Eglise travaille pour un ajustement de la législation nationale et internationale en ce qui concerne les droits fondamentaux de chaque homme à la vie, à une patrie, à une famille, à un traitement juste, à la participation à la vie politique et sociale.

Pour cette raison, le Saint-Siège considère plus que jamais opportune la nouvelle Convention des Nations Unies sur les droits des migrants et de leur famille, à l'élaboration de laquelle il a activement contribué, souhaitant que la protection des personnes déracinées par force de leur terre et loins de leurs proches trouve toujours plus de place dans le droit international.

L'Eglise, de tout temps, a contribué à la solution de ces problèmes. Voici cent ans, par exemple, le pape Léon XIII prenait ces questions en considération, écrivant dans son encyclique *Rerum novarum:* «On n'échangerait pas sa patrie contre un pays étranger si elle donnait de quoi vivre à l'aise à ses enfants». (n. 35)

22.

DROIT A LA PROPRIETE ET SES LIMITES

La doctrine sociale de l'Eglise a analysé en profondeur contenu et portée de ce droit: elle l'a considéré comme un «droit naturel» ancré à la primauté de la personne sur la collectivité. En même temps, elle n'a pas manqué d'en délimiter l'extension, sur la base du principe de la destination universelle des biens de la terre, jusqu'à affirmer que «toute propriété privée est grêvée d'une hypothèque sociale»* (*Puebla* III, 4).

A.228. *Mater et Magistra (MM)*

I. (...) LE RADIOMESSAGE DE LA PENTECOTE 1941

(...) En ce qui concerne l'usage des biens matériels, Notre Prédécesseur affirme que le droit qu'a tout homme d'user de ces biens pour son entretien est prioritaire par rapport à tout autre droit de nature économique; et même par rapport au droit de propriété. Certes, ajoute Notre Prédécesseur, le droit de propriété des biens est aussi un droit naturel; cependant selon l'ordre objectif établi par Dieu, le droit de propriété doit être délimité de manière à ne pas mettre obstacle à *l'imprescriptible exigence que les biens, créés par Dieu pour tous les hommes, soient équitablement à la disposition de tous, selon les principes de la justice et de la charité.*[1] (...)

II. LA PROPRIETE PRIVEE

SITUATION NOUVELLE

Durant ces dernières décades, on le sait, la brèche entre propriété des biens de production et responsabilités de direction dans les grands organismes écono-

---

* Pour une présentation synthétique de ce principe, cf. *La destination universelle des biens,* Cité du Vatican 1977 (publié par le Conseil Pontifical «Justice et Paix»).

[1] Cf. *AAS* 33 (1941), p. 199.

miques est allée s'élargissant. Nous savons que cela pose des problèmes difficiles de contrôle aux pouvoirs publics. Comment s'assurer que les objectifs poursuivis par les dirigeants des grandes entreprises, celles surtout qui ont une plus grande incidence sur l'ensemble de la vie économique dans la communauté politique, ne s'opposent pas aux exigences du bien commun? Ces problèmes surgissent aussi bien, l'expérience le prouve, quand les capitaux qui alimentent les grandes entreprises sont d'origine privée, et quand ils proviennent d'établissements publics.

Il est vrai aussi que, de nos jours, nombreux sont les citoyens — et leur nombre va croissant — qui, du fait qu'ils appartiennent à des organismes d'assurances ou de sécurité sociale, en tirent argument pour considérer l'avenir avec sérénité; sérénité qui s'appuyait autrefois, sur la possession d'un patrimoine, fût-il modeste.

On note enfin qu'aujourd'hui, on aspire à conquérir une capacité professionnelle plus qu'à posséder des biens; on a confiance en des ressources qui prennent leur origine dans le travail ou des droits fondés sur le travail, plus qu'en des revenus qui auraient leur source dans le capital, ou des droits fondés sur le capital.

Cela du reste est en harmonie avec le caractère propre du travail qui, procédant directement de la personne, doit passer avant l'abondance des biens extérieurs qui, par leur nature, doivent avoir valeur d'instrument; ce qui est assurément l'indice d'un progrès de l'humanité.

Ces aspects du monde économique ont certainement contribué à répandre le doute suivant: est-ce que, dans la conjoncture présente, un principe d'ordre économique et social, fermement enseigné et défendu par Nos Prédécesseurs, à savoir le principe de droit naturel de la propriété privée, y compris celle des biens de production, n'aurait pas perdu sa force ou ne serait pas de moindre importance?

AFFIRMATION RENOUVELEE DU DROIT DE PROPRIETE

Ce doute n'est pas fondé. Le droit de propriété, même des biens de production, a valeur permanente, pour cette raison précise qu'il est un droit naturel, fondé sur la priorité, ontologique et téléologique, des individus sur la société. Au reste, il serait vain de revendiquer l'initiative personnelle et autonome en matière économique, si n'était pas reconnue à cette initiative la libre disposition des moyens indispensables à son affirmation. L'histoire et l'expérience attestent de plus que, sous les régimes politiques qui ne reconnaissent pas le droit de propriété privée des biens de production, les expressions fondamentales de la liberté sont comprimées ou étouffées. Il est par suite légitime d'en déduire qu'elles trouvent en ce droit garantie et stimulant.

Cela exprime pourquoi des mouvements sociaux et politiques, qui se proposent de concilier dans la vie commune justice et liberté, hier encore nettement opposés à la propriété privée des biens de production, aujourd'hui mieux instruits de la réalité sociale, reconsidèrent leur position, et prennent à l'égard de ce droit une attitude substantiellement positive.

Aussi bien Nous faisons Nôtres, en cette matière, les remarques de Notre Prédécesseur Pie XII: «En défendant le principe de la propriété privée, l'Eglise poursuit un haut objectif tout à la fois moral et social. Ce n'est pas qu'elle prétende soutenir purement et simplement l'état actuel des choses, comme si elle y voyait l'expression de la volonté divine, ni protéger par principe le riche et le ploutocrate contre le pauvre et le prolétaire... L'Eglise vise plutôt à faire en sorte que l'institution de la propriété devienne ce qu'elle doit être, selon les plans de la sagesse divine et selon le voeu de la nature».[2] C'est dire qu'elle doit être à la fois garantie de la liberté essentielle de la personne humaine, et élément indispensable de l'ordre social.

Nous avons noté en outre que les économies, de nos jours, accroissent rapidement leur efficacité productive en de nombreux pays. Toutefois, tandis que hausse le revenu, justice et équité requièrent, Nous l'avons vu, que s'élève aussi la rémunération du travail, dans les limites consenties par le bien commun. Cela donnerait aux travailleurs plus grande opportunité d'épargner, et par suite de se constituer un patrimoine. On ne voit pas alors comment pourrait être contesté le caractère naturel d'un droit qui trouve sa source principale et son aliment perpétuel dans la fécondité du travail; qui constitue un moyen idoine pour l'affirmation de la personne et l'exercice de la responsabilité en tous domaines; qui est élément de stabilité sereine pour la famille, d'expansion pacifique et ordonnée dans l'existence commune.

DIFFUSION EFFECTIVE

Affirmer que le caractère naturel du droit de propriété privée concerne aussi les biens de production ne suffit pas: il faut insister en outre pour qu'elle soit effectivement diffusée parmi toutes les classes sociales.

Comme le déclare Notre Prédécesseur Pie XII: «la dignité de la personne humaine exige normalement, comme fondement naturel pour vivre, le droit à l'usage des biens de la terre; à ce droit correspond l'obligation fondamentale d'accorder une propriété privée autant que possible à tous».[3] D'autre part, il faut placer parmi les exigences qui résultent de la noblesse du travail, «... la conservation et le perfectionnement d'un ordre social qui rende possible et assurée, si modeste qu'elle soit, une propriété privée à toutes les classes du peuple».[4]

Il faut d'autant plus urger cette diffusion de la propriété, en notre époque

---

2 Message radiophonique, 1er septembre 1944: *AAS* 36 (1944), p. 253.

3 Message radiophonique, 24 décembre 1942: *AAS* 35 (1943), p. 17.

4 Cf. *ibid.*, p. 20.

où, Nous l'avons remarqué, les structures économiques de pays de plus en plus nombreux se développent rapidement. C'est pourquoi, si on recourt avec prudence aux techniques qui ont fait preuve d'efficacité, il ne sera pas difficile de susciter des initiatives, de mettre en branle une politique économique et sociale, qui encourage et facilite une plus ample accession à la propriété privée des biens durables: une maison, une terre, un outillage artisanal, l'équipement d'une ferme familiale, quelques actions d'entreprises moyennes ou grandes. Certains pays, économiquement développés et socialement avancés, en ont fait l'heureuse expérience.

PROPRIETE PUBLIQUE

Ce qui vient d'être exposé n'exclut évidemment pas que l'Etat et les établissements publics détiennent, eux aussi, en propriété légitime, des biens de production, et spécialement lorsque ceux-ci «en viennent à conférer une puissance économique telle qu'elle ne peut, sans danger pour le bien public, être laissée entre les mains de personnes privées».[5]

Notre temps marque une tendance à l'expansion de la propriété publique: Etat et collectivités. Le fait s'explique par les attributions plus étendues que le bien commun confère aux pouvoirs publics. Cependant il convient, ici encore, de se conformer au principe de subsidiarité sus-énoncé. Aussi bien l'Etat et les établissements de droit public ne doivent étendre leur domaine que dans les limites évidemment exigées par des raisons de bien commun, nullement à seule fin de réduire, pire encore, de supprimer la propriété privée.

Il convient de retenir que les initiatives d'ordre économique, qui appartiennent à l'Etat ou aux établissements publics, doivent être confiées à des personnes qui unissent à une compétence éprouvée, un sens aigu de leur responsabilité devant le pays. De plus, leur activité doit être objet d'un contrôle attentif et constant, ne serait-ce que pour éviter la formation, au sein de l'Etat, de noyaux de puissance économique au préjudice du bien de la communauté, qui est pourtant leur raison d'être.

FONCTION SOCIALE

Voici un autre point de doctrine, constamment enseignée par Nos Prédécesseurs: au droit de propriété est intrinsèquement rattachée une fonction sociale. Dans les plans du Créateur en effet, les biens de la terre sont avant tout destinés à la subsistance décente de tous les hommes, comme l'enseigne avec sagesse Notre Prédécesseur Léon XIII dans l'encyclique *«Rerum novarum»:* «Quiconque a reçu de la divine bonté une plus grande abondance, soit des biens externes et du corps,

---

[5] Encycl. *Quadragesimo anno: AAS* 23 (1931), p. 214.

soit des biens de l'âme, les a reçus dans le but de les faire servir à son propre perfectionnement, et tout ensemble comme ministre de la Providence, au soulagement des autres. C'est pourquoi «quelqu'un a-t-il le don de la parole, qu'il prenne garde de se taire; une surabondance de biens, qu'il ne laisse pas la miséricorde s'engourdir au fond de son coeur; l'art de gouverner, qu'il s'applique avec soin à en partager avec son frère et l'exercice et les fruits».[6]

De nos jours, l'Etat et les établissements publics ne cessent d'étendre le domaine de leur initiative. La fonction sociale de la propriété privée n'en est pas pour autant désuète, comme certains auraient tendance à le croire par erreur; elle a sa racine dans la nature même du droit de propriété. Il y a toujours une multitude de situations douloureuses, d'indigences lancinantes et délicates, auxquelles l'assistance publique ne saurait atteindre ni porter remède. C'est pourquoi un vaste champ reste ouvert à la sensibilité humaine, à la charité chrétienne et privée. Notons enfin que souvent les initiatives variées des individus et des groupes ont plus d'efficacité que les pouvoirs publics pour susciter les valeurs spirituelles.

Il Nous est agréable de rappeler ici comment l'Evangile reconnaît fondé le droit de propriété privée. Mais en même temps, le divin Maître adresse fréquemment aux riches de pressants appels, afin qu'ils convertissent leurs biens temporels en biens spirituels que le voleur ne prend pas, que la mite ou la rouille ne ronge pas, qui s'accumulent dans les greniers du Père céleste: «Ne vous amassez point de trésors sur la terre, où la mite et le ver consument, où les voleurs perforent et cambriolent».[7] Et le Seigneur tiendra pour faite ou refusée à Lui-même, l'aumône faite ou refusée au pauvre: «En vérité je vous le dis, dans la mesure où vous l'avez faite à l'un de ces plus petits de mes frères, c'est à moi que vous l'avez fait».[8]

A.229. *Gaudium et Spes (GS)*

69. LES BIENS DE LA TERRE SONT DESTINES A TOUS LES HOMMES

Dieu a destiné la terre et tout ce qu'elle contient à l'usage de tous les hommes et de tous les peuples, en sorte que les biens de la création doivent équitablement affluer entre les mains de tous, selon la règle de la justice, inséparable de la charité.[9] Quelles que soient les formes de la propriété, adaptées aux légitimes institutions des peuples, selon des circonstances diverses et changeantes, on doit toujours tenir compte de cette destination universelle des biens. C'est pourquoi

---

[6] *Acta Leonis XIII,* XI (1891), p. 114.

[7] *Mt* 6, 19-20.

[8] *Mt* 25, 40.

[9] Cf. PIE XII, Enc. *Sertum laetitiae: AAS* 31 (1939), p. 642; JEAN XXIII, Allocution au consistoire: *AAS* 52 (1960), p. 5-11; Enc. *Mater et Magistra: AAS* 53 (1961), p. 411.

l'homme, dans l'usage qu'il en fait, ne doit jamais tenir les choses qu'il possède légitimement comme n'appartenant qu'à lui, mais les regarder aussi comme communes: en ce sens qu'elles puissent profiter non seulement à lui, mais aussi aux autres.[10] D'ailleurs, tous les hommes ont le droit d'avoir une part suffisante de biens pour eux-mêmes et leur famille. C'est ce qu'ont pensé les Pères et les docteurs de l'Eglise qui enseignaient que l'on est tenu d'aider les pauvres, et pas seulement au moyen de son superflu.[11] Quant à celui qui se trouve dans l'extrême nécessité, il a le droit de se procurer l'indispensable à partir des richesses d'autrui.[12] (...)

70. INVESTISSEMENTS ET QUESTION MONETAIRE

Les investissements, de leur côté, doivent tendre à assurer des emplois et des revenus suffisants tant à la population active d'aujourd'hui qu'à celle de demain. Tous ceux qui décident de ces investissements, comme de l'organisation de la vie économique (individus, groupes, pouvoirs publics) doivent avoir ces buts à coeur et se montrer conscients de leurs graves obligations: d'une part, prendre des dispositions pour faire face aux nécessités d'une vie décente, tant pour les individus que pour la communauté tout entière; d'autre part, prévoir l'avenir et assurer un juste équilibre entre les besoins de la consommation actuelle, individuel-

---

10 Cf. St THOMAS, *Somme théol.*, II-II, q. 32, art. 5 ad 2; *ibid.*, q. 66, art. 2; cf. explication dans Léon XIII, Enc. *Rerum novarum: AAS* 23 (1890-91), p. 651; cf. aussi PIE XII, Allocution du 1er juin 1941: *AAS* 33 (1941), p. 199; Message radiophonique de Noël 1954: *AAS* 47 (1955), p. 27.

11 Cf. St BASILE, Hom. sur un passage de Luc *«Destruam horrea mea»*, n. 2 (*PG* 31, 263); LACTANCE, *Divinarum Institutionum,* liv. V, La justice (*PL* 6, 565 B); St AUGUSTIN, Commentaires sur St Jean, tr. 50, n. 6 (*PL* 35, 1760); *Enarratio in Ps. CXLVII,* 12 (*PL* 37, 192); St GREGOIRE LE GRAND, Hom. sur l'Evangile, hom. 20 (*PL* 76, 1165); *Regulae Pastoralis liber,* IIIe partie, chap. 21 (*PL* 77, 87); St BONAVENTURE, III Sent. d. 33, dub. 1 (Ed. Quaracchi III, 728); IV Sent. d. 15, p. II, art. 2, qu. 1 (Ed. cit. IV, 371 b); qu. de superfluo (ms. Assise, Bibl. commmun. 186, ff. 112-113); St ALBERT LE GRAND, III Sent. d. 33, art. 3, sol. 1 (Ed. Borgnet XXVIII, 611); IV Sent. d. 15, art. 16 (Ed. cit. XXIX, 494-497). En ce qui concerne la détermination du superflu de nos jours, cf. JEAN XXIII, Message radiotélévisé du 11 sept. 1962; *AAS* 54 (1962), p. 682: «Dovere di ogni uomo, dovere impellente del cristiano è di considerare il superfluo con la misura delle necessità altrui, e di ben vigilare perché l'amministrazione e la distribuzione del beni creati venga posta a vantaggio di tutti». («C'est le devoir de tout homme, le devoir impérieux du chrétien, d'apprécier le superflu à l'aune de la nécessité d'autrui, et de bien veiller à ce que l'administration et la distribution des biens créés se fassent au bénéfice de tous»).

12 Ici vaut l'ancien principe: «in extrema necessitate omnia sunt communia, id est communicanda». D'autre part, en ce qui concerne l'étendue et les modalités selon lesquels ce principe s'applique dans le texte, outre les auteurs modernes connus cf. St THOMAS, *Somme théol.*, II-II, qu. 66, art. 7. Il est clair que, pour une application exacte de ce passage, toutes les conditions moralement requises doivent être remplies.

le et collective, et les exigences d'investissement pour la génération qui vient. On doit également avoir toujours en vue les besoins pressants des nations et des régions économiquement moins avancées. Par ailleurs, en matière monétaire, il faut se garder d'attenter au bien de son propre pays ou à celui des autres nations. On doit s'assurer en outre que ceux qui sont économiquement faibles ne soient pas injustement lésés par des changements dans la valeur de la monnaie. (...)

77. ACCES A LA PROPRIETE ET AU POUVOIR PRIVE SUR LES BIENS. PROBLEME DES LATIFUNDIA

La propriété et les autres formes de pouvoir privé sur les biens extérieurs contribuent à l'expression de la personne et lui donnent l'occasion d'exercer sa responsabilité dans la société et l'économie. Il est donc très important de favoriser l'accession des individus et des groupes à un certain pouvoir sur les biens matériels.

La propriété privée ou un certain pouvoir sur les biens extérieurs assurent à chacun une zone indispensable d'autonomie personnelle et familiale; il faut les regarder comme un prolongement de la liberté humaine. Enfin, en stimulant l'exercice de la responsabilité, ils constituent l'une des conditions des libertés civiles.[13]

Les formes d'un tel pouvoir ou propriété sont aujourd'hui variées; et leur diversité ne cesse de s'amplifier. Toutes cependant demeurent, à côté des fonds sociaux, des droits et des services garantis par la société, une source de sécurité non négligeable. Et ceci n'est pas vrai des seules propriétés matérielles, mais aussi des biens immatériels, comme les capacités professionnelles.

La légitimité de la propriété privée ne fait toutefois pas obstacle à celle de divers modes de propriétés publiques, à condition que le transfert des biens au domaine public soit effectué par la seule autorité compétente selon les exigences du bien commun, dans les limites de celui-ci et au prix d'une indemnisation équitable. L'Etat a, par ailleurs, compétence pour empêcher qu'on abuse de la propriété privée contrairement au bien commun.[14]

De par sa nature même, la propriété privée a aussi un caractère social, fondé dans la loi de commune destination des biens.[15] Là où ce caractère social n'est pas respecté, la propriété peut devenir une occasion fréquente de convoitises et de

---

[13] Cf. LEON XIII, Enc. *Rerum novarum: AAS* 23 (1890-91), p. 643-646; PIE XI, Enc. *Quadragesimo anno: AAS* 23 (1931), p. 191; PIE XII, Message radiophonique du 1er juin 1941.

[14] Cf. PIE XI, Enc. *Quadragesimo anno: AAS* 23 (1931), p. 214; JEAN XXIII, *Mater et Magistra: AAS* 53 (1961), p. 429.

[15] Cf. PIE XII, Message radiophonique, Pentecôte 1941: *AAS* 33 (1941), p. 199; JEAN XXIII, *Mater et Magistra: AAS* 53 (1961), p. 430.

graves désordres: prétexte est ainsi donné à ceux qui contestent le droit même de propriété.

Dans plusieurs régions économiquement moins développées, il existe des domaines ruraux étendus et même immenses, médiocrement cultivés ou mis en réserve à des fins de spéculation, alors que la majorité de la population est dépourvue de terres ou n'en détient qu'une quantité dérisoire et que, d'autre part, l'accroissement de la production agricole présente un caractère d'urgence évident. Souvent, ceux qui sont employés par les propriétaires de ces grands domaines, ou en cultivent des parcelles louées, ne reçoivent que des salaires ou des revenus indignes de l'homme; ils ne disposent pas de logement décent et sont exploités par des intermédiaires. Dépourvus de toute sécurité, ils vivent dans une dépendance personnelle telle qu'elle leur interdit presque toute possibilité d'initiative et de responsabilité, toute promotion culturelle, toute participation à la vie sociale et politique. Des réformes s'imposent donc, visant, selon les cas, à accroître les revenus, à améliorer les conditions de travail et la sécurité de l'emploi, à favoriser l'initiative, et même à répartir les propriétés insuffisamment cultivées au bénéfice d'hommes capables de les faire valoir. En l'occurrence, les ressources et les instruments indispensables doivent leur être assurés, en particulier les moyens d'éducation et la possibilité d'une juste organisation de type coopératif. Chaque fois que le bien commun exigera l'expropriation, l'indemnisation devra s'apprécier selon l'équité, compte tenu de toutes les circonstances.

A.230. *Populorum Progressio (PP)*

23. LA PROPRIETE

Si quelqu'un, jouissant des richesses du monde, voit son frère dans la nécessité et lui ferme ses entrailles, comment l'amour de Dieu demeurerait-il en lui?[16] On sait avec quelle fermeté les Pères de l'Eglise ont précisé quelle doit être l'attitude de ceux qui possèdent, en face de ceux qui sont dans le besoin: «Ce n'est pas de ton bien, affirme ainsi saint Ambroise, que tu fais largesse au pauvre, tu lui rends ce qui lui appartient. Car ce qui est donné en commun pour l'usage de tous, voilà ce que tu t'arroges. La terre est donnée à tout le monde, et pas seulement aux riches».[17] C'est dire que la propriété privée ne constitue pour personne un droit inconditionnel et absolu. Nul n'est fondé à réserver à son usage exclusif ce qui passe son besoin, quand les autres manquent du nécessaire. En un mot, «le droit de propriété ne doit jamais s'exercer au détriment de l'utilité commune, selon la doctrine traditionnelle chez les Pères de l'Eglise et les grands théologiens». S'il arrive qu'un conflit surgisse «entre droits privés acquis et exigences commu-

---

16 *1 Jn* 3,17.

17 *De Nabuthe*, c. 12, n. 53: *PL* 14, 747. Cf. J.-R. PALANQUE, *Saint Ambroise et l'Empire romain*, Paris, de Boccard (1933), p. 336 s.

nautaires primordiales», il appartient aux pouvoirs publics «de s'attacher à le résoudre, avec l'active participation des personnes et des groupes sociaux».[18]

A.231. *Laborem Exercens (LE)*

14. TRAVAIL ET PROPRIETE

Le processus historique — qui est ici brièvement présenté — est assurément sorti de sa phase initiale, mais il continue et tend même à s'étendre dans les rapports entre nations et continents. Il appelle encore un éclaircissement sous un autre point de vue. Il est évident que lorsque l'on parle de l'antinomie entre travail et capital, il ne s'agit pas seulement de concepts abstraits ou de «forces anonymes» agissant dans la production économique. Derrière ces concepts, il y a des hommes, des hommes vivants, concrets. D'un côté, il y a ceux qui exécutent le travail sans être propriétaire des moyens de production, et, de l'autre, il y a ceux qui remplissent la fonction d'entrepreneurs et sont propriétaires de ces moyens, ou du moins représentent ces derniers. Ainsi donc s'insère dans l'ensemble de ce difficile processus historique, et depuis le début, le *problème de la propriété.* L'encyclique *Rerum novarum,* qui a pour thème la question sociale, met aussi l'accent sur ce problème, en rappelant et en confirmant la doctrine de l'Eglise sur la propriété, sur le droit à la propriété privée, même lorsqu'il s'agit de moyens de production. L'encyclique *Mater et Magistra* a une position identique.

Ce principe, rappelé alors par l'Eglise et qu'elle enseigne toujours, *diverge* radicalement d'avec le programme du *collectivisme,* proclamé par le marxisme et réalisé dans divers pays du monde au cours des décennies qui ont suivi l'encyclique de Léon XIII. Il diffère encore du programme du *capitalisme,* pratiqué par le libéralisme et les systèmes politiques qui se réclament de lui. Dans ce second cas, la différence réside dans la manière de comprendre le droit de propriété. La tradition chrétienne n'a jamais soutenu ce droit comme un droit absolu et intangible. Au contraire, elle l'a toujours entendu dans le contexte plus vaste du droit commun de tous à utiliser les biens de la création entière: *le droit à la propriété privée est subordonné à celui de l'usage commun,* à la destination universelle des biens.

En outre, la propriété, selon l'enseignement de l'Eglise, n'a jamais été comprise de façon à pouvoir constituer un motif de désaccord social dans le travail. Comme il a déjà été rappelé plus haut, la propriété s'acquiert avant tout par le travail et pour servir au travail. Cela concerne de façon particulière la propriété des moyens de production. Les considérer séparément comme un ensemble de propriétés à part dans le but de les opposer, sous forme de «capital», au «travail» et, qui plus est, dans le but d'exploiter ce travail, est contraire à la nature de ces moyens et à celle de leur possession. Ils ne sauraient être *possédés contre le tra-*

---

[18] *Lettre à la Semaine sociale de Brest: L'Homme et la révolution urbaine,* Lyon, Chronique sociale (1965), p. 8 et 9.

vail, et ne peuvent être non plus *possédés pour posséder,* parce que l'unique titre légitime à leur possession — et cela aussi bien sous la forme de la propriété privée que sous celle de la propriété publique ou collective — *est qu'ils servent au travail* et qu'en conséquence, en servant au travail, ils rendent possible la réalisation du premier principe de cet ordre qu'est la destination universelle des biens et le droit à leur usage commun. De ce point de vue, en considération du travail humain et de l'accès commun aux biens destinés à l'homme, on ne peut pas exclure non plus la *socialisation,* sous les conditions qui conviennent, de certains moyens de production. Dans l'espace des décennies nous séparant de la publication de l'encyclique *Rerum novarum,* l'enseignement de l'Eglise a toujours rappelé tous ces principes, en remontant aux arguments formulés dans une tradition beaucoup plus ancienne, par exemple aux arguments connus de la *Somme théologique* de saint Thomas d'Aquin.[19]

Dans le présent document, dont le thème principal est le travail humain, il convient de confirmer tout l'effort par lequel l'enseignement de l'Eglise sur la propriété a cherché et cherche toujours à assurer le primat du travail et, par là, la *subjectivité* de l'homme dans la vie sociale et, spécialement, dans la *structure dynamique de tout le processus économique.* De ce point de vue, demeure inacceptable la position du capitalisme «rigide», qui défend le droit exclusif de la propriété privée des moyens de production, comme un «dogme» intangible de la vie économique. Le principe du respect du travail exige que ce droit soit soumis à une révision constructive, tant en théorie qu'en pratique. S'il est vrai que le capital — entendu comme l'ensemble des moyens de production — est en même temps le produit du travail des générations, il est alors tout aussi vrai qu'il se crée sans cesse grâce au travail effectué avec l'aide de cet ensemble de moyens de production, qui apparaissent comme un grand atelier où oeuvre, jour après jour, l'actuelle génération des travailleurs. Il s'agit, à l'évidence, des diverses sortes de travail, non seulement du travail dit manuel, mais aussi des divers travaux intellectuels, depuis le travail de conception jusqu'à celui de direction. (...)

A.232. *Sollicitudo Rei Socialis (SRS)*

31. (...) C'est ainsi que fait partie de l'*enseignement* et de la *pratique* la plus ancienne de l'Eglise la conviction d'être tenue par vocation — elle-même, ses ministres et chacun de ses membres — à soulager la misère de ceux, proches ou lointains, qui souffrent, et cela non seulement avec le «superflu» mais aussi avec le «nécessaire». En cas de besoin, on ne peut donner la préférence à l'ornementation superflue des églises et aux objets de culte précieux; au contraire, il pourrait être obligatoire d'aliéner ces biens pour donner du pain, de la boisson, des vêtements

---

[19] Pour le droit de propriété, cf. *Somme théologique,* II-II, q. 66, a. 2 et a. 6; *De regimine principum,* L. I, cc. 15 et 17. Pour la fonction sociale de la propriété, cf. *Somme théologique,* II-II, q. 134, a. 1, ad 3.

et une maison à ceux qui en sont privés.[20] Ici, comme on l'a déjà noté, nous est indiquée une *«hiérarchie des valeurs»* — dans le cadre du droit de propriété — entre l'«avoir» et l'«être», surtout quand l'«avoir» de quelques-uns peut se révéler dommageable pour l'«être» de beaucoup d'autres.

Dans son encyclique, le Pape Paul VI se tient dans la ligne de cet enseignement, s'inspirant de la constitution pastorale *Gaudium et spes.*[21] Pour ma part, je voudrais insister encore sur sa gravité et son urgence, en demandant au Seigneur d'accorder à tous les chrétiens la force de passer fidèlement à l'application pratique.

42. (...) Il est nécessaire de rappeler encore une fois le principe caractéristique de la doctrine sociale chrétienne: les biens de ce monde sont *à l'origine destinés à tous.*[22] Le droit à la propriété privée est *valable et nécessaire,* mais il ne supprime pas la valeur de ce principe. Sur la propriété, en effet, pèse «une hypothèque sociale»,[23] c'est-à-dire que l'on y discerne, comme qualité intrinsèque, une fonction sociale fondée et justifiée précisément par le principe de la destination universelle des biens. (...)

A.233. *Centesimus Annus (CA)*

6. (...) Il existe sans aucun doute un autre principe important, celui du droit à la «propriété privée».[24] La longueur du développement que lui consacre l'encyclique révèle à elle seule l'importance qui lui revient. Le Pape est bien conscient du fait que la propriété privée n'est pas une valeur absolue et il ne manque pas de proclamer les principes complémentaires indispensables, tels que celui de la *destination universelle des biens de la terre.*[25]

---

20 Cf. par exemple S. JEAN CHRYSOSTOME, *In Evang. S. Matthaei, hom.* 50, 3-4: *PG* 58, 508-510; S. AMBROISE, *De Officiis Ministrorum,* Lib. II, XXVIII, 136-140: *PL* 16, 139-141; POSSIDIUS, *Vita S. Augustini Episcopi,* XXIV: *PL* 32, 53-54.

21 *Populorum progressio,* 23: *l.c.,* p. 268: «'Si quelqu'un, jouissant des richesses du monde, voit son frère dans la nécessité et lui ferme ses entrailles, comment l'amour de Dieu demeurerait-il en lui?' (1 *Jn* 3, 17). On sait avec quelle fermeté les Pères de l'Eglise ont précisé quelle doit être l'attitude de ceux qui possèdent, en face de ceux qui sont dans le besoin». Dans le numéro précédent, le Pape avait cité le n. 69 de la const. past. *Gaudium et spes* du Concile oecuménique Vatican II.

22 Cf. *Gaudium et spes,* 69; *Populorum progressio,* 22: *l.c.,* p. 268; CONGR. POUR LA DOCTRINE DE LA FOI, Instruction sur la liberté chrétienne et la libération *Libertatis conscientia* (22 mars 1986), 90: *l.c.,* p. 594; S. THOMAS D'AQUIN, *Somme théologique,* IIa-IIae, q. 66, art. 2.

23 Cf. Discours d'ouverture de la troisième Conférence générale de l'Episcopat latino-américain (28 janvier 1979): *AAS* 71 (1979), p. 189-196; Discours à un groupe d'évêques polonais en visite «ad Limina Apostolorum» (17 décembre 1987), 6: *L'Osservatore Romano,* 18 décembre 1987.

24 Cf. Encycl. *Rerum novarum,* 3-12: *l.c.,* p. 99-107.

25 Cf. *ibid.,* n. 7: *l.c.,* p. 102-103.

Par ailleurs, s'il est vrai que le type de propriété privée qu'il considère au premier chef est celui de la propriété de la terre,[26] il n'en demeure pas moins qu'aujourd'hui conservent leur valeur les raisons avancées pour protéger la propriété privée, c'est-à-dire pour affirmer le droit de posséder ce qui est nécessaire au développement personnel et à celui de sa famille, quelle que soit la forme effective prise par ce droit. Il faut l'affirmer une nouvelle fois devant les changements, dont nous sommes les témoins, survenus dans les systèmes où régnait le principe de la propriété collective des moyens de production, mais également devant les situations toujours plus nombreuses de pauvreté ou, plus exactement, devant les négations de la propriété privée, qui se présentent dans beaucoup de régions du monde, y compris celles où prédominent les systèmes qui reposent sur l'affirmation du droit à la propriété privée. A la suite de ces changements et de la persistance de la pauvreté, une analyse plus profonde du problème s'avère nécessaire, ce qui sera fait plus loin. (...)

30. Dans l'encyclique *Rerum novarum,* Léon XIII affirmait avec force, contre le socialisme de son temps, le caractère naturel du droit à la propriété privée, et il s'appuyait sur divers arguments.[27] Ce droit, fondamental pour l'autonomie et le développement de la personne, a toujours été défendu par l'Eglise jusqu'à nos jours. L'Eglise enseigne de même que la propriété des biens n'est pas un droit absolu mais comporte, dans sa nature même de droit humain, ses propres limites.

Tandis qu'il proclamait le droit à la propriété privée, le Pape affirmait avec la même clarté que l'«usage» des biens, laissé à la liberté, est subordonné à leur destination originelle commune de biens créés et aussi à la volonté de Jésus-Christ, exprimée dans l'Évangile. Il écrivait en effet: «Les fortunés de ce monde sont avertis [...] qu'ils doivent trembler devant les menaces inusitées que Jésus profère contre les riches; qu'enfin il viendra un jour où ils devront rendre à Dieu, leur juge, un compte très rigoureux de l'usage qu'ils auront fait de leur fortune»; et, citant saint Thomas d'Aquin, il ajoutait: «Mais si l'on demande en quoi il faut faire consister l'usage des biens, l'Eglise répond sans hésitation: "A ce sujet, l'homme ne doit pas tenir les choses extérieures pour privées, mais pour communes"», car «au-dessus des jugements de l'homme et de ses lois, il y a la loi et le jugement de Jésus-Christ».[28]

Les successeurs de Léon XIII ont repris cette double affirmation: la nécessité et donc la licéité de la propriété privée, et aussi les limites dont elle est grevée.[29] Le Concile Vatican II a également proposé la doctrine traditionnelle dans des termes qui méritent d'être cités littéralement: «L'homme, dans l'usage qu'il fait de

---

26 Cf. *ibid.*, n. 6-8: *l.c.*, p. 101-104.

27 Cf. *ibid.*, n. 3-12; 35: *l.c.*, p. 99-107; 131-133.

28 *Ibid.*, n. 18; 19: *l.c.*, p. 111-114.

29 Cf. Pie XI, Encycl. *Quadragesimo anno,* II: *l.c.*, p. 191; Pie XII, Radiomessage du 1er juin 1941: *l.c.*, p. 199; Jean XXIII, *Mater et Magistra: l.c.*, p. 428-429; Paul VI, *Populorum progressio,* 22-24: *l.c.*, p. 268-269.

ses biens, ne doit jamais tenir les choses qu'il possède légitimement comme n'appartenant qu'à lui, mais les regarder aussi comme communes, en ce sens qu'elles puissent profiter non seulement à lui, mais aussi aux autres». Et un peu plus loin: «La propriété privée ou un certain pouvoir sur les biens extérieurs assurent à chacun une zone indispensable d'autonomie personnelle et familiale; il faut les regarder comme un prolongement de la liberté humaine. [...] De par sa nature même, la propriété privée a aussi un caractère social, fondé dans la loi de commune destination des biens».[30] J'ai repris la même doctrine d'abord dans le discours d'ouverture de la IIIe Conférence de l'épiscopat latino-américain à Puebla, puis dans les encycliques *Laborem exercens* et, plus récemment, *Sollicitudo rei socialis*.[31]

B.234. *Puebla*

III. 4. De là naît la constante préoccupation de l'Eglise pour la délicate question de la propriété. On en trouve un témoignage dans les écrits des Pères de l'Eglise au cours du premier millénaire du christianisme (St Ambroise, *De Nabuthe,* ch. 12, n. 53: *PL* 14, 747). On en trouve aussi une démonstration claire dans la vigoureuse doctrine de saint Thomas d'Aquin, tant de fois réaffirmée. En notre temps, l'Eglise a fait appel aux mêmes principes dans des documents de très large diffusion tels que les encycliques sociales des derniers Papes. De ce thème, le Pape Paul VI a parlé, avec une force et une profondeur particulières, dans son encyclique *Populorum progressio* (n. 23-24; cf. aussi encyclique *Mater et Magistra,* 106).

Cette voix de l'Eglise, écho de celle de la conscience humaine, n'a pas cessé de résonner au cours des siècles au milieu des systèmes et des conditions socioculturelles les plus variés: elle mérite et exige d'être écoutée aussi à notre époque, tandis que la richesse croissante d'un petit nombre va de pair avec la misère croissante des masses.

C'est alors que prend un caractère d'urgence l'enseignement de l'Eglise selon lequel toute propriété privée est grevée d'une hypothèque sociale. En relation avec cet enseignement, l'Eglise a une mission à accomplir: elle doit prêcher, éduquer les personnes et les collectivités, former l'opinion publique, orienter les responsables des peuples. De cette manière, elle travaillera en faveur de la société, dans laquelle s'insérera ce principe chrétien et évangélique en entraînant une distribution plus juste et plus équitable des biens, non seulement à l'intérieur de chacune des nations, mais aussi dans le monde international en général, en évitant que les pays les plus forts utilisent leur propre pouvoir au détriment des plus faibles.

---

30 *Gaudium et spes,* 69; 71.

31 Cf. Discours aux évêques latino-américains à Puebla (28 janvier 1979), III, 4: *AAS* 71 (1979), p. 199-201; *Laborem exercens,* 14: *l.c.,* p. 612-616; *Sollicitudo rei socialis,* 42: *l.c.,* p. 572-574.

Ceux sur lesquels retombe la responsabilité de la vie publique des Etats et des nations devront comprendre que la paix intérieure comme la paix internationale ne seront assurées que si l'on a mis en vigueur un système social et économique fondé sur la justice.

Le Christ n'est pas demeuré indifférent en face de cet impératif de la morale sociale qui couvre un large champ et qui est exigeant. Et l'Eglise non plus ne saurait le demeurer. Dans l'Esprit de l'Eglise, qui est l'esprit du Christ, et en nous appuyant sur sa doctrine étendue et solide, mettons-nous au travail en ce domaine.

Il faut ici souligner à nouveau que la sollicitude de l'Eglise s'adresse à l'homme dans son intégrité.

Pour cette raison, pour qu'un système économique soit juste, une condition indispensable est qu'il favorise le développement et la diffusion de l'instruction publique et de la culture. Plus l'économie sera juste, plus profonde sera la conscience de la culture. Cela se trouve dans la ligne de l'affirmation du Concile: pour obtenir une vie digne de l'homme, il n'est pas possible de se limiter à *avoir plus,* il faut aspirer à *être plus* (*GS,* 35).

Buvez donc, frères à ces sources authentiques, Parlez le langage du Concile, de Jean XXIII, de Paul VI: c'est le langage de l'expérience, de la souffrance, de l'espérance, de l'humanité contemporaine.

Quand Paul VI déclarait que «le développement est le nouveau nom de la paix» (*Populorum progressio,* 76), il pensait aussi aux liens d'interdépendance qui existent non seulement à l'intérieur des nations mais également à l'extérieur d'elles, au niveau mondial. Il prenait en considération les mécanismes qui, étant imprégnés non d'authentique humanisme, mais de matérialisme, produisent, au niveau international, des riches toujours plus riches à côté de pauvres toujours plus pauvres.

Il n'existe pas de règle économique capable de changer par elle-même de tels mécanismes. Il faut faire appel, dans la vie internationale, aux principes de l'éthique, aux exigences de la justice, au premier des commandements qui est celui de l'amour. Il faut donner le primat à la morale, au spirituel, à ce qui naît de la pleine vérité sur l'homme.

J'ai désiré vous faire part de ces réflexions, que j'estime fort importantes, bien qu'elles ne doivent pas vous distraire du thème central de la Conférence: nous rejoindrons l'homme, la justice, à travers l'évangélisation. (...)

23.

DROIT A LA LIBERTE RELIGIEUSE

Le Magistère affirme sans nuances la place centrale de la liberté religieuse dans la thématique des droits de l'homme. Sa violation est une «injustice radicale» (RH 17), car elle touche les racines mêmes de la dignité humaine, ce qu'il y a de plus sacré dans l'homme, sa capacité de chercher l'absolu de la verité, Dieu. Les références du Magistère à ce droit sont très nombreuses et constantes: on défend la liberté religieuse de tout croyant, indépendamment de sa confession, tout en témoignant la plus profonde solidarité à l'égard de ces fidèles dont les souffrances, allant jusqu'au martyre, jalonnent, aujourd'hui encore malgré tant de changements notoires, le chemin de l'Eglise.

A.235. *Dignitatis Humanae (DH)*

2. Le Concile du Vatican déclare que la personne humaine a droit à la liberté religieuse. Cette liberté consiste en ce que tous les hommes doivent être soustraits à toute contrainte de la part soit des individus, soit des groupes sociaux et de quelque pouvoir humain que ce soit, de telle sorte qu'en matière religieuse nul ne soit forcé d'agir contre sa conscience, ni empêché d'agir, dans de justes limites, selon sa conscience, en privé comme en public, seul ou associé à d'autres. Il déclare, en outre, que le droit à la liberté religieuse a son fondement dans la dignité même de la personne humaine telle que l'a fait connaître la Parole de Dieu et la raison elle-même.[1] Ce droit de la personne humaine à la liberté religieuse dans l'ordre juridique de la société doit être reconnu de telle manière qu'il constitue un droit civil. (...)

3. Tout ceci est plus clairement manifeste encore à qui prend en considération que la norme suprême de la vie humaine est la loi divine elle-même, éternelle, ob-

---

[1] Cf. Jean XXIII, *Pacem in terris,* 11 avril 1963: *AAS* 55 (1963), p. 260-261; Pie XII, Message radiophonique, 24 déc. 1942: *AAS* 35 (1943), p. 19; Pie XI, Encycl. *Mit brennender Sorge,* 14 mars 1937: *AAS* 29 (1937), p. 160; Leon XIII, Encycl. *Libertas praestantissimum,* 20 juin 1888: *Acta Leonis XIII,* VIII (1888), p. 237-238.

jective et universelle par laquelle Dieu, dans son dessein de sagesse et d'amour, règle, dirige et gouverne le monde entier et dispose les voies de la communauté humaine. De cette loi qui est sienne, Dieu rend l'homme participant de telle sorte que par une heureuse disposition de la providence divine, celui-ci puisse toujours davantage accéder à l'immuable vérité. C'est pourquoi chacun a le devoir, et par conséquent le droit, de chercher la vérité en matière religieuse afin de se former prudemment, un jugement de conscience droit et vrai, en employant les moyens appropriés.

Mais la vérité doit être cherchée selon la manière propre à la personne humaine et à sa nature sociale, à savoir par une libre recherche, avec l'aide du magistère, c'est-à-dire de l'enseignement, de l'échange et du dialogue par lesquels les uns exposent aux autres la vérité qu'ils ont trouvée ou pensent avoir trouvée, afin de s'aider mutuellement dans la quête de la vérité; la vérité une fois connue, c'est par un assentiment personnel qu'il faut y adhérer fermement.

Mais c'est par la médiation de sa conscience que l'homme perçoit les injonctions de la loi divine; c'est elle qu'il est tenu de suivre fidèlement en toutes ses activités pour parvenir à sa fin qui est Dieu. Il ne doit donc pas être contraint d'agir selon la conscience, surtout en matière religieuse. De par son caractère même, en effet, l'exercice de la religion consiste avant tout en des actes intérieurs volontaires et libres par lesquels l'homme s'ordonne directement à Dieu: de tels actes ne peuvent être ni imposés, ni interdits par aucun pouvoir purement humain. Mais la nature sociale de l'homme requiert elle-même qu'il exprime extérieurement ces actes internes de religion, qu'en matière religieuse il y ait des échanges avec d'autres, qu'il professe sa religion sous une forme communautaire.

C'est donc faire injure à la personne humaine et à l'ordre même — établi par Dieu pour les êtres humains — que de refuser à l'homme le libre exercice de la religion sur le plan de la société dès lors que l'ordre public juste est sauvegardé.

En outre, par nature, les actes religieux par lesquels, en privé ou en public, l'homme s'ordonne à Dieu en vertu d'une décision personnelle, transcendent l'ordre terrestre et temporel des choses. Le pouvoir civil, dont la fin propre est de pourvoir au bien commun temporel, doit donc, certes, reconnaître et favoriser la vie religieuse des citoyens, mais il faut dire qu'il dépasse ses limites s'il s'arroge le droit de diriger ou d'empêcher les actes religieux.

6. Le bien commun de la société — ensemble des conditions de vie sociale permettant à l'homme de parvenir plus pleinement et plus aisément à sa propre perfection — consistant au premier chef dans la sauvegarde des droits et des devoirs de la personne humaine,[2] le soin de veiller au droit à la liberté religieuse incombe à la fois aux citoyens, aux groupes sociaux, aux pouvoirs civils, à l'Eglise et aux

---

[2] Cf. JEAN XXIII, *Mater et Magistra: AAS* 53 (1961), p. 417; *Pacem in terris: AAS* 55 (1963), p. 273.

autres communautés religieuses, à chacun selon sa manière et sa mesure propre, en fonction de ses devoirs envers le bien commun.

Protéger et promouvoir les droits inviolables de l'homme est du devoir essentiel de tout pouvoir civil.[3] Celui-ci doit donc, par de justes lois et autres moyens appropriés, assumer efficacement la protection de la liberté religieuse, en sorte que les citoyens soient à même d'exercer effectivement leurs droits et de remplir leurs devoirs religieux, et que la société elle-même jouisse des biens de la justice et de la paix découlant de la fidélité des hommes envers Dieu et Sa sainte volonté.[4]

Si, en raison des circonstances particulières dans lesquelles se trouvent des peuples, une reconnaissance civile spéciale est accordée dans l'ordre juridique d'une cité à une communauté religieuse donnée, il est nécessaire qu'en même temps le droit à la liberté en matière religieuse soit reconnu et respecté pour tous les citoyens et toutes les communautés religieuses.

Enfin, le pouvoir civil doit veiller à ce que l'égalité juridique des citoyens, qui relève elle-même du bien commun de la société, ne soit jamais lésée, de manière ouverte ou larvée, pour des motifs religieux et qu'entre eux aucune discrimination ne soit faite.

Il s'ensuit qu'il n'est pas permis au pouvoir public, par force, intimidation ou autres moyens, d'imposer aux citoyens la profession ou le rejet de quelque religion que ce soit, ou d'empêcher quelqu'un d'entrer dans une communauté religieuse ou de la quitter. A fortiori est-ce agir contre la volonté de Dieu et les droits sacrés de la personne et de la famille des peuples que d'employer, sous quelque forme que ce soit, la force pour détruire la religion ou lui faire obstacle, soit dans tout le genre humain, soit en quelque région, soit dans un groupe donné.

7. C'est dans la société humaine que s'exerce le droit à la liberté en matière religieuse, aussi son usage est-il soumis à certaines règles qui le tempèrent.

Dans l'usage de toute liberté doit être observé le principe moral de la responsabilité personnelle et sociale: la loi morale oblige tout homme et groupe social dans l'exercice de leurs droits à tenir compte des droits d'autrui, de ses devoirs envers les autres et du bien commun de tous. A l'égard de tous il faut agir avec justice et humanité.

En outre, comme la société civile a le droit de se protéger contre les abus qui pourraient naître sous prétexte de liberté religieuse, c'est surtout au pouvoir

---

3 Cf. JEAN XXIII, *Pacem in terris: AAS* 55 (1963), p. 273-274; PIE XII, Message radiophonique, 1er juin 1941: *AAS* 33 (1941), p. 200.

4 Cf. LEON XIII, Encycl. *Immortale Dei*, 1er nov. 1885: *AAS* 18 (1885), p. 161.

civil qu'il revient d'assurer cette protection; ce qui ne doit pas se faire arbitrairement et à l'injuste faveur d'un parti mais selon des normes juridiques, conformes à l'ordre moral objectif, requises par l'efficace sauvegarde des droits de tous les citoyens et de leur pacifique accord, et par un souci adéquat de cette authentique paix publique qui consiste dans une vie vécue en commun sur la base d'une vraie justice, ainsi que par le maintien, qui se doit, de la moralité publique. Tout cela fait fondamentalement partie du bien commun et entre dans la définition de l'ordre public. Au demeurant, il faut s'en tenir à la coutume de sauvegarder intégralement la liberté dans la société, usage demandant que le maximum de liberté soit reconnu à l'homme, et que celle-ci ne soit restreinte que lorsque c'est nécessaire et dans la mesure qui s'impose.

12. L'Eglise, donc, fidèle à la vérité de l'Evangile, suit la voie qu'ont suivie le Christ et les Apôtres lorsqu'elle reconnaît le principe de la liberté religieuse comme conforme à la dignité de l'homme et à la révélation divine, et qu'elle encourage une telle liberté. Cette doctrine, reçue du Christ et des Apôtres, elle l'a, au cours des temps, gardée et transmise. Bien qu'il y ait eu parfois dans la vie du Peuple de Dieu, cheminant à travers les vicissitudes de l'histoire humaine, des manières d'agir moins conformes, voire même contraires, à l'esprit évangélique, l'Eglise a, cependant, toujours enseigné, que personne ne peut être amené par contrainte à la foi.

Ainsi le ferment évangélique a-t-il longtemps travaillé dans l'esprit des hommes et beaucoup contribué à faire reconnaître plus largement, au cours des temps, la dignité de la personne humaine, et mûrir la conviction qu'en matière religieuse, cette personne doit, dans la cité, être sauve de quelque contrainte humaine que ce soit.

13. Parmi les choses qui concernent le bien de l'Eglise, voire le bien de la cité terrestre elle-même, et qui, partout et toujours, doivent être sauvegardées, la plus importante est, à coup sûr, que l'Eglise jouisse dans son action d'autant de liberté qu'en requiert la charge qu'elle a du salut des hommes.[5] Elle est, en effet, sacrée cette liberté dont le Fils unique de Dieu a doté l'Eglise qu'il a acquise de son sang. Elle est si propre à l'Eglise que ceux qui la combattent agissent contre la volonté de Dieu. La liberté de l'Eglise est un principe fondamental dans les relations de l'Eglise avec les pouvoirs civils et tout l'ordre civil.

Dans la société humaine et devant tout pouvoir public, l'Eglise revendique la liberté au titre d'autorité spirituelle, instituée par le Christ Seigneur, et chargée par mandat divin d'aller par le monde entier prêcher l'Evangile à toute créature.[6] L'Eglise revendique également la liberté en tant qu'association d'hommes ayant

---

[5] Cf. Leon XIII, *Litterae Officio sanctissimo,* 22 déc. 1887: *AAS* 20 (1887), p. 269; *Litt. Ex litteris,* 7 avril 1887: *AAS* 19 (1887), p. 465.

[6] Cf. *Mc* 16, 15; *Mt* 28, 18-20; Pie XII, Encycl. *Summi Pontificatus,* 20 oct. 1939: *AAS* 31 (1939), p. 445-446.

le droit de vivre, dans la société civile, selon les préceptes de la foi chrétienne.[7]

Dès lors, là où existe un régime de liberté religieuse, non seulement proclamée en parole ou seulement sanctionnée par des lois, mais mise effectivement et sincèrement en pratique, là se trouvent enfin fermement assurées à l'Eglise les conditions, de droit et de fait, de l'indépendance nécessaire à l'accomplissement de sa divine mission, indépendance que les autorités ecclésiastiques ont revendiquée dans la société avec de plus en plus d'insistance.[8] En même temps, les fidèles du Christ, comme les autres hommes, jouissent, au civil, du droit de ne pas être empêchés de mener leur vie selon leur conscience. Il y a donc bon accord entre la liberté de l'Eglise et cette liberté religieuse qui, pour tous les hommes et toutes les communautés, doit être reconnue comme un droit et sanctionnée dans l'ordre juridique.

A.236. *Evangelii Nuntiandi (EN)*

39. LA LIBERTE RELIGIEUSE

De cette juste libération liée à l'évangélisation, qui cherche précisément à réaliser des structures sauvegardant la liberté humaine, on ne peut séparer la nécessité d'assurer tous les droits fondamentaux de l'homme, parmi lesquels la liberté religieuse tient une place de première importance. Nous avons récemment parlé de l'actualité de ce problème, en relevant «combien de chrétiens, aujourd'hui encore, sont étouffés par une oppression systématique parce qu'ils sont chrétiens, parce qu'ils sont catholiques! Le drame de la fidélité au Christ et de la liberté religieuse continue, même s'il est camouflé derrière des déclarations catégoriques en faveur des droits de la personne humaine et de la société».[9]

A.237. *Redemptor Hominis (RH)*

12. MISSION DE L'EGLISE ET LIBERTE DE L'HOMME

Dans cette union au plan de la mission, dont décide essentiellement le Christ lui-même, tous les chrétiens doivent découvrir ce qui les unit déjà, avant même que ne se réalise leur pleine communion. C'est là l'union apostolique et missionnaire, missionnaire et apostolique. Grâce à cette union, nous pouvons nous approcher ensemble du magnifique patrimoine de l'esprit humain, qui s'est manifesté dans toutes les religions, comme le dit la déclaration *Nostra aetate* du

---

[7] Cf. PIE XI, Lettre *Firmissimam constantiam,* 28 mars 1937: *AAS* 29 (1937), p. 196.

[8] Cf. PIE XII, Alloc. *Ci riesce,* 6 déc. 1953: *AAS* 45 (1953), p. 802.

[9] Allocution à l'Audience générale du 15 octobre 1975: *L'Osservatore Romano* du 17 octobre 1975, p. 1.

Concile Vatican II.[10] Grâce à elle, nous abordons en même temps toutes les cultures, toutes les idéologies, tous les hommes de bonne volonté. Nous faisons cette approche avec l'estime, le respect et le discernement qui, depuis le temps des Apôtres, ont marqué l'attitude *missionnaire* et *du missionnaire*. Il suffit de rappeler saint Paul et, par exemple, son discours devant l'Aréopage d'Athènes.[11] L'attitude *missionnaire* commence toujours par un sentiment de profonde estime face à «ce qu'il y a en tout homme»,[12] pour ce que lui-même, au fond de son esprit, a élaboré au sujet des problèmes les plus profonds et les plus importants; il s'agit du respect pour tout ce que l'Esprit, qui «souffle où il veut»,[13] a opéré en lui. La mission n'est jamais une destruction, mais elle est une reprise à son compte des valeurs et une nouvelle construction, même si dans la pratique on n'a pas toujours correspondu pleinement à un idéal aussi élevé. Quant à la conversion, qui doit prendre racine dans la mission, nous savons bien qu'elle est l'oeuvre de la grâce, dans laquelle l'homme doit se retrouver pleinement lui-même.

C'est pourquoi l'Eglise de notre temps accorde une grande importance à tout ce que le Concile Vatican II a exposé dans la déclaration sur la liberté religieuse, aussi bien dans la première partie du document que dans la seconde.[14] Nous sentons profondément le caractère engageant de la vérité que Dieu nous a révélée. Nous éprouvons en particulier un sens très vif de responsabilité envers cette vérité. L'Eglise, par institution du Christ, en est gardienne et maîtresse, étant précisément dotée d'une assistance particulière de l'Esprit Saint, afin de pouvoir conserver fidèlement cette vérité et l'enseigner dans toute son intégrité.[15] En accomplissant cette mission, regardons le Christ lui-même, lui qui est le premier évangélisateur,[16] et regardons aussi ses Apôtres, Martyrs et Confesseurs. La déclaration sur la liberté religieuse nous manifeste de manière convaincante que, en annonçant la vérité qui ne provient pas des hommes, mais de Dieu («ma doctrine n'est pas de moi, mais de Celui qui m'a envoyé»,[17] c'est-à-dire du Père), tout en agissant avec toute la force de leur esprit, le Christ, et ensuite ses Apôtres, conservent une profonde estime pour l'homme, pour son intelligence, sa volonté, sa conscience et sa liberté.[18] De cette façon, la dignité de la personne humaine en vient à faire partie elle-même de cette annonce, même sans recourir aux paroles, par le simple comportement à son égard. Cette attitude semble correspondre aux besoins particuliers de notre temps. Ce n'est pas dans tout ce que les divers systèmes et même les individus considèrent et propagent comme liberté, que réside

---

10 Cf. CONCILE VATICAN II, Déclaration sur les relations de l'Eglise avec les religions non chrétiennes *Nostra aetate*, 1-2: *AAS* 58 (1966), p. 740-741.

11 *Ac* 17, 22-31.

12 *Jn* 2, 25.

13 *Jn* 3, 8.

14 Cf. *AAS* 58 (1966), p. 929-946.

15 Cf. *Jn* 14, 26.

16 PAUL VI, *Evangelii nuntiandi*, 6: *AAS* 68 (1976), p. 9.

17 *Jn* 7, 16.

18 Cf. *AAS* 58 (1966), p. 936-938.

la vraie liberté de l'homme; c'est dire que l'Eglise, en vertu de sa mission divine, devient d'autant plus gardienne de cette liberté, qui est condition et fondement de la véritable dignité de la personne humaine. (...)

17. (...) Parmi ces droits, on compte à juste titre le droit à la liberté religieuse à côté du droit à la liberté de conscience. Le Concile Vatican II a estimé particulièrement nécessaire l'élaboration d'une déclaration plus étendue sur ce thème. C'est le document qui s'intitule *Dignitatis humanae:*[19] on y trouve exprimées non seulement la conception théologique du problème, mais encore la conception qui part du droit naturel, c'est-à-dire d'un point de vue «purement humain», sur la base des prémisses dictées par l'expérience même de l'homme, par sa raison et par le sens de sa dignité. Certes la limitation de la liberté religieuse des personnes et des communautés n'est pas seulement une douloureuse expérience pour elles, mais elle atteint avant tout la dignité même de l'homme, indépendamment de la religion que ces personnes ou ces communautés professent ou de la conception du monde qu'elles ont. La limitation de la liberté religieuse et sa violation sont en contradiction avec la dignité de l'homme et avec ses droits objectifs. Le document conciliaire cité plus haut dit assez clairement en quoi consiste une telle limitation et une telle violation de la liberté religieuse. Sans aucun doute, nous nous trouvons dans ce cas en face d'une injustice radicale affectant ce qui est particulièrement profond dans l'homme, ce qui est authentiquement humain. De fait, même le phénomène de l'incrédulité, de l'attitude areligieuse et de l'athéisme, comme phénomène humain, ne se comprend qu'en relation avec le phénomène de la religion et de la foi. Il est par conséquent difficile, même d'un point de vue «purement humain», d'accepter une position selon laquelle seul l'athéisme a droit de cité dans la vie publique et sociale, tandis que les croyants, comme par principe, sont à peine tolérés, ou encore traités comme citoyens de «catégorie» inférieure et finalement — ce qui est déjà arrivé — totalement privés de leurs droits de citoyens.

Il faut, même brièvement, traiter également ce thème, car il rentre lui aussi dans l'ensemble complexe des situations de l'homme dans le monde actuel, et il témoigne lui aussi à quel point cette situation est grevée de préjugés et d'injustices de tout genre. Si nous nous abstenons d'entrer dans les détails en ce domaine — et nous aurions un droit et un devoir spécial de le faire —, c'est avant tout parce que, unis à tous ceux qui souffrent de la discrimination et de la persécution pour le nom de Dieu, nous sommes guidés par la foi en la force rédemptrice de la croix du Christ. Cependant, en vertu de ma charge, je désire, au nom de tous les croyants du monde entier, m'adresser à ceux dont dépend de quelque manière l'organisation de la vie sociale et publique, en leur demandant instamment de respecter les droits de la religion et de l'activité de l'Eglise. On ne demande aucun privilège, mais le respect d'un droit élémentaire. La réalisation de ce droit est l'un des tests fondamentaux pour vérifier le progrès authentique de l'homme en tout régime, dans toute société, système ou milieu.

---

[19] Cf. *AAS* 58 (1966), p. 929-946.

A.238. *Catechesi Tradendae* (*CT*)

14. CATECHESE: DROIT ET DEVOIR DE L'EGLISE

Il est manifeste d'abord que, pour l'Eglise, la catéchèse a toujours été un devoir sacré et un droit imprescriptible. D'une part, c'est bien un devoir, né d'une consigne du Seigneur et qui incombe surtout à ceux qui, dans la Nouvelle Alliance, reçoivent l'appel au ministère de Pasteurs. D'autre part, on peut également parler de droit: d'un point de vue théologique, tout baptisé, du fait même de son baptême, possède le droit de recevoir de l'Eglise un enseignement et une formation qui lui permettent d'accéder à une véritable vie chrétienne; dans la perspective des droits de l'homme, toute personne humaine a le droit de chercher la vérité religieuse et d'y adhérer librement, c'est-à-dire soustraite «à toute contrainte de la part tant des individus que des groupes sociaux et de quelque pouvoir humain que ce soit, de telle sorte qu'en cette matière religieuse nul ne soit forcé d'agir contre sa conscience ni empêché d'agir... selon sa conscience».[20]

C'est pourquoi l'activité catéchétique doit pouvoir s'accomplir dans des circonstances favorables de temps et de lieux, avoir accès aux mass media et à des instruments de travail appropriés, sans discrimination envers les parents, les catéchisés ou les catéchistes. Actuellement ce droit est certes de plus en plus reconnu, au moins au plan de ses grands principes, comme en témoignent des déclarations ou conventions internationales, dans lesquelles — quoi qu'il en soit de leurs limites — on peut reconnaître les voeux de la conscience d'une grande partie des hommes d'aujourd'hui.[21] Mais ce droit est violé par de nombreux Etats au point que donner, faire donner la catéchèse ou la recevoir devient un délit passible de sanction. C'est avec force que, en union avec les Pères du Synode, j'élève la voix contre toute discrimination dans le domaine de la catéchèse, en même temps que je lance à nouveau un pressant appel aux responsables pour que cessent totalement ces contraintes qui pèsent sur la liberté humaine en général, et sur la liberté religieuse en particulier.

A.239. *Christifideles Laici* (*CL*)

39. LIBRES D'INVOQUER LE NOM DU SEIGNEUR

Le respect de la dignité de la personne, qui comporte la défense et la promotion des droits de l'homme, exige que soit reconnue la dimension religieuse de

---

[20] Concile Vatican II, Déclaration sur la liberté religieuse *Dignitatis humanae,* 2: *AAS* 58 (1966), p. 930.

[21] Cf. Déclaration universelle des Droits de l'Homme (ONU), du 10 décembre 1948, art. 18; Pacte International relatif aux droits civils et politiques (ONU), du 16 décembre 1966, art. 4; Acte final de la Conférence sur la Sécurité et la Coopération en Europe, par. VIII.

l'homme. Ce n'est pas là une exigence simplement «confessionnelle», mais bien une exigence qui trouve sa racine indestructible dans la réalité même de l'homme. Le rapport avec Dieu, en effet, est un élément constitutif de l'«être» et de l'«existence» de l'homme: c'est en Dieu qu'il «nous est donné de vivre, de nous mouvoir et d'exister» (*Ac* 17, 28). Si tous n'admettent pas cette vérité, tous ceux qui en sont pénétrés ont le droit au respect de leur foi et des choix de vie, individuelle ou communautaire, qui en dérivent. C'est cela *le droit à la liberté de conscience et à la liberté religieuse;* le reconnaître effectivement, c'est l'un des biens les plus nobles et l'un des devoirs les plus graves de chaque peuple, s'il veut vraiment assurer le bien de la personne et de la société: «La liberté religieuse, exigence indestructible de la dignité de tout homme, est une pierre angulaire de l'édifice des droits de l'homme, et donc un facteur irremplaçable du bien de la personne et de toute la société, comme elle l'est de l'épanouissement personnel de chacun. Il en découle que la liberté pour les individus et les communautés de professer et de pratiquer sa religion est un élément essentiel de la cohabitation pacifique des hommes... Le droit civil et social à la liberté religieuse, parce qu'il touche à la sphère la plus intime de l'esprit, se manifeste comme le point de référence et, en un certain sens, devient la mesure des autres droits fondamentaux».[22] (...)

A.240. *Redemptoris Missio (RM)*

8. Dans le monde moderne, il existe une tendance à réduire l'homme à la seule dimension horizontale. Mais que devient l'homme sans ouverture à l'Absolu? La réponse se trouve dans l'expérience de tout homme, mais elle est aussi inscrite dans l'histoire de l'humanité avec le sang versé au nom des idéologies et par des régimes politiques qui ont voulu construire une «humanité nouvelle» sans Dieu.[23]

Du reste, le Concile Vatican II répond à ceux qui ont le souci de protéger la liberté de conscience: «La personne humaine a droit à la liberté religieuse. [...] Tous les hommes doivent être soustraits à toute contrainte de la part tant des individus que des groupes sociaux et de quelque pouvoir humain que ce soit, de telle sorte qu'en matière religieuse nul ne soit forcé d'agir contre sa conscience ni empêché d'agir, dans de justes limites, selon sa conscience, en privé comme en public, seul ou associé à d'autres».[24]

L'annonce et le témoignage du Christ, quand ils sont faits dans le respect des consciences, ne violent pas la liberté. La foi exige la libre adhésion de l'homme, mais elle doit être proposée parce que les «multitudes ont le droit de connaître la richesse du mystère du Christ, dans lequel nous croyons que toute

---

22 JEAN PAUL II, Message pour la 21ème Journée mondiale de la paix (8 décembre 1987): *AAS* 80 (1988), p. 278 et 280.

23 Cf. JEAN XXIII, *Mater et Magistra,* IV: *AAS* 53 (1961), p. 451-453.

24 Déclaration sur la liberté religieuse *Dignitatis humanae,* 2.

l'humanité peut trouver, avec une plénitude insoupçonnable, tout ce qu'elle cherche à tâtons au sujet de Dieu, de l'homme et de son destin, de la vie et de la mort, de la vérité. [...] C'est pourquoi l'Eglise garde vivant son élan missionnaire, et même elle veut l'intensifier dans le moment historique qui est le nôtre».[25] Il faut cependant dire, toujours avec le Concile, que, «en vertu de leur dignité, tous les hommes, parce qu'ils sont des personnes, c'est-à-dire doués de raison et de volonté libre, et, par suite, pourvus d'une responsabilité personnelle, sont pressés, par leur nature même, et tenus, par obligation morale, à chercher la vérité, tout d'abord celle qui concerne la religion. Ils sont tenus aussi à adhérer à la vérité dès qu'ils la connaissent et à régler toute leur vie selon les exigences de cette vérité».[26] (...)

39. FIDELITE AU CHRIST ET PROMOTION DE LA LIBERTE HUMAINE

Toutes les formes de l'activité missionnaire sont marquées par la conscience que l'on favorise la liberté de l'homme en lui annonçant Jésus-Christ. L'Eglise doit être fidèle au Christ, dont elle est le corps et dont elle poursuit la mission. Il est nécessaire qu'elle «suive la même route que le Christ, la route de la pauvreté, de l'obéissance, du service et de l'immolation de soi jusqu'à la mort, dont il est sorti victorieux par sa résurrection».[27] L'Eglise doit donc tout faire pour déployer sa mission dans le monde et atteindre tous les peuples; elle en a aussi le droit, qui lui a été donné par Dieu pour la mise en oeuvre de son plan. La liberté religieuse, parfois encore limitée ou restreinte, est la condition et la garantie de toutes les libertés qui fondent le bien commun des personnes et des peuples. Il faut souhaiter que la véritable liberté religieuse soit accordée à tous en tout lieu, et l'Eglise s'y emploie dans les différents pays, surtout dans les pays à majorité catholique où elle a une plus grande influence. Cependant, il ne s'agit pas d'une question de religion de la majorité ou de la minorité, mais bien d'un droit inaliénable de toute personne humaine.

D'autre part, l'Eglise s'adresse à l'homme dans l'entier respect de sa liberté:[28] la mission ne restreint pas la liberté, mais elle la favorise. *L'Eglise propose, elle n'impose rien:* elle respecte les personnes et les cultures, et elle s'arrête devant l'autel de la conscience. A ceux qui s'opposent, sous les prétextes les plus variés, à son activité missionnaire, l'Eglise répète: *Ouvrez les portes au Christ!* (...)

---

25 PAUL VI, *Evangelii nuntiandi,* 53: *AAS* 68 (1976), p. 42.

26 *Dignitatis humanae,* 2.

27 CONC. VAT. II, Décret sur l'activité missionnaire de l'Eglise *Ad gentes,* 5; cf. Const. dogm. sur l'Eglise *Lumen gentium,* 8.

28 Cf. CONC. VAT. II, *Dignitatis humanae,* 3-4; PAUL VI, *Evangelii nuntiandi,* 79-80: *l.c.,* p. 71-75; JEAN-PAUL II, *Redemptor hominis,* 12: *l.c.,* p. 278-281.

A.241. *Centesimus Annus (CA)*

9. A ces droits, Léon XIII en ajoute *un autre,* toujours à propos de la condition ouvrière, que je désire rappeler, étant donné son importance: le droit d'accomplir librement ses devoirs religieux. Le Pape le proclame clairement dans le contexte des autres droits et devoirs des ouvriers, malgré le climat général où, déjà de son temps, on considérait que certaines questions appartenaient exclusivement au domaine de la vie privée. Il affirme la nécessité du repos dominical, afin de rappeler à l'homme la pensée des biens célestes et du culte que l'on doit à la majesté divine.[29] De ce droit, qui s'enracine dans un commandement fondamental, personne ne peut priver l'homme: «Il n'est permis à personne de violer impunément cette dignité de l'homme que Dieu lui-même traite avec un grand respect». Par conséquent, l'Etat doit assurer à l'ouvrier l'exercice de cette liberté.[30]

On ne se tromperait pas en voyant en germe, dans cette affirmation claire, le principe du droit à la liberté religieuse, qui est devenu depuis lors l'objet de nombreuses *Déclarations* et *Conventions internationales* solennelles,[31] sans oublier la célèbre *Déclaration conciliaire* et mes enseignements fréquents.[32] Sur ce point, nous devons nous demander si les dispositions légales en vigueur et les pratiques des sociétés industrialisées permettent aujourd'hui d'assurer effectivement l'exercice de ce droit élémentaire au repos dominical.

B.242. *Pour le 25e anniversaire de l'Organisation des Nations Unies (ONU 25)*

(...) Aussi est-il d'une importance capitale que votre organisation ait reconnu, parmi les droits fondamentaux de la personne humaine, ce que notre vénéré prédécesseur Jean XXIII appelait «le droit d'honorer Dieu suivant la juste règle de la conscience et de professer sa religion dans la vie privée et publique»:[33] cette liberté religieuse dont l'Eglise a réaffirmé tout le prix au Concile oecuménique.[34] Mais, hélas! ce droit sacré entre tous se trouve impunément bafoué pour des millions d'hommes, victimes innocentes d'intolérables discriminations religieuses. Aussi nous tournons-nous avec confiance vers votre noble Assemblée, dans l'es-

---

[29] Cf. Encycl. *Rerum novarum,* n. 32: *l.c.,* p. 127.

[30] *Ibid.,* n. 32: *l.c.,* p. 126-127.

[31] Cf. Déclaration universelle des Droits de l'Homme; Déclaration sur l'élimination de toute forme d'intolérance et de discrimination fondées sur la religion ou les convictions.

[32] Cf. CONC. VAT. II, Déclaration sur la liberté religieuse *Dignitatis humanae;* JEAN-PAUL II, Lettre aux Chefs d'Etat (1er septembre 1980): *AAS* 72 (1980), p. 1252-1260; Message pour la Journée mondiale de la Paix 1988: *AAS* 80 (1988), p. 278-286.

[33] *Pacem in terris: AAS* 55 (1963), p. 260.

[34] *Dignitatis humanae,* 2.

poir qu'elle saura promouvoir, en un domaine si fondamental de la vie des hommes, une attitude conforme à la voix irrépressible de la conscience et proscrire des comportements incompatibles avec la dignité du genre humain. (...)

B.243. *Au Corps Diplomatique (CD 1978)*

(...) L'une des caractéristiques de notre société sécularisée est, sans aucun doute, la tendance à reléguer la foi religieuse au rang d'option privée. Et pourtant, jamais comme à notre époque, partout où elle est opprimée ou limitée, la liberté de religion et de conscience n'a été invoquée et revendiquée avec autant d'insistance, voire de passion, comme une valeur de l'existence, qui réclame une dimension extérieure et communautaire. Il suffit de voir les appels qui nous parviennent continuellement de personnes et de groupes, même non catholiques, d'hommes et de femmes de toute conviction, et aussi le large consensus que rencontrent les initiatives du Saint-Siège lorsqu'il demande devant les instances internationales le respect pour la liberté religieuse de tous.

Quelques idéologies diffuses veulent aussi cataloguer la foi en Dieu parmi les signes de la faiblesse et de l'aliénation humaine. Et pourtant, rarement autant qu'en ces dernières décennies, les croyants ne se sont montrés davantage des hommes libres, indépendants dans leur jugement moral, résistants dans les privations, intrépides sous les pressions et les oppressions, et devant la mort. Nous en avons pour preuve les témoignages de ceux qui ont partagé avec eux la prison ou l'internement, et aussi les sacrifices que savent supporter sereinement, sur le plan de la vie civile, du travail, des études, de la carrière, une multitude de croyants qui acceptent de subir des discriminations pour eux ou pour leurs enfants, pourvu que cela n'atteigne pas leurs propres convictions.

On doit reconnaître que toutes ou presque toutes les Constitutions du monde, sans parler de plusieurs documents internationaux de portée solennelle, contiennent des garanties — souvent amples et circonstanciées — en faveur de la liberté de religion et de conscience, et de l'égalité des citoyens sans distinction de foi religieuse. Mais on ne peut s'empêcher de constater les limitations et les interdictions auxquelles sont soumises dans divers pays, au plan législatif et administratif, de nombreuses manifestations de la vie religieuse: la profession de foi individuelle, l'éducation des jeunes, l'action pastorale de prêtres ou d'évêques, l'autonomie interne des communautés religieuses, la faculté d'évangéliser, l'utilisation de la presse, l'accès aux mass media, etc. Il faut donc en conclure que les croyants sont encore considérés comme des citoyens suspects, que l'on doit surveiller tout particulièrement.

Nous voudrions que notre discours ici soit franc, respectueux de la vérité, et aussi amical et constructif. Il est exact que la personne qui croit sincèrement en Dieu et s'efforce, malgré sa faiblesse et ses péchés, de vivre en communion d'amour avec lui se sent forte et libre. La force n'est pas la sienne: c'est celle de l'autre, auquel elle se confie. La liberté lui vient du fait qu'elle ne craint pas les puissances «qui tuent le corps» (*Lc* 12, 4). «C'est un curieux paradoxe», disait malicieusement sir Thomas More, humaniste et homme d'Etat, à sa fille Margaret avant de mourir, «qu'un homme puisse perdre la tête sans en subir de dommage».

Moins enclin à la suggestion, le croyant est ouvert à la vérité et à la justice, il a le coeur disponible pour ses frères, il ressent le devoir impératif d'être fidèle aux responsabilités assumées. On peut tout lui demander pour les autres hommes et pour la société, sauf ce que sa conscience lui interdit.

Que les chrétiens sachent puiser dans la foi une force morale particulière qui les engage, au moins autant et même plus que d'autres, en faveur d'une société plus humaine et plus juste, c'est ce que commencent à reconnaître même ceux qui, autrefois, avaient l'habitude de qualifier la foi religieuse d'une sorte de fuite du réel. Il semble permis de se demander alors: un Etat peut-il solliciter avec fruit une confiance et une collaboration entières alors que, par une sorte de «confessionnalisme en négatif», il se proclame athée et, tout en déclarant respecter dans un certain cadre les croyances individuelles, il prend position contre la foi d'une partie de ses citoyens? Comment penser qu'un père ou une mère aient l'espoir d'une société qui se voudrait nouvelle et plus juste, quand une éducation idéologique totalisante est privilégiée dans les écoles, et quand il reste difficile pour les familles, même dans l'intimité du foyer, de communiquer à leurs enfants les valeurs de l'esprit qui sont le fondement de la vie? Comment peuvent se sentir tranquilles l'Eglise et ces pasteurs qui nourrissent pourtant, à l'égard de l'autorité civile, un respect sincère et motivé, selon le mot de saint Paul, «non par crainte du châtiment mais par raison de conscience» (*Rm* 13, 5), quand on s'oppose encore à l'ouverture de lieux de culte ou à l'envoi de prêtres là où leur présence est réclamée par les fidèles, ou quand on limite l'accès au sacerdoce ou à la consécration religieuse?

Pour notre part, nous avons toujours encouragé pasteurs et fidèles à faire preuve d'une patience persévérante, à être loyaux envers les pouvoirs légitimes, à s'engager généreusement dans le domaine civique et social pour tout ce qui sert le bien de leur pays. Nous en avons donné publiquement la preuve, récemment encore, à l'occasion des visites déférentes et courtoises de hautes autorités civiles. Depuis longtemps, à l'exception de quelques pays pour lesquels cela ne nous a pas été permis jusqu'ici, nous avons entamé un dialogue franc et ouvert que l'on ne peut pas considérer comme sans résultat, et que nous souhaiterions plus approfondi, élargi aussi à des points difficiles non encore abordés. Nous voudrions maintenant, faisant place à une perspective plus étendue et parlant non seulement pour les catholiques mais en faveur de tous les croyants, formuler une question. Cette question, la voici: les temps ne sont-ils pas mûrs désormais, l'évolution historique n'est-elle pas suffisamment avancée pour que certaines raideurs du passé soient surmontées, que soit accueillie la supplication de millions de personnes, et que tous — dans la parité de condition entre concitoyens et dans le concours solidaire de tous au bien civique et social de leur pays — puissent bénéficier du juste espace de liberté pour leur foi, dans ses expressions personnelles et communautaires? N'y a-t-il pas dans les vicissitudes des peuples, même après les bouleversements les plus radicaux, une maturation naturelle des évènements, une détente des esprits, un cheminement des générations abordant une nouvelle étape plus humaine, dans lesquels se consume et se dissout ce qui oppose et divise, dans lesquels aussi renaît et s'affirme ce qui accueille, fait fraterniser et réunifie? Il nous semble à nous que justice, sagesse et réalisme convergent pour étayer l'espérance fondée et le souhait cordial qu'un tel moment, capable de procurer le bonheur à tant de coeurs, ne soit pas remis à plus tard ni éludé. (...)

B.244. *Pour le 30e anniversaire de la Déclaration Universelle des Droits de l'Homme* (DUDH 30)

(...) Je voudrais maintenant parler de ces droits tels qu'ils sont sanctionnés par la Déclaration, et spécialement de l'un d'entre eux qui occupe indubitablement une place centrale: le droit à la liberté de pensée, de conscience et de religion (cf. art. 18).

Permettez-moi d'attirer l'attention de l'Assemblée sur l'importance et la gravité d'un problème très douloureux qui est encore vivement ressenti aujourd'hui. Je veux parler du problème de la liberté religieuse qui est à la base de toutes les autres libertés et qui est inséparablement lié à elles toutes en raison de cette dignité même qu'est la personne humaine.

La vraie liberté est la caractéristique saillante de l'humanité: elle est la source dont découle la dignité humaine. Elle est «en l'homme un signe privilégié de l'image divine» (*Gaudium et spes,* 17). Elle nous est offerte et conférée comme une mission propre.

Aujourd'hui les hommes et les femmes ont de plus en plus conscience de la dimension sociale de la vie. Il en résulte qu'ils sont de plus de plus sensibles au principe de la liberté de pensée, de conscience et de religion. Cependant, c'est avec tristesse et un profond regret qu'il nous faut l'admettre: malheureusement, comme l'a dit le Second Concile du Vatican dans sa déclaration sur la liberté religieuse: «... il est des régimes où, bien que la liberté de culte religieux soit reconnue dans la Constitution, les pouvoirs publics eux-mêmes s'efforcent de détourner les citoyens de professer la religion et de rendre la vie des communautés religieuses difficile et précaire» (*Dignitatis humanae,* 15).

L'Eglise s'efforce de se faire l'interprète de la soif de dignité qu'ont les hommes d'aujourd'hui. C'est pourquoi je voudrais demander solennellement que la liberté religieuse pour toutes les personnes et pour tous les peuples soit respectée partout et par tous. C'est avec émotion que je lance cet appel solennel parce que, j'en suis profondément convaincu: même si l'on met à part le désir de servir Dieu, le bien commun de la société peut profiter «des biens de la justice et de la paix découlant de la fidélité des hommes envers Dieu et sa sainte volonté» (*ibid.,* 6). Le libre exercice de la religion profite et aux individus et aux gouvernements. L'obligation de respecter la liberté religieuse incombe donc à tout le monde, aussi bien aux citoyens individuellement qu'aux légitimes autorités civiles.

Pourquoi alors une action répressive et discriminatoire est-elle exercée contre un vaste nombre de citoyens qui ont dû subir des oppressions de toutes sortes, et même la mort, uniquement pour préserver leurs valeurs spirituelles, bien que, malgré tout cela, ils n'aient jamais cessé de coopérer à tout ce qui sert le vrai progrès civil et social de leur pays? Ne devraient-ils pas plutôt être admirés et félicités que considérés comme des suspects ou des criminels?

Mon prédécesseur Paul VI a posé cette question: «Un Etat peut-il solliciter avec fruit une confiance et une collaboration entière alors que, par une sorte de "confessionnalisme en négatif", il se proclame athée et, tout en déclarant respecter dans un certain cadre les croyances individuelles, il prend position contre la foi d'une partie de ses concitoyens?» (Paul VI, Allocution au Corps diplomatique, 14 janvier 1978: *AAS* 70 [1978], p. 170.)

La justice, la sagesse et le réalisme demandent que soit surmonté un funeste sécularisme, particulièrement cette erreur qui consiste à réduire le fait religieux au domaine purement privé. A toute personne doit être donnée la possibilité, dans le contexte de notre vie collective, de professer sa foi et sa croyance, seule ou avec d'autres, en privé et en public. (...)

B.245. *Au Comité des Journalistes Européens pour les Droits de l'Enfant* (DE)

Dans l'éducation à laquelle contribuent, avec les parents, l'école et d'autres organismes de la société, l'enfant doit trouver les possibilités «de se développer d'une façon saine et normale sur le plan physique, intellectuel, moral, spirituel et social, dans ces conditions de liberté et de dignité», comme l'affirme le deuxième principe de la Déclaration des droits de l'enfant. A ce sujet, l'enfant a droit également à la vérité, dans un enseignement qui tienne compte des valeurs éthiques fondamentales, et qui rende possible une éducation spirituelle, conformément à l'appartenance religieuse de l'enfant, à l'orientation voulue légitimement par ses parents et aux exigences d'une liberté de conscience bien comprise, à laquelle le jeune doit être préparé et formé tout au long de l'enfance et de l'adolescence. Sur ce point, il est normal que l'Eglise puisse faire valoir ses propres responsabilités.

B.246. *A l'Organisation des Nations Unies* (ONU)

20. En ce qui concerne la liberté religieuse — qui ne peut pas ne pas me tenir particulièrement à coeur, à moi en tant que Pape, et précisément par rapport à la sauvegarde de la paix —, je voudrais mentionner ici, pour contribuer au respect de la dimension spirituelle de l'homme, quelques principes contenus dans la Déclaration *Dignitatis humanae* du Concile Vatican II:

«En vertu de leur dignité, tous les hommes, parce qu'ils sont des personnes, c'est-à-dire doués de raison et de volonté libre, et, par suite, pourvus d'une responsabilité personnelle, sont pressés, par leur nature même, et tenus, par obligation morale, à chercher la vérité, celle tout d'abord qui concerne la religion. Ils sont tenus aussi à adhérer à la vérité dès qu'ils la connaissent et à régler toute leur vie selon les exigences de cette vérité» (n. 2).

«De par son caractère même, en effet, l'exercice de la religion consiste avant tout en des actes intérieurs volontaires et libres par lesquels l'homme s'ordonne directement à Dieu: de tels actes ne peuvent être ni imposés ni interdits par aucun pouvoir purement humain. Mais la nature sociale de l'homme requiert elle-même qu'il exprime extérieurement ces actes internes de religion, qu'en matière religieuse il ait des échanges avec d'autres, qu'il professe sa religion sous une forme communautaire» (n. 3).

Ces paroles touchent au fond même du problème. Elles prouvent également de quelle façon la confrontation *entre la conception religieuse du monde et la conception agnostique ou même athée,* qui est l'un des «signes des temps» de notre époque, pourrait conserver des dimensions humaines, loyales et respectueuses, sans porter atteinte aux droits essentiels de la conscience de tout homme ou toute femme qui vivent sur la terre.

Ce même respect de la dignité de la personne humaine semble requérir que, lorsque la teneur exacte de l'exercice de la liberté religieuse est discutée ou définie en vue de l'établissement de lois nationales ou de conventions internationales, les institutions qui par nature sont au service de la vie religieuse soient partie prenante. En omettant une telle participation, on risque d'imposer, dans un domaine aussi intime de la vie de l'homme, des normes ou des restrictions contraires à ses vrais besoins religieux.

B.247. *Au Corps Diplomatique au Kenya* (Nairobi CD)

6. Dans ce même contexte du respect de la dignité de ses citoyens par l'Etat, je désirerais attirer l'attention sur la question de la *liberté religieuse.*

Parce qu'elle croit qu'aucune liberté ne peut exister, qu'aucun amour fraternel n'est possible sans référence à Dieu qui «créa l'homme à son image» (*Gn* 1, 27), l'Eglise catholique ne cessera jamais de défendre, comme un droit fondamental de chaque personne, la liberté de religion et la liberté de conscience. «La limitation de la liberté religieuse des personnes et des communautés n'est pas seulement une douloureuse expérience», je l'ai affirmé dans mon Encyclique, «mais elle atteint avant tout la dignité même de l'homme, indépendamment de la religion que ces personnes ou ces communautés professent ou de la conception du monde qu'elles ont». Et j'ai ajouté que «même le phénomène de l'incrédulité, de l'attitude areligieuse et de l'athéisme... ne se comprend qu'en relation avec le phénomène de la religion et de la foi», qu'il est par conséquent difficile d'accepter «une position selon laquelle seul l'athéisme a droit de cité dans la vie publique et sociale, tandis que les croyants, comme par principe, sont à peine tolérés, ou encore traités comme citoyens de "catégorie" inférieure et finalement — ce qui est déjà arrivé — totalement privés de leurs droits de citoyens» (*Redemptor hominis,* 17). Pour cette raison, l'Eglise croit — sans hésitation aucune — qu'*une idéologie athée ne peut constituer la force motrice et orientatrice,* qui permette de favoriser le bien-être des individus ou de promouvoir la justice sociale, quand elle prive l'homme de sa liberté donnée par Dieu, de son inspiration spirituelle et du pouvoir d'aimer adéquatement les hommes.

B.248. *Aux Chefs d'Etat signataires de l'Acte final d'Helsinki (LR)*

4. A la lumière des prémisses et des principes indiqués ci-dessus, le Siège Apostolique estime que c'est son droit et son devoir d'envisager une analyse des éléments spécifiques qui correspondent au concept de «liberté religieuse» et qui en sont l'application, dans la mesure où ils découlent d'exigences des personnes et des communautés ou dans celle où ils sont requis par leurs activités concrètes. Dans l'expression et dans la pratique de la liberté religieuse, on relève en effet la présence d'aspects individuels et communautaires, privés et publics, étroitement liés entre eux, en sorte que la jouissance de la liberté religieuse englobe des dimensions connexes et complémentaires:

a) Sur *le plan personnel,* il faut tenir compte de:

— la liberté d'adhérer ou non à une foi déterminée et à la communauté confessionnelle correspondante;

— la liberté d'accomplir, individuellement et collectivement, en privé et en public, des actes de prière et de culte, et d'avoir des églises ou des lieux de culte autant que le requièrent les besoins des croyants;

— la liberté des parents d'éduquer leurs enfants dans les convictions religieuses qui inspirent leur propre vie, ainsi que la possibilité de faire fréquenter l'enseignement catéchétique et religieux donné par la communauté;

— la liberté des familles de choisir des écoles ou d'autres moyens qui assurent à leurs enfants cette éducation sans devoir subir, directement ou indirectement, des charges supplémentaires telles qu'elles empêchent en fait l'exercice de cette liberté;

— la liberté pour les personnes de bénéficier de l'assistance religieuse partout où elles se trouvent, notamment dans les lieux publics de soins (cliniques, hôpitaux), dans les casernes militaires et dans les services obligatoires de l'Etat, comme dans les lieux de détention;

— la liberté de ne pas être contraint, au plan personnel, civique ou social, d'accomplir des actes contraires à sa propre foi, ni de recevoir un type d'éducation, ou d'adhérer à des groupes ou associations, qui ont des principes en opposition avec ses propres convictions religieuses;

— la liberté de ne pas subir, pour des raisons de foi religieuse, des limitations et des discriminations, par rapport à d'autres citoyens, dans les diverses manifestations de la vie (pour tout ce qui concerne la carrière, qu'il s'agisse d'études, de travail, de profession; participation aux responsabilités civiques et sociales, etc.). (...)

B.249. *A l'Union Interparlementaire (UIP)*

6. Il est opportun encore de mentionner le problème *de la liberté religieuse.* Vous le savez, l'Eglise ne demande aucun privilège au pouvoir civil; avec une clarté qui, depuis le Concile, ressort encore mieux que par le passé, elle a défini une position globale selon laquelle la liberté religieuse n'est que l'une des faces du prisme unitaire de la liberté: celle-ci est un élément constitutif essentiel d'une société authentiquement moderne et démocratique. En conséquence, aucun Etat ne peut prétendre bénéficier d'une estime positive et à plus forte raison être considéré comme méritant par le seul fait qu'il semble accorder la liberté religieuse, alors qu'il l'isole en fait d'un contexte général de liberté; et un Etat ne peut se définir «démocratique» s'il fait obstacle de quelque façon que ce soit aux libertés religieuses, non seulement pour ce qui est de l'exercice et de la pratique du culte, mais encore pour la participation sur un pied d'égalité aux activités scolaires et éducatives, comme aux initiatives sociales, dans lesquelles la vie de l'homme moderne s'articule toujours davantage. L'histoire, même la plus récente, atteste que les responsables civils, préoccupés du bien de leur peuple, n'ont rien à craindre de l'Eglise; bien plus, en respectant les activités, ils procurent au peuple lui-même un enrichissement, car ils utilisent un moyen sûr d'amélioration et d'élévation.

B.250. *Journée mondiale de la Paix (JMP 1988)*

1. (...) Le droit civil et social à la liberté religieuse, pour autant qu'il touche à la sphère la plus intime de l'esprit, apparaît comme un point de repère et, d'une certaine façon, il devient la mesure des autres droits fondamentaux. En effet, il s'agit de respecter le domaine le plus sensible dans l'autonomie de la personne, en lui accordant d'agir suivant les impératifs de sa conscience, dans les choix d'ordre privé comme dans la vie sociale. L'Etat ne peut revendiquer une compétence, directe ou indirecte, sur les convictions religieuses des personnes. Il ne peut s'arroger le droit d'imposer ou d'empêcher la profession et la pratique publiques de la religion d'une personne ou d'une communauté. En cette matière, les Autorités civiles ont le droit de faire en sorte que les droits des individus et des communautés soient respectés, en même temps que de sauvegarder l'ordre public juste.

Même lorsqu'un Etat accorde à une religion déterminée une position juridique particulière, il se doit de reconnaître légalement et de respecter effectivement le droit à la liberté de conscience de tous les citoyens, comme aussi des étrangers qui résident sur son territoire, même temporairement, pour des raisons professionnelles ou autres.

En aucun cas l'organisation de l'Etat ne peut se substituer à la conscience des citoyens, ni retirer à leurs associations religieuses leur espace vital, ou prendre leur place. Un ordre social juste requiert que tous — individuellement et en communauté — puissent professer leurs convictions religieuses tout en respectant les autres. (...)

B.251. *Au Colloque «L'Eglise et les droits de l'homme»* (CPJP)

4. (...) L'être humain est tel parce que capable de liberté; en vertu de la communauté de nature de tous les hommes, chaque société et toutes ensemble peuvent créer les conditions de l'exercice du droit fondamental que nous appelons liberté religieuse. Elles en ont le devoir, car la grandeur de tout homme vient de la prédilection dont Dieu, son Créateur, l'a entouré en le faisant «artisan principal de sa réussite ou de son échec» (*Populorum progressio,* 15). (...)

5. En disant cela, ma pensée va vers les hommes, si nombreux encore, dont la conscience n'est pas vraiment libre de s'exprimer, qui adhèrent au fond d'eux-mêmes aux vérités les plus hautes mais se voient empêchés de partager leurs convictions, de les nourrir et de les transmettre librement à leurs enfants, de rendre en commun à Dieu le culte public qu'ils désirent. Je voudrais dire la sollicitude fraternelle du Pape et de toute l'Eglise envers ceux qui souffrent au nom de leur foi jusqu'aux plus graves persécutions. Dans le monde d'aujourd'hui, il est des témoins héroïques de la foi qui nous rappellent, par l'engagement sans réserve de leur personne, le prix de la liberté religieuse. Leur témoignage nous invite à comprendre combien cette liberté des fils de Dieu est essentielle pour que soit sauve leur dignité, qui est avant tout d'ordre spirituel. N'appartient-il pas à tous ceux qui bénéficient de la liberté religieuse de mettre en valeur le caractère primordial de ce droit? Car notre ferme conviction est que, sans cette liberté d'adhérer aux valeurs spirituelles et de les exprimer dans la communauté, la personne humaine elle-même est en péril.

B.252. *Au Corps Diplomatique* (CD 1989)

6. Parmi les libertés fondamentales qu'il appartient à l'Eglise de défendre au premier chef, se trouve tout naturellement la *liberté religieuse*. Le droit à la liberté de religion est si étroitement lié aux autres droits fondamentaux que l'on peut soutenir à juste titre que le respect de la liberté religieuse est comme un «test» pour l'observance des autres droits fondamentaux.

La démarche religieuse, en effet, comporte deux dimensions spécifiques qui en signalent l'originalité par rapport aux autres activités de l'esprit, notamment celles de la conscience, de la pensée ou de la conviction. D'une part, la foi reconnaît l'existence de la Transcendance qui donne sens à toute l'existence et fonde les valeurs d'après lesquelles s'orientent les comportements. D'autre part, l'engagement religieux implique l'insertion dans une communauté de personnes. La liberté religieuse va de pair avec la liberté de la communauté des fidèles de vivre selon les enseignements de son Fondateur.

L'Etat n'a pas à se prononcer en matière de foi religieuse et ne peut se substituer aux diverses Confessions pour ce qui regarde l'organisation de la vie religieuse. Le respect par l'Etat du droit à la liberté de religion est signe du respect des autres droits humains fondamentaux en ce qu'il est reconnaissance implicite de l'existence d'un ordre qui dépasse la dimension politique de l'existence, un ordre qui relève de la sphère de la libre adhésion à une communauté de salut antérieure à l'Etat. Même si, pour des raisons historiques, un Etat accorde une protection spéciale à une religion, il a l'obligation de garantir par ailleurs aux minorités religieuses les libertés personnelles et communautaires qui découlent du droit commun à la liberté religieuse dans la société civile.

Hélas, il n'en est pas toujours ainsi. De plus d'un pays continuent de parvenir encore des appels de croyants — notamment de catholiques — qui se sentent brimés dans leurs aspirations religieuses et dans la pratique de leur foi. Il n'est pas rare, en effet, que subsistent des législations ou des dispositions administratives occultant le droit à la liberté religieuse ou prévoyant des limitations tellement exorbitantes qu'elles en finissent par réduire à néant les rassurantes déclarations de principe.

Dans la présente circonstance, j'en appelle encore une fois à la conscience des responsables des nations: pas de paix sans liberté! Pas de paix sans retrouver en Dieu l'harmonie de l'homme avec lui-même et avec ses semblables! Ne craignez point les croyants! Je l'affirmais l'an passé, à l'occasion de la Journée mondiale de la Paix: «La foi religieuse rapproche et unit les hommes, en fait des frères, les rend plus attentifs, plus responsables, plus généreux dans leur service du bien commun» (Message pour la célébration de la Journée mondiale de la Paix 1988, n. 3).

B.253. *Helsinki*

2. Les auteurs de l'Acte final[35] ont clairement réalisé que la paix serait très précaire sans la coopération entre les nations et entre les individus, sans une meilleure qualité de vie, et sans la promotion des valeurs que les européens ont en commun. C'est pourquoi, parmi les Dix principes, le septième parle du «respect des droits de l'homme et des libertés fondamentales, y compris la liberté de pensée, de conscience, de religion et de croyance». En plus, dans le troisième paragraphe, adopté à l'initiative du Saint-Siège, on lit que les Etats participants, je cite: «reconnaissent et respectent la liberté de l'individu de professer et de pratiquer, seul ou en communauté avec d'autres, une religion ou une croyance, agissant en accord avec ce que lui dicte sa propre conscience».

---

[35] d'Helsinki, n.d.r.

Ainsi, plaçant le respect de *la liberté religieuse* parmi les fondements de la paix en Europe, l'Acte final non seulement restait fidèle à l'héritage spirituel européen, imprégné dès l'origine par le message chrétien, mais reflétait aussi une conviction de l'Eglise catholique — et de beaucoup d'autres croyants — que le droit des individus et des communautés à la liberté sociale et civile dans les affaires de religion est un des piliers qui soutiennent l'édifice des droits de l'homme.

Excellences, Mesdames et Messieurs: à la Conférence d'Helsinki, les négociateurs ont fait valoir le principe selon lequel les croyants qui se sentiraient discriminés en raison de leur foi, ou qui craindraient des réactions hostiles en pratiquant leur foi, ne pourraient participer pleinement à la construction de la société dans laquelle ils vivent. Quand les droits fondamentaux de l'homme et les libertés sont réprimés, l'harmonie sociale de la nation tout entière est, d'une certaine manière, perturbée. Résultat: l'oeuvre de paix est entravée.

Mais les auteurs de l'Acte final ont également abordé une autre dimension de la liberté religieuse, une dimension sur laquelle la délégation du Saint-Siège n'avait pas manqué d'insister à chaque occasion: *la dimension «sociale» de la pratique religieuse*. Au-delà de la liberté du «culte», la participation à une communauté de foi suppose des contacts et des réunions entre des gens professant la même croyance. C'est à la lumière de cette idée que l'on devrait lire le paragraphe suivant du troisième «panier» consacré aux contacts humains; les signataires «confirment que les confessions religieuses, institutions et organisations, pratiquant au sein du cadre constitutionnel des Etats participants, et leurs représentants, peuvent, dans le cadre de leurs activités, avoir des contacts et des réunions entre eux et échanger des informations».

3. Je voudrais noter qu'en plaidant pour une liberté encore plus effective de la pratique religieuse de ce genre, le Saint-Siège a toujours pris en considération l'opinion des autres chrétiens et des confessions non-chrétiennes. Les consultations n'ont pas manqué et de nombreuses familles spirituelles, séparées de l'Eglise catholique, ont exprimé leur appui à cette nouvelle manière d'aborder la question. Elles ont également fait en sorte que les idées développées durant les consultations à Helsinki et à Genève trouvent une réaction favorable parmi les responsables de leurs pays.

Au cours des nombreuses réunions de suivi, qui se sont tenues au lendemain des Accords d'Helsinki, le Saint-Siège a toujours pris soin de démontrer à tous les délégués combien l'exercice libre et effectif de la religion contribuait au renforcement de la sécurité et de la coopération entre les peuples, tout en identifiant des cas regrettables de déni total de la liberté religieuse aux communautés orientales de rite catholique qui ont même perdu le droit d'exister au sein des nouvelles structures juridiques et politiques de l'après-guerre.

Vu le fossé séparant les principes énoncés et les graves obstacles rencontrés par certaines communautés de croyants en Europe, j'ai pensé qu'il était approprié, à quelques mois du démarrage de la *troisième réunion de suivi à Madrid*, d'écrire aux chefs d'Etat de tous les pays signataires de l'Acte final. Il s'agissait d'aider les négociateurs à définir la liberté religieuse d'une manière plus précise, de la considérer dans toutes ses dimensions, et notamment de mettre en relief la contribution que cette liberté peut apporter au maintien de la paix et à la coopération entre les peuples. Mesdames et Messieurs, j'ai le plaisir de vous annoncer que certains chefs d'Etat ont non seulement eu la gentillesse de répondre mais ont aussi exprimé leur adhésion à la teneur de mon message. Ce message était en harmonie avec la *Déclaration sur la liberté religieuse* du Concile Vatican II, qui souligne clairement qu'une application correcte du principe de liberté religieuse contribue également à éduquer les citoyens à reconnaître les exigences de l'ordre moral et, en conséquence à «gérer leurs activités avec un sens de la responsabilité et à rechercher ce qui est vrai et juste, tout en étant constamment disposés à se joindre aux autres dans les efforts communs» (*Dignitatis humanae,* 8).

Comme vous vous en souvenez, il a été possible d'inclure, à Madrid, dans le document final, le paragraphe suivant: «Les Etats participant réaffirment qu'ils reconnaîtront, respecteront et accepteront de prendre les mesures nécessaires pour assurer la liberté de l'individu à professer et à pratiquer, seul ou en communauté avec d'autres, une religion ou une croyance, agissant en accord avec ce que lui dicte sa propre conscience. Dans ce contexte, ils consulteront, chaque fois que nécessaire, les confessions religieuses, les institutions et les organisations, qui agissent dans le cadre constitutionnel de leurs pays respectifs». De telles consultations sont toujours bénéfiques et j'ai considéré qu'il était approprié de les proposer, comme certains s'en souviennent, lors de ma visite le 2 octobre 1979 au siège des Nations Unies.

Le Document de Madrid évoque également l'octroi d'un statut légal approprié aux confessions religieuses, institutions et organisations qui le demandent et qui sont disposées à pratiquer leur foi dans le cadre constitutionnel en vigueur. Il établit en outre que les Etats sont déterminés à faciliter les activités et les contacts entre les communautés et leurs représentants dans la sphère de leur activité spirituelle. Cette question a été discutée plus spécifiquement lors d'une *réunion d'experts sur les contacts entre les peuples,* tenue en 1983 à Berne.

Il est réconfortant de pouvoir déclarer que certaines idées ont fait leur chemin, en dépit de grosses difficultés qui existent toujours dans certains pays. Je pense plus particulièrement à ces communautés catholiques obligées de vivre dans la clandestinité: aux jeunes discriminés dans leurs études ou leurs croyances religieuses; et à des diocèses privés de leurs évêques. Heureusement, au moins au niveau des principes, des progrès ont été réalisés à la *Réunion d'Ottawa* en 1985, consacrée aux droits de l'homme, et aux débats qui s'étaient tenus la même année dans le cadre du *Forum culturel* de Budapest.

4. Lorsque la troisième grande réunion de suivi de la Conférence s'est ouverte, en novembre 1986 à Vienne, il était clair que la plupart des délégations ne se contenteraient pas d'une réédition de l'Acte final ou *du Document de Madrid.* Elles étaient à la recherche d'un saut qualitatif: un texte précis, avec des engagements concrets. L'opinion publique avait fini par admettre que le processus d'Helsinki n'était pas simplement destiné à consolider des principes, mais à re-

médier à des situations qui ne pouvaient pas être justifiées.

Dans le domaine de *la liberté de conscience et de religion*, les négociateurs sont partis de *deux prémices*. La première était que les Constitutions de tous les pays représentés garantissaient la liberté religieuse de leurs citoyens. La deuxième était qu'en pratique c'était la liberté fondamentale la plus fréquemment violée.

Comme vous le savez, ce fut le début de ce qui allait être le débat le plus fécond sur la liberté religieuse au sein de la Conférence. Pendant des mois, les délégations expliquèrent comment leurs gouvernements respectifs mettaient en pratique les engagements pris à Helsinki et à Madrid. Pour sa part, *la délégation du Saint-Siège* put fournir des explications et corriger occasionnellement certaines évaluations trop optimistes des faits. Quatre «propositions» furent avancées par les différents groupes de pays — y compris le Saint-Siège — en vue de rédiger le document conclusif.

Vous connaissez déjà bien le texte qui a été adopté en janvier dernier à Vienne. De nombreux points de vue, notamment dans le domaine qui suscite le plus notre intérêt, il représente un progrès significatif. La persévérance des négociateurs et certains développements positifs en Europe centrale et de l'est ont rendu possible ce résultat satisfaisant.

Dans le *Document de Vienne*, nous trouvons une série de mesures visant à assurer un plus libre exercice de la liberté religieuse. Je me contenterai de donner de brèves indications sur les dispositions, les plus importantes:

— libre accès aux lieux du culte;

— le droit des communautés à s'organiser elles-mêmes selon leurs propres structures hiérarchiques;

— la disposition d'entreprendre des consultations avec les différentes confessions et organisations religieuses en vue d'avoir une meilleure compréhension de leurs besoins;

— le droit de donner et de recevoir une éducation religieuse;

— le droit d'obtenir, de posséder et d'utiliser le matériel religieux nécessaire à la pratique de la religion;

— l'accès des croyants aux moyens de communication;

— la possibilité pour les croyants et les communautés de maintenir des contacts directs entre eux, tant chez eux qu'à l'étranger.

Telles sont les mesures concrètes adoptées par les chefs des 35 nations et pour lesquelles ils devront répondre devant leurs citoyens. En fait, c'est ici que réside l'originalité de l'*Acte final* et des *Documents de Madrid et de Vienne:* ceux qui les approuvent assument un certain nombre d'obligations non seulement à l'égard des autres Etats mais aussi vis-à-vis de leurs citoyens, à qui ces documents reconnaissent des droits bien définis.

Ainsi, on peut dire, que *la façon dont ces engagements seront appliqués et mis en pratique constituera un «test» de développement ou de stagnation.* Certains pays devront même modifier leur législation sur la liberté religieuse afin de la rendre conforme à ces textes. En fait, le Document de Vienne précise que les Etats participant doivent prendre des mesures pour s'assurer que leurs lois et politiques correspondent véritablement aux mesures adoptées dans le cadre de la Conférence sur la sécurité et la coopération en Europe (cf. *Principes,* n. 3). Les procédures de vérification dans le domaine des droits de l'homme ont été adoptées à Vienne, ce qui permettra d'exercer une surveillance accrue dans le futur. On s'attend à une contribution sur cette question au cours de la réunion sur la dimension humaine de la Conférence sur la sécurité et la coopération en Europe, qui a lieu actuellement à Paris.

5. Excellences, Mesdames et Messieurs: j'ai souligné les développements majeurs des quatorze dernières années concernant la liberté religieuse dans le cadre de la Conférence. En un certain sens, on peut dire que le «canal» ouvert par le processus d'Helsinki a permis aux «forces de l'esprit» d'anticiper dans une certaine mesure la détente politique dont nous avons été les témoins au cours des dernières mois. Les idées semées avec patience sont parvenues à maturité. Nous devons remercier tous ceux qui ont apporté leur contribution à ce lent processus dont nous osons espérer des fruits encore plus abondants!

La liberté religieuse est devenue un thème commun dans le contexte des affaires internationales. Elle fait partie intégrante de la culture de notre époque, car nos contemporains ont tiré les leçons des excès d'un passé récent et ont réalisé que croire en Dieu, pratiquer une religion et se joindre aux autres pour exprimer sa foi constituent l'expression particulière de cette liberté de pensée et d'expression qui prend sa source non pas d'une concession accordée par l'Etat mais de la dignité même de la personne humaine.

Certes, des formules plus complètes pourraient être trouvées et on pourrait espérer moins de restrictions légales. Quoi qu'il en soit, à l'heure actuelle, la règle du consensus au sein de la Conférence sur la sécurité et la coopération en Europe ainsi que les différences idéologiques rendent impossible l'obtention de résultats totalement satisfaisants.

Dans tous les cas de figure, les développements de ces dernières années et le progrès réalisé par la rédaction des différents textes publiés par la Conférence montrent de plus en plus clairement que *la liberté religieuse peut exister dans différents systèmes sociaux.* Ce que les Eglises demandent, c'est que la vie religieuse ne soit pas privée de la liberté dont elle a besoin. Ce que l'Etat devrait garantir, comme l'indique clairement la Déclaration sur la liberté religieuse du Concile Vatican II, c'est la protection de cette liberté pour tous les citoyens, grâce à des lois justes et en assurant les conditions favorables au développement de la vie religieuse (cf. *Dignitatis humanae,* 6). L'idée que la religion est une forme d'aliénation n'est plus à la mode car, fort heureusement, les chefs des nations et les peuples eux-mêmes ont fini par réaliser que *les croyants constituent un facteur puissant en faveur du bien commun.* La haine et le fanatisme ne peuvent pas trouver de justification parmi ceux qui appellent Dieu «Notre Père». Qui pourrait nier que le commandement de charité, le pardon des offenses, le sens du devoir et la préoccupation pour les marginaux — tout cela étant au coeur du message de beaucoup de familles spirituelles — constituent un atout inestimable pour la société. En tout état de cause, ceux-ci figurent parmi les valeurs que les chrétiens ont à offrir comme contribution spécifique à la vie publique et internationale. De plus, du fait même qu'ils proviennent de toutes les classes sociales, de toutes cultures et de toutes nations, les membres de confessions religieuses constituent une force effective d'union et de coopération entre les peuples.

6. *Aidons l'Europe à découvrir ses racines, à s'identifier davantage avec son passé.* La vie religieuse n'est pas menacée simplement par les restrictions vexatoires; elle peut également être menacée par la diffusion de fausses valeurs — comme l'hédonisme, la soif du pouvoir, la cupidité — qui font leur chemin dans différents pays et qui, en pratique, étouffent les aspirations spirituelles d'un grand nombre de personnes. C'est pourquoi *il est vital pour les croyants de pouvoir participer librement au débat public et donc de proposer une autre vision du monde — celle inspirée par leur foi.* De cette manière, ils contribuent au relèvement moral de la société dans laquelles ils vivent. Les nations européennes sont de plus en plus conscientes que la confrontation des idées et des convictions a été une condition indispensable de leur développement général. Pour cette raison, l'Europe et le monde peuvent, à juste titre attendre des religions une contribution effective à la recherche de la paix.

B.254. *Au Président Mikhail Gorbatchev (MG)*

2. L'année dernière nous avons célébré le millénaire du baptême de la Rus', qui marqua si profondément l'histoire des peuples qui y reçurent le message du Christ. De cette façon, la richesse de la Révélation sur la dignité et sur la valeur de la personne humaine, découlant de son rapport avec Dieu, Créateur et Père commun, se fond admirablement avec le patrimoine original de ces populations, patrimoine qui au cours des siècles s'est enrichi de tant d'autres valeurs religieuses et culturelles. (...)

3. Il me plaît de considérer votre visite, Monsieur le Président, dans le cadre de la célébration du millénaire, et en même temps, comme une graine plein de promesse pour l'avenir. Elle nous permet en effet de considérer l'avenir des communautés des croyants en Union soviétique avec une plus grande confiance.

Tout le monde connaît les événements des décennies passées et les douloureuses épreuves auxquelles de nombreux citoyens furent soumis, en raison de leur foi.

En particulier, l'on sait que de nombreuses communautés catholiques attendent aujourd'hui avec anxiété de pouvoir se reconstituer et de pouvoir bénéficier de la direction de leurs pasteurs.

L'évolution récente et les nouvelles perspectives ouvertes nous conduisent à espérer un changement de situation, grâce à la décision de votre Gouvernement, dont on a souvent parlé, de procéder à un renouvellement de la législation interne, dans le but de l'adapter pleinement aux engagements solennels internationaux, souscrits aussi par l'Union soviétique.

En ce moment, je fais mienne l'attente de millions de vos concitoyens, — et avec eux de millions de citoyens du monde — que la loi sur la liberté de conscience, qui sera bientôt discutée par le Soviet suprême, contribue à garantir à tous les croyants le plein exercice du droit à la liberté religieuse, qui est — comme je l'ai souvent rappelé — le fondement des autres libertés. Ma pensée se tourne en particulier vers ces chrétiens qui vivent en Union soviétique, en pleine communion avec le Siège apostolique. Pour eux — qu'ils soient de rite latin, byzantin ou arménien — je formule des voeux pour qu'ils puissent pratiquer librement leur vie religieuse.

Dans un climat de liberté retrouvée, les catholiques pourront ainsi collaborer de façon appropriée avec leurs frères de l'Eglise orthodoxe, qui sont si proches de nous. En effet, nous avons avec eux un patrimoine commun et nous voulons travailler avec eux dans un engagement oecuménique renouvelé, pour annoncer l'Evangile du Christ aux nouvelles générations et pour collaborer ensemble dans le vaste domaine de la promotion humaine, dans l'attente de reconstruire cette unité qui fut voulue par le Christ pour son Eglise.

B.255. *Au Corps Diplomatique (CD 1990)*

16. (...) Je souhaite ardemment que, dans ce nouveau climat de liberté qui semble se répandre un peu partout, les croyants puissent non seulement pratiquer leur foi — alors que certains pays et certaines religions majoritaires ne le leur permettent pas toujours —, mais également participer activement et de plein droit au progrès politique, social et culturel des nations dont ils sont membres.

L'incroyance et la sécularisation posent, en effet, des défis à relever par tous les croyants, appelés à témoigner ensemble de la primauté de Dieu sur toutes choses. Pour cela, à côté de la liberté religieuse que l'Etat doit leur garantir, il est essentiel qu'existent une meilleure connaissance et une meilleure collaboration entre religions. A cet égard, j'ai pu moi-même constater récemment les bienfaisants effets de cette compréhension inter-confessionnelle en Indonésie où les principes du «Pancasila» permettent à l'Islam et aux autres religions pratiquées par les habitants de ce pays de se rencontrer dans un harmonieux dialogue dont bénéficie la société tout entière. Hélas, il n'en n'est pas toujours ainsi. Je ne puis passer sous silence la situation préoccupante dans laquelle se trouvent les chrétiens dans *certains pays où la religion islamique est majoritaire*. L'expression de leur détresse spirituelle me parvient constamment: souvent privés de lieux de culte, objet de suspicion, empêchés d'organiser une éducation religieuse selon leur foi ou des activités caritatives, ils ont la douloureuse sensation d'être des citoyens de second ordre. Je suis persuadé que les grandes traditions de l'Islam, telles que l'accueil de l'étranger, la fidélité en amitié, la patience en face de l'adversité, l'importance accordée à la foi en Dieu, sont autant de principes qui devraient permettre de dépasser des attitudes sectaires inadmissibles. Je souhaite vivement que, si les fidèles musulmans trouvent justement aujourd'hui dans les pays de tradition chrétienne les facilités essentielles pour satisfaire les exigences de leur religion, les chrétiens puissent de même bénéficier d'un traitement comparable dans tous les pays de tradition islamique. La liberté religieuse ne saurait être limitée à une simple tolérance. Elle est une réalité civile et sociale, assortie de droits précis permettant aux croyants et à leurs communautés de *témoigner sans crainte de leur foi en Dieu* et d'en vivre toutes les exigences.

B.256. *Journée mondiale de la Paix* (*JMP 1991*)

IV. L'INTOLERANCE: UNE SERIEUSE MENACE POUR LA PAIX

L'intolérance, qui se manifeste par le refus de la liberté de conscience des autres, constitue une sérieuse menace pour la paix. Par les vicissitudes de l'histoire, nous avons appris avec tristesse à quels excès elle peut conduire.

L'intolérance peut s'insinuer dans tous les aspects de la vie sociale, se traduisant par la marginalisation ou l'oppression des personnes et des minorités qui essaient de suivre leur conscience en ce qui concerne leurs légitimes façons de vivre. Dans la vie publique, l'intolérance ne laisse aucune place à la pluralité des choix politiques ou sociaux, imposant ainsi à tous une vision uniforme de l'organisation civile et culturelle.

Pour ce qui est de l'intolérance religieuse, on ne peut nier que, malgré l'enseignement constant de l'Eglise catholique selon lequel personne ne peut être amené par contrainte à la foi,[36] bien des difficultés et même des conflits sont nés au cours des siècles entre les chrétiens et les membres d'autres religions.[37] Le deuxième Concile du Vatican l'a reconnu formellement, affirmant qu'il y a eu parfois «dans la vie du peuple de Dieu, cheminant à travers les vicissitudes de l'histoire humaine, des manières d'agir moins conformes, bien plus même contraires à l'esprit évangélique».[38]

Il reste beaucoup à faire, aujourd'hui encore, pour surmonter l'intolérance religieuse, qui est étroitement liée, en différentes parties du monde, à l'oppression des minorités. Nous sommes malheureusement témoins de tentatives pour imposer à d'autres des convictions religieuses particulières, que ce soit directement,

---

36 Cf., entre autres, Déclar. *Dignitatis humanae*, 12.
37 Cf., entre autres, Déclar. *Nostra aetate*, 3.
38 Déclar. *Dignitatis humanae*, 12.

par un prosélytisme qui recourt à des moyens proprement coercitifs, ou indirectement, par la négation de certains droits civils ou politiques. On arrive à des situations très délicates lorsqu'une norme spécifiquement religieuse devient, ou tend à devenir, loi de l'Etat sans que l'on tienne compte comme on le devrait de la distinction entre les compétences de la religion et celles de la société politique. Identifier loi religieuse et loi civile peut effectivement étouffer la liberté religieuse et aller jusqu'à limiter ou nier d'autres droits inaliénables de l'homme. Je voudrais redire à cet égard ce que j'affirmais dans le Message pour la Journée de la Paix 1988: «Même lorsqu'un Etat accorde à une religion déterminée une position juridique particulière, il se doit de reconnaître légalement et de respecter effectivement le droit à la liberté de conscience de tous les citoyens, comme aussi des étrangers qui résident sur son territoire, même temporairement, pour des raisons professionnelles ou autres».[39] Cela vaut également pour les droits civils et politiques des minorités et pour les situations où un laïcisme exaspéré, au nom du respect de la conscience, fait concrètement obstacle au droit des croyants d'exprimer publiquement leur foi.

L'intolérance peut aussi être le fruit d'un certain fondamentalisme. Celui-ci constitue une tentation qui revient sans cesse. Il peut facilement entraîner de graves abus comme la suppression radicale de toute manifestation publique de différence ou même le refus de la liberté d'expression comme telle. Le fondamentalisme peut lui aussi mener à l'exclusion de l'autre dans la vie civile ou, dans le domaine religieux, à des mesures coercitives de «conversion». Quelque passion que l'on puisse avoir pour la vérité de sa religion, cela ne donne à personne ou à aucun groupe le droit de chercher à réprimer la liberté de conscience de ceux qui ont d'autres convictions religieuses ou de les pousser à fausser leur conscience en leur offrant ou leur refusant tels ou tels privilèges ou droits sociaux s'ils changent de religion. Dans d'autres cas, on en vient à empêcher les personnes, même par l'application de sévères mesures pénales, de choisir librement une religion différente de celle à laquelle elles appartiennent à un moment donné. Il est évident que de telles manifestations d'intolérance ne favorisent pas la paix dans le monde.

Pour éliminer les effets de l'intolérance, il ne suffit pas de «protéger» les minorités ethniques ou religieuses, en les réduisant ainsi à la catégorie de mineurs civils ou d'individus sous tutelle de l'Etat. Cela pourrait aboutir à une forme de discrimination qui ralentirait ou même empêcherait le développement d'une société harmonieuse et pacifique. Il faut plutôt reconnaître et garantir *le droit inaliénable de suivre sa conscience ainsi que de professer et de pratiquer sa foi,* seul ou en communauté, toujours à condition que les exigences de l'ordre public ne soient pas violées.

Paradoxalement, ceux qui ont été auparavant victimes de diverses formes d'intolérance peuvent courir le risque de créer à leur tour de nouvelles situations

---

[39] N. 1.

d'intolérance. La fin de longues périodes de répression dans certaines parties du monde, pendant lesquelles on n'a pas respecté la conscience de chacun et on a étouffé ce qu'il y avait de plus précieux pour la personne, ne doit pas se transformer en occasion d'instaurer de nouvelles formes d'intolérance, quelque difficile que puisse être la réconciliation avec l'ancien oppresseur.

La liberté de conscience correctement conçue est par nature *toujours ordonnée à la vérité.* C'est pourquoi elle conduit non à l'intolérance mais à la tolérance et à la réconciliation. Cette tolérance n'est pas une vertu passive car elle a ses racines dans un amour actif et elle tend à se transformer et à devenir un effort positif pour assurer la liberté et la paix à tous.

V. LA LIBERTE RELIGIEUSE: UNE FORCE POUR LA PAIX

L'importance de la liberté religieuse m'amène à redire que le droit à la liberté religieuse n'est pas simplement un droit parmi d'autres; «ce droit est même le plus fondamental car la dignité de toute personne a sa première source dans sa relation essentielle avec Dieu Créateur et Père, à l'image et à la ressemblance de qui elle a été créée parce qu'elle est douée d'intelligence et de liberté».[40] «La liberté religieuse, qui est une exigence inaliénable de la dignité de tout homme, est une pierre angulaire dans l'édifice des droits humains»[41] et elle est donc l'expression la plus profonde de la liberté de conscience.

On ne peut nier que le droit à la liberté religieuse concerne l'identité même de la personne. L'un des aspects les plus significatifs qui caractérisent le monde d'aujourd'hui est le rôle de la religion dans le réveil des peuples et dans la recherche de la liberté. Dans nombre de cas, c'est la foi religieuse qui a conservé intacte et qui a même renforcé l'identité de peuples entiers. Dans les pays où la religion a été entravée ou même persécutée parce qu'on cherchait à la reléguer parmi les phénomènes du passé maintenant périmés, elle est apparue à nouveau comme une puissante force de libération.

La foi religieuse est si importante pour les peuples et pour les individus que, dans bien des cas, on est prêt à n'importe quel sacrifice pour la sauvegarder. En effet, toute tentative de répression ou de suppression de ce qu'une personne a de plus cher risque d'entraîner une rébellion ouverte ou latente.

VI. LA NECESSITE D'UN ORDRE LEGAL JUSTE

Malgré les différentes Déclarations qui, au niveau national ou international, proclament le droit à la liberté de conscience et de religion, il y a encore trop

---

40 Discours aux participants au Ve Colloque de juristes, 10 mars 1984, n. 5.

41 Message pour la Journée mondiale de la Paix 1988, *Introduction.*

de tentatives de répression religieuse. Si elles ne sont pas accompagnées de garantie juridique grâce à des instruments appropriés, ces Déclarations sont trop souvent destinées à rester lettre morte. Il faut donc apprécier les efforts renouvelés que l'on fait actuellement pour donner plus de vigueur au régime légal existant[42] par la création d'instruments nouveaux et efficaces, aptes à consolider la liberté religieuse. Cette pleine protection légale doit réellement exclure toute coercition religieuse, en tant que sérieux obstacle à la paix. Au contraire, «cette liberté consiste en ce que tous les hommes doivent être soustraits à toute contrainte de la part tant des individus que des groupes sociaux et de quelque pouvoir humain que ce soit, de telle sorte qu'en matière religieuse nul ne soit forcé d'agir contre sa conscience ni empêché d'agir, dans de justes limites, selon sa conscience, en privé comme en public, seul ou associé à d'autres».[43]

L'heure historique que nous vivons rend plus urgent le renforcement des instruments juridiques aptes à promouvoir la liberté de conscience même dans le domaine politique et social. A cet égard, le développement progressif et continu d'un régime légal reconnu sur le plan international pourra constituer l'un des fondements les plus sûrs pour la paix et pour le juste progrès de la famille humaine. En même temps, il est essentiel que soient entrepris des efforts parallèles, au niveau national et aussi au niveau régional, pour faire en sorte que toutes les personnes, où qu'elles demeurent, soient protégées par des normes légales reconnues sur le plan international.

L'Etat a l'obbligation de reconnaître la liberté fondamentale de conscience et aussi de la promouvoir, mais toujours à la lumière de la loi morale naturelle et des exigences du bien commun, ainsi que dans le respect de la dignité de tout homme. Il convient de rappeler à ce sujet que la liberté de conscience ne donne pas droit à un exercice aveugle de l'objection de conscience. Quand une prétendue liberté se transforme en licence ou en prétexte pour limiter les droits d'autrui, l'Etat est obligé de protéger, même légalement, les droits inaliénables de ses citoyens contre de tels abus.

Je voudrais adresser un appel spécial et pressant à ceux qui ont des responsabilités publiques — qu'ils soient chefs d'Etat ou de gouvernement, législateurs, magistrats ou autres — afin qu'ils garantissent par tous les moyens nécessaires *une authentique liberté de conscience* à tous ceux qui résident dans le cadre de leur juridiction, avec une attention particulière pour les droits des minorités. C'est là une question de justice, et de plus cela sert à promouvoir le développement d'une société pacifique et harmonieuse. Enfin, il semble quasiment superflu de réaffirmer que les Etats ont la stricte obligation morale et légale d'observer les accords internationaux qu'ils ont souscrits.

---

42 Cf., entre autres, Déclaration universelle des Droits de l'Homme, art. 18; Acte final d'Helsinki, 1, a), VII; Convention sur les droits de l'enfant, art. 14.

43 Déclar. *Dignitatis humanae,* 2.

B.257. *A l'Union Internationale des Avocats (UIA)*

1. A l'occasion de votre rencontre romaine, vous avez souhaité rendre visite au successeur de Pierre. Je suis heureux de vous accueillir ici, d'autant plus que le thème de vos travaux, *«Le droit et la liberté de conscience et de religion»,* revêt à mes yeux, vous le savez, une grande importance. C'est pourquoi il m'est très agréable de m'entretenir quelques instants avec vous.

Avocats, vous mettez en lumière les valeurs qui, dans la société, doivent régler les rapports des individus entre eux et avec la puissance publique. Votre rôle vous situe au point névralgique où vous devez faire apparaître l'accord des intérêts de votre client avec le bien commun que définit la loi et que sanctionne son application par l'action des pouvoirs publics ou sous leur arbitrage. En réfléchissant aux conflits que vous devez aider à résoudre, vous vous rendez bien compte que l'on ne peut dissocier la morale du droit; sur ce terrain, vous rencontrez la préoccupation qu'a l'Eglise de favoriser «le passage permanent de l'ordre idéal des principes à l'ordre juridique» (Paul VI, discours à l'Organisation internationale du Travail, Genève, 10 juin 1969 n. 14), et, en dernier ressort, de la loi divine à la réalité quotidienne des comportements humains éclairés par la conscience.

2. Vos travaux portant sur le droit et la liberté de conscience et de religion, vous avez pu mettre en évidence le fait que la *garantie de cette liberté fondamentale* ne relève pas seulement de l'ordre constitutionnel et de la mise en place de systèmes de protection aux niveaux national, régional ou international. Les déclarations d'intention, même les plus solennelles, risqueraient de demeurer en grande partie lettre morte si le droit au quotidien n'assurait effectivement à «tous les hommes, parce qu'ils sont des personnes, c'est-à-dire des êtres doués de raison et de volonté libre, et par suite, pourvus d'une responsabilité personnelle», de pouvoir «chercher la vérité et d'y adhérer» et de «régler toute leur vie selon les exigences de cette liberté» (*Dignitatis humanae,* 2).

Il faut avoir le courage d'accepter cette notion de la liberté de conscience et de religion; elle n'est pas une faveur qu'octroient les gouvernements; elle ne se réduit pas non plus à la possibilité d'accomplir des rites; elle est le droit de chaque homme d'exprimer au niveau social ce qu'il a de plus profond en lui et de ne pas avoir à souffrir de dommages ou de désagréments pour cela. Si ce droit était universellement reconnu comme un principe régulateur des relations sociales, les confrontations entre diverses conceptions du monde — religieuses, athées ou agnostiques — demeureraient loyales et paisibles. Le respect égal des croyances est l'un des piliers des sociétés démocratiques contemporaines, et sa mise en oeuvre témoigne d'un progrès vers un plus grand respect des droits de l'homme dans leur ensemble.

Ce progrès s'accomplit, entre autres moyens, par la résolution des conflits quotidiens que vous rencontrez dans votre profession d'avocats. Du fait que les convictions intimes de l'homme, celles qui donnent un sens à sa vie, peuvent être lésées par beaucoup de pratiques de la vie civile, privée ou publique, *l'exercice de la liberté de conscience et de religion est lié à celui de toutes les autres libertés;* ainsi en est-il de la liberté de parole et d'expression, du droit d'association, du droit des parents à l'éducation de leurs enfants; et il n'est pas jusqu'au droit social où ne soient, de plus en plus, soulevées des questions qui mettent en cause la liberté de conscience et de religion. Les avocats et les membres des professions judiciaires ont ainsi la redoutable responsabilité de trouver les moyens de concilier les manifestations individuelles ou collectives des convictions qui s'enracinent au plus profond de la conscience avec les nécessités de l'ordre public, sans pour autant les réduire à de simples opinions, ce qui n'irait pas sans grand dommage pour la société et sans atteinte au droit des personnes.

3. Dans nos sociétés, la reconnaissance de la liberté de religion et de conscience se pose en termes nouveaux. Alors qu'autrefois les groupements humains se caractérisaient par leur unité de religion et faisaient preuve de plus ou moins de tolérance à l'égard des minorités religieuses, on connaît aujourd'hui une grande diversité de religions parmi les habitants d'un même territoire, voire dans une même famille. La paix civile demande *d'accorder à chacun la même liberté qu'à tous les autres.* Les populations demandent une réelle égalité de traitement pour tous les croyants, l'absence de discrimination en matière d'éducation et d'accès à l'emploi, l'abolition des «statuts personnels». Cela suppose notamment un régime des cultes clair et équitable dans la société; vous avez d'ailleurs opportunément inscrit cette question dans l'ordre du jour de vos travaux.

Les avocats ont un rôle important à jouer dans la solution des crises qui peuvent accompagner le passage des sociétés traditionnelles au stade actuel. Ils ont la délicate mission de faire accepter par les tribunaux et par l'opinion le point où se situe le *non possumus* des consciences et où son non-respect serait une violation directe de cette liberté.

4. Votre mission vous conduit à rencontrer sous diverses formes le problème de la *clause de conscience.* Pendant des siècles, on rappelait fermement l'existence de la norme morale selon laquelle il n'est jamais permis d'accomplir un acte en soi immoral, même s'il est commandé, même si le refus d'agir entraîne de graves dommages personnels. Mais on n'avait pas cru pouvoir admettre les effets civils de cette norme; le refus d'obéissance était sanctionné. Les sociétés contemporaines ont pris conscience des ravages qui ont résulté de cette conception pour le respect des droits de l'homme; elles font désormais de la reconnaissance des droits de la conscience un élément de l'ordre public, redonnant droit de cité à un principe moral essentiel. Cela correspond à une exigence fondamentale des sociétés pluralistes d'aujourd'hui.

Vous avez à agir pour qu'un tel droit soit effectivement reconnu aux membres des diverses professions. Il vous revient de trouver les arguments qui susciteront un mouvement d'opinion sans lequel la clause de conscience ne pourra pas devenir un facteur habituellement admis dans l'application du droit social et professionnel.

5. Au cours de vos travaux, vous avez pu aborder bien d'autres sujets de grand intérêt du point de vue du Saint-Siège. En particulier, vous savez l'importance qu'il attribue aux *droits de la famille, des enfants;* ceci a été souligné encore récemment, lorsque les Nations Unies ont accordé une attention nouvelle aux droits des membres les plus vulnérables de la famille humaine. Je ne puis aujourd'hui développer ces points. Mais je tenais à vous encourager à poursuivre vos réflexions dans des domaines de la plus haute importante pour la consolidation de la paix sociale et internationale, comme pour l'épanouissement des personnes.

Il est heureux que des associations professionnelles qualifiées comme la vôtre prennent ces problèmes en charge; c'est par l'échange de vos expériences que vous avancerez vers une meilleure intelligence de principes moraux que nous considérons comme essentiels pour donner son sens à la vie.

24.

DROIT A LA LIBERTE D'EXPRESSION ET D'INFORMATION

Le Magistère met en relief comment la liberté de s'exprimer et d'être informés implique la responsabilité, morale avant d'être juridique, de respecter la vérité et la dignité humaine. En particulier, l'Eglise apprécie positivement les moyens de communication sociale, tout en rappelant qu'ils ne constituent pas de «fins» en soi mais sont des instruments au service de la personne et du bien commun. *

A.258. *Inter Mirifica (IM)*

3. L'Eglise a été fondée par le Christ Notre-Seigneur pour apporter le salut à tous les hommes; elle se sent donc poussée par l'obligation de prêcher l'Evangile. Aussi bien l'Eglise catholique estime-t-elle qu'il est de son devoir, d'une part, d'employer aussi les instruments de communication sociale pour annoncer le message du salut et, d'autre part, d'enseigner aux hommes le bon usage de ces moyens.

L'Eglise a donc le droit inné d'utiliser et de posséder ces moyens sans exception, dans la mesure où ils sont nécessaires ou utiles à la formation chrétienne et à toute autre action pastorale. Les pasteurs ont le devoir d'instruire et d'orienter les fidèles en sorte que ceux-ci utilisent les moyens de manière à assurer leur propre salut et perfection, comme ceux de l'humanité entière.

Enfin, il revient principalement aux laïcs d'animer de valeurs chrétiennes et humaines ces moyens, afin qu'ils répondent pleinement à la grande attente de l'humanité et au dessein de Dieu. (...)

5. Il est absolument indispensable que toutes les personnes intéressées se forment une conscience droite sur l'utilisation de ces instruments, principalement à propos de plusieurs questions vivement discutées de nos jours.

---

* La Commission Pontificale pour les Communications Sociales a publié l'Instruction pastorale *Communio et Progressio* (1971), dans laquelle une section est dédiée au droit à l'information et à la liberté de communication, n. 33-47, *AAS* 63 (1971), p. 606-610.

La première question concerne l'information, c'est-à-dire la collecte et la diffusion de nouvelles. Avec le progrès de la société moderne et les liens d'interdépendance de plus en plus étroits entre ses membres, l'information s'avère hautement utile et même, la plupart du temps, indispensable: c'est une évidence. La diffusion publique et en temps voulu de faits et d'événements permet à chaque homme d'en avoir une connaissance exhaustive et permanente. Par la même, chacun pour sa part peut concourir efficacement au bien commun et tous ensemble peuvent contribuer plus aisément à la prospérité et au progrès de toute la société. Aussi bien trouve-t-on inhérent à la société humaine le droit à l'information sur les sujets qui intéressent les hommes, soit en tant qu'individus, soit en tant que membres d'une société, selon la situation de chacun. Cependant le bon exercice de ce droit requiert que la communication soit, quant à l'objet, toujours véridique et — dans le respect des exigences de la justice et de la charité — complète; qu'elle soit, quant au mode, honnête et convenable, c'est-à-dire que, dans l'acquisition et dans la diffusion des nouvelles, elle observe absolument les lois morales, les droits et la dignité de l'homme. Car toute connaissance n'est pas profitable; «par contre la charité édifie» (1 *Cor* 8,1).

8. Les opinions publiques exercent de nos jours une énorme influence sur la vie privée et publique des citoyens, à quelque milieu qu'ils appartiennent. Il est donc nécessaire que tous les membres de la société remplissent dans ce domaine aussi leurs devoirs de justice et de vérité. Ils emploieront les moyens de communication sociale pour concourir à la formation et à la diffusion de saines opinions publiques.

9. Tous les usagers — c'est-à-dire lecteurs, spectateurs et auditeurs — reçoivent par libre choix personnel les messages diffusés par ces moyens. Des devoirs particuliers s'imposent donc à eux. Par leur choix, ils encourageront nettement tout ce qui présente une réelle valeur morale, culturelle et artistique; ils éviteront tout ce qui pourrait être, soit pour eux-mêmes cause ou occasion de préjudice spirituel, soit pour les autres cause de scandale par leur mauvais exemple, soit enfin pour les communications elles-mêmes un obstacle aux bonnes et un appui aux mauvaises. Ce dernier cas se produit le plus souvent lorsqu'on soutient de ses propres deniers des gens qui exploitent ces moyens en tenant uniquement compte des critères du profit.

Afin de conformer leur conduite à la loi morale, les usagers ne négligeront pas leur devoir de se renseigner à temps sur les positions adoptées en ces matières par l'autorité compétente et de s'y soumettre selon les normes de la conscience droite. De plus, en recourant aux moyens appropriés, ils voudront se former une conscience éclairée et droite afin de résister plus facilement aux influences moins honnêtes et de suivre sûrement les bonnes.

10. Les usagers, les jeunes tout particulièrement, doivent s'entraîner à la modération et à la discipline dans l'usage de ces moyens et chercher en outre à mieux comprendre ce qu'ils voient, entendent et lisent. Ils en discuteront, soit avec leurs éducateurs, soit avec des spécialistes en ces matières; ils apprendront ainsi à se former un jugement droit. Les parents, de leur côté, se souviendront qu'il est de

leur devoir de veiller avec soin que les spectacles, les imprimés, etc. contraires à la foi ou à la morale, ne pénètrent pas dans leur foyer et que leurs enfants en soient préservés ailleurs.

11. Une particulière responsabilité dans le bon usage des moyens de communication affecte les journalistes, écrivains, acteurs, metteurs en scène, réalisateurs, programmateurs, distributeurs, producteurs, vendeurs, critiques, en un mot tous ceux qui, d'une manière ou d'une autre, participent à la réalisation et à la diffusion des communications. Qu'il faille, dans notre monde tel qu'il est, faire peser une grave responsabilité sur toutes ces catégories de personnes, cela est particulièrement évident, car elles peuvent, par les informations qu'elles diffusent et les pressions qu'elles exercent, engager l'humanité sur un bon ou un mauvais chemin.

Aussi bien leur revient-il de concilier les facteurs économiques, politiques ou artistiques, de telle sorte que ceux-ci n'aillent jamais à l'encontre du bien commun. Pour atteindre plus aisément ce résultat, ils feront bien d'entrer dans des organisations professionnelles capables d'imposer à leurs membres le respect de la morale dans les problèmes et activités de leur métier, si besoin est, par l'engagement formel d'observer un code moral.

Ces personnes se souviendront toujours qu'une grande partie de leurs lecteurs et spectateurs est composée de jeunes qui ont besoin d'une presse et de spectacles leur assurant des divertissements honnêtes et élevant leur âme vers les nobles idéaux. Elles veilleront en outre à confier à des collaborateurs sérieux et compétents les questions religieuses, pour que celles-ci soient traitées avec tout le respect qui s'impose.

12. Les pouvoirs publics ont des devoirs particuliers en ce domaine, en considération du bien commun auquel sont ordonnés ces moyens. L'autorité a la charge de défendre et de protéger — particulièrement en ce qui concerne la presse — la vraie et juste liberté de l'information, dont la société moderne a absolument besoin pour son progrès; de favoriser les valeurs religieuses, culturelles et artistiques; de garantir aux usagers la libre jouissance de leurs droits légitimes. Il est, en plus, du devoir de ces autorités, de soutenir les initiatives qui, tout en étant grandement utiles, surtout à la jeunesse, ne pourraient être réalisées sans leur concours.

Enfin, les pouvoirs publics qui à bon droit se soucient du bien-être des citoyens, ont aussi le devoir de s'assurer avec justice et perspicacité, en promulguant des lois et en veillant à leur efficace application, que le mauvais usage de ces moyens ne crée pas de graves dangers pour la moralité publique et le progrès de la société. Cette intervention ne porte nullement atteinte à la liberté des individus et des groupements, surtout dans le cas où on ne trouve pas de sérieuses garanties chez ceux qui par profession utilisent ces moyens.

Des mesures spéciales seront prises pour défendre les adolescents contre une presse et des spectacles nuisibles à leur âge.

A.259. *Octogesima Adveniens (OA)*

20. LES MOYENS DE COMMUNICATION SOCIALE

Parmi les changements majeurs de notre temps, Nous ne voulons pas oublier de souligner le rôle croissant que prennent les moyens de communication sociale et leur influence sur la transformation des mentalités, des connaissances, des organisations et de la société elle-même. Certes, ils ont bien des aspects positifs: grâce à eux, les informations du monde entier nous parviennent quasi instantanément, créant un contact pardelà les distances et des éléments d'unité entre tous les hommes; une diffusion plus étendue de la formation et de la culture devient possible. Toutefois, ces moyens de communication sociale, par leur action même, en arrivent à représenter comme un nouveau pouvoir. Comment ne pas alors s'interroger sur les détenteurs réels de ce pouvoir, sur les buts qu'ils poursuivent et les moyens qu'ils mettent en oeuvre, sur le retentissement, enfin, de leur action, quant à l'exercice des libertés individuelles, aussi bien dans les domaines politique et idéologique que dans la vie sociale, économique et culturelle? Les hommes qui détiennent cette puissance ont une grave responsabilité morale par rapport à la vérité des informations qu'ils doivent diffuser, par rapport aux besoins et aux réactions qu'ils font naître, par rapport aux valeurs qu'ils proposent. Plus encore, avec la télévision, c'est un mode original de connaissance et une nouvelle civilisation qui s'ébauche: celle de l'image.

Naturellement, les pouvoirs publics ne peuvent ignorer ni l'emprise croissante des moyens de communication sociale ni les avantages ou les risques que leur usage comporte pour le développement et l'avancement véritable de la société civile.

Il leur revient, de ce fait, d'exercer positivement leur fonction de service du bien commun, en apportant leur encouragement aux initiatives constructives et leur appui aux individus et aux groupes dans leur action pour défendre les valeurs fondamentales de la personne et de la communauté humaine. Ils s'emploieront, d'autre part, à éviter, par des mesures opportunes, que ne se propage ce qui serait de nature à léser le patrimoine commun des valeurs sur lesquelles se fonde le progrès authentique de la société.[1]

B.260. *Angelus 3.6.1973*

Chacun sait ce que l'on entend par communications sociales: la presse, la radio, le cinéma, la télévision, le théâtre, la publicité, la propagande, etc. En somme, tout ce qui transmet et diffuse la parole, l'information, l'image, la pensée, la culture. Cette question est plus que jamais actuelle, complexe et controversée.

---

1 Cf. Décret *Inter Mirifica,* 12: *AAS* 56 (1964), p. 149.

Elle mérite d'être étudiée et promue. Nous devons le faire en partant de l'enseignement de l'Eglise, enseignement qui de sa nature trouve ses assises dans le droit fondamentale de l'homme à savoir, à être instruit et informé, à vivre en conversation normale et continuelle avec la société, son histoire et sa culture. Le Pape Jean, danns l'encyclique *Pacem in terris,* affirme, peut-être pour la première fois, en termes catégoriques, que «tout être humain a droit à une information objective». De plus, la communication sociale se trouve proclamée dans l'Evangile lui-même. Qu'est-ce que l'Evangile sinon l'annonce, la propagation, la notification de la «Bonne Nouvelle», de la parole mystérieuse, vraie et salvatrice, communiquée, révélée par Dieu au monde?

Considérons donc avec un intérêt extrême le phénomène polyvalent de la diffusion de l'information d'homme à homme, et spécialement à ce que l'on appelle la «masse» des hommes; considérons les «mass media», qui créent la psychologie collective. Considérons-les avec une honnêteté et une responsabilité analogues à celles dont on fait preuve pour étudier la distribution des aliments, des médicaments, dans la communauté humaine.

B.261. *Journée mondiale des Moyens de Communication sociale (JMCS 1976)*

Certes, la préoccupation de l'Eglise pour le respect des droits humains et pour la pratique des devoirs qui en découlent n'est pas nouvelle: nous en donnons un fréquent témoignage dans notre enseignement, comme l'on fait du reste nos prédécesseurs. Mais dans le présent message, il nous plait de rappeler les devoirs spécifiques que les moyens de communication sociale ont par rapport aux droits et devoirs fondamentaux de l'homme. Parmi ceux-ci — et la civilisation moderne l'a indubitablement mis en grande évidence —, il en est un qui relève presque totalement des moyens de communication: le droit à une information loyale et complète. Nous dirons même que la connaissance exacte de la part des hommes de leurs propres droits et devoirs dépend en grande partie de l'action d'information des moyens de communication sociale. Il est donc facile de se rendre compte des responsabilités qui incombent à tous ceux qui travaillent dans ce domaine complexe.

Nous avons à coeur de signaler à ce sujet un phénomène qui, désormais, se renouvelle avec une fréquence lourde de menaces en différentes parties du monde: les droits fondamentaux de l'homme sont refusés non seulement par un exercice arbitraire de la violence, mais sous forme de réponse donnée à des désirs provoqués artificiellement dans l'opinion publique au point de présenter comme une revendication de droits ce qui, en réalité, n'en est qu'une flagrante oppression.

Nous ne voulons pas affirmer que les moyens de communication sociale peuvent parfois devenir les uniques responsables de semblables distorsions. Mais on ne peut cependant pas nier qu'ils peuvent avoir une notable influence dans la manipulation des idées, des éléments, des valeurs et des interprétations, dans la façon d'atténuer la capacité critique de vastes couches de la population, en exerçant une espèce d'oppression — pour ainsi dire — culturelle, en proposant ou suscitant seulement les aspirations auxquelles on a l'intention de répondre.

Nous pensons que là où cela se produit, une grave atteinte est portée aux valeurs les plus sacrées de la personne humaine, qui est une créature libre, formée à l'image de Dieu. Aucun message transmis ne peut se désintéresser de la personne de l'homme, ou lui imposer une façon de penser et de vivre en opposition avec la dignité qui lui est propre, ou la dissuader de développer les tendances positives qu'elle porte en elle-même, ou lui interdire d'affirmer ses droits authentiques et d'accomplir simultanément ses devoirs. Avant de dominer les éléments, l'homme est tenu — et c'est une de ses aspirations profondes — à se dominer lui-même et à agir avec responsabilité. Cette exigence spirituelle devra être respectée et, plus encore, aidée par l'usage loyal des moyens de communication sociale.

Au nom de ce service de l'homme, qui est partie essentielle de la mission que le Christ nous a confiée, nous adressons notre paternelle exhortation, afin que ces moyens se mettent vraiment au service de tous les droits et devoirs fondamentaux de l'homme et en assurent la défense:

— Aux autorités publiques, nous demandons de favoriser la communication sociale de la culture; nous demandons le respect des faits et des opinions; nous demandons la recherche exacte de la vérité qui révèle à l'homme ce qu'il est réellement devant ses frères et devant Dieu; nous demandons qu'une telle recherche se traduise par une attitude de déférente et clairvoyante attention envers les valeurs suprêmes de la personne.

— A ceux qui travaillent dans le secteur des mass media, nous demandons la cohérence entre leur pensée et leur vie, quand ils présentent les nouvelles et en donnent l'interprétation; qu'ils expriment sans équivoque de quel idéal de vie ils s'inspirent et qu'ils ne se laissent pas conditionner par des desseins de «manipulation» à l'égard des usagers, mais qu'ils préfèrent toujours l'amour et le service des hommes plutôt que la faveur de la popularité et des avantages économiques.

— A ceux qui sont les bénéficiaires des moyens de communication, nous demandons de se former à un sens critique attentif, grâce auquel ils sachent accueillir, encourager, soutenir moralement et matériellement les personnes, les organes porteurs de l'information, les films qui défendent les droits de l'homme et le forment à ses devoirs, et qu'ils sachent, en même temps, se défendre contre les agressions ou les séductions en opposition à la vérité objective et la dignité humaine. Nous leur demandons d'évaluer avec droiture ce qu'ils reçoivent et de se rendre capables d'intervenir sur les moyens de l'information, par d'opportunes initiatives particulières ou collectives. Par la force de leurs choix, les lecteurs, les spectateurs, les auditeurs auront toujours le mot décisif sur l'avenir des instruments de communication; il y a là une responsabilité que trop souvent ils ignorent.

De son côté, l'Eglise ne revendique, dans ce domaine, aucun privilège, mais elle réaffirme son droit-devoir d'être présente — avec sa longue et universelle tradition historique, culturelle et, surtout, religieuse et éducative — dans le secteur des moyens de communication sociale à gestion publique ou privée et, si cela est nécessaire, avec la possibilité d'utiliser ses propres moyens, en raison non seulement de son devoir primordial de communauté évangélisatrice, mais aussi de son devoir d'affirmation des droits humains qui la rendent — comme par le passé — promotrice du développement intégral de l'homme. Et, en effet, son premier devoir *de prêcher l'Evangile à toutes les créatures* (*Mc* 16, 15), avec la mission annexe d'être artisan de civilisation, lui impose d'assumer son propre rôle, avec le concours de toutes les formes modernes possibles de communication entre les hommes.

B.262. *Journée mondiale des Moyens de Communication sociale (JMCS 1985)*

2. L'Eglise, dans le Concile et le Magistère qui l'a suivi, a clairement reconnu le rôle important des mass media dans le développement de la personne humaine: au plan de l'information, de la formation, de la maturation culturelle, ajoutées au loisir et à l'emploi du temps libre. Mais elle a précisé également que ce sont des *moyens* au service de l'homme et du bien commun, des *moyens* et non des *fins.*

Le monde de la communication sociale est entré aujourd'hui dans un développement vertigineux autant que complexe et imprévisible — ne parle-t-on pas déjà d'une époque technotronique pour indiquer l'interaction croissante entre la technologie et l'électronique — traversé par de nombreux problèmes, liés à l'élaboration d'un *nouvel ordre mondial* de l'information et de la communication, en rapport avec les perspectives ouvertes par l'emploi des satellites et le franchissement des barrières de l'éther.

Il s'agit bien là d'une révolution qui, non seulement comporte un changement des systèmes et des techniques de la communication, mais qui met en jeu l'univers entier, culturel, social et spirituel de la personne humaine. La communication sociale ne peut donc pas se contenter de répondre simplement à quelques règles internes propres, mais elle doit tirer ses propres critères fondamentaux de *la vérité de l'homme et sur l'homme,* formé à l'image de Dieu.

Selon *le droit de chaque homme à l'information,* la communication doit toujours correspondre dans son contenu à la vérité, et dans le respect de la justice et de la charité elle se doit d'être intègre. Ceci vaut, à plus forte raison, quand elle s'adresse aux jeunes, à ceux qui s'ouvrent aux expériences de la vie. En ce cas surtout l'information ne peut rester indifférente aux valeurs qui atteignent en profondeur l'existence humaine, telles que le primat de la vie dès l'instant de sa conception, la dimension morale et spirituelle, la paix, la justice. L'information ne peut rester neutre face à des problèmes ou à des situations qui, au niveau national et international, déchirent le tissu relationnel de la société, comme la guerre, la violation des droits humains, la misère, la violence, la drogue.

B.263. *Au Corps Diplomatique (CD 1989)*

7. (...) On le voit, les droits de l'homme, plus que des normes juridiques, sont avant tout des valeurs. Ces valeurs doivent être entretenues et cultivées dans la société, sinon elles risquent de disparaître également des textes de loi. Aussi la dignité de la personne doit-elle être protégée dans les moeurs avant de l'être dans le droit. Je ne puis taire ici l'inquiétude que suscite le mauvais usage que certaines sociétés font de cette liberté si ardemment désirée par d'autres.

Lorsque la liberté d'expression et de création n'est plus orientée vers la recherche du beau, du vrai et du bien mais se complaît, par exemple, dans la production de spectacles de violence, de sévices ou de terreur, ces abus fréquemment répétés rendent précaires les interdictions des traitements inhumains ou dégradants sanctionnés par la Déclaration universelle des Droits de l'Homme et ne présagent pas un avenir à l'abri d'un retour aux excès que ce document solennel a opportunément condamnés.

Il en est de même lorsque la foi et les sentiments religieux des croyants peuvent être tournés en dérision au nom de la liberté d'expression ou à des fins de propagande. L'intolérance risque de réapparaître, sous d'autres formes. Le respect de la liberté religieuse est un critère non seulement de la cohérence d'un système juridique, mais aussi de la maturité d'une société de liberté.

B.264. *Au Conseil Pontifical pour les Communications Sociales (CPCS)*

3. Votre réunion plénière commémore le vingtième anniversaire de l'Instruction pastorale *Communio et Progressio,* qui a été publiée pour répondre à la demande explicite des Pères du Concile Vatican II (cf. *Inter Mirifica,* 23). Vous avez complété le travail de mise à jour de ce Document, un «aggiornamento» qui vise à donner une réponse aux situations et aux technologies nouvelles. En même temps, vous avez pu voir que les principes qui sont à la base de *Communio et Progressio* sont aujourd'hui toujours aussi actuels qu'il y a deux décennies.

Parmi les changements survenus dans la technologie, et donc dans la société à laquelle vous vous adressez, les médias permettent aujourd'hui au monde entier d'assister aux événements au moment où ils se produisent. Toutefois, la façon dont les événements sont perçus dépend souvent de l'optique de ceux qui contrôlent le flux d'information et possèdent les moyens techniques de les transmettre. En ce domaine, *Communio et Progressio* offre des indications précieuses dans l'utilisation des moyens de communication par la société.

En rappelant que «l'homme d'aujourd'hui a besoin d'une information honnête, cohérente, complète et précise» (n. 34), l'Instruction pastorale affirme que «la société elle-même, pour remplir sa fonction à ses divers échelons, a besoin d'information; (l'information) est une exigence du bien commun» (n. 35). A juste titre, en vue des principes éthiques impliqués, l'Instruction pastorale affirme encore: «Le droit à l'information a cependant des limites. La réputation des personnes et des sociétés doit être préservée et l'information ne saurait se confondre avec l'indiscrétion. Bien des secrets sont légitimes: secrets des individus et des groupes, en particulier des familles, qui ont droit à leur vie privée; secrets professionnels, secrets d'intérêt public. Quand le bien commun est en jeu, l'information exige du tact et de la prudence» (n. 42).

4. Tout ceci acquiert une importance particulière à la lumière de la situation grave au Moyen-Orient. On peut dire que le conflit actuel a été engagé non seulement avec des armes de guerre, mais aussi, dans une certaine mesure, à travers les «médias». Alors que les moyens de communication sociale ont été mobilisés pour informer le monde sur les événements, nous avons aussi vu que lorsque la vérité n'est pas respectée, il peut y avoir une force qui pousse à l'injustice.

En ce qui concerne toutes les situations de violence, il est opportun de rappeler certaines paroles de préoccupation exprimées par *Communio et Progressio* à propos du rôle difficile et plein de responsabilité qu'ont les hommes et les femmes dans les médias.

«Leur sécurité — dit l'Instruction pastorale — devrait être garantie dans la mesure du possible: ils rendent en effet un précieux service en assurant le droit des hommes à l'information sur tout ce qui se passe d'important dans le monde, spécialement dans le cas des conflits sanglants qui concernent toute l'humanité. L'Eglise déplore et condamne l'usage de la violence à l'encontre des journalistes et de tous les informateurs» (n. 36). (...)

25.

DROIT A LA LIBERTE D'ASSOCIATION

L'Eglise a toujours reconnu ce droit fondamental à portée communautaire, qui garantit un correct déploiement du phénomène de la «socialisation».

Le Magistère souligne que la personne est le but de toute institution sociale.

L'essor de la personne doit être favorisé par des autorités respectueuses d'une légitime pluralité des formes d'organisation sociale.

A.265. *Mater et Magistra (MM)*

II. (...) LA «SOCIALISATION»

ORIGINE ET AMPLITUDE DU PHENOMENE

La «socialisation» est un des aspects caractéristiques de notre époque. Elle est une multiplication progressive des relations dans la vie commune; elle comporte des formes diverses de vie et d'activité associée, et l'instauration d'institutions juridiques. Ce fait s'alimente à la source de nombreux facteurs historiques, parmi lesquels il faut compter les progrès scientifiques et techniques, une plus grande efficacité productive, un niveau de vie plus élevé des habitants.

La «socialisation» est à la fois cause et effet d'une intervention croissante des pouvoirs publics même dans les domaines les plus délicats: soins médicaux, instruction et éducation des générations nouvelles, orientation professionnelle, méthodes de récupération et réadaptation des sujets diminués. Elle est aussi le fruit et l'expression d'une tendance naturelle, quasi incoercible, des humains: tendance à l'association en vue d'atteindre des objectifs qui dépassent les capacités et les moyens dont peuvent disposer les individus. Pareille disposition a donné vie, surtout en ces dernières décades, à toute une gamme de groupes, de mouvements, d'associations, d'institutions, à buts économiques, culturels, sociaux, sportifs, récréatifs, professionnels, politiques, aussi bien à l'intérieur des communautés politiques que sur le plan mondial.

ESTIMATION

Il est clair que la «socialisation», ainsi comprise, apporte beaucoup d'avantages. En fait, elle permet d'obtenir la satisfaction de nombreux droits personnels, en particulier ceux qu'on appelle économiques et sociaux. Par exemple, le droit aux moyens indispensables à un entretien vraiment humain, aux soins médicaux, à une instruction de base plus élevée, à une formation professionnelle plus adéquate, au logement, au travail, à un repos convenable, à la récréation. En outre, grâce à une organisation de plus en plus parfaite des moyens modernes de diffusion de la pensée — presse, cinéma, radio, télévision — il est loisible à toute personne de participer aux vicissitudes humaines sur un rayon mondial.

Par contre, la «socialisation» multiplie les méthodes d'organisation, et rend de plus en plus minutieuse la réglementation juridique des rapports humains, en tous domaines. Elle réduit en conséquence le rayon d'action libre des individus. Elle utilise des moyens, emploie des méthodes, crée des ambiances qui rendent difficile pour chacun une pensée indépendante des influences extérieures, une action d'initiative propre, l'exercice de sa responsabilité, l'affirmation et l'enrichissement de sa personne. Faut-il conclure que la «socialisation», croissant en amplitude et profondeur, transformera nécessairement les hommes en automates? A cette question il faut répondre négativement.

Il ne faut pas considérer la «socialisation» comme le résultat de forces naturelles mues par un déterminisme. Elle est au contraire, comme nous l'avons noté, oeuvre des hommes, êtres conscients, libres, portés par nature à agir comme responsables, même s'ils sont tenus, dans leur action, à reconnaître et respecter les lois du développement économique et du progrès social, s'ils ne peuvent se soustraire entièrement à la pression de l'ambiance.

Aussi bien concluons-nous que la «socialisation» peut et doit être réalisée de manière à en tirer les avantages qu'elle comporte, et conjurer ou comprimer ses effets négatifs.

Dans ce but, il est requis que les hommes investis d'autorité publique soient animés par une saine conception du bien commun. Celui-ci comporte l'ensemble des conditions sociales qui permettent et favorisent dans les hommes le développement intégral de leur personnalité. Nous estimons en outre nécessaire, que les corps intermédiaires et les initiatives sociales diverses, par lesquelles surtout s'exprime et se réalise la «socialisation», jouissent d'une autonomie efficace devant les pouvoirs publics, qu'ils poursuivent leurs intérêts spécifiques en rapports de collaboration loyale entre eux, et de subordination aux exigences du bien commun.

Il n'est pas moins nécessaire que ces corps sociaux se présentent en forme de vraie communauté; cela signifie que leurs membres seront considérés et traités comme des personnes, stimulés à participer activement à leur vie.

Les organisations de la société contemporaine se développent et l'ordre s'y réalise de plus en plus, grâce à un équilibre renouvelé: exigence d'une part de collaboration autonome apportée par tous, individus et groupes; d'autre part coordination en temps opportun et orientation venue des pouvoirs publics.

Si la «socialisation» s'exerçait dans le domaine moral suivant les lignes indiquées, elle ne comporterait pas par nature, de périls graves d'étouffement aux dépens des particuliers. Elle favoriserait au contraire le développement en eux des qualités propres à la personne. Elle réorganiserait même la vie commune, telle que Notre Prédécesseur Pie XI la préconisait dans l'Encyclique *Quadragesimo anno*[1] comme condition indispensable en vue de satisfaire les exigences de la justice sociale.

A.266. *Gaudium et Spes (GS)*

25. INTERDEPENDANCE DE LA PERSONNE ET DE LA SOCIETE

Le caractère social de l'homme fait apparaître qu'il y a interdépendance entre l'essor de la personne et le développement de la société elle-même. En effet, la personne humaine qui, de par sa nature même, a absolument besoin d'une vie sociale,[2] est et doit être le principe, le sujet et la fin de toutes les institutions. La vie sociale n'est donc pas pour l'homme quelque chose de surajouté: aussi, c'est par l'échange avec autrui, par la réciprocité des services, par le dialogue avec ses frères que l'homme grandit selon toutes ses capacités et peut répondre à sa vocation.

Parmi les liens sociaux nécessaires à l'essor de l'homme, certains, comme la famille et la communauté politique, correspondent plus immédiatement à sa nature intime; d'autre relèvent plutôt de sa libre volonté. De nos jours, sous l'influence de divers facteurs, les relations mutuelles et les interdépendances ne cessent de se multiplier: d'où des associations et des institutions variées, de droit public ou privé. Même si ce fait, qu'on nomme socialisation, n'est pas sans danger, il comporte cependant de nombreux avantages qui permettent d'affermir et d'accroître les qualités de la personne, et de garantir ses droits.[3] (...)

75. (...) Pour que la coopération de citoyens responsables aboutisse à d'heureux résultats dans la vie politique de tous les jours, un statut de droit positif est nécessaire, qui organise une répartition convenable des fonctions et des organes du pouvoir, ainsi qu'une protection efficace des droits, indépendante de quiconque. Que les droits de toutes les personnes, des familles et des groupes, ainsi que

---

1 Cf. *AAS* 23 (1931), p. 222 s.

2 Cf. Saint Thomas, *I Ethic.*, lect. I.

3 Cf. *Mater et Magistra: AAS* 53 (1961), p. 418. Cf. aussi, *Quadragesimo anno*, 15 mai 1931: *AAS* 23 (1931), p. 222 s.

leur exercice, soient reconnus, respectés et valorisés,[4] non moins que les devoirs civiques auxquels sont astreints tous les citoyens. Parmi ces derniers, il faut rappeler l'obligation de rendre à l'Etat les services matériels et personnels requis par le bien commun. Les gouvernants se garderont de faire obstacle aux associations familiales, sociales et culturelles, aux corps et institutions intermédiaires, ou d'empêcher leurs activités légitimes et efficaces; qu'ils aiment plutôt les favoriser, dans l'ordre. Quant aux citoyens, individuellement ou en groupe, qu'ils évitent de conférer aux pouvoirs publics une trop grande puissance; qu'ils ne s'adressent pas à eux d'une manière intempestive pour réclamer des secours et des avantages excessifs, au risque d'amoindrir la responsabilité des personnes, des familles et des groupes sociaux.

A notre époque, la complexité croissante des circonstances oblige les pouvoirs publics à intervenir plus fréquemment, en matière sociale, économique et culturelle, pour préparer des conditions plus favorables qui permettent aux citoyens et aux groupes de poursuivre d'une manière plus efficace la réalisation du bien complet de l'homme, dans la liberté. Assurément, selon les régions et selon l'évolution des peuples, les relations entre la socialisation[5] et l'autonomie ou le développement de la personne peuvent être comprises de diverses façons. Mais si, en vue du bien commun, on restreint pour un temps l'exercice des droits, que l'on rétablisse au plus tôt la liberté quand les circonstances auront changé. Il est en tout cas inhumain que le gouvernement en vienne à des formes totalitaires ou à des formes dictatoriales qui lèsent gravement les droits des personnes ou des groupes sociaux. (...)

A.267. *Populorum Progressio (PP)*

38. ORGANISATIONS PROFESSIONNELLES

Dans l'oeuvre du développement, l'homme, qui trouve dans la famille son milieu de vie primordial, est souvent aidé par des organisations professionnelles. Si leur raison d'être est de promouvoir les intérêts de leurs membres, leur responsabilité est grande devant la tâche éducative qu'elles peuvent et doivent en même temps accomplir. A travers l'information qu'elles donnent, la formation qu'elles proposent, elles peuvent beaucoup pour donner à tous le sens du bien commun et des obligations qu'il entraîne pour chacun.

39. PLURALISME LEGITIME

Toute action sociale engage une doctrine. Le chrétien ne saurait admettre

---

4 Cf. *Mater et Magistra: AAS* 53 (1961), p. 415-418.

5 Cf. Pie XII, Message radiophonique du 1er juin 1941: *AAS* 33 (1941), p. 200; Jean XXIII, *Pacem in terris: loc. cit.*, p. 273 et 274.

celle qui suppose une philosophie matérialiste et athée, qui ne respecte ni l'orientation religieuse de la vie à sa fin dernière, ni la liberté ni la dignité humaines. Mais, pourvu que ces valeurs soient sauves, un pluralisme des organisations professionnelles et syndicales est admissible, et à certains points de vue utile, s'il protège la liberté et provoque l'émulation. Et de grand coeur Nous rendons hommage à tous ceux qui y travaillent au service désintéressé de leurs frères.

A.268. *Centesimus Annus (CA)*

7. En relation étroite avec le droit de propriété, l'encyclique de Léon XIII affirme également *d'autres droits,* en disant qu'ils sont inhérents à la personne humaine et inaliénables. Au rang de ces droits, le «droit naturel de l'homme» à former des associations privées occupe une place de premier plan par l'ampleur du développement que lui consacre le Pape et l'importance qu'il lui attribue; il s'agit avant tout du *droit à créer des associations professionnelles* de chefs d'entreprise et d'ouvriers ou simplement d'ouvriers.[6] On saisit ici le motif pour lequel l'Eglise défend et approuve la création de ce qu'on appelle couramment des syndicats, non certes par préjugé idéologique ni pour céder à une mentalité de classe, mais parce que s'associer est un droit naturel de l'être humain et, par conséquent, un droit antérieur à sa reconnaissance par la société politique. En effet, «il n'est pas au pouvoir de l'Etat d'interdire leur existence», car «l'Etat est fait pour protéger et non pour détruire le droit naturel. En interdisant de telles associations, il s'attaquerait lui-même».[7] (...)

B.269. *Melo*

7. (...) L'Eglise a toujours défendu le droit d'association à tous les niveaux de la vie en société, car c'est là une conséquence de la nature sociale et communautaire de l'homme. (...)

---

[6] Cf. Encycl. *Rerum novarum,* 37-38; 41: *l.c.,* p. 134-135; 137-138.

[7] *Ibid.,* n. 38: *l.c.,* p. 135.

26.

DROIT A LA PARTICIPATION AUX AFFAIRES PUBLIQUES

Le sain fonctionnement de toute société humaine exige qu'on assure les moyens nécessaires pour une participation adéquate de chacun de ses membres à la gestion de la vie publique.

Le titulaire de ce droit a aussi le devoir d'offrir sa contribution pour le développement d'un système démocratique.

B.270. *Angelus 24.2.1991*

1. Dans un passage de l'encyclique *Rerum novarum,* dont nous abordons les points les plus importants au cours de ces mois, Léon XIII considère qu'il est illusoire de penser que l'Etat puisse faire régner plus facilement et rapidement la justice sociale, en monopolisant la gestion du bien commun et des rapports de travail.

L'histoire de notre siècle, et particulièrement de ces dernières années, confirme la vérité de ce jugement, prophétique pourrait-on dire, du Pontife.

C'est un droit que «de s'unir en société» — observe-t-il — «en raison du fait que l'expérience quotidienne que fait l'homme de l'exiguïté de ses forces l'engage et le pousse à s'adjoindre une coopération étrangère. De cette propension naturelle, comme d'un même germe, naissent la société civile d'abord puis, au sein même de celle-ci, d'autres sociétés». Elles ne peuvent pas être interdites par l'Etat, car l'Etat doit défendre les droits naturels, et non les détruire. En interdisant ces associations il se contredirait, car l'origine de la coexistence civile, comme des autres coexistences, se trouve justement dans la sociabilité naturelle de l'homme (cf. *Rerum novarum,* V).

A.271. *Pacem in Terris (PT)*

II. (...) PARTICIPATION DES CITOYENS A LA VIE PUBLIQUE

Que les citoyens puissent prendre une part active à la vie publique, c'est là un droit inhérent à leur dignité de personnes, encore que les modalités de cette participation soient subordonnées au degré de maturité atteint par la communauté politique dont ils sont membres et dans laquelle ils agissent.

Cette faculté d'intervention ouvre aux êtres humains de nouvelles et vastes possibilités de service à rendre. Invités à multiplier les contacts et les échanges avec leurs administrés, les dirigeants comprennent mieux les exigences objectives du bien commun; par ailleurs, le renouvellement périodique des titulaires des charges publiques préserve l'autorité de tout vieillissement et lui procure comme un regain de vitalité en harmonie avec l'avance de la société.[1] (...)

A.272. *Gaudium et Spes (GS)*

31. RESPONSABILITE ET PARTICIPATION

Aussi faut-il stimuler chez tous la volonté de prendre part aux entreprises communes. Et il faut louer la façon d'agir des nations où, dans une authentique liberté, le plus grand nombre possible de citoyens participent aux affaires publiques. Il faut toutefois tenir compte des conditions concrètes de chaque peuple et de la nécessaire fermeté des pouvoirs publics. Mais pour que tous les citoyens soient poussés à participer à la vie des différents groupes qui constituent le corps social, il faut qu'ils trouvent en ceux-ci des valeurs qui les attirent et qui les disposent à se mettre au service de leurs semblables. On peut légitimement penser que l'avenir est entre les mains de ceux qui auront su donner aux générations de demain des raisons de vivre et d'espérer.

75. COLLABORATION DE TOUS A LA VIE PUBLIQUE

Il est pleinement conforme à la nature de l'homme que l'on trouve des structures juridico-politiques qui offrent sans cesse davantage à tous les citoyens, sans aucune discrimination, la possibilité effective de prendre librement et activement part tant à l'établissement des fondements juridiques de la communauté politique qu'à la gestion des affaires publiques, à la détermination du champ d'action et des buts des différents organes, et à l'élection des gouvernants.[2] Que tous

---

[1] Cf. Pie XII, Radiomessage de Noël 1942: *AAS* 35 (1943), p. 12.

[2] Cf. Pie XII, Message radiophonique, 24 décembre 1942: *AAS* 35 (1943), p. 9-24; 24 décembre 1944: *AAS* 37 (1945), p. 11-17; Jean XXIII, *Pacem in terris: AAS* 55 (1963).

les citoyens se souviennent donc à la fois du droit et du devoir qu'ils ont d'user de leur libre suffrage, en vue du bien commun. L'Eglise tient en grande considération et estime l'activité de ceux qui se consacrent au bien de la chose publique et en assurent les charges pour le service de tous. (...)

A.273. *Octogesima Adveniens* (*OA*)

24. LA SOCIETE POLITIQUE

La double aspiration vers l'égalité et la participation cherche à promouvoir un type de société démocratique. Divers modèles sont proposés, certains sont expérimentés; aucun ne donne complète satisfaction et la recherche reste ouverte entre les tendances idéologiques et pragmatiques. Le chrétien a le devoir de participer à cette recherche et à l'organisation comme à la vie de la société politique. Etre social, l'homme construit son destin dans une série de groupements particuliers qui appellent, comme leur achèvement et comme une condition nécessaire de leur développement, une société plus vaste, de caractère universel, la société politique. Toute activité particulière doit se replacer dans cette société élargie et prend, par là même, la dimension du bien commun.[3]

A.274. *Christifideles Laici* (*CL*)

5. (...) Un signe et un résultat de ces courants humanistes peuvent se reconnaître dans le besoin grandissant de *participation*. C'est là, de toute évidence, un des traits distinctifs de l'humanité actuelle, un véritable «signe des temps» qui mûrit en divers domaines et diverses directions: en ce qui concerne surtout les femmes et le monde des jeunes, en direction de la vie familiale et scolaire, mais aussi dans le monde culturel, économique, social et politique. Jouer un rôle, être en quelque façon créateur d'une nouvelle culture humaniste, est une exigence, tout à la fois universelle et individuelle.[4]

---

[3] Cf. *Gaudium et spes,* 74: *AAS* 58 (1966), p. 1095-1096.

[4] Cf. *Instrumentum laboris,* «La vocation et la mission des laïcs dans l'Eglise et dans le monde vingt ans après le Concile Vatican II», 5-10 (du Synode des Evêques de 1987, n.d.r.).

B.275. *Journée mondiale de la Paix (JMP 1985)*

LA VALEUR DE PARTICIPATION

9. Les mots à eux seuls ne peuvent créer un monde de justice et de paix, et des forces extérieures ne peuvent l'imposer: il faut qu'il soit désiré et réalisé avec la contribution de tous. Il est essentiel à tout être humain d'avoir la conscience de participer, et de prendre part effectivement, aux décisions et aux efforts qui forgent la destinée du monde. Dans le passé, la violence et l'injustice ont souvent été provoquées d'abord par le fait que les personnes avaient conscience d'être privées du droit de façonner leur propre vie. On ne peut éviter l'apparition de la violence et de l'injustice lorsque le droit fondamental à participer aux choix de société est refusé. Mais ce droit doit être exercé avec discernement. La complexité de la vie dans la société moderne amène les gens à déléguer le pouvoir de décision à leurs représentants. Il faut qu'ils puissent avoir l'assurance que leurs représentants prendront leurs décisions pour le bien de leur propre peuple et de tous les peuples. La participation est un droit, mais elle entraîne des obligations: il faut l'exercer en respectant la dignité de la personne humaine. La confiance mutuelle entre les citoyens et les autorités est le fruit de la pratique de la participation, et la participation est une pierre de touche pour construire un monde de paix.

B.276. *Asunción*

5. L'existence simultanée et solidaire de valeurs comme la paix, la liberté, la justice et la participation, sont des exigences essentielles pour que l'on puisse parler d'une authentique société démocratique, fondée sur le libre consensus des citoyens. Il ne sera donc pas possible de parler de vraie liberté, et encore moins de démocratie, là où font défaut la participation réelle de tous les citoyens et la possibilité de prendre les grandes décisions qui affectent la vie et l'avenir de la nation. *Dans une attitude de concorde et de dialogue,* il faut s'efforcer de chercher les formes de participation les plus conformes aux aspirations profondes de tous les citoyens. L'ordre et la paix sont un engagement commun et supposent le respect effectif des droits inaliénables de la personne. La paix est incompatible avec une forme d'organisation sociale où «seuls quelques individus instaurent, à leur profit exclusif, un principe de discrimination selon lequel les droits et l'existence même des autres en viennent à dépendre de l'arbitraire de plus forts» (*Message pour la Journée mondiale de la Paix,* 1982).

On ne peut donc perdre de vue l'impulsion éthique vers les valeurs absolues qui ne dépendent pas de l'ordre juridique ou du consensus populaire. Pour cette raison, une vraie démocratie ne peut porter atteinte en aucune manière aux valeurs qui se manifestent sous la forme de droits fondamentaux (...).

B.277. *Au Corps Diplomatique en Tanzanie (Dar-es-Salaam)*

3. En même temps, la nature complexe de tout le problème des réfugiés et des personnes déplacées indique clairement la nécessité d'une action sur de nombreux autres fronts si l'on veut que la situation s'améliore. Les causes fondamentales ne peuvent être attaquées que s'il existe une *croissance dans la pacification et la démocratisation de la vie africaine,* avec une participation croissante de tous les groupes à une organisation de la vie publique représentative et juridiquement protégée. Un gros effort est nécessaire pour élever le niveau d'éducation pour qu'un plus grand nombre de personnes puissent jouer un rôle responsable pour déterminer les politiques économiques, sociales et culturelles à suivre. Une conscience de la dignité et des droits humains doit être promue.

27.

DROIT A L'INITIATIVE ECONOMIQUE

Par ce droit, étroitement lié au respect du «principe de subsidiarité» dont l'importance a été maintes fois relevée par la doctrine sociale de l'Eglise, on quitte les droits civils et politiques pour aborder les droits économiques, sociaux et culturels.

Une efficace organisation du secteur économique demande qu'on encourage la libre initiative des particuliers, sans pour autant que les autorités publiques renoncent au rôle de contrôle et de coordination générale qui leur appartient.

Seul l'équilibre entre ces deux pôles, le privé et le publique, peut éviter le double danger d'un libéralisme négateur de la justice sociale et d'un collectivisme étouffeur de la liberté humaine.

A.278. *Mater et Magistra (MM)*

II. INITIATIVE PERSONNELLE ET INTERVENTION DES POUVOIRS PUBLICS EN MATIERE ECONOMIQUE

Qu'il soit entendu avant toute chose que le monde économique résulte de l'initiative personnelle des particuliers, qu'ils agissent individuellement ou associés de manières diverses à la poursuite d'intérêts communs.

Toutefois, en vertu des raisons déjà admises par Nos Prédécesseurs, les pouvoirs publics doivent d'autre part exercer leur présence active en vue de dûment promouvoir le développement de la production, en fonction du progrès social et au bénéfice de tous les citoyens.

Leur action a un caractère d'orientation, de stimulant, de suppléance et d'intégration. Elle doit être inspirée par le «principe de subsidiarité»,[1] formulé par Pie XI dans l'encyclique *«Quadragesimo anno»:* «Il n'en reste pas moins in-

---

[1] *AAS* 23 (1931), p. 203.

discutable qu'on ne saurait ni changer ni ébranler ce principe si grave de philosophie sociale; de même qu'on ne peut enlever aux particuliers, pour les transférer à la communauté, les attributions dont ils sont capables de s'acquitter de leur seule initiative et par leurs propres moyens; ainsi ce serait commettre une injustice, en même temps que troubler d'une manière très dommageable l'ordre social, que de retirer aux groupements d'ordre inférieur, pour les confier à une collectivité plus vaste et d'un rang plus élevé, les fonctions qu'ils sont en mesure de remplir eux-mêmes. L'objet naturel de toute intervention en matière sociale est d'aider les membres du corps social, et non pas de les détruire ni de les absorber».[2]

Il est vrai que de nos jours le développement des sciences et des techniques de production offre aux pouvoirs publics de plus amples possibilités de réduire les déséquilibres entre les divers secteurs de production, entre les différentes zones à l'intérieur des communautés politiques, entre les divers pays sur le plan mondial. Il permet aussi de limiter les oscillations dans les alternances de la conjoncture économique, de faire front aux phénomènes de chômage massif, avec la perspective de résultats positifs. En conséquence les pouvoirs publics, responsables du bien commun, ne peuvent manquer de se sentir engagés à exercer dans le domaine économique une action aux formes multiples, plus vaste, plus profonde, plus organique; à s'adapter aussi, dans ce but, aux structures, aux compétences, aux moyens, aux méthodes.

Mais il faut toujours rappeler ce principe: la présence de l'Etat dans le domaine économique, si vaste et pénétrante qu'elle soit, n'a pas pour but de réduire de plus en plus la sphère de liberté de l'initiative personnelle des particuliers, tout au contraire elle a pour objet d'assurer à ce champ d'action la plus vaste ampleur possible, grâce à la protection effective, pour tous et pour chacun, des droits essentiels de la personne humaine. Et il faut retenir parmi ceux-ci le droit qui appartient à chaque personne humaine d'être et de demeurer normalement premier responsable de son entretien et de celui de sa famille. Cela comporte que dans tout système économique soit permis et facilité le libre exercice des activités productrices.

Au reste, le développement même de l'histoire fait apparaître chaque jour plus clairement qu'une vie commune ordonnée et féconde n'est possible qu'avec l'apport dans le domaine économique, tant de particuliers que des pouvoirs publics, apport simultané, réalisé dans la concorde, en des proportions qui répondent aux exigences du bien commun, eu égard aux situations changeantes et aux vicissitudes humaines.

Au fait, l'expérience enseigne que là où fait défaut l'initiative personnelle des individus, surgit la tyrannie politique, mais languissent aussi les secteurs économiques orientés surtout à produire la gamme indéfinie des biens de consommation et services satisfaisant en plus des besoins matériels, les exigen-

---

2 *Ibid.*, p. 203.

ces de l'esprit: biens et services qui engagent de façon spéciale le génie créateur des individus.

Tandis que là où vient à manquer l'action requise de l'Etat, apparaît un désordre inguérissable, l'exploitation des faibles par les forts moins scrupuleux, qui croissent en toute terre et en tout temps, comme l'ivraie dans le froment. (...)

A.279. *Gaudium et Spes (GS)*

63. QUELQUES TRAITS DE LA VIE ECONOMIQUE

Dans la vie économico-sociale aussi, il faut honorer et promouvoir la dignité de la personne humaine, sa vocation intégrale et le bien de toute la société. C'est l'homme, en effet, qui est l'auteur, le centre et le but de toute la vie économico-sociale.

Comme tout autre domaine de la vie sociale, l'économie moderne se caractérise par une emprise croissante de l'homme sur la nature, la multiplication et l'intensification des relations et des interdépendances entre individus, groupes et peuples, et la fréquence accrue des interventions du pouvoir politique. En même temps, le progrès dans les modes de production et dans l'organisation des échanges de biens et de services a fait de l'économie un instrument apte à mieux satisfaire les besoins accrus de la famille humaine.

Pourtant les sujets d'inquiétude ne manquent pas. Beaucoup d'hommes, surtout dans les régions du monde économiquement développées, apparaissent comme dominés par l'économique: presque toute leur existence personnelle et sociale est imbue d'un certain «économisme», et cela aussi bien dans les pays favorables à l'économie collectiviste que dans les autres. A un moment où le développement de l'économie, orienté et coordonné d'une manière rationnelle et humaine, permettrait d'atténuer les inégalités sociales, il conduit trop souvent à leur aggravation et même, ici ou là, à une régression de la condition sociale des faibles et au mépris des pauvres. Alors que des foules immenses manquent encore du strict nécessaire, certains, même dans les régions moins développées, vivent dans l'opulence ou gaspillent sans compter. Le luxe côtoie la misère. Tandis qu'un petit nombre d'hommes disposent d'un très ample pouvoir de décision, beaucoup sont privés de presque toute possibilité d'initiative personnelle et de responsabilité; souvent même, ils sont placés dans des conditions de vie et de travail indignes de la personne humaine. (...)

A.280. *Laborem Exercens (LE)*

17. (...) Le concept d'employeur indirect peut être appliqué à chaque société particulière, et avant tout à l'Etat. C'est l'Etat, en effet, qui doit mener une juste politique du travail. On sait cependant que, dans le système actuel des rapports

économiques dans le monde, on constate de *multiples liaisons entre les divers Etats,* liaisons qui s'expriment par exemple dans les mouvements d'importation et d'exportation, c'est-à-dire dans l'échange réciproque de biens économiques, qu'il s'agisse de matières premières, de produits semi-finis ou de produits industriels finis. Ces rapports créent aussi des *dépendances* réciproques et il serait par conséquent difficile de parler de pleine auto-suffisance, c'est-à-dire d'autarcie, pour quelque Etat que ce soit, fût-il économiquement le plus puissant.

Ce système de dépendances réciproques est en lui-même normal; cependant, il peut facilement donner lieu à diverses formes d'exploitation ou d'injustice et avoir ainsi une influence sur la politique du travail des Etats et, en définitive, sur le travailleur individuel qui est le sujet propre du travail. Par exemple, *les pays hautement industrialisés* et plus encore les entreprises qui contrôlent sur une grande échelle les moyens de production industrielle (ce qu'on appelle les sociétés multinationales ou transnationales) imposent les prix les plus élevés possible pour leurs produits et cherchent en même temps à fixer les prix les plus bas possible pour les matières premières ou les produits semi-finis. Cela, parmi d'autres causes, a pour résultat de créer une disproportion toujours croissante entre les revenus nationaux des différents pays. La distance entre la plupart des pays riches et les pays les plus pauvres ne diminue pas et ne se nivelle pas mais augmente toujours davantage et, naturellement, au détriment des seconds. Il est évident que cela ne peut pas demeurer sans effet sur la politique locale du travail ni sur la situation du travailleur dans les sociétés économiquement désavantagées. L'employeur direct qui se trouve dans un tel système de conditionnements fixe les conditions du travail au-dessous des exigences objectives des travailleurs, surtout s'il veut lui-même tirer le profit le plus élevé possible de l'entreprise qu'il dirige (ou des entreprises qu'il dirige lorsqu'il s'agit d'une situation de propriété «socialisée» des moyens de production). (...)

A.281. *Sollicitudo Rei Socialis (SRS)*

15. (...) Il faut remarquer que, dans le monde d'aujourd'hui, parmi d'autres droits, *le droit à l'initiative économique* est souvent étouffé. Il s'agit pourtant d'un droit important, non seulement pour les individus mais aussi pour le bien commun. L'expérience nous montre que la négation de ce droit ou sa limitation au nom d'une prétendue «égalité» de tous dans la société réduit, quand elle ne le détruit pas en fait, l'esprit d'initiative, c'est-à-dire *la personnalité créative du citoyen.* Ce qu'il en ressort, ce n'est pas une véritable égalité mais un «nivellement par le bas». A la place de l'initiative créatrice prévalent la passivité, la dépendance et la soumission à l'appareil bureaucratique, lequel, comme unique organe d' «organisation» et de «décision» — sinon même de «possession» — de la totalité des biens et des moyens de production, met tout le monde dans une position de sujétion quasi absolue, semblable à la dépendance traditionnelle de l'ouvrier-prolétaire par rapport au capitalisme. Cela engendre un sentiment de frustration ou de désespoir, et cela prédispose à se désintéresser de la vie nationale, poussant beaucoup de personnes à l'émigration et favorisant aussi une sorte d'émigration «psychologique». (...)

A.282. *Centesimus Annus (CA)*

48. Ces considérations d'ordre général rejaillissent également sur le *rôle de l'Etat dans le secteur économique*. L'activité économique, en particulier celle de l'économie de marché, ne peut se dérouler dans un vide institutionnel, juridique et politique. Elle suppose, au contraire, que soient assurées les garanties des libertés individuelles et de la propriété, sans compter une monnaie stable et des services publics efficaces. Le devoir essentiel de l'Etat est cependant d'assurer ces garanties, afin que ceux qui travaillent et qui produisent puissent jouir du fruit de leur travail et donc se sentir stimulés à l'accomplir avec efficacité et honnêteté. L'un des principaux obstacles au développement et au bon ordre économiques est le défaut de sécurité, accompagné de la corruption des pouvoirs publics et de la multiplication de manières impropres de s'enrichir et de réaliser des profits faciles en recourant à des activités illégales ou purement spéculatives.

L'Etat a par ailleurs le devoir de surveiller et de conduire l'application des droits humains dans le secteur économique; dans ce domaine, toutefois, la première responsabilité ne revient pas à l'Etat mais aux individus et aux différents groupes ou associations qui composent la société. L'Etat ne pourrait pas assurer directement l'exercice du droit au travail de tous les citoyens sans contrôler toute la vie économique et entraver la liberté des initiatives individuelles. Cependant, cela ne veut pas dire qu'il n'ait aucune compétence dans ce secteur, comme l'ont affirmé ceux qui prônent l'absence totale de règles dans le domaine économique. Au contraire, l'Etat a le devoir de soutenir l'activité des entreprises en créant les conditions qui permettent d'offrir des emplois, en la stimulant dans les cas où elle reste insuffisante ou en la soutenant dans les périodes de crise.

L'Etat a aussi le droit d'intervenir lorsque des situations particulières de monopole pourraient freiner ou empêcher le développement. Mais, à part ces rôles d'harmonisation et d'orientation du développement, il peut remplir des *fonctions de suppléance* dans des situations exceptionnelles, lorsque des groupes sociaux ou des ensembles d'entreprises trop faibles ou en cours de constitution ne sont pas à la hauteur de leur tâches. Ces interventions de suppléance, que justifie l'urgence d'agir pour le bien commun, doivent être limitées dans le temps, autant que possible, pour ne pas enlever de manière stable à ces groupes ou à ces entreprises les compétences qui leur appartiennent et pour ne pas étendre à l'excès le cadre de l'action de l'Etat, en portant atteinte à la liberté économique ou civile.

On a assisté, récemment, à un important élargissement du cadre de ces interventions, ce qui a amené à constituer, en quelque sorte, un Etat de type nouveau, l'«Etat du bien-être». Ces développements ont eu lieu dans certains Etats pour mieux répondre à beaucoup de besoins, en remédiant à des formes de pauvreté et de privation indignes de la personne humaine. Cependant, au cours de ces dernières années en particulier, des excès ou des abus assez nombreux ont provoqué des critiques sévères de l'Etat du bien-être, que l'on a appelé l'«Etat de l'assistance». Les dysfonctionnements et les défauts des soutiens publics proviennent d'une conception inappropriée des devoirs spécifiques de l'Etat. Dans ce cadre, il convient de respecter également *le principe de subsidiarité:* une société d'ordre supérieur ne doit pas intervenir dans la vie interne d'une société d'un ordre inférieur, en lui enlevant ses compétences, mais elle doit plutôt la soutenir en cas de nécessité et l'aider à coordonner son action avec celle des autres éléments qui composent la société, en vue du bien commun.[3]

En intervenant directement et en privant la société de ses responsabilités, l'Etat de l'assistance provoque la déperdition des forces humaines, l'hypertrophie des appareils publics, animés par une logique bureaucratique plus que par la préoccupation d'être au service des usagers, avec une croissance énorme des dépenses. En effet, il semble que les besoins soient mieux connus par ceux qui en sont plus proches ou qui savent s'en rapprocher, et que ceux-ci soient plus à même d'y répondre. On ajoutera que souvent certains types de besoins appellent une réponse qui ne soit pas seulement d'ordre matériel mais qui sache percevoir la requête humaine plus profonde. Que l'on pense aussi aux conditions que connaissent les réfugiés, les immigrés, les personnes âgées ou malades, et aux diverses conditions qui requièrent une assistance, comme dans le cas des toxicomanes, toutes personnes qui ne peuvent être efficacement aidées que par ceux qui leur apportent non seulement les soins nécessaires, mais aussi un soutien sincèrement fraternel.

---

[3] Cf. Pie XI, Encycl. *Quadragesimo anno,* I: *l.c.,* p. 184-186.

28.

DROIT AU TRAVAIL ET DROITS DES TRAVAILLEURS

Le thème du travail est l'un des points saillants de la doctrine sociale de l'Eglise. Le Magistère a admis sans hésitations le bien-fondé du droit au travail, en y reconnaissant une explication essentielle de la dignité humaine et en dépassant le débat, idéologisé et parfois très polémique, qui avait entouré la formulation de ce droit pendant le XIXème siècle. En outre, la défense des droits des travailleurs a été manifestée par le soutien donné à leur combat pour un salaire digne, pour des conditions de travail équitables, pour des associations syndicales libres.

A.283. *Mater et Magistra (MM)*

I. (...) LE RADIOMESSAGE DE LA PENTECOTE 1941 (...)

Au sujet du travail, reprenant un thème que l'on retrouve dans l'Encyclique de Léon XIII, Pie XII rappelle qu'il est en même temps un devoir et un droit de chaque être humain. C'est en conséquence aux hommes en premier lieu qu'il revient de régler leurs rapports mutuels de travail. C'est uniquement dans le cas où les intéressés ne remplissent pas ou ne peuvent pas remplir leur tâche qu'il «entre dans les attributions de l'Etat d'intervenir sur ce terrain, dans la division et la distribution du travail, sous la forme et dans la mesure que demande le bien commun justement compris».[1] (...)

REMUNERATION DU TRAVAIL

NORME DE JUSTICE ET D'EQUITE

II. (...) Notre âme est saisie de profonde amertume devant un spectacle infiniment triste: une foule de travailleurs, en de nombreux pays et sur des continents

1 Radiomessage de la Pentecôte 1941.

entiers, reçoivent un salaire qui les oblige, eux et leurs familles, à des conditions de vie sous-humaine. Cela est dû sans doute aussi à ce que dans ces pays et continents le processus d'industrialisation en est encore à ses débuts, ou en période insuffisamment avancée.

Pourtant, en certains de ces pays, criant et outrageant est le contraste entre l'extrême misère des multitudes, et l'abondance, le luxe effréné de quelques privilégiés. En d'autres pays, la génération actuelle est contrainte à subir des privations inhumaines, en vue d'accroître l'efficacité de l'économie nationale suivant un rythme d'accélération disproportionné avec les exigences de la justice et de l'humanité. En d'autres, une part considérable du revenu est employée à mettre en valeur ou entretenir un prestige national mal compris, des sommes immenses sont dépensées en armements. (...)

Aussi bien, Nous estimons être de Notre devoir d'affirmer une fois de plus que la rétribution du travail ne peut être ni entièrement abandonnée aux lois du marché, ni fixée arbitrairement: elle est déterminée en justice et équité. Cela exige que soit accordée aux travailleurs une rémunération qui leur permette avec un niveau de vie vraiment humain, de faire face avec dignité à leurs responsabilités familiales. Cela demande en outre que pour déterminer les rétributions on considère leur apport effectif à la production, les situations économiques des entreprises, les exigences du bien commun de la nation. On prendra en spéciale considération les répercussions sur l'emploi global du travail dans l'ensemble du pays, et aussi les exigences du bien commun universel, intéressant les communautés internationales, diverses en nature et en étendue.

Il est clair que les principes exprimés ci-dessus valent partout et toujours. On ne saurait toutefois déterminer la mesure dans laquelle ils doivent être appliqués sans tenir compte des richesses disponibles; celles-ci peuvent varier, varient en effet, en quantité et qualité de pays à pays, et dans le même pays d'une période à l'autre. (...)

EXIGENCE DE LA JUSTICE AU REGARD DES STRUCTURES

STRUCTURES CONFORMES A LA DIGNITE DE L'HOMME

La justice doit être observée non seulement dans la répartition des richesses, mais aussi au regard des entreprises où se développent les processus de production. Il est inscrit en effet dans la nature des hommes qu'ils aient la possibilité d'engager leur responsabilité et de se perfectionner eux-mêmes, là où ils exercent leur activité productrice.

C'est pourquoi si les structures, le fonctionnement, les ambiances d'un système économique sont de nature à compromettre la dignité humaine de ceux qui s'y emploient, d'émousser systématiquement leur sens des responsabilités, de faire obstacle à l'expression de leur initiative personnelle, pareil système économique est injuste, même si, par hypothèse, les richesses qu'il produit atteignent un niveau élevé et sont réparties suivant les règles de la justice et de l'équité. (...)

PRESENCE ACTIVE DES TRAVAILLEURS DANS LES MOYENNES ET GRANDES ENTREPRISES

De plus, avançant sur les traces de Nos Prédécesseurs, Nous estimons légitime l'aspiration des ouvriers à prendre part active à la vie des entreprises où ils sont enrôlés et travaillent. On ne peut déterminer à l'avance le genre et le degré de cette participation, car ils sont en rapport avec la situation concrète de chaque entreprise. Cette situation peut varier d'entreprise à entreprise; à l'intérieur de chacune d'elles elle est sujette à des changements souvent rapides et substantiels. Nous estimons toutefois opportun d'attirer l'attention sur le fait que le problème de la présence active des travailleurs existe toujours dans l'entreprise soit privée soit publique. Il faut tendre, en tout cas, à ce que l'entreprise devienne une communauté de personnes, dans les relations, les fonctions et les situations de tout son personnel.

Cela requiert que les relations entre entrepreneurs et dirigeants d'une part, apporteurs de travail d'autre part, soient imprégnées de respect, d'estime, de compréhension, de collaboration active et loyale, d'intérêt à l'oeuvre commune; que le travail soit conçu et vécu par tous les membres de l'entreprise, non seulement comme source de revenus, mais aussi comme accomplissement d'un devoir et prestation d'un service. Cela comporte encore que les ouvriers puissent faire entendre leur voix, présenter leur apport au fonctionnement efficace de l'entreprise et à son développement. (...)

PRESENCE DES TRAVAILLEURS A TOUS LES ECHELONS

De notre temps, le mouvement vers l'association des travailleurs s'est largement développé; il a été généralement reconnu dans les dispositions juridiques des Etats, et sur le plan international, spécialement en vue de la collaboration, surtout grâce au contrat collectif. Nous ne saurions toutefois omettre de dire à quel point il est opportun, voire nécessaire, que la voix des travailleurs ait la possibilité de se faire entendre et écouter hors des limites de chaque organisme de production, à tous les échelons. (...)

SANCTIFICATION DES JOURS DE FETE

IV. (...) Pour protéger la dignité de l'homme comme créature douée d'une âme faite à l'image et à la ressemblance de Dieu, l'Eglise a toujours rappelé l'observance exacte du troisième précepte du Décalogue: *Souviens-toi de sanctifier le jour de sabbat*.[2] Dieu a le droit d'exiger de l'homme qu'il dédie à son culte un jour de

---

[2] *Exode* 20,8.

la semaine, pendant lequel l'esprit, délivré des occupations matérielles, puisse s'élever et s'ouvrir à la pensée et à l'amour des choses célestes, en examinant dans le secret de sa conscience ses devoirs envers son Créateur.

C'est aussi un droit, et même un besoin pour l'homme, de cesser par moments le dur travail quotidien, pour reposer ses membres fatigués, pour procurer à ses sens une honnête détente, pour fomenter dans la famille une union plus grande, qui ne peut être obtenue que par un contact fréquent et une sereine vie en commun de tous les membres de la famille.

La religion, la morale et l'hygiène sont d'accord sur la nécessité d'un repos régulier, que depuis des siècles l'Eglise traduit par la sanctification du dimanche, accompagnée de la participation au Saint Sacrifice de la Messe, mémorial et application de l'oeuvre rédemptrice du Christ aux âmes.

Avec une vive douleur nous devons constater et déplorer la négligence, sinon le mépris, de cette sainte loi, avec les conséquences néfastes que cela comporte pour le salut de l'âme et pour la santé du corps des chers ouvriers.

Au nom de Dieu et dans l'intérêt matériel et spirituel des hommes, Nous rappelons à tous, autorités, patrons et ouvriers, l'observance du commandement de Dieu et de l'Eglise, en mettant chacun d'entre eux devant la grave responsabilité qu'il encourt aux yeux de Dieu et vis-à-vis de la société. (...)

A.284. *Gaudium et Spes (GS)*

66. IL FAUT METTRE UN TERME AUX IMMENSES DISPARITES ECONOMICO-SOCIALES

Pour répondre aux exigences de la justice et de l'équité, il faut s'efforcer vigoureusement, dans le respect des droits personnels et du génie propre de chaque peuple, de faire disparaître le plus rapidement possible les énormes inégalités économiques qui s'accompagnent de discrimination individuelle et sociale; de nos jours elles existent et souvent elles s'aggravent. De même, en bien des régions, étant donné les difficultés particulières de la production et de la commercialisation dans le secteur agricole, il faut aider les agriculteurs à accroître cette production et à la vendre, à réaliser les transformations et les innovations nécessaires, à obtenir enfin un revenu équitable; sinon ils demeureront, comme il arrive trop souvent, des citoyens de seconde zone. De leur côté, les agriculteurs, les jeunes surtout, doivent s'appliquer avec énergie à améliorer leur compétence professionnelle, sans laquelle l'agriculture ne saurait progresser.

De même, la justice et l'équité exigent que la mobilité, nécessaire à des économies en progrès, soit aménagée de façon à éviter aux individus et à leurs familles des conditions de vie instables et précaires. A l'égard des travailleurs en provenance d'autres pays ou d'autres régions qui apportent leur concours à la croissance économique d'un peuple ou d'une province, on se gardera soigneusement de toute espèce de discrimination en matière de rémunération ou de conditions de travail. De plus, tous les membres de la société, en particulier les pouvoirs publics, doivent les traiter comme des personnes et non comme de simples instruments de production: faciliter la présence auprès d'eux de leur famille, les aider à se procurer un logement décent et favoriser leur insertion dans la vie sociale du pays ou de la région d'accueil. On doit cependant, dans la mesure du possible, créer des emplois dans leurs régions d'origine elles-mêmes.

Dans les économies actuellement en transition comme dans les formes nouvelles de la société industrielle, marquées par exemple par le progrès de l'automation, il faut se préoccuper d'assurer à chacun un emploi suffisant et adapté, et la possibilité d'une formation technique et professionnelle adéquate. On doit aussi garantir les moyens d'existence et la dignité humaine de ceux qui, surtout en raison de la maladie ou de l'âge, se trouvent dans une situation plus difficile.

67. TRAVAIL, CONDITIONS DE TRAVAIL, LOISIRS.

Le travail des hommes, celui qui s'exerce dans la production et l'échange de biens ou dans la prestation de services économiques, passe avant les autres éléments de la vie économique, qui n'ont valeur que d'instruments.

Ce travail, en effet, qu'il soit entrepris de manière indépendante ou par contrat avec un employeur, procède immédiatement de la personne: celle-ci marque en quelque sorte la nature de son empreinte et la soumet à ses desseins. Par son travail, l'homme assure habituellement sa subsistance et celle de sa famille, s'associe à ses frères et leur rend service, peut pratiquer une vraie charité et coopérer à l'achèvement de la création divine. Bien plus, par l'hommage de son travail à Dieu, nous tenons que l'homme est associé à l'oeuvre rédemptrice de Jésus-Christ qui a donné au travail une dignité éminente en oeuvrant de ses propres mains à Nazareth. De là découlent pour tout homme le devoir de travailler loyalement aussi bien que le droit au travail. En fonction des circonstances concrètes, la société doit, pour sa part, aider les citoyens en leur permettant de se procurer un emploi suffisant. Enfin, compte tenu des fonctions et de la productivité de chacun, de la situation de l'entreprise et du bien commun, la rémunération du travail doit assurer à l'homme des ressources qui lui permettent, à lui et à sa famille, une vie digne sur le plan matériel, social, culturel et spirituel.

Comme l'activité économique est le plus souvent le fruit du travail associé des hommes, il est injuste et inhumain de l'organiser et de l'ordonner au détriment de quelque travailleur que ce soit. Or il est trop courant, même de nos jours, que ceux qui travaillent soient en quelque sorte asservis à leurs propres oeuvres; ce que de soi-disant lois économiques ne justifient en aucune façon. Il importe donc d'adapter tout le processus du travail productif aux besoins de la personne et aux modalités de son existence, en particulier de la vie du foyer (surtout en ce qui concerne les mères de famille), en tenant toujours compte du sexe et de l'âge. Les travailleurs doivent aussi avoir la possibilité de développer leurs qualités et leur personnalité dans l'exercice même de leur travail. Tout en y appliquant leur temps et leurs forces d'une manière consciencieuse, que tous jouissent par ailleurs d'un temps de repos et de loisir suffisant qui leur permette aussi d'entretenir une vie familiale, culturelle, sociale et religieuse. Bien plus, ils doivent avoir la possibilité de déployer librement des facultés et des capacités qu'ils ont peut-être peu l'occasion d'exercer dans leur travail professionnel.

68. PARTICIPATION DANS L'ENTREPRISE ET DANS L'ORGANISATION ECONOMIQUE GLOBALE. CONFLITS DU TRAVAIL.

Dans les entreprises économiques, ce sont des personnes qui sont associées entre elles, c'est-à-dire des êtres libres et autonomes, créés à l'image de Dieu. Aussi, en prenant en considération les fonctions des uns et des autres, propriétaires, employeurs, cadres, ouvriers, et en sauvegardant la nécessaire unité de direction, il faut promouvoir, selon des modalités à déterminer au mieux, la participation active de tous à la gestion des entreprises. Et comme, bien souvent, ce n'est déjà plus au niveau de l'entreprise, mais à des instances supérieures, que se prennent les décisions économiques et sociales dont dépend l'avenir des travailleurs et de leurs enfants, ceux-ci doivent également participer à ces décisions, soit par eux-mêmes, soit par leurs représentants librement choisis.

Il faut mettre au rang des droits fondamentaux de la personne le droit des travailleurs de fonder librement des associations capables de les représenter d'une façon valable et de collaborer à la bonne organisation de la vie économique, ainsi que le droit de prendre librement part aux activités de ces associations, sans courir le risque de représailles. Grâce à cette participation organisée, jointe à un progrès de la formation économique et sociale, le sens des responsabilités grandira de plus en plus chez tous: ils seront ainsi amenés à se sentir associés, selon leurs moyens et leurs aptitudes personnels, à l'ensemble du développement économique et social ainsi qu'à la réalisation du bien commun universel.

En cas de conflits économico-sociaux, on doit s'efforcer de parvenir à une solution pacifique. Mais, s'il faut toujours recourir d'abord au dialogue sincère entre les parties, la grève peut cependant, même dans les circonstances actuelles, demeurer un moyen nécessaire, bien qu'ultime, pour la défense des droits propres et la réalisation des justes aspirations des travailleurs. Que les voies de la négociation et du dialogue soient toutefois reprises, dès que possible, en vue d'un accord.

A.285. *Octogesima Adveniens (OA)*

14. LES TRAVAILLEURS

L'Eglise l'a solennellement réaffirmé au dernier Concile: «La personne humaine est et doit être le principe, le sujet et la fin de toutes les institutions».[3] Tout homme a droit au travail, à la possibilité de développer ses qualités et sa personnalité dans l'exercice de sa profession, à une rémunération équitable qui lui permette, à lui et à sa famille, de «mener une vie digne sur le plan matériel, social, culturel et spirituel»,[4] à l'assistance en cas de besoin, du fait de la maladie ou de l'âge.

Si, pour la défense de ces droits, les sociétés démocratiques acceptent le principe du droit syndical, elles ne sont pas, pour autant, toujours ouvertes à son exercice. L'on doit admettre le rôle important des syndicats; ils ont pour objet la représentation des diverses catégories de travailleurs, leur légitime collaboration à l'essor économique de la société, le développement du sens de leurs responsabilités pour la réalisation du bien commun. Leur action ne va pas, cependant, sans difficultés: la tentation peut apparaître, ici ou là, de profiter d'une position de force pour imposer notamment par la grève — dont le droit comme moyen ultime de défense reste, certes, reconnu — des conditions trop lourdes pour l'ensemble de l'économie ou du corps social ou pour vouloir faire aboutir des revendications d'ordre directement politique. Lorsqu'il s'agit en particulier de services publics, nécessaires à la vie quotidienne de toute une communauté, on devra savoir estimer le seuil au-delà duquel le tort causé devient inadmissible.

15. LES VICTIMES DES MUTATIONS

Bref, des progrès ont déjà été accomplis pour introduire, au sein des rapports humains, plus de justice et de participation aux responsabilités. Mais, en cet immense domaine, il reste encore beaucoup à faire. Aussi faut-il poursuivre activement la réflexion, la recherche et l'expérimentation, sous peine de demeurer en retard par rapport aux aspirations légitimes des travailleurs, aspirations qui s'affirment davantage au fur et à mesure que se développent leur formation, la conscience de leur dignité, la vigueur de leurs organisations.

L'égoïsme et la domination sont chez les hommes des tentations permanentes. Aussi un discernement toujours plus affiné est-il nécessaire pour saisir, à leur racine, les situations naissantes d'injustice et instaurer progressivement une justice de moins en moins imparfaite. Dans la mutation industrielle, qui réclame une adaptation rapide et constante, ceux qui vont se trouver lésés seront plus nombreux et plus défavorisés pour faire entendre leurs voix. Vers ces nouveaux «pau-

---

[3] *Gaudium et spes,* 25: *AAS* 58 (1966), p. 1045.

[4] *Ibidem,* 67: p. 1089.

vres» — handicapés et inadaptés, vieillards, marginaux d'origine diverse —, l'attention de l'Eglise se porte pour les reconnaître, les aider, défendre leur place et leur dignité dans une société durcie par la compétition et l'attrait de la réussite.

A.286. *Laborem Exercens (LE)*

1. (...) Mais l'Eglise estime de son devoir de rappeler toujours la dignité et les droits des travailleurs, de stigmatiser les conditions dans lesquelles ils sont violés, et de contribuer pour sa part à orienter ces changements vers un authentique progrès de l'homme et de la société. (...)

9. (...) L'intention fondamentale et primordiale de Dieu par rapport à l'homme qu'«il créa... à sa ressemblance, à son image»,[5] n'a pas été rétractée ni effacée, même pas lorsque l'homme, après avoir rompu l'alliance originelle avec Dieu, entendit les paroles: «A la sueur de ton front tu mangeras ton pain».[6] Ces paroles se réfèrent à la *fatigue parfois pesante* qui depuis lors accompagne le travail humain; elles ne changent pas pour autant le fait que celui-ci est la voie conduisant l'homme à *réaliser la «domination»* qui lui est propre sur le monde visible en «soumettant» la terre. Cette fatigue est un fait universellement connu, parce qu'universellement expérimenté. (...)

Et pourtant, avec toute cette fatigue — et peut-être, en un certain sens, à cause d'elle — le travail est un bien de l'homme. Si ce bien porte la marque d'un *bonum arduum,* d'un «bien ardu», selon la terminologie de saint Thomas, cela n'empêche pas que, comme tel, il est un bien de l'homme. Il n'est pas seulement un bien «utile» ou dont on peut «jouir», mais il est un bien «digne», c'est-à-dire qu'il correspond à la dignité de l'homme, un bien qui exprime cette dignité et qui l'accroît. En voulant mieux préciser le sens éthique du travail, il faut avant tout prendre en considération cette vérité. Le travail est un bien de l'homme — il est un bien de son humanité — car, par le travail, *non seulement l'homme transforme la nature* en l'adaptant à ses propres besoins, mais encore *il se réalise lui-même* comme homme et même, en un certain sens, «il devient plus homme».

Sans cette considération, on ne peut comprendre le sens de la vertu de l'ardeur au travail, plus précisément on ne peut comprendre pourquoi l'ardeur au travail devrait être une vertu; en effet la vertu, comme disposition morale, est ce qui permet à l'homme de devenir bon en tant qu'homme.[7] Ce fait ne change en rien notre préoccupation d'éviter que dans le travail l'homme lui-même ne subisse une *diminution* de sa propre dignité, alors qu'*il permet à la matière d'être ennoblie.*[8] On sait aussi que, de bien des façons, il est possible de se servir du travail

---

[5] Cf. *Gn* 1,26-27.

[6] *Gn* 3,19.

[7] Cf. *Somme théologique,* I-II, q. 40, a. 1, c; I-II, q. 34, a. 2, ad 1.

[8] Cf. Pie XI, Encyclique *Quadragesimo anno: AAS* 23 (1931), p. 221-222.

contre l'homme, qu'on peut punir l'homme par le système du travail forcé dans les camps de concentration, qu'on peut faire du travail un moyen d'oppression de l'homme, qu'enfin on peut, de différentes façons, exploiter le travail humain, c'est-à-dire le travailleur. Tout ceci plaide pour l'obligation morale d'unir l'ardeur au travail comme vertu à *un ordre social du travail,* qui permette à l'homme de «devenir plus homme» dans le travail, et lui évite de s'y dégrader en usant ses forces physiques (ce qui est inévitable, au moins jusqu'à un certain point), et surtout en entamant la dignité et la subjectivité qui lui sont propres.

10. (...) Cette dimension, c'est-à-dire la réalité concrète de l'homme au travail, l'emporte sur la dimension objective. Dans la dimension subjective se réalise avant tout la «domination» sur le monde de la nature, à laquelle l'homme est appelé depuis les origines selon les paroles du Livre de la Genèse. Si le processus de soumission de la terre, c'est-à-dire le travail sous l'aspect de la technique, est caractérisé au cours de l'histoire, et spécialement ces derniers siècles, par un immense développement des moyens de production, il s'agit là d'un phénomène avantageux et positif, à condition que la dimension objective du travail ne prenne pas le dessus sur la dimension subjective, en enlevant à l'homme ou en diminuant sa dignité et ses droits inaliénables.

11. (...) Même s'il est associé à la fatigue et à l'effort, le travail ne cesse pas d'être un bien, en sorte que l'homme se développe en aimant son travail. Ce caractère *du travail humain,* tout à fait *positif et créateur, éducatif et méritoire,* doit constituer le fondement des estimations et des décisions qui se prennent aujourd'hui à son égard, même en référence aux *droits subjectifs de l'homme,* comme l'attestent les *Déclarations* internationales et aussi les multiples *Codes du travail,* élaborés par les institutions législatives compétentes des divers pays comme par les organisations qui consacrent leur activité sociale ou scientifico-sociale à la problématique du travail. Il y a un organisme qui promeut de telles initiatives au niveau international: c'est l'*Organisation internationale du Travail,* la plus ancienne Institution spécialisée de l'Organisation des Nations Unies. (...)

16. DANS LE VASTE CONTEXTE DES DROITS DE L'HOMME

Si le travail, aux divers sens du terme, est une obligation, c'est-à-dire un devoir, il est aussi en même temps une source de droits pour *le travailleur.* Ces *droits* doivent être examinés dans le vaste *contexte de l'ensemble des droits de l'homme,* droits qui lui sont conaturels et dont beaucoup ont été proclamés par diverses instances internationales et sont toujours davantage garantis par les Etats à leurs citoyens. Le respect de ce vaste ensemble de droits de l'homme constitue la condition fondamentale de la paix dans le monde contemporain: la paix à l'intérieur de chaque pays, de chaque société aussi bien que dans le domaine des rapports internationaux, comme cela a été relevé bien des fois par le magistère de l'Eglise, particulièrement depuis l'époque de l'encyclique *Pacem in terris. Les droits humains qui découlent du travail* rentrent précisément dans l'ensemble plus large des droits fondamentaux de la personne.

Cependant, à l'intérieur de cet ensemble, ils ont un caractère propre qui répond à la nature spécifique du travail humain tel qu'on vient d'en tracer les grandes lignes, et c'est en fonction de ces caractéristiques qu'il faut les considérer. Le travail est, comme on l'a dit une *obligation,* c'est-à-dire un *devoir de l'homme,* et ceci *à plusieurs titres.* L'homme doit travailler parce que le Créateur le lui a ordonné, et aussi du fait de son humanité même dont la subsistance et le développement exigent le travail. L'homme doit travailler par égard pour le prochain, spécialement pour sa famille, mais aussi pour la société à laquelle il appartient, pour la nation dont il est fils ou fille, pour toute la famille humaine dont il est membre, étant héritier du travail des générations qui l'ont précédé et en même temps coartisan de l'avenir de ceux qui viendront après lui dans la suite de l'histoire. Tout cela constitue l'obligation morale du travail entendue en son sens le plus large. Lorsqu'il faudra considérer les droits moraux de chaque homme par rapport au travail, droits correspondants à cette obligation, on devra avoir toujours devant les yeux ce cercle entier de points de référence dans lequel prend place le travail de chaque sujet au travail.

En effet, en parlant de l'obligation du travail et des droits du travailleur correspondants à cette obligation, nous avons avant tout dans l'esprit le rapport entre *l'employeur* — celui qui fournit le travail, de façon directe ou indirecte — *et le travailleur.*

La distinction entre employeur direct et indirect semble très importante en considération aussi bien de l'organisation réelle du travail que de la possibilité d'établir des rapports justes ou injustes dans le domaine du travail.

Si *l'employeur direct* est la personne ou l'institution avec lesquelles le travailleur conclut directement le contrat de travail selon des conditions déterminées, il faut alors comprendre sous le terme *d'employeur indirect* les nombreux facteurs différenciés qui, outre l'employeur direct, exercent une influence déterminée sur la manière dont se forment le contrat de travail et, par voie de conséquence, les rapports plus ou moins justes dans le domaine du travail humain.

17. EMPLOYEUR: «INDIRECT» ET «DIRECT»

Dans le concept d'employeur indirect entrent les personnes, les institutions de divers types, comme aussi les conventions collectives de travail et les *principes* de comportement, qui, établis par ces personnes et institutions, déterminent tout le *système socio-économique* ou en découlent. Le concept d'employeur indirect se réfère ainsi à des éléments nombreux et variés. La responsabilité de l'employeur indirect est différente de celle de l'employeur direct — comme les termes eux-mêmes l'indiquent: la responsabilité est moins directe — mais elle demeure une véritable responsabilité: l'employeur indirect détermine substantiellement l'un ou l'autre aspect du rapport de travail et conditionne ainsi le comportement de l'employeur direct lorsque ce dernier détermine concrètement le contrat et les rapports de travail. Une constatation de ce genre n'a pas pour but de décharger ce dernier de la responsabilité qui lui appartient en propre, mais seulement d'attirer l'attention sur l'imbrication des conditionnements qui influent sur son comportement. Lorsqu'il s'agit d'instaurer une *politique du travail correcte du point de vue éthique,* il est nécessaire d'avoir tous ces conditionnements devant les yeux. Et cette politique est correcte lorsque les droits objectifs du travailleur sont pleinement respectés. (...)

Ce cadre des dépendances relatives au concept d'employeur indirect est, comme il est facile de le déduire, extrêmement étendu et complexe. Pour le déterminer, on doit prendre en considération, en un certain sens, l'ensemble des éléments décisifs pour la vie économique *dans le contexte d'une société ou d'un Etat donnés;* mais on doit également tenir compte de liaisons et de dépendances beaucoup plus vastes. La mise en oeuvre des droits du travailleur ne peut cependant pas être condamnée à constituer seulement une conséquence des systèmes économiques qui, à une échelle plus ou moins large, auraient surtout pour critère le profit maximum. Au contraire, c'est précisément la prise en considération des droits objectifs du travailleur, quel qu'en soit le type: travailleur manuel, intellectuel, industriel ou agricole, etc., qui doit constituer *le critère adéquat et fondamental* de la formation de toute l'économie, aussi bien à l'échelle de chaque société ou de chaque Etat qu'à celui de l'ensemble de la politique économique mondiale ainsi que des systèmes et des rapports internationaux qui en dérivent.

C'est dans cette direction que devrait s'exercer l'action de toutes les *Organisations internationales* dont c'est la vocation, à commencer par l'Organisation des Nations Unies. Il semble que l'Organisation Internationale du Travail (OIT) ainsi que l'Organisation des Nations Unies pour l'alimentation et l'agriculture (FAO) et d'autres encore aient à apporter de nouvelles contributions précisément dans ce domaine. Dans le cadre des différents Etats, il y a des ministères, *des organismes du pouvoir public* et aussi divers *organismes sociaux* institués dans ce but. Tout cela indique efficacement la grande importance que revêt, comme on l'a dit ci-dessus, l'employeur indirect dans la mise en oeuvre du plein respect des droits du travailleur, parce que les droits de la personne humaine constituent l'élément clé de tout l'ordre moral social.

18. LE PROBLEME DE L'EMPLOI

En considérant les droits des travailleurs en relation avec cet «employeur indirect», c'est-à-dire en relation avec l'ensemble des instances qui, aux niveaux national et international, sont responsables de l'orientation de la politique du travail, on doit porter son attention avant tout sur un *problème fondamental.* Il s'agit de la question d'avoir un travail, ou, en d'autres termes, du problème *qui consiste à trouver un emploi adapté à tous les sujets qui en sont capables.* Le contraire d'une situation juste et correcte dans ce domaine est le chômage, c'est-à-dire le manque d'emplois pour les sujets capables de travailler. Il peut s'agir d'un manque de travail en général ou dans des secteurs déterminés. Le rôle des instances dont on parle ici sous le nom d'employeur indirect est d'*agir contre le chômage,* qui est toujours un mal et, lorsqu'il en arrive à certaines dimensions, peut devenir une véritable calamité sociale. Il devient un problème particulièrement douloureux lorsque sont frappés principalement les jeunes qui, après s'être préparés par une formation culturelle, technique et professionnelle appropriée, ne réussissent pas à trouver un emploi et, avec une grande peine, voient frustrées leur volonté sincère de travailler et leur disponibilité à assumer leur propre responsabilité dans le développement économique et social de la communauté. L'obligation de prestations en faveur des chômeurs, c'est-à-dire le devoir d'assurer les subventions indispensables à la subsistance des chômeurs et de leurs familles, est un devoir qui découle du principe fondamental de l'ordre moral en ce domaine, c'est-à-dire du principe de l'usage commun des biens ou, pour s'exprimer de manière encore plus simple, du droit à la vie et à la subsistance.

Pour faire face au danger du chômage et assurer un travail à chacun, les instances qui ont été définies ici comme employeur indirect doivent pourvoir à une *planification globale* qui soit en fonction de ce chantier de travail différencié au sein duquel se forme la vie non seulement économique mais aussi culturelle d'une société donnée; elles doivent faire attention, en outre, à l'organisation correcte et rationnelle du travail dans ce chantier. Ce souci global pèse en définitive sur l'Etat mais il ne peut signifier une centralisation opérée unilatéralement par les pouvoirs publics. Il s'agit au contraire d'une *coordination* juste et rationnelle dans le cadre de laquelle doit être *garantie l'initiative* des personnes, des groupes libres, des centres et des ensembles de travail locaux, en tenant compte de ce qui a déjà été dit ci-dessus au sujet du caractère subjectif du travail humain.

Le fait de la dépendance réciproque des diverses sociétés et des divers Etats ainsi que la nécessité de collaborer en divers domaines exigent que, tout en maintenant les droits souverains des Etats en matière de planification et d'organisation du travail à l'échelle de chaque société, on agisse en même temps, en ce secteur important, dans le cadre de la *collaboration internationale* et que l'on signe les traités et les accords nécessaires. Là aussi, il est indispensable que le critère de ces traités et de ces accords devienne toujours davantage le travail humain, compris comme un droit fondamental de tous les hommes, le travail qui donne à tous des droits analogues de telle sorte que le niveau de vie des travailleurs dans les diverses sociétés soit *de moins en moins marqué par ces différences choquantes* qui, dans leur injustice, sont susceptibles de provoquer de violentes réactions. Les Organisations internationales ont des tâches immenses à accomplir dans ce secteur. (...)

19. SALAIRE ET AUTRES PRESTATIONS SOCIALES

Après avoir décrit à grands traits le rôle important que tient le souci de donner un emploi à tous les travailleurs pour assurer le respect des droits inaliénables de l'homme par rapport à son travail, il convient d'aborder plus directement ces droits qui, en définitive, se forment dans le rapport *entre le travailleur et l'employeur direct*. Tout ce qui a été dit jusqu'ici sur le thème de l'employeur indirect a pour but de préciser de plus près ces rapports grâce à la démonstration des multiples conditionnements à l'intérieur desquels ils se forment indirectement. Cette considération, cependant, n'a pas un sens purement descriptif; elle n'est pas un bref traité d'économie ou de politique. Il s'agit de mettre en évidence *l'aspect déontologique et moral.* Le problème clé de l'éthique sociale dans ce cas est celui de *la juste rémunération* du travail accompli. Dans le contexte actuel, il n'y a pas de manière plus importante de réaliser la justice dans les rapports entre travailleurs et employeurs que la rémunération du travail. Indépendamment du fait que le travail s'effectue dans le système de la propriété privée des moyens de production ou dans un système où cette propriété a subi une sorte de «socialisation», le rapport entre employeur (avant tout direct) et travailleur se résout sur la base du salaire, c'est-à-dire par la juste rémunération du travail accompli.

Il faut relever aussi que la justice d'un système socio-économique et, en tous cas, son juste fonctionnement, doivent être appréciés en définitive d'après la manière dont on rémunère équitablement le travail humain dans ce système. Sur ce point, nous en arrivons de nouveau au premier principe de tout l'ordre éthico-social, c'est-à-dire *au principe de l'usage commun des biens.* En tout système, indépendamment des rapports fondamentaux qui existent entre le capital et le travail, le salaire, c'est-à-dire *la rémunération du travail,* demeure la *voie* par laquelle la très grande majorité des hommes peut accéder *concrètement* aux biens qui sont destinés à l'usage commun, qu'il s'agisse des biens naturels ou des biens qui sont le fruit de la production. Les uns et les autres deviennent accessibles au travailleur grâce au salaire qu'il reçoit comme rémunération de son travail. Il découle de là que le juste salaire devient en chaque cas la *vérification concrète de la justice* de tout le système socio-économique et en tout cas de son juste fonctionnement. Ce n'en est pas l'unique vérification, mais celle-ci est particulièrement importante et elle en est, en un certain sens, la vérification clé.

Cette vérification concerne avant tout la famille. Une juste rémunération du travail de l'adulte chargé de famille est celle qui sera suffisante pour fonder et faire vivre dignement sa famille et pour en assurer l'avenir. Cette rémunération peut être réalisée soit par l'intermédiaire de ce qu'on appelle le *salaire familial,* c'est-à-dire un salaire unique donné au chef de famille pour son travail, et qui est suffisant pour les besoins de sa famille sans que son épouse soit obligée de prendre un travail rétribué hors de son foyer, soit par l'intermédiaire *d'autres mesures sociales,* telles que les allocations familiales ou les allocations de la mère au foyer, allocations qui doivent correspondre aux besoins effectifs, c'est-à-dire au nombre de personnes à charge durant tout le temps où elles ne sont pas capables d'assumer dignement la responsabilité de leur propre vie.

(...) A côté du salaire, entrent encore ici en jeu diverses *prestations sociales* qui ont pour but d'assurer la vie et la santé des travailleurs et de leurs familles. Les dépenses concernant les soins de santé nécessaires, spécialement en cas d'accident du travail, exigent que le travailleur ait facilement accès à l'assistance sanitaire et cela, dans la mesure du possible, à prix réduit ou même gratuitement. Un autre secteur qui concerne les prestations est celui du *droit au repos;* il s'agit avant tout ici du repos hebdomadaire régulier, comprenant au moins le dimanche, et en outre d'un repos plus long, ce qu'on appelle le congé annuel, ou éventuellement le congé pris en plusieurs fois au cours de l'année en périodes plus courtes. Enfin, il s'agit ici du droit à la retraite, à l'assurance vieillesse et à l'assurance pour les accidents du travail. Dans le cadre de ces droits principaux, tout un système de droits particuliers se développe: avec la rémunération du travail, ils sont l'indice d'une juste définition des rapports entre le travailleur et l'employeur. Parmi ces droits, il ne faut jamais oublier le droit à des lieux et des méthodes de travail qui ne portent pas préjudice à la santé physique des travailleurs et qui ne blessent pas leur intégrité morale.

20. L'IMPORTANCE DES SYNDICATS

Sur le fondement de tous ces droits et en relation avec la nécessité où sont les travailleurs de les défendre eux-mêmes, se présente un autre droit: *le droit d'association,* c'est-à-dire le droit de s'associer, de s'unir, pour défendre les intérêts vitaux des hommes employés dans les différentes professions. Ces unions portent le nom de *syndicats.* Les intérêts vitaux des travailleurs sont, jusqu'à un certain point, communs à tous; en même temps, cependant, chaque genre de travail, chaque profession a une spécificité propre, qui devrait se refléter de manière particulière dans ces organisations.

Les syndicats ont en un certain sens pour ancêtres les anciennes corporations d'artisans du Moyen Age, dans la mesure où ces organisations regroupaient des hommes du même métier, c'est-à-dire les regroupaient *en fonction de leur travail.* Mais les syndicats diffèrent des corporations sur un point essentiel: les syndicats modernes ont grandi à partir de la lutte des travailleurs, du monde du travail et surtout des travailleurs de l'industrie, pour la sauvegarde de leurs *justes droits* vis-à-vis des entrepreneurs et des propriétaires des moyens de production. Leur tâche consiste dans la défense des intérêts existentiels des travailleurs dans tous les secteurs où leurs droits sont en cause. L'expérience historique apprend que les organisations de ce type sont un *élément indispensable de la vie sociale,* particulièrement dans les sociétés modernes industrialisées. Cela ne signifie évidemment pas que seuls les ouvriers de l'industrie puissent constituer des associations de ce genre. Les représentants de toutes les professions peuvent s'en servir pour défendre leurs droits respectifs. En fait, il y a des syndicats d'agriculteurs et des syndicats de travailleurs intellectuels; il y a aussi des organisations patronales. Ils se subdivisent tous, comme on l'a déjà dit, en groupes et sous-groupes selon les spécialisations professionnelles.

La doctrine sociale catholique ne pense pas que les syndicats soient seulement le reflet d'une structure «de classe» de la société; elle ne pense pas qu'ils soient les porte-parole d'une lutte de classe qui gouvernerait inévitablement la vie sociale. Certes, ils sont *les porte-parole de la lutte pour la justice sociale,* pour les justes droits des travailleurs selon leurs diverses professions. Cependant, cette «lutte» doit être comprise comme un engagement normal «en vue» du juste bien: ici, du bien qui correspond aux besoins et aux mérites des travailleurs associés selon leurs professions; mais *elle n'est pas une «lutte contre» les autres.* Si, dans les questions controversées, elle prend un caractère d'opposition aux autres, cela se produit parce qu'on recherche le bien qu'est la justice sociale, et non pas la «lutte» pour elle-même, ou l'élimination de l'adversaire. La caractéristique du travail est avant tout d'unir les hommes et c'est en cela que consiste sa force sociale: la force de construire une communauté. En définitive, dans cette communauté, doivent s'unir de quelque manière et les travailleurs et ceux qui disposent des moyens de production. *A la lumière de cette structure fondamentale* de tout travail — à la lumière du fait que, en définitive, le «travail» et le «capital» sont les composantes indispensables de la production dans quelque système social que ce soit —, l'union des hommes pour défendre les droits qui leur reviennent, née des exigences du travail, demeure un élément créateur *d'ordre social* et de *solidarité,* élément dont on ne saurait faire abstraction.

Les justes efforts pour défendre les droits des travailleurs unis dans la même profession doivent toujours tenir compte des limitations imposées par la situation économique générale du pays. Les requêtes syndicales ne peuvent pas se transformer en une sorte d'*«égoïsme» de groupe ou de classe,* bien qu'elles puissent et doivent tendre à corriger aussi, eu égard au bien commun de toute la société, tout ce qui est défectueux dans le système de propriété des moyens de production ou dans leur gestion et leur usage. La vie sociale et économico-sociale est certainement comme un système de «vases communicants» et chaque activité sociale qui a pour but de sauvegarder les droits des groupes particuliers doit s'y adapter.

En ce sens, l'activité des syndicats entre de manière indubitable dans le domaine de la *«politique»* entendue comme *un souci prudent du bien commun.* Mais en même temps, le rôle des syndicats n'est pas de «faire de la politique» au sens que l'on donne généralement aujourd'hui à ce terme. Les syndicats n'ont pas le caractère de «partis politiques» qui luttent pour le pouvoir, et ils ne devraient jamais être soumis aux décisions des partis politiques ni avoir des liens trop étroits avec eux. En effet, si telle est leur situation, ils perdent facilement le contact avec ce qui est leur rôle spécifique, celui de défendre les justes droits des travailleurs dans le cadre du bien commun de toute la société, et ils deviennent, au contraire, *un instrument pour d'autres buts.*

Parlant de la sauvegarde des justes droits des travailleurs selon leurs diverses professions, il faut naturellement avoir toujours davantage devant les yeux ce dont dépend le caractère subjectif du travail dans chaque profession, mais en même temps ou avant tout ce qui conditionne la dignité propre du sujet qui travaille. Ici s'ouvrent de multiples possibilités pour l'action des organisations syndicales, y compris leur *engagement en faveur de l'enseignement, de l'éducation et de la promotion de l'auto-éducation.* L'action des écoles, de ce qu'on appelle les «universités ouvrières» ou «populaires», des programmes et des cours de formation qui ont développé et développent encore ce type d'activité, est très méritante. On doit toujours souhaiter que, grâce à l'action de ses syndicats, le travailleur non seulement puisse «avoir» plus, mais aussi et surtout puisse «être» davantage, c'est-à-dire qu'il puisse réaliser plus pleinement son humanité sous tous ses aspects.

En agissant pour les justes droits de leurs membres, les syndicats ont *également recours au procédé de la «grève»,* c'est-à-dire de l'arrêt du travail conçu comme une sorte d'ultimatum adressé aux organismes compétents et, avant tout, aux employeurs. C'est un procédé que la doctrine sociale catholique reconnaît comme légitime sous certaines conditions et dans de justes limites. Les travailleurs devraient se voir assurer *le droit de grève* et ne pas subir de sanctions pénales personnelles pour leur participation à la grève. Tout en admettant que celle-ci est un moyen juste et légitime, on doit également souligner qu'elle demeure, en un sens, un moyen extrême. *On ne peut pas en abuser;* on ne peut pas en abuser spécialement pour faire le jeu de la politique. En outre, on ne peut jamais oublier que, lorsqu'il s'agit de services essentiels à la vie de la société, ces derniers doivent être toujours assurés, y compris, si c'est nécessaire, par des mesures légales adéquates. L'abus de la grève peut conduire à la paralysie de toute la vie socio-économique. Or cela est contraire aux exigences du bien commun de la société qui correspond également à la nature bien comprise du travail lui-même.

21. DIGNITE DU TRAVAIL AGRICOLE

Tout ce qui a été dit précédemment sur la dignité du travail, sur la dimension objective et subjective du travail de l'homme, s'applique directement au problème du travail agricole et à la situation de l'homme qui cultive la terre par le dur labeur des champs. Il s'agit en effet d'un secteur très vaste du milieu de travail de notre planète, secteur qui ne se limite point à l'un ou l'autre des continents ni non plus aux sociétés qui sont déjà parvenues à un certain niveau de développement et de progrès. Le monde agricole, qui offre à la société les biens nécessaires à son alimentation quotidienne, *a une importance fondamentale*. Les conditions du monde rural et du travail agricole ne sont pas égales partout, et les situations sociales des travailleurs agricoles sont différentes selon les pays. Cela ne dépend pas seulement du degré de développement de la technique agricole, mais aussi, et peut-être plus encore, de la reconnaissance des justes droits des travailleurs agricoles, et enfin du niveau de conscience dans le domaine de toute l'éthique sociale du travail.

Le travail des champs connaît de lourdes difficultés, telles que l'effort physique prolongé et parfois exténuant, le peu d'estime que la société lui accorde au point de créer chez les agriculteurs le sentiment d'être socialement des marginaux et d'accélérer parmi eux le phénomène de l'exode massif de la campagne vers les villes et, malheureusement, vers des conditions de vie encore plus déshumanisantes. S'ajoutent à tout cela le manque de formation professionnelle adéquate et d'outils appropriés, un certain individualisme latent, et aussi des *situations objectivement injustes*. En certains pays en voie de développement, des millions d'hommes sont obligés de cultiver les terres d'autrui et sont exploités par les grands propriétaires fonciers, sans espoir de pouvoir jamais accéder personnellement à la possession du moindre morceau de terre. Il n'existe aucune forme de protection légale de la personne du travailleur agricole et de sa famille en cas de vieillesse, de maladie ou de chômage. De longues journées de dur travail physique sont misérablement payées. Des terres cultivables sont laissées à l'abandon par les propriétaires; des titres légaux de possession d'un petit terrain, cultivé en compte propre depuis des années, sont tenus pour rien ou ne peuvent être défendus devant la «faim de terre» qui anime des individus ou des groupes plus puissants. Mais même dans les pays économiquement développés, où la recherche scientifique, les conquêtes technologiques ou la politique de l'Etat ont porté l'agriculture à un niveau très avancé, le droit au travail peut être lésé lorsqu'on refuse au paysan la faculté de participer aux choix qui déterminent ses prestations de travail, ou quand est nié le droit à la libre association en vue de la juste promotion sociale, culturelle et économique du travailleur agricole.

Dans de nombreuses situations, des changements radicaux et urgents sont donc nécessaires pour redonner à l'agriculture — et aux cultivateurs — leur juste valeur *comme base d'une saine économie,* dans l'ensemble du développement de la communauté sociale. C'est pourquoi il faut proclamer et promouvoir la dignité du travail, de tout travail, et spécialement du travail agricole, grâce auquel l'homme, de manière si éloquente, «soumet» la terre reçue comme un don de Dieu et affermit sa «domination» sur le monde visible.

22. LA PERSONNE HANDICAPEE ET LE TRAVAIL

Récemment, les communautés nationales et les organisations internationales ont porté leur attention sur un autre problème lié au travail et qui comporte de nombreuses conséquences: celui des personnes handicapées. Elles sont, elles aussi, des sujets pleinement humains et elles possèdent à ce titre des droits innés, sacrés et inviolables, qui, en dépit des limites et des souffrances inscrites dans leur corps et dans leurs facultés, mettent davantage en relief la dignité et la grandeur de l'homme. Puisque la personne handicapée est un sujet doté de tous ses droits, on doit lui faciliter la participation à la vie de la société dans toutes ses dimensions et à tous les niveaux qui sont accessibles à ses capacités. La personne handicapée est l'un de nous et participe pleinement à notre humanité. Il serait profondément indigne de l'homme et ce serait une négation de l'humanité commune de n'admettre à la vie sociale, et donc au travail, que des membres dotés du plein usage de leurs moyens, car, en agissant ainsi, on retomberait dans *une forme importante de discrimination,* celle des gens forts et sains contre les personnes faibles et les malades. Le travail au sens objectif doit être subordonné, même dans ce cas, à la dignité de l'homme, au sujet du travail, et non à l'avantage économique.

Il revient donc aux diverses instances impliquées dans le monde du travail, à l'employeur direct comme à l'employeur indirect, de promouvoir par des mesures efficaces et appropriées le droit de la personne handicapée à la formation professionnelle et au travail, de telle sorte qu'elle puisse trouver place dans une activité productrice dont elle soit capable. Ici se posent de nombreux problèmes d'ordre pratique, légal et aussi économique; mais il revient à la communauté, c'est-à-dire aux autorités publiques, aux associations et aux groupes intermédiaires, aux entreprises et aux handicapés eux-mêmes, de mettre en commun idées et ressources pour parvenir au but auquel on ne saurait renoncer, à savoir *que soit offert un travail aux personnes handicapées, selon leurs possibilités,* parce que leur dignité d'hommes et de sujets du travail le requiert. Chaque communauté saura se donner les structures adaptées pour trouver ou pour créer des postes de travail pour ces personnes, soit dans les entreprises publiques ou privées, qui leur offriront un poste de travail ordinaire ou adapté à leur cas, soit dans les entreprises et les milieux dits «protégés».

Une grande attention devra être portée, comme pour tous les autres travailleurs, aux conditions de travail physiques et psychologiques des handicapés, à leur juste rémunération, à leur possibilité de promotion, et à l'élimination des divers obstacles. Sans se cacher qu'il s'agit d'une tâche complexe et difficile, on peut souhaiter *qu'une conception exacte du travail au sens subjectif* permette d'atteindre une situation qui donne à la personne handicapée la possibilité de se sentir, non point en marge du monde du travail ou en dépendance de la société, mais comme un sujet du travail de plein droit, utile, respecté dans sa dignité humaine et appelé à contribuer au progrès et au bien de sa famille et de la communauté selon ses propres capacités.

A.287. *Institution du Bureau du Travail du Siège Apostolique (BTSA)*

A l'occasion du premier anniversaire de la promulgation de l'encyclique «*Laborem exercens*», où sont rappelées les principales vérités de «l'évangile du travail», contenues dans le patrimoine de la doctrine sociale de l'Eglise, le travail étant désigné comme «la clé essentielle de toute la question sociale considérée du point de vue du véritable bien de l'homme» (*Laborem exercens,* 3), je présentai au Cardinal Secrétaire d'Etat, dans une lettre du 20 novembre 1982, les caractères particuliers de cette communauté constituée par tous ceux — hommes et femmes, prêtres, religieux et laïcs — qui travaillent dans les dicastères et les organismes du Siège apostolique au service de l'Eglise universelle. Dans cette perspective, la connaissance évidente de ce que signifie la participation au «souci de toutes les Eglises» (2 *Cor* 11, 28), qui caractérise le service rendu à la Chaire de Pierre, ainsi que les exigences de justice et d'équité dictées par le respect authentique de la dignité de chaque collaborateur, doivent s'harmoniser. (...)

En créant ce Bureau, je désire donner naissance, en premier lieu, à un organisme destiné à la réalisation et au renforcement d'une authentique *communauté de travail,* dont les piliers sont ces caractéristiques du travail humain qui découlent des encycliques mentionnées ci-dessus: le travail comme *prérogative de la personne,* comme *devoir,* comme *droit* et enfin comme *service.*

Se conformant aux fonctions qui lui sont confiées, le BTSA contribuera à faire en sorte que, dans la communauté particulière de travail, accompli au service du Pape,

— la *dignité* de chaque collaborateur soit effectivement respectée;

— les *droits* économiques et sociaux de chaque membre soient reconnus, protégés, harmonisés et promus;

— les *devoirs* respectifs soient toujours accomplis plus fidèlement;

— *un sens aigu de la responsabilité* soit stimulé;

— *le service* soit toujours amélioré. (...)

Dans cette conception typiquement communautaire des relations de travail, et étant donné la nature spécifique du service rendu au Saint-Siège, le recours à des méthodes coercitives est inconcevable; il conviendra cependant de favoriser les moyens en vue d'un *dialogue* sincère par la recherche commune de solutions, en recourant d'abord aux procédures de *conciliation* prévues.

Je souhaite que, grâce à ce Bureau du travail, le Saint-Siège apparaisse toujours mieux comme un exemple de l'engagement de l'Eglise en faveur de la *justice,* dont l'âme est la vertu chrétienne de la solidarité (cf. *Sollicitudo rei socialis,* 39).

A.288. *Centesimus Annus (CA)*

6. En se proposant de faire la lumière sur le *conflit* survenu entre le capital et le travail, Léon XIII affirmait les droits fondamentaux des travailleurs. C'est pourquoi la clé de lecture du texte pontifical est la *dignité du travailleur* en tant que tel et, de ce fait, la *dignité du travail* défini comme «l'activité humaine ordonnée à la satisfaction des besoins de la vie, notamment à sa conservation».[9] Le Pape qualifiait le travail de «personnel», parce que «la force de travail est inhérente à la personne et appartient en propre à celui qui l'exerce et dont elle est l'apanage».[10] Le travail appartient ainsi à la vocation de toute personne; l'homme s'exprime donc et se réalise dans son activité laborieuse. Le travail possède en même temps une dimension «sociale», par sa relation étroite tant avec la famille qu'avec le bien commun, «puisqu'on peut affirmer sans se tromper que le travail des ouvriers est à l'origine de la richesse des Etats».[11] Tels sont les points que j'ai repris et développés dans l'encyclique *Laborem exercens.*[12] (...)

8. Immédiatement après, le Pape énonce un *autre droit* du travailleur en tant que personne. Il s'agit du droit à un «juste salaire», droit qui ne peut être laissé «au libre consentement des parties, de telle sorte que l'employeur, après avoir payé le salaire convenu, aurait rempli ses engagements et ne semblerait rien devoir d'autre».[13] L'Etat — disait-on à cette époque — n'a pas le pouvoir d'intervenir dans la détermination de ces contrats, sinon pour veiller à l'accomplissement de ce qui a été expressément convenu. Une telle conception des rapports entre patrons et ouvriers, purement pragmatique et inspirée par un individualisme strict,

---

9 Encycl. *Rerum novarum,* 34; cf. aussi n. 20: *l.c.,* p. 130; 114-115.

10 *Ibid.,* n. 34: *l.c.,* p. 130.

11 *Ibid.,* n. 27: *l.c.,* p. 123.

12 Cf. *Laborem exercens,* 1; 2; 6: *l.c.,* p. 578-583; 589-592.

13 Encycl. *Rerum novarum,* 34: *l.c.,* p. 129.

est sévèrement critiquée dans l'encyclique comme contraire à la double nature du travail en tant que fait personnel et nécessaire. En effet, si le travail, *en tant que personnel,* fait partie des capacités et des forces dont chacun a la libre disposition, il est, *en tant que nécessaire,* régi par le grave devoir pour chacun de «se garder en vie»; «de ce devoir, conclut le Pape, découle nécessairement le droit de se procurer ce qui sert à la subsistance, que les pauvres ne se procurent que moyennant le salaire de leur travail».[14]

Le salaire doit suffire à faire vivre l'ouvrier et sa famille. Si le travailleur, «contraint par la nécessité ou poussé par la crainte d'un mal plus grand, accepte des conditions très dures, que d'ailleurs il ne peut refuser parce qu'elles lui sont imposées par le patron ou par celui qui fait l'offre du travail, il subit une violence contre laquelle la justice proteste».[15]

Dieu veuille que ces phrases, écrites tandis que progressait ce qu'on a appelé le «capitalisme sauvage», ne soient pas à reprendre et à répéter aujourd'hui avec la même sévérité! Malheureusement, aujourd'hui encore, on trouve des cas de contrats passés entre patrons et ouvriers qui ignorent la justice la plus élémentaire en matière de travail des mineurs ou des femmes, pour les horaires de travail, les conditions d'hygiène dans les locaux et la juste rétribution. Cela arrive malgré les *Déclarations* et les *Conventions internationales* qui en traitent,[16] et même les *lois* des divers Etats. Le Pape assignait à l'«autorité publique» le «strict devoir» de prendre grand soin du bien-être des travailleurs, parce qu'en ne le faisant pas, on offensait la justice, et il n'hésitait pas à parler de «justice distributive».[17] (...)

23. Parmi les nombreux facteurs de la chute des régimes oppressifs, certains méritent d'être rappelés d'une façon particulière. Le facteur décisif qui a mis en route les changements est assurément la violation des droits du travail. On ne saurait oublier que la crise fondamentale des systèmes qui se prétendent l'expression du gouvernement et même de la dictature des ouvriers commence par les grands mouvements survenus en Pologne au nom de la solidarité. Les foules ouvrières elles-mêmes ôtent sa légitimité à l'idéologie qui prétend parler en leur nom, et elles retrouvent, elles redécouvrent presque, à partir de l'expérience vécue et difficile du travail et de l'oppression, des expressions et des principes de la doctrine sociale de l'Eglise. (...)

32. (...) *L'économie* moderne de *l'entreprise* comporte des aspects positifs dont la source est la liberté de la personne qui s'exprime dans le domaine économique comme en beaucoup d'autres. En effet l'économie est un secteur parmi les multiples formes de l'activité humaine, et dans ce secteur, comme en tout autre, le

---

14 *Ibid.*, n. 34, 3: *l.c.*, p. 130-131.

15 *Ibid.*, n. 34, 4: *l.c.*, p. 131.

16 Cf. Déclaration universelle des Droits de l'Homme.

17 Cf. Encycl. *Rerum novarum*, 27: *l.c.*, p. 121-123.

droit à la liberté existe, de même que le devoir d'en faire un usage responsable. Mais il importe de noter qu'il y a des différences caractéristiques entre ces tendances de la société moderne et celles du passé même récent. Si, autrefois, le facteur décisif de la production était *la terre,* et si, plus tard, c'était *le capital,* compris comme l'ensemble des machines et des instruments de production, aujourd'hui le facteur décisif est de plus en plus *l'homme lui-même,* c'est-à-dire sa capacité de connaissance qui apparaît dans le savoir scientifique, sa capacité d'organisation solidaire et sa capacité de saisir et de satisfaire les besoins des autres. (...)

34. Il semble que, à l'intérieur de chaque pays comme dans les rapports internationaux, *le marché libre* soit l'instrument le plus approprié pour répartir les ressources et répondre efficacement aux besoins. Toutefois, cela ne vaut que pour les besoins «solvables», parce que l'on dispose d'un pouvoir d'achat, et pour les ressources qui sont «vendables», susceptibles d'être payées à un juste prix. Mais il y a de nombreux besoins humains qui ne peuvent être satisfaits par le marché. C'est un strict devoir de justice et de vérité de faire en sorte que les besoins humains fondamentaux ne restent pas insatisfaits et que ne périssent pas les hommes qui souffrent de ces carences. En outre, il faut que ces hommes dans le besoin soient aidés à acquérir des connaissances, à entrer dans les réseaux de relations, à développer leurs aptitudes pour mettre en valeur leurs capacités et leurs ressources personnelles. Avant même la logique des échanges à parité et des formes de la justice qui les régissent, il y a *un certain dû à l'homme parce qu'il est homme,* en raison de son éminente dignité. Ce *dû* comporte inséparablement la possibilité de survivre et celle d'apporter une contribution active au bien commun de l'humanité.

Les objectifs énoncés par *Rerum novarum* pour éviter de ramener le travail de l'homme et l'homme lui-même au rang d'une simple marchandise gardent toute leur valeur dans le contexte du Tiers-Monde, et, dans certains cas, ils restent encore un but à atteindre: un salaire suffisant pour faire vivre la famille, des assurances sociales pour la vieillesse et le chômage, une réglementation convenable des conditions de travail.

35. Tout cela constitue *un champ d'action vaste* et fécond *pour l'engagement et les luttes,* au nom de la justice, des syndicats et des autres organisations de travailleurs qui défendent les droits de ces derniers et protègent leur dignité, alors qu'ils remplissent en même temps une fonction essentielle d'ordre culturel, en vue de les faire participer de plein droit et honorablement à la vie de la nation et de les aider à progresser sur la voie de leur développement.

Dans ce sens, on peut parler à juste titre de lutte contre un système économique entendu comme méthode pour assurer la primauté absolue du capital, de la propriété des instruments de production et de la terre sur la liberté et la dignité du travail de l'homme.[18] En luttant contre ce système, on ne peut lui opposer,

---

[18] Cf. *Laborem exercens,* 7: *l.c.,* p. 592-594.

comme modèle de substitution, le système socialiste, qui se trouve être en fait un capitalisme d'Etat, mais on peut opposer *une société du travail libre, de l'entreprise et de la participation.* Elle ne s'oppose pas au marché, mais demande qu'il soit dûment contrôlé par les forces sociales et par l'Etat, de manière à garantir la satisfaction des besoins fondamentaux de toute la société. (...)

39. (...) On peut résumer tout cela en réaffirmant, une fois encore, que la liberté économique n'est qu'un élément de la liberté humaine. Quand elle se rend autonome, quand l'homme est considéré plus comme un producteur ou un consommateur de biens que comme un sujet qui produit et consomme pour vivre, alors elle perd sa juste relation avec la personne humaine et finit par l'aliéner et par l'opprimer.[19]

40. L'Etat a le devoir d'assurer la défense et la protection des biens collectifs que sont le milieu naturel et le milieu humain dont la sauvegarde ne peut être obtenue par les seuls mécanismes du marché. Comme, aux temps de l'ancien capitalisme, l'Etat avait le devoir de défendre les droits fondamentaux du travail, de même, avec le nouveau capitalisme, il doit, ainsi que la société, *défendre les biens collectifs* qui, entre autres, constituent le cadre à l'intérieur duquel il est possible à chacun d'atteindre légitimement ses fins personnelles.

On retrouve ici une nouvelle limite du marché: il y a des besoins collectifs et qualitatifs qui ne peuvent être satisfaits par ses mécanismes; il y a des nécessités humaines importantes qui échappent à sa logique; il y a des biens qui, en raison de leur nature, ne peuvent ni ne doivent être vendus ou achetés. Certes, les mécanismes du marché présentent des avantages solides: entre autres, ils aident à mieux utiliser les ressources; ils favorisent les échanges de produits; et, surtout, ils placent au centre la volonté et les préférences de la personne, qui, dans un contrat, rencontrent celles d'une autre personne. Toutefois, ils comportent le risque d'une «idolâtrie» du marché qui ignore l'existence des biens qui, par leur nature, ne sont et ne peuvent être de simples marchandises.

43. (...) Le développement intégral de la personne humaine dans le travail ne contredit pas, mais favorise plutôt, une meilleure productivité et une meilleure efficacité du travail lui-même, même si cela peut affaiblir les centres du pouvoir établi. L'entreprise ne peut être considérée seulement comme une «société de capital»; elle est en même temps une «société de personnes» dans laquelle entrent de différentes manières et avec des responsabilités spécifiques ceux qui fournissent le capital nécessaire à son activité et ceux qui y collaborent par leur travail. Pour atteindre ces objectifs, un *vaste mouvement associatif des travailleurs* est encore nécessaire, dont le but est la libération et la promotion intégrale de la personne. (...)

L'obligation de gagner son pain à la sueur de son front suppose en même

---

[19] Cf. *Redemptor hominis,* 15: *AAS* 71 (1979), p. 286-289.

temps un droit. Une société dans laquelle ce droit serait systématiquement nié, dans laquelle les mesures de politique économique ne permettraient pas aux travailleurs d'atteindre un niveau satisfaisant d'emploi, ne peut ni obtenir sa légitimation éthique ni assurer la paix sociale.[20] De même que la personne se réalise pleinement dans le libre don de soi, de même la propriété se justifie moralement dans la création, suivant les modalités et les rythmes appropriés, de possibilités d'emploi et de développement humain pour tous.

B.289. *Pour le 75e anniversaire de Rerum Novarum* (*RN 75*)

3. (...) LE SYNDICALISME

5. L'Eglise a reconnu le droit d'association syndicale, elle l'a défendu, promu, en surmontant une certaine préférence théorique et historique pour les formes corporatives et pour les associations mixtes. Elle a entrevu non seulement la force du nombre, qui devait être une conséquence des associations dans une société orientée vers la démocratie, mais aussi la fécondité de l'ordre nouveau qui pourrait naître de l'organisation ouvrière: la prise de conscience par le travailleur de sa dignité et de sa place dans la société, le sens de la discipline et de la solidarité, le stimulant au perfectionnement professionnel et culturel, la capacité de participer au cycle de la production, non plus comme simple instrument d'exécution, mais dans une certaine mesure également comme élément participant aux responsabilités et aux intérêts, etc.

B.290. *A l'Organisation Internationale du Travail* (*OIT 1969*)

DU PLUS AVOIR AU PLUS ETRE: LA PARTICIPATION

21. (...) Vous avez depuis cinquante ans tissé une trame toujours plus serrée de dispositions juridiques qui protègent le travail des hommes, des femmes, des jeunes, et lui assurent une rétribution convenable. Il vous faut maintenant prendre les moyens d'assurer la participation organique de tous les travailleurs, non seulement aux fruits de leur travail, mais encore aux responsabilités économiques et sociales dont dépend leur avenir et celui de leurs enfants.[21]

---

20 Cf. *Laborem exercens*, 18: *l.c.*, p. 622-625.

21 Cf. *Gaudium et spes*, 68.

B.291. *Bacolod*

7. Egalement les travailleurs, qu'ils soient *duma-ans, sacadas* ou travailleurs industriels, doivent être animés par une notion humaine et chrétienne de leur tâche. Le travail de l'homme demeure l'élément supérieur dans une entreprise économique, car, par le travail, l'homme exerce sa domination sur le monde matériel pour la construction de sa dignité humaine (cf. *Gaudium et spes,* 67). L'homme et la femme qui travaillent deviennent les coopérateurs de Dieu. Fait à l'image de Dieu, l'homme reçoit la mission de gouverner l'univers de façon à ce que ses richesses soient développées et utilisées pour le bien de tous, de façon à ce que chaque personne humaine soit gratifiée de la possibilité de vivre selon sa dignité personnelle et ainsi de glorifier Dieu. A tous les travailleurs de la canne à sucre je dis, comme je le dis à tous les travailleurs de partout: N'oubliez jamais la grande dignité que Dieu vous a accordée, ne laissez jamais votre travail vous dégrader, mais rappelez-vous toujours la mission que Dieu vous a confiée: être, par le labeur de vos mains, ses collaborateurs dans l'oeuvre de la continuation de la création. Voyez dans votre travail un travail d'amour, car votre travail quotidien exprime l'amour que vous avez pour ceux que vous aimez et votre engagement pour le bien-être de votre famille. Soyez fiers d'être des travailleurs de la terre.

En même temps, sachez que l'Eglise vous soutient dans vos efforts pour faire respecter vos droits de travailleurs. Il y a quatre-vingt-dix ans déjà, la grande encyclique sociale *Rerum novarum* a expliqué très clairement que le travailleur est en droit de recevoir un salaire qui lui donne une juste participation au bien qu'il aide à produire et que les conditions de travail devraient être conçues non pas pour un profit économique toujours croissant, mais en fonction de l'inviolable dignité de l'homme comme individu, comme chargé de famille et comme constructeur de la société à laquelle il appartient. L'Eglise a constamment enseigné que les travailleurs ont le droit de s'unir en libres associations pour défendre leurs intérêts et contribuer en partenaires responsables au bien commun. De telles associations devraient être protégées par des lois appropriées qui, plutôt que de restreindre leurs activités, garantissent la libre recherche du bien-être social de leurs membres et des travailleurs en général.

B.292. *A l'Organisation Internationale du Travail* (*OIT 1982*)

LA SOLIDARITE ET LA LIBERTE SYNDICALE

13. Une société solidaire se construit chaque jour en créant, d'abord, et en défendant ensuite les conditions effectives de la participation libre de tous à l'oeuvre commune. Toute politique visant le bien commun doit être le fruit de *la cohésion organique et spontanée des forces sociales.* C'est là encore une forme de cette solidarité qui est l'impératif de l'ordre social, une solidarité qui se manifeste d'une façon particulière à travers l'existence et l'oeuvre des associations des par-

tenaires sociaux. Le droit de s'associer librement est un droit fondamental pour tous ceux qui sont liés au monde du travail et qui constituent la communauté du travail. Ce droit signifie pour chaque homme au travail de n'être ni seul ni isolé; il exprime la solidarité de tous pour défendre les droits qui leur reviennent et qui découlent des exigences du travail; il offre, de manière normale, le moyen de participer activement à la réalisation du travail et de tout ce qui y a trait, *en étant guidé également par le souci du bien commun.* Ce droit suppose que les partenaires sociaux soient réellement libres de s'unir, d'adhérer à l'association de leur choix et de la gérer. Bien que *le droit à la liberté syndicale* apparaisse sans conteste comme un des droits fondamentaux les plus généralement reconnus — et la Convention numéro quatre-vingt-sept (1948) de l'Organisation Internationale du Travail en fait foi —, il est pourtant un droit très menacé, parfois bafoué, soit en son principe, soit — plus souvent — dans tel ou tel de ses aspects substantiels, de sorte que la liberté syndicale s'en trouve défigurée. Il apparaît essentiel de rappeler que la cohésion des forces sociales — toujours souhaitable — doit être le fruit d'une décision libre des intéressés, prise en toute indépendance par rapport au pouvoir politique, élaborée dans la pleine liberté de déterminer l'organisation interne, le mode de fonctionnement et les activités propres des syndicats. L'homme au travail doit lui-même assumer la défense de la vérité et de la vraie dignité de son travail. L'homme au travail ne peut pas par conséquent être empêché d'exercer cette responsabilité, à charge pour lui de tenir compte aussi du bien commun de l'ensemble.

29.

DROIT AU LOGEMENT

Le Magistère a également insisté sur cet autre grand droit social, capital pour mesurer le niveau de dignité assuré par une société à ses membres. Il a accompagné tout particulièrement les démarches entreprises par la communauté internationale en vue de sensibiliser les autorités nationales et locales à s'engager dans les indispensables réformes politiques, économiques et juridiques aptes à résoudre le problème dramatique des sans-abri. *

A.293. *Sollicitudo Rei Socialis (SRS)*

17. (...) En cette Année internationale des sans-abri, décidée par l'Organisation des Nations Unies, l'attention se porte sur les millions d'êtres humains privés d'une habitation convenable ou même de toute habitation, afin de réveiller toutes les consciences et de trouver une solution à ce grave problème qui a des conséquences négatives sur le plan individuel, familial et social.[1]

L'insuffisance de logements se constate à l'échelle *universelle* et est due, en grande partie, au phénomène toujours croissant de l'urbanisation.[2] Même les peuples les plus développés offrent le triste spectacle d'individus et de familles qui luttent littéralement pour survivre, sans *toit* ou avec un abri *tellement précaire* qu'il ne vaut pas mieux.

---

* Le Conseil Pontifical «Justice et Paix» a publié à l'occasion de l'Année Internationale des Sans-Abri le document: *«Qu'as-tu fait de ton frère sans abri? L'Eglise et le problème de l'habitat»,* Cité du Vatican 1987, dans lequel se trouve soulignée l'injustice causée par la violation du droit au logement.

[1] On sait que le Saint-Siège s'est associé à la célébration de cette Année internationale par un document spécial de la Commission pontificale «Justice et Paix»: *Qu'as-tu fait de ton frère sans abri? L'Eglise et le problème de l'habitat* (27 décembre 1987).

[2] Cf. *Octogesima adveniens,* 8-9: *AAS* 63 (1971), p. 406-408.

Le manque de logement, qui est un problème fort grave en lui-même, doit être considéré comme le signe et la synthèse de toute une série d'insuffisances économiques, sociales, culturelles ou simplement humaines, et, compte tenu de l'extension du phénomène, nous devrions sans peine nous convaincre que nous sommes loin de l'authentique développement des peuples.

B.294. *A la Conférence sur les Etablissements Humains (CNUEH)*

Nous sommes heureux de vous adresser aujourd'hui notre salut et d'exprimer à la Conférence des Nations Unies sur les établissements humains notre profonde satisfaction de voir, comme la préparation et l'organisation de vos travaux le prouvent, que la communauté internationale prend toujours mieux conscience de l'importance des questions soumises à votre étude.

Périodiquement, le drame des tremblements de terre vient rappeler à l'opinion mondiale la place que l'habitatione occupe dans la vie et dans le coeur des hommes. Mais ce que supportent des sinistrés lorsque la nature les prive soudain de leur maison et de leur cadre de vie, vous savez que des individus, des groupes, des secteurs entiers de population le vivent en permanence, depuis toujours, ou sous la pression de mutations sociales. Une telle situation, les travaux préparatoires à cette Conférence nous disent qu'il n'est plus permis de l'ignorer, de s'y habituer, de la tolérer. Aussi bien votre Conférence ne s'est-elle pas réunie pour déplorer avec résignation les carences énormes et croissantes en matière d'habitat, mais pour raviver et soutenir le courage des bâtisseurs et pour chercher des solutions originales et magnanimes aux problèmes les plus urgents afin que chaque homme puisse trouver, avec une demeure digne et belle, des services normaux de santé, d'hygiène et de communication, dans un cadre de vie qui permette son plein développement physique et spirituel.

Il ne nous appartient pas, dans ce message, de suggérer des solutions techniques, mais nous voulons vous redire d'abord notre confiance dans l'homme, dans sa capacité d'élargir sans cesse le champ du possible, si son intelligence et son coeur sont engagés en faveur d'une existence vraiment humaine pour tous ses frères. Et nous voudrions aussi rappeler certains principes essentiels qui peuvent inspirer et stimuler la réflexion de cette Conférence et le travail compétent de ceux qui sont appelés ensuite à réaliser ses programmes.

«Les êtres humains constituent l'élément le plus important dans l'univers». Nous nous réjouissons de voir cette affirmation en tête des principes généraux qui guident vos travaux. En effet, le centre et la priorité fondamentale de tous les programmes doivent être l'homme: l'homme dans toutes ses dimensions et toute sa dignité, être individuel et social, naturel et historique, corporel et spirituel. L'habitat doit favoriser le développement de tous ces caractères, de toutes ces richesses de l'être humain.

Mais tous les hommes participent de la même dignité. Toute vie porte en soi une qualité intrinsèque. Et cela exige que soient assurées à tous dans leur habitat des conditions de développement pleinement humain. (...)

A plusieurs reprises déjà, nous avons manifesté notre conviction que des organismes internationaux sont nécessaires pour préciser les exigences de la justice entre les peuples et pour rendre efficaces les bons propos de solidarité entre les hommes. La Conférence actuelle remplit ce rôle en rendant de nouveau possible l'affirmation par toutes les nations d'une claire volonté politique et d'un sérieux esprit de collaboration; en permettant que la coopération internationale s'exprime en des programmes audacieux, réalistes et précis; en assurant que ces programmes seront assumés et soutenus par les décisions des Nations Unies et qu'ils s'intègreront, comme un élément essentiel, dans ce nouvel ordre économique international qui est sans cesse à bâtir.

Il nous semble important enfin, pour une Conférence comme la vôtre, de se former une vision complète de la réalité en regardant le passé, le présent et l'avenir.

Le passé, pour prêter attention aux expériences valables et diverses que nous lègue la tradition des peuples, car même en acceptant les lumières venant du dehors, chaque peuple a toujours eu une intuition, spéciale pour résoudre les problèmes qui lui sont propres.

Le présent, pour apprécier la gravité des phénomènes actuels en matière d'habitat, — mais en dépassant les apparences immédiates et en recherchant les causes vraies, morales ou physiques des maux actuels: c'est à ce prix que seront évitées de nouvelles erreurs d'orientation.

L'avenir, pour mettre au défi les imaginations et solliciter des projets grands et originaux à la taille du futur; car pour la civilisation nouvelle toute proche, nous devons faire face à une redoutable alternative: laisser s'accumuler des calamités destructrices du milieu humain ou préparer courageusement l'établissement d'un habitat, digne et honorable, pour tous les hommes.

B.295. *Au Centre des Nations Unies à Nairobi* (*Nairobi NU*)

6. Je voudrais dire maintenant quelques mots à ceux qui prennent part au travail du Centre des Nations Unies pour les établissements humains, et à tous ceux qui s'efforcent d'améliorer les conditions de vie des pauvres et de donner un abri aux sans-logis. Ce travail est naturellement étroitement lié aux problèmes écologiques dont je viens de parler. En fait, il est au coeur même de ceux-ci. Comme le Pape Paul VI l'a déclaré dans son message à la Conférence des Nations Unies sur les établissements humains à Vancouver en 1976: «Le foyer, c'est-à-dire ce centre de chaleur autour duquel se réunit une famille et devant lequel des enfants croissent dans l'amour, doit demeurer la préoccupation première de toute program-

mation relative au milieu humain» (24 mai 1976).

Pour cette raison, la préoccupation essentielle de l'Eglise dans les problèmes de l'environnement est la personne humaine, et cela inclut les problèmes du logement et du foyer.

Ceux qui croient en Jésus-Christ ne peuvent oublier ses paroles: «Les renards ont leurs tanières et les oiseaux du ciel ont leurs nids. Mais le Fils de l'homme n'a pas où reposer la tête» (*Mt* 8, 20). Aussi voyons-nous dans le visage de ceux qui sont sans foyer le visage du Christ notre Seigneur. Et nous nous sentons poussés, par amour pour lui et selon son généreux exemple de don de soi-même, à chercher à faire tout ce que nous pouvons pour aider ceux qui vivent dans des conditions indignes de leur dignité humaine. En même temps nous nous unissons avec joie à toutes les personnes de bonne volonté dans leurs louables efforts pour assurer un logement digne aux millions de personnes qui vivent dans le monde d'aujourd'hui dans un dénuement absolu. Nous ne pouvons pas non plus demeurer passifs ou indifférents alors que l'accroissement rapide de l'urbanisation et de l'industralisation crée des problèmes complexes de logement et d'environnement. Je vous assure donc du grand intérêt de l'Eglise et de son soutien pour vos louables efforts en vue de donner un logement à ceux qui n'en ont pas et pour sauvegarder la dimension humaine de toutes les installations nouvelles.

B.296. *Lettre au Cardinal Roger Etchegaray (RE)*

Au cours de ces dernières années, le problème du logement s'est extraordinairement aggravé en raison soit de l'augmentation de la population, spécialement dans les villes, soit des déplacements pour cause de travail, soit encore de la recherche de meilleures conditions de vie. Les effets en sont éclatants: création de mégapoles, naissance de ceintures périphériques à conditions de vie sous-humaine, marginalisation, misère. A bon escient mon vénéré Prédécesseur Paul VI a parlé de l'urbanisme comme d'un phénomène nouveau de grande importance, en tant qu'«il bouleverse les modes de vie et les structures habituelles de l'existence: la famille, le voisinage, les cadres de la communauté chrétienne eux-mêmes», créant de nouvelles misères dégradantes où sombre si souvent la dignité de l'homme (*Octogesima adveniens,* 10).

Dans ce contexte, où émergent de nouveaux types de pauvreté, ceux qui n'ont pas de logement constituent une catégorie de pauvres encore plus pauvres, que nous tous devons aider. Nous sommes convaincus qu'une habitation est beaucoup plus qu'un simple toit, et que là où l'homme crée et vit sa vie, il y construit aussi, de quelque manière, son identité la plus profonde et ses relations avec les autres.

L'Eglise, qui partage «les joies et les espoirs, les tristesses et les angoisses des hommes d'aujourd'hui, des pauvres surtout et de ceux qui souffrent» (*Gaudium et spes,* 1), ressent comme un devoir grave pour elle la nécessité de s'unir à ceux qui se dévouent avec désintéressement pour trouver des solutions concrètes et urgentes au problème du logement et pour que les sans-abri reçoivent l'attention et les soins que leur doivent les autorités publiques. En effet, c'est précisément par l'attention que portent celles-ci à ce grave problème et au lien existant entre environnement, conditions de logement, services sociaux et espace nécessaire à l'exercice de la vie religieuse, qu'on peut observer si les principes d'éthique sociale sont dûment pris en considération.

La spéculation sur les terrains à bâtir et sur la construction d'immeubles d'habitation, l'état d'abandon de quartiers entiers ou de zone rurales privées de rues décentes, d'eau ou d'électricité, d'écoles ou des transports nécessaires aux déplacements de personnes, sont, on le sait, quelques-uns des maux les plus évidents, étroitement liés au problème plus vaste de l'habitat.

En ce sens, les catholiques qui ont des responsabilités dans la vie publique et ceux qui ont à coeur le problème de la maison, les administrations locales spécialement, sont exhortés à donner leur contribution pour la préparation de politiques aptes à répondre aux situations des plus nécessiteux et à écarter les obstacles qui empêchent de trouver concrètement des modalités économiques, juridiques et sociales pour obtenir des conditions plus favorables aux solutions de ces problèmes.

30.

DROIT A L'EDUCATION ET A LA CULTURE

«L'homme vit d'une vie vraiment humaine grâce à la culture» (UNESCO, n. 6): c'est le point de départ pour le vaste domaine des droits culturels, dont le Magistère met en relief à la fois l'importance intrinsèque et l'interconnexion avec les autres grands problèmes de l'existence humaine, tels que la paix ou le développement.

En particulier, il est mis en évidence comment l'alphabétisation constitue la condition d'exercice du droit à l'éducation.

A.297. *Gravissimum Educationis Momentum (GEM)*

PREAMBULE

L'extrême importance de l'éducation dans la vie de l'homme et son influence toujours croissante sur le développement de la société moderne sont pour le Concile oecuménique l'objet d'une réflexion attentive.[1] En vérité, les conditions d'existence d'aujourd'hui rendent à la fois plus aisées et plus urgentes la formation des jeunes ainsi que l'éducation permanente des adultes. Les hommes, en effet, dans une conscience plus aiguë de leur dignité et de leur responsabilité, sou-

---

[1] Parmi les nombreux documents qui illustrent l'importance de l'éducation, cf. surtout: Benoit XV, Lettre apost. *Communes Litteras,* 10 avr. 1919: *AAS* 11 (1919), p. 172. Pie XI, Encycl. *Divini Illius Magistri,* 31 déc. 1929: *AAS* 22 (1930), p. 49-86. Pie XII, Discours aux jeunes de l'Action Catholique Italienne, 20 avr. 1946 : *Discorsi e Radiomessaggi,* 8, p. 53-57; Discours aux pères de famille français, 18 sept. 1951: *Discorsi e Radiomessaggi,* 13, p. 241-245. Jean XXIII, Message pour le trentième anniversaire de la publication de l'Encyclique *Divini Illius Magistri,* 30 déc. 1959: *AAS* 52 (1960), p. 57-59. - Paul VI, Discours aux membres de la Fédération des instituts dépendant de l'autorité ecclésiastique (F.I.D.A.E.), 30 déc. 1963: *Encicliche e Discorsi di S. S. Paolo VI,* 1, Roma 1964, p. 601-603. En outre, cf. *Acta et Documenta Concilio Oecumenico Vaticano II apparando,* Ière série, *Antepraeparatoria,* vol. III, p. 363-364, 370-371, 373-374.

haitent participer chaque jour plus activement à la vie sociale, surtout à la vie économique et politique.[2] Les merveilleux progrès de la technique et de la recherche scientifique, les nouveaux moyens de communication sociale, leur donnent la possibilité dans le moment où ils jouissent de loisirs accrus, d'accéder plus aisément au patrimoine culturel et spirituel de l'humanité, et de s'enrichir mutuellement grâce aux relations plus étroites qui existent entre les groupes et entre les peuples eux-mêmes.

Aussi s'efforce-t-on partout de favoriser toujours plus l'éducation; les droits primordiaux de l'homme à l'éducation, spécialement ceux des enfants et des parents, sont reconnus et les documents officiels en font état.[3] (...)

1. Tous les hommes de n'importe quelle race, âge ou condition, possèdent, en tant qu'ils jouissent de la dignité de personne, un droit inaliénable à une éducation[4] qui réponde à leur vocation propre,[5] qui soit conforme à leur tempérament, à la différence des sexes, à la culture et aux traditions nationales, en même temps qu'ouverte aux échanges fraternels avec les autres peuples pour favoriser l'unité véritable et la paix dans le monde. Le but que poursuit la véritable éducation est de former la personne humaine dans la perspective de sa fin la plus haute et du bien des groupes dont l'homme est membre et au service desquels s'exercera son activité d'adulte.

Il faut donc, en tenant compte du progrès des sciences psychologique, pédagogique et didactique, aider les enfants et les jeunes gens à développer harmonieusement leurs aptitudes physiques, morales, intellectuelles, à acquérir graduellement un sens plus aigu de leur responsabilité, dans l'effort soutenu pour bien conduire leur vie personnelle et la conquête de la vraie liberté, en surmontant courageusement et généreusement tous les obstacles. Qu'ils bénéficient d'une éducation sexuelle à la fois positive et prudente au fur et à mesure qu'ils grandissent. De plus, qu'ils soient formés à la vie sociale de telle sorte que, convenablement initiés aux techniques appropriées et indispensables, ils deviennent capables de s'insérer activement dans les groupes qui constituent la communauté humaine, de s'ouvrir au dialogue avec autrui et d'apporter de bon coeur leur contribution à la réalisation du bien commun.

---

[2] Cf. JEAN XXIII, *Mater et Magistra: AAS* 53 (1961), p. 413, 415-417, 424; *Pacem in terris: AAS* 55 (1963), p. 278 s.

[3] Cf. *Déclaration Universelle des droits de l'homme,* adoptée par l'Assemblée Générale des Nations Unies le 10 déc. 1948 . Et cf. *Déclaration des droits de l'enfant,* 20 nov. 1959. *Protocole additionnel à la convention européenne de sauvegarde des droits de l'homme et des libertés fondamentales.* Paris, 20 mars 1952. Sur la Déclaration Universelle des droits de l'homme, cf. JEAN XXIII, *Pacem in terris: AAS* 55 (1963), p. 29 s.

[4] PIE XII, Message radioph., 24 déc. 1942: *AAS* 35 (1943), p. 12, 19. JEAN XXIII, *Pacem in terris: AAS* 55 (1963), p. 259 s. Et cf. Déclarations des droits de l'homme citées à la note 3.

[5] Cf. PIE XI, Encycl. *Divini Illius Magistri,* 31 déc. 1929: *AAS* 22 (1930), p. 50 s.

De même, le Concile proclame le droit pour les enfants et les jeunes gens d'être incités à apprécier sainement les valeurs morales avec une conscience droite et à les embrasser dans une adhésion personnelle, et, tout autant, à connaître et aimer Dieu plus parfaitement. Aussi, demande-t-il instamment à tous ceux qui gouvernent les peuples ou dirigent l'éducation de faire en sorte que jamais la jeunesse ne soit privée de ce droit sacré. Il exhorte les fils de l'Eglise à travailler généreusement dans tous les secteurs de l'éducation, spécialement pour hâter la diffusion des bienfaits d'une éducation et d'une instruction convenables, pour tous, dans le monde entier.[6]

6. Les droit et devoir, premiers et inaliénables, d'éduquer leurs enfants reviennent aux parents. Ils doivent donc jouir d'une liberté véritable dans le choix de l'école. Les pouvoirs publics, dont le rôle est de protéger et de défendre les libertés des citoyens, doivent veiller à la justice distributive en répartissant l'aide des fonds publics de telle sorte que les parents puissent jouir d'une authentique liberté dans le choix de l'école de leurs enfants selon leur conscience.[7]

C'est encore le rôle de l'Etat de veiller à ce que tous les citoyens parviennent à participer véritablement à la culture et soient préparés comme il se doit à l'exercice des devoirs et des droits du citoyen. L'Etat doit donc garantir le droit des enfants à une éducation scolaire adéquate, veiller à la capacité des maîtres, au niveau des études, ainsi qu'à la santé des élèves, et d'une façon générale développer l'ensemble du système scolaire sans perdre de vue le principe de subsidiarité, donc, en excluant n'importe quel monopole scolaire. Tout monopole de ce genre est, en effet, opposé aux droits innés de la personne humaine, au progrès et à la diffusion de la culture elle-même, à la concorde entre les citoyens, enfin au pluralisme qui est aujourd'hui la règle dans un grand nombre de sociétés.[8] (...)

A.298. *Gaudium et Spes (GS)*

59. REALISER L'HARMONIE DES DIFFERENTES VALEURS AU SEIN DES CULTURES

Pour les raisons que l'on vient de dire, l'Eglise rappelle à tous que la culture doit être subordonnée au développement intégral de la personne, au bien de la

---

[6] Cf. JEAN XXIII, *Mater et Magistra: AAS* 53 (1961), p. 441 s.

[7] Cf. PIE XI, Encycl. *Divini Illius Magistri, l.c.*, p. 63; Encycl. *Non abbiamo bisogno*, 29 juin 1931: *AAS* 23 (1911), p. 305. PIE XII, Lettre de la Secrétairerie d'Etat à la 28ème Semaine Sociale Italienne, 20 sept. 1955: *L'Osservatore Romano*, 29 sept. 1955. PAUL VI, Discours à l'Association Chrétienne des Travailleurs Italiens (A.C.L.I.), 6 oct. 1963: *Encicliche e Discorsi di Paolo VI*, I, Roma 1964, p. 230.

[8] Cf. CONC. PROV. CINCINNATENSE III, a. 1861: Collatio Lacensis, III, col. 1240, c/d. PIE XI, Encycl. *Divini Illius Magistri, l.c.*, p. 60, 63 s.

communauté et à celui du genre humain tout entier. Aussi convient-il de cultiver l'esprit en vue de développer les puissances d'admiration, de contemplation, d'aboutir à la formation d'un jugement personnel et d'élever le sens religieux, moral et social.

La culture, en effet, puisqu'elle découle immédiatement du caractère raisonnable et social de l'homme, a sans cesse besoin d'une juste liberté pour s'épanouir et d'une légitime autonomie d'action, en conformité avec ses propres principes. Elle a donc droit au respect et jouit d'une certaine inviolabilité, à condition, évidemment, de sauvegarder les droits de la personne et de la société, particulière ou universelle, dans les limites du bien commun.

Ce saint Synode, reprenant à son compte l'enseignement du premier Concile du Vatican, déclare qu'il existe «deux ordres de savoir» distincts, celui de la foi et celui de la raison, et que l'Eglise ne s'oppose certes pas à ce que «les arts et les disciplines humaines jouissent de leurs propres principes et de leur propre méthode en leurs domaines respectifs»; c'est pourquoi, «reconnaissant cette juste liberté», l'Eglise affirme l'autonomie légitime de la culture et particulièrement celle des sciences.[9]

Tout ceci exige aussi que, l'ordre moral et l'intérêt commun étant saufs, l'homme puisse librement chercher la vérité, faire connaître et divulguer ses opinions et s'adonner aux arts de son choix. Cela demande enfin qu'il soit informé impartialement des événements de la vie publique.[10]

Quant aux pouvoirs publics, il leur revient, non pas de déterminer le caractère propre de la civilisation, mais d'établir les conditions et de prendre les moyens susceptibles de favoriser la vie culturelle au bénéfice de tous, sans oublier les éléments minoritaires présents dans une nation.[11] Voilà pourquoi il faut éviter à tout prix que la culture, détournée de sa propre fin, soit asservie aux pouvoirs politiques et économiques.

60. LA RECONNAISSANCE DU DROIT DE TOUS A LA CULTURE ET SA REALISATION PRATIQUE

Puisqu'on a maintenant la possibilité de délivrer la plupart des hommes du fléau de l'ignorance, il est un devoir qui convient au plus haut point à notre temps, surtout pour les chrétiens: celui de travailler avec acharnement à ce que, tant en matière économique qu'en matière politique, tant au plan national qu'au

---

[9] Conc. Vat. I, Const. dogm. *De fide cath.*, cap. IV: Denz. 1795, 1799 (3015, 3019). Cf. Pie XI, *Quadragesimo Anno: AAS* 23 (1931), p. 190.

[10] Cf. Jean XXIII, *Pacem in terris: AAS* 55 (1963), p. 260.

[11] Cf. Jean XXIII, *Pacem in terris: AAS* 55 (1963), p. 283. Pie XII, Message radioph., 24 déc. 1941: *AAS* 34 (1942), p. 16-17.

plan international, des décisions fondamentales soient prises de nature à faire reconnaître partout et pour tous, en harmonie avec la dignité de la personne humaine, sans distinction de race, de sexe, de nation, de religion ou de condition sociale, le droit à la culture et d'assurer sa réalisation. Il faut donc procurer à chacun une quantité suffisante de biens culturels, surtout de ceux qui constituent la culture dite «de base», pour qu'un très grand nombre ne soient pas empêchés, par l'analphabétisme et le manque d'initiative, de coopérer de manière vraiment humaine au bien commun.

En conséquence, il faut tendre à donner à ceux qui en sont capables la possibilité de poursuivre des études supérieures; et de telle façon que, dans la mesure du possible, ils occupent des fonctions, jouent un rôle et rendent des services dans la vie sociale qui correspondent soit à leurs aptitudes, soit à la compétence qu'ils auront acquise.[12] Ainsi tout homme comme les groupes sociaux de chaque peuple pourront atteindre leur plein épanouissement culturel, conformément à leurs dons et à leurs traditions.

Il faut en outre tout faire pour que chacun prenne conscience et du droit et du devoir qu'il a de se cultiver, non moins que de l'obligation qui lui incombe d'aider les autres à le faire. Il existe en effet, ici ou là, des conditions de vie et de travail qui contrarient les efforts des hommes vers la culture et qui en détruisent chez eux le goût. Ceci vaut à un titre spécial pour les agriculteurs et les ouvriers, auxquels il faut assurer des conditions de travail telles qu'elles ne les empêchent pas de se cultiver, mais bien plutôt les y poussent. Les femmes travaillent à présent dans presque tous les secteurs d'activité; il convient cependant qu'elles puissent pleinement jouer leur rôle selon leurs aptitudes propres. Ce sera le devoir de tous de reconnaître la participation spécifique et nécessaire des femmes à la vie culturelle et de la promouvoir.

B.299. *Aux Evêques brésiliens du Nord-Est (EB)*

4. (...) Me référant à des pensées que j'ai exprimées une fois de plus à l'occasion de la Journée Mondiale de l'Alphabétisation (cf. *L'Osservatore Romano,* éd. française, 10 septembre 1985, p. 5) qu'il n'existe aucune possibilité et pas la moindre chance de développement, d'intégration sociale (et donc de victoire sur la mise en marge) et même d'authentique liberté si on ne commence par éliminer l'analphabétisme, par donner une instruction de base et par répandre un minimum de culture. L'histoire ancienne et récente de nombreux peuples confirme la vérité de cette conviction: il ne saurait y avoir de véritable réforme des structures sans créer un nouvel ordre social, sans réaliser une véritable libération parmi les analphabètes.

Faciliter l'alphabétisation et l'éducation de base est un service fondamental

---

12 Cf. *Pacem in terris: AAS* 55 (1963), p. 260.

à rendre à des multitudes de marginaux. Un homme qui apprend à lire et à écrire comprend mieux l'importance de l'hygiène, a de plus grandes possibilités de veiller à sa santé, connaît mieux ses propres droits et devoirs, éprouve le désir de participer, commence à se redresser, à se rendre compte de sa propre liberté, non pas celle qu'on veut lui imposer mais celle qui lui revient.

Pour y parvenir, il faut que dans le processus d'alphabétisation soient respectées quelques lois internes. Dans l'impossibilité de les commenter toutes, je veux en rappeler une parmi les plus impérieuses: l'alphabétisation doit avoir pour objectif unique la culture et de développement intégral de l'homme qu'on instruit. Ce principe devrait suffire pour conjurer n'importe quel processus d'alphabétisation qui, par ses méthodes ou ses objectifs plus ou moins valides, tendrait à «conscientiser» celui qu'on alphabétise, si à ce néologisme on donne le sens de former à une idéologie déterminée ou d'imposer un schème mental de type sociopolitique réduisant sa liberté de discernement et d'options personnelles. C'est tout différent si par ce néologisme «conscientiser» on entend «éveiller la conscience de la propre dignité de personne humaine avec ses droits et ses devoirs». Une alphabétisation qui conduirait par tromperie l'alphabétisé à une sujétion idéologique serait, non pas un processus de libération, mais de nouvel esclavage, d'autant plus grave que revêtu d'apparences de libération.

B.300. *A la Conférence générale de l'UNESCO* (UNESCO)

3. Prolongeant l'action, la pensée et le message de mon grand prédécesseur le Pape Paul VI, j'ai eu l'honneur de prendre la parole devant l'Assemblée Générale des Nations Unies, au mois d'octobre dernier, à l'invitation de Monsieur Kurt Waldheim, Secrétaire général de l'ONU. Peu après, le 12 novembre 1979, j'ai été invité par Monsieur Edouard Saouma, Directeur général de l'Organisation des Nations Unies pour l'Alimentation et l'Agriculture à Rome. En ces circonstances, il m'a été donné de traiter de questions profondément liées à l'ensemble des problèmes qui se rapportent à l'avenir pacifique de l'homme sur la terre. En effet, tous ces problèmes sont intimement liés. Nous nous trouvons en présence, pour ainsi dire, d'un vaste système de vases communicants: les problèmes de la culture, de la science et de l'éducation ne se présentent pas, dans la vie des nations et dans les relations internationales, de manière indépendante des autres problèmes de l'existence humaine, comme ceux de la paix ou de la faim. Les problèmes de la culture sont conditionnés par les autres dimensions de l'existence humaine, tout comme, à leur tour, ceux-ci les conditionnent.

4. Il y a quand même — et je l'ai souligné dans mes discours à l'ONU en me référant à la Déclaration universelle des Droits de l'Homme — une dimension fondamentale, qui est capable de bouleverser jusque dans leurs fondements les systèmes qui structurent l'ensemble de l'humanité et de libérer l'existence humaine, individuelle et collective, des menaces qui pèsent sur elle. Cette dimension fondamentale, c'est l'homme, l'homme dans son intégralité, l'homme qui vit en même temps dans la sphère des valeurs naturelles et dans celle des valeurs spiri-

tuelles. Le respect des droits inaliénables de la personne humaine est à la base de tout (cf. *Discours à l'ONU,* p. 7 et 13).

Toute menace contre les droits de l'homme, que ce soit dans le cadre de ses biens spirituels ou dans celui de ses biens matériels fait violence à cette dimension fondamentale. (...)

5. A l'origine de l'UNESCO, comme aussi à la base de la Déclaration universelle des Droits de l'Homme, se trouvent donc ces premières nobles impulsions de la volonté humaine, de l'intelligence et de la volonté. J'en appelle à cette origine, à ce commencement, à ces prémisses et à ces premier principes.

6. *Genus humanum arte et ratione vivit* (cf. saint Thomas, commentant Aristote, dans *Post. Analyt.,* n. 1). Ces paroles d'un des plus grands génies du christianisme, qui fut en même temps un continuateur fécond de la pensée antique, portent au-delà du cercle et de la signification contemporaine de la culture occidentale, qu'elle soit méditerranéenne ou atlantique. Elles ont une signification qui s'applique à l'ensemble de l'humanité où se rencontrent les diverses traditions qui constituent son héritage spirituel et les diverses époques de sa culture. La signification essentielle de la culture consiste, selon ces paroles de saint Thomas d'Aquin, dans le fait qu'elle est une caractéristique de la vie humaine comme telle. *L'homme vit d'une vie vraiment humaine grâce à la culture.* La vie humaine est culture en ce sens que l'homme se distingue et se différencie à travers elle de tout ce qui existe par ailleurs dans le monde visible: l'homme ne peut pas se passer de culture.

La culture est un mode spécifique de l'«exister» et de l'«être» de l'homme. L'homme vit toujours selon une culture qui lui est propre, et qui, à son tour, crée entre les hommes un lien qui leur est propre lui aussi, en déterminant le caractère interhumain et social de l'existence humaine. *Dans l'unité* de la culture comme mode propre de l'existence humaine s'enracine en même temps la *pluralité des cultures* au sein de laquelle l'homme vit. Dans cette pluralité, l'homme se développe sans perdre cependant le contact essentiel avec l'unité de la culture en tant que dimension fondamentale et essentielle de son existence et de son être.

7. L'homme qui, dans le monde visible, est l'unique *sujet* ontique de la culture, est aussi son unique *objet* et son *terme.* La culture est ce par quoi l'homme en tant qu'homme devient davantage homme, «est» davantage, accède davantage à l' «être». C'est là aussi que se fonde la distinction capitale entre ce que l'homme est et ce qu'il a, entre l'être et l'avoir. La culture se situe toujours en relation essentielle et nécessaire à ce qu'est l'homme, tandis que sa relation à ce qu'il a, à son «avoir», est non seulement secondaire, mais entièrement relative. Tout l'«avoir» de l'homme n'est important pour la culture, n'est un facteur créateur de la culture, que dans la mesure où l'homme, par l'intermédiaire de son «avoir», peut en même temps «être» plus pleinement comme homme, devenir plus pleinement homme dans toutes les dimensions de son existence, dans tout ce qui caractérise son humanité. L'expérience des diverses époques, sans en exclure l'époque présente, démontre qu'on pense à la culture et qu'on en parle d'abord en relation

avec la nature de l'homme, puis seulement de manière secondaire et indirecte en relation avec le monde de ses produits. Ceci n'enlève rien au fait que nous jugions le phénomène de la culture à partir de ce que l'homme produit, ou que nous tirions de cela en même temps des conclusions sur l'homme. Une telle approche — mode typique du processus de connaissance «a posteriori» — contient en elle-même la possibilité de remonter, en sens inverse, vers des dépendances ontico-causales. L'homme, et l'homme seul, est «acteur», ou «artisan», de la culture; l'homme, et l'homme seul, s'exprime en elle et trouve en elle son propre équilibre.

8. Nous tous ici présents, nous nous rencontrons sur le terrain de la culture, réalité fondamentale qui nous unit et qui est à la base de l'établissement et des finalités de l'UNESCO. Nous nous rencontrons par le fait même autour de l'homme et, en un certain sens, en lui, en l'homme. Cet homme, qui s'exprime et s'objective dans et par la nature, est *unique, complet* et *indivisible*. Il est à la fois sujet et artisan de la culture. On ne peut dès lors l'envisager uniquement comme la résultante de toutes les conditions concrètes de son existence, comme la résultante — pour ne citer qu'un exemple — des relations de production qui prévalent à une époque déterminée. Ce critère des relations de production ne serait-il alors aucunement une *clé pour la compréhension* de l'historicité de l'homme, pour la compréhension de sa culture et des multiples formes de son développement? Certes, ce critère constitue bien une clé, et une clé précieuse même, mais il n'est pas la clé fondamentale, constitutive. Les cultures humaines reflètent, cela ne fait aucun doute, les divers systèmes de relations de production; cependant, ce n'est pas tel ou tel système qui est à l'origine de la culture, mais c'est bien l'homme, l'homme qui vit dans le système, qui l'accepte ou qui cherche à le changer. On ne peut penser une culture sans subjectivité humaine et sans causalité humaine; mais dans le domaine culturel, l'homme est toujours le fait premier: l'homme est le fait primordial et fondamental de la culture.

Et cela, l'homme l'est toujours dans sa totalité, dans l'ensemble intégral de sa subjectivité spirituelle et matérielle. Si la distinction entre culture spirituelle et culture matérielle est juste en fonction du caractère et du contenu des produits dans lesquels la culture se manifeste, il faut constater en même temps que, d'une part, les oeuvres de la culture matérielle font apparaître toujours une «spiritualisation» de la matière, une soumission de l'élément matériel aux forces spirituelles de l'homme, c'est-à-dire à son intelligence et à sa volonté, — et que, d'autre part, les oeuvres de la culture spirituelle manifestent, d'une manière spécifique, une *«matérialisation»* de l'esprit, une incarnation de ce qui est spirituel. Dans les oeuvres culturelles, cette double caractéristique semble être également primordiale et également permanente.

Voici donc, en guise de conclusion théorique, une base suffisante pour comprendre la culture à travers l'homme intégral, à travers toute la réalité de sa subjectivité. Voici aussi — dans le domaine de l'agir — la base suffisante pour chercher toujours dans la culture l'homme intégral, l'homme tout entier, dans toute la vérité de sa subjectivité spirituelle et corporelle; la base qui est suffisante pour ne pas superposer à la culture — système authentiquement humain, synthèse splendide de l'esprit et du corps — *des divisions ou des oppositions préconçues*. En effet, qu'il s'agisse d'une absolutisation de la matière dans la structure du sujet humain, ou, inversement, d'une absolutisation de l'esprit dans cette même structure, ni l'une ni l'autre n'expriment la vérité de l'homme et ne servent sa culture.

11. De tout cela se dégage un certain nombre de conclusions capitales. En effet, les considérations que je viens de faire montrent à l'évidence que la tâche première et essentielle de la culture en général, et aussi de toute culture, est l'éducation. L'éducation consiste en effet à ce que l'homme devienne toujours plus homme, qu'il puisse «être» davantage et pas seulement qu'il puisse «avoir» davantage, et que par conséquent, à travers tout ce qu'il «a», tout ce qu'il «possède», il sache de plus en plus pleinement «être» homme. Pour cela il faut que l'homme sache «être plus» non seulement «avec les autres», mais aussi «pour les autres». L'éducation a une importance fondamentale pour la formation des rapports interhumains et sociaux. (...)

14. Si, au nom de l'avenir de la culture, il faut proclamer que l'homme a le droit d'«être» plus. (...)[13]

B.301. *Pour l'Année Internationale de l'Alphabétisation (AIA)*

(...) Toute personne privée de la possibilité d'apprendre à lire, à écrire ou à compter se trouve lésée dans son droit fondamental à l'éducation. Elle demeure en situation de désavantage dans ses rapports avec la société. L'analphabétisme constitue une grande pauvreté; il est souvent synonyme de marginalité pour des hommes et des femmes tenus à l'écart d'une part considérable du patrimoine culturel de l'humanité, et empêchés de développer pleinement leurs capacités personnelles et leur qualification professionnelle. (...)

---

[13] Pour la suite, cf. B.334, p. 465 (n.d.r.).

31.

DROITS DE LA FAMILLE ET DE L'ENFANT

La famille a toujours été un sujet privilégié dans la pastorale de l'Eglise: de son rôle fondamental dans le tissu de toute société et de sa fonction irremplaçable pour l'éducation des enfants, découle toute une série de droits. *

Les droits spécifiques de l'enfant, et avant tout son droit à la vie dès la conception, ont été sans cesse proclamés par le Magistère. **

A.302. *Mater et Magistra (MM)*

I. (...) LE RADIOMESSAGE DE LA PENTECOTE 1941

(...) Pour ce qui regarde la famille, le Souverain Pontife affirme que la propriété privée des biens matériels doit être considérée comme l'*espace vital de la famille;* c'est-à-dire comme un moyen apte *à assurer au père de famille la saine liberté dont il a besoin pour pouvoir remplir les devoirs que le Créateur lui a assignés, pour le bien-être physique, spirituel et religieux de la famille.*[1]

Cela comporte aussi pour la famille le droit à l'émigration. Sur ce point Notre Prédécesseur relève que lorsque les Etats, ceux qui permettent l'émigration comme ceux qui accueillent de nouveaux sujets, mettent tout en oeuvre pour éliminer ce qui *pourrait empêcher la naissance ou le développement d'une vraie*

---

* Faisant suite à un voeu formulé par le Synode des Evêques réuni à Rome en 1980, une *Charte des Droits de la Famille,* présentée par le Saint-Siège à toutes les personnes, institutions et autorités intéressées à la mission de la famille dans le monde d'aujourd'hui, a été publiée le 22 octobre 1983.

** Pour marquer davantage cet enseignement constant, le Saint-Siège a adhéré, le 20 avril 1990, à la *Convention sur les droits de l'enfant,* adoptée par l'Assemblée Générale des Nations Unies le 20 novembre 1989.

1 Cf. *AAS* 33 (1941), p. 202.

confiance[2] entre eux, ils obtiendront un avantage mutuel et contribueront ensemble à l'accroissement du bien-être de l'humanité comme au progrès de la culture.

A.303. *Gaudium et Spes (GS)*

52. (...) Ainsi la famille, lieu de rencontre de plusieurs générations qui s'aident mutuellement à acquérir une sagesse plus étendue et à harmoniser les droits des personnes avec les autres exigences de la vie sociale, constitue-t-elle le fondement de la société. Voilà pourquoi tous ceux qui exercent une influence sur les communautés et les groupes sociaux doivent s'appliquer efficacement à promouvoir le mariage et la famille. Que le pouvoir civil considère comme un devoir sacré de reconnaître leur véritable nature, de les protéger et de les faire progresser, de défendre la moralité publique et de favoriser la prospérité des foyers. Il faut garantir le droit de procréation des parents et le droit d'élever leurs enfants au sein de la famille. Une législation prévoyante et des initiatives variées doivent également défendre et procurer l'aide qui convient à ceux qui, par malheur, sont privés d'une famille. (...)

A.304. *Dignitatis Humanae (DH)*

5. A chaque famille, en tant que société jouissant d'un droit propre et primordial, appartient le droit d'organiser la vie religieuse du foyer sous la direction des parents. A ceux-ci revient le droit de décider, dans la ligne de leur propre conviction religieuse, la formation religieuse à donner à leurs enfants. C'est pourquoi le pouvoir civil doit reconnaître le droit de choisir en toute réelle liberté, les écoles et autres moyens d'éducation, et cette liberté du choix ne doit pas fournir prétexte à leur imposer, directement ou non, d'injustes charges. En outre les droits des parents se trouvent violés lorsque les enfants sont contraints de fréquenter des cours scolaires ne répondant pas à la conviction religieuse des parents ou quand est imposée une forme d'éducation d'où toute formation religieuse est exclue.

A.305. *Populorum Progressio (PP)*

36. FAMILLE

Mais l'homme n'est lui-même que dans son milieu social, où la famille joue un rôle primordial. Celui-ci a pu être excessif, selon les temps et les lieux, lorsqu'il s'est exercé au détriment de libertés fondamentales de la personne. Souvent trop rigides et mal organisés, les anciens cadres sociaux des pays en voie de déve-

---

2 Cf. *AAS* 33 (1941), p. 203.

loppement sont pourtant nécessaires encore un temps, tout en desserrant progressivement leur emprise exagérée. Mais la famille naturelle, monogamique et stable, telle que le dessein divin l'a conçue[3] et que le christianisme l'a sanctifiée, doit demeurer ce «lieu de rencontre de plusieurs générations qui s'aident mutuellement à acquérir une sagesse plus étendue et à harmoniser les droits de la personne avec les autres exigences de la vie sociale».[4]

37. DEMOGRAPHIE

Il est vrai que trop fréquemment une croissance démographique accélérée ajoute ses difficultés aux problèmes du développement: le volume de la population s'accroît plus rapidement que les ressources disponibles et l'on se trouve apparemment enfermé dans une impasse. La tentation dès lors est grande de freiner l'accroissement démographique par des mesures radicales. Il est certain que les pouvoirs publics, dans les limites de leur compétence, peuvent intervenir, en développant une information appropriée et en prenant les mesures adaptées, pourvu qu'elles soient conformes aux exigences de la loi morale et respectueuses de la juste liberté du couple. Sans droit inaliénable au mariage et à la procréation, il n'est plus de dignité humaine. C'est finalement aux parents de décider, en pleine connaissance de cause, du nombre de leurs enfants, en prenant leurs responsabilités devant Dieu, devant eux-mêmes, devant les enfants qu'ils ont déjà mis au monde, et devant la communauté à laquelle ils appartiennent, suivant les exigences de leur conscience instruite par la loi de Dieu authentiquement interpretée et soutenue par la confiance en Lui.[5]

A.306. *Familiaris Consortio (FC)*

45. LA SOCIETE AU SERVICE DE LA FAMILLE

La relation étroite entre famille et société exige d'une part l'ouverture et la participation de la famille à la société et à son développement, mais d'autre part elle impose à la société de ne jamais manquer à son devoir fondamental de respecter et de promouvoir la famille.

Il est certain que la famille et la société ont des rôles complémentaires dans la défense et la promotion des biens communs à tous les hommes et à tout homme. Mais la société, et plus précisément l'Etat, doivent reconnaître que la famille est une «société jouissant d'un droit propre et primordial»[6] et ils ont donc la grave obligation, en ce qui concerne leurs relations avec la famille, de s'en tenir au principe de subsidiarité.

---

3 Cf. *Mt* 19, 6.

4 *Gaudium et spes,* 52.

5 Cf. *ibid.,* 50-51 (et note 14), et 87.

6 *Dignitatis humanae,* 5.

En vertu de ce principe l'Etat ne peut pas et ne doit pas enlever aux familles les tâches qu'elles peuvent fort bien accomplir seules ou en s'associant librement à d'autres familles; mais il doit au contraire favoriser et susciter le plus possible les initiatives responsables des familles. Les autorités publiques, convaincues du fait que le bien de la famille est pour la communauté civile une valeur indispensable à laquelle on ne saurait renoncer, doivent s'employer le plus possible à procurer aux familles toute l'aide — économique, sociale, éducative, politique, culturelle — dont elles ont besoin pour remplir de façon vraiment humaine l'ensemble de leurs obligations.

46. LA CHARTE DES DROITS DE LA FAMILLE

L'action réciproque de soutien et de progrès entre la famille et la société est un idéal souvent contredit, et même gravement, par la réalité des faits où l'on constate leur séparation, voire leur opposition.

En effet — comme l'a continuellement fait remarquer le Synode —, la situation de très nombreuses familles en divers pays est fort problématique, quand elle n'est pas franchement mauvaise: les lois et les institutions méconnaissent, contre toute justice, les droits inviolables de la famille et même de la personne humaine, et la société, loin de se mettre au service de la famille, l'attaque violemment dans ses valeurs et dans ses exigences fondamentales. Ainsi la famille, qui selon le dessein de Dieu est la cellule de base de la société, sujet de droits et de devoirs antérieurs à ceux de l'Etat et de n'importe quelle autre communauté, se trouve être la victime de la société, des lenteurs et des retards de ses interventions et plus encore de ses injustices flagrantes.

C'est pourquoi l'Eglise prend ouvertement et avec vigueur la défense des droits de la famille contre les usurpations intolérables de la société et de l'Etat. Pour leur part, les Pères du Synode ont rappelé entre autres les droits suivants de la famille:

— le droit d'exister et de s'épanouir en tant que famille, c'est-à-dire le droit pour tout homme, et en particulier pour les pauvres, de fonder une famille et de l'entretenir par des moyens appropriés;

— le droit d'exercer sa mission pour tout ce qui touche à la transmission de la vie, et d'éduquer ses enfants;

— le droit à l'intimité de la vie, aussi bien conjugale que familiale;

— le droit à la stabilité du lien conjugal et de l'institution du mariage;

— le droit de croire et de professer sa foi, et de la répandre;

— le droit d'éduquer ses enfants conformément à ses propres traditions et à ses valeurs religieuses et culturelles, grâce aux instruments, aux moyens et aux institutions nécessaires;

— le droit de jouir de la sécurité physique, sociale, politique, économique, surtout pour les pauvres et les malades;

— le droit à un logement adapté à une vie familiale décente;

— le droit d'expression et de représentation devant les autorités publiques, économiques, sociales et culturelles, ainsi que devant les organismes qui en dépendent, et cela directement ou au moyen d'associations;

— le droit de créer des associations en lien avec d'autres familles et institutions, afin d'accomplir sa mission comme il convient et avec compétence;

— le droit de protéger les mineurs, par le moyen d'institutions et de lois appropriées, contre les drogues nuisibles, la pornographie, l'alcoolisme, etc.;

— le droit à des loisirs honnêtes qui favorisent en même temps les valeurs familiales;

— le droit des personnes âgées à vivre et à mourir dignement;

— le droit d'émigrer en tant que famille pour rechercher de meilleures conditions de vie.[7]

Le Saint-Siège, accueillant la demande explicite du Synode, prendra soin d'approfondir ces suggestions, en élaborant une «charte des droits de la famille» à proposer aux milieux intéressés et aux Autorités concernées.

A.307. *Christifideles Laici (CL)*

40. LA FAMILLE, PREMIER ESPACE DE L'ENGAGEMENT SOCIAL

La personne humaine a dans sa structure naturelle une dimension sociale, car, au plus profond d'elle-même, elle est appelée à vivre en *communion* avec les autres, et à *se donner* aux autres: «Dieu, qui veille paternellement sur tous, a voulu que tous les hommes constituent une seule famille et se traitent mutuellement comme des frères».[8] Ainsi la *société,* fruit et signe du *caractère social* de l'homme, manifeste sa pleine réalité lorsqu'elle est une *communauté de personnes.*

Il existe une interdépendance et une réciprocité entre personne et société: tout ce qui se fait en faveur de la personne est fait au service de la société, et tout ce qui se fait pour la société tourne aussi au bien de la personne. C'est pourquoi l'engagement apostolique des fidèles laïcs dans l'ordre temporel prend toujours et inséparablement le sens d'un service rendu à la personne individuelle, dans son unicité irremplaçable, et le sens d'un service rendu à tous les hommes.

L'expression première et originelle de la dimension sociale de la personne, c'est *le couple et la famille:* «Mais Dieu n'a pas créé l'homme solitaire: dès l'origine, «Il les créa homme et femme» (*Gn* 1,27). Cette société de l'homme et de la

---

[7] Cf. *Proposition* 42.

[8] *Gaudium et spes,* 24.

femme est l'expression première de la communion des personnes».[9] Jésus a eu soin de restituer au couple toute sa dignité et à la famille sa solidité (cf. *Mt* 19,3-9); saint Paul a montré le rapport profond du mariage avec le mystère du Christ et de l'Eglise (cf. *Ep* 5, 22 et 6, 4; *Col* 3, 18-21; *1 P* 3,1-7)..

Le couple et la famille constituent le *premier espace pour l'engagement social des fidèles laïcs.* C'est un engagement qui ne peut être assumé de façon valable que dans la conviction de la valeur unique et irremplaçable de la famille pour le développement de la société et de l'Eglise elle-même.

Berceau de la vie et de l'amour, dans lequel l'homme «naît» et «grandit», la famille est la cellule fondamentale de la société. A cette communauté, il faut réserver une sollicitude privilégiée, chaque fois surtout que l'égoïsme humain, les campagnes contre la natalité, et aussi les conditions de pauvreté et de misère physique, culturelle et morale, et encore la mentalité de recherche du plaisir et de course à la consommation, tarissent les sources de la vie, pendant que les idéologies et différents systèmes, ainsi que des formes d'absence d'intérêt et de manque d'affection, s'attaquent à la fonction éducative propre à la famille.

Dans ces conditions, il est urgent de déployer une activité vaste, profonde et systématique, soutenue non seulement par la culture mais encore par des moyens économiques et des institutions législatives, dans le but d'assurer à la famille sa place de *lieu premier d'«humanisation»* de la personne et de la société.

L'engagement apostolique des fidèles laïcs envers la famille est avant tout de rendre celle-ci consciente de son identité, qui est d'être le premier noyau social de base, et aussi de son rôle original dans la société, afin qu'elle devienne elle-même toujours davantage *la protagoniste active et responsable* de sa propre croissance et de sa propre participation à la vie sociale. De cette façon, la famille pourra et devra exiger de tous, et d'abord des autorités publiques, le respect de ses droits qui, en sauvant la famille, sauvent la société elle-même.

Ce que tous peuvent lire dans l'Exhortation *Familiaris consortio* au sujet de la participation de la famille au développement de la société[10] et ce que le Saint-Siège, à l'invitation du Synode des Evêques en 1980, a formulé dans la «Charte des Droits de la Famille» constitue un programme d'action complet et organique pour tous les fidèles laïcs qui, à des titres divers, sont intéressés à la promotion des valeurs et des exigences de la famille: un programme dont la réalisation est à mener avec d'autant plus de promptitude et de décision que se font plus graves les menaces contre la stabilité et la fécondité de la famille et que plus lourde et plus systématique se révèle la tendance à marginaliser la famille et à annihiler son importance sociale.

L'expérience le montre, la civilisation et la solidité des peuples dépendent

---

[9] *Ibid.*, 12.

[10] Cf. JEAN-PAUL II, Exhort. Ap. *Familiaris consortio*, 42.

surtout de la qualité humaine de leurs familles. De là vient que l'engagement apostolique envers la famille a une valeur sociale incomparable. L'Eglise en est profondément convaincue; elle sait bien que «l'avenir de l'humanité passe par la famille».[11]

B.308 *Au Comité des Journalistes Européens pour les Droits de l'Enfant* (DE)

Le Saint-Siège pense qu'on peut aussi parler des droits de l'enfant dès sa conception, et notamment du droit à la vie, car l'expérience montre de plus en plus que l'enfant aurait besoin d'une protection spéciale, en fait et en droit, dès avant sa naissance.

On pourrait aussi insister sur le droit de l'enfant à naître dans une véritable famille, car il est capital qu'il bénéficie, dès le début, de l'apport conjoint du père et de la mère unis dans un mariage indissoluble.

L'enfant doit être également élevé, éduqué dans sa famille, les parents demeurant ses «premiers et principaux éducateurs», rôle qui, «en cas de défaillance de leur part, peut difficilement être suppléé» (Déclaration conciliaire *Gravissimum educationis,* 3). Ceci est exigé par l'atmosphère d'affection et de sécurité morale et matérielle que requiert la psychologie de l'enfant; il faut ajouter que la procréation fonde ce droit naturel, qui est aussi «une grave obligation» *(ibid.)*. Et même l'existence de liens familiaux plus larges, avec les frères et soeurs, avec les grands-parents, d'autres proches parents, est un élément important — qu'on a tendance aujourd'hui à négliger — pour l'équilibre harmonieux de l'enfant.

B.309. *A la Conférence générale de l'UNESCO* (UNESCO)

18. (...) Qu'il me soit permis de revendiquer en ce lieu *pour les familles catholiques* le droit qui appartient à toutes les familles d'éduquer leurs enfants en des écoles qui correspondent à leur propre vision du monde, et en particulier le droit strict des parents croyants à ne pas voir leurs enfants soumis, dans les écoles, à des programmes inspirés par l'athéisme. Il s'agit là en effet d'un des droits fondamentaux de l'homme et de la famille. (...)

---

[11] *Ibid.,* 85: *AAS* 74 (1982), p. 188.

B.310. *Au Colloque pour le 30e anniversaire de la Convention Européenne des Droits de l'Homme* (*CEDH 30*)

5. Je voudrais vous proposer une ultime réflexion. La Déclaration des Droits de l'Homme comme la Convention européenne se réfèrent non seulement aux droits de l'homme, mais aussi au droit des sociétés, à commencer par la «société familiale».

Le récent Synode des Evêques, vous le savez, a étudié de façon précise «les tâches de la famille chrétienne dans le monde d'aujourd'hui». La Convention européenne offre, elle aussi, quelques indications précieuses sur ce thème, à commencer par l'article 2: «Le droit de toute personne à la vie est protégé par la loi. La mort ne peut être infligée à quiconque intentionnellement, sauf en exécution d'une sentence capitale prononcée par un tribunal, au cas où le délit est puni de cette peine par la loi». Et l'article 8 ajoute: «Toute personne a droit au respect de sa vie privée et familiale, de son domicile et de sa correspondance», tandis que l'article 12 précise: «A partir de l'âge nubile, l'homme et la femme ont le droit de se marier et de fonder une famille selon les lois nationales régissant l'exercice de ce droit». Ces trois articles expriment une attitude ferme en faveur de la vie ainsi que de l'autonomie et des droits de la famille, et ils assurent une rigoureuse défense juridique de ces droits.

Mais dans la ligne de l'affirmation de la priorité de la famille, il me semble important de souligner la disposition de l'article 2 du «Protocole additionnel» qui s'énonce ainsi: «Nul ne peut se voir refuser le droit à l'instruction. L'Etat, dans l'exercice des fonctions qu'il assumera dans le domaine de l'éducation et de l'enseignement, respectera le droit des parents d'assurer cette éducation et cet enseignement conformément à leurs convictions religieuses et philosophiques». Cette affirmation exclut toute restriction d'ordre juridique ou économique, ou toute pression idéologique qui empêcherait le droit sacro-saint des parents de s'exercer et en même temps elle pousse la famille à assumer son rôle éducatif, en elle-même et dans la communauté civile qui doit lui reconnaître implicitement cette tâche originelle en tant que «société jouissant d'un droit propre et primordial» (cf. *Dignitatis humanae,* 5).

L'Eglise est convaincue que la famille se trouve insérée dans une société plus vaste sur laquelle elle est ouverte et envers laquelle elle est responsable. Mais l'Eglise réaffirme et soutient le droit qu'a tout homme de fonder une famille et de défendre sa vie privée, comme aussi le droit des époux à la procréation et à la décision concernant le nombre de leurs enfants, sans contrainte indue de l'autorité publique, et le droit d'éduquer leurs enfants au sein de la famille (cf. *Gaudium et spes,* 52 et 87). L'Eglise exhorte tous les hommes à veiller à ce que «il soit tenu compte, dans le gouvernement du pays, des exigences des familles concernant l'habitation, l'éducation des enfants, les conditions de travail, la sécurité sociale et les impôts et que dans les migrations la vie commune de la famille soit parfaitement respectée» (Décret *Apostolicam actuositatem,* 11). La promotion de la famille comme cellule première et vitale de la société, et donc comme institution éducative de base, ou au contraire la diminution progressive de ses compétences et même des tâches des parents, dépend en très grande partie du projet social influencé par les idéologies et concrétisé dans certaines législations modernes, lesquelles en arrivent à être en contradiction évidente avec la lettre des droits de l'homme reconnus par les documents internationaux solennels comme la Convention européenne des Droits de l'Homme. (...)

B.311. *A l'Union Interparlementaire (UIP)*

5. Par ailleurs, même si cela déborde le programme de la présente session, je ne peux pas laisser passer une occasion aussi importante sans rappeler à votre sensibilité de législateurs et de guides politiques l'importance fondamentale des *valeurs de la famille* et de ses tâches sociales. Celles-ci doivent aussi trouver leur expression sous la forme d'interventions politiques, comme je le rappelais dans l'Exhortation *Familiaris consortio* (n. 44). Autrement dit, les familles doivent être les premières à veiller à ce que les lois et les institutions de l'Etat s'abstiennent de blesser et même soutiennent et défendent positivement les droits et les devoirs de la famille. Ne considérez pas cette tâche primordiale des foyers comme une interférence avec le pouvoir public, au risque de diminuer son autorité, car il y aurait alors un manque de cohérence avec les appels répétés à la participation et à l'initiative.

Vous savez à quel point l'Eglise catholique, pour sa part, défend, maintient et promeut, sans cesse et dans tous les pays, les valeurs de la famille, telles que la fidélité conjugale, le sens de la sexualité et les exigences des rapports humains interpersonnels, la dignité de la femme, le don et le respect de la vie, le droit et le devoir d'éducation incombant aux parents. Si l'Eglise consacre tant d'énergie à en témoigner et déploie tant d'initiative en ce domaine par l'entremise de ses membres prêtres et laïcs, c'est qu'elle fait grand cas de la sainteté du mariage pour la vie des chrétiens et le progrès de l'Eglise, et elle est convaincue que c'est également capital pour la société, dont la famille est la cellule première et vitale. Elle souhaite que les divers responsables, surtout les législateurs, comprennent avec elle la grandeur de cet enjeu pour l'avenir des sociétés.

B.312. *A l'Assemblée Parlementaire du Conseil de l'Europe (APCE)*

6. La *famille* est sans doute la réalité où l'interaction de la responsabilité personnelle avec les conditions sociales apparaît le plus. L'évolution récente de la société européenne a rendu plus difficile l'équilibre et la stabilité des familles. En ce sens jouent des facteurs d'ordre économique en rapport avec le travail — notamment celui de la femme —, le logement, les déplacements des personnes, les mi-

grations volontaires et les exils forcés. D'autre part, on voit se répandre des conceptions qui dévalorisent l'amour, isolent la sexualité de la communion de vie qu'elle exprime, affaiblissent les liens stables auxquels un amour vraiment humain engage. Il y a là un réel danger, car la famille se déstabilise et se désagrège. Les courbes démographiques descendantes sont un signe d'une crise de la famille qui suscite l'inquiétude.

Dans cette situation, il faut que les Européens se ressaisissent et redonnent à la famille sa valeur d'élément premier dans la vie sociale. Qu'ils sachent créer les conditions qui favorisent sa stabilité, qui permettent d'y accueillir et d'y donner la vie généreusement! Que l'on reprenne conscience de la dignité des responsabilités exercées par chaque être humain dans son foyer pour le soutien et le bonheur d'autrui! La famille comme telle est un sujet de droits, cela doit être admis plus nettement.

Je ne puis ici qu'évoquer brièvement ces préoccupations. Vous savez combien l'Eglise catholique y attache d'importance, au point d'avoir proposé une «Charte des Droits de la Famille». Tout ce qui concerne la famille est un souci que les communautés chrétiennes approfondissent à la lumière de leur foi, mais qu'elles partagent avec toute personne qui a le souci de la dignité humaine.

B.313. *Au Sommet Mondial pour les Enfants* (SME)

«Tes fils: des plants d'olivier alentour de la table» (*Ps* 128, 3).

Ces simples paroles du psalmiste disent combien les enfants sont une bénédiction de Dieu et une source de joie intense pour la famille.

Inspiré par cette conception positive de la vie humaine, le Saint-Siège considère avec satisfaction le *Sommet mondial pour les Enfants,* dans lequel il voit une expression et une confirmation importantes de la conscience, accrue de la part de l'opinion publique et des Etats, de la nécessité de faire davantage pour sauvegarder le bien-être des enfants du monde, pour définir les droits de l'enfant et pour protéger ces droits par des actions d'ordre culturel et législatif, respectant pleinement la vie humaine comme valeur en soi, indépendamment du sexe, de l'origine ethnique, du statut social ou culturel, des convictions politiques ou religieuses. (...)

Il m'est agréable d'exprimer l'estime de l'Eglise catholique à l'égard de tout ce qui a été fait et de tout ce qui est fait actuellement sous les auspices des Nations Unies et de leurs Agences spécialisées pour garantir la survie, la santé, la protection et le développement intégral des enfants. Parmi nos frères et soeurs, ils sont, plus que tous, sans défense; de tous les fils et les filles de notre Père commun des cieux, ils sont les plus innocents et les plus dignes de sollicitude. La prompte adhésion du Saint-Siège à la *Convention sur les Droits de l'Enfant,* adoptée par l'Assemblée générale des Nations Unies le 20 novembre 1989, est, pour l'Eglise catholique, dans l'esprit de sa tradition bimillénaire de service en faveur de ceux qui sont démunis matériellement ou spirituellement, en particulier des membres les plus faibles de la famille humaine, parmi lesquels les enfants ont toujours fait l'objet d'une attention spéciale. Les chrétiens contemplent dans l'Enfant de Bethléem le caractère unique de tout enfant, sa dignité et son besoin d'être aimé. A partir de l'exemple et de l'enseignement de son Fondateur, l'Eglise prend conscience de sa propre mission d'attacher une attention particulière aux besoins des enfants (cf. *Mc* 10, 14); en effet, du point de vue chrétien, notre manière de traiter les enfants devient la mesure de notre fidélité au Seigneur lui-même (cf. *Mt* 18, 5).

L'Eglise est très sensible à l'immense fardeau des souffrances et des injustices subies par les enfants du monde. Dans mon propre ministère et dans mes visites pastorales, je suis témoin de la condition bouleversante de millions d'enfants dans tous les continents. Ils sont très vulnérables parce qu'ils sont les moins capables de faire entendre leur voix. Ma contribution à ce *Sommet,* Monsieur le Secrétaire général, a pour but de faire retentir devant cette haute Assemblée les appels souvent silencieux mais non moins légitimes et insistants qu'adressent les enfants du monde à ceux qui ont les moyens et la responsabilité de mieux prendre soin d'eux.

Les enfants du monde crient leur soif d'amour. Et là, l'amour implique l'intérêt effectif qu'un être humain porte à l'autre, le bien que chacun doit faire à l'autre au nom des liens que crée notre commune humanité. Un enfant ne peut survivre physiquement, psychologiquement et spirituellement sans la solidarité qui nous rend tous responsables de tous, responsabilité qui prend une intensité particulière quand il s'agit du don d'amour des parents à leurs enfants. Le Saint-Siège accorde une importance spéciale au fait que la *Convention* reconnaît *le rôle irremplaçable de la famille* pour favoriser la croissance et le bien-être de ses membres. La famille est la première cellule vitale de la société en raison du service qu'elle rend à la vie et parce qu'elle est la première école des vertus sociales qui sont le principe actif de l'existence et du développement de la société elle-même. Le bien-être des enfants du monde dépend donc largement des mesures prises par les Etats pour soutenir et aider les familles à remplir leur rôle en donnant la vie et en assurant l'éducation.

Les enfants du monde crient leur soif d'un plus grand respect pour leur dignité individuelle inaliénable et pour leur droit à la vie dès le premier instant de leur conception, même dans des circonstances difficiles et dans les cas de handicaps personnels. Chaque individu, quelles que soient sa petitesse ou sa faible importance apparente d'un point de vue utilitaire, porte l'empreinte de l'image du Créateur et sa ressemblance (cf. *Gn* 1, 26). Les politiques et les actions qui ne reconnaissent pas cette condition unique de dignité innée ne peuvent conduire à un monde juste et humain, car elles s'opposent aux vraies valeurs qui déterminent des catégories morales objectives et qui fondent les jugements moraux rationnels et les actions droites.

La *Convention internationale sur les Droits de l'Enfant* constitue une déclaration des priorités et des obligations qui peuvent partout servir de référence et de stimulant pour l'action en faveur des enfants. Le Saint-Siège a été heureux d'y adhérer et il ratifie la *Convention* en considérant que les objectifs, les programmes et les actions qui en résulteront respecteront les convictions morales et religieuses de ceux qu'elles concernent, en particulier les convictions morales des parents au sujet de la transmission de la vie, sans faire pression pour le recours à des moyens moralement inacceptables, et respectant de même leur liberté en ce qui concerne la vie et l'éducation religieuse de leurs enfants. Pour apprendre à être solidaires de leur prochain, les enfants doivent faire l'expérience réelle de la solidarité par les relations mutuelles vécues à l'intérieur de la famille elle-même, dans laquelle toute vie humaine, avant comme après la naissance, est profondément respectée, et dans laquelle *la mère et le père prennent ensemble des décisions responsables pour l'exercice de leur paternité.*

Au cours de l'Année internationale de l'Enfant, en 1979, j'ai eu l'occasion de m'adresser à l'Assemblée générale des Nations Unies. Je renouvelle aujourd'hui, avec encore plus d'insistance, la conviction et l'espérance que j'exprimais alors: «Aucun pays du monde, aucun système politique ne peut songer à son propre avenir autrement qu'à travers l'image de ces nouvelles générations qui, à la suite de leurs parents, assumeront le patrimoine multiforme des valeurs, des devoirs, des aspirations de la nation à laquelle elles appartiennent, en même temps que le patrimoine de toute la famille humaine. La sollicitude pour l'enfant, dès avant la naissance, dès le premier moment de sa conception, et ensuite au cours de son enfance et de son adolescence, est pour l'homme la manière primordiale et fondamentale de vérifier sa relation à l'homme. Ainsi, que peut-on souhaiter de plus à chaque peuple et à toute l'humanité, à tous les enfants du monde, sinon cet *avenir meilleur* où le respect des droits de l'homme devienne une pleine réalité?» (*Discours à la XXXIVème Assemblée générale de l'Organisation des Nations Unies,* 2 octobre 1979, n. 21).

Que Dieu Tout-Puissant aide ce Sommet à poser des fondements juridiques solides pour l'accomplissement d'une telle réalité!

32.

DROITS DES GROUPES RELIGIEUX

Le droit à la liberté religieuse n'a pas seulement une dimension individuelle, mais aussi communautaire. Par conséquent, il revient aux groupes religieux, et donc à l'Eglise, le droit de s'organiser de façon autonome et de célébrer le culte dû à la Divinité selon leurs croyances propres, tant en privé qu'en public, y compris le droit de chercher sur le plan social l'application des principes de leur confession.

A.314. *Dignitatis Humanae (DH)*

4. La liberté ou immunité de toute contrainte en matière religieuse qui revient aux individus doit aussi leur être reconnue lorsqu'ils agissent ensemble. Des groupes religieux, en effet, sont requis par la nature sociale tant de l'homme que de la religion elle-même.

Dès lors, donc, que les justes exigences de l'ordre public ne sont pas violées, ces groupes sont en droit de jouir de cette immunité afin de pouvoir se régir selon leurs propres normes, honorer d'un culte public la Divinité suprême, aider leurs membres dans la pratique de leur vie religieuse et les sustenter par un enseignement, promouvoir enfin les institutions au sein desquelles leurs membres coopèrent à orienter leur vie propre selon leurs principes religieux.

Les groupes religieux ont également le droit de ne pas être empêchés, par les moyens législatifs ou par une action administrative du pouvoir civil, de choisir leurs propres ministres, de les former, de les nommer ou de les transférer, de communiquer avec les autorités ou communautés religieuses résidant dans d'autres parties du monde, d'édifier des édifices religieux, ainsi que d'acquérir et de gérer les biens dont ils ont besoin.

Aux groupes religieux appartient, de même, le droit de ne pas être empêchés d'enseigner et de manifester leur foi publiquement, de vive voix et par écrit. Mais dans la propagation de la foi et l'introduction des pratiques religieuses on doit toujours s'abstenir de toute forme d'agissements ayant un relent de coercition, de persuasion malhonnête ou simplement peu loyaux, surtout s'il s'agit de gens sans culture ou sans ressources. Une telle manière d'agir doit être regardée comme un abus de son propre droit et une entorse au droit des autres.

La liberté religieuse demande, en outre, que les groupes religieux ne soient pas empêchés de manifester librement l'efficacité singulière de leur doctrine pour organiser la société et vivifier toute l'activité humaine. Dans la nature sociale de l'homme, enfin, ainsi que dans le caractère même de la religion se trouve le fondement du droit qu'ont les hommes, mus par leur sentiment religieux, de tenir librement des réunions ou de constituer des associations éducatives, culturelles, caritatives et sociales.

B.315. *Aux Chefs d'Etat signataires de l'Acte final d'Helsinki (LR)*

4. (...) b) Sur *le plan communautaire,* il faut considérer que les confessions religieuses, réunissant les croyants d'une foi déterminée, existent et agissent comme corps sociaux qui s'organisent selon des principes doctrinaux et des fins institutionnelles qui leur sont propres.

L'Eglise, comme telle, et les communautés confessionnelles en général, ont besoin, pour leur vie et pour la poursuite de leurs propres fins, de jouir de libertés déterminées, parmi lesquelles il faut citer en particulier:

— la liberté d'avoir sa propre hiérarchie interne ou ses ministres correspondants librement choisis par elles, d'après leurs normes constitutionnelles;

— la liberté, pour les responsables de communautés religieuses — notamment, dans l'Eglise catholique, pour les évêques et les autres supérieurs ecclésiastiques —, d'exercer librement leur propre ministère, de conférer les ordinations sacrées aux prêtres ou ministres, de nommer aux charges ecclésiastiques, de communiquer et d'avoir des contacts avec ceux qui adhèrent à leur confession religieuse;

— la liberté d'avoir ses propres instituts de formation religieuse et d'études théologiques, dans lesquels puissent être librement accueillis les candidats au sacerdoce et à la consécration religieuse;

— la liberté de recevoir et de publier des livres religieux touchant la foi et le culte, et d'en faire librement usage;

— la liberté d'annoncer et de communiquer l'enseignement de la foi, par la parole et par l'écrit, même en dehors des lieux de culte, et de faire connaître la doctrine morale concernant les activités humaines et l'organisation sociale: ceci, en conformité avec l'engagement, contenu dans l'Acte final d'Helsinki, de faciliter la diffusion de l'information, de la culture et des échanges de connaissance et d'expériences dans le domaine de l'éducation, et qui correspond en outre, dans le domaine religieux, à la mission évangélisatrice de l'Eglise;

— la liberté d'utiliser dans le même but des moyens de communication sociale (presse, radio, télévision);

— la liberté d'accomplir des activités d'éducation, de bienfaisance, d'assistance qui permettent de mettre en pratique le précepte religieux de l'amour envers ses frères, spécialement envers ceux qui sont le plus dans le besoin.

En outre:

— pour tout ce qui concerne les communautés religieuses qui, comme l'Eglise catholique, ont une Autorité suprême, possédant au plan universel, comme le prescrit leur foi, la responsabilité d'assurer, par le Magistère et la juridiction, l'unité de la communion qui lie tous les Pasteurs et les croyants dans la même confession: la liberté d'avoir des rapports réciproques de communication entre cette Autorité et les Pasteurs et les communautés religieuses locales, la liberté de diffuser les actes et les textes du magistère (encycliques, instructions...);

— au plan international: la liberté d'échanges de communication, de coopération, de solidarité de caractère religieux, avec notamment la possibilité de rencontres et de réunions de caractère multinational ou universel;

— au plan international également, la liberté d'échanger, entre les communautés religieuses, des informations et des contributions de caractère théologique ou religieux. (...)

B.316. *Aux Evêques d'Asie (FCEA)*

La question des droits de l'homme nous incite à noter les signes d'*intolérance religieuse* qui se manifestent dans certains pays d'Asie. En effet, sous la pression de groupes particuliers, par exemple, certains gouvernements de nations où vivent de nombreux disciples de l'Islam ont pris des positions qui ne nous semblent pas s'accorder avec la tolérance qui fait partie de la noble tradition musulmane. Quelquefois, des tentatives sont entreprises afin de changer la législation, par l'introduction de procédures qui ont pour effet de nier les droits des minorités religieuses. Les comportements intransigeants de certains, qui ne laissent aucune place aux autres religions, ne reconnaissent comme véritablement asiatiques que ce qui peut être exprimé dans le cadre de leurs catégories religieuses. Le regrettable phénomène de l'intolérance n'est cependant pas limité à une tradition religieuse particulière.

33.

DROITS DES MINORITES ET DES PEUPLES AUTOCHTONES

La question délicate et complexe des minorités ethniques n'a pas été oubliée par le Magistère, qui est intervenu pour défendre leur droit à l'existence et au respect de leurs particularités.

Une attention spéciale a été accordée aux droits des peuples indigènes, confirmée aussi par le fait que le Pape Jean-Paul II a toujours tenu à rencontrer des représentants de ces communautés ethniques au cours de ses voyages pastoraux.

A.317. *Pacem in Terris (PT)*

III. (...) LE SORT DES MINORITES

Depuis le dix-neuvième siècle s'est accentuée et répandue un peu partout la tendance des communautés politiques à coïncider avec les communautés nationales. Pour divers motifs, il n'est pas toujours possible de faire coïncider les frontières géographiques et ethniques: d'où le phénomène des minorités et les problèmes si difficiles qu'elles soulèvent.

A ce propos, Nous devons déclarer de la façon la plus explicite que toute politique tendant à contrarier la vitalité et l'expansion des minorités constitue une faute grave contre la justice, plus grave encore quand ces manoeuvres visent à les faire disparaître.

Par contre, rien de plus conforme à la justice que l'action menée par les Pouvoirs publics pour améliorer les conditions de vie des minorités ethniques, notamment en ce qui concerne leur langue, leur culture, leurs coutumes, leurs ressources et leurs entreprises économiques.

On observera pourtant que ces minorités — soit par réaction contre la situation pénible qui leur est imposée, soit en raison des vicissitudes de leur passé — sont assez souvent portées à exagérer l'importance de leurs particularités, au point même de les faire passer avant les valeurs humaines universelles, comme si le bien de toute la famille humaine devait être subordonné aux intérêts de leur propre nation. Il serait normal, au contraire, que les intéressés prennent également conscience des avantages de leur condition: le contact quotidien avec des hommes dotés d'une culture ou d'une civilisation différente les enrichit spirituellement et intellectuellement et leur offre la possibilité d'assimiler progressivement les valeurs propres au milieu dans lequel ils se trouvent implantés. Cela se réalisera s'ils constituent comme un pont qui facilite la circulation de la vie, sous ses formes diverses, entre les différentes traditions ou cultures, et non pas une zone de friction, cause de dommages sans nombre et obstacle à tout progrès et à toute évolution. (...)

A.318. *Aux religieux et religieuses d'Amérique Latine (RRAL)*

DEFENSEURS DES DROITS DES NATIFS

5. Il est certain que les évangélisateurs durent surmonter des difficultés de différentes natures, dues à des facteurs humains qui retardèrent et, en certaines occasions, représentèrent un sérieux obstacle à leur travail apostolique.

De nombreux missionnaires, en effet, inspirés par leur fidélité à l'Evangile, se virent contraints d'élever leur voix prophétique contre les abus des colonisateurs qui recherchaient leur propre intérêt au détriment des droits des personnes qu'ils auraient dû respecter et aimer comme des frères.

En arrivant pour la première fois, en 1979, sur votre terre latino-américaine, j'ai voulu rendre hommage à ces hérauts de l'Evangile, à «ces religieux qui vinrent annoncer le Christ Sauveur, défendre la dignité des indigènes, proclamer leurs droits inviolables, encourager leur promotion intégrale, enseigner la fraternité comme hommes et comme fils du même Dieu, Seigneur et Père».[1]

Parmi ces «intrépides combattants pour la justice, évangélisateurs de la paix», comme les qualifie le document de Puebla,[2] il faut rappeler Antonio de Montesino, Bartolomé de Las Casas, Juan de Zumarraga, Toribio de Benavente «Motolinia», Vasco de Quiroga, Juan del Valle, Julian Garces, Jose de Anchieta, Manuel de Nobrega et tant d'autres qui, avec un sens ecclésial profond, défendirent les indigènes face aux conquistadores et aux commandatores, certains allant même jusqu'à payer par le sacrifice de leur vie, comme ce fut le cas de Mgr Antonio Valdivieso, qui était évêque.

D'autres religieux, quant à eux, appuyèrent depuis l'Espagne le travail de leurs frères missionnaires. Parmi ceux-ci se distinguent Francisco de Vitoria et

---

1 JEAN-PAUL II, Discours à Saint-Domingue, 25 janvier 1979.

2 N. 8.

Domingo de Soto, qui surent tracer les lignes maîtresses du droit des indigènes, ouvrant des voies sûres au futur droit international des peuples.

B.319. *Manaus*

Je confie aux pouvoirs publics et aux autres responsables les voeux que dans cettre rencontre avec vous je forme de tout coeur au nom du Seigneur: que vous soit reconnu à vous, dont les ancêtres furent les premiers habitants de cette terre et qui y avez un droit particulier depuis de nombreuses générations, le droit de l'habiter en paix et sérénité, sans avoir peur — un vrai cauchemar — d'en être chassés au profit d'autres; mais avec la sécurité de disposer d'un espace vital qui sera la base non seulement de votre survivance, mais aussi de la préservation de votre identité comme groupe humain, comme vrai peuple et comme nation. Je désire qu'à ce problème complexe et épineux on apporte une solution pondérée, opportune, intelligente, pour le bien de tous.

Ainsi seront respectées et favorisées la dignité et la liberté de chacun de vous comme personne humaine et de vous tous comme peuple et comme nation.

B.320. *Quezaltenango*

4. Mais l'Eglise ne se contente pas de respecter et d'évangéliser les peuples et les cultures; elle a pris la défense des authentiques valeurs culturelles de chaque groupe ethnique.

Aujourd'hui, en ce moment, l'Eglise connaît, chers fils, la *marginalisation* dont vous souffrez; les *injustices* que vous supportez; les graves difficultés que vous rencontrez pour défendre vos terres et vos droits; le fréquent manque de respect pour vos coutumes et vos traditions.

C'est pourquoi, en accomplissant sa mission évangélisatrice, elle veut être près de vous et *élever sa voix pour condamner,* chaque fois que l'on viole votre dignité d'êtres humains et de fils de Dieu; elle veut vous accompagner pacifiquement comme l'exige l'Evangile, avec décision et énergie, en vue de la reconnaissance et de la promotion de votre dignité et de vos droits de personnes.

En cet endroit et de manière solennelle, je demande donc aux gouvernants, au nom de l'Eglise, une législation toujours plus appropriée, qui vous *protège efficacement* contre les abus et vous accorde le cadre et les moyens nécessaires à votre développement normal.

Je demande instamment que l'on ne mette pas obstacle à la libre pratique de votre foi chrétienne; que nul ne prétende confondre jamais plus l'authentique évangélisation avec la subversion et que les ministres du culte puissent *exercer leur mission dans la sécurité et sans entraves.* Et vous-mêmes, ne vous laissez pas manipuler par des idéologies qui vous poussent à la violence et à la mort.

Je demande que soient respectées vos réserves et, avant tout, que soit sauvegardé *le caractère sacré de votre vie.* Que personne, pour quelque motif que ce soit, ne méprise votre existence, car Dieu nous interdit de tuer et nous commande de nous aimer commes des frères.

Enfin, j'exhorte les responsables à veiller à votre élévation humaine et culturelle. Et, dans ce but, que l'on vous pourvoie en écoles, en moyens sanitaires, sans aucune forme de discrimination.

Dans un profond amour envers tous, j'exhorte à suivre les voies de solution concrète tracées par l'Eglise dans son enseignement social afin de réaliser ainsi les réformes nécessaires, en évitant tout recours à la violence.

B.321. *Latacunga*

II. PROBLEMES

1. Je connais les difficultés et les souffrances que vous avez rencontrées dans votre histoire passée et présente, et qui parfois vous ont fait douter de vous-mêmes et de votre identité.

Je sais aussi que de nombreux missionnaires, parmi lesquels Fray Bartolomé de Las Casas, le Père Vieira, l'évêque Pedro de la Peña et d'autres, tout comme les membres de divers Conciles, ont lutté pour la défense des droits de l'indigène. Ils firent entendre leur cri de dénonciation devant les autorités européennes avec une grande énergie. Des hommes de grand talent et de coeur, comme les PP. Vitoria et Suarez, avaient précédé ces appels en proclamant que les droits de l'homme de vos peuples passaient avant tout autre droit établi par des lois humaines. Depuis lors, le «droit des gens» est la mesure des lois positives changeantes et ce qui assure leur rectitude et leur efficacité.

Votre communauté s'est efforcée durant des siècles de conserver ses valeurs et sa culture. Il ne s'agit pas de s'opposer à une juste intégration et à une convivance à un niveau plus large, qui permettent à vos communautés de développer leurs cultures propres et qui les rendent capables d'assimiler de manière appropriée les découvertes scientifiques et techniques. Mais il est parfaitement légitime de chercher à préserver l'esprit propre en ses diverses expressions culturelles. C'est ce qu'ont affirmé vos évêques dans leur document sur les «options pastorales». (...)

III. ASPIRATIONS

Je veux maintenant me faire l'écho et la voix de vos plus profondes aspirations.

1. Avant tout, vous voulez avec raison être respectés comme personnes et comme citoyens. L'Eglise fait sienne cette aspiration, car votre dignité n'est pas moindre que celle de n'importe quelle autre personne ou race. En effet, tout homme est d'une grande noblesse parce qu'il est à l'image et à la ressemblance de Dieu (cf. *Gn* 1, 26-27). Et Jésus a tellement voulu s'identifier à l'homme, spécialement aux pauvres et à ceux que l'on tient à l'écart, qu'il a déclaré que tout ce que l'on fait ou ne fait pas à n'importe lequel de ses frères, c'est à lui qu'on le fait ou ne le fait pas. Aussi personne ne peut se vanter d'être un bon chrétien s'il méprise les autres à cause de leur race ou de leur culture. Saint Paul écrivait: «Nous tous, que nous soyons juifs ou grecs, esclaves ou hommes libres, nous avons été baptisés en un même Esprit pour ne former qu'un seul corps» (*1 Co* 12,13). Une réalité qui doit se concrétiser dans la vie personnelle et sociale.

Les plus conscients d'entre vous aspirent à ce que votre culture, vos traditions et vos coutumes soient respectées et à ce que la forme de gouvernement de vos communautés soit prise en compte. C'est une aspiration légitime qui s'inscrit dans le cadre de la variété d'expressions de l'esprit humain. Cela peut beaucoup enrichir la convivance humaine, à l'intérieur de l'ensemble des exigences et de l'équilibre d'une société.

B.322. *Iquitos*

4. Cette liberté des fils de Dieu dans le Christ — obtenue par la libération de l'esclavage radical du péché — et la dignité de tout homme image de Dieu avec un destin éternel entraînent et appellent la libération de tous les autres défauts d'ordre culturel, économique, social et politique qui, en définitive, dérivent du péché et constituent de sérieux obstacles pour que l'homme vive selon sa dignité de fils de Dieu (Instruction de la S. Congrégation pour la Doctrine de la foi *Libertatis nuntius,* Introduction).

Le Dieu et Père de notre Seigneur Jésus-Christ est votre Dieu et Père. Il a toujours été parmi vous, même si vous ne l'avez pas connu depuis toujours. En lui se trouve la racine suprême de votre dignité d'hommes qu'il aime, qu'il veut voir toujours plus dignes, «afin que le Christ puisse parcourir la route de l'existence en compagnie de chacun, avec la puissance de la vérité sur l'homme et sur le monde contenue dans le mystère de l'Incarnation et de la Rédemption, avec la puissance de l'amour qui en rayonne» (*Redemptor hominis,* 13).

Il s'ensuit que vous devez vous préoccuper d'un juste progrès de votre vie, de la défense de vos droits, mais en le faisant comme le Christ nous l'a demandé (cf. *Mt* 28, 20), jamais inspirés par la haine, mais par l'amour. Aussi, en défendant vos droits légitimes, vous ne pouvez considérer personne comme ennemi.

Je sais que vous avez des occasions de souffrir, parce que, alors que vous êtes les possesseurs pacifiques depuis un temps immémorial de ces forêts et de ces pampas, vous voyez très souvent s'éveiller la cupidité de ceux qui sont arrivés récemment, qui menacent vos réserves sachant que, pour beaucoup d'entre vous, vous n'avez pas de titres de propriété écrits en faveur de vos communautés et qui garantissent légalement vos terres. Conformément aux lois du Pérou et à vos droits ancestraux, je fais mien, moi aussi, l'appel de vos évêques de la Selva (forêt) pour que l'on vous octroie — sans charges ni délais injustifiés — les titres qui vous reviennent (Lettre pastorale, mars 1982, 32).

Mais vous ne pouvez pas vous fermer aux autres. Ouvrez les portes à ceux qui viennent à vous avec un message de paix et les mains disposées à vous aider. Entrez en communication avec d'autres cultures et d'autres milieux plus larges, pour vous enrichir mutuellement sans perdre votre identité légitime. Laissez-vous éclairer par l'Evangile qui purifie et ennoblit vos traditions. Ne considérez pas comme une perte l'abandon de ce qui vous éloignerait de ce que le Christ a enseigné (cf. *Mt* 18, 20) et, à cause de cela, vous empêcherait d'atteindre une vie digne de fils de Dieu. Aussi, comme vous l'avez expérimenté vous-mêmes, on ne peut considérer comme une offense l'évangélisation qui invite avec respect à abandonner de fausses conceptions de Dieu, des conduites contre nature et des manipulations aberrantes de l'homme (Discours aux Indiens du Guatemala, Quezaltenango, 7 mars 1983, 3).

Défendez, oui, vos forêts, vos terres, votre culture comme quelque chose qui vous appartient légitimement, mais sans oublier la condition commune des fils d'un même Dieu qui répudie la violence, la vengeance, les haines. Voyez dans les autres races, peuples et nations qui partagent le même ciel, les mêmes rivières et forêts que vous, ce qu'ils sont en vérité: des frères dans le Christ, rachetés par son sang précieux, appelés avec vous à vivre ensemble dans la paix. C'est ainsi que vous aussi vous devez être appréciés par les autres: comme des fils de Dieu, des membres de l'unique Eglise, des frères parmi des frères.

5. Dans ce cheminement d'élévation humaine à la lumière du Christ, je sais que, même s'il est moins apparent, le problème de l'éducation de vos communautés indigènes revêt une grande importance. Malgré l'effort que font aussi bien les organismes publics compétents que les institutions catholiques ou celles d'autres dénominations religieuses, une attention digne et efficace aux besoins concrets des communautés indigènes dans le domaine de l'éducation fait parfois défaut.

Dans votre réalité existentielle, il y a une pluralité de cultures et de groupes ethniques qui sont à la fois une richesse, un problème et un défi, comme l'ont dit les évêques du Pérou dans leur lettre pastorale de 1982 sur «la formation intégrale de la foi dans le contexte culturel et éducatif péruvien». C'est à ce défi que doivent répondre la société et l'Eglise elle-même au Pérou.

Pour toutes ces raisons, je demande aux gouvernants, au nom de votre dignité, une législation efficace, toujours plus adéquate, qui vous protège efficacement contre les abus et qui vous offre le milieu et les moyens nécessaires à votre développement normal.

B.323. *Alice Springs*

3. Les peintures rupestres, les témoignages de vos instruments et de vos outils indiquent la présence de votre antique culture et sont la preuve de *votre ancienne occupation de cette terre.*

Votre culture, qui témoigne du génie et de la dignité durables de votre race, *ne doit pas disparaître.* Ne croyez pas que vos dons vaillent si peu la peine que vous ne deviez plus vous préoccuper de les préserver. Partagez-les entre vous et transmettez-les à vos enfants. Vos chants, vos récits, vos peintures, vos danses, vos langues ne doivent jamais se perdre. Peut-être vous souvenez-vous de ces paroles que Paul VI a adressées aux aborigènes au cours de sa visite en 1970? A cette occasion, il a dit: «Nous savons que vous avez un style de vie propre au génie de votre race, propre à votre culture: une culture que l'Eglise respecte et à laquelle elle ne vous demande nullement de renoncer... La société est enrichie par la présence de divers éléments culturels et ethniques. Nous avons une haute idée de vous-mêmes comme des valeurs que vous représentez; nous respectons profondément votre dignité; tandis que nous vous renouvelons l'expression de notre profonde affection pour vous» (Sydney, 2 décembre 1970).

4. Pendant des millénaires, votre culture a eu la possibilité de prospérer sans l'interférence d'autres gens venus d'ailleurs. Vous avez mené une vie spirituellement proche de la terre, avec ses animaux, ses oiseaux, ses poissons, ses mares, ses rivières, ses collines et ses montagnes. *Etroitement liés à la terre,* vous étiez en contact avec la relation sacrée de l'homme avec Dieu, car la terre était la preuve d'une puissance vitale plus grande que vous-mêmes. Vous évitiez de polluer la terre, de l'épuiser, pour vous en éloigner une fois devenue stérile. Vous aviez conscience que votre terre était liée à la source de la vie.

Le silence du Bush vous enseignait une tranquillité de l'âme qui vous mettait en contact avec *un autre monde, le monde de l'Esprit de Dieu.* Votre attention scrupuleuse aux détails de la parenté témoignait de votre respect pour la naissance, la vie et la génération humaine. Vous saviez que les enfants avaient besoin d'être aimés, d'être pleins de joie.

Il leur fallait le temps nécessaire pour apprendre, au milieu des rires et des jeux, et en toute sécurité, qu'ils appartenaient à leur peuple.

Vous aviez un grand respect pour le besoin des hommes d'avoir *une loi qui soit un guide pour vivre dans la justice.* C'est ainsi que vous avez créé un système juridique — très strict il est vrai —, mais des plus adaptés au pays où vous viviez. Il donnait un équilibre à votre société. C'est l'une des raisons pour lesquelles vous avez survécu dans ce pays.

Vous marquiez la croissance de vos jeunes et de vos jeunes filles par le moyen de cérémonies d'initiation qui leur enseignaient la responsabilité au moment où ils accédaient à l'âge adulte.

Ces réalisations sont le témoignage d'efforts humains. Et dans ces efforts vous avez fait preuve d'une dignité qui *s'est ouverte au message de la sagesse de Dieu révélée* à tous les hommes et à toutes les femmes, qui est la grande vérité de l'Evangile de Jésus-Christ.

5. Certains récits des légendes relatives à votre «temps du rêve» parlent avec force des grands mystères de la vie humaine, de sa fragilité, de son besoin d'aide, de sa proximité avec les puissances spirituelles et de la valeur de la personne humaine. Elles ne sont pas sans rapport avec certaines des grandes leçons inspirées que nous a laissées les peuple au sein duquel Jésus lui-même est né. Il est merveilleux de voir à quel point les hommes, en acceptant l'Evangile de Jésus, découvrent *des points d'accord entre leurs propres traditions et celles de Jésus et de son peuple.*

6. La culture que produisit cette longue et attentive croissance n'était pas préparée à la soudaine rencontre avec d'autres hommes, aux coutumes et aux traditions différentes, qui vinrent dans votre pays il y a près de deux siècles. Ils étaient différents des aborigènes. Leurs traditions, l'organisation de leur vie, et leur attitude à l'égard de la terre, vous étaient tout à fait étrangères. Leurs lois aussi étaient totalement différentes. Ces hommes avaient la connaissance, l'argent et le pouvoir; et ils apportaient avec eux certains comportements contre lesquels les aborigènes étaient incapables de se protéger.

7. *Les effets de certaines de ces forces continuent d'agir parmi vous aujourd'hui.* Beaucoup d'entre vous ont été dépossédés de leurs territoires traditionnels et séparés de leurs coutumes tribales, même si certains d'entre vous conservent leur culture traditionnelle. Certains parmi vous fondent des communautés d'aborigènes dans les villes et les cités. Pour d'autres, il n'y a toujours pas de véritable place pour les feux de camps et les observances de parenté, si ce n'est sur les franges des agglomérations rurales. Il est difficile d'y trouver du travail, et l'éducation pose problème au sein d'un milieu culturel différent. La discrimination causée par le racisme est une expérience quotidienne.

Vous avez appris à survivre, que vous viviez sur vos propres territoires ou que vous soyez dispersés à travers les villes et les cités. Bien que vos difficultés ne soient pas encore résolues, vous devez faire appel à cette endurance que vos antiques cérémonies vous ont apprises. *L'endurance* apporte avec elle la patience; *la patience* vous aide à aller de l'avant et vous donne *le courage* de poursuivre votre voyage.

8. Prenez courage en voyant qu'un grand nombre de vos langues sont encore parlées et que *vous possédez toujours votre antique culture.* Vous avez préservé votre sens de la fraternité. Si vous restez étroitement unis, vous êtes comme un arbre dressé au milieu d'un incendie qui fait rage dans la brousse. Les feuilles sont

roussies, et la dure écorce est couturée de cicatrices et de brûlures; mais à l'intérieur de l'arbre la sève continue de couler et, au-dessous du sol, les racines sont toujours aussi vivaces. Comme cet arbre vous avez subi les flammes, et *vous avez toujours le pouvoir de renaître*. Le moment de cette nouvelle naissance est venu!

9. Nous savons que, au cours des deux derniers siècles, des hommes ont essayé de vous comprendre, d'apprendre à vous connaître, de respecter votre mode de vie et de vous honorer en tant que personnes. Ces hommes et ces femmes, vous n'avez pas tardé à vous en rendre compte, étaient différents des autres membres de leur race. *Ils aimaient le peuple indigène et se préoccupaient de son sort*. Ils ont commencé à partager avec vous leurs récits sur Dieu, vous ont aidé à traiter les maladies, se sont efforcés de vous protéger contre les mauvais traitements. Ils ont été honnêtes envers vous et vous ont montré par leur vie comment ils essaient d'éviter les côtés négatifs de leur propre culture. Ces gens n'ont pas toujours réussi dans leurs efforts, et il leur est arrivé de ne pas vous comprendre. Mais ils ont fait preuve envers vous de bonne volonté et d'amitié. Ils provenaient de bien des horizons. Certains étaient enseignants et médecins, d'autres étaient membres de professions libérales. Certains étaient des gens très simples. L'histoire gardera le souvenir du bon exemple de leur charité et de leur fraternelle solidarité.

Parmi ceux qui ont aimé le peuple indigène et se sont préoccupés de lui, nous rappelons particulièrement avec une profonde gratitude *tous les missionnaires de la foi chrétienne*. Avec une immense générosité ils ont donné leur vie pour vous servir, vous et vos ancêtres. Ils ont contribué à éduquer les aborigènes et vous ont apporté une aide sur le plan sanitaire et social. En dépit de leur fragilité humaine, et quelles que soient les erreurs qu'ils aient pu commettre, rien ne peut minimiser la profondeur de leur charité. Rien ne pourra jamais effacer leur plus grande contribution: *vous annoncer Jésus-Christ et établir son Eglise parmi vous*.

10. Dès le début, des hommes comme Mgr Polding, archevêque de Sydney, s'opposa à la fiction légale adoptée par les colons européens, selon laquelle cette terre était *terra nullius* — le pays de personne. Il plaida vigoureusement *en faveur des droits des habitants aborigènes à conserver leurs territoires traditionnels* dont dépendait leur société tout entière. L'Eglise, aujourd'hui encore, continue de vous soutenir.

Que l'on ne dise pas que *la juste et équitable reconnaissance des droits des aborigènes à la terre* est une discrimination. Réclamer la reconnaissance des droits à la terre de gens qui n'ont jamais renoncé à ces droits, ce n'est pas de la discrimination. A coup sûr, ce qui a été fait ne peut être défait. Mais ce qui peut être fait maintenant, pour remédier aux actes du passé, ne peut être remis à demain.

Les chrétiens de bonne volonté sont tristes de constater — et beaucoup d'entre eux récemment encore — *à quel point, pendant bien longtemps, les aborigènes ont été transportés loin de leurs territoires* pour être installés dans de petites zones ou réserves où les familles étaient brisées, les tribus écartelées, les enfants rendus orphelins et les gens obligés de vivre comme des exilés dans un pays étranger.

Les réserves n'ont pas disparu et elles exigent *une installation juste et appropriée* qui n'est pas encore réalisée. Les problèmes urbains causés par le transport et la séparation des familles ne sont toujours pas réglés, de manière que ces gens puissent prendre ensemble un nouveau départ dans la vie.

11. La création d'*une nouvelle société pour les aborigènes* ne peut progresser sans des accords justes et mutuellement reconnus en ce qui concerne ces problèmes humains, même si leurs causes remontent dans le passé. La plus grande valeur qui doit être à la base de ces accords — lesquels doivent être appliqués sans causer de nouvelles injustices —, est le respect de la dignité et de la croissance de la personne humaine. Et vous, aborigènes de ce pays et de ses cités, vous devez être les artisans actifs de votre propre dignité; vous devez montrer que, vous aussi, vous pouvez marcher la tête haute et imposer le respect que tout être humain s'attend à recevoir du reste de la famille humaine.

B.324. *Phoenix*

2. *La première rencontre entre vos cultures traditionnelles et le mode de vie européen a été un événement d'une telle importance et a apporté un si grand changement qu'elle continue d'influencer profondément votre vie collective aujourd'hui encore.* Cette rencontre a été une dure et douloureuse réalité pour vos peuples. L'oppression culturelle, les injustices, l'éclatement de votre vie et de vos sociétés traditionnelles, doivent être reconnus.

En même temps, si l'on veut être objectif, l'histoire doit enregistrer les aspects profondément positifs de la rencontre de votre peuple avec la culture venue d'Europe. Parmi ces aspects positifs je voudrais rappeler le travail des *nombreux missionnaires qui ont défendu avec vigueur les droits des habitants autochtones de cette terre.* Ils ont fondé des missions partout dans cette partie sud-ouest des Etats-Unis. Ils ont oeuvré pour améliorer les conditions de vie et ont mis en place des systèmes éducatifs, apprenant vos langues dans ce but. Surtout, ils ont proclamé la Bonne Nouvelle du salut en Notre Seigneur Jésus-Christ, dont une partie essentielle est que tous les hommes et toutes les femmes sont également des enfants de Dieu et doivent être respectés et aimés en tant que tels. *Cet Evangile de Jésus-Christ est aujourd'hui, et restera à jamais, la plus grande fierté et la plus grande richesse de votre peuple.*

3. Un prêtre qui mérite une mention particulière parmi les missionnaires est *le cher Fray Junipero Serra,* qui voyagea du haut en bas de la Californie. Il eut des heurts fréquents avec les autorités civiles au sujet du traitement des Indiens. En 1773, il présenta au vice-roi de Mexico une *«Representación»,* que l'on qualifie parfois de «Charte des Droits» des Indiens. L'Eglise est depuis longtemps convaincue de la nécessité de protéger les Indiens. En 1537 déjà mon prédéces-

seur *le Pape Paul III proclamait la dignité et les droits des peuples indigènes des Amériques en insistant sur le fait qu'ils ne devaient pas être privés de leur liberté ou de la possession de leurs biens* (*Pastorale officium,* 29 mai 1537: *DS* 1945).

En Espagne, le prêtre dominicain Francisco de Vitoria devint l'ardent défenseur des droits des Indiens et formula la base de la législation internationale concernant le droit des peuples.

Malheureusement, tous les membres de l'Eglise ne furent pas à la hauteur de leurs responsabilités de chrétiens. Mais n'insistons pas de manière excessive sur les erreurs et les torts, même si nous sommes engagés dans la suppression de leurs effets actuels. Soyons aussi reconnaissants à ceux qui sont venus dans le pays, fidèles aux enseignements de Jésus, témoins de son nouveau commandement d'amour. Ces hommes et ces femmes au coeur et à l'esprit pleins de bonté ont partagé la connaissance et les qualifications puisées dans leur propre culture et ont également communiqué leur plus précieux héritage, la foi. Aujourd'hui, *nous sommes appelés à tirer les leçons des erreurs du passé, et il nous faut travailler ensemble à la réconciliation et à la guérison des blessures, comme des frères et des soeurs dans le Christ.*

4. Il est temps de penser au présent et à l'avenir. Aujourd'hui, les hommes se rendent de plus en plus compte qu'ils appartiennent tous à la même famille humaine, et qu'ils sont destinés à marcher et à travailler ensemble dans un respect, une compréhension, une confiance et un amour mutuels. Au sein de cette famille, *chaque peuple préserve et exprime sa propre identité et enrichit les autres des dons de sa culture,* de ses traditions: coutumes, histoires, chant, danse, art et techniques.

Dès les origines, le Créateur a accordé ses dons à chaque peuple. Il est clair que les idées toutes faites, les préjugés, l'étroitesse d'esprit et le racisme portent atteinte à la dignité humaine qui provient de la main du Créateur et se déploie dans la vérité et la diversité. Je vous encourage, en tant qu'aborigènes appartenant aux différentes tribus et nations de l'est, du sud, de l'ouest et du nord, à *préserver et à conserver vivantes vos cultures, vos langues, les valeurs et les coutumes* qui vous ont été d'un grand service dans le passé et qui vous fourniront une fondation solide pour l'avenir. Vos coutumes qui balisent les diverses étapes de la vie, votre amour pour la famille élargie, votre respect pour la dignité et la valeur de tout être humain, depuis l'enfant avant la naissance jusqu'à la personne âgée, votre souci vigilant de la terre: tout cela est un bienfait non seulement pour vous, mais pour la famille humaine tout entière. (...)

6. (...) *Assurément le moment est venu pour que les peuples indigènes d'Amérique vivent d'une vie nouvelle en Jésus-Christ,* la vie nouvelle d'enfants adoptés par Dieu, avec toutes ses conséquences:

Une vie dans la justice et la dignité humaine dans sa plénitude!

Une vie de fierté à l'égard de leurs bonnes traditions, et de fraternelle solidarité entre eux et avec tous leurs frères et soeurs d'Amérique!

Une vie plus profonde dans la charité et la grâce, conduisant à la plénitude de la vie éternelle dans le ciel!

Toutes les consciences doivent *se mettre en question.* Il y a de vraies injustices qu'il faut regarder en face et des attitudes négatives qu'il faut changer. Mais le grand défi se pose à vous-mêmes, en tant qu'Américains indigènes. Vous devez continuer de croître dans le respect de votre inaliénable dignité d'hommes, des dons de la Création et de la Rédemption lorsqu'ils ont des incidences sur votre vie et la vie de vos peuples. Vous devez sans faiblir poursuivre vos objectifs spirituels et moraux. Vous devez *avoir confiance* en votre propre avenir.

B.325. *Fort Simpson*

3. Ce service constructif est ce *que Jésus attend de ses amis.* Telle a toujours été l'intention de l'Eglise quand elle s'est rendu présente en chaque endroit, dans l'histoire de chaque peuple. Quand la foi a été prêchée pour la première fois parmi les indigènes de ce pays, «les nobles traditions des tribus indiennes ont été renforcées et enrichies par le message de l'Evangile. (Vos ancêtres) savaient d'instinct que l'Evangile, loin de détruire leurs valeurs et leurs coutumes traditionnelles, avait le pouvoir de purifier et d'élever le patrimoine culturel qu'ils avaient reçu... Non seulement le christianisme est tout à fait valable pour les peuples indiens, mais le Christ, par les membres de son Corps, est lui-même Indien» (*Discours au Sanctuaire des martyrs de Huronie,* Ontario, 15 septembre 1984, n. 5).

Dans cet esprit de respect et de service missionnaire, je répète ce que j'ai dit à l'occasion de ma visite précédente, que ma venue parmi vous scrute votre passé de façon à *proclamer votre dignité et à vous encourager dans votre destin.* Aujourd'hui, je vous redis ces paroles, à vous et à tous les peuples indigènes du Canada et du monde. L'Eglise exalte la dignité de tous les peuples et défend leur droit à ce que soient respectées leurs caractéristiques culturelles ainsi que les traditions et les coutumes qui les distinguent.

4. Je sais que les principales organisations indigènes — l'Assemblée des Premières Nations, le Tapirisat Inuit du Canada — ont engagé des conversations de haut niveau avec le Premier Ministre et les Premiers Ministres des Etats, sur la manière de protéger et de renforcer dans la Constitution de ce grand pays les droits des peuples aborigènes du Canada. Une fois de plus, j'affirme le droit à une part juste et équitable d'autonomie, en même temps qu'à des territoires et à des ressources adéquats, nécessaires au développement d'une économie viable pour les générations actuelles et futures. Je souhaite avec vous qu'une nouvelle série de Conférences soient bénéfiques et que, sous la conduite de Dieu et avec son aide, soit trouvé le chemin vers *un accord juste* pour couronner tous les efforts déjà réalisés. Ces efforts, à leur tour, ont été encouragés par les évêques catholiques du Canada et les responsables des principales Eglises et communautés chrétiennes. Ensemble, ils ont appelé à une «nouvelle alliance» *pour garantir vos droits fondamentaux d'aborigènes,* y compris le droit à l'autonomie. Aujourd'hui,

je souhaite que le Saint-Esprit vous aide tous à trouver la voie juste pour que le Canada puisse être un modèle pour le monde en faisant en sorte que soit respectée la dignité des peuples aborigènes.

Permettez-moi de rappeler que, au tout début de la présence de l'Eglise dans le Nouveau Monde, mon prédécesseur *le Pape Paul III* a proclamé en 1537 *les droits des peuples indigènes de cette époque*. Il affirma leur dignité, défendit leur liberté et soutint qu'ils ne pouvaient pas être réduits en esclavage ou privés de leurs biens ou de leurs possessions. Cela a toujours été la position de l'Eglise (cf. *Pastorale officium,* 29 mai 1537: *DS* 1495). Ma présence parmi vous aujourd'hui veut marquer que je réaffirme et que je renouvelle cet enseignement.

B.326. *Mission «Santa Teresita»*

5. Je vous ai entendu témoigner des grands problèmes qui vous accablent. Je connais les difficultés et les souffrances que vos pères ont affrontées dans le passé et celles que vous rencontrez également aujourd'hui. On rencontre souvent dans vos communautés des situations de pauvreté, de maladie, et même d'oubli de la part de la société. Cependant, il ne servirait à rien que vous vous laissiez aller au découragement. La foi doit vous conduire à faire face à ces réalités dans une perspective nouvelle. Rappelez-vous *l'exemple de Jésus,* particulièrement proche de ceux qui souffrent: sa vie de travail, pauvre et humble, ses paroles de réconfort à ceux qui sont fatigués et qui peinent (cf. *Mt* 11, 28-30), son message d'espérance à «ceux qui ont faim et soif de la justice» (*Mt* 5, 6) et à «ceux qui cherchent la paix» (*Mt* 5, 9).

Vos désirs de promotion intégrale sont justes. Vous voulez, avant tout, *être respectés comme personnes,* et vous voulez aussi que vos droits humains et civils soient reconnus. Je sais les graves problèmes qui vous touchent, en particulier en ce qui touche à la propriété des terres et aux titres de propriété. J'en appelle au sens de la justice et de l'humanité de tous les responsables pour qu'ils favorisent les plus déshérités. Depuis les débuts de l'évangélisation, sur ces terres, l'Eglise a défendu la liberté et la dignité des indigènes; les missionnaires ont été très souvent les porte-parole de vos ancêtres, défendant leurs droits contre les abus auxquels ils étaient soumis. (...)

B.327. *Journée mondiale de la Paix* (*JMP 1989*)

LES DROITS ET LES DEVOIRS DES MINORITES

4. L'une des finalités de l'Etat de droit est que tous les citoyens puissent jouir d'une même dignité et soient égaux devant la loi. Cependant, l'existence de minorités, en tant que groupes identifiables à l'intérieur d'un Etat, pose la question de leurs droits et de leurs devoirs spécifiques.

Beaucoup de ces droits et de ces devoirs concernent précisément les rapports qui s'instaurent entre les groupes minoritaires et l'Etat. Dans certains cas, les droits ont été codifiés, et les minorités bénéficient d'une protection juridique propre. Mais il n'est pas rare que, même là où l'Etat assure cette protection, les minorités aient à souffrir de discriminations et d'exclusions de fait. L'Etat lui-même a alors l'obligation de promouvoir et de favoriser les droits des groupes minoritaires, car la paix et la sécurité intérieures ne pourront être garanties que par le respect des droits de tous ceux qui se trouvent sous sa responsabilité.

5. Le premier droit des minorités est le droit à l'existence. Ce droit peut être méconnu de diverses manières, jusqu'aux cas extrêmes où des formes ouvertes ou indirectes de génocide le réduisent à néant. Le droit à la vie, en tant que tel, est inaliénable, et un Etat qui se livre à des actes de nature à mettre en péril la vie de ses citoyens appartenant à des groupes minoritaires, ou qui tolère de tels actes, viole la loi fondamentale qui règle l'ordre social.

6. Le droit à l'existence peut être atteint également de manière plus subtile. Certains peuples, en particulier ceux que l'on appelle autochtones et aborigènes, ont toujours eu avec leur terre un rapport spécial qui est lié à leur identité propre, à leurs traditions tribales, culturelles et religieuses. Quand les populations indigènes sont privées de leur terre, elles perdent un élément vital de leur existence et courent le risque de disparaître en tant que peuple.

7. Un autre droit à sauvegarder est le droit des minorités à conserver et à développer leur culture. Il n'est pas rare de voir des groupes minoritaires menacés d'extinction culturelle. En certains lieux, en effet, a été adoptée une législation qui ne leur reconnaît pas le droit d'utiliser leur langue propre. On impose même parfois des changements dans les noms de famille ou de lieux. Et il arrive que les minorités voient ignorées leurs expressions artistiques et littéraires, et qu'elles ne trouvent pas de place, dans la vie publique, pour leurs fêtes et leurs célébrations, tout cela pouvant mener à la perte d'un riche héritage culturel. Il est également un autre droit étroitement lié à celui-ci: celui d'entretenir des rapports avec les groupes de même héritage culturel et historique qui vivent sur le territoire d'autres Etats.

8. Je ne ferai ici qu'une brève allusion au droit à la liberté religieuse, qui a déjà fait l'objet du Message pour la Journée mondiale de la Paix de l'an dernier. Ce droit appartient à toutes les Communautés religieuses, et pas seulement aux personnes, et il comprend la liberté de manifester, individuellement ou collectivement, ses convictions religieuses. Il s'ensuit que les minorités religieuses doivent pouvoir célébrer leur culte de façon communautaire, selon leurs rites. Elles doivent également être en mesure de pourvoir à l'éducation religieuse par un enseignement approprié et de disposer des moyens nécessaires.

En outre, il est très important que l'Etat assure et favorise d'une manière efficace la sauvegarde de la liberté religieuse, particulièrement lorsque, à côté d'une très forte majorité de croyants d'une religion déterminée, il existe un ou plusieurs groupes minoritaires qui adhèrent à une autre confession.

Enfin, il faut que soit garantie aux minorités religieuses une juste liberté d'échanges et de rapports avec d'autres communautés, à l'intérieur comme à l'extérieur du cadre national.

9. Les droits fondamentaux de l'homme sont aujourd'hui sanctionnés par divers documents internationaux et nationaux. Mais pour essentiels qu'ils puissent être, ces instruments juridiques ne sont pas encore suffisants pour faire dépasser des préjugés et des attitudes de méfiance profondément enracinés, ni pour éliminer des façons de penser qui inspirent des actions directes contre des membres de groupes minoritaires. Traduire la loi dans le comportement constitue un processus long et lent, surtout quand il s'agit d'éliminer de telles attitudes, mais ce processus n'en est pas moins urgent. Toute personne, et pas seulement l'Etat, a l'obligation de faire tout son possible pour atteindre ce but. Toutefois, l'Etat peut exercer un rôle important en favorisant la promotion d'initiatives culturelles et d'échanges qui facilitent la compréhension mutuelle, comme aussi de programmes d'éducation qui aient à former les jeunes au respect des autres et à bannir tous les préjugés, souvent provoqués par l'ignorance. Par ailleurs, les parents ont une grande responsabilité, car les enfants apprennent beaucoup en observant et sont portés à adopter les attitudes de leurs parents à l'égard des autres peuples et des autres groupes.

Il est indubitable que le développement d'une culture fondée sur le respect des autres est essentiel pour la construction d'une société pacifique, mais il est malheureusement évident que la mise en pratique d'un tel respect rencontre de sérieuses difficultés.

Concrètement, l'Etat doit veiller à ce que n'apparaissent pas de nouvelles formes de discrimination, par exemple dans la recherche d'un logement ou d'un emploi. Les mesures prises par les pouvoirs publics dans ce domaine sont souvent complétées par de louables et généreuses initiatives d'associations de volontaires, d'organisations religieuses, de personnes de bonne volonté, qui cherchent à réduire les tensions et à promouvoir une plus grande justice sociale en aidant beaucoup de leurs frères et soeurs à trouver un emploi et un logement décent.

10. Des problèmes délicats apparaissent quand un groupe minoritaire présente des revendications qui ont des implications politiques particulières. Le groupe recherche parfois l'indépendance ou au moins une plus grande autonomie politique.

Je voudrais redire qu'en des circonstances difficiles de ce genre, le dialogue et la négociation sont la voie obligée pour atteindre la paix. La disposition des parties à s'accepter et à dialoguer est un préalable indispensable pour arriver à une juste solution de problèmes complexes qui peuvent menacer sérieusement la paix. Au contraire, le refus du dialogue risque d'ouvrir la porte à la violence.

Dans certaines situations de conflit, des groupes terroristes s'arrogent indûment le droit exclusif de parler au nom des communautés minoritaires, les privant ainsi de la possibilité de choisir librement et ouvertement leurs représentants et de rechercher, sans intimidations, des solutions adéquates. En outre, les membres de ces communautés souffrent trop souvent des actes de violence commis abusivement en leur nom.

Puissent m'écouter ceux qui se sont engagés sur le chemin inhumain du terrorisme: frapper aveuglément, tuer des innocents et accomplir des représailles sanglantes ne favorise pas une évaluation équitable des revendications avancées par les minorités et pour lesquelles ils prétendent agir (cf. *Sollicitudo rei socialis,* 24)!

11. Tout droit comporte des devoirs correspondants. Les membres des groupes minoritaires ont, eux aussi, leurs devoirs propres vis-à-vis de la société et de l'Etat où ils vivent, à commencer par le devoir de coopérer, comme tous les autres citoyens, au bien commun. Les minorités doivent en effet apporter leur contribution spécifique à la construction d'un monde pacifique qui reflète la riche diversité de tous ses habitants.

En deuxième lieu, un groupe minoritaire a le devoir de promouvoir la liberté et la dignité de chacun de ses membres et de respecter les choix de chaque individu, même si l'un d'entre eux décidait de passer à la culture majoritaire.

D'autre part, dans des situations d'injustice réelle, il peut appartenir aux groupes des minorités émigrés à l'étranger de réclamer le respect des droits légitimes pour les membres de leur groupe qui sont restés opprimés dans leur lieu d'origine et qui sont empêchés de faire entendre leur voix. Dans ce cas, toutefois, il faut user d'une grande prudence et d'un discernement lucide, surtout quand on n'est pas en mesure d'avoir des informations objectives sur les conditions de vie des populations concernées.

Tous les membres de groupes minoritaires, où qu'ils se trouvent, sauront peser à bon escient le bien-fondé de leurs revendications à la lumière de l'évolution historique et de la réalité actuelle. S'abstenir de le faire comporterait le risque de rester prisonnier du passé et privé de perspective d'avenir.

34.

DROITS DES NATIONS ET DES PEUPLES

C'est un aspect sur lequel le Magistère plus récent est revenu à diverses reprises, pour souligner à quel point la violation des droits des peuples, surtout de leurs droits à l'indépendance et à l'autodétermination, empêche une paix authentique.

Le Pape Jean-Paul II a particulièrement traité le thème de la nation, en établissant un lien profond et réciproque entre le droit de toute nation à exister et le droit que celle-ci a de vivre selon sa propre culture.

A.328. *Sollicitudo Rei Socialis (SRS)*

15. (...) Une telle situation entraîne également des conséquences du point de vue des «droits de chaque pays». Il arrive souvent, en effet, qu'un pays soit privé de sa personnalité, c'est-à-dire de la «souveraineté» qui lui revient, au sens économique et aussi politique et social, et même, d'une certaine manière, culturel, car, dans une communauté nationale, toutes ces dimensions de la vie sont liées entre elles.

Il faut rappeler en outre qu'aucun groupe social, par exemple un parti, n'a le droit d'usurper le rôle de guide unique, car cela comporte la destruction de la véritable personnalité de la société et des individus membres de la nation, comme cela se produit dans tout totalitarisme. Dans cette situation, l'homme et le peuple deviennent des «objets», malgré toutes les déclarations contraires et les assurances verbales. (...)

A.329. *Pour le 50e anniversaire du début de la Deuxième Guerre Mondiale (GM 50)*

RESPECTER LE DROIT DES PEUPLES

8. Mais ce qui est vrai pour l'homme l'est aussi pour les peuples. Commémorer les événements de 1939, c'est aussi se souvenir que le dernier conflit mondial a

eu pour cause l'écrasement des droits des peuples autant que des personnes. Je le rappelais hier, en m'adressant à la Conférence épiscopale polonaise.

Pas de paix si les droits de tous les peuples — et particulièrement des plus vulnérables — *ne sont pas respectés!* Tout l'édifice du droit international repose sur le principe de l'égal respect des Etats, du droit à l'autodétermination de chaque peuple et de leur libre coopération en vue du bien commun supérieur de l'humanité.

Il est essentiel qu'aujourd'hui des situations comme celle de la Pologne de 1939, ravagée et dépecée au gré d'envahisseurs sans scrupules, ne se reproduisent plus. On ne peut à cet égard s'empêcher de penser aux pays qui n'ont pas encore obtenu leur pleine indépendance, comme à ceux qui sont menacés de la perdre. Dans ce contexte et en ces jours, il faut évoquer le cas du Liban, où des forces conjuguées, poursuivant leurs propres intérêts, n'hésitent pas à mettre en péril l'existence même d'une nation.

N'oublions pas que l'Organisation des Nations Unies est née, après le deuxième conflit mondial, comme un instrument de dialogue et de paix, fondé sur *le respect de l'égalité des droits des peuples.*

A.330. *Centesimus Annus (CA)*

18. Certes, depuis 1945 les armes se taisent sur le continent européen; toutefois, on se rappellera que la vraie paix n'est jamais le résultat de la victoire militaire, mais suppose l'élimination des causes de la guerre et l'authentique réconciliation entre les peuples. Pendant de nombreuses années, par contre, il y a eu en Europe et dans le monde une situation de non-guerre plus que de paix authentique. La moitié du continent est tombée sous le pouvoir de la dictature communiste, tandis que l'autre partie s'organisait pour se défendre contre ce type de danger. Bien des peuples perdent le pouvoir de disposer d'eux-mêmes, sont enfermés dans les limites d'un empire oppressif tandis qu'on s'efforce de détruire leur mémoire historique et les racines séculaires de leur culture. Des masses énormes d'hommes, à la suite de cette violente partition, sont contraintes d'abandonner leur terre et déportées de force.

Une course folle aux armements absorbe les ressources nécessaires au développement des économies internes et à l'aide aux nations les plus défavorisées. Le progrès scientifique et technique, qui devrait contribuer au bien-être de l'homme, est transformé en instrument de guerre. La science et la technique servent à produire des armes toujours plus perfectionnées et plus destructrices, tandis qu'on demande à une idéologie, qui est une perversion de la philosophie authentique, de fournir des justifications doctrinales à la nouvelle guerre. Et la guerre est non seulement attendue et préparée, mais elle a lieu dans diverses régions du monde et cause d'énormes effusions de sang. De la logique des blocs, ou des empires, dénoncée par les documents de l'Eglise et récemment par l'encyclique *Sollicitudo rei socialis,*[1] il résulte que les controverses et les discordes qui naissent dans les pays du Tiers-Monde sont systématiquement amplifiées et exploitées pour créer des difficultés à l'adversaire. (...)

19. Mais à la fin de la deuxième guerre mondiale, un tel processus est encore en train de prendre forme dans les esprits, et le fait qui retient l'attention est l'extension du totalitarisme communiste sur plus de la moitié de l'Europe et sur une partie du monde. La guerre, qui aurait dû rétablir la liberté et restaurer le droit des gens, se conclut sans avoir atteint ces buts, mais au contraire d'une manière qui les contredit ouvertement pour beaucoup de peuples, spécialement ceux qui avaient le plus souffert. (...)

20. Dans la même période se déroule un impressionnant processus de «décolonisation», dans lequel de nombreux pays acquièrent ou reconquièrent leur indépendance et le droit à disposer librement d'eux-mêmes. Cependant, avec la reconquête formelle de leur souveraineté d'Etat, ces pays se trouvent souvent juste au début du chemin dans la construction d'une authentique indépendance. En fait, des secteurs décisifs de l'économie demeurent encore entre les mains de grandes entreprises étrangères, qui n'acceptent pas de se lier durablement au développement du pays qui leur donne l'hospitalité, et la vie politique elle-même est contrôlée par des forces étrangères, tandis qu'à l'intérieur des frontières de l'Etat cohabitent des groupes ethniques, non encore complètement intégrés dans une authentique communauté nationale. En outre, il manque un groupe de fonctionnaires compétents, capables d'administrer d'une façon honnête et juste l'appareil de l'Etat, ainsi que des cadres pour une gestion efficace et responsable de l'économie.

Etant donné cette situation, il semble à beaucoup que le marxisme peut offrir comme un raccourci pour l'édification de la nation et de l'Etat, et c'est pour cette raison que voient le jour diverses variantes du socialisme avec un caractère national spécifique. Elles se mêlent ainsi aux nombreuses idéologies qui se constituent différemment suivant les cas: exigences légitimes de salut national, formes de nationalisme et aussi de militarisme, principes tirés d'antiques sagesses populaires, parfois accordés avec la doctrine sociale chrétienne, et les concepts du marxisme-léninisme.

21. Il faut rappeler enfin qu'après la deuxième guerre mondiale et aussi en réaction contre ses horreurs, s'est répandu un sentiment plus vif des droits de l'homme, qui a trouvé une reconnaissance dans divers *Documents internationaux*[2] et, pourrait-on dire, dans l'élaboration d'un nouveau «droit des gens» à laquelle le Saint-Siège a apporté constamment sa contribution. Le pivot de cette évolution

---

[1] Cf. *Sollicitudo rei socialis,* 20: *l.c.,* p. 536-537.

[2] Cf. Déclaration universelle des Droits de l'Homme, de 1948; JEAN XXIII, *Pacem in terris,* IV: *l.c.,* p. 291-296; *Acte final* de la Conférence sur la Sécurité et la Coopération en Europe (CSCE), Helsinki 1975.

a été l'Organisation des Nations Unies. Non seulement la conscience du droit des individus s'est développée, mais aussi celle des droits des nations, tandis qu'on saisit mieux la nécessité d'agir pour porter remède aux graves déséquilibres entre les différentes aires géographiques du monde, qui, en un sens, ont déplacé le centre de la question sociale du cadre national au niveau international.[3] (...)

27. La deuxième conséquence concerne les peuples de l'Europe. Bien des injustices, aux niveaux individuel, social, régional et national, ont été commises pendant les années de domination du communisme et même avant; bien des haines et des rancoeurs ont été accumulées. Après l'écroulement de la dictature, celles-ci risquent fort d'exploser avec violence, provoquant de graves conflits et des deuils, si viennent à manquer la tension morale et la force de rendre consciemment témoignage à la vérité qui ont animé les efforts du passé. Il faut souhaiter que la haine et la violence ne triomphent pas dans les coeurs, surtout en ceux qui luttent pour la justice, et qu'en tous grandisse l'esprit de paix et de pardon!

Mais il faut que des démarches concrètes soient effectuées afin de créer ou de consolider des structures internationales capables d'intervenir, pour l'arbitrage convenable dans les conflits qui surgissent entre les nations, de telle sorte que chacune d'entre elles puisse faire valoir ses propres droits et parvenir à un juste accord et à un compromis pacifique avec les droits des autres. Tout cela est particulièrement nécessaire pour les nations européennes, intimement unies par les liens de leur culture commune et de leur histoire millénaire. Un effort considérable doit être consenti pour la reconstruction morale et économique des pays qui ont abandonné le communisme. Pendant très longtemps, les relations économiques les plus élémentaires ont été altérées, et même des vertus fondamentales dans le secteur économique, comme l'honnêteté, la confiance méritée, l'ardeur au travail, ont été méprisées. Une patiente reconstruction matérielle et morale est nécessaire, alors que les peuples épuisés par de longues privations demandent à leurs gouvernants des résultats tangibles et immédiats pour leur bien-être, ainsi que la satisfaction de leurs légitimes aspirations.

La chute du marxisme a eu naturellement des conséquences importantes en ce qui concerne la division de la terre en mondes fermés l'un à l'autre, opposés dans une concurrence jalouse. La réalité de l'interdépendance des peuples s'en trouve plus clairement mise en lumière, et aussi le fait que le travail humain est par nature destiné à unir les peuples et non à les diviser. La paix et la prospérité, en effet, sont des biens qui appartiennent à tout le genre humain, de sorte qu'il n'est pas possible d'en jouir d'une manière honnête et durable si on les a obtenus et conservés au détriment d'autres peuples et d'autres nations, en violant leurs droits ou en les excluant des sources du bien-être.

---

[3] Cf. Paul VI, *Populorum progressio,* 61-65: *AAS* 59 (1967), p. 287-289.

B.331. *Au Corps Diplomatique* (*CD 1965*)

(...) Un second principe directeur de Notre participation à la vie internationale est celui-ci: le Saint-Siège reconnaît, approuve et encourage les légitimes aspirations des peuples. Si le droit, en cette matière, n'est pas encore explicitement formulé en tous ses détails, il n'en repose pas moins, dans son origine, sur le droit naturel, et à ce titre, il doit être admis et reconnu par tous. Nous voulons parler de la liberté des jeunes nations à se gouverner elles-mêmes, des droits que possède l'homme en tant que tel (indépendamment de sa race, de sa couleur, de sa religion, de sa nationalité...); Nous voulons parler encore du développement, sur un plan de solidarité accrue, des relations entre les peuples, se traduisant par l'aide aux moins fortunés, par la défense des faibles... Il y a là un immense domaine livré à l'attention et à la générosité des hommes d'Etat de notre siècle. (...)

B.332. *Au Sacré Collège des Cardinaux* (*SCC 1973*)

3. (...) Oui, tant que les droits de tous les peuples, et notamment le droit à l'autodétermination et à l'indépendance, ne seront pas dûment reconnus et respectés, il ne pourra pas y avoir de paix véritable et durable, même si la prépondérance des armes peut avoir momentanément raison de la réaction des opposants. (...)

B.333. *Varsovie 1979*

3. (...) La paix et le rapprochement entre les peuples ne peuvent se construire que sur *le principe du respect des droits objectifs de la nation,* qui sont: le droit à l'existence, à la liberté, à être un sujet social-politique et le droit aussi à la formation de sa propre culture et de sa propre civilisation. (...)

B.334. *A la Conférence générale de l'UNESCO* (*UNESCO*)

14. Si, au nom de l'avenir de la culture, il faut proclamer que l'homme a le droit d'«être» plus, et si pour la même raison, il faut exiger un sain *primat de la famille* dans l'ensemble de l'oeuvre de l'éducation de l'homme à une véritable humanité, il faut aussi situer dans la même ligne *le droit de la Nation;* il faut le placer lui aussi à la base de la culture et de l'éducation.

La Nation est en effet la grande communauté des hommes qui sont unis par des liens divers, mais surtout, précisément par la culture. La Nation existe *«par» la culture et «pour» la culture,* et elle est donc la grande éducatrice des hommes pour qu'ils puissent «être davantage» dans la communauté. Elle est cette communauté qui possède une histoire dépassant l'histoire de l'individu et de la famille. C'est aussi dans cette communauté, en fonction de laquelle toute famille éduque, que la famille commence son oeuvre d'éducation par ce qui est le plus simple, la langue, permettant ainsi à l'homme qui en est à ses débuts d'apprendre à parler pour devenir membre de la communauté qu'est sa famille et sa Nation. En tout ce que je proclame maintenant et que je développerai encore davantage, mes mots traduisent une expérience particulière, un *témoignage particulier* en son genre. Je suis fils d'une Nation qui a vécu les plus grandes expériences de l'histoire, que ses voisins ont condamnée à mort à plusieurs reprises, mais qui a survécu et qui est restée elle-même. Elle a conservé son identité, et elle a conservé, malgré les partitions et les occupations étrangères, sa souveraineté nationale, non en s'appuyant sur les ressources de la force physique, mais uniquement *en s'appuyant sur sa culture*. Cette culture s'est révélée en l'occurrence d'une puissance plus grande que toutes les autres forces. Ce que je dis ici concernant le droit de la Nation au fondement de sa culture et de son avenir n'est donc l'écho d'aucun «nationalisme», mais il s'agit toujours d'un élément stable de l'expérience humaine et des perspectives humanistes du développement de l'homme. Il existe une souveraineté fondamentale de la société qui se manifeste dans la culture de la Nation. Il s'agit de la souveraineté par laquelle, en même temps, l'homme est suprêmement souverain. Et quand je m'exprime ainsi, je pense également, avec une émotion intérieure profonde, aux *cultures de tant de peuples antiques* qui n'ont pas cédé lorsqu'ils se sont trouvés confrontés aux civilisations des envahisseurs: et elles restent encore pour l'homme la source de son «être» d'homme dans la vérité intérieure de son humanité. Je pense aussi avec admiration aux *cultures des nouvelles sociétés,* de celles qui s'éveillent à la vie dans la communauté de la propre Nation, — tout comme ma Nation s'est éveillée à la vie il y a dix siècles — et qui luttent pour maintenir leur propre identité et leurs propres valeurs contre les influences et les pressions de modèles proposés de l'extérieur.

15. En m'adressant à vous, Mesdames et Messieurs, vous qui vous réunissez en ce lieu depuis plus de trente ans maintenant au nom de la primauté des réalités culturelles de l'homme, des communautés humaines, des peuples et des Nations, je vous dis: veillez, par tous les moyens à votre disposition, sur cette souveraineté fondamentale que possède chaque Nation en vertu de sa propre culture. Protégez-la comme la prunelle de vos yeux pour l'avenir de la grande famille humaine. Protégez-la! Ne permettez pas que cette souveraineté fondamentale devienne la proie de quelque intérêt politique ou économique. Ne permettez pas qu'elle devienne victime des totalitarismes, impérialismes ou hégémonies, pour lesquels l'homme ne compte que comme objet de domination et non comme sujet de sa propre existence humaine. Pour ceux-là aussi, la Nation — leur propre Nation ou les autres — ne compte que comme objet de domination et appât d'intérêts divers, et non comme sujet: le sujet de la souveraineté provenant de la culture authentique qui lui appartient en propre. N'y a-t-il pas, sur la carte de l'Europe et du monde, des Nations qui ont une *merveilleuse souveraineté historique* provenant de leur culture, et qui sont pourtant en même temps privées de leur pleine souveraineté? N'est-ce pas un point important pour l'avenir de la culture humaine, important surtout à notre époque, quand il est tellement urgent d'éliminer les restes du colonialisme?

B.335. *Au Corps Diplomatique* (*CD 1988*)

7. (...) La paix n'est pas seulement l'absence de conflits, mais la résolution pacifique des différends entre les nations, et la dynamique d'un ordre social et international fondé sur le droit et la justice. Plus précisément, il faut assurer les fondations de la paix en les appuyant sur la *sauvegarde des droits de l'homme et aussi des droits des peuples.*

8. La justice passe en effet par *le respect du droit des peuples et des nations* à disposer d'eux-mêmes. Entre les peuples, une paix durable ne peut être imposée par la volonté du plus fort, mais elle doit être consentie par tous dans le respect des droits de chacun, en particulier des faibles et des minorités.

Il y a encore des peuples qui ne voient pas reconnu *leur droit à l'indépendance.* Il y a ceux aussi qui souffrent d'une tutelle, voire d'une occupation, qui porte atteinte à leur droit de se gouverner en conformité avec leurs valeurs culturelles et leur histoire.

En deçà de ces cas extrêmes, unanimement réprouvés, il faut tenir compte du souhait de plus en plus répandu et légitime que chaque nation, même la moins puissante, soit responsable de ses propres affaires, *sujet de son devenir* et pas seulement objet de tractations intéressées ou de sollicitude condescendante de la part des autres nations.

A l'Est comme à l'Ouest, le droit des peuples à disposer de leur destin et à coopérer librement avec les autres au bien commun international ne peut que favoriser la paix, dans la mesure où chacun se sentira mieux respecté, et donc partenaire à part entière dans le dialogue entre les nations. (...)

B.336. *Message pour Noël* (*Noël 1990*)

6. *La lumière du Christ est avec les nations tourmentées du Moyen-Orient.*

Pour la région du Golfe, anxieux, nous attendons que se dissipe la menace des armes.

Que les responsables en soient convaincus, *la guerre est une aventure sans retour!* En faisant appel à la raison, à la patience et au dialogue, et dans le respect des droits inaliénables des peuples et des gens, il est possible de découvrir et de parcourir les voies de l'entente et de la paix.

La Terre Sainte, elle aussi, attend cette paix depuis des années: une solution pacifique à l'ensemble du problème qui la concerne, une solution qui tienne compte des aspirations légitimes du peuple palestinien et de celui qui vit dans l'Etat d'Israël.

B.337. *Au Corps Diplomatique (CD 1991)*

7. (...) Et que dire, toujours dans cette même région du Moyen-Orient, de la présence d'armes de guerre et de soldats dans des proportions proprement terrifiantes?

Car, aux conflits qui depuis trop d'années plongent les populations dans le désespoir et l'incertitude — je pense à celles de la Terre Sainte et du Liban —, s'est ajoutée il y a quelques mois ce que l'on appelle *«la crise du Golfe»*.

En réalité nous nous trouvons face à des situations qui exigent des décisions politiques rapides et la création d'un climat de véritable confiance mutuelle.

Depuis des décennies, *le peuple palestinien* est gravement éprouvé et injustement traité: en témoignent les centaines de milliers de réfugiés dispersés dans la région et dans d'autres parties du monde, de même que la situation des habitants de la Cisjordanie et de Gaza. Il s'agit d'un peuple qui demande à être écouté, même si l'on doit reconnaître que certains groupes palestiniens ont choisi pour se faire entendre des méthodes inacceptables et condamnables. Mais, par ailleurs, force est de constater que trop souvent il a été répondu négativement aux propositions provenant de diverses instances et qui auraient pu permettre au moins d'amorcer un processus de dialogue en vue de garantir également à l'Etat d'Israël les justes conditions de sa sécurité et au peuple palestinien ses droits incontestables.

De plus, en Terre Sainte, se trouve *la Ville de Jérusalem* qui continue à être occasion de conflit et de discorde entre croyants. Jérusalem, la «Sainte», la «Cité de la Paix»...

Tout près de là, *le Liban* est disloqué. Il a agonisé des années durant sous les yeux du monde, sans que l'on ait toujours voulu l'aider à surmonter ses problèmes internes et à se libérer des éléments et des puissances externes qui voulaient se servir de lui à leurs propres fins. Il est temps que toutes les forces armées non-libanaises s'engagent à évacuer le territoire national et que les Libanais soient en mesure de choisir les formes de leur vivre-ensemble dans la fidélité à leur histoire et dans la continuité avec leur patrimoine de pluralisme culturel et religieux.

La *zone du Golfe,* enfin, se trouve depuis le mois d'août en état de siège et on a bien vu que, quand un pays viole les règles les plus élémentaires du droit international, c'est toute la coexistence entre les nations qui est remise en cause. On ne peut accepter que la loi des plus forts soit brutalement imposée aux plus faibles. Un des grands progrès du développement de ce droit international a été justement d'établir que tous les pays sont égaux en dignité et en droit.

Il est heureux que l'Organisation des Nations Unies ait été l'instance internationale qui s'est rapidement imposée pour la gestion de cette grave crise. On ne saurait s'en étonner, si l'on se souvient que le Préambule et l'article premier de la *Charte de San Francisco* lui assignent comme priorité la volonté de «préserver les générations futures du fléau de la guerre» et de «réprimer tout acte d'agression».

C'est pourquoi, fidèles à ce patrimoine et conscients des risques — je dirai même de la tragique aventure — que représenterait une guerre dans le Golfe, les vrais amis de la paix savent que l'heure est plus que jamais au dialogue, à la négociation, à la prééminence de la loi internationale. Oui, la paix est encore possible; la guerre serait le déclin de l'humanité tout entière.

Excellences, Mesdames, Messieurs, je désire que vous sachiez ma profonde préoccupation face à la situation qui s'est créée dans cette zone du Moyen-Orient. Je l'ai exprimée à plusieurs reprises et, hier encore, en adressant un télégramme au Secrétaire général des Nations Unies. D'une part, on a assisté à l'invasion armée d'un pays et à une violation brutale de la loi internationale, telle qu'elle est définie par l'O.N.U. et par la loi morale; ce sont là des faits inacceptables. D'autre part, alors que la concentration massive d'hommes et d'armes qui s'en est suivie avait pour but de mettre un terme à ce qu'il faut bien qualifier d'agression, il ne fait pas de doute que, si elle devait aboutir à une action militaire même limitée, les opérations seraient particulièrement meurtrières, sans compter les conséquences écologiques, politiques, économiques et stratégiques, dont peut-être nous ne mesurons pas encore toute la gravité et toute la portée. Enfin, laissant intactes les causes profondes de la violence dans cette partie du monde, la paix obtenue par les armes ne pourrait que préparer de nouvelles violences.

8. Il existe en effet *une corrélation entre la force, le droit et les valeurs* dont la société internationale ne peut faire l'économie.

Les Etats redécouvrent aujourd'hui, en particulier grâce aux diverses structures de coopération internationale qui les unissent, que le droit international ne constitue pas une sorte de prolongement de leur souveraineté illimitée, ni une protection de leurs seuls intérêts ou même de leurs entreprises hégémoniques. Il est en vérité un code de conduite pour la famille humaine dans son ensemble.

Le droit des gens, ancêtre du droit international, a pris forme au long des siècles en élaborant et en codifiant des principes universels qui sont antérieurs et supérieurs au droit interne des Etats et qui ont recueilli le consensus des acteurs de la vie internationale. Le Saint-Siège se plaît à voir dans ces principes une expression de l'ordre voulu par le Créateur. Citons, pour mémoire, l'égale dignité de tous les peuples, leur droit à l'existence culturelle, la protection juridique de leur identité nationale et religieuse, le rejet de la guerre comme moyen normal de règlement des conflits, le devoir de contribuer au bien commun de l'humanité. Ainsi, les Etats en sont venus à la conviction qu'il était nécessaire, pour leur sécurité mutuelle et la sauvegarde du climat de confiance, que la communauté des nations se dotât de règles universelles de convivialité applicables en toutes circonstances. Ces règles constituent non seulement une référence indispensable à une activité internationale harmonieuse, mais également un précieux patrimoine à préserver et à développer. Sans cela, c'est la loi de la jungle qui finirait par s'imposer, avec des conséquences aisément prévisibles.

Permettez-moi, à ce propos, Excellences, Mesdames, Messieurs, d'exprimer le souhait que les règles du droit international soient de plus en plus efficacement assorties de dispositions contraignantes propres à en garantir l'application. Et dans le domaine de l'application de lois internationales, le principe inspirateur doit être celui de la justice et de l'équité. Le recours à la force pour une juste cause ne serait admissible que si ce recours était proportionnel au résultat que l'on veut obtenir et si l'on pesait les conséquences que des actions militaires, rendues toujours plus dévastatrices par la technologie moderne, auraient pour la survie des populations et de la planète elle-même. Les «exigences d'humanité» (Déclaration de St Petersbourg 1868; La Haye 1907, Convention IV) nous demandent aujourd'hui d'aller résolument vers l'absolue proscription de la guerre et de cultiver la paix comme un bien suprême, auquel tous les programmes et toutes les stratégies doivent être subordonnés. Comment ne pas faire retentir ici cette admonition du Concile Vatican II, dans sa constitution *Gaudium et spes:* «La puissance des armes ne légitime pas tout usage de cette force à des fins politiques ou militaires. Et ce n'est pas parce que la guerre est malheureusement engagée que tout devient, par le fait même, licite entre parties adverses» (n. 79).

Le droit international est le moyen privilégié pour la construction d'un monde plus humain et plus pacifique. C'est lui qui permet la protection du faible contre l'arbitraire du fort. Le progrès de la civilisation humaine se mesure souvent au progrès du droit grâce auquel peut se réaliser la libre association des grandes puissances et des autres dans l'entreprise commune qu'est la coopération entre les nations.

B.338. *A l'audience générale (AG 1991)*

(...) La guerre du Golfe a causé la mort, la destruction et d'énormes dégâts économiques et écologiques: nous avons exprimé l'espoir que, pour le peuple du Koweït, les populations d'Irak et tous leurs voisins, la volonté de reconstruction matérielle soit accompagnée du désir de collaboration loyale entre eux et avec la grande famille des nations. Il faudra surmonter les rancoeurs et les divisions culturelles et, en particulier, celles qui se sont créées entre mondes religieux différents. Cette espérance trouve son fondement le plus profond dans la foi commune de ces peuples dans le Dieu Créateur et dans la confiance en l'homme, sa créature, appelé par lui à sauvegarder et à rendre le monde meilleur.

Notre espérance et nos intentions concrètes concernent aussi les graves situations dans lesquelles se trouvent d'autres parties de la région.

Nous avons parlé de la Terre Sainte, où il existe depuis des décennies, entre deux peuples, le peuple palestinien et celui de l'Etat d'Israël, un antagonisme qui accroît les tensions et les craintes et qui est apparu jusqu'à présent irréductible.

L'injustice dont est victime le peuple palestinien exige un engagement de la part de tous et, en particulier, des responsables des nations et de la communauté internationale. Ce n'est qu'avec la recherche intense d'un début de solution immédiat que ce peuple pourra finalement être reconnu dans sa dignité et être, lui aussi, garant de la sécurité de tous. (...)

Notre pensée s'est ensuite tournée vers le cher Liban si éprouvé, où une autre situation d'injustice pèse sur toute une population depuis plus de quinze ans. Là aussi, il s'agit d'un ordre international troublé et d'un pays souverain privé de sa complète indépendance. En outre, le monde entier ne peut ignorer tant de souffrance et, surtout, risquer de perdre une aussi riche expérience de rencontre et de collaboration entre des cultures et des religions différentes.

Dans cette région, d'autres pays et d'autres peuples vivent depuis des années dans un climat de tension due à des situations irrésolues, ou peut-être oubliées, comme par exemple celle qui existe à Chypre et celle qui concerne le malheureux peuple kurde. (...)

B.339. *Message pour Pâques* (*Pâques 1991*)

5. Oui, c'est un jour de Lumière, de Force et d'Espérance, il fait reculer les ténèbres qui menacent la terre, des ténèbres qui, récemment encore, ont assombri la communauté des hommes: quand on a choisi l'agression et la violation du droit international; quand on a prétendu résoudre les tensions entre les peuples par la guerre qui sème la mort; quand, de la Baltique à la Méditerranée, et en d'autres régions du monde, s'est levée en vain la voix des peuples qui aspirent au respect de leur identité et de leur histoire; quand on n'a pas tout fait pour faire face à l'inexorable menace de la famine qui a frappé des populations entières en Afrique, par exemple au Soudan et en Ethiopie, ou pour arrêter, dans ce même continent, en particulier en Angola, au Mozambique, au Liberia, en Somalie, des guerres et des guérillas qui épuisent des peuples vivant déjà dans des conditions précaires.

6. Mais le Christ l'emporte sur les ténèbres et révèle à l'homme toute la dignité de sa vocation. Ressuscite avec lui, humanité de notre temps! Tu pourras alors accueillir la vie avec amour, depuis sa naissance jusqu'à son crépuscule. Tu interdiras avec vigueur l'exploitation du pauvre. Tu diras «non» au commerce lucratif des armes, et tu le remplaceras par des projets de solidarité authentique, au service intégral de l'homme. Ecoute, ô humanité de notre temps, les aspirations longtemps ignorées de peuples opprimés, le peuple palestinien, le peuple libanais, le peuple kurde, qui réclament le droit d'exister avec dignité, justice et liberté, ces requêtes légitimes répétées en vain pendant des années. N'aie pas peur de reconnaître à toute personne la liberté de professer sa foi religieuse. Je pense aussi à toi, chère communauté catholique d'Albanie, restée fidéle à l'Evangile du Christ; reprends courage, marche vers des saisons d'abondantes moissons!

7. De ce, lieu, coeur de l'Eglise, où convergent les cris de douleur et les appels pressants à l'aide, je m'adresse à vous, responsables des nations en cette heure difficile de l'histoire: *écoutez la voix des pauvres!* C'est seulement sur un ordre international où droit et liberté soient pour tous indivisibles que peut être fondée la société souhaitée par tous. Aidez les peuples qui, en Afrique, en Asie, en Amérique latine, désirent des sociétés plus libres et plus démocratiques! (...)

INDEX ANALYTIQUES

Seuls les textes du Magistère ont été recensés, en incluant les notes respectives. Si le renvoi se réfère aux notes, à l'intérieur du texte ou à pied de page, le chiffre est en italique.

REFERENCES BIBLIQUES

CONCILES

SAINT-SIEGE

INSTITUTIONS ET ORGANISATIONS DE L'EGLISE CATHOLIQUE

ORGANISMES INTERNATIONAUX DE CARACTERE GOUVERNEMENTAL

TEXTES ET INSTRUMENTS JURIDIQUES INTERNATIONAUX

NOMS PROPRES

NOMS DE LIEUX

THEMES

Les termes comme «droits de l'homme», «dignité humaine», «respect de la personne» et similaires, apparaissant dans presque tous les textes, n'ont pas été pris en compte.

Quand le thème est traité d'une façon étendue dans un chapitre, c'est le numéro du chapitre qui est indiqué.

TABLE DES TEXTES CITES

Les chiffres en caractère gras indiquent les pages où figurent les extraits des documents utilisés; ceux en caractère normal indiquent les pages où ces documents sont cités dans les mêmes extraits (pour le titre complet de ces textes, cf. la liste des sigles à la p. 11).

TABLE DES MATIERES

Tipografia S.G.S. - Via Umbertide, 11 - 00181 Roma
Finito di stampare: Novembre 1992